소비자행동의 이해

윤 훈 현 저

청목출판사

저자 서문

한국의 시장은 우리의 예상을 초월하여 빠른 속도로 변화하고 있다. 10년 전 불어닥친 외환위기는 사회경제적 및 정치적으로 구조개혁의 파고와 함께 중산층의 몰락을 불러와 우리 사회는 뚜렷한 2중 구조를 형성케 하였다. 또한 인터넷의 보급과 확산은 신경제를 구축하였으며, 소매업태의 변화와 핵가족의 형성 등 비전통적 가정의 출현, 저출산과 노령화 사회 등은 소비자의 라이프스타일을 변화시킴으로써 소비자 구매행동에 새로운 모습을 초래케 하였다.

또한 전산업분야에서 외국기업의 국내진출은 역시 한국 소비자들의 구매행동의 변화에 영향을 주었다. 특히 세계적인 대형할인점의 한국진출은 국내 할인점들의 확장을 유도하였으며 또한 통신기술과 커뮤니케이션의 발전은 금융기관 및 통신서비스 기업들의 변화도 역시 소비자 행동의 변화를 초래케 하고 있다. 특히 외국제품의 도입은 소비자의 정보수집과 선택 행동에도 혁신적이며 창의적인 변화를 유도하고 있다.

그러나 전업종에 걸쳐 한국기업들 중 중소기업은 물론이고 대기업들까지도 아직까지 복합적 마케팅 철학은 고사하고 소비지향적 마케팅 철학의 원칙을 이해하지 못할 뿐만 아니라, 그 핵심요소인 소비자를 전혀 이해하지 못하고 있는 것이 현실이다. 신경제의 도래와 세계화의 기업환경 속에서 소비자를 이해하지 못한다는 것은 고객지향적 및 복합적 마케팅 전략의 수립을 불가능케 함으로써 지속가능한 기업존립의 당위성은 상실되고, 그 존립은 위태로운 지경에까지 이르게 된다. 그럼에도 불구하고 우리 기업의 현실은 소비자 행동에 대한 연구가 미사여구와 이론에만 치우쳐 있는 시작초보단계에 있으며, 또한 거의 대부분의 연구가 선진국의 소비자 행동연구를 소개하고, 그 연구결과를 복습하고 검증하는 수준에 있는 것이 사실이다.

이에 본서는 한국기업의 현실과 학문상의 미비점을 보충하고 더 나아가 소비자 행동연구에 대한 폭넓은 이해에 도움을 주고자 Henry Assael 교수의 저서인 『Consumer Behavior』의 틀을 기초로 하고 또한 본인의 저서인 『소비자행동론』을 수정 · 보완하며, 한국기업의 마케팅 환경과 소비자 구매행동을 고려하여 실제로 기업과 소비자들이 현장에서 활용할 수 있는 지식을 전달하고자 하였다.

따라서 본서는 대학에서 마케팅을 공부하는 학생들로 하여금 소비자지향적 마케팅의 핵심요소인 소비자의 행동을 보다 철저하고도 완벽하게 이해하고 연구하는데 도움을 주며 또한 기업들이 고객지향적이며 복합적인 마케팅 전략을 수립하는데 있어 기본적인 원리를 과학적인 연구결과에 근거하여 제시함으로써 보다 효과적이며 효율적인 경쟁적 마케팅 전략을 수립하는 데 도움을 주고자 하였다.

본서는 총 5부와 19장으로 구성되어 있다. 각 장은 소비자 구매 의사결정모델을 구성하는 각 요인을 중심으로 설명되는데, 각 영향요인과 관련되는 마케팅 전략수립에 필요한 시사점을 제시하고 있으며 또한 각 영향요인에 대한 웹의 응용과 세계적 식견도 제시함으로써 변화하는 신경제와 세계화의 변화에 적용할 수 있도록 하였다.

그러나 급변하는 소비자지향적 마케팅 환경 속에서 핵심요소인 소비자를 완전하게 이해하지 못하고 또한 기존의 연구결과를 응용하는데 있어 저자의 한계로 인해 독자들에게 미비한 점이 있을 것으로 생각된다. 이 책을 이용하는 독자 여러분들의 건설적인 조언과 충고를 겸허한 마음으로 받아들이고자 한다.

본서가 출간되기까지 처음부터 끝까지 협조해 주시고 수고해 주신 청목출판사의 유성렬 사장님을 포함하여 임직원 여러분들의 정성과 노고에 감사드린다.

끝으로 항상 가정의 건강함, 기쁨과 슬픔을 지혜롭게 해결해 나가며, 본서를 집필할 수 있도록 헌신적으로 내조해 준 아내, 혜정에게 마음속 깊이 고마움을 느끼며, 연진과 결혼하여 탄생한 채영으로 하여금 귀엽게 웃음을 선사하고 항상 자기 몫을 충실하게 해 주는 아들, 영삼, 생활에 활력을 주고 새로운 기쁨을 주는 외손자 이결과 이협 두 아들을 지혜롭고 건강하게 키우고 있는 딸, 주연 그리고 희망스러운 미래를 향해 노력하는 사위, 범규 등 모든 가족들에게 고마움을 느낀다.

2008. 1

저자 윤 훈 현

차 례

제 2 부 소비자 의사결정

제1부

소비자 행동의 의미와 내용

1
chapter

소비자 행동과 관리자적 관점

마케팅의 기본철학은 표적고객의 욕구를 이해하고 충족시켜 만족시킴으로써 기업의 수익을 창출하는 것이므로, 결국 기업의 수익성은 소비자 행동에 의해서 결정된다는 것이다. 즉 자사의 상표에 만족하여 계속 구입하는 충성적인 소비자를 유지함으로써 기업의 수익성이 유지되고 향상된다.

이것은 마케팅 기업이 소비자 행동의 근본 요인을 파악하고 이해할수록 소비자의 욕구를 충족시킬 수 있는 효율적이며 효과적인 마케팅 전략을 더 잘 수립할 수 있다는 것이다.

제 1 절 소비자 행동연구의 필요성과 유용성

1. 소비자 행동연구의 필요성

1) 마케팅 환경의 변화

마케팅 환경이 급격하게 변화하므로 마케팅 기업은 소비자가 제품과 상표를 선택하는데 영향을 주는 요인을 세밀하게 분석해야 한다. 즉 마케팅 관리자는 표적소비자의 욕구를 충족시킬 수 있는 이점을 제공하고, 그의 태도를 간파하며 또한 변화시키기 위해서 표적소비자의 지각에 영향을 미치는데 노력해야 한다.

베이비붐 세대는 더 나이가 많아짐으로써 건강과 영양에 대해 더 많은 관심을 기울이고 있다.

인터넷을 더 많이 이용함으로써 과거보다 더 많은 정보에 접촉하고 활용하고 있다. 그리고 과거보다 더 가치를 강조하며 생활의 질에 대해 관심을 가짐으로써 쾌적한 환경을 추구하고 있다.

상기와 같은 변화가 소비자 행동에 대해 조건적인 요인이 될 가능성이 있으므로, 마케팅 계획은 상기의 심리적 요인과 사회적 요인 등에 기초하여 수립되어야 한다. 이러한 사실은 소비자에 대한 정보가 무엇보다도 중요하다는 것을 의미한다.

세계적으로 성공한 마케팅 기업들은 표적시장 소비자들의 욕구와 행동을 확인·규명하고 또한 그에 대한 정보에 기초하여 마케팅 전략을 수립하고 있다. 이것은 표적소비자를 더 철저하게 이해하고 있는 기업은 표적소비자의 욕구를 충족시켜 만족시킬 수 있는 마케팅 전략을 수립할 수 있다는 것이다.

2) 소비자 행동의 정의

소비자 행동(consumer behavior)이란 소비자가 자신의 욕구를 충족시킬 것으로 기대하는 제품이나 서비스 또는 아이디어를 탐색, 구매, 사용, 평가, 처리함에 있어 보여주는 행동이라고 할 수 있다. 따라서 소비자 행동에 대한 연구는 소비자가 소비와 관련되는 것들에 대해 돈, 시간, 노력 등의 자원을 어떻게 사용하기로 결정하는가를 다루는 것으로서, 그 영역은 개인, 집단, 조직이 자신의 1차적 욕구와 2차적 욕구를 충족시키기 위해 제품, 서비스, 아이디어 또는 경험 등을 어떻게 선택, 구입, 사용, 처리하는가 등을 연구하는 것이다.

그러나 소비자 행동을 이해하고 또한 고객을 안다는 것은 결코 간단하지 않다. 고객은 욕구를 말하기는 하지만 다르게 행동할 수도 있다. 고객은 그의 심오한 동기에 맞지 않게 행동할 수 있다. 고객은 마지막 순간에 마음을 바꾸게 하는 영향요인에 따라서 반응할 수가 있기 때문이다.

따라서 소비자 행동은 소비자라는 주체, 그리고 그 주체가 취하는 모습인 행동으로 구분될 수 있다. 우선 소비자는 개인 소비자와 조직 소비자로 구분된다. 개인 소비자는 제품 구매의 목적이 자신이 사용하기 위한 것, 가정에서 사용하기 위한 것, 가족 중 한 구성원을 위한 것 또는 친구를 위한 것 등인데, 중요한 것은 개개인이 최종적으로 사용하기 위해 제품을 구입한다는 것이다. 한편 조직 소비자는 영리 또는 비영리기업, 기관, 정부 등으로 그 조직을 운영하는데 필요한 제품이나 서비스를 구입하는 것이다. 물론 개인 소비자와 조직 소비자가 모두 중요하지만, 본서에서는 최종적인 소비를 위해 구매하는 개인 소비자를 연구대상으로 한다.

소비자 행동이란 소비자에게 의미가 있는 대상물의 교환을 용이하게 하며 완성시키는 행위이다. 따라서 소비자 행동의 형태는 특정상표의 구매, 특정서비스의 사용, 정보탐색, 태도변화 등으로 다양한데, 본서에서는 자극을 받은 후 소비자가 경험하게 되는 의사결정 과정 및 최종적으로 나타나는 반응 등과 관련되는 행위에 한정한다.

2. 소비자 행동연구의 당위성

소비자 행동에 대한 연구는 소비자, 마케팅 기업과 마케팅 관리자 그리고 공공정책 수립자에게 매우 유용하다(〈표 1-1〉 참조). 우선 소비자에게 무엇을 구매하고, 왜 구매하며, 어떻게, 언제 구매하는가 등 소비와 관련된 여러 결정들에 대한 통찰력을 제공한다. 자신의 소비결정을 분석할 수 있고, 소비선택에 영향을 주는 여러 요인을 이해함으로써 보다 현명한 소비자가 될 수 있게 한다.

마케팅 연구자에게는 소비자 개개인의 소비행동에 영향을 미치는 내·외적 요인을 이해할 수 있게 한다. 즉 소비자 행동은 인간행동을 이해케 하는데 기여한다. 개인적 성향, 구매행동, 사고과정에 대해 유용한 정보를 제공한다.

마케팅 기업 및 마케팅 관리자에게는 소비자가 왜 그리고 어떻게 소비결정을 내리는가를 이해하도록 하며, 보다 효과적인 마케팅 전략을 수립할 수 있도록 한다. 즉 시장세분화, 시장표적화, 시장위치화와 차별화 전략 그리고 마케팅 믹스 결정 등은 소비자를 이해해야만 가능하다.

마지막으로 소비자 행동연구는 공공정책수립자에게도 유용하다. 정부나 유관기관에서는 기업과 소비자 간의 교환과정을 조사·탐색한 후 규제하는 공공정책을 수립한다. 효율적이고 효과적인 공공정책 및 규제 등을 수립하기 위해서는 소비자를 정확하게 이해해야 한다. 예를 들어, 한국소비자원은 국민생활의 질적 향상을 위한 각종 정책, 법규의 제정과 개정을 건의하며, 거래실태를 조사하고, 소비자 불만 및 피해의 규제와 상담 등을 한다. 이 모든 활동이 소비자에 대한 연구에 근거하고 있다.

〈표 1-1〉 소비자 행동연구의 이유

1. 소비자 행동에 대한 연구는 보다 효과적인 소비자가 될 수 있는 능력을 향상케 하는데 도움을 준다.
2. 소비자 행동연구는 세 가지 유형의 정보를 제공한다.
   - 소비자 성향
   - 인간행동에 관한 진면모
   - 사고과정을 설명하는 이론
3. 소비자 행동분석은 마케팅 관리의 기초를 제공한다. 즉 마케팅 관리자들이 아래의 활동을 행하는데 도움을 제공한다.
   - 마케팅 믹스를 계획함
   - 시장을 세분화함
   - 제품을 위치화하고 차별화함
   - 환경을 분석함
   - 시장조사 연구를 개발함
4. 소비자 행동분석은 공공정책을 수립하는데 있어 중요한 역할을 수행한다.
5. 소비자 행동분석은 인간행동에 대한 지식을 제공한다.

3. 소비자 행동과 마케팅의 기본원칙

길 모퉁이에 있는 식품점과 같은 구멍가게 그리고 General Electrics, Whirlpool Corporation, Procter & Gamble, McDonald's, 삼성전자, LG전자, 현대자동차, SK텔레콤, Costco, E-마트, 신세계 및 롯데 백화점 등과 같은 대기업들은 고객들이 어떻게, 왜 구매하는가를 이해함으로써 이익을 획득하고 있다. 그러나 한국에서 Wal-Mart사가 실패하여 E-마트에 매각되었는데, 이것은 고객을 연구하는 것을 망각하였기 때문이다.

성공하는 것과 실패하는 것이 주는 시사점은 마케팅이 성공하기 위해서는 기본적인 마케팅 철학이 필요하다는 것을 의미한다. 즉 소비자를 만족시키는 것이 중요하다는 것을 보여주지만, 그것을 실행한다는 것은 너무나 어려고 복잡하다. 즉 기본철학이란 기업은 아래에 제시된 모든 것을 철저하게 행해야 한다는 것이다.

- 소비자의 욕구를 정의한다.
- 이러한 욕구를 가진 소비자 세분시장을 확인·규명한다.
- 이러한 욕구를 충족시키기 위해서 신제품을 위치화하거나 또는 기존제품을 재위치화한다.
- 가능하다면 상호작용적 기술을 이용하여 개인적 수준에서 소비자의 욕구를 충족시킬 수 있도록 노력한다.
- 소비자의 욕구를 충족시키는 이점을 가진 제품의 속성을 커뮤니케이트하고 제공할 수 있는 마케팅 전략을 수립한다.
- 효과성을 기준으로 상기의 마케팅 전략을 평가한다.
- 이러한 마케팅 전략이 소비자를 속이거나 오도하지 않으며 사회적으로 책임을 지는 방법으로 수행될 수 있도록 한다.

상기의 마케팅 전략을 수립하고 수행하는데 있어 기초가 되는 것은 소비자의 욕구, 새로운 상표와 기존상표에 대한 소비자의 지각, 그 상표에 대한 신념과 태도, 구매의도, 과거의 구매행동 등에 대한 정보를 획득하는 것이 중요하다는 것이다.

이에 본서는 소비자가 추구하는 이점, 지각, 신념, 태도와 같은 용어를 그리고 성공적인 마케팅 전략을 수립하는 데 있어 관여, 이점, 지각, 신념, 태도가 어떻게 영향을 미치는가에 대해 이해하도록 하는데 도움을 주고자 한다.

제 2 절 소비자지향적 관점과 마케팅 전략수립

1. 마케팅 전략수립과 마케팅 컨셉트

마케팅 전략을 수립한다는 것은 소비자를 잘 알고 철저하게 반응한다는 철학인 **마케팅 컨셉트**(marketing concept)에 바탕을 둔다는 것이다. 따라서 마케팅 컨셉트란 마케팅 관리자가 우선 소비자가 시장에서 추구하는 **이점**(benefit)을 정의하고, 그에 따라 마케팅 전략을 수립해야 한다는 것이다. 이러한 마케팅 컨셉트를 받아들임으로써 마케팅 맥락에서 마케팅 행동을 연구하게 된다. 1950년대 초 처음으로 마케팅 컨셉트가 인식 · 실천되고 있는데, 두 가지 이유 때문에 마케팅 컨셉트를 받아들이지 않았다.

첫째, 마케팅 제도가 마케팅 컨셉트를 받아들일 만큼 발전되지 않았기 때문이었다. 즉 소비자 행동에 대한 조사는 초보단계에 있었으며, 더욱이 광고와 유통구조가 규모의 경제성을 강조함으로써 그 당시의 대량생산과 대량 마케팅 전략을 수행하는데 적합했었다.

두 번째 이유는 2차 세계대전 이후 세계경제가 황폐화되고 불경기에 접어들었기 때문이었다. 그러나 세계경제가 점차 회복됨으로써 구매력이 증가되고, 그에 따라 수요가 공급을 초과하기 시작하였으며, 수요의 증가는 기업으로 하여금 더 좋은 제품으로 소비자의 특별한 욕구를 표적화하는 것을 망각케 하였다. 그러나 증가하는 수요를 충족시키기 위해 공급이 증가하고 그에 따라 공급이 수요를 초과하기 시작하였다. 이제 마케팅 기업은 소비자의 욕구를 확인하고, 이러한 욕구를 충족시키기 위해 제품을 개발하는 마케팅 지향적 철학을 받아들이는 것이 최상의 전략임을 터득하게 되었다. 즉 제조한 것을 판매한다는 판매지향적 접근방법(판매철학)은 이제 마케팅 지향적 접근방법(마케팅 철학)에게 그 자리를 물려주게 되었다.

또한 자국시장의 기업들이 자국 소비자의 욕구에 적응하는 것처럼, 세계적 기업들도 상이한 문화와 가치관에 의해 나타나는 욕구와 소비패턴의 상이함을 인식하기 시작하였다. 이것은 해외에 수출하거나 해외시장에서 활동하는 기업은 자국시장에 적용했던 전략에 의존할 수 없을 뿐만 아니라 그 전략이 해외에서도 성공할 것이라고 예상할 수 없다는 것을 의미한다. 그 이유는 국제 기업들이 세계시장의 상이한 욕구에 적응해야 하기 때문이다.

2. 마케팅 컨셉트와 소비자 행동의 적용

생산 컨셉트 및 제품 컨셉트 그리고 판매 컨셉트로부터 마케팅 컨셉트 및 복합적 마케팅 컨셉트로 변화됨으로써 마케팅 기업은 소비자 행동의 중요함과 필요성을 터득하게 되었다.

소비자 추구적 또는 소비자 지향적인 맥락에서 제품은 정의된 소비자 세분시장에게 소비자가 추구하는 이점을 전달할 수 있도록 개발되고 또한 위치화되어야 한다. 광고는 그 상표가 이러한 이점을 전달하는 방법을 보여주는 상징과 이미지를 커뮤니케이트하고, 그 상표에 대한 신념을 갖고 우호적인 태도를 창조하며 시용을 유도하는 것을 목표로 하고 있다. 또한 광고는 소비자로 하여금 재구매를 하도록 영향을 주기 위해 소비자의 선택을 강화하도록 한다. 유통경로는 소비자들이 적시에 최적의 장소에서 최상의 제품을 획득하도록 하며 또한 그러한 과업을 원활하게 수행할 수 있도록 서비스를 제공한다.

인터넷 등 정보기술의 발전으로 세분시장 추구적 마케팅은 점차 개인화되는 시장의 개별 소비자들의 욕구를 충족시키는 미시 마케팅을 수행하는 것으로 변화되고 있다. 즉 새로운 기술이 출현됨으로써 소비자들의 상이한 욕구를 보다 잘 충족시킬 수 있도록 제품을 개발하고 또한 정보를 제공하고 있다. 이것은 마케팅 기업이 개별 소비자에 맞도록 제품과 정보를 고객화하는 개인별 내지 일 대 일 마케팅을 행하고 있다는 것이다.

소비자들은 자신의 욕구를 보다 잘 충족하기 위해 웹(web)을 통해서 포괄적인 정보를 획득할 수 있게 되었는데, **대량 고객주문화**(mass customization)는 더 큰 세분시장에게 고객화된 제품을 제공할 수 있는 마케팅 기업의 역량을 의미한다. 따라서 미시 마케팅과 대량 고객주문화는 소비자로 하여금 폭넓은 선택과 보다 많은 정보를 이용하여 시장에서 결정할 수 있는 권한을 갖게 하였다. 이에 마케팅 기업은 개별 소비자에게 마케팅 전략을 지향하기 위해 소비자를 더 상세하게 이해할 필요성을 간파하게 되었다.

결론적으로 볼 때, 소비자지향성으로의 변화는 오늘날에도 계속되고 있으며, 따라서 마케팅 기업이 소비자지향성으로 변화됨으로써 상기와 같이 여러 가지 방법으로 마케팅 활동의 본질을 변화시키고 있다. 즉 마케팅 컨셉트를 받아들이는 데 있어 마케팅 관리자는 소비자 행동의 결정요인들이 마케팅 전략을 수립하는데 직접 관계가 된다는 사실을 깨달아야 한다.

제3절 소비자 행동의 최근 추세

나이가 많아진 베이비붐 세대의 욕구, 점증하고 있는 직장여성들의 욕구, N세대들의 다양하고도 변덕스러운 욕구 등은 성공적인 마케팅 기업들이 변화하는 소비자의 욕구와 환경적 추세에 적응하고 있음을 시사한다.

1990년대 후반과 2000년대 초의 모든 마케팅 환경의 변화는 마케팅 전략에 영향을 주는 중요한 소비자 행동의 추세를 나타낸다. 특히 소비자들의 가치지향성, 많은 정보에 대한 욕구와 접촉, 보다 분열화된 시장, 시간부족의 증가, 소비자의 욕구에 맞추기 위해 고객화된 제품에 대한 욕구 등의 추세가 두드러진데, 이런 추세들이 최고조에 달함으로써 소비자의 힘은 점차 강해지고 있다.

1. 가치지향성

1990년대의 불경기와 2000년에 시작된 경기침체는 소비자들을 보다 가격의식적으로 만들었다. 오늘날 성장은 억제되고 또한 장래의 구매력이 제한되어 있는 현실에서 소비자는 가치를 기준으로 더욱더 가격을 주시하고 있다. 가치를 강조함으로써 **교차 쇼핑자**(cross shoppers)가 되고 있는데, 그는 고급백화점에서 의상을 구입하지만 양말은 보통 백화점에서 구입하는 소비자이다. 이런 이중성으로 소비자는 어떤 제품범주에 대해서는 고가격을, 다른 제품범주에 대해서는 저가격 등으로 각각에 대해서 가치를 인식하고 있다는 것을 의미한다.

가치에 대한 감수성이 커짐에 따라 기업은 품질은 그대로 두고 가격을 인하하거나, 현재의 가격으로 고품질 제품을 제공하고 있다. 또한 기업은 고가격과 저가격으로 된 가격범위의 제품을 도입하기도 하는데, 예를 들어, 삼성전자는 Hausen 상표에 최고가격을 부과하고 있다. 한편 Benz 사는 속물근성적 소구를 벗어나 성능과 안전을 광고하는 저가모델을 개발하였으며, Wal-Mart사도 **매일매일 저가격**(EDLP : every day low price)을 강조하고 있는데, 이러한 것은 보다 가치에 지향한다는 것을 나타내는 것이다.

또 다른 측면으로서, 품질과 가격의 맥락에서 상표가치를 전달하는 것으로 **상표권리**(brand-equity)를 구축하는 것을 다시 강조하고 있다.

2. 웹에 대한 관심의 증가와 정보에의 용이한 접촉

소비자들은 더 많이 알고 또한 자신 있는 쇼핑자가 되고 있다. 이에 대한 한 가지 근거는 정보에 더 많이 용이하게 접촉할 수 있으며 또한 선택품을 쇼핑한다는 것이다. 과거보다 더 많은 소비자들이 인터넷을 이용하여 가상적으로 무한한 정보에 접촉하고 있다. 또한 가정용 및 개인용 컴퓨터가 많이 보급되고, 상호작용적 기술의 발달은 사이버 공간에서 제품정보에 대한 이용가능성을 확대시키고 있다. 그리고 소비자들의 교육수준이 높아짐에 따라 이런 추가적인 정보원천이 이용될 가능성이 더 커지고 있다.

소비자 행동에 대한 이런 변화는 마케팅 전략의 변화를 초래케 하고 있다. 마케팅 기업은 소비자들에게 선택할 수 있는 제품범위를 확대하여 제공하고 있으며, 또한 더 풍부한 제품정보를 제공하려고 한다. 역시 마케팅 기업은 소비자들에게 커뮤니케이트하기 위해 폭넓고 대안적인 매체를 그리고 더욱 광범위한 대안적인 전달방법(홈쇼핑 채널, 전화 구매, 전자식 간이점포 그리고 인터넷 및 모바일 폰을 이용한 구매)을 이용하고 있거나 고려하고 있다.

3. 시장의 분열화

시장은 전통적인 가정의 감소와 비전통적인 가정의 증가, 인구통계적 및 사회적 계층에 따라 계속 분열화되고 있다. 상당수 어린이들이 독신부모와 살고 있거나, 자녀가 없는 부부, 결혼하지 않고 동거하는 세대, 결혼하지 않고 혼자 사는 30대 이상의 남, 여 등 점차 인구통계적 세분시장이 점증하고 있다.

이에 마케팅 기업들은 이런 세분시장에 도달하기 위해 선택된 마케팅 메시지를 이용함으로써 보다 더 작게 정의된 세분시장에 소구하고 있다.

역시 마케팅 기업은 분열화된 연령 집단화를 직시하고 있다. 장년기 시장(50세 이상)이라고 불리었던 시장이 이제는 젊은 장년기(50대), 전통기(60대), 노후기(70대), 노년기(80대) 등으로 나누어지고 있다. 이에 기업은 발달된 기술을 이용하여 메시지를 고객화하고 또한 제품을 개인화함으로써 고객관계를 구축할 수 있는 역량을 더욱 높이고 있다.

4. 시간부족의 증가

소비자들은 과거보다 더 분주해지고 있으며 또한 자유로운 시간이 점차 감소하고 있음에 직면하고 있다. 시간은 일과 재충전을 위한 것일 뿐만 아니라 점차 가족에 대한 몰입, 그리고 공동체와의 몰입으로 나누어 활용된다. 이것은 소비자들이 정보탐색, 쇼핑, 구매 의사결정 등을 하는데 소비하는 시간이 점차 작아지고 있다는 것을 의미한다.

이에 마케팅 기업은 거래에 소요되는 시간을 절약하는 기술을 사용하고, 원스톱 쇼핑에 도움이 되는 분위기를 조성하고 또한 빠르고 용이하게 정보에 접촉하는 방법을 제공함으로써 가치를 부가하고 있다. 또한 서비스뿐만 아니라 가격을 강조하는 마케팅 전략을 실행하고 있다.

5. 고객화된 제품에 대한 욕망

소비자들이 더욱 정교해지고, 더 많은 정보에 접촉하며 또한 가치를 강조함으로써 소비자는 자신의 욕구에 보다 잘 알맞은 제품을 바라고 있다. 오늘날 소비자들은 저가격으로 더 많은 선택품을 추구하고 있는데, 예를 들어, 상이한 활동에 알맞은 운동화, 하루 중 편리한 시간대에 맞는 스낵, 관습에 맞는 의상, 특이한 선택품과 액세서리가 비치된 자동차 등을 원하고 있다.

이러한 욕구에 부응하기 위해 Ford사는 소비자가 자신의 승용차를 디자인할 수 있도록 69,120개의 부품으로 조립하여 Thunderbirds를 생산하고, Nike사는 자사의 웹사이트에 "Nike iD"를 개설하여 소비자로 하여금 특별한 스타일의 런닝화의 크기와 색상을 선택할 수 있도록 한다. 또한 Motorola사는 고객의 주문에 따라 무려 2,900만 가지의 상이한 조합품으로 된 무선호출 수신기를 제공하고 있다.

이러한 추세가 급속하게 진척됨에 따라 마케팅 기업은 전체적으로 새로운 마케팅 전략을 수립하여야 할 것이다. 많은 고객들에게 대량으로 한 가지 표준화된 제품을 공급하는 제품관리자가 아니라 **고객담당 관리자**(customer manager)가 되어 한 사람의 소비자에게 한 번에 보다 많은 고객화된 제품을 제공해야 할 것이다.

고객화 및 고객주문화에 대한 추세가 더욱 활발해짐에 따라 그러한 전략이 더욱더 실행될 것이며, 또한 그럴 가능성이 더욱 높아지고 있다.

제4절 웹을 통한 소비자의 권한 획득

소비자의 권한 획득은 현재 소비자들이 이용할 수 있는 다량의 정보, 토론집단이나 구매집단(공동구매)을 형성할 수 있는 잠재력, 웹을 통해서 제품과 서비스에 대한 경고사항을 평가하고 제시할 수 있는 소비자의 역량 그리고 대량고객화된 제품의 보급 등으로 이루어지고 있다. 대다수의 소비자들이 인터넷에 접속함에 따라 마케팅 기업은 새로운 기술적 변혁을 완벽하게 이용하려는 소비자의 힘을 인식하기 시작하였다.

웹을 이용한 소비자의 권한 획득은 제품, 가격, 유통경로, 촉진 등 마케팅의 4Ps 각각에 영향을 줌으로써 상표구축의 매 단계를 변화시키고 있다.

1. 제품

웹은 포장재를 마케팅하기 위해 계속해서 이용하였던 한 가지 방식으로서 대량판매로부터 혁신적인 일 대 일 판매형식으로 대량 마케팅을 움직여 나가고 있다. 이에 현대 마케팅 기업은 소비자들 자신이 관여하고 있는 경험을 제공할 수 있는 전혀 예상치 못했던 기회를 갖게 되는데, 그 경험은 완전한 상호작용성과 충분한 선택기회를 제공함으로써 고객은 자신이 고객화된 제품을 탐색할 뿐만 아니라, 어느 때에는 자신이 고객화된 제품을 개발할 수도 있다.

개인화된 정보를 제공하기 위해 기업은 소비자로 하여금 자신의 개인적인 웹사이트를 디자인할 수 있게 한다. 예를 들어, 어떤 기업의 웹사이트에는 소비자들 자신이 탐색하고 고객화된 정보 컨텐츠를 개발할 수 있는 개인화된 특성이 포함되어 있다(예 : UCC 등).

기업들은 제품을 개인화할 수 있는 기회를 소비자에게 제공(운동화, 자동차, 무선호출수신기, 런닝화, 선글라스 등)하고 있는데, 지금에는 고객화가 일상편의품에도 도입되고 있다. 예를 들어, Procter & Gamble사는 구매자들이 자신의 미용제품을 고객화할 수 있도록 대량고객화 모델을 이용할 수 있는 웹사이트를 개설하였다.

2. 가격

가격은 웹의 출현으로 인해 직접 영향을 받고 있다. 현재 소비자들은 가격대체안을 탐색할 수 있는 무한한 역량을 가지고 있으며, 또한 과거에는 이용할 수 없었던 가격정보를 획득하고 있다. 예를 들어, 어떤 사이트를 이용하여 소비자는 판매상(대리점 등)을 방문하기 전에 판매상과 정가를 협상할 수 있다. 그 사이트는 더 낮은 가격을 협상할 수 있도록 소비자에게 권한을 부여한다.

이 새로운 힘으로 인해 편리성에 기초한 쇼핑으로부터 가격에 기초한 쇼핑으로 변화되고 있다. 이에 따라 마케팅 기업은 경쟁사에 대한 가격전략을 보다 치밀하게 고려해야 한다.

3. 유통경로

아마도 보다 강력한 것은 소비자들이 구매하고자 하는 장소를 결정할 수 있는 능력이다. 웹을 이용하여 소비자는 과거보다도 더 많은 정보를 이용할 수 있게 됨으로써 보다 많은 제조업체들 중에서 선택할 수 있고 또한 유사한 품목을 판매하는 많은 소매상들 중에서 선택할 수가 있다. 특히 쇼핑 대리상이라고 하는 탐색-비교 수단을 이용하여 소비자는 한꺼번에 다양한 품목을 더 용이하게 나열할 수가 있다.

온라인 쇼핑객들 중 83%는 구매하기 전에 비교쇼핑을 한다. 즉 소비자들은 항상 비교쇼핑을 할 수 있는 힘을 가지고 있지만 웹을 폭넓게 이용함으로써 그러한 정보탐색 비용을 절감할 수 있다. 더욱이 웹은 과거에는 전혀 이용할 수 없었던 품목들까지도 세계 각처에서 적시에 올바른 품목을 적절한 장소에서 접촉할 수 있는 역량을 제공한다.

4. 촉진

과거에 마케팅 기업은 표적시장을 확인·규명하고, 그 표적시장의 욕구를 전달, 표현할 수 있는 광고를 개발하며 또한 그 표적시장에 도달하기 위해 적절한 매체(한 가지 매체로 다수의 소비자에게 소구하는 전략)를 선정함으로써 소비자들에게 지향하는 광고 등과 같은 촉진수단들을 통제하여 왔다.

물론 이러한 과정이 오늘날에도 계속 이루어지고 있지만, 한 가지 큰 변화는 마케팅 기업들이 **허가(용인) 마케팅**(permission marketing)의 중요성을 인식하고 있다는 것이다. Yahoo!사의 직접 마케팅담당 부사장이 창안한 이 용어는 웹을 이용한 마케팅에 적용되고 또한 전자식 커뮤니케이션 시대에 소비자들이 어느 웹사이트를 방문하고자 하며 또한 무슨 메시지를 받고자 하는가를 선택할 수 있다는 것을 의미한다.

즉 웹을 통해서 마케팅 기업은 지금까지 통제하여 왔던 마케팅 수단들을 소비자들에게 제공해도 되는가, 즉 개인별 메시지(일 대 일 전략)를 제시해도 되는가를 허락해 줄 것을 직접 소비자에게 요청해야 한다는 것이다. 고객 용인 마케팅은 소비자들이 광고에 노출되기를 원하는 경우를 소비자 자신이 결정할 수 있는 힘을 소비자에게 준다. 따라서 고객 용인 마케팅은 마케팅 기업이 관여하고 통제할 촉진의 유형에 영향을 준다.

권한(힘)이 이렇게 변환됨으로써 마케팅 기업은 소비자들과의 관계를 구축할 수 있는 새로운 방법을 개발해야 하며, 그럼으로써 소비자들이 계속 허용해 줄 가능성이 더욱 더 커지게 된다는 것을 의미한다. 그러나 소비포장재 등에 대한 소비자들의 강력한 충성심이 형성되지 않아 해당 마케팅 기업들은 지속적인 결속을 추구하지 못하고 있는 것이 현실이다.

이에 마케팅 기업들은 고객들과의 관계를 조성하기 위해 창의적인 방법을 구사함으로써 충성심을 형성하고, 관계를 구축하고 있다. 예를 들어, Procter & Gamble사는 새로이 부모가 된 어머니들에게 어린이 돌보기에 대한 정보를 중요한 사건 및 문제들과 그 상표를 연결하여 제공함으로써 Pampers에 대한 인식을 수립하고 충성심을 고취시키고 있다.

제5절 소비자 행동을 이해하는데 필요한 정보

대부분의 마케팅 기업은 소비자들이 어떤 행동을 하고 왜 행하는가에 대한 자료를 제공하기 위해 마케팅 정보시스템을 확보하고 있다. 이 정보시스템은 소비자 행동을 이해하고 또한 마케팅 전략을 수립하는 데 있어 매우 중요하다. 즉 **마케팅 정보시스템**(MIS : marketing information system)은 두 가지 유형의 자료인 2차 자료와 1차 자료를 수집할 수 있어야 한다. **2차 자료**(secondary data)란 이미 발표된 원천이나 기업의 내부기록에 있는 기존의 자료이며, **1차 자료**(기초자료, primary data)는 기업의 조사문제에 대한 해답을 얻기 위해 특별한 목적으로 기업이 수집한 자료이다.

1. 2차 자료

일반적으로 기업은 1차 자료를 수집하기 전에 먼저 2차 자료를 분석한다. 소비자를 이해하는데 있어 2차 자료의 중요한 세 가지 원천에는 정부가 행하는 연구조사 자료, 소비자 추세를 조사하는 공동조사 서비스 기업, 그리고 특정 제품과 서비스를 구입하는 구매자의 특징에 대한 정보를 제공하는 데이터베이스가 있다.

1) 인구조사 자료(census data)

인구조사 자료는 마케팅 관리자가 통상적으로 이용하는 인구통계적 정보에 대한 보고사항을 제공한다. 즉 나이가 많아지는 베이비붐 세대, 구성비율이 증가하고 있는 근로여성과 고령화 등과 같은 중대한 추세 등은 기업의 마케팅 전략이 변경되는데 영향을 준다. 또한 최근의 인구조사는 비전통 가정의 비율이 증가하고, 연령분포가 변화되는 것과 같은 인구통계적 추세를 파악하는 데 매우 중요하다.

2) 공동조사 서비스기업

공동조사 서비스기업이란 주기적으로 자료를 수집하여 회원사들에게 그 자료를 판매하는 기업이다. 이 서비스기업은 소비자 행동의 맥락에서 볼 때 두 가지 중요한 기능을 수행한다. 첫째, 판매자료의 형태에 따라 소비자 행동을 조사하며, 둘째, 소비자 태도, 지각, 라이프스타일 등에 대한 정보를 주기적으로 수집하여 소비자 행동을 이해하는데 필요한 기초자료를 제공한다.

예를 들어, A. C. Nielsen사와 Information Resource, Inc사는 소매점포에서 나온 스캐너 자료를 분석 · 보고함으로써 소비자 행동에 대한 정보를 분석한다. 그러한 자료는 제품 유형, 소매점, 가격, 지역 등을 기준으로 판매량이 분류되므로, 이 자료를 이용하여 마케팅 기업은 어떤 사람이 무엇을 구입했는가 등과 같은 관계를 간파할 수 있다.

어떤 서비스기업(예 : 제일기획 등)은 소비자 태도, 의견 및 라이프스타일을 조사하여 그 소비자들의 구매행동을 잘 설명할 수 있는 세분시장으로 소비자를 나눈 자료를 제공하는데, 그에 따라 마케팅 기업은 이들 세분시장의 구매행동을 더 잘 이해할 수 있다.

3) 데이터베이스 마케팅

데이터베이스 마케팅(database marketing)은 개별 소비자에 대한 정보를 활용하여 자사의 제공물을 고객화할 수가 있다. 즉 데이터베이스 마케팅은 미시 마케팅의 정보를 보다 보강할 수가 있으며, 또한 기업은 상호작용적 기술에 의해서 자사의 제공물과 요구사항에 대한 개별 소비자의 반응을 추적·조사할 수가 있다.

예를 들어, Levi Strauss(Levi's)사는 고객이 점포내의 컴퓨터나 웹을 통해서 점포내에서 직접 여러 대안적인 자료를 제공할 수 있도록 시설을 마련하였다. 이를 통해 Levi's사는 개별 소비자에 대한 가치 있는 데이터베이스를 획득한다. 데이터베이스에 수록된 소비자에 대한 프로파일을 유지함으로써, 현재 Levi's사는 직접우편 촉진방법을 이용하여 그 소비자에게 접촉할 수가 있다.

그러한 데이터베이스는 개인의 사생활을 침해한다는 문제를 야기시킨다. 이 경우 한 가지 논리적인 해결방법은 그 자료가 소비자의 특징과 구매패턴과 관련하여 이용한다는 사실을 소비자에게 정보를 제공하고 또한 그러한 정보를 사용할 수 있도록 허락을 득하는 것이다.

2. 1차 자료(기초적 자료)

대개의 경우 2차 자료는 소비자의 욕구를 충족시키는 데 적합한 마케팅 전략을 수립하는데 충분하지 않다. 그래서 기업은 정보 욕구를 충족시키기 위해 1차 자료를 수집한다. 즉 기업은 제품에 대한 소비자의 태도와 구매의도를 파악하기 위해 **설문조사**(survey)를 하며, 광고물, 가격촉진, 신제품 개념 등에 대한 소비자의 반응을 결정한다. 그리고 선정된 소비자 집단을 이용하여 신제품을 시험한다. 소비자 조사자는 정성적 조사, 설문조사, 실험조사, 관찰조사 및 행동자료를 이용하여 1차 자료를 수집한다.

1) 정성적 조사

정성적 조사(qualitative research)는 비체계적인 방법으로 소비자들에게 질문하여 소비자들의 근저에 깔려 있는 동기에 대한 정보를 획득하기 위해 고안된 조사이다. 정성적 조사를 통해 조사자는 소비자의 행동조치에 대한 과정을 정하고 또한 보다 체계적인 설문조사나 실험 등을 이용하여 질문할 수 있다. 자주 이용되는 접근방법에는 집중집단면접과 투영기법이 있다.

(1) 집중집단면접

집중집단면접(focus group interview : FGI)은 비공식적이고 개방적인 집단토의방식으로서, 마케팅 기업이 관심을 갖고 있는 일련의 주제에 집중하여 토의하도록 훈련된 조정자에 의해서 진행되는 집단토의이다. 예를 들어, 어떤 항공사는 기업인들에 대한 비행공포증을 조사하기 위해 집중집단면접을 이용하였다. 집단토의에서 소비자들은 비행공포증에 대해 솔직하게 자신을 나타냈다.

이 집중집단은 비행사고로 인해 사업을 할 수 없게 된다는 두려움과 그가 죽었을 경우 사랑하는 사람들을 남겨 둔다는 것이 죄악이라는 사실을 표출하였다. 결국 그 항공사는 직항노선과 정시에 도착한다는 합리적인 소구방법보다는 사업차 출장에서 가족들에게 돌아가는 즐거움에 집중하는 광고캠페인을 개발하였다.

(2) 투영기법

투영기법(projective techniques)은 소비자들에게 무의식적인 느낌(감정)과 태도를 표출할 수 있도록 디자인된 모호한 자료들을 소비자들에게 제시하는 것이다. 만약 바람직스러운 정보가 매우 개인적이거나 마음 깊숙한 곳에 내재되어 있다면 소비자들에게 만화를 보여주고 빈 칸을 메우도록 하거나 또는 어떤 상황을 제시하고 그 상황과 연관된다고 생각하는 사람을 표출하도록 요구하거나, 미완성된 문장을 제시하고 그것을 완결하도록 요구할 수 있다. 각각의 경우에 소비자들은 그러한 질문내용이 직접적으로 요구하는 것이 아니기 때문에 그들의 진실된 감정(느낌)을 나타낼 가능성이 있다.

예를 들어, Panasonic사는 소비자용 전자제품에 대한 자사의 긍정적인 이미지가 사무자동화로 전환될 수 있는가를 결정하기 위해 투영기법을 이용하였다. 소비자들에게 IBM, Xerox, Canon, Panasonic 제품들과 연관되는 사람들의 사진을 선택하도록 하였다. 응답자들은 IBM과 Xerox를 나이가 많고 유명하며 부유한 사람의 사진과 연관하였다. 한편 Panasonic에 대해서는 젊고, 벼락출세한 전문가의 사진을 선택하였다. Panasonic사는 연구결과를 이용하여 자사의 사무자동화 제품에 대한 광고캠페인으로 현재 관리자의 직위에 있고 1960년대와 1970년대에 태어난 독립적인 베이비붐 세대를 보여주는 "The Panasonic boom, the next generation"이라는 것을 개발하였다.

2) 설문조사

설문조사(survey research)는 모집단의 대표가 되는 **응답자 표본**(sample)의 설문지 응답을 통해서 체계적인 자료를 수집하기 위해 설계된 것이다. 예를 들어, 현대자동차가 외제 자동차(Benz, BMW, Lexus, Honda, Nissan, GM, Vokswagen 등) 소유자들의 HD 자동차에 대한 태도를 알고자 한다면, 현대자동차는 국산자동차와 외제자동차에 대한 태도를 이끌어낼 수 있도록 설문지를 개발한 후 외제자동차 소유자들 중 대표가 되는 표본에게 여러 가지를 질문한다. 현대자동차는 외제자동차 소유자들이 자사의 특별한 상표에 대해 부정적인 견해를 갖게 된 이유, 또한 이런 부정적 견해를 취하고 있는 자동차 소유자들의 특징 그리고 이러한 부정적인 태도를 변경시킬 수 있는 전략을 수립할 수 있는가를 결정할 수 있다.

현대자동차가 이용한 이런 설문조사를 **횡단적 조사**(cross-sectional) 설계라고 하는데, 그것은 특별한 시점에 조사를 하는 것이다. 반면에 현대자동차가 시간이 지남에 따라 외제자동차 소유자들 중 동일한 표본의 태도와 행동의 변화를 계속 조사하는 것은 **종단적 조사**(longitudinal research) 설계이다.

3) 실험조사

실험조사(experimental research)는 통제된 조건하에서 인과관계(cause-and-effect relationship)에 대해 실험하는 것이다. 조사자는 대안적인 제품 특징, 광고주제, 가격수준과 같은 마케팅 자극(원인)에 대해서 소비자들의 반응(결과)에 미치는 영향을 알고자 한다. 인과관계를 수립하려고 하는 경우, 조사자는 소비자의 반응이 자극이라는 원인에 의해서 일어났다고 할 수 있도록 실험대상이 되는 마케팅 자극을 제외한 모든 요인(외생변수)을 통제해야 한다.

예를 들어, Frito-Lay사는 통제된 조건하에서 실험을 한 결과, 소비자의 맛에 대한 평가점수(결과)는 떨어뜨리지 않고 자사의 부드러운 칩 계열에서 기름기를 1/3 정도 줄이는 것이 효과적임을 간파하였다.

4) 관찰조사

조사자는 소비자가 제품을 구입하고 사용하며 또한 마케팅 커뮤니케이션(촉진수단)에 노출되는 과정에서 어떻게 행동하는가를 결정하기 위해 소비자를 관찰한다. 예를 들어, 소비자들이 슈퍼마켓에서 쇼핑수레에 제품을 넣기 전에 얼마나 오랫동안 제품을 관찰하는가 또는 식품을 구입하는 데 얼마나 정확하게 표찰에 적혀 있는 지시사항을 살펴보는가 등을 관찰한다.

그러나 관찰조사의 경우, 응답자들이 조사자가 존재하고 있음을 알고 있는 경우에 강요에 의해서 수행되고 있음을 알게 되므로, 결과에 영향을 미칠 수 있다. 이러한 강요에 대한 문제점을 극복하기 위해 조사자들은 소비자들이 행동을 완료한 후 소비의 결과(예를 들어, 쓰레기통에 버린 빈 술병의 수량, 캔 수량 등)를 측정할 수도 있다.

참여관찰(participant observation)은 또 다른 관찰유형으로서, 조사자가 특별한 문화 속에서 어떤 집단이나 가족과 같이 살면서 그들의 행동을 관찰하는 것이다. 이러한 심층적 관찰은 문화인류학에서 유래된 것으로서, **민족지학적 조사**(ethnographic research)라고 한다. 예를 들어, Harley Davidson사는 이 방법을 이용하여 자사 오토바이 소유자들의 특성을 간파하였으며, 3Com사는 소형 Palm(Audrey)을 개발하는데 이 조사방법을 이용하였다.

5) 행동자료

이것은 고객들이 점포조사 자료(scanner), 카탈로그 구매기록 및 고객 데이터베이스에 자신들의 구매행동의 자취를 남겨 놓는다는 것이다. 조사자는 이러한 행동자료를 분석함으로써 많은 것을 알 수가 있다. 즉 고객의 실질적인 구매는 분명한 선호성을 반영하며 또한 고객들이 시장조사자에게 제공하는 설문지의 응답보다 더 신뢰적이다. 그 이유는 사람들은 자주 인기 있는 상표에 대한 선호성을 설문지에 응답하여 제시하지만, 상기의 행동자료는 사람들이 실제로는 다른 상표를 구입한 것을 보여주기 때문이다.

예를 들어, 식료품 쇼핑자료는 고소득층이 주로 고가 상표를 구입하지 않는다는 사실을 보여주는데, 이런 사실은 면접조사시에 응답한 것과는 반대이었다. 즉 상당수 저소득층이 고가 상표를 구입하고 있었다.

제 6 절 소비자 행동 모델

고객을 연구한다는 것은 신제품 개발, 제품 속성, 가격, 유통경로, 메시지 및 기타 마케팅 믹스 요소를 개발하는데 필요한 단서를 제공한다. 다시 말해서 마케팅 전략이란 소비자 행동에 영향을 미치는 요인들에 근거해야 한다는 것이다.

1. 자극-반응 모델

구매행동을 이해하는데 있어 출발점은 〈그림 1-1〉의 **자극-반응 모델**(S-R : stimulus-response model)이다. 이 그림은 마케팅 자극과 환경적 자극이 구매자의 의식으로 들어감을 보여준다. 구매자의 특징과 의사결정 과정은 어떤 구매결정을 유도한다. 마케팅 관리자는 외적 자극과 구매자의 구매 의사결정 사이에 있는 구매자의 의식 내에서 무엇이 일어나는가를 이해하는 과업을 수행한다.

〈그림 1-1〉 자극-반응(S-R) 모델

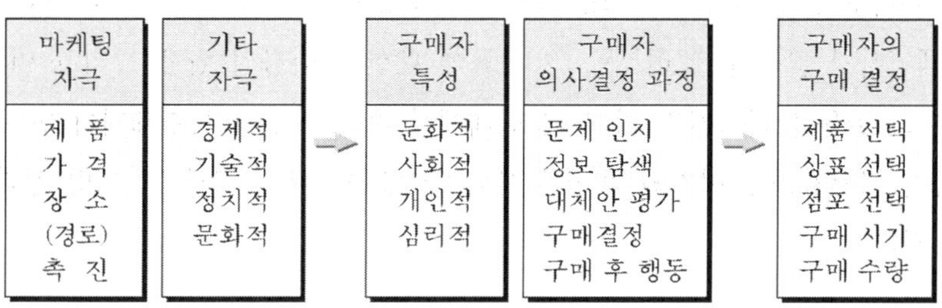

2. 간단한 소비자 행동 모델

상기의 〈그림 1-1〉의 자극-반응 모델을 마케팅 전략수립의 차원에서 보다 간단하게 나타낸 것이 〈그림 1-2〉의 간단한 소비자 행동 모델인데, 이 그림은 본서의 구성에 대한 근간이 되는 것으로서 마케팅 기업과 소비자 간의 상호작용을 강조한다. 상표에 대한 정보를 지각하고 평가하는 과정인 소비자 의사결정은 여러 대안적인 상표가 소비자의 욕구를 어떻게 충족시키는가를 고려한 후 특정한 상표를 결정하는 과정으로서 본 모델의 핵심적인 구성요소이다.

두 가지의 영향요인, 즉 개인 소비자와 환경이 소비자의 선택을 결정한다.

첫째는 개인 소비자로서, 그 소비자의 욕구, 상표 특징에 대한 지각 그리고 대안적인 상표에 대한 태도 등이 상표선택에 영향을 미친다. 이에 추가하여 소비자의 인구통계적 요인, 라이프스타일, 개성 특성 등도 상표선택에 영향을 미친다.

소비자 의사결정에 영향을 미치는 두 번째 요인은 환경이다. 소비자의 구매환경에는 문화(그 사회의 규범과 가치관), 하위문화(어떤 특정한 부분에서 독특한 규범과 가치관을 가진 사회의 한 부분) 그리고 대면집단(친구, 가족, 준거집단) 등이다. 마케팅 기업은 소비자 환경 중의 일부분으로서, 마케팅 기업이 소비자의 욕구를 충족시킬 수 있는 제공물을 제공하기 때문이다.

일단 소비자가 의사결정을 한 후 개인 소비자에게 피드백되는 것으로서 구매 후 평가가 일어난다. 평가하는 동안 소비자는 경험을 통해서 학습하게 되고, 또한 정보획득, 상표평가, 상표선정 등에 대한 행동유형을 변경할 수도 있다. 소비경험은 소비자가 동일한 상표를 다시 구입할 것인가에 직접적으로 영향을 미친다. 역시 피드백 과정은 다시 환경으로 되돌아간다. 즉 소비자는 구전을 이용하여 자신의 구매와 소비경험을 가족과 친구에게 커뮤니케이트한다.

〈그림 1-2〉는 역시 소비자의 피드백이 마케팅 전략수립에 대한 기초가 됨을 보여준다. 즉 마케팅 기업은 소비자들로부터 정보를 추구하는데(위의 피드백 과정), 시장점유율과 판매자료 등의 형태로 소비자 반응을 추적 조사한다. 그러나 그러한 정보는 소비자가 구매하는 이유를 마케팅 기업에게 알려주지도 않을 뿐만 아니라, 경쟁사의 상표와 비교하여 자사 상표의 장점과 단점에 대한 정보를 제공하지 않는다. 그러므로 그 상표에 대한 소비자의 반응 그리고 미래의 구매의도에 대한 소비자의 반응을 파악하기 위해 이 단계에서 마케팅 조사가 행해져야 한다. 마케팅 조사 정보를 이용하여 경영자는 소비자의 욕구를 보다 잘 충족시킬 수 있는 마케팅 전략을 다시 수립할 수가 있게 된다.

〈그림 1-2〉 간단한 소비자 행동 모델

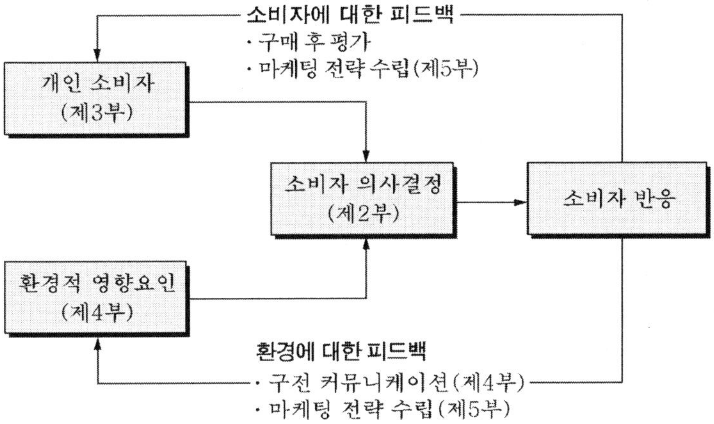

역시 마케팅 기업은 환경으로부터 정보를 추구한다(밑의 피드백 과정). 기업은 자사 상표와 관련된 구전 커뮤니케이션의 본질을 확인 · 파악하고자 한다. 역시 기업은 사회문화적 규범이 제품구매에 어떻게 영향을 미치는가를 파악하고자 한다. 보다 광범위한 차원으로 마케팅 기업은 사회적 책임의 맥락에서 기업 이미지에 관한 소비자의 의견을 추구한다.

참고문헌

윤훈현 역, 『소비자행동론』, 제6판, 석정, 1998.
윤훈현, 『소비자행동론』, 석정, 2005.
"Advertisers Are Cautious as Household Makeup Shifts," *Wall Street Journal* (May 15, 2001), pp. B1 and B4.
"Avon's Calling Beyond In-house," *Advertising Age* (June 19, 2000), p. 1
"Can Levi's Be Cool Again?," *Business Week* (March 13, 2000), p. 144.
"Consumers in the Mist," *Business Week* (February 26, 2001), pp. 92, 94.
"Custom Manufacturing-Nike Model Shows Web Limtations," *Internetweek* (December 6, 1999), pp. 1, 12.
"Have You Got Permission?" *Marketing* (June 22, 2000), pp. 28-29.
Henry Assael, Consumer Behavior, Houghton Mifflin, 2004.
"Red, White and Blue : An American Icon Fades Away," *Ad Week* (April 26, 1999), pp. 28-35.
"Regarding Customers as Business Collaborator," *New York Times* (February 9, 2000), p. C10.
"Revenge of the BOTS," *The Industry Standard* (November 8, 22-29), 1999, pp. 263-271.
RPIZM Cluster Narratives, Claritas Inc., 1999.
"Sears Drops 'Soft Side' Image in Face of Discount Challenge," *Discount Store News* (March 8, 1999), p. 1

제2부

소비자 의사결정

2
chapter

복잡한 의사결정 : 구매와 소비

본 장은 복잡한 의사결정 모델을 제시하는데, 새로운 자동차 구입을 결정하는 부부에 대한 예제를 통해서 이 과정을 설명한다.

복잡한 의사결정에는 본서에서 사용되는 중요한 행위적 개념이 포함된다. 예를 들어, 복잡한 의사결정에는 제품에 관여하는 소비자가 포함되는데, 결국 능동적인 정보탐색이 요구되므로 관여와 소비자 정보처리의 개념이 도입된다. 역시 복잡한 의사결정에는 대안적인 상표의 평가가 관련되므로, 소비자가 자신의 욕구의 측면에서 제품을 평가하는데 사용되는 과정이 고려된다. 마지막으로 복잡한 의사결정에는 제품을 구입한 후 그 상표를 평가하는 것이 관련되므로, 소비자의 만족과 구매 후 평가에 대한 개념이 설명된다.

구매 후 제품을 평가하는데 기초가 되는 것은 소비자이므로, 본 장에서는 구매과정과 소비경험에 대해 연구하며 또한 실용주의적 이유와 감정적 이유로 인해 제품이 구매되고 소비될 수 있다는 사실을 강조한다.

제1절 소비자 구매 의사결정의 유형

1. 구매 의사결정의 차원

마케팅 전략을 수립하기 위해서는 소비자가 구매 의사결정을 하는 과정을 필시 이해해야 한다. 즉 자동차를 구입하기로 결정한다는 것은 치약을 구입하기로 결정하는 것과는 상이하므로 소비자 의사결정은 하나의 유일한 과정이 아님을 알아야 한다. 〈그림 2-1〉은 2개의 차원 ① 의사결정의 범위 ② 구매에의 관여 정도에 근거하여 소비자 의사결정의 형태를 제시한다.

〈그림 2-1〉 소비자 의사결정 유형

	고관여 구매 의사결정	저관여 구매 의사결정
의사결정 (정보탐색, 대안적 상표 고려	복잡한 의사결정 (자동차, 전자제품, 사진기 시스템) 제2장	제한적 의사결정 (성인용 시리얼, 스낵식품) 제4장
습관 (정보탐색이 없거나, 거의 없음. 한 가지 상표만 고려)	상표 충성도 (운동화, 성인용 시리얼) 제3장	타성 (깡통에 든 야채, 종이수건) 제4장

첫 번째 차원은 의사결정으로부터 습관까지의 연속선상의 정도를 나타낸다. 소비자는 정보탐색과 대안적 상표의 평가라는 인지적(사고) 과정을 바탕으로 의사결정을 할 수 있다. 한편 소비자가 어떤 특정한 상표에 만족하고 또한 그것을 지속적으로 구입하는 경우에는 의사결정이 거의 일어나지 않는다.

두 번째 차원은 고관여로부터 저관여 구매까지의 연속선상의 정도를 나타낸다. 여기에서 **관여**(involvement)란 의사결정자가 구매나 소비행위를 개인적으로 매우 중요하거나 또는 개인적으로 관련이 되는 것으로 인식하는 경우에 광범위하게 문제를 해결하려는 행위를 취하는 것이다. 즉 관여는 어떤 특별한 상황하에서 어떤 자극에 의해서 유발되어 지각되는 개인적인 중요성 또는 관심의 수준이다.

따라서 관여는 사람, 제품, 커뮤니케이션, 상황 등에 의해서 그 수준이 상이한데, 구매의 경우 높은 것에서 낮은 것으로 구분된다. 즉 **고관여 구매**(high involvement purchase)란 소비자에게 중요한 것으로서, 그러한 구매는 소비자의 자아 및 자아이미지와 밀접하게 연관된다. 또한 고관여 구매는 소비자에게 몇 가지 위험, 즉 재무적, 사회적 또는 심리적 위험 등과 연관된다. 그러한 경우에 소비자가 신중하게 대안적인 제품을 고려하기 위해 사용하는 시간과 에너지는 가치가 있다.

저관여 구매(low involvement purchase)는 소비자에게 중요하지 않은 것으로서 재무적, 사회적 및 심리적 위험 등이 거의 크지 않다. 그러한 경우에 소비자가 상표에 대한 정보를 탐색하고, 또한 광범위하게 대안적인 상표를 고려하는데 소요되는 소비자의 시간과 노력은 별 가치가 없다.

2. 구매 의사결정 유형

의사결정 대비 습관 그리고 고관여 대비 저관여에 의해서 네 가지 유형의 소비자 구매유형이 조성된다. 첫 번째 과정인 복잡한 의사결정은 관여도가 높고 의사결정이 이루어지는(〈그림 2-1〉의 왼쪽 상단) 경우에 조성된다. 예로서 가정용 컴퓨터, 자동차 또는 소비자에게 매우 중요한 것으로 의복 등을 구매하려고 결정하는 경우이다. 그 경우에 소비자는 보다 더 세밀하게 정보를 탐색하고 정보를 처리하는데 시간을 소비한다. 즉 소비자는 자동차의 연료경제성, 내구성, 안전성, 서비스와 같은 특별한 기준(제품 속성)을 적용함으로써 대안적인 상표를 평가하고 고려하기 위해서 이러한 정보를 사용한다.

소비자가 저관여 조건하에서 의사결정을 할 경우 **제한적 의사결정**(limited decision making(〈그림 2-1〉의 오른쪽 상단)이 될 가능성이 있다. 소비자는 거의 관여하지 않는다고 해도 그는 그 제품에 대해 거의 과거경험이 없기 때문에 구매시 의사결정 과정을 거치게 된다. 예를 들어, 마이크로웨이브 오븐으로 요리할 수 있는 새로운 식품이 시장에 도입되었을 경우이다. 그 제품범주에 대해 거의 알지 못하거나 관여하지 않을 경우 소비자는 점포에서 포장을 살펴보고 일상적으로 사용하던 식품과 비교하기 위해 시용의 차원에서 그 제품을 구입한다. 이렇게 구입하는 경우 제한적으로 정보를 탐색하고, 대안적인 상표를 거의 평가하지 않는다.

제한적 의사결정은 소비자가 다양성을 추구할 경우에도 발생될 가능성이 있다. 즉 관여수준이 낮은 경우 소비자는 지루함 또는 다양함을 추구함으로써 상표를 변경할 가능성이 매우 높다. 상표에 대한 결정이 미리 계획할 만큼 중요하지 않으므로 소비자는 점포 내에서 의사결정을 할 가능성이 있다. 예를 들어, 소비자는 거의 손해를 보지 않고도 다양성을 추구하기 위해 새로운 상표의 쿠키와 성인용 시리얼, 라면 등을 시용하기로 결정할 수 있다.

소비자는 상표를 구입하는데 복잡한 의사결정이나 제한적 의사결정을 하지는 않는다. 선택이 반복적일 때 소비자는 과거의 경험을 통해서 학습하고 또한 가장 만족스러운 상표를 구입하는 경우에 거의 의사결정을 하지 않는다. 그러한 **상표충성심**(brand loyalty)은 반복적인 만족의 결과이며, 또한 특별한 상표에 강하게 몰입한 결과이다(〈그림 2-1〉의 왼쪽 하단). 나이키 Air Max 운동화의 구매나 동서식품의 성인용 시리얼을 구매하는 것이 이에 해당된다. 각각의 경우 소비자에게 중요한데, 그 이유는 Air Max는 관절이 약한 소비자가 관여하기 때문이며, 시리얼은 다이어트 등 영양가의 중요성 때문이다.

성인용 시리얼이 상표충성심과 제한적 의사결정 모두에 해당되는 제품으로 보인다는 사실에 주의해야 한다. 〈그림 2-1〉에 제시된 의사결정 과정이 제품 특이적이 아니라 소비자 특이적이라는 사실을 의미하기 때문이다. 즉 관여의 정도와 의사결정의 정도는 그 제품의 특징보다는 그 제품에 대한 소비자의 태도에 의해서 좌우된다는 것이다. 즉 어떤 소비자는 영양가 때문에 성인용 시리얼에 관여할 수도 있고, 다른 소비자는 그 상표의 제품이 다른 상표와 동일한 것이라고 생각하여 다양성을 추구하기 위해 상표를 바꿀 수도 있다.

〈그림 2-1〉의 네 번째 선택과정은 타성(오른쪽 하단)으로서, 그 제품에 대해 거의 관여하지 않고 의사결정을 거의 하지 않는 것이다. **타성**(inertia)이란 소비자가 상표충성심 때문이 아니라 대안적인 것을 탐색하는데 시간과 고통을 투자할 가치가 없기 때문에 동일한 상표를 구입하는 것이다. 즉 저관여 조건하에서 상표충성심은 구매한 상표에 대한 몰입보다는 반복적인 행동에 의한 편리함을 나타내는 것으로서, 두루마리 화장지나 포장된 식품이 이에 해당된다.

제 2 절 복잡한 의사결정의 본질

복잡한 의사결정(complex decision making)의 경우 소비자는 세밀하고도 포괄적인 방식으로 상표를 평가한다. 즉 다른 구매결정 유형보다 더 많은 정보가 탐색되고 더 많은 상표가 평가된다.

1. 복잡한 의사결정의 조건

복잡한 의사결정은 소비자가 그 제품에 관여하는 경우, 즉 그 제품이 소비자에게 중요한 경우에 더욱 가능성이 있다.

복잡한 의사결정은 아래의 제품의 경우에 가장 가능성이 높다.

- 고가격 제품
- 성능 위험과 관련되는 제품(의약품, 자동차)
- 복잡한 제품(컴팩트디스크 플레이어, 개인용 컴퓨터)
- 어떤 사람의 자아와 관련된 제품(의류, 화장품)

그러나 제품의 본질이 복잡한 의사결정에 대해 유일한 조건은 아니다. 확실하게 조장하는 조건이 존재해야 한다.

첫째, 가장 중요한 것은 광범위한 정보탐색과 정보처리에 필요한 적절한 시간이다. 즉 어떤 결정이 신속하게 이루어져야 한다면, 복잡한 의사결정은 발생하지 않는다. 예를 들어, 대가족인 가정에서 세탁기가 고장난다면, 부모가 구매기준을 설정하고 대안적인 상표를 평가하는데 수주일을 소비할 가능성은 거의 없다. 그리고 하루에 14시간을 공부하는 경영학과 학생은 고장난 스테레오 시스템을 바꾸기 위해 상당히 많은 시간을 소비할 가능성은 거의 없다.

두 번째 조건은 대안적인 상표를 평가하기 위해 적절한 정보를 이용할 수 있느냐이다. 즉 소비자는 간혹 불충분하거나 또는 부정확한 정보로 인해 의사결정을 지연하기도 하며 또한 고려해야 할 제품특징과 특성이 너무나 많은 경우에 의사결정을 지연하기도 한다. 따라서 복잡한 의사결정을 하려면 소비자가 정보를 처리할 수 있는 능력(역량)을 가져야 한다.

2. 복잡한 의사결정 모델

의사결정은 ① 문제인식 ② 정보탐색 ③ 대체안 평가 ④ 선택 ⑤ 선택의 결과라는 다섯 단계 과정으로 이루어져 있다. 이 과정을 복잡한 의사결정과 관련되는 소비자에게 적용할 경우, 이 단계는 ① 욕구 발상 ② 소비자 정보처리 ③ 상표평가 ④ 구매 ⑤ 구매 후 평가로 전환될 수 있는데, 이에 따라 복잡한 의사결정 모델은 〈그림 2-2〉와 같이 나타낼 수 있다.

〈그림 2-2〉 복잡한 의사결정의 기본모델

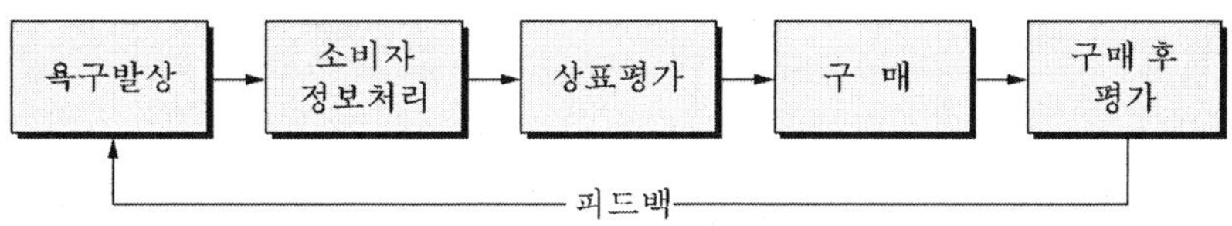

이 모델은 **단계 모델**(stage model)로서, 실제 구매가 행해지기 오래 전에 구매과정이 시작되고 또한 구매 후 오랫동안 결과가 남는다는 것을 강조한다. 복잡한 의사결정 모델은 부부가 자동차를 구매하는 가상적인 예를 통해서 설명한다.

제3절 욕구 발상

구매과정은 구매자가 문제 혹은 욕구를 인식함으로써 시작한다. 욕구 발상 즉 욕구인식은 소비자가 현재 처해 있는 상황과 어떤 바람직한 목표(예 : 보다 경제적인 수송수단에 대한 욕구, 보다 스타일적인 의상에 대한 욕망) 간의 차이에서 나타난다. 그러한 차이로 인해 행동하려는 동기가 유발된다. 즉 욕구인식은 소비자가 어떤 상표에서 추구하고자 하는 이점과 상표태도를 형성한다는 것이다.

바람직한 이점과 상표태도는 소비자의 심리적 세트를 결정하는데, **심리적 세트**(psychological set)란 정보를 추구하고 정보를 처리하기에 앞서 여러 상이한 상표에 대한 소비자의 마음상태이다. 〈그림 2-3〉과 같이 욕구 발상은 다양한 내적 투입변수와 외적 투입변수의 함수이다.

〈그림 2-3〉 욕구 발상

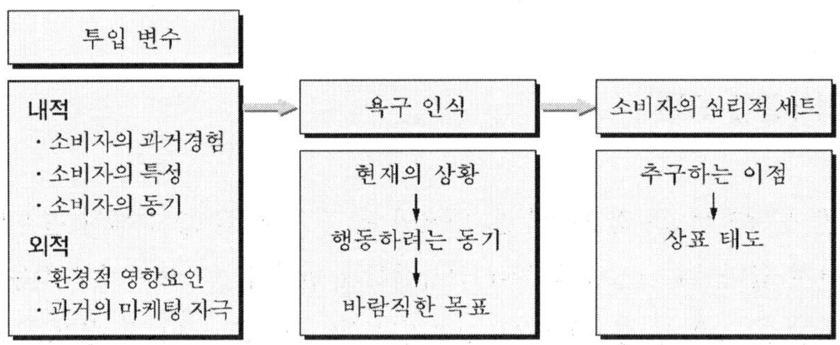

1. 투입변수

욕구 발상에 영향을 주는 다양한 투입변수에는 ① 소비자의 과거 경험 ② 소비자의 특성 ③ 소비자의 동기 ④ 환경적 영향요인(대면집단, 문화, 사회계층, 구매상황 등) ⑤ 마케팅 자극(광고를 봄, 진열대에 있는 제품을 주시함, 판매원으로부터 그 제품에 대해 들음) 등이 있다.

아래의 예를 보자. 백 대리와 그의 부인인 안씨는 30대 초반의 부부로 4살된 아들이 있으며, 대도시의 중산층이 사는 교외지역에 살고 있다. 부부는 맞벌이를 하고, 직장에 갈 때는 대중교통수단을 이용한다. 아들은 주중에 유아원에 맡겨진다. 그들은 한 대의 자동차가 필요한 가정이며, 부인은 인터넷을 이용하고 있으며, 가구와 가정용 전자제품을 구입하는데 인터넷을 이용하여 왔다.

1) 소비자의 과거경험

백 대리는 6년 전 안씨와 결혼할 때 부모로부터 Elantra를 유산으로 물려받았다. 부인은 주말과 쇼핑용으로 통상 Elantra를 이용하여 왔으며, 또한 Elantra는 이러한 욕구를 잘 서브하여 왔다. 결과적으로, 그 자동차에 대한 그들의 과거경험은 긍정적이다. 백 대리와 부인은 자동차에 대한 일련의 기대사항을 수립하고 있는데, 좋은 서비스와 지속적으로 성능을 발휘하는 자동차를 기대하고 있다는 것이다. 이러한 기대사항과 차이가 점차 커짐에 따라 그들은 대안적인 모델을 고려하게 된다.

2) 소비자의 특성

소비자가 추구하는 이점과 상표에 대한 태도는 부분적으로 소비자의 특성, 즉 인구통계적 특성, 라이프스타일, 개성과 같은 특성에 따라 조건화된다. 즉 소득, 배우자의 유무 그리고 자녀의 수는 자동차의 종류와 유형에 영향을 준다. 라이프스타일도 선택에 영향을 주는데, 사회지향적이며 외부지향적인 부부는 자동차의 스타일과 크기를 강조할 수도 있다. 개성까지도 영향을 미치는데, 권력지향적이며 저돌적인 사람은 가속력이 좋은 자동차를 원한다.

백 대리와 부인 모두는 막 사회생활을 시작하였으므로, 소득은 자신들이 지급할 수 있는 가격범위를 정하게 한다. 그리고 백 대리 부부는 휴가 동안에 아들과 함께 장거리 자동차 여행을 하고자 한다. 따라서 그들은 자동차가 주는 지위보다는 자동차의 기능적인 면에 보다 관심이 많다. 그들은 경제성, 서비스 확실성, 성능 그리고 안락함 등의 순으로 속성에 중요성을 부여한다. 구매가 중요하므로, 그들은 구매시 실질적인 재무적 위험과 성능 위험을 인식한다. 결국 그들은 구매결정에 크게 관여하게 된다.

3) 소비자의 동기

동기(motives)란 그의 욕구를 달성하도록 행동을 지향케 하는 일반적인 **동인**(drive)이다. 즉 소비자의 현재 상황과 바람직한 목표 간의 차이가 클수록 소비자의 욕구를 만족시키도록 행동케 하는 동기화의 동인은 더 크다.

동기화되는 동인은 소비자가 상표를 평가하기 위해 사용하는 특이한 이점 기준에 직접적으로 영향을 준다. 만약 백 대리 부부가 지위에 대한 욕구를 충족하기 위한 동인에 의해서 동기화된다면, 그들의 두 가지 중요한 이점 기준은 자동차의 크기와 스타일이 될 것이다. 그러나 만약 경제성에 대한 욕구가 동기를 행동케 한다면 그들의 가장 중요한 이점 기준은 연료경제성, 서비스 비용, 최소의 구입가격 등이 될 수 있다. 즉 동인은 상표를 평가하는데 사용하는 이점 기준에 직접 영향을 준다.

4) 환경적 영향요인

소비자는 사회적 분위기하에서 여러 가지 제품을 구입하고 사용한다. 자동차를 구입하는 것은 자주 가족의 의사결정으로 이루어지며, 가족구성원 각자는 그 결정에 영향을 미친다. 이웃과 직장 동료들도 역시 중요한 정보원천이며 영향요인이 된다.

백 대리 부부는 온라인으로 자동차에 대한 일반적인 정보를 획득함으로써 정보탐색을 시작하였다. 작년에 신차를 구입한 이웃이 자동차 관련 웹사이트에 대해 알려 주었으므로, 백 대리 부부는 어떤 특정한 사이트에 접속·연결한 후 그들의 가장 중요하고도 특별한 이점 기준을 선택할 수가 있었다. 즉 그들은 경제성, 서비스, 안락함 등을 강조한 것에 기초를 둔 여러 모델을 탐색하기 위해 그 사이트를 이용하였다.

자동차는 수송수단일 뿐만 아니라 하나의 상징물이다. 결국 사회문화적 규범은 자동차의 구매 및 그 자동차의 이용에 영향을 준다. 20~30대는 사회화의 수단으로 자동차를 사용할 가능성이 큰 반면에, 성인들은 사회경제적 지위의 상징으로 자동차를 사용할 가능성이 크다.

5) 과거의 마케팅 자극

상표의 특징과 가격에 대한 과거의 정보도 역시 소비자의 욕구에 영향을 미친다. 즉 소비자는 광고, 점포내 자극, 판매원, 웹 등으로부터 정보를 획득하는데, 구입을 고려하기 전에 이미 자동차에 대한 여러 가지 정보에 접할 수가 있기 때문이다.

2. 욕구 인식

〈그림 2-3〉의 여러 가지 상이한 투입변수들은 소비자의 현재의 마음상태를 결정한다. 즉 소비자는 자신의 현재 상태와 어떤 바람직한 목표상태 간의 차이가 있을 때 욕구를 인식하는데, 이러한 차이는 긴장을 야기시키고 행동하도록 동기를 유발시킨다.

백 대리 부부는 현재의 문제상태 때문에 행동하도록 동기가 부여되었다. 그들은 현재 사용하고 있는 Elantra의 변속기를 교체해야 한다는 사실을 알았다. 연료경제성이 낮아지고 또한 변속기의 교체 필요성에 의해 그들은 대안적인 자동차를 고려하기 시작하였다. 또한 한 가지 추가적인 요인이 그들로 하여금 행동하도록 부추겼다.

백 대리 부부는 Elantra가 구식이라는 이미지를 갖고 있다고 믿었으며, 또한 스포티하면서 최신의 서구적인 것으로 보이는 자동차를 구입할 것을 고려해야 한다는 사실에 합의하였다. 백 대리는 구식이라는 이미지에 대하여 새로운 광고 캠페인인 Avante 광고를 기억하였으며, 그 광고는 Avante에 대한 백 대리 부부의 지각에 거의 거슬리지가 않았다.

1) 욕구의 계층

Abraham Maslow는 **욕구의 계층**(hierarchy of needs)에 근거한 동기부여이론을 수립하였다. Maslow에 의하면, 소비자는 높은 수준의 욕구가 행동을 유발시키기 전에 가장 낮은 수준의 욕구를 우선적으로 만족시킴으로써 행동하도록 동기가 부여된다. 즉 낮은 수준의 욕구가 충족되면, 그 후 그 사람은 그 다음 수준의 욕구를 충족시키려고 한다. 따라서 성취되지 못한 욕구는 행동을 하도록 유도된다. Maslow는 가장 낮은 욕구로부터 가장 높은 욕구로 5개 수준을 정의하였다.

1. 생리적(먹음, 마심, 주거, 성생활)
2. 안전(보호, 안전, 안정)
3. 사회적(애정, 우정, 인정)
4. 자아(위신, 성공, 자존심)
5. 자아실현(자기성취)

마케팅 기업은 Maslow가 주장하는 5개 수준의 욕구 범주에 소구할 수 있다.

- 성적 욕구를 통한 생리적 욕구(개인 신변제품에 대한 광고)
- 안전 욕구(보다 안전한 자동차를 광고하거나 또는 안전한 환경을 촉진하는 메시지를 강조하는 것)
- 사회적 욕구(어떤 유형의 의상을 입거나 또는 어떤 상표의 비누나 방취제를 사용함으로써 집단이 용인하는 것을 보여주는 것)
- 자아 욕구(그 제품을 사업의 성공〈신용카드〉, 또는 스포츠에서의 성공〈운동화〉과 연결함)
- 자기실현 욕구(여행, 교육, 문화탐색 등을 통해 자기성취를 보여줌)

또한 Maslow 이론은 가족생활주기의 3단계와 동일시될 수 있다. 첫 번째 단계인 청년기 중 전반기의 사람들은 수용(용인)을 획득하기 위해서 또한 동료들과 필적하기 위해서 기본적으로 물적인 재산을 소유한다(Maslow의 3단계 욕구). 중년기로 옮겨감에 따라 소비자는 재산의 소유가 성공을 나타내며 또한 자존심을 획득하는 수단으로 인식한다(Maslow의 4단계 욕구). 점차 나이가 들어감에 따라 그러한 재산 소유는 중요한 것이 되지 못한다. 그들은 이제 감정적 만족과 자기실현을 제공하는 경험을 추구하게 된다(Maslow의 5단계 욕구).

2) 실용적 욕구 대 쾌락적 욕구

욕구는 기본적으로 실용적 욕구 또는 쾌락적 욕구로 분류될 수 있다. 백 대리 부부의 자동차 구매는 그들이 연료경제성, 서비스 비용, 수선, 성능 등과 같은 실용적인 제품속성에 대한 정보를 수집함으로써 객관적으로 의사결정을 한다고 가정한다. 이러한 의사결정이 모든 경우에 해당되지 않는데, 우리는 간혹 보다 내적인 욕망과 환상을 나타내는 감정적 요인에 근거하여 의사결정을 한다.

실용적 욕구(utilitarian need)는 내구적인 자동차, 경제적인 컴퓨터 또는 따뜻한 옷과 같은 실질적인 이점을 성취하는 것으로서, 기능적인 제품속성(내구성, 경제적, 따스함)과 연관된다. 즉 실용적 구매는 정보제공적인 사항에 집중하고 또한 구매과정 그 자체를 강조한다. 반면에 **쾌락적 욕구**(hedonic need)는 제품으로부터 기쁨을 성취하는 것으로서, 제품을 소비함으로써 파생되는 감정이나 환상과 관련될 가능성이 크다. 소비하는 과정과 밀접하게 연관되므로 쾌락적 욕구는 보다 경험적이다. 즉 쾌락적 욕구는 통쾌하게 승리하는 스포츠 팀과 연관되기 위한 욕망 또는 자연스럽게 보이기 위한 욕망 등이 될 수도 있다.

쾌락적 욕구를 충족시키기 위해서 소비자는 대안적인 상표를 평가하는데 있어 실용적 기준보다는 감정적인 기준을 자주 사용한다. 예를 들어, 사적 상표(점포 상표, 중간상 상표)가 붙은 똑같은 스카프보다 두 배나 비싼 Gucci 스카프를 구입하는 것은 스카프의 기능적 이점(실용적)을 기준으로 정당화될 수 없지만, 그것은 확실하게 쾌락적 이점을 기준으로 정당화될 수 있다.

이러한 상이함 때문에 실용적 욕구와 쾌락적 욕구에 소구하기 위해 사용하는 마케팅 전략도 상이하다. 즉 실용적 욕구에 소구하는 광고는 실용적 구매와 연관되는 재무적 위험과 성능 위험을 줄이기 위해 보다 정보제공적인 경향이 높다. 인쇄광고가 실용적 광고에 대해 이상적인 매체인데, 그 이유는 인쇄광고가 정보를 전달하는데 자세한 메시지가 가능하기 때문이다(〈사진 2-1〉 참조). 역시 웹도 구체적이며 세부적인 제품광고를 전달할 수 있는 상호작용적인 본질과 역량 때문에 실용적 광고를 하는데 매우 효과적인 매체가 될 수 있다. 예를 들어, 자전거에 대한 어떤 광고는 내구성, 편안하게 탈 수 있음 그리고 기어변속이 용이함 등을 광고한다.

〈사진 2-1〉 실용적 욕구에 소구하는 광고

한편 쾌락적이며 상징적 욕구에 소구하는 광고는 상징적 욕구와 자주 관련되는 사회심리적 위험을 전달하기 위해 상징적이며 감정적이 되는 경향이 있다. 이미지를 강조하는 경우에 아마도 TV는 상징적 광고를 하는데 가장 효과적인 매체이다. 예를 들어, Hausen에 대한 광고가 고급스러움, 자유스러움, 만족스러움에 소구하는 것, POSCO광고, KT&G광고 등이 상징적이며 감정적이다. 즉 그 광고에 경험적이며 감정적인 어조를 나타내는 경우에 기능적인 이점을 언급할 필요가 없다.

3. 소비자의 심리적 세트

소비자의 심리적 세트란 욕구가 인식되고 동기가 유발되는 때에 그 사람의 마음상태로서, 소비자 의사결정의 맥락에서 소비자의 심리적 세트는 상표, 제품 및 점포 평가로 향하게 되는 기초가 되는데, 이것은 욕구가 유발되어 행동에 옮기기 전에 이미 소비자는 마음 속에 충족시키고자 하는 욕구에 대한 어떤 기준을 생각하게 된다는 것이다. 이러한 심리적 세트는 추구하는 이점 그리고 상표태도라는 두 가지 요소로 구성된다.

1) 추구하는 이점

이점기준(benefit criteria)은 소비자가 어떤 상표 또는 다른 상표를 결정하는 데 있어 중요하다고 고려하는 요인들이다. 백 대리 부부는 경제성과 서비스 확실성을 가장 중요한 기준으로 그리고 수행성능, 안락함, 스타일, 안전성과 같은 기준도 역시 고려한다.

소비자들이 동일한 이점을 추구하게 되므로, 마케팅 기업은 동일한 이점기준을 강조하는 소비자들을 집단화함으로써 **이점 세분시장**(benefit segment)을 확인할 수 있다. 즉 경제성, 성능, 스타일과 같은 이점을 강조하는 소비자 세분시장을 확인함으로써 마케팅 기업은 이러한 이점을 충족할 수 있는 제품특성(속성)을 개발할 수 있다. 예를 들어, 성능 세분시장에 소구하는 자동차 제조업체는 신속한 가속력과 유연한 주행과 같은 제품특성을 광고한다.

소비자는 제품특성을 바람직한 이점을 충족시키는 목적물 또는 만족시키지 못하는 목적물(goal object)이라고 생각한다. 예를 들어, 소비자가 경제성을 평가하기 위해 사용하는 목적물(속성)에는 연료경제성과 서비스 비용 등이 포함된다.

쾌락적 욕구와 실용적 욕구 간의 차이는 역시 이점과 목적물(속성)에도 적용된다. 즉 쾌락적 욕구는 기쁨지향적인 욕구를 충족시키는데, 결론적으로 실용적 욕구와 쾌락적 욕구에 대해서는 욕구, 동기, 이점, 목적물(속성) 간의 관계가 있는데, 〈표 2-1〉과 같다.

〈표 2-1〉 실용적 욕구 대 쾌락적 욕구 비교

욕 구	동기부여	추구하는 이점	목적물
실용적 : 적절한 수송	욕구를 충족시키기 위해 행동하도록 하는 동인	경제성	연료경제성, 서비스 비용, 희망소비자 가격
쾌락적 : 주행의 기쁨	욕구를 충족시키기 위해 행동하도록 하는 동인	자동차 주행의 이면에 있는 좋은 장점	가속엔진, 자동차의 냄새, 유연한 주행

2) 상표 태도

상표 태도는 어떤 상표에 대해서 우호적 또는 비우호적으로 평가하려는 소비자의 경향이다. 상표 태도는 세 가지 요인, 즉 상표에 대한 신념, 상표의 평가, 행동경향 등으로 나타나는데, 아래와 같이 순차적으로 움직인다.

- 상표에 대해 형성된 신념이 영향을 미친다.
- 상표에 대한 태도, 그 후에 영향을 미친다.
- 구매의도(또는 구매하지 않음)

즉 상표 신념이 긍정적 태도가 된다면 소비자가 그 상표를 구입할 기회는 더 커지게 된다. 이러한 순서는 소비자 의사결정 중 **효과의 계층**(hierarchy of effect) 모델인데, 효과의 계층 모델은 소비자가 구매를 하는데 있어 거쳐 가는 단계의 순서로서 사고(신념), 느낌(평가), 행동(상표를 구매하려는 의도) 등과 관련되는 순서를 나타내는 것이다.

소비자의 심리적 세트를 구성하는 상표 태도는 실제로 상표를 평가하는 것이 아니라, 소비자의 욕구가 일어나고 또한 그 욕구를 충족시킬 수 있는 이점기준을 마음 속에 갖게 되므로, 그 추구하는 이점기준을 가지고 상표평가 단계에서 상표들을 평가하게 될 것이라는 것이다.

즉 마음 속에 가지고 있는 바람직하게 추구하는 이점기준이 있으므로, 어떤 상표에 대한 신념이 소비자가 바라는 이점과 일치하는 경우, 소비자는 그 상표를 우호적으로 평가할 것이다. 우호적이며 긍정적인 상표평가는 그 상표를 구입할 의도를 유도할 가능성이 높다. 백 대리 부부는 기본적인 이점기준이 경제성과 서비스 확실성이라는 조건하에서 그들이 이러한 특징(신념)을 가진 자동차(상표평가)를 선호하게 되고 또한 그 자동차를 구입할 계획(행동경향)을 세울 것이다.

제 4 절 소비자 정보탐색과 정보처리

소비자 정보탐색과 정보처리는 정보에 노출, 정보의 지각 및 기억 속에 정보를 보존하는 것과 관련되는데, 그 과정은 〈그림 2-4〉와 같다.

〈그림 2-4〉 소비자 정보탐색과 정보처리

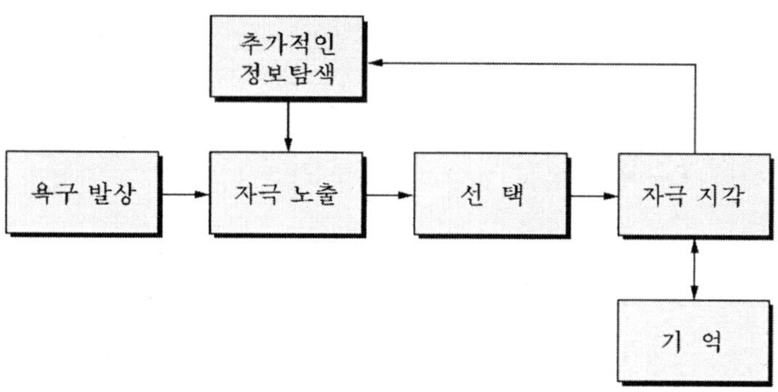

1. 자극 노출

욕구가 인식되면 소비자는 그 욕구와 관련되는 정보를 탐색하고 처리할 가능성이 더 크다. 백대리 부부는 TV광고와 웹 베너광고, 자동차에 대한 친구의 충고 그리고 전시장 및 거리에 있는 자동차 등과 같이 자동차와 관련되는 자극을 주시할 가능성은 더욱 높아진다. 역시 그들은 제시된 가격, 거래공제, 휘발유 소모량, 서비스 및 부품가격 등과 같이 자동차를 소유하고 운영하는데 소요되는 비용에 영향을 미치는 정보를 알려고 할 가능성, 즉 노출이 더 커진다. **노출**(exposure)이란 소비자들이 마케팅 기업의 메시지, 즉 마케팅 자극(잡지광고, TV광고, 라디오 광고, 인터넷 베너광고 등)에 물리적으로 오감을 통해 접촉(봄, 들음, 주시함 등)하여 감각기관이 활성화되는 것이다.

자극에 대한 소비자의 노출은 자주 선택적이다. 즉 사람들은 자신의 견해를 지지하며 자신의 자아를 강화하고 또한 자신의 라이프스타일과 일치하는 친구를 선택하는 경향이 있다. 또한 사람들은 자신의 구매를 정당화하기 위해서 최근에 구매한 것을 지지하는 광고를 자주 찾는다. 역시 사람들은 자신의 욕구나 신념에 맞지 않는 정보를 빈번하게 무시해 버린다. 즉 최근에 자동차를 구입한 사람은 같은 자동차를 갖고 있는 친구의 부정적인 경험을 무시하거나 또는 그 자동차는 아직까지 고장이 나지 않았다고 생각함으로써 불량한 성능을 합리화할 수도 있다.

그러므로 자극노출은 기존상표에 대한 태도와 지각을 강화하거나 또는 추가적인 정보를 추구하려는 욕구에 의해서 나타나는 선택적인 과정이다.

2. 자극의 지각

지각(perception)이란 자극에 의미를 부여하기 위해서 소비자가 그 자극을 선택, 조직, 해석하는 과정인데, 더 상세하게 설명하면 지각이란 한 개인이 오감을 통해서 투입된 정보를 그가 살아가는 세상에서 의미있는 것으로 만들기 위해 자기 방식대로 선택, 조직, 해석하는 과정이다. 자극은 아래와 같은 경우에 지각될 가능성이 매우 크다.

- 소비자의 과거경험과 일치하는 경우
- 상표에 대한 소비자의 현재의 신념과 일치하는 경우
- 너무 복잡하지 않을 경우

- 믿을 만한 경우
- 일련의 현재의 욕구와 관련되는 경우
- 지나치게 두려움과 호기심을 유발하지 않는 경우

자극에 대한 노출과 마찬가지로 자극에 대한 소비자의 지각도 선택적이다. 즉 소비자의 신념과 경험을 강화하는 광고는 주시되고 또한 보존될 가능성이 매우 크다. 역시 소비자는 어떤 상표에 대한 과거경험 및 현재의 신념과 모순되는 광고 등을 무시하거나 다시 해석할 가능성이 매우 크다. 즉 자극을 선택적으로 지각함으로써 소비자는 심리적 균형감을 성취하려고 하는데, 그것은 모순된 정보를 회피하며 또한 갈등이 없는 상태를 갖고자 하는 것이다.

3. 기억

보존된 정보는 소비자의 **기억**(memory)에 저장되는데, 기억은 과거의 정보와 경험으로 구성되어 있다. 일단 기억 속에 보관 · 저장되면, 그 정보는 장래에 사용될 때에 상기될 수 있는데, 〈그림 2-4〉에서 기억과 자극의 지각 간에 양쪽 화살표로 표시되어 있다.

4. 추가적인 정보탐색

간혹 소비자는 적절한 의사결정을 할 만큼 충분한 정보를 가지고 있지 않을 수 있다. 그러한 경우에 소비자는 추가적인 정보를 탐색하는데, 아래와 같은 경우에 그 가능성이 매우 크다.

- 그 제품에 크게 관여하는 경우
- 고려하고 있는 대안적인 상표들이 부적절하다고 소비자가 믿을 경우
- 고려하고 있는 상표들에 대해 불충분한 정보를 소비자가 갖고 있는 경우
- 과거의 경험 및 현재의 정보와 모순되는 매체의 원천으로부터 또는 친구로부터 정보를 소비자가 받는 경우
- 소비자가 특별한 상표를 결정하는 것이 임박한 경우 그리고 소비자가 성능과 관련하여 기대와 일치하고자 하는 경우

1) 관여와 정보처리

크게 관여하는 것은 보다 많은 정보탐색을 고무하도록 하는 경향이 있는데, 이러한 연결성은 여러 연구에서 확인되고 있다. 즉 크게 관여하고 있는 사람은 테니스 제품에 대한 광고에 더욱 주의를 기울이며 또한 그 광고에 있는 제품정보를 보다 집중적이며 포괄적으로 처리한다. 또한 농사기법을 배우는데 크게 관여하고 있는 농부들은 여러 대안적인 공급업자들을 평가하는데 있어 더 많은 속성을 사용할 가능성이 있다.

새로운 자동차를 구입하기로 결정한 후 약 2주가 지나, 백 대리 부인은 중립적인 원천으로부터 여러 자동차에 대한 등급을 정하기 위해 도서관에서 「소비자 시대」를 복사하여 검토하였다. 백 대리 부부는 현재 고려하고 있는 자동차를 소유하고 있는 친구들에게 그들의 경험을 물어 보았다. 그 시점에서 부인은 웹을 탐색하여 자동차 관련 정보를 획득하는데 시간을 투자하기로 결정하였다.

그녀는 우선 일반적인 정보를 얻기 위해 Yahoo!, Google, Naver 또는 Daum과 같은 탐색엔진으로 간다. 그 후 여러 자동차 관련 사이트를 탐색한다. 그녀는 자신과 남편이 고려하고 있는 자동차의 다양한 여러 특성에 대한 전문가들의 평가등급 결과를 얻기 위해 소비자원 사이트로 간다.

상기의 여러 사이트의 결과내용 그리고 이전의 정보탐색에 기초하여 백 대리 부부는 3개의 선택대안, 즉 Avante, Lacetti, SM3로 축소하였는데, 그 결과 Elantra는 고려대상에서 제외되었다. 이러한 결정에 도달하여 부인은 특별한 자동차 정보 및 구매 사이트로 이동함으로써 웹 탐색의 세 번째 단계로 가게 된다. 그녀는 세 가지 각각의 모델에 대해 구입가격, 모델 규격, 등급사항 등에 대한 정보를 획득한다.

〈그림 2-4〉는 추가적인 정보가 더욱 많은 정보탐색을 자극함에 따라, 추가적인 정보탐색은 다시 노출로 환류된다는 것을 보여준다. 웹을 통한 부인의 탐색도 추가적인 탐색을 자극한다. 이것은 정보처리와 상표 평가의 과정은 소비자가 최종결정을 하기 전까지 지속적으로 일어난다는 것을 설명한다.

2) 정보탐색의 한계

복잡한 의사결정이 항상 더 많은 정보탐색을 초래케 하지는 않는다. 광범위하게 포괄적인 정보탐색은 소비자들이 수집된 추가적인 정보가 그것을 획득하는데 소요되는 비용보다 가치가 있다고 생각되는 경우에만 이루어진다. 즉 소비자들은 16개의 대안적인 상표정보가 제시된 경우에도 의사결정시 단지 2개 정보만 이용하였으며, 또한 자동차와 대형 가전제품을 구입하는 경우에도 반

정도는 한 개 점포나 전시장을 방문한다.

이렇게 제한적으로 탐색하는 것이 구매에 대한 소비자들의 관심이 없다는 것을 의미하지는 않는다. 그것은 많은 소비자들이 상표를 결정하는데 있어 과거의 경험에 의존하거나 또는 그들이 구매시기에 많은 정보를 가지고 있다고 믿는다는 것을 의미한다.

이와 유사하게 소비자들은 일반적으로 온라인 정보수집 욕구에 대해 선호하는 웹사이트 명부를 극히 적게 갖고 있다. 그 한 가지 이유는 소비자들은 유용한 사이트를 확인하고, 실질적인 탐색을 하고 또한 정보를 다운받는데 필요한 추가적인 시간의 관점에서 실질적인 거래비용에 직면하기 때문이다. 따라서 초고속 인터넷 접속선이 없는 경우에 특히 부담이 되고 장애요인이 될 수 있다.

제5절 상표 평가

상표 평가는 〈그림 2-5〉와 같다. 정보처리의 결과로서 소비자는 자신이 인식하고 있는 상표를 바람직한 이점과 연관시키기 위해서 과거와 현재의 정보를 사용한다. 소비자는 그가 추구하는 이점에 기초하여 최상의 만족을 제공할 것이라고 기대하는 상표를 선호하게 된다.

〈그림 2-5〉 상표 평가

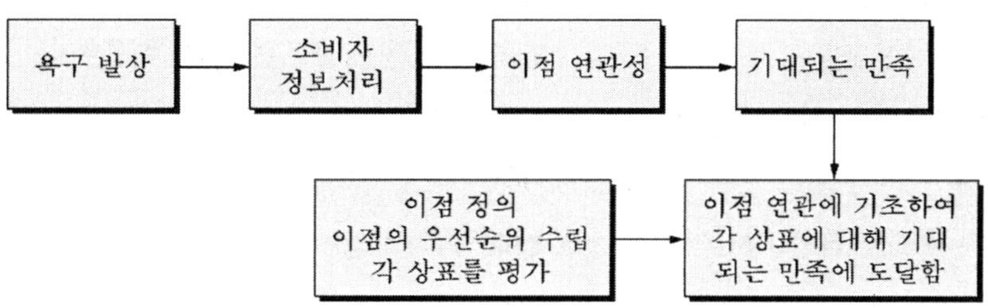

1. 이점 연관성

1) 이점 연관성과 평가

이점 연관성에서 소비자는 바람직한 이점들의 우선순위를 정해야 하며 또한 상표의 특징을 이러한 이점들과 관련을 맺어야 한다. 백 대리 부부는 중요성의 순서를 경제성, 안전성, 서비스 확실성, 성능, 안락함, 스타일로 우선순위를 정하였다. 그들은 자신들이 고려하고 있는 3개 상표(제품)의 특징을 평가하기 위해서 이러한 이점기준을 사용한다. 그들은 여러 웹사이트에서 이러한 이점기준에 관하여 객관적인 평가점수를 수집하였다. 그들이 가장 중요하다고 생각하는 이점에 대해서 더 많은 가중치를 부여하는 한편, 각각의 자동차의 상대적 장점을 평가하기 위해 기타의 이점들도 역시 포함하였다.

이것에 기초하여 백 대리 부부는 경제성에 대해 Avante와 Lacetti가 최고이며, Lacetti와 SM3가 서비스 확실성에 대해서 최고이며, 또한 3개 자동차 모두가 안전성과 성능에 대해서는 거의 비슷하게 평가되었다고 결정하였다. 그러나 Lacetti가 스타일에서 최하위로 평가되었다. 백 대리 부부는 스타일에 대해서 부정적으로 평가하였지만, Lacetti를 선택하였는데, 그 이유는 Lacetti가 가장 중요한 이점에서 높은 점수를 받았기 때문이었다.

상기의 예에서 볼 때 백 대리 부부는 자동차를 선정하는데 실용적 기준을 적용하였다. 그러나 소비자들은 역시 자동차의 이면에 있는 자유스러운 주행 느낌, 또는 즐거움을 만끽하는 느낌과 같은 쾌락적인 기준을 적용할 수 있다. 즉 Lacetti 광고는 소유함으로써 알게 되는 자긍심의 자유스러움으로 Lacetti 소유자들을 나타냄으로써 실용적 이점보다는 감정적 이점에 더 소구하였다.

2) 두 가지 평가방법

백 대리 부부가 대안적인 자동차를 평가하기 위해서 사용하는 평가과정을 **보상적 평가방법**(compensatory method)이라고 하는데, 그 이유는 어떤 한 기준에 대한 부정적인 평가등급이 다른 기준에 대한 긍정적인 평가등급(점수)에 대해서 보충해 줄 수 있기 때문이다. 따라서 Lacetti가 서비스 확실성에서의 높은 점수로 인해 백 대리 부부는 Lacetti를 선택하게 된 것이다. 보상적 평가방법의 경우 소비자는 모든 이점기준에 대해 각 상표를 평가한다.

두 번째의 다른 대안적인 평가방법은 **비보상적 평가방법**(noncompensatory method)인데, 이것은 소비자가 특정시점에 모든 상표에 대해 한 가지 기준으로 상표를 평가하는 것이다. 예를 들어, 백 대리 부부는 우선 경제성에 따라 3개 자동차를 평가하여 SM3를 제외시킨다. 그리고 나서 다음으로 중요한 기준인 안전성에 따라 나머지 2개 자동차(Lacetti와 Avante)를 평가하였는데, 동일하게 평가되었다. 그 후 서비스 확실성에 따라 평가하여 Avante를 제외시켜 선택대상으로 Lacetti가 남게 된다. 따라서 소비자는 상표를 평가하는데 있어 상이한 의사결정 규칙을 사용할 수 있다.

두 가지 요인, 즉 소비자 욕구의 본질과 관여의 수준이 어느 평가방법을 사용할 것인가를 결정할 가능성이 있다.

첫째, 소비자들이 기능적(실용적) 욕구에 의해 행동할 경우, 그는 보상적 시스템을 사용할 가능성이 크다. 즉 소비자는 자동차의 경제성, 서비스 확실성 또는 안락함을 평가하는데 있어 다양한 기준을 사용할 가능성이 있는데, 이는 경제성을 평가하는 경우 합당한 서비스 비용과 양호한 연료효율성이 높은 소비자 가격을 상쇄할 수 있기 때문이다. 반면에 소비자가 쾌락적 욕구에 의해 행동하는 경우 단 한 번에 처리하는 의사결정 규칙이 사용될 가능성이 매우 크다. 만약 어떤 자동차가 즐거움을 만끽케 하는 느낌과 상쾌한 주행을 소비자에게 주지 않는다면 그 자동차는 즉시 제외된다.

둘째, 관여의 수준으로서, 소비자는 세제나 치약과 같이 덜 관여적인 의사결정의 경우에 비보상적 의사결정 규칙을 사용할 가능성이 매우 크다. 그 이유는 보상적 방법에서 요구되는 광범위한 정보처리에 의해서 특정 상표를 선택하는데 소요되는 시간과 노력을 기울일 가치가 없기 때문이다.

2. 기대되는 만족

보상적 방법과 비보상적 방법 모두가 소비자 자신이 열망하는 이점을 어느 상표나 제품이 어느 정도 만족시키는가에 따라 일련의 기대를 갖는다는 사실에 일치한다. 즉 가장 중요한 이점을 거의 충족시키는 상표가 가장 큰 만족을 제공할 것으로 기대한다. 백 대리 부부의 경우에서도 Lacetti가 가장 기대되는 만족이 큰데, 그 이유는 가장 중요한 이점기준인 경제성에 대해서 최상이기 때문이다.

제 6 절 구매, 구매 후 평가

상표 평가의 결과는 구매(비구매) 의도로 나타난다. 복잡한 의사결정의 최종단계는 의도하는 상표를 구매하고 소비하는 동안 그 상표를 평가하며 또한 장래에 사용하기 위해 이러한 정보를 저장(피드백)하는 것이 포함된다. 이러한 단계는 〈그림 2-6〉과 같다.

〈그림 2-6〉 구매 및 구매 후 평가

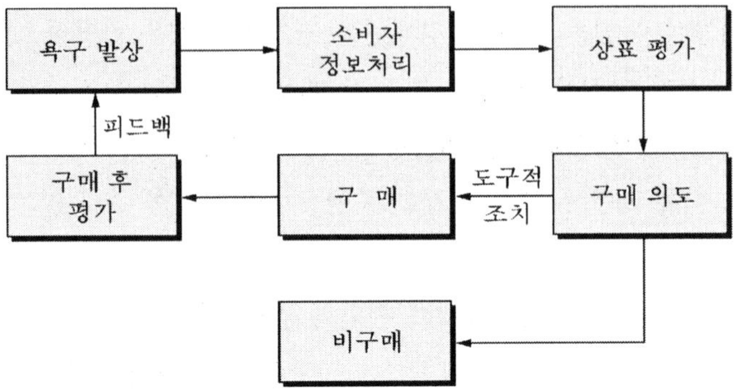

1. 구매 의도

소비자는 상표들을 평가한 후 최고수준의 기대만족을 성취하는 제품(상표)을 구매할 것을 의도한다. 복잡한 의사결정의 경우 구매가 즉시 행해질 가능성은 거의 없다. 백 대리 부부는 현재 소유하고 있는 자동차에 대한 최상의 중고품 교환거래(trade-in) 가치를 획득하기 위해 여러 중고차시장을 다녀야 하며 또한 대출이나 할부 등 금융을 얻어야 한다. 그러므로 백 대리 부부는 Lacetti를 구입하기 전에 상당한 시간이 필요하다. 즉 자동차를 구입하기 위해서 그들은 소위 **도구적 행동조치**(instrumental actions), 즉 판매상 선정, 구매시기 결정, 구매장소 결정 그리고 자동차를 구입하는 경우에 자주 이용하는 것으로서 금융조건 조정 등과 같은 여러 가지를 행해야 한다. 더욱이 그들은 에어콘디셔너나 CD 플레이어 등과 같은 선택품을 결정해야 한다.

Lacetti로 결정한 후, 백 대리 부부는 여러 대리점(영업소)을 다녀보기로 결정하였다. 그들은 자동차 전문 웹사이트를 통해서 제조업체의 판매가격을 확인하였고, 가격협상시 유리한 입장을 가질 수 있는 정보를 획득하였다. 역시 그들은 여러 대리점들의 가격과 전문 웹사이트의 가격을 비교하기 위해 전문 사이트를 통해서 Lacetti에 대한 특별한 구매요구조건을 요청하기로 결정하였다. 또한 그들은 대안적인 금융조건을 조사하였다.

2. 구매의도와 구매결정 사이의 단계

구매의도와 구매결정 사이에는 도구적 행동조치가 행해질 뿐만 아니라, 그 사이에는 두 가지 요인이 발생할 수 있는데, 〈그림 2-7〉과 같다.

〈그림 2-7〉 구매의도와 구매결정 사이의 단계

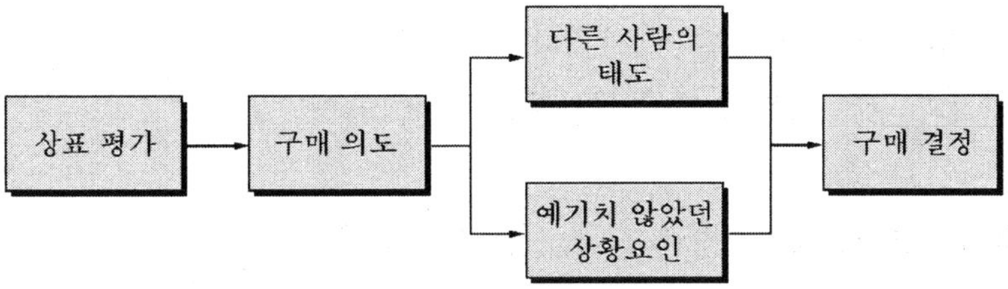

첫 번째 요인은 다른 사람의 태도이다. 다른 사람의 태도가 소비자의 선호하는 대안에 대한 구매의도를 어느 정도 줄일 것인가 하는 것은 다음 두 가지에 의해서 좌우된다. 첫째, 소비자가 선호하는 대안에 대한 다른 사람의 부정적 태도의 강도, 둘째, 다른 사람의 기대에 순응하려는 그 사람의 동기이다. 즉 다른 사람의 부정적 태도가 크면 클수록 그리고 다른 사람이 그 소비자와 가까우면 가까울수록, 그 소비자는 자신의 구매의도를 수정할 가능성이 높아질 것이다. 역시 그 반대도 마찬가지이다. 즉 그가 좋아하는 어떤 사람이 동일한 상표를 강하게 선호한다면 그 소비자의 그 상표에 대한 선호성은 증가한다. 그 소비자와 가까이에 있는 사람들이 모순적인 의견을 가지며, 또한 소비자가 가까이에 있는 모두를 기쁘게 하려고 하는 경우 다른 사람들의 영향은 매우 복잡하게 된다.

타인의 태도는 그들이 공식적으로 평가한 결과를 입증하는 **정보중재자**(informediarie)의 역할과 관련된다. 정보중재자의 예에는 「소비자시대」 고객들의 검토내용을 공식적으로 발표하는 전문도서, 전문적으로 영화, 책, 음악 등을 비평하는 평론가, 전문 웹사이트에서 판매되는 도서와 음악에 대한 소비자들의 검토내용 그리고 제품, 서비스 및 기업에 대해 논의하는 이야기방 등이 포함된다. 소비자들은 이러한 것들의 평가에 대해 거의 의심하지 않고 영향을 받는다.

둘째, 구매의도는 또한 예기치 못한 상황적 요인에 의해서 영향을 받는다. 예컨대, 백 대리가 직장을 잃거나, 혹은 더 긴급하게 다른 제품의 구매가 필요하게 되거나, 판매원이 그에게 부정적으로 영향을 미칠 수도 있다. 이와 같이 선호하는 것과 구매의도 조차도 실제 구매행동에 대해 완전하게 믿을만한 예측치가 되지 못한다.

3. 비구매

소비자 의사결정 모델은 구매를 지연하거나 또는 구매하지 않기로 결정할 수 있음을 보여준다.

백 대리 부부는 새로운 자동차를 구입하지 않기로 결정할 수도 있는데, 그들은 장기적 측면에서 볼 때 Elantra를 수리하는 것이 더 비용이 적게 소요된다고 평가하였기 때문이다. 또는 여러 상표를 평가하면서 그들은 어떤 추가적인 선택품이 내년도 신형 모델에 포함되어 시장에 도입될 수 있다고 생각하여 기다리기로 결정할 수도 있다.

소비자들은 아래와 같은 이유로 인해 의사결정을 지연할 수 있다.

- 소비자가 너무 바빠서 의사결정에 시간을 낼 수가 없음
- 소비자들이 그 구매가 다른 사람들로 하여금 탐탁치 않게 생각하도록 한다고 관심을 가짐(사회적 위험)
- 소비자들이 잘못 의사결정을 하지 않을까 또는 그 제품이 잘못 작동되지 않을까에 관심을 기울임(자아 및 성능 위험)
- 소비자들이 그 품목에 대해 더 많은 정보를 필요로 함
- 소비자들이 그 제품의 가격이 곧 인하될 것이거나 또는 더 좋은 품목을 곧 이용 가능할 것이라고 믿는 경우이다.

또한 소비자가 구매를 지연하는 또 다른 이유는 결정을 피하려는 아주 간단한 욕망 때문이다. 예를 들어, 어떤 소비자는 자동차를 구매하는 경우에 재무적 위험이나 성능위험이 크다는 사실을 간파하여 현재 상태를 유지하는 것이 최상의 선택대안이라고 결정할 수 있다. 또는 소비자들은 두 개의 모델이 자신의 욕구에 거의 맞는다는 사실을 발견하여 잘못된 결정을 하는 것에 대한 두려움으로 의사결정을 피할 수 있다.

의사결정 과정은 역시 외적 제약조건 때문에 어느 단계에서 끝나거나 또는 지연될 수 있다. 예를 들어, Lacetti를 기대하고 있는 시기에 이용할 수 없거나 또는 Lacetti의 가격이 생산비의 증가로 인해 기대 이상으로 인상될 수도 있다.

4. 구매

〈그림 2-6〉은 구매의도와 실제구매가 연결되기 위해서는 도구적 행동조치가 필요하다는 것을 제시한다. 구매가 이루어지기 위해서 필요한 많은 행동조치가 요구되기 때문에 구매의도와 구매 간의 시간적 격차는 복잡한 의사결정의 경우에 더 클 가능성이 있다.

구매하는데 필요한 도구적 행동조치 중에서 점포선정이 가장 중요하다. 사실상 점포선정은 자

체적으로 의사결정 과정이 요구된다. 예를 들어, 의상을 구입하는 장소는 어떤 상표를 구입하느냐 보다 더 중요할 수도 있다. 즉 백 대리 부부는 최상의 조건을 제공하는 대리점을 선택하거나 또는 특정한 자동차 전용 웹사이트를 통해 구입하기로 선택할 수 있는데, 그 경우에 그들은 입씨름을 하지 않는 낮은 가격 그리고 금융, 보험, 포괄적인 보장 선택, 중고차를 처분하는데 관련되는 지원 등 관련 서비스 그리고 많은 유익한 정보와 적절한 자동차 관련정보 등을 받게 된다는 것을 알고 있기 때문이다.

이러한 경우 백 대리 부부는 대리점을 방문하기 전에 이미 어떤 특정한 자동차를 구입할 것인가를 결정한다. 그러나 상당수 제품의 경우 의사결정과 구매는 거의 동시에 이루어지는데, 그 이유는 소비자들이 점포에서 상표를 결정하기 때문이다. 예를 들어, 슈퍼마켓 진열대에서 선뜻 보고 나서 소비자는 깡통에 든 완두콩에 대한 욕구가 생겨날 수도 있다. 상표충성도가 강하지 않은 경우 소비자는 가격이 가장 저렴한 상표를 선택할 수도 있다.

5. 구매 후 평가

일단 제품을 구입한 후 소비자는 소비하는 과정에서 그 제품의 성능을 평가한다.

1) 구매 대 소비

세 가지 이유 때문에 구매와 소비를 구별하는 것이 중요하다.

첫째, 제품은 어떤 사람에 의해서 구입되지만, 다른 사람이 소비할 수 있다. 구매자가 아닌 소비자가 제품에 대한 만족도를 결정한다.

둘째, 구매는 어떤 상표가 욕구를 어느 정도 만족시킬 가능성이 있는가에 대한 소비자의 기대에 따라 좌우된다. 그러나 소비는 이러한 기대가 일치하는가를 결정한다.

셋째, 소비자의 구매 후 평가는 그 상표가 재구매될 가능성이 있는가를 결정한다. 즉 충성도가 없이 그 상표가 계속해서 존속될 가능성은 거의 없다. 즉 소비자의 불만족은 추후의 재구매를 유도하지 않으며, 그 상표에 대한 부정적인 구전을 유발하여 판매를 상실케 한다.

소비경험에 대한 중요성은 구매 후에 학습한 정보가 구매 전에 학습한 정보보다 어떤 상표에 대한 만족을 결정하는데 크게 영향을 준다는 사실로 설명된다. 즉 소비과정에서 학습한 것은 구매과정 동안에 학습한 것보다 만족을 결정하는데 있어 보다 중요하다는 것이다.

2) 만족 대 불만족

만족은 소비자의 기대가 충족되거나 초과될 때 일어나며 또한 구매결정이 강화된다. 그러한 강화는 〈그림 2-6〉과 같이 구매 후 평가에 대한 피드백으로 나타난다. 즉 만족은 소비자가 동일한 상표를 재구매할 가능성을 더 크게 함으로써, 그 상표에 대한 긍정적인 태도를 강화한다. 반대로 불만족은 소비자의 기대가 충족되지 못했을 때 일어난다.

그러한 **기대의 불일치**(disconfirmation of expectation)는 부정적인 상표태도를 초래할 가능성이 있으며, 소비자가 동일한 상표를 다시 구입할 가능성을 줄이게 한다.

6. 구매 후 불협화

1) 구매 후 불협화의 경우

대개의 경우, 의사결정은 두 가지 이상의 유사한 대체안이 관련되며 또한 이 중에서 선택하는 과정으로 진행된다. 의사결정을 하면서 특히 소비자는 실질적인 재무적 위험 또는 사회적 위험과 관련되는 경우에 불안감을 느끼게 된다. 선택한 제품에 대한 부정적인 정보로 인해 **구매 후 불협화**(postpurchase dissonance), 즉 두 가지의 모순된 신념으로 야기되는 갈등이 일어난다.

백 대리 부부의 자동차 구매 의사결정 과정에서 Avante가 Lacetti 다음인 2등이라고 가정해 보자. 구매 후 불협화의 가능성은 증가한다. 자동차를 구입할 경우 재무적 위험은 불협화의 가능성을 더욱더 커지게 한다. 역시 친구와 이웃이 지키는 규범과 일치하지 못하는 자동차를 구입하는 경우에는 사회적 위험이 있으며, 의사결정이 잘못될 수 있는 심리적 위험이 있을 수도 있다.

구매 후 즉시 부인은 앞서 Lacetti를 구입한 친구를 만났는데, 그 친구가 연료경제성과 기계고장이 기대했던 것보다 매우 낮아 부정적인 경험을 하였다고 가정해 보자. 이와 동시에 백 대리는 현대자동차가 내년에 보다 경제적인 신모델을 출시할 것이라는 사실을 알았다고 하자. 이 경우 백 대리 부부는 이미 행한 구매를 지연했었으면 하는 믿음에 따라, 이러한 정보에 의해서 구매 후 의심을 하게 된다. 그러한 의심은 심리적으로 불안감을 조성한다. 그러나 소비자는 구매를 확인함으로써 의심을 줄이는 경향이 있는데, 여러 가지 방법으로 의심을 줄인다.

- 불협화적인 정보를 무시함
- 그 정보를 선택적으로 해석함, 예를 들어, 어떤 상표마다 결함이 있을 수 있다고 말함
- 기대수준을 낮춤, 즉 자동차에 몇 가지 문제가 있기는 하지만, 그것은 받아들일 수 있는 사항

이라고 말함
- 그 상표에 대한 긍정적인 정보를 추구함
- 자신이 선택을 잘 했다고 다른 사람에게 확신시킴으로써 자신을 확신시킴

각각의 경우에 불협화가 감소된다.

2) 구매 후 불협화의 결과

이제 6개월이 지나 백 대리는 Lacetti의 연료경제성이 대리점과 광고가 주장하는 것보다 10% 정도 낮다는 사실을 발견했다고 가정하자. 부인은 서비스 비용이 기대에 못미친다고 결정하였다. 그러나 다른 속성(스타일, 안락함, 성능)에서는 기대를 만족시키고 있다.

구매 후 불협화 이론은 백 대리 부부가 긍정적인 실제성능에 집중하며 또한 부정적인 실제성능을 무시하거나 합리화하는 경향이 있다는 것을 주장한다. 백 대리 부부의 경우, 만약 구매 전 기대와 구매 후의 실제 제품성능 간의 차이가 크지 않다면 **동화효과**(assimilation effect)가 일어난다. 따라서 소비자는 제품의 단점을 무시하게 되고, 제품의 평가는 긍정적으로 유지된다.

그러나 만약에 구매 전 기대와 실제성능 간의 차이가 매우 크다면 **대조효과**(contrast effect)가 일어날 가능성이 있는데, 이것은 소비자가 불량한 성능을 인정하고 또한 불량한 성능을 과장 · 확대한다는 것이다. 예컨대, Lacetti의 연료경제성이 광고에서 주장하는 것의 반 정도라면, 백 대리 부부가 긍정적인 엔진성능에 집중할 가능성은 거의 없다. 아마도 그들은 극도로 불만족하게 되며, 선택한 상표에 대해 부정적인 태도를 가지며, 또한 다음에 그 상표를 고려할 가능성은 없다.

3) 웹을 통한 구매 후 불협화

구매 후 불협화를 줄이는 것은 웹을 통해서 구입한 제품의 경우 특히 중요한데, 그 이유는 소비자들이 특히 고가격 제품 그리고 제품에 대한 사전 시험이 필요한 제품(의복)에 대한 구매를 위험하다고 인식하는 경향이 있기 때문이다.

이러한 경우에 웹은 최소한 네 가지의 차원에서 고객들을 재확신시켜야 하는데, 네 가지 차원이란 안전(보안), 사용상 용이함, 웹사이트와 고객 간의 관계성의 질 그리고 구매 후 마무리 조치(예 : 적시 배송, 손상되지 않은 제품, 정확한 주문 등) 등이다.

그 중에서도 추후 마무리 조치는 웹을 통해서 불협화를 줄이는데 있어서 특히 중요하다. 적절한 추후 마무리 조치를 행하는데 있어 웹에 기초한 전략에는 쉽게 반품하는 것, 기업이 피드백을 획득하기 위해 그리고 고객이 문제점을 알릴 수 있도록 양방향 커뮤니케이션을 제공함 그리고 환

불을 원활하게 하는 것 등이 포함된다.

7. 불만족한 소비자와 기업의 조치

제품에 대한 소비자의 만족 또는 불만족은 차후의 행동에 영향을 미친다. 즉 만족하게 되면 다음 번에도 그 제품을 구매할 가능성은 매우 높게 나타난다. 역시 만족한 고객은 다른 사람에게 그 상표에 대해 좋은 점을 이야기하는 경향이 있다. 이에 따라 마케팅 관리자들은 최상의 광고물은 만족한 고객들이라고 말한다.

그러나 불만족한 소비자는 그 제품을 버리거나 반품할 수도 있으며, 높은 가치를 확신시켜 주는 정보를 탐색할 수도 있다. 불만족한 소비자는 기업에게 불만을 토로하거나 변호사와 상담하거나 다른 집단(기업, 개인 또는 정부기관)에게 불평을 토로함으로써 공적 행동을 취할 수 있다. 반면에 사적 행동에는 제품구매를 중단하기로 결정(돌파구적 방법), 또는 친구에게 경고(언어적 방법)하는 것이 포함된다.

구매자에 대한 구매 후 커뮤니케이션은 제품반환과 주문취소를 감소시킨다. 즉 마케팅 기업은 좋은 제품(상표)을 선택한 것을 축하한다는 편지를 그 제품을 새로 구입한 소비자에게 보낼 수 있다. 마케팅 기업은 만족해 하는 소유자를 광고에 등장시킬 수 있다. 기업은 고객의 개선제안을 유도하고, 이용가능한 서비스 장소를 제시할 수 있으며 또한 이해하기 쉬운 취급설명서를 발행할 수도 있다. 또한 마케팅 기업은 신제품의 추가적인 사용방법 등을 설명한 잡지를 소유자에게 보낼 수 있다. 이에 더불어 마케팅 기업은 고객들이 불평을 토로할 수 있는 좋은 경로를 마련해야 한다.

제 7 절 소비 경험 : 쾌락적 소비와 제품상징

소비는 만족의 수준과 반복구매행동을 결정하므로, 소비경험은 장래의 구매 의사결정을 하는데 있어 중심적인 것이다.

소비경험을 보다 잘 이해하기 위해서는 ① 제품의 소비와 서비스 소비 간의 차이 ② 쾌락적 욕구와 실용적 욕구를 만족시키는 소비 간의 차이를 알아야 한다.

1. 제품 소비 대 서비스 소비

제품은 제조업자가 생산한 후 구매자가 구매하고 소비하는 유형적인 실체이다. 그러나 서비스는 생산과 소비가 동시에 이루어지는 무형적인 제공물이다. 비행기 등 교통수단의 탑승, 대학 및 학원의 강의, 호텔 투숙, 금융서비스 등은 마케팅 기업이 제공하면서 동시에 소비된다. 즉 서비스의 소비경험은 서비스 제공자, 즉 항공기 승무원, 대학교수, 호텔 담당자 또는 재무상담가 등과의 직접적인 상호작용과 연관된다.

서비스 제공자가 개입된다는 것은 소비경험이 제품보다는 서비스에서 더욱더 다양하게 변화될 가능성이 있다는 것을 의미한다. 즉 대학생은 어떤 강의에서 도전적이며 크게 몰두하는 교수를, 또 다른 강의에서는 별로 신통치 않은 교수를 발견할 수 있다. 어떤 여행자는 어느 때에는 완벽한 비행기 여행을 하지만, 다음 번 여행에서는 소화물이 분실되거나 연착을 경험할 수도 있다. 그러한 변화성으로 인해 소비자는 제품보다는 서비스를 평가하는데 더욱 어려우며 또한 이전의 기대가 충족될 가능성이 없기 때문에 불만족 수준이 더 높을 가능성이 있다.

따라서 서비스 마케팅 기업은 서비스 소비경험에서 나타날 수 있는 불만족의 잠재성을 줄여야 한다. 즉 기업은 서비스 제공자들에게 고객지향적으로 집중하도록 고무해야 한다. 예를 들어, McDonald's사는 일괄된 훈련과 동일한 시설물을 고수함으로써 자사의 프랜차이지(가맹점)에 대한 운영을 통제하고자 한다. 또한 FedEx사는 배송방식을 고수함으로써 적시에 배달이 되도록 하고 있다.

역시 서비스 마케팅 기업은 시간이 지남에 따라 소비자들과 일 대 일 관계를 수립하고 있다. 예를 들어, 카드회사는 카드사용자들의 소비패턴에 근거하여 카드사용자에게 특별한 촉진제공물을 표적화하고 있으며, 이동통신회사들도 우수고객들에게 특별한 우대 프로그램을 제공하고 있다.

2. 실용적 소비 대 쾌락적 소비

실용적 욕구와 쾌락적 욕구가 구매과정에서 차이가 있는 것처럼, 그것들은 소비경험에도 적용된다(〈표 2-2〉 참조).

실용적 소비는 어떤 기능적 목적을 위한 제품으로서, 세제, 시리얼, 자동차 등과 같은 제품을 사용하는 것이다. 이 경우 만족은 세제의 부드러움과 세척력, 시리얼의 영양가와 다이어트 특성, 또는 자동차의 연료경제성과 안락함과 같은 기능적 속성에 대해 그 제품이 구매전 기대치를 충족시키는 정도에 의해서 결정된다.

〈표 2-2〉 실용적 소비 대 쾌락적 소비

	실용적 소비	쾌락적 소비
대상제품	기능적 목적 제품	환상 충족, 감정 만족 제품
결정속성	기능적 속성 (예 : 세제의 부드러움, 세척력)	기쁨을 만끽하는 경험과 감정에 바탕
만족결정	구매 전 기대치 충족 정도 (실용적 성능, 경제적 가치)	전체적인 소비경험을 판단하여 좋거나 또는 싫음

쾌락적 소비는 환상을 충족시키고 또한 감정을 만족시키기 위해 제품을 사용, 소비하는 것과 관련된다. 즉 쾌락적 소비에서 만족수준은 실용적 소비에서 나타나는 순서적 방법으로 결정될 수 없다. 즉 쾌락적 소비는 그 상표의 실용적 성능과 경제적 가치보다는 그 상표를 사용함으로써 나타나는 기쁨을 만끽하는 경험과 감정에 바탕을 둘 가능성이 매우 크다. 결국 각각의 속성에 따라 평가하여 만족을 경험하는 실용적 소비와는 달리, 소비자는 전체적인 소비경험에 바탕을 둔 만족을 전체적으로 판단할 가능성이 있다. 즉 쾌락적 소비에서의 만족은 간단하게 좋거나 또는 싫음(보다 감정적인 맥락에서의 사랑 또는 미움)의 차원에 따라 평가된다.

그러나 어떤 제품은 쾌락적 방식과 실용적 방식 모두에 따라 소비될 수 있다. 백 대리 부부는 실용적 기준에 따라 Lacetti를 구입하였다. 그러나 Lacetti를 구입한 후, 그들은 그 자동차의 신비스러움에 사로잡히거나, 다른 Lacetti 소유자들을 칭찬하고, 자신도 칭찬을 받을 수 있었다. 그들은 쇼핑하러 다니기 위해 그 자동차를 이용하지만, 역시 그 자동차를 운전하는 짜릿한 기쁨 때문에 그의 아들과 함께 자주 여행을 가게 되었다.

따라서 광고주들은 감정적 주제를 통해서 소비자들의 쾌락적 동기에 의해서 그리고 제품정보를 통해서 실용적 동기에 소구하려고 한다. 즉 복잡한 의사결정은 객관적인 실체와 주관적인 상징 모두로서 상표에 대한 소비자의 평가를 결합해야 한다. 소비자들이 어떤 사회적 분위기 속에서 제품을 상징물로 자주 이용하므로 소비자 행동에서 제품의 상징적 역할에 대해서는 집단 영향(본서의 후반부)에서 더 상세하게 연구할 것이다.

제8절 복잡한 의사결정과 점포선정

소비자는 쇼핑하는 점포에 대해서도 결정한다. 컴퓨터, 자동차 및 주요 가전제품을 구입하는 경우 소비자는 우선 제조업체(상표)를 결정하고 나서 대리점(판매상)을 선택한다. 그러나 자주 점포선택이 먼저 이루어지고, 점포선택이 상표선택에 영향을 미치게 된다. 예를 들어, 의복을 쇼핑하는 경우에 일반적으로 점포를 먼저 결정하고 나서 상표를 결정한다. 이와 유사하게 대부분의 가전제품이나 전자제품을 쇼핑하는 경우 점포에서 상표를 결정하는데, 이러한 경우 점포선정은 상표선택을 조건화한다.

1. 점포선정 모델

점포에 대한 소비자의 의사결정 과정은 상표에 대한 의사결정 과정과 유사하다. 〈그림 2-8〉의 점포선정 모델은 〈그림 2-1〉의 복잡한 의사결정의 기본 모델을 적용한 것이다. 노트북 컴퓨터를 구입하는 경영학과 여학생을 생각해 보자. 그녀가 처음 결정하는 사항 중의 한 가지는 대안적인 상표에 대한 정보를 수집하기 위해서 방문해야 할 점포(예 : 하이마트, 용산 전자상가, 전자랜드, 기타 대리점 등)를 정하는 것이다.

〈그림 2-8〉의 모델은 점포선정 과정 중 욕구발상에 두 가지 구성요소가 있다는 것을 보여준다. 첫째, 구매 욕구(컴퓨터를 구입하려는 욕구를 인식함), 둘째, 쇼핑욕구(여러 점포에서 대안적인 것을 탐색하려는 욕구)이다. 쇼핑욕구는 복잡할 수가 있는데, 그 이유는 어떤 소비자는 쇼핑을 시간을 낭비하는 과정으로 또한 즐거움이 전혀 없는 것으로 생각하지만, 한편 다른 소비자는 협상을 하려고 하며 또한 판매원과 상호작용하는 것을 즐기기도 하기 때문이다.

욕구발상에서는 그 제품에 대해서 또는 소비자가 선택한 점포들에 대해서 우선순위를 정한다. 어떤 여학생이 시간지향적이며 쇼핑을 즐기지 않는다고 가정해 보자. 구매욕구와 쇼핑욕구에 기초하여 그녀는 아는 것이 많은 판매원이 있고, 경쟁적인 가격을 제시하는 편리한 장소에 위치한 점포를 찾고자 한다.

정보탐색(정보처리)에는 어느 점포가 믿을만한지를 친구에게 물어보거나, 가격과 모델에 대한 정보를 제공하는 점포광고를 탐색하는 것이 포함된다.

〈그림 2-8〉 점포선정 모델

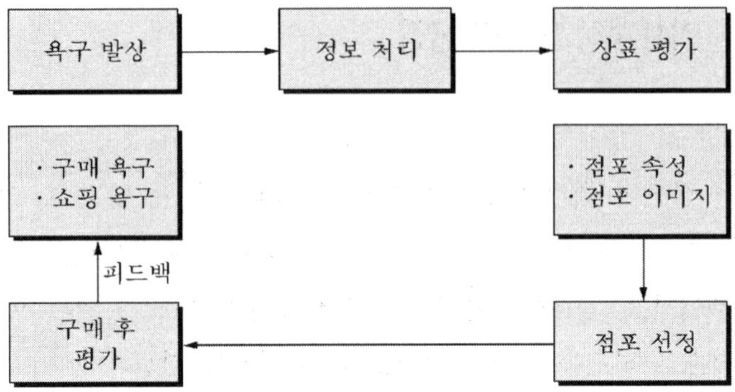

이러한 정보탐색 결과 획득한 정보를 기준으로 여대생은 점포를 평가하고 방문할 점포를 선정한다. 그 과정에서 그녀는 각 점포에 대한 이미지(신념)를 수립한다. 점포가 그녀의 욕구를 충족시킬수록(아는 것이 많으며 도움을 주는 판매원, 좋은 서비스와 경쟁적 가격), 그녀가 그 점포에서 구입할 가능성은 더 커진다. 결론적으로 점포선정은 점포에 대한 소비자의 이미지(신념)가 구매욕구와 쇼핑욕구에 일치되는 정도에 따라 좌우된다.

그녀는 가격, 서비스, 편리성 등을 기준으로 점포를 선정한 후, 그 여대생은 그 점포에서 여러 상표들 중에서 HP를 구입하기로 결정할 수 있다. 구매 후 평가과정에서 그녀는 상표와 점포를 평가하는데, 그 상표에 대한 만족이 그 점포에 대한 만족을 결정하기 때문에 상표와 점포는 밀접하게 관련된다. 그러나 구매 후 상표평가에 대한 몇 가지 구성요소가 점포에 대해서는 상이할 수가 있다. 예컨대, 구매에 만족한 컴퓨터 구매자가 판매상(대리점)이 제공하는 서비스에는 불만족할 수가 있다.

2. 점포선정과 상표선택

상기의 예에서 소비자는 우선 상표를 선정하고 나서 점포를 선정하였다. 그러나 소비자가 점포에서 컴퓨터를 결정할 가능성도 있다(즉 점포선정이 상표선택보다 선행됨).

아래와 같은 조건에서 점포선정이 상표선택에 영향을 미칠 가능성이 있다.

- **점포충성심이 높은 경우** : 특정한 백화점에 대한 소비자의 충성심은 우선 거기에서 바람직한 품목을 구입할 가능성이 크다.

- **상표충성심이 낮은 경우** : 특별한 상표에 대한 강한 충성심이 없는 소비자는 우선 점포를 선정하고 나서 점포 내에서 상표를 결정할 가능성이 크다.
- **상표에 대한 정보가 부적절한 경우** : 상표경험이나 상표정보가 거의 없는 소비자는 판매원으로부터 도움을 받는데 의존할 가능성이 크다. 그러므로 상표선택이 점포에서 이루어질 가능성이 크다.

3. 쾌락적 쇼핑행동 대 실용적 쇼핑행동

쾌락적 소비와 실용적 소비 간의 차이가 점포에서의 쇼핑행동에 적용된다. 일반적으로 소비자들은 쇼핑을 재화를 획득하기 위해 필요한 과업으로 인식한다. 실용적인 쇼핑객의 경우, 쇼핑은 근본적으로 즐겁지가 않은데, 쇼핑이 단순히 어떤 목적에 대한 수단이기 때문이다.

그러나 많은 사람들은 점포에서의 쇼핑과업은 즐거움을 주는 행사라고 생각한다. 즉 협상하는 스릴감과 마지막 품목을 선정하는데 상대방을 압도한다는 만족감이 큰 보람이 될 수 있다. 또한 친구와 함께 하는 쇼핑여행이 쾌락적 쇼핑자에게는 사회적 경험으로 간주된다. 역시 쇼핑은 판매원과 대화할 수 있는 기회를 제공한다.

따라서 점포들과 쇼핑몰(shopping mall)은 이러한 사회적 상호작용을 하기 위한 장소로 간주된다. 예를 들어, 교보문고에서의 쇼핑 그리고 고급백화점에서의 쇼핑은 아는 사람들과 만나는 장소로 생각되는데, 이러한 쇼핑은 제품을 고르는 차원을 넘는 또 다른 목적을 제공한다.

참고문헌

윤훈현 역, 『소비자행동론』, 제6판, 석정, 1998.

윤훈현, 『소비자행동론』, 석정, 2005.

Alan J. Cooke, Tom Meyvis, and Alan Shwartz, "Avoiding Future Regret in Purchase-Timing Decisions," *Journal of Consumer Research* 27 (March 2001), pp. 447-459.

Dennis H. Gensch and Rajshekhar G. Javalgi, "The Influence of Involvement on Disaggregate Attribute Choice Models," *Journal of Consumer Research* 14 (June 1987), pp. 71-82.

Eric A. Greenleaf and Donald R. Lehmann, "Reasons for Substantial Delay in Consumer Decision Making," *Journal of Consumer Research* 22 (September 1995), pp. 186-199.

Henry Assael, Consumer Behavior, Houghton Mifflin, 2004.

Jacob Jacoby, Robert W. Chestnut, K. C. Weigl, and W. Fisher, "Pre-Purchase Information Acquisition," in Beverlee B. Anderson, ed., *Advances in Consumer Research*, Vol. 3, 1975.

John Dewey, How We Think (New York : Heath, 1910), and Orville G. Brim Jr., David C. Glass,

David E. Lavin, and Norman Goodman, *Personality and Decision Processes* (Standford, Calif. : Standford University Press, 1962).

Joseph W. Newman and Richard Staelin, "Prepurchase Information Seeking for New Cars and Major Household Appliances," *Journal of Marketing Research* 9 (August 1972), pp. 249-257.

"Marketing to Mature Adults Requires a State of Being," *Marketing News* (December 9, 1991), p. 10.

Mary Frances Luce, "Choosing to Avoid : Coping with Negatively Emotion-Laden Consumer Decisions," *Journal of Consumer Research* 24 (March 1998), pp. 409-433.

Michael L. Ray, "Attitudes in Consumer Behavior," in Leon G. Schiffman and Leslie L. Kanuk, eds., *Consumer Behavior* (Englewood Cliffs, N. J.: Prentice-Hall, 1978), pp. 150-154.

Rolph E. Anderson, "Consumer Dissatisfaction : The Effect of Disconfirmed Expectancy on Perceived Product Performance," *Journal of Marketing Research* 10 (February 1973), pp. 38-44.

Sharon E. Beatty and Scott M. Smith, "External Search Effort : An Investigation Across Several Product Categories," *Journal of Consumer Research* 14 (June 1987), pp. 93-95.

William H. Cummings and M. Venkatesan, "Cognitive Dissonance and Consumer Behavior : A Review of the Evidence," in Mary Jane Schlinger, ed., *Advances in Consumer Research*, Vol. 2 (Ann Arbor, Mich : Association for Consumer Research, 1975), pp. 21-31.

William L. Wilkie and Edgar A. Pessemier, "Issues in Marketing's Use of Multi-Attribute Attitude Models," *Journal Marketing Research* 10 (November 1973), pp. 435-438.

3
chapter

소비자 학습, 습관, 상표충성심

본 장에서는 복잡한 의사결정과 반대되는 것, 즉 습관에 관해 연구한다. 상표에 대한 과거의 소비자 만족은 어떤 일상적인 과정에 기초하여 동일한 상표를 구입케 한다. 그러한 구매의 경우, 소비자는 여러 대안적인 상표를 평가할 필요성을 거의 터득하지 못하며, 욕구를 인식함으로써 직접 구입하게 된다. 그러므로 습관은 거의 경험에 근거하여 계속적인 만족을 확보하고 또한 정보탐색과 상표평가에 대한 필요성을 줄임으로써 의사결정을 간소화할 수 있는 방법이다.

습관을 이해하기 위해서는 소비자의 학습이론을 이해해야 하는데, 학습이론은 시간이 지남에 따라 소비자가 지속적으로 일관된 행동을 할 것인가를 설명하는데 도움을 준다. 그러므로 지속적이며 일관된 행동은 상표충성심이나 타성이 될 수 있다.

상표충성심(brand loyalty)은 어떤 상표에 대한 **몰입**(commitment) 때문에 반복적으로 구매하는 것인데 반해, **타성**(inertia)은 그 상표에 대한 몰입이 없는 반복구매이다. 중요하지 않은 상표의 경우(저관여), 그 상표가 상당히 만족스럽다면 소비자는 다시 그 상표를 구입하게 되는데, 그 이유는 의사결정 과정을 거치는데 소요되는 시간과 고통을 소비할 가치가 없기 때문이다.

제 1 절 소비자 학습

소비자는 과거의 경험으로부터 학습하며, 또한 미래의 행동은 그러한 학습에 의해서 조건화된다. **학습**(learning)은 과거경험의 결과로서 이루어지는 행동의 변화로 정의할 수 있는데, 따라서 학습은 동인, 자극, 단서, 반응 그리고 강화의 상호작용을 통해서 이루어진다. 즉 소비자들이 제품을 구입하고 소비하는데 경험을 획득함에 따라, 그들은 어떤 상표를 좋아하거나 또는 싫어할 뿐만 아니라, 그들이 특별한 상표에서 가장 좋아하는 특성을 학습한다. 그리고 나서 소비자는 과거의 경험에 근거하여 미래의 행동을 조절한다.

반복적으로 Pro-Specs 운동화를 사용한 후, 소비자는 그 상표가 가장 편안하며 또한 최상으로 도움을 제공한다고 결정한다. 그 상표에 계속적으로 만족함으로써 소비자는 운동화가 필요할 때마다 Pro-Specs를 구입하게 된다. 예컨대, 계속적인 만족은 과거의 경험을 강화하며, 또한 소비자가 다음 번에도 동일한 상표를 구입할 가능성을 증가시킨다.

1. 소비자 학습이론

소비자 학습과정은 두 가지의 사상학파, 즉 행동주의적 학파와 인지적 학파를 통해 이해할 수 있다(〈그림 3-1〉 참조). **행동주의적 학파**(behaviorist school)는 자극에 대한 노출의 결과로서 어떤 개인의 반응에서 일어나는 변화를 주시하는 것과 관련된다. 행동주의적 심리학자들은 두 가지 유형의 학습이론인 고전적 조건화와 도구적 조건화를 개발하였다.

고전적 조건화(classical conditioning)는 기초적 자극(1차적 자극, 사회적 성공)과 2차적 자극(치약, 방취제, 비누 상표)간의 밀접한 연관성(근접성)의 결과로서 행동을 인식한다. **도구적 조건화**(instrumental conditioning)는 구매행동이 유발하는 만족의 정도를 소비자가 평가하는 함수로서 행동을 인식한다. 결국 만족은 강화를 유도하며 또한 재구매의 가능성의 증가를 유도한다.

〈그림 3-1〉 학습이론 유형

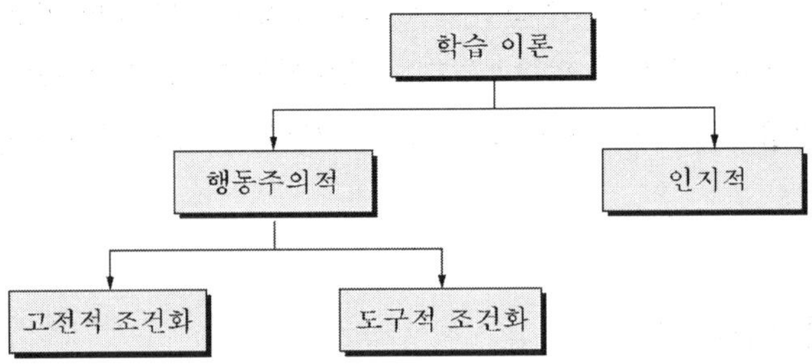

인지적 학파(cognitive school)는 학습을 문제의 해결로 인식하며, 또한 학습의 결과로서 소비자의 심리적 세트(소비자의 태도와 바람직한 이점) 내의 변화에 집중한다. 이러한 관점에서 인지적 학파는 복잡한 의사결정의 틀 내에서 학습을 보다 세밀하게 설명한다. 그러나 소비자가 그 상표에 만족하여 일정기간이 지난 후 그 상표를 재구매하는 경우 복잡한 의사결정이 일상적인 구매를 유도하기 때문에 인지적 학습개념은 습관과 관련된다.

2. 고전적 조건화

고전적 조건화 이론은 Pavlov의 개 실험에서 잘 나타난다. Pavlov는 개들이 음식(무조건적 자극)을 보는 순간 침을 흘린다(무조건적 반응)는 사실과 더불어, 개에게 음식을 줄 때 종소리를 울렸다. 여러 번 시도한 후 개는 종소리와 음식 간의 연관성을 학습한다. 그리고 음식이 없음에도 불구하고 종소리(조건적 자극)를 들었을 때 개는 침을 흘린다(조건적 반응).

1) 고전적 조건화의 원리

고전적 조건화의 원리에는 〈그림 3-2〉와 같이 두 가지 중요한 개념(반복과 근접성)이 존재한다.

〈그림 3-2〉 고전적 조건화의 학습이론

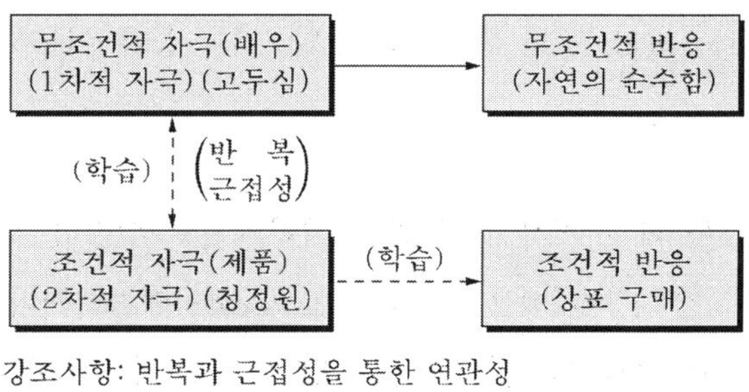

고전적 조건화에서 2차적 자극(조건적 자극)은 특별한 반응을 이끌어 내는 1차적 자극(무조건적 자극)과 짝을 이루게 되는데, 이렇게 짝을 이룸으로써 연관성이 형성된다. 이렇게 됨으로써 2차적 자극은 1차적 자극과 동일한 반응을 이끌어내게 된다. 즉 효과적인 광고 캠페인은 긍정적인 감정을 일으키는 자극을 제품과 연결할 수 있다.

예를 들어, Marlboro Cowboy 캠페인의 기초는 많은 사람들이 목동을 강함, 남성다움 그리고 차분한 안전감을 전달하는 것으로 인식한다는 사실이다. 목동은 **1차적 자극** 또는 **무조건적 자극**(primary or unconditioned stimulus)이며, 목동이 일으키는 긍정적 감정은 **무조건적 반응**(unconditioned response)이다.

소비자들은 Marlboro 담배를 ① 반복적인 광고 ② 무조건적 자극과 조건적 자극 간의 인접성(목동은 항상 Marlboro와 연결됨)을 통해서 그 목동과 연관시킨다. 그 후 그 제품(Marlboro)은 2

차적 또는 **조건적 자극**(secondary or conditioned stimulus)이 되는데, 그 이유는 목동이 긍정적인 반응을 불러일으키는 것처럼, 그 제품은 그와 동일한 긍정적 감정을 불러일으키기 때문이다. 결국 목동은 흡연자에게 Marlboro를 구입하도록 영향을 미쳤으며, 목동은 Marlboro 흡연자에게 재구매를 상기하도록 하였다. 그 상표(Marlboro)의 구매는 **조건적 반응**(conditioned response)이다.

이러한 연관성은 〈그림 3-2〉에 제시되어 있는데, 조건적 자극과 무조건적 자극 간의 연관성은 학습에 의해서 조성되므로 화살표로 표시되어 있다. 그리고 조건적 자극과 조건적 반응 간의 연관성도 역시 학습된다. 여기에서 연관성은 바로 ① 반복과 ② 근접성에 의해서 이루어지는데, 조건적 반응을 수립하기 위해서 조건적 자극은 무조건적 자극에 대해 보다 밀접한 근접성으로 자주 반복되어야 한다는 것이다.

고전적 조건화는 제품을 긍정적인 자극에 연관시키려고 노력한다는 점에서 마케팅에 적용될 수 있다. 예를 들어, Hite 맥주는 열광적인 스포츠 행사 동안 자주 광고된다. 스포츠 행사와 제품을 반복적으로 짝을 이루게 함으로써 스포츠 행사가 자아내는 흥분은 결국 Hite 맥주에게로 이전된다. 이러한 연관성은 사람들로 하여금 그 상표를 구입하도록 영향을 줄 수 있다. 이와 유사하게 기업들은 긍정적인 연관성을 수립하기 위해서 그 제품과 합당하게 연결관계를 갖는 유명인사들이나 배우를 연사로 자주 이용하고, 또한 좋아하는 음악, 색상 등을 이용하기도 한다.

2) 연관적인 학습

소비자들이 무조건적 자극과 조건적 자극 간의 연결관계를 수립할 경우 소비자들은 연관성을 통해 학습에 몰두한다. 이 경우, 소비자는 목동과 Marlboro를 연결하거나, 쇠불암을 S-one과 연결하는데 있어 자신의 욕구와 연관시킨다는 사실을 인식함으로써 그러한 연결은 더 강해진다. 즉 소비자는 무조건적 자극과 조건적 자극 간의 강력한 연결관계를 수립하게 되는데, 인접성(근접성)은 관련성 또는 욕구인식과 짝이 되기 때문이다. 따라서 연관적인 학습은 무의식적인 것이 아니라 의식적으로 수립된다.

결국 마케팅 기업이 무조건적 자극과 조건적 자극 간의 연관성을 보여주는 반복적인 광고에 의존하는 것으로는 충분하지 않다. 따라서 마케팅 기업은 그것이 목동과 연관되는 남성다움에 대한 욕구이건, 또는 그것이 Hite와 연관되는 승리한 팀과의 대리적 일치감에 대한 욕구이건 간에 소비자의 욕구와 관련되는 어떤 의미있는 방법으로 광고를 해야 한다.

또한 광고주(마케팅 기업)가 소비자에게 영향을 주기 위해서 고전적 조건화 개념을 사용하는 경우, 아래의 몇 가지 조건에 주의해야 한다.

- 무조건적 자극을 가리울 수 있는 어떤 다른 자극이 없어야 한다. 예를 들어, 카우보이가 백마를 타고 있다면, 그 백마가 자극이 되어 카우보이를 가리울 가능성이 있는데, 이것을 **가리움 효과**(overshadowing effect)라고 한다.
- 무조건적 자극은 다른 상표나 제품범주에 대해 과거의 연관성이 없어야 한다. 이미 카우보이가 사용되었으므로 다른 제품이나 상표에서 카우보이를 사용하는 것은 효과가 없을 수 있는데, 이것을 **저지 효과**(blocking effect)라고 한다.
- 무조건적 자극은 지나치게 잘 알려져서는 안 되며, 역시 독자적으로 제시되어야 한다. 소비자가 대중매체에 자주 보이는 어떤 자극에 이미 지나치게 침투된 경우에 그 자극은 비효율적이다(**선노출 효과** : preexposure effect라고 함). 그러한 자극은 무조건적 자극으로 효과가 없을 가능성이 있는데, 너무나 많은 제품광고에 등장하는 배우나 탤런트는 너무 자주 노출되어 그 효과가 희박해질 수도 있다.
- 고전적 조건화는 조건적 자극(제품)이 새로울 때 보다 효과적이다. 소비자들이 잘 알고 있는 제품에 대해 연관성을 이미 수립하고 있으므로, 신상표에 더 효과적이다.

3. 도구적 조건화

1) 도구적 조건화의 원리

도구적 조건화(instrumental conditioning)는 **조작적 조건화**(operant conditioning)라고도 하는데, 이 원리는 자극과 반응 간의 연결이 필요하며 또한 사람은 최상의 만족을 제공하는 반응을 결정한다는 것을 가정한다.

이 원리는 스키너(B. F. Skinner)의 비둘기 실험에서 아이디어를 얻은 것으로서, 새장 속에 두 개의 레버를 제공한 후 한 레버를 움직이면 음식이 나오고, 다른 레버를 밀면 충격이 생긴다. 비둘기는 음식이 나오는 레버를 누르고, 또한 충격이 생기는 레버를 회피하는 것을 학습한다. 즉 학습이 일어나는 이유는 동일한 행동이 반복적으로 보상을 받거나 강화되기 때문이다.

피실험자는 자유롭게 행동할 수 있는데, 행동의 결과(보상 또는 처벌, 만족 또는 불만족)는 미래의 행동에 영향을 준다. 이러한 연관성은 〈그림 3-3〉과 같은데, 행동은 과거의 행동으로부터 획득되는 보상이나 처벌의 정도를 평가함으로써 행해진다. 즉 보상은 행동을 반복할 가능성을 증가시킬 것이며, 처벌은 그 가능성을 줄이게 된다.

〈그림 3-3〉 도구적 조건화 요약

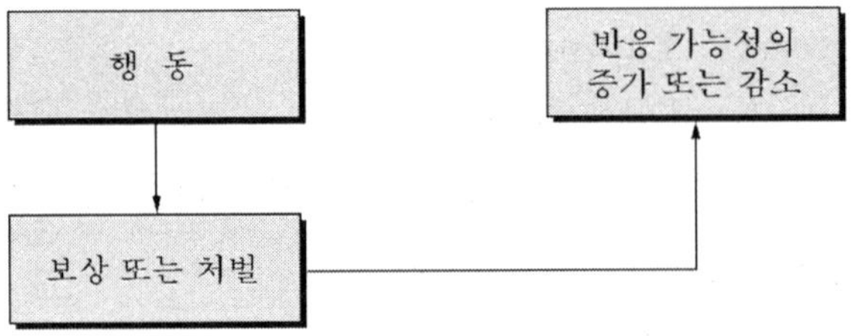

강조사항: 강화－학습자의 행동에 대한 결과에 의해 좌우됨

예를 들어, 금연광고는 흡연을 폐암 등 질병의 원인과 연결함으로써 도구적 조건화의 원리를 이용하고 있다. 금연과 흡연의 결과를 보여 줌으로써 흡연을 회피하고 계속 금연함으로써 보상(건강)을 강화하도록 하는 것이다.

2) 강화

소비자 구매에 있어 습관을 형성케 하는 것을 설명하는데 있어 도구적 조건화가 더 밀접한데, 그 이유는 소비자가 그의 구매행동을 통제할 수 있기 때문이다. 즉 제품을 사용함으로써 일어나는 계속적인 **강화**(reinforcement : 반복되는 만족)는 그 소비자가 동일한 상표를 재구매하는 가능성을 증가시킨다. 처음에는 소비자가 의사결정 과정을 거치지만, 계속적인 강화로 인해 동일한 상표를 구입할 가능성은 소비자가 습관을 수립하고 또한 구매가 일상화될 때까지 증가한다(〈사진 3-1〉 참조).

즉 동일한 상표에 대한 만족 그리고 동일한 상표의 반복구매를 유도하는 과거의 경험에 의해서 정보의 양이 감소하는데, 그것은 습관을 형성하는데 필요한 조건은 과거 구매행동의 강화 때문이다.

그러나 습관에 의해서 자동차나 기타 고가 품목을 구입하는 것은 문제가 있는 것처럼 보일 수 있는데, 그 이유는 소비자들이 가치를 극대화하고 또한 광범위한 정보탐색과 상표평가를 통해 위험을 줄이고자 하는데, 상기와 같이 습관에 의해서 구입하는 것은 구매자들이 구매에 대해 만족하였으므로 추가적인 정보를 수집하고 또한 다른 상표를 고려할 만한 가치가 적기 때문이라고 결론을 내릴 수 있다.

구매자가 과거 구매행동에 강화를 느끼게 되는 자극은 물론 제품에 대한 만족 이외에 판매상이라는 다른 자극도 긍정적인 강화요인이 될 수 있으며, 소비자가 정규적으로 구입하는 상표의 특별할인판매, 정규적으로 구입하는 상표가 새롭게 향상된 경우 또는 친구와 친척들로부터 그 상표에 대한 호의적인 구전 등이 강화요인이 될 수 있다.

〈사진 3-1〉 상표에 대한 학습

3) 소멸과 망각

도구적 조건화 이론은 소비자들이 습관적인 구매를 중시하는 근거를 제시한다. 즉 만약 소비자가 그 제품에 만족하지 않는다면 **소멸**(extinction)과정, 즉 자극과 기대되는 보상 간의 연결관계가 없어지는 소멸이 일어난다. 소멸은 소비자가 동일한 상표를 재구매할 가능성을 급격하게 감소하도록 유도한다. 예를 들어, 성공적인 금연광고는 담배와 흡연의 즐거움 간의 연결관계를 없앰으로써 소멸을 조장한다.

반면에, **망각**(forgetting)은 자극이 반복되지 않거나 지각되지 않을 때 일어난다. 만약 그 제품이 사용되지 않거나 또는 그 광고가 계속되지 않는다면 소비자는 그 제품을 망각할 수 있다. 예를 들어, 어떤 경쟁적인 상표가 너무나 유명하기 때문에 광고를 줄이는 경우, 그 상표는 망각하게 되고 장기적으로 판매가 감소될 수 있다.

망각에 대한 또 다른 원인은 경쟁적인 광고로서, 경쟁사의 광고가 자사 상표의 메시지 수용을 방해하기 때문이다. 즉 소비자는 광고 클러터(혼잡스런 광고)에 의해 혼란에 빠지게 되고, 자극과 보상 간의 연결관계가 약화된다. 이 경우 마케팅 기업은 반복함으로써 망각과 싸워야 한다. 즉 경쟁사에 비교하여 광고비를 유지함으로써 기업은 일반적으로 소비자에게 발생할 수 있는 심각한 망각을 피할 수 있다. 그러나 동일한 광고를 계속 보는 것이 소비자를 화나게 할 수도 있으므로, 반복은 제한적으로 사용되어야 한다.

결론적으로 볼 때, 충분한 보상이 부족함으로써 그 상표는 빠르게 끝장이 나므로 소멸을 피하는 것이 중요하다. 소멸을 피하는 가장 중요한 수단은 정의된 표적세분시장에게 충분한 **이점**

(benefit)을 전달하는 것이다.

4) 도구적 조건화의 마케팅 응용

도구적 조건화의 이론은 강화에 집중하기 때문에 마케팅에서 대단히 중요하다. 즉 소비자는 자신이 만족할 때 재구매하기 때문이다. 그러므로 모든 마케팅 전략의 목적은 제품만족을 통해서 소비자의 구매를 강화하도록 하는 것이어야 한다. 마케팅 개념 즉 이미 알고 있는 소비자 이점(소비자가 바라는 이점, 혜택)을 전달하는 마케팅 전략을 수립해야 한다는 것으로써, 이러한 방법만으로 그 상표는 반복구매를 성취할 수 있으며 또한 충성적인 사용자들의 핵심을 충족시킬 수 있다.

도구적 조건화의 원리는 광고와 판매촉진 전략에 응용될 수 있다. 첫째, 광고의 역할은 강화를 통해서 소비자가 기대한 것을 증대시키는 것이다. 즉 이것은 소비자들이 제품을 구입하는 경우 만족할 수 있다는 사실을 소비자에게 확신시키기 위해 제품의 이점을 커뮤니케이트 함으로써 이루어질 수 있다.

둘째, 판매촉진의 역할은 무료견본, 쿠폰 또는 소액할인 등을 제공함으로써 그 제품을 사용하도록 처음에 유인을 조장한다는 것이다. 만약 그 제품에 만족한다면 상당수 소비자들은 그 유인책(인센티브)이 사라진다고 해도 계속해서 구입할 것이기 때문이다. 그러나 쿠폰과 소액할인은 점차 없어져야 한다. 이러한 전략은 그 제품이 만족과 강화의 원천인 경우에만 성공할 수가 있다.

4. 인지적 학습

인지심리학은 학습을 문제해결 과정으로 인식한다. 소비자에 대한 인지적 학습은 자극을 지각하고 자극을 욕구와 연관시키며, 대안적인 상표를 평가하고 또한 그 제품이 기대를 충족시키는가를 평가하는 과정이다. 즉 학습은 문제해결을 강조하므로 복잡한 의사결정 과정과 동일하다.

1) 인지적 학습이론

인지적 학습이론(cognitive learning theory)이 소비자 학습에 관련되는 사고과정을 강조하는 반면에, 고전적 조건화와 도구적 조건화는 자극연관성에 바탕을 둔 결과를 강조한다.

인지적 학습이론은 1920년대 초 수행된 원숭이에 대한 Kohler의 실험에서 제시된 것이다. 실험에서 여러 개의 상자가 들어 있는 우리 속에 침팬지를 넣고 바나나를 천장에 매달아 놓는다. 먹이에 닿을 때까지 시도하였으나 실패한 후 침팬지는 바나나 밑에 상자를 쌓아 놓음으로써 그 문제를 해결하였다. 즉 학습은 통찰의 결과이었다.

학습에 대한 인지적 접근방법은 목표의 인식, 그 목표를 성취하기 위한 의도적 행동, 하나의 해결방법을 찾으려는 통찰 그리고 목표성취와 같이 〈그림 3-5〉에 제시되어 있다.

〈그림 3-5〉 인지적 학습이론 요약

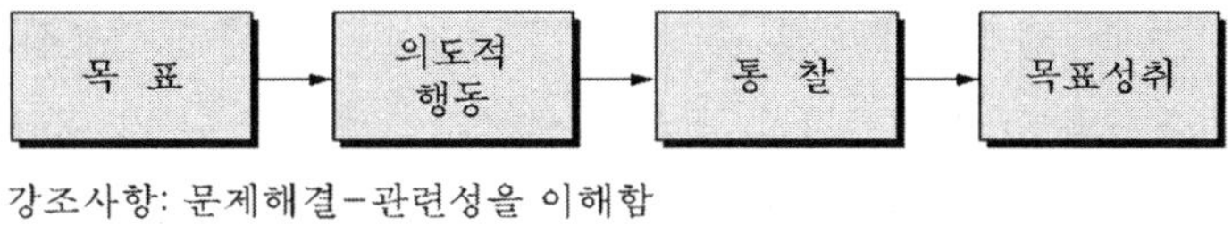

여기에서 목표의 본질은 시작에서부터 이해되어져야 하며, 또한 보상(바나나를 먹는 것과 같은 것)이 예상되어져야 한다.

따라서 소비자의 인지적 학습은 제품이나 서비스를 직접 사용해 본 경험을 통해서 또는 다른 사람이 사용하는 것의 관찰에 의해서, 아니면 신문·잡지 등의 대중매체나 친구, 가족 등 인적 정보원천으로부터 제품관련 정보를 처리한 결과로서 일어난다.

2) 대리적 학습

마케팅에서 중요시하는 소비자 학습의 유형에는 **대리적 학습**(vicarious learning) 또는 **관찰적 학습**(observational learning)이 있다. 대리적 학습을 통해 사람들은 다른 사람의 행동을 주시·관찰한 후 그들의 행동을 모방한다. 그러나 효과적으로 행하기 위해서 소비자는 그 행동을 수행할 수 있는 능력을 가지고 있어야 하며 또한 그 행동이 소비자에게 유용하게 보여야 한다. 예를 들어, 어떤 특정한 재킷이 공식적으로 월드컵 축구나 야구시합 등에 라이센스가 되었을 때, 특정한 재킷 제조업자가 그 재킷을 입고 있는 유명한 운동선수를 보여 줌으로써 자사의 재킷을 광고한다. 이 때 스포츠광은 특정한 재킷을 만든 제조회사의 월드컵 재킷을 입음으로써 자기가 좋아하거나 유명한 축구선수의 행동을 모방할 수 있다.

마케팅 기업들은 자주 자사 제품을 사용한 후의 긍정적인 결과를 보여준다. 예를 들어, 매력적인 모델들이 사회적으로 성공을 나타내는 화장품이나 향수를 사용하고 있음을 보여주거나, 사업상 성공을 나타내는 의상을 입은 것을 보여준다. 간혹 보통의 소비자들이 특정 제품에 대한 증거를 제시하기 위해 등장한다. 각각의 경우에 소비자는 다른 사람의 행동조치를 어떤 긍정적인 결과와 연결하고 또한 그들의 행동을 모방함으로써 학습한다.

이러한 예에서 소비자는 다른 사람들의 행동을 모방함으로써 긍정적인 결과를 인식한다. 다른 한편으로 또 다른 사람의 부정적인 결과를 보고 그것을 회피하게 된다. 즉 방취제나 식사 후 씹는

껌 등을 사용하지 않음으로써 야기되는 사회적 당혹감은 부정적인 대리적 학습을 조장한다.

3) 인지적 학습의 마케팅 응용

인지적 학습은 소비자 의사결정 과정을 이해하는 것과 관련된다. 즉 소비자는 욕구를 인식하고, 그 목적을 충족시켜 주는 대안들을 평가하고, 욕구를 충족시킬 가능성이 가장 크다고 믿는 제품을 선정하며(통찰), 그 후 제품이 욕구를 충족시키는 정도를 평가한다(목표성취).

따라서 마케팅 기업은 복잡한 의사결정 모델에 적용될 수 있는 마케팅 전략을 수립·실행함으로써 인지적 학습 및 대리적 학습을 마케팅에 응용할 수가 있다.

5. 인지적 과정과 행동주의적 관점의 관계

학습에 대한 인지적 접근방법과 행동주의적 접근방법은 매우 상이하다. 그러므로 어떤 마케팅 상황에서 인지적 접근방법이 행동주의적 접근방법보다 더 관계가 있는가를 파악해야 한다.

1) 행동주의적 접근방법의 관계

행동주의적 접근방법이 사고과정과 소비자 태도를 거의 강조하지 않으므로, 소비자의 인지적 행동이 거의 없는 경우에 관계가 가장 깊다. 즉 소비자가 제품에 거의 관여하지 않는 경우에 행동주의적 접근방법이 일어날 가능성이 가장 높다.

도구적 조건화에서 볼 때 수동적이며 비관여적인 상태에 있는 소비자들은 합리적으로 만족하여 과거에 구입했던 것을 구입하는데 더욱 수용적이 된다. 물론 수동적이며 비관여적인 소비자들이 비누, 치약, 종이수건, 화장지 등에 대한 정보를 탐색하는데 많은 시간을 소비해서 더 좋은 상표를 선택할 수도 있지만, 대다수 제품의 경우에 그러한 노력은 거의 가치가 없다. 즉 긍정적인 강화는 만족을 생성하지만 결코 최적의 선택을 산출하지는 않기 때문이다.

고전적 조건화의 원리도 역시 저관여적 구매행동에 적용될 수 있다. 예를 들어, 치약상표는 치아를 보여주는 웃음과 연결될 수 있으며, 또한 1회용 기저귀 상표는 만족해하는 어린애와 연결될 수 있다. 만약 그러한 연결관계가 충분하게 자주 반복되면 소비자는 점포에서 그 상표를 보게 될 때에 이러한 긍정적인 연관성에 근거하여 그 상표를 구입하게 된다.

2) 인지적 접근방법의 관계

반면에 인지적 학습이론은 중요하고도 관여적인 제품과 관련된다. 이러한 경우 소비자의 문제

해결은 정보탐색 및 상표평가의 과정을 거쳐서 일어나게 된다. 의도적인 행동을 통해 문제를 성취하는 것은 치약, 세제, 종이수건 등을 구입하는 의사결정보다는 자동차, 의복, 가구 등을 구입하는 의사결정을 더 잘 나타낸다.

제2절 습 관

습관(habit)이란 ① 정보탐색 ② 대안적인 상표들의 평가 등을 제한적으로 또는 거의 하지 않고도 행해지는 일상적인 반응, 즉 반복적 행위라고 정의한다. 학습은 소비자가 시간이 지남에 따라 그 상표에 만족한다면 습관적 구매행동을 초래한다. 반복적인 구매 후 소비자는 정보탐색이나 상표평가를 거의 하지 않고도 다시 그 상표를 구입할 것이다. 그러한 인지적 행위를 하지 않는다는 것은 복잡한 의사결정에서의 광범위한 정보처리와는 구별되는 **일상적인 의사결정**(routinized decision making)으로 설명될 수 있다.

1. 습관적 구매행동 모델

습관적 구매행동의 과정을 보여주는 모델은 〈그림 3-6〉과 같다. 소비자는 과거경험에 근거하여 일상적인 상표, 예를 들어 Hite에 정착하게 되어 충성적인 구매자가 된다. 욕구발상은 아주 간단하게 야기될 수 있는데, 그 이유는 소비자가 그 제품을 다 사용하여 없거나 또는 갈증과 같은 간단한 내적 자극으로 욕구가 일어날 수 있기 때문이다.

정보처리는 제한적이거나 존재하지 않는다. 즉 욕구의 인식은 직접 구매의도를 유도할 가능성이 있다. 그 상표를 다 쓰고 없는 경우 쇼핑목록에 Hite를 추가하는 것은 당연한 것이며, 또한 아마도 충성적 소비자는 점포진열대에서 Hite를 봄으로써 상기하게 된다. 소비자는 구매 후 상표를 평가하고, 또한 과거에 경험한 대로 그 상표로부터 동일한 만족을 얻을 것을 기대한다. 미리 포장된 제품들은 일반적으로 표준화되어 있기 때문에 동일한 만족을 얻게 될 가능성이 있다. 계속적인 만족은 소비자가 그 상표를 재구매할 가능성을 더욱 높게 한다.

그러나 상표의 사용과 긍정적인 보상 간의 연결관계가 소멸되는 경우에, 그 제품이 소비자의 기대를 충족시키지 못할 가능성이 존재하게 된다. 예를 들어, 소비자가 시리얼을 구매하였을 때 시리얼 상자가 반 정도 비어 있다는 사실을 발견하거나 또는 변경된 치약상표의 맛을 좋아하지 않을 경우이다. 결국 소비자는 대안적인 상표를 고려하게 되고, 따라서 의사결정 과정을 시작하게 된다.

〈그림 3-6〉 습관적 구매행동 모델

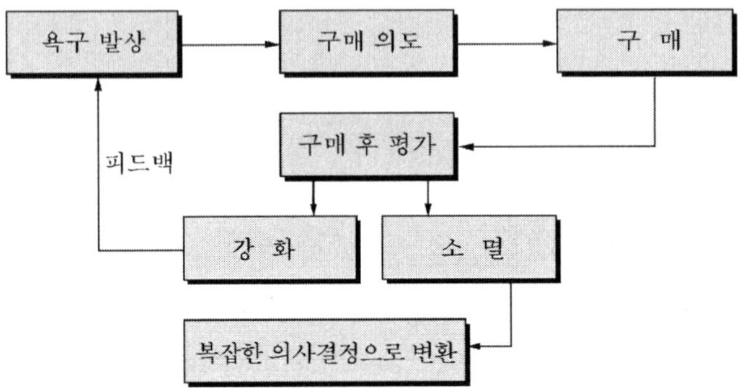

불만족 이외의 다른 요인이 소멸을 조장하며 또한 습관으로부터 복잡한 의사결정으로 변화하게끔 한다. 예를 들어, 경쟁적인 신상품이 시장에 출시되고, 소비자가 그것을 인식하게 되면 그 신상표의 구매를 고려하게 된다. 즉 정보탐색과 상표평가가 이루어진다. 또 다른 경우로서 추가적인 정보탐색으로 욕구의 변화가 야기되고 의사결정이 행해지는데, 예를 들어, 흡연의 부정적인 영향에 대한 정보로 인해서 애연가는 그가 좋아하는 담배상표를 재평가하게 된다.

역시 어떤 상표에 대한 지루함도 소비자로 하여금 새로운 것을 찾도록 유도한다. 간혹 소비자들은 습관적으로 구입하는 것에 싫증을 낸다. 즉 의사결정 과정이 일상화된 후(습관), 구매자는 자신이 너무나 단순한 상황에 처해 있다는 것을 발견한다. 그런 반복적인 의사결정으로 야기되는 단조로움과 지겨움(지루함)을 느낄 가능성이 있다. 따라서 새로운 상표를 고려함으로써 구매상황을 복잡하게 할 필요성을 느낀다. 즉 그러한 결과로 인해 습관으로부터 복잡한 의사결정으로 움직인다.

마지막으로 소멸은 동일한 상표를 구입하지 못하게 하는 제약으로 인해 야기될 수 있다. 예를 들어, 그 점포에 좋아하는 상표가 없다면, 그 소비자는 다른 상표를 고려하게 되고 덜 좋아하는 상표를 구매하게 된다. 역시 가격이 변경될 때 소멸이 야기될 수 있다. 즉 덜 선호하는 상표의 가격이 인하되거나 또는 일상적으로 구입하는 상표의 가격이 인상된다면 소비자는 다른 대체품을 고려할 수 있다.

2. 습관의 기능

습관에 의한 구매는 소비자에게 두 가지 중요한 이점 즉 위험을 감소시킴 그리고 의사결정을 원활하게 함을 제공한다.

소비자가 그 제품에 높게 관여하고 있는 경우 습관은 구매위험을 줄여 주는 수단이 된다. 다시 동일한 상표를 구입한다는 것은 제품 실패의 위험을 줄이며 또한 중요한 구매로 인한 재무적 손실을 줄여준다. 또한 정보가 제한되어 있는 경우 자주 소비자들은 가장 안전한 선택으로서 가장 인기 있는 상표를 구입한다. 즉 위험을 줄이는 수단으로 상표충성심이 효과적인데, 구매위험을 줄이는 방법으로 상표충성심과 잘 알려진 상표를 구입한다.

역시 습관은 정보탐색의 욕구를 최소화함으로써 의사결정을 단순화시킨다. 즉 일상적인 의사결정을 하게 된다. 소비자가 그 제품에 관여하지 않는 경우에 소비자는 몰두할 만한 시간과 열정에 대해 가치가 없다고 생각하여 정보탐색을 최소화하려고 한다. 예를 들어, 많은 경험으로 더 많이 알고 있는 어머니들은 여러 가지 어린이용품을 평가하는데 사용하는 정보원천의 수, 그리고 탐색하는 정보의 양이 적은데, 그 이유는 구매가 보다 일상화(습관)됨에 따라 정보탐색이 감소하기 때문이다.

즉 습관에 의한 구매는 아래와 같은 두 가지의 결과를 초래한다.

- 일반적인 제품정보로부터 특별한 상표정보를 탐색하는 것으로 정보의 유형이 변화됨
- 신선함 및 비타민 함량과 같은 제품특이적인 정보에 대한 의존성이 감소하면서 가격 또는 이용 가능성과 관련된 정보에 대한 의존성이 보다 커짐

소비자들은 좋아하는 상표를 선택함으로써 효율적인 구매자가 되도록 학습하고 있다. 반면에 소비자들은 역시 경쟁적인 상표에 대한 특별가격 그리고 신상품의 출현 등을 주시하고 있다.

3. 습관 대 복잡한 의사결정

복잡한 의사결정과 습관(일상적인 의사결정)은 연속선상에서 양 끝에 있는 것이다. 그 사이에는 **제한적 의사결정**(limited decision making)이 있다. 〈그림 3-7〉의 위쪽에 있는 것은 재구매의 가능성에 근거하여 연속선상에서 복잡한 의사결정, 제한적 의사결정, 습관 등을 보여준다.

소비자들은 습관에 의해서 구입하는 제품을 자주 구매한다. 동일한 상표를 연속적으로 구매함에 따라 소비자들이 계속해서 재구매할 가능성이 높을 때까지 다시 구입하는 기회는 증가한다. 재구매의 가능성이 증가함에 따라 소비자가 구매 전에 정보를 탐색하고 또한 신중하게 검토하는 데 소요되는 시간은 감소하는데, 〈그림 3-7〉의 아래쪽과 같다. 〈그림 3-7〉의 위쪽의 곡선은 학습곡선인데 시간이 지남에 따라 소비자들이 어느 상표가 자신을 만족시키는가를 학습하고 있음을 보여준다. 즉 학습한 결과 소비자가 그 상표를 계속 구입할 가능성이 증가하게 된다.

〈그림 3-7〉 동일한 상표 구입 가능성과 정보탐색량 및 구매 전 고려와의 관계

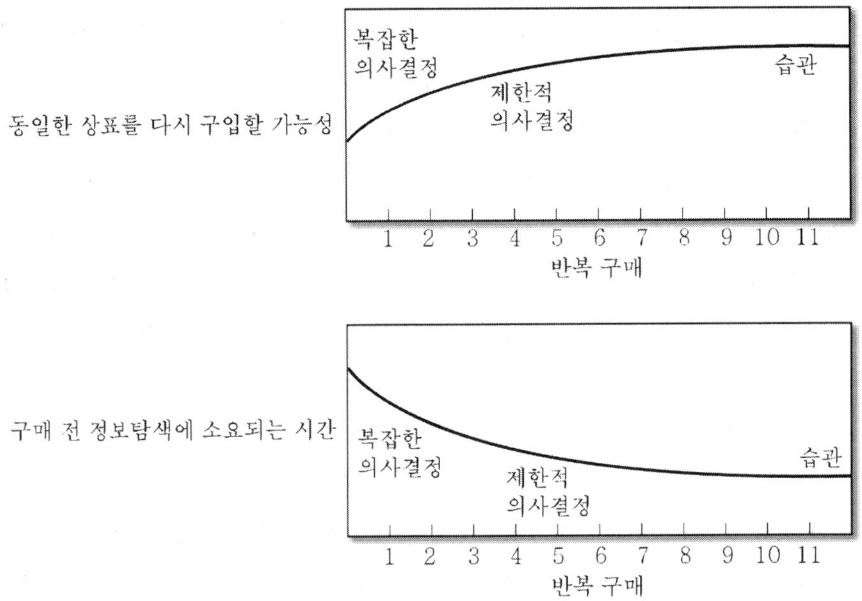

〈표 3-1〉은 복잡한 의사결정과 습관의 특징을 구분한다. 소비자들은 보다 비싼 제품 그리고 그들이 감정적인 수준에서 관여할 가능성이 큰 제품에 대해 복잡한 의사결정을 사용할 가능성이 더 크다. 반면에 거의 몰입하지 않고 자주 구입되는 저가격 제품은 일상적인 행동에 따라서 구입할 가능성이 더 크다. 소비자들은 복잡한 의사결정에 의해 구입하는 경우 보상적 의사결정 규칙, 즉 위험을 줄이기 위해서 여러 가지 제품속성에 기준하여 동시에 상표들을 평가할 가능성이 매우 크다. 반대로 일정시기에 하나의 기준이 관련되는 보다 간단한 비보상적 의사결정 규칙은 일상적인 구매에 사용될 가능성이 큰데, 그 이유는 보다 광범위한 상표평가를 하는데 몰두하는 시간과 노력이 가치가 전혀 없기 때문이다.

〈표 3-1〉 복잡한 의사결정과 습관의 특징

습관(일상적인 의사결정)	복잡한 의사결정
·정보처리가 거의 없거나 전혀 없음 ·빈번하게 구입하는 제품 ·저가격 제품 ·낮은 수준의 소비자 관여 ·비보상적 의사결정 규칙	·광범위한 정보처리 ·간혹 구입하는 제품 ·고가격 제품 ·높은 수준의 소비자 관여 ·보상적 의사결정 규칙
전략적 시사점 ·집중적 유통경로 ·서비스 요구가 거의 없음 ·인적판매가 중요치 않음 ·판매촉진이 중요함 ·상기자 효과를 위해 광고를 사용함 ·가격감수성이 큼	전략적 시사점 ·선택적 유통경로 ·자주 서비스가 요구됨 ·인적판매가 중요함 ·판매촉진이 중요치 않음 ·정보를 제공하기 위해 광고를 사용함 ·가격감수성이 적음

4. 습관 대 복잡한 의사결정의 전략적 시사점

마케팅 관리자에게 있어 습관으로부터 복잡한 의사결정의 연속선상에서 자사 상표의 위치를 확인·규명하는 것은 중요하다. 그 이유는 그 위치가 제시하는 전략적 시사점이 바로 마케팅 전략의 모든 면에 적용되기 때문인데, 전략적 시사점은 〈표 3-1〉의 하단부에 제시되어 있다.

1) 가격

소비자가 습관적으로 상표를 구입하는 경우, 후발 경쟁사가 상표충성적인 소비자로 하여금 대안적인 상표를 사용하도록 할 수 있는 유일한 방법은 가격할인이나 특별할인판매를 이용하는 것이다. 상표충성적인 구매자들로 하여금 시용하도록 하는 또 다른 방법은 상표충성적인 구매자가 대안적인 상표를 구입할 것을 고려하도록 희망하여 무료견본을 제공하는 것이다.

가격할인이나 무료견본은 복잡한 의사결정 과정에 의해서 구입하는 소비자에게 영향을 주는 데는 별 효과가 없다. 그 이유는 돈을 절약하기 위해서만 싼 것을 구입하는 것은 너무나 위험이 클 수 있기 때문이다. 이에 추가하여 무료견본과 특별품의 가격할인에 대한 마케팅 기업의 비용이 엄청나게 소요될 수 있기 때문이다.

2) 제품

소비자가 복잡한 의사결정으로 구입하는 제품들, 즉 가전제품과 내구재 등은 기술적으로 복잡할 경향이 있다. 인적판매가 이러한 제품에 매우 중요하며, 서비스가 필요할 가능성이 매우 크다.

반면에 습관에 의해서 소비자가 구입하는 제품은 일반적으로 서비스가 거의 요구되지 않고 또한 직접판매가 거의 없는 포장된 제품들이다.

3) 유통경로

소비자가 습관적으로 구입하는 상표가 회전율이 매우 높고, 저마진 품목일 가능성이 있으므로 그 상표는 집중적으로 유통시켜야 한다(집중적 경로). 광범위한 유통경로는 습관적으로 구입하는 소비자에게 중요한데, 그 이유는 그 품목을 본다는 것이 그들로 하여금 구매하도록 상기시키기 때문이다. 예를 들어, 1970년대 초 어떤 제과회사는 자사의 초콜릿 과자를 촉진하는데 광고보다는 집중적 유통경로에만 의존하였다.

반면에 복잡한 의사결정으로 구입되는 제품에 대해 제조업자들은 선택적 또는 독점적(배타적)으로 유통시킬 가능성이 높다(선택적 유통경로 또는 독점적 유통경로).

4) 광고와 점포 내 촉진

광고와 점포 내 촉진의 본질은 의사결정상의 연속선에서 그 제품의 위치에 따라 상이하다. 습관에 의해 구매하는 제품은 **상기자**(reminder)로서 광고를 사용할 가능성이 매우 크다. 그 경우에 반복광고가 보다 중요하다. 예를 들어, Coke 광고는 소비자들에게 빈병을 반환해야 한다는 것을 반복적으로 상기시키기 위해 요요의 상징을 이용하여 소비자들에게 구매하도록 상기시키고 있다. 점포 내 촉진 역시 저관여 제품에 보다 효과적인데, 그 이유는 소비자들이 점포에 있을 때 자주 구매결정을 하기 때문이다.

이와는 대조적으로 소비자가 복잡한 의사결정으로 구입하는 제품은 특별한 청중들에게 정보를 전달하기 위해서 선택적으로 광고를 이용할 가능성이 매우 높다. 예를 들어, 성능을 강조하는 자동차 광고는 그 자동차의 우위성을 뚜렷하게 제시하고 있다.

5. 습관에서 의사결정으로의 변환유인

일반적으로 소비자들은 어떤 제품범주에서 시장선도상표를 습관적으로 구입할 가능성이 매우 높다. 그 이유는 상당수 소비자들이 위험을 회피하기 위해서 그리고 정보를 탐색할 필요성을 회피하기 위해서 선도상표를 구입하기 때문이다. 즉 시장선도상표를 구입하는 것은 구매행동을 보편화하는 안전한 방법이다.

자사 상표가 선도상표에 도전하는 마케팅 기업은 소비자들로 하여금 습관으로부터 의사결정으로 변환하도록 유인해야 한다. 습관적으로 구입하는 소비자들에게 다른 상표를 고려하도록 유인하기 위해 여러 가지 마케팅 전략을 이용할 수 있다.

- **선도상표에 대해 대안적인 상표가 있음을 인식시킴** : 시장선도기업에 대해 2위 기업인 하나로통신은 KT, DECOM 등과 전화요금을 비교한다.
- **기존상표에 대해 새로운 특성을 광고함** : 치약에서 치석제거의 특성 또는 비누에서의 살균력은 소비자로 하여금 상표를 변경하도록 유인할 수 있다.
- **소비자가 과거에 고려하지 않았던 특성을 도입함으로써 소비자가 고려하는 우선순위를 바꾸도록 함** : 펌프식 용기에 들어 있는 치약은 많은 소비자들에게 소구되었던 특성이었다.
- **소비자로 하여금 다른 범주에 대한 대체품으로서 그 제품을 사용하도록 고무함** : 아침에 커피 대신에 녹차를 마시도록 소비자를 확신시키는 것, 또는 점심식사시에 쿠키 대신에 시리얼을 먹도록 확신시키는 것이다.
- **무료제품견본, 쿠폰, 특별가격을 사용함** : 소비자로 하여금 선호하는 상표를 바꾸도록 유인할 수 있다.
- **기존상표에서 계열확장된 상표에 새로운 이점을 제공하여 시장에 도입함** : 보통라면이나 매운 라면을 더 맵게 하거나 콩을 추가한 라면을 제공한다.

이와는 반대로 시장선도상표 기업은 만족을 강화하고 또한 선택과정을 단순화시키려는 시도로써 반복광고를 사용하여 습관적인 구매를 유지토록 한다. 예를 들어, Coke사가 사용한 광고표제인 "Coke Is It"은 소비자들이 Coke을 선택할 때마다 매우 만족해하고 또한 추가적인 정보탐색이 필요치 않다는 것을 시사한다.

그러나 Coke사가 1984년 새롭게 시장에 도입한 새로운 형태의 Coke(New Coke)은 실패하였는데, 그 이유는 새로운 형태가 도입됨으로써 습관적으로 구입하던 상당수 사용자들이 그들의 선택을 재평가하도록 촉진케 하였다는 간단한 이유 때문이었다.

제3절 상표충성심

학습, 습관, 상표충성심 간에는 밀접한 연결관계가 존재한다. **상표충성심**(brand loyalty)이란 시간이 지남에 따라 그 상표를 지속적으로 구입함으로써 그 상표에 대한 우호적인 태도를 갖게 되는 것이다. 어떤 특정한 상표가 소비자의 욕구를 충족시킬 수 있다는 것은 소비자 학습의 결과인 것이다.

1. 상표충성심에 대한 접근방법

상표충성심에 대한 연구방법은 마케팅 문헌상에서 볼 때 두 가지가 있다. 첫 번째는 도구적 조건화 접근방법으로서 시간이 지남에 따라 같은 상표를 지속적으로 구입하는 것을 상표충성심을 나타내는 표식으로 간주하는 것이다. 즉 소비자의 반복 구매행동은 강화 그리고 강력한 자극-반응의 연결관계를 나타내는 것으로 간주하는 것이다.

상표충성심에 대한 연구의 두 번째 접근방법은 인지적 이론에 바탕을 둔 것으로서, 행동만이 상표충성심을 반영하지 않는다고 믿는 것이다. 즉 충성심은 계속적인 행동만으로는 나타나지 않는 상표에 대한 몰입을 의미하기 때문이다. 예를 들어, 어떤 가족이 특별한 상표를 구입했을 경우, 그 이유는 그 상표가 시장에서 가장 저가의 상표이기 때문일 수도 있다. 그 경우, 그 가족은 가격이 조금만 인상되어도 다른 상표로 변경할 수 있다. 따라서 계속적인 구매가 강화나 충성심을 반영하지는 않는다.

또한 스캐너를 통해 수집된 행동적 자료를 상표충성심을 측정하는데 이용되고 있으나, 문제가 되는 것은 사람들이 행하는 것이 그것을 행한 이유에 대해서는 아무것도 제시하지 못한다는 것이다. 마케팅 기업은 상기의 스캐너 자료를 이용하여 소비자에게 어떤 행동을 하도록 조치를 취할 수가 없다.

상기의 결과에 따라 상표충성심을 측정하는데 있어 태도와 행동 모두를 포함해야 한다는 것이다. 즉 진정으로 충성적이 되기 위해서 소비자는 그 상표를 반복적으로 구입할 뿐만 아니라 그 상표에 대해 우호적인 태도를 가져야 한다. 그 이유는 다른 상표를 이용할 수 없거나, 그 상표가 장기간 가격할인을 하거나 또는 소비자가 의사결정을 최소화하기를 원하기 때문에 소비자는 동일한 상표를 계속 구입할 수도 있기 때문이다. 이러한 경우를 "위조적(가짜) 충성심"이라고 하는데, 그 이유는 이러한 조건들이 몰입을 반영하지 않기 때문이다.

결론적으로 볼 때, 태도적 구성요소와 행동적 구성요소 모두를 이용함으로써 상표충성심에 대한 보다 강력한 정의를 내릴 수 있다.

2. 상표충성적 소비자

상표충성적 소비자의 특징을 정의하려고 조사를 시도하였으나, 일반적인 상표충성적 소비자는 없다. 즉 제품범주와는 관계없이 충성적인 경향이 있는 소비자는 없다는 것이 결론이다. 즉 상표충성심은 제품특이적인데, 이것은 소비자들은 어떤 범주의 상표에는 충성적이지만 다른 범주의 상표에는 충성적이지 않다는 것이다.

상표충성심은 제품특이적임에도 불구하고, 상표충성적인 경향이 있는 사람은 아래의 일반화된 특징을 가지고 있다.

- 상표충성적 소비자는 그의 선택에 있어 보다 자신감이 있다.
- 상표충성적 소비자는 구매시 높은 위험수준을 지각할 가능성이 있으며 그리고 위험을 줄이는 수단으로서 하나의 상표를 반복적으로 구입한다.
- 상표충성적 소비자는 점포충성적일 가능성이 높다.
- 소수민족에 속한 소비자(아프리카계 미국인과 스페인계 미국인)는 보다 상표충성적인 경향이 있는데, 그 이유는 충성심이 안전을 보장하기 때문이다.

3. 상표충성심과 제품관여

상표충성심에 대한 인지적 정의는 충성심이 몰입을 나타내므로 구매에 대해 관여수준이 높다는 것이다. 즉 소비자들은 개인적으로 그 상표에 관여하고 또한 그 구매를 위험스러운 것으로 인식하는 경우에 상표충성심이 매우 높다. 이 경우의 상표는 자아확인의 원천으로써, 화장품, 자동차, 담배 등이 포함된다.

타성(inertia) 즉 몰입하지 않고 한 상표를 반복적으로 구입하는 것은 저관여 수준하에서 습관적으로 구입하는 것이다. 이 경우에 소비자는 그 상표에 대해 강력한 의견이나 느낌이 전혀 없다. 즉 소비자는 가장 잘 알려진 것에 바탕을 두어 구입하는데, 한 상표를 반복적으로 구입하는 것은 몰입을 나타내는 것이 아니라 단지 수용을 나타내는 것이다.

제 4 절 소비자 충성심, 소비자 권리 및 미시마케팅

1. 소비자 충성심의 조성

통상적으로 마케팅 기업은 전체적인 의미로 상표충성심을 인식하고 있다. 예를 들어, Coca-Cola사 및 담배제조회사 등은 자사 상표에 대한 반복 구매와 긍정적인 태도를 근거로 자사 고객들이 상표충성적이라고 인식한다. 이러한 견해는 일 대 다수 즉 대량 마케팅의 철학을 실행하는 것이다.

그러나 새로운 기술발전과 시장이 점차 분열화됨으로써 마케팅 기업은 개별 소비자들 즉 일 대 일 접근방법 또는 미시마케팅에 집중하게 되었다. 개별 소비자에게 미시적으로 제품을 도입하고 접근할 수 있는 역량은 상표충성심에 대한 개념을 변화시키고 있다.

따라서 점차 마케팅 기업은 **소비자 충성심**(consumer loyalty)에 대해 언급하고 있는데, 소비자 충성심이란 시간이 지남에 따라 상표와 기업에 대한 개별고객들의 충성심을 유지하기 위해 수립된 전략을 실행하는 것이다.

2. 미시마케팅의 실행

미시마케팅은 구매 전이나 후에 전략을 통해서 소비자 충성심을 수립하는 것이 필요하다. 즉 구매 전에 마케팅 기업은 소비자들의 욕구에 맞도록 웹을 통해서 정보를 고객화하는 기회를 그리고 어떤 제품범주에 대해서 그 제품의 디자인을 고객화할 수 있는 기회를 소비자에게 제공할 수 있다.

구매 후에 마케팅 기업은 제품과 기업에 대한 관심을 유지시킬 수 있는 여러 다양한 전략을 통해서 고객과의 관계를 유지하고자 한다. 이러한 구매 후 전략은 **관계 마케팅**(relationship marketing)이다. 따라서 관계 마케팅 프로그램이 성공적이라는 것은 소비자 충성심이 소비자 권리, 즉 상호작용적인 관계에 기초하여 상표와 기업에 대한 장기적인 몰입으로 전환된다는 것을 의미한다.

미시마케팅의 기본적인 목적은 소비자 욕구를 충족시키기 위해 최상의 제품을 제공함으로써 그리고 구매 후에 소비자와 독특한 관계를 수립함으로써 개인적인 수준에서 소비자 권리를 수립하는 것이다. 인터넷 및 기타 상호작용적인 수단이 개발됨으로써 구매 후에 소비자와 커뮤니케이트하는 것이 보다 효율적이 되고 또한 비용이 적게 소요된다. 예를 들어, 고객화된 전자우편을 보내는데 소요되는 비용은 보다 광범위하게 보내는 직접우편 캠페인에 소요되는 비용보다 적다. 즉 구매자와 판매자 간의 커뮤니케이션은 각 개별 소비자를 표적으로 하는 것을 더욱 용이하게 하는 지속적인 관계를 조성케 할 수 있다.

이러한 변화로 인해 마케팅 기업은 대중매체를 통해 전국규모로 상표를 마케팅하는 것으로부터 개별 소비자를 표적화하기 위해 보다 고객화된 전략을 수립하는 것으로 변경시키고 있다. 예를 들어, 포장소비재 기업들이 한 가지 제품으로 다양한 소비자를 추구하려고 하는 것이 아니라 각각의 소비자에 대해 다양한 제품을 추구하는 것이다. 이것은 개별 소비자가 필요로 하는 제품들을 결합해야 함을 인식하고 또한 이들 제품에 대해 고객화된 메시지와 정보를 개발하는 것을 의미한다. 즉 이것은 기업들이 Dell Computer사가 하고 있는 것처럼 개별 소비자에 대해 자사 제품을 고객화할 수 있는 역량을 가지는 것이다.

한편, 소비자 권리를 구축하기 위해 마케팅 기업은 개별 소비자에 대한 정보, 즉 소비자들이 어떤 웹사이트를 자주 방문하는가, 그들이 무엇을 선호하는가, 그들이 어떤 제품을 빈번하게 구입하는가, 그들이 어떤 상표를 선호하는가 등에 대한 정보가 필요하다.

상기의 정보는 **허락(용인) 마케팅**(permission marketing)의 맥락에서 이용될 수 있어야 하는데, 허락(고객 용인) 마케팅이란 소비자가 알고 있으며 또한 소비자와의 의견과 일치가 되는 것이다. 그러한 표적화된 마케팅의 이점은 고객권리를 증가시킬 뿐만 아니라 구전 커뮤니케이션을 통한 추천과 권고를 증가시킨다. 그러한 권고와 추천은 미시마케팅에 대한 마케팅 기업의 데이터베이스를 더욱더 확대시킨다.

물론 아직까지도 미시마케팅은 초보단계에 있다. 그러나 기술이 점차 발달되고 또한 대기업들이 정보제공적이며 제품맥락에서 대량고객주문화를 신봉함에 따라 상표권리로부터 소비자 권리로 전략의 집중사항을 변화시키게 될 것이다.

제5절 점포충성심

상표에 충성적인 것처럼 소비자는 점포에 대해서도 충성적이다. 때때로 점포충성심은 상표충성심보다 더 강할 수가 있다. 예를 들어, 어떤 부유한 50대 주부는 특별한 백화점에서 변함없이 쇼핑할 수도 있는데, 그 이유는 점차 경제적으로 부유해지고 자아성취를 지향함에 따라 그러한 쇼핑이 자신의 자아이미지와 일치하기 때문이다. 자신의 자아이미지와 자신이 느끼는 점포에 대한 이미지 간의 연결관계하에서, 이 백화점에 대한 쇼핑객의 충성심은 그 백화점이 취급하는 상품품목 중 어떤 품목에 대한 충성심보다 더 강할 가능성이 있다.

상표충성심에서처럼 점포충성심도 역시 타성을 반영한다. 그 50대 주부는 그 점포에 대한 강한 몰입 때문이 아니라 의상과 액세서리 등을 한 장소에서 쇼핑하는 것이 더 용이하기 때문에 어떤 특별한 백화점에서 쇼핑할 수도 있다.

1. 점포충성적 소비자

앞 절에서 상표충성적 소비자는 점포충성적일 가능성이 있음을 지적하였다. 상표를 선정하는데 있어 시간과 노력을 절약하기를 바라는 소비자들은 역시 점포를 선정하는데 시간과 노력을 최소화하려고 한다. 또 다른 것은 동일한 점포에서 쇼핑하는 것은 그 점포에서 취급하는 상표, 특히 사적상표(소매상이 통제하는 상표)에 대한 충성심을 조장한다는 것이다.

여러 연구에 의하면, 점포충성적 소비자들은 나이가 많으며, 또한 하류계층(저소득, 저학력)에 속하는 경향이 있는데, 그 이유는 저소득층 소비자들은 많은 것을 쇼핑할 능력에 제한을 받기 때문이다. 결론적으로 볼 때, 점포충성적 소비자는 쇼핑을 하는데 보다 많은 위험을 인식하고 있다는 사실이다. 즉 잘 모르는 점포에서 쇼핑하는데 발생할 수 있는 위험을 줄이는 수단으로서 점포충성심이 될 수 있다는 것으로 선정된 하나의 점포에서만 쇼핑함으로써 위험을 줄이는 것이다.

2. 점포충성심의 변화

점포충성심은 경기침체로 인해 소비자들의 가격감수성이 증가함에 따라 낮아지고 있다. 즉 경기침체로 선호하던 점포(슈퍼마켓)가 아니라 저가격으로 판매하는 슈퍼마켓으로 변경하였으며, 또한 비교쇼핑을 함으로써 점포충성심이 낮아지고 있다.

따라서 이러한 경기침체는 가격감수성을 높이고, 마케팅 믹스에서 가격촉진의 역할을 증가시키고 있는데, 이에 따라 마케팅 기업은 광고로부터 가격촉진으로 촉진예산을 변경하고 있다.

그러나 가격감수성이 커지고 있다는 것에 대한 상쇄적 추세가 나타나고 있다. 직업여성의 수가 증가함으로써 편리성을 중요시하고, 비교쇼핑에 소요되는 시간이 감소하고 있다는 것이다. 이에 따라 소비자들은 점포충성적 또는 상표충성적이 됨으로써 추가적으로 부담해야 하는 비용보다는 시간을 절약함으로써 획득할 수 있는 가치를 더 중요시하게 된다.

결론적으로, 점포충성심은 두 가지의 상반되는 추세에 의해 높아지거나 낮아질 가능성이 있다.

3. 웹사이트 충성심

인터넷이 크게 부상·확산됨에 따라 충성적 소비자 행동에 대한 새로운 차원은 많은 웹사이트를 여기저기 돌아다니는 것, 그리고 웹사이트에 충성심을 갖는다는 것이다. 그러나 웹을 통해서 의도적으로 학습함으로써 소비자들은 더욱 빈번하게 한두 개의 사이트만을 방문하고 있다. 즉 특정 웹사이트에 대한 충성심이 증가하고 있다.

웹을 통한 의도적인 학습은 소비자들이 자주 사이트를 방문하는 것은 특별한 정보제공적 목적을 위해서라는 것을 의미한다. 가장 빈번하게 방문하는 사이트는 건강, 날씨, 일반적인 뉴스, 여행지에 대한 정보와 관련된 사이트들이 포함된다. 그리고 웹을 통해 구매하기 위해서 가장 자주 방문하는 사이트는 도서, CD 등 음악, 꽃, 선물, 항공권을 구입하기 위한 것이다.

웹사이트 충성심을 고무하는 요인은 아래와 같다.

- 오프라인 소매상에 충성적인 소비자는 동일기업의 온라인에 대해서도 충성적일 가능성이 매우 높다. 따라서 상기의 기업들은 자사 사이트에 자사 상표의 이미지와 상표 권리를 전달하는데 많은 노력을 기울여야 한다.
- 소비자들은 정보탐색을 위한 시간을 활용하는데 있어 어떤 제한요인에 직면하는 경향이 있다. 즉 소비자는 시간이 지남에 따라 특정한 사이트를 쉽게 찾을 수 있는 방법을 습득하여 그 사이트에 정착할 가능성이 있다.
- 소비자가 어떤 특정 사이트에 대해 시간과 정보를 투자한다면, 다른 사이트를 사용하기 위해서는 변경비용이 소요되므로, 다른 사이트로 변경하는 것을 주저한다.

웹을 통해서 일어나는 습관적 행동을 정의하는 것이 아직까지는 초기단계에 있으므로 웹사이트 충성심이 의미하는 것을 예측하기가 어렵다. 그러나 만약 마케팅 기업이 정규적으로 자사의 사이트를 방문하는 고객들과의 관계를 수립·구축하는데 성공한다면, 웹사이트 충성심은 상표충성심을 강화할 수 있는 잠재력을 갖게 된다.

제6절 상표충성심 및 점포충성심에 대한 사회지향적 시사점

상표충성심과 점포충성심은 분명 소비자들에게 가장 효율적인 의사결정 모델이 아니다. 긍정적인 측면에서 상표충성심과 점포충성심은 대안적인 것을 평가하는 데 있어 소비자들의 시간과 노력을 절약해 준다. 그러나 그러한 충성심은 소비자들로 하여금 동일한 상표가 고가격이거나 저품질인 경우에도 동일한 상표를 재구매하도록 유도할 수 있다.

1. 상표충성심에 대한 시사점

유명 상표는 자주 고가격을 부과하는 전국적인 명성과 빈번한 광고에 따라 거래된다. 이에 따라 상당수 소비자들은 오직 상표명 소구에만 기울이며 또한 이미지에 근거하여 강력한 상표충성심을 수립한다. 분명히 말해서 충성심은 기능적인 상품속성이라기보다는 상표명과 상표이미지의 함수이다. 따라서 상당히 표준화된 제품의 경우에도 잘 알려진 상표는 다른 상표보다 더 높은 가격을 부과할 수가 있다.

그러나 이러한 상표충성심과 점포충성심이 소수민족 소비자들 그리고 나이가 많은 하류계층 소비자들에게 더 높은 경향이 있다는 사실이 문제이다. 이러한 점에서 볼 때, 전국상표품이 매일매일 저가격(EDLP)으로 변화되고 있다는 것은 사회지향적 관점에서 매우 유익한 것이다. 결국 우리는 보다 효율적이며 경제적인 소비자로 발전되고 있는 것이다. 그러나 그러한 발전이 저소득층 소비자가 아니라 중간소득층 소비자에게서 이루어지고 있다는 것이다.

2. 점포충성심에 대한 시사점

점포충성심은 편리한 쇼핑모형이 될 수 있으며, 또한 시간과 노력을 절약할 수 있다. 그러나 점포충성심은 하나의 점포로 그 선택을 제한하므로 대안적인 상표비교를 제한하게 한다.

사회지향적인 관점에서 볼 때, 점포충성심이 붕괴됨으로써 소비자는 대안적인 것을 쇼핑하게 되고 이익을 보게 된다. 결국 소비자는 저가격의 대체물을 알 수 있게 되는데, 여기에서 문제가 되는 것은 나이가 많은 저소득층 소비자들과 혜택을 받지 못하는 사람들이 계속해서 점포충성심이 높아 저가격 대체품의 혜택을 받지 못하고 있다는 것이다.

참고문헌

윤훈현 역, 『소비자행동론』, 제6판, 석정, 1998.

윤훈현, 『소비자행동론』, 석정, 2005.

"Brand Loyalty Beats Price in Some Product Categories," *Marketing News* (November 28, 1980), p. 1.

"Exploration of World Wide Web Tilts from Electic to Mundane," *New York Times* (August 26, 2001), p. 22.

"Why Shoppers's Loyalty to Familiar Web Sites Isn't So Crazy After All," *Wall Street Journal* (August 13, 2001), p. B1.

Alan R. Andreasen and Peter G. Durkson, "Market Learning of New Residents," *Journal of Marketing Research* 5 (May 1968), pp. 166-176.

Arieh Goldman, "The Shopping Style Explanation for Store Loyalty," *Journal of Retailing* 53 (Winter 1977-1978), pp. 33-46.

Brian Wasnick and Cynthia Huffman, "Perceiving, Choosing, and Using : A Framework for Revitalizing Mature Brands," Working Paper, The Wharton School of Business, May 1996.

Chris Janiszewski and Luk Warlop, "The Influence of Classical Conditioning Procedures on Subsequent Attention to the Conditioned Brand," *Journal of Consumer Research* 20 (September 1993), pp. 171-189. Stijn M. J. van Osselaer and Chris Janiszewski, "The Two Ways of Learning Brand Associations," *Journal of Consumer Research* 28 (September 2001), pp. 202-223.

Chris T. Allen and Thomas J. Madden, "A Closer Look at Classical Conditioning," *Journal of Consumer Research* 12 (December 1985), pp. 301-315.

Don Peppers and Martha Rogers, "The End of Mass Marketing," *Marketing Tools* (March/April 1995), pp. 42-52.

Eric Lapersonne, Gilles Laurent, and Jean-Jacques Le Goff, "Consideration sets of Size One : An

Empirical Investigation of Automobile Purchases," *International Journal of Research in Marketing* 12 (1995), pp. 55-56.

Fred D. Reynolds, William R. Darden, and Warren S. Martin, "Developing an Image of the Store-Loyal Customer," *Journal of Retailing* 50 (Winter 1974-1975), pp. 73-84.

George S. Day, "A Two-Dimensional Concept of Brand Loyalty," *Journal of Advertising Research* 9 (September 1969), pp. 29-36.

Henry Assael, Consumer Behavior, Houghton Mifflin, 2004.

Jacob Jacoby, "A Model of Multi-Brand Loyalty," *Journal of Advertising Research* 11 (June 1971), p. 26.

James M. Carman, "Correlates of Brand Loyalty : Some Positive Results," *Journal of Marketing Research* 7 (February 1970), pp. 7-76.

Klaus Peter Kass, "Consumer Habit Forming, Information Acquisition, and Buying Behavior," *Journal of Business Research* 10 (March 1982), pp. 3-15.

Michael L. Rothschild and William C. Gadis, "Behavioral Learning Theory : Its Relevance to Marketing and Promotions," *Journal of Marketing* 45 (Spring 1981), pp. 70-78.

Ronald E. Frank, William F. Massy, and Thomas M. Lodahl, "Purchasing Behavior and Personal Attributes," *Journal of Advertising Research* 9 (December 1969), pp. 15-24.

Supermarket Shoppers in a Period of Economic Uncertainty (New York : Yankelovich, Skelly, and White, Inc., 1982), p. 16.

Ted Roselius, "Consumer Rankings of Risk Reduction Methods," *Journal of Marketing* 35 (January 1971), pp. 56-61.

Tucker, W. T., "The Development of Brand Loyalty," *Journal of Marketing Research* 1 (August 1964), p. 32.

4
chapter

저관여 소비자 의사결정

우리들이 매일 구입하는 여러 다양한 제품들, 즉 치약, 세제, 라면, 식용류, 화장지 등 편의품을 생각할 때 대부분의 구매시 소비자의 관여수준이 낮다는 것은 놀라운 것이 아니다. **저관여 구매**(low involvement purchase)란 소비자가 그 제품을 중요하다고 생각하지 않으며 또한 그 제품에 대해 강하게 일관성을 부여하지 않는 것이다.

소비자들은 대부분의 구매시 저관여적이지만 마케팅 기업은 소비자들이 제품에 관여한다고 생각하고 있다. 그 이유는 관여된 소비자는 광고에 주의를 기울이고 상표를 신중하게 평가하며 또한 상표충성적이 될 가능성이 크기 때문이다. 그러나 소비자의 관여가 거의 없는 경우, 마케팅 기업은 소비자에게 중요한 새로운 제품속성을 도입함으로써, 또는 비관여적인 제품을 관여적인 상황 및 문제와 연결함으로써 소비자의 관여를 조성하려고 시도한다.

제1절 관여의 본질

1. 관여의 수준

제품에 대한 관여의 수준은 사람에 따라 상이하다. 이런 사람은 청바지 구매에 크게 관여하는데, 그 이유는 그가 청바지를 외모, 사회적 용인 등과 연관을 시키기 때문이다. 반면에 다른 사람은 청바지에 관여하지 않는데, 그 이유는 그가 청바지를 거의 개인적인 연관성이 없는 단순한 캐주얼 의상으로 인식하기 때문이다. 따라서 제품에 대한 소비자의 관여는 높은 것으로부터 낮은 것까지의 연속선상에 있다. 이러한 연속선상에서 소비자의 위치는 여러 가지 요인에 의해서 좌우된다.

일반적으로 소비자는 그 제품이 아래와 같은 경우에 그 제품에 더욱 관여할 가능성이 있다. 즉 그 제품이 :

1. **소비자에게 중요할 경우** : 아래와 같은 경우에 그 제품은 가장 중요할 가능성이 있다.
   - 소비자의 자아이미지가 그 제품과 연결될 때(예를 들어, Toyota사의 Lexus 광고는 그 자동차와 소유자의 개성을 연결한다).
   - 그 제품이 소비자의 가치관과 연결되는 상징적 의미를 가질 때(예 : BMW를 소유하는 것이 40대에게 권력과 성공을 나타냄, Nike 운동화를 신는 것이 10대들에게 운동선수의 용감한 행동을 나타냄).
   - 그 제품이 고가일 때
   - 그 제품이 어떤 중요한 기능적 역할을 할 때(자동차가 제공하는 수송 또는 마이크로웨이브 오븐이 제공하는 신속한 요리)

2. **그 제품이 감정적 소구를 갖는 경우** : 소비자는 제품이 갖고 있는 기능적 이점만을 추구하지 않고, 자주 감정적 이점을 유발시키는 이점을 추구한다. 상당수 구매자들에게 있어 Equus 자동차와 Harley-Davidson 오토바이를 소유한다는 것은 다른 사람들과 한 부류를 이루는 유사함을 창출한다. 이러한 유사함은 상기의 두 가지 상표에 대해 일반적으로 말하는 예찬과 같은 추종감을 창출한다. 분명히 말해서 그러한 유사함은 기능적 이점의 차원을 넘는 것으로, 그 제품에 대한 감정적인 반응인 것이다.
3. **그 제품이 소비자에게 계속해서 관심의 대상이 되는 경우** : 예를 들어, 유행을 의식하는 소비자는 의상에 대해 지속적인 관심을 가지며, 자동차광은 자동차에 대해 지속적인 관심을 갖는다.
4. **그 제품이 중대한 위험을 내포하는 경우** : 이러한 위험들 중에는 주택을 구입하는 재무적 위험, PC를 구입하는 기술적 위험, 자신의 의상을 변경하는 경우의 사회적 위험, 불안전한 자동차나 해로운 의약품을 구입하는 경우의 신체적 위험 등이 있다.
5. **그 제품이 집단의 규범과 일치하는 경우** : 어떤 제품은 표식 또는 **상징적 가치**(badge value)를 나타내는데(〈사진 4-1〉 참조), Cartier 시계광고는 겸손한 방법으로 지위를 나타낸다.

〈사진 4-1〉 오메가시계의 표식적 가치

상기의 조건을 갖춘 제품은 복잡한 의사결정이 될 가능성이 있다. 그러나 대부분의 상표들에는 의미가 있는 자아일치성, 관심, 위험, 감정 또는 표식적 가치가 거의 없다. 따라서 타성에 의해서 구입하는 것이 복잡한 의사결정에 의해서 구입하는 것보다 더 광범위하고 많다는 것은 너무나 당연한 것이다.

2. 관여의 유형

제품에 관련된 관여에는 상황적 관여와 지속적 관여가 있다. **상황적 관여**(situational involvement)란 특별한 상황에만 발생하며 순간적인 반면에, **지속적 관여**(enduring involvement)는 계속적이며 보다 오래 지속되는 것이다.

일반적으로는 상황적 관여는 구매결정이 필요한 경우에 발생한다. 예를 들어, 경영학과 여자 졸업예정자는 특별하게 유행을 의식하지 않는 여성이지만 취업면접시에 입을 의상을 구입하게 된다. 또 다른 경영학과 여자 졸업예정자는 유행에 매우 의식적인데, 그녀도 역시 면접시에 입을 의상을 찾을 수도 있으나 의상에 대한 그녀의 관심은 상황에 따라서가 아니라 지속적이다.

그러한 지속적 관여는 구매가 이루어지든 아니든지 간에 그 제품범주(의상)에 대한 지속적인 관심이 요구된다. 즉 지속적 관여는 어떤 상황적 목적을 강조하기보다는 그 제품 자체를 강조하는 것이며 또한 그 제품을 사용함으로써 얻어지는 본질적인 만족을 강조하는 것이다.

상황적으로 관여되는 경우 웹은 정보를 신속하게 수집하는데 큰 원천으로서, 예를 들어, 대안적인 제품, 제품규격, 가격 등에 대한 정보를 제공하는 원천이다. 대부분의 **고관여 구매**(high involvement purchase)는 상황적인 기초에서 행해지므로, 웹은 대안적인 것을 구입하는데 있어 신속하게 비교하고 평가할 수 있는 원천이 될 수 있다.

반면에, 어떤 제품에 지속적으로 관심을 갖고 있는 소비자(고급 청바지 열광이용자)의 경우에도 웹은 상호작용적인 방법으로 다른 열광자들과 지속적으로 연결할 수 있는 유용한 수단이다. 이에 따라 발빠른 마케팅 기업은 관심을 갖고 있는 소비자들의 지속적인 관여를 조장하기 위해 **이야기방**(chat room)과 기타 다른 포럼을 후원한다(예를 들어, 어떤 자동차회사는 자사 자동차 소유자들로 하여금 자사 자동차에 계속 관여하도록 하기 위해 자사의 웹사이트에 보드판과 이야기방을 제공하고 있다).

상황적 관여와 지속적 관여 모두 복잡한 의사결정이 될 가능성이 있다. 그 졸업생이 취업면접 때문에 의상에 관심을 갖거나, 보다 지속적으로 의상에 관심을 갖는 경우 그 사람은 유행에 대한 정보를 알고자 하며, 대안적인 의상계열을 고려하며, 의사결정을 하기 전에 신중하게 대안적인 계열을 평가한다.

지속적 관여와 상황적 관여를 가진 사람들을 표적하는데 있어 마케팅 기업은 상이한 접근방법을 이용한다. 지속적 관여에 깊이 내재되어 있는 본질은 그 소비자를 제품과 연관시키기 위해서 상징과 이미지가 사용될 가능성이 크다는 것이다. 반면에 상황적으로 관여된 사람을 표적화하는 경우에는 그 제품을 구매하는 특이한 맥락을 특별하게 소구한다.

예를 들어, 초콜릿 광고 중 어떤 광고는 맛있는 초콜릿을 즐기며 미술관에서 멋진 시간을 보내는 사람을 표적화한다. 또 다른 광고는 첫 번째 광고가 갖는 멋진 상징은 없이 발렌타인 데이(Valentine's-Day)에 선물을 주는 특별한 상황에 집중한다. 전자의 소비자는 1년 내내 초콜릿을 구입하는 초콜릿 애용자이지만, 후자의 소비자는 선물을 주는 경우에만 관여하며 또한 가치 있는 상을 수상하면서 부상으로 특별한 인센티브용으로 받는 경우이다.

3. 관여의 다차원적 본질

소비자들은 관여에 대한 다섯 가지 조건에 대해 상이한 차원에 따라 제품에 관여한다. 즉 소비자는 제품의 중요성, 관심, 위험, 감정 및 표식적 가치와 밀접하게 관련되어 있는데, 〈표 4-1〉과 같다.

10개의 제품들 중에서 의상과 향수는 위험요소를 제외하고 네 가지 구성요소에 대해 관여하고 있는데, 이는 지속적 기준에 따라 상기의 품목에 관여할 가능성이 높다는 것을 제시한다. 샴페인은 지속적인 관심을 제외하고 네 가지 구성요소에 대해 관여하고 있는데, 이는 소비자들이 상황적 기준(특별한 경우)에 따라 샴페인에 관여하고 있다는 것을 의미한다.

상기의 연구는 제품이 상이한 방법으로 관여될 수 있다는 사실을 보여준다. 예를 들어, 세탁기와 진공청소기는 가정에서 도움을 주는 역할을 하기 때문에 제품의 중요성에서 매우 높다. 그러나 그 제품들은 가사와 연관되기 때문에 기쁨을 주는(감정적) 가치와 표식적 가치는 전혀 없다. 만약에 어떤 촉진전략이 소비자의 관여를 조장하는 것을 목적으로 한다면, 세탁기와 진공청소기에 대한 광고에서는 감정적 소구를 증가시키기 위해 자유롭게 시간을 활용할 수 있다는 가치를 강조해야 한다.

〈표 4-1〉 관여의 구성요소에 기준한 제품범주

제품	관여의 구성요소				
	관심	감정	표식적 가치	제품 중요성	위험
의상	123	147	166	129	99
향수	120	154	164	116	97
샴페인	75	128	123	123	119
세탁기	130	111	104	136	102
진공청소기	108	94	78	130	111
세제	80	44	79	75	94
세면비누	88	91	99	78	85
샴푸	99	78	93	94	102
요구르트	95	105	73	92	73
초콜릿	94	130	86	76	91

자료원 : Jean-Noel Kapferer and Giles Laurent, "Consumer Involvement Profiles : A New Practical Approcach to Consumer Involvement," *Journal of Advertising Research* 25 (December 1985-January 1986), p. 51.

4. 매체에 대한 관여

소비자는 자신이 구입하는 제품에 대해 상이한 관여수준을 갖고 있는 것에 추가하여 그가 받는 광고메시지에 따라 여러 상이한 매체에 대해 상이한 관여수준을 갖는다.

TV는 수동적 매체이므로, 자주 소비자는 TV를 보면서 채널을 바꾸고, 다른 일을 하거나 또는 상업광고를 아주 간단하게 무시한다. 즉 소비자는 일반적으로 이러한 광고에 포함된 메시지를 능동적으로 처리하지 않으며, 더욱이 소비자들은 그 제품이 있는 현장(점포)에서 과거에 보았던 광고메시지를 기억한다. 결국 TV는 저관여 제품에 대한 매체이며, 따라서 TV는 대다수의 소비자들에게 도달하게 한다.

한편, 인터넷은 특히 고관여적이다. 그 이유는 웹의 상호작용적 본질이 소비자측의 행동조치가 필요하므로 소비자를 끌어들이는 것이기 때문이다. 즉 소비자는 온라인 탐색을 직접 수행하고, 그들이 원하는 정보를 결정할 뿐만 아니라 동료들에게 자신의 의견을 표현하거나 또는 제품의 규격명세나 제품에 대한 반응조치를 커뮤니케이트 하기 위해 마케팅 기업과 접촉한다. 이런 유형의 의도적인 커뮤니케이션은 동기부여와 상호작용이 요구된다.

이에 따라 웹사이트가 제공하는 포럼이 고관여 제품에 가장 최적으로 적절하다고 생각될 수 있다. 그러나 Pampers, 세제 상표 등 포장소비재에 대한 경험적 가치를 높이기 위해서 저관여 제품들이 디지털 도메인에서 큰 영역을 차지하고 있는데, 따라서 저관여 제품에 대해서도 인터넷이 적용될 수 있음을 보여준다.

역시 마케팅 기업은 그 상표를 강화하기 위해 광고 매체와 웹 간의 시너지 효과를 창출하고자 한다. 예를 들어, Nike사는 운동화에 대한 관여수준을 증가시키기 위해 TV와 웹을 통합시킬 수 있는 광고캠페인을 하고 있다. 즉 TV광고는 마지막 순간에 손에 땀을 쥐게 하는 이야기로 특성화하였다. 이에 소비자는 광고의 마지막 순간을 찾기 위해서 Nike사의 사이트를 클릭해야 한다. 온라인을 통해서 소비자는 제품정보, 스타일 등에 접속할 수 있으며, 따라서 그 제품에 대한 관심과 관여를 조장하게 된다.

반면에, 신문 및 잡지와 같은 인쇄매체에 대한 관여는 TV와 웹의 틈바구니 속에서 다소간 낮아지고 있는데, 이는 소비자가 특별한 메시지의 내용을 정적이라고 인식하기 때문이다.

5. 소비자 관여의 교차문화적 본질

제품에 대한 관여의 차이는 역시 교차문화적 차이에서도 일어난다. 예를 들어, 자전거가 미국보다는 중국에서 매우 중요한데, 그 이유는 중국에서는 자전거가 기본적인 수송수단이기 때문이다. 미국 소비자들이 자동차를 구입하는데 관여하는 것처럼 중국 소비자들은 자전거를 구입하는데 관여한다.

어떤 연구결과, 영국과 미국의 대학생들은 남아메리카 국가의 대학생들보다 맥주 구매에 대한 관여수준이 더 높은데, 이들 국가에서 맥주가 문화적 역할을 반영하기 때문이다. 즉 영국과 미국의 대학생은 맥주를 기분전환이나 사회적인 행사와 연관시키는 반면에, 남아메리카 국가의 대학생들은 그렇지 않았기 때문이었다. 청량음료에 대한 대학생의 관여수준은 중국을 제외한 모든 국가에서 거의 동일하게 낮았는데, 중국에서는 청량음료가 매우 가치가 있는 제품으로 인식되기 때문이었다. 청바지에 대한 관여수준은 모든 국가에서 동일한데, 이는 전세계 대학생들이 청바지를 거의 비슷하게 지각하기 때문이었다.

이러한 연구결과는 국제마케팅 기업들은 어떤 제품의 문화적 역할과 중요성에 따라 국가 대 국가기준에 따라 자사의 전략을 적응해야 한다는 것을 시사한다.

제 2 절 저관여 관점의 중요성

대부분의 소비자는 구매에 관여하지 않는다. 즉 소비자는 대부분의 구매 의사결정에 크게 관여하지 않는데, 따라서 제품에 대해 별로 주의하지 않으며, 제품도 그들에게 중요하지 않기 때문이다.

1. 기업의 관여와 효과의 계층을 강조함

구매 중 상당부분이 저관여의 특징을 나타내지만 마케팅 기업이 고관여 의사결정(예 : 복잡한 의사결정과 상표충성심)에 집중하는 이유는 두 가지 때문이다.

첫째, 마케팅 기업들이 자사 제품에 크게 관여하므로, 소비자들도 시중에서 판매되는 제품에 크게 관여할 것이라고 가정한다.

둘째, 소비자들이 상표를 평가하는데 인지적 과정을 이용한다고 마케팅 기업들이 가정함으로써 소비자들을 이해하고 또한 영향을 미치기가 더 용이하다는 것이다. 즉 복잡한 의사결정은 효과의 계층을 가정하는데, 이것은 소비자가 행동하기 전에 생각한다는 것으로서, 소비자는 우선 상표신념을 형성하고, 그 후 상표를 평가하며, 구매 의사결정을 한다는 것이다.

결론적으로 볼 때, 마케팅 기업은 고관여적 효과계층이 소비자 행동을 설명하는데 통합적인 것이라고 생각한다.

2. 저관여 계층

이에 따라 점차 저관여적 효과계층에 대해 주의를 기울이고 연구하고 있다. 저관여적 효과계층은 소비자들이 사고하지 않고 행동할 수 있다고 규정한다. 예를 들어, 식탁용 간장을 구입하는 경우 소비자가 상표의 특성을 결정하기 위해서 정보탐색 과정을 행할 가능성은 거의 없다. 또한 소비자는 가장 선호하는 것을 확인하기 위해서 대안적인 상표를 평가할 가능성도 없다.

소비자는 정보를 탐색하기보다는 수동적으로 정보를 받아들인다. 즉 소비자는 TV 앞에 앉아서 "사용하기에 편리하다"라고 설명하는 샘표간장에 대한 광고를 본다. 따분하다는 것을 억누르면서 소비자는 간장 이외의 것에 대해 생각한다. 그 소비자는 실제로 광고를 평가하지 않는다. 더욱이 광고를 보는 경우에도 소비자는 어떤 능동적인 인지과정이 없이 거의 조금씩 정보를 축적하고 있다. 그러나 시간이 지남에 따라 소비자는 샘표간장을 사용하기 편리한 것으로 연관성을 수립하는데, 이러한 과정은 정보처리가 아니라, **정보 포착**(information catching)인 것이다.

욕구는 집에 간장이 다 떨어졌기 때문에 간단하게 야기된다. 소비자는 반복적인 광고가 주는 친밀감 때문에 샘표간장을 구입한다. 소비자는 점포 진열대에서 그 상표를 보고, 그 상표를 광고 주제와 연관시키며, 샘표간장을 구입할 수 있는 충분한 자극을 갖게 된다. 이러한 조건하에서 소비자는 그 상표에 대한 태도를 형성하지 않으며 또한 우호적 또는 비우호적 반응도 하지 않는다. 그 대신에 소비자는 그 상표가 자아일체성이나 집단일치성과 연결되는 어떤 중요한 이점과 연관되지 않기 때문에 그 상표를 일반적인 것으로 인식한다.

〈표 4-2〉 저관여 계층과 고관여 계층의 비교

저관여 계층	고관여 계층
1. 상표신념이 수동적 학습에 의해 처음 형성됨	1. 상표신념이 능동적 학습에 의해 처음 형성됨
2. 구매결정이 됨	2. 상표를 평가함
3. 그 후에 상표가 평가될 수도 또는 안 될 수도 있음	3. 구매 의사결정이 됨

그러므로 저관여 제품에 대한 효과의 계층은 〈표 4-2〉와 같이 고관여 제품에 대한 효과의 계층과는 판이하게 상이하다. 즉 소비자들은 그 제품을 알게 되고, 또한 수동적으로 그 제품에 대한 신념을 형성한다. 즉 소비자는 상표에 대한 정보를 거의 갖지 않고 구매 의사결정을 할 것이며, 그 후 만족수준을 결정하기 위해서 구매 후에 그 상표를 평가한다. 평가하는 시점에서 소비자는 그 상표에 대해 약하게 태도를 수립할 수도 있는데(신념/행동/태도의 계층), 예를 들어, 편리한 주입구와 같은 새로운 특성이 도입되거나(우호적인 평가), 또는 그 상표가 성능을 제대로 발휘하지 않을 경우(용기에 들러붙으므로 비우호적인 반응이 생성됨), 약한 태도가 형성될 수 있다. 그러한 태도가 수립된다면 그 태도는 구매 후에 발생하며 또한 아주 약하게 유지된다.

3. 저관여와 상표평가

앞의 샘표간장의 예는 저관여 의사결정의 경우 소비자는 상표평가와 정보처리를 거의 하지 않는다는 사실을 제시한다. 이것은 소비자들이 일반적으로 인지적 경제성의 원리에 의해 지배를 받기 때문인데, **인지적 경제성**(cognitive economy)이란 소비자들은 적절하게 상표를 평가하는데 필요하다고 느끼는 것만큼만 정보를 탐색한다는 것이다.

저관여 조건하에서 소비자는 능동적으로 상표를 평가하도록 동기가 부여되지 않는다. 평가되는 제품은 특별하게 위험하거나, 중요하거나, 고가이거나 또는 개인적으로 관련되지 않기 때문이다. 그리고 정보를 처리하려는 동기가 없다는 것은 상표신념이 수동적인 상태에서 형성되기 때문이다.

4. 저관여 의사결정 기준

상표평가가 저관여 조건하에서 거의 이루어지지 않으므로 소비자는 쇼핑을 하고 또한 의사결정을 하는데 소요되는 시간과 노력을 최소화함으로써 인지적 경제성의 원리에 따라 상대적으로 간단한 의사결정 규칙을 따른다.

샘표간장의 예에서 제시한 것처럼, 한 가지 규칙은 가장 친근한 상표를 선택한다는 것이다. 즉 하나의 상표를 알고 있는 소비자는 그 상표가 다른 상표의 품질과 비교하여 품질수준이 다소 낮다고 해도 이미 알고 있던 상표를 반복적으로 선택한다.

또 다른 간단한 의사결정 규칙은 그 상표가 적당하였다면 마지막에 사용하였던 그 상표를 선정한다는 것이다. 즉 비관여적 소비자는 과거에 형성된 상표평가를 회상함으로써 이런 기준에 따라 의사결정을 한다.

마지막으로 비관여적 소비자는 상표에 대해 과거에 어떤 연관성을 가지고 있지 않은 경우에 가장 저렴한 대체품을 선정하는 아주 간단한 수단을 이용한다. 각각의 경우에 소비자는 상표평가를 거의 또는 전혀 하지 않고 신속하게 의사결정을 한다(일반적으로 점포 내에서).

제3절 네 가지 소비자 행동유형

〈그림 4-1〉은 각기 상이한 효과의 계층이 각각의 과정을 설명한다는 것을 보여준다. 또한 고관여 과정과 저관여 과정은 이러한 의사결정 계층에 따라 상이한 학습이론에 근거하고 있음을 설명한다.

1. 복잡한 의사결정과 상표충성심

〈그림 4-1〉의 상단 왼쪽은 행동하기 전에 생각하는 계층인 복잡한 의사결정 과정으로서, 이 과

정은 인지적 학습이론, 즉 소비자가 상표태도를 수립하고 또한 대안적인 상표를 세밀하게 평가하는 것이 요구되는 과정이다.

하단 왼쪽은 상표충성심으로서, 소비는 과거의 만족과 그 결과로서 그 상표에 강력하게 몰입하기 때문에 신중하게 생각하지 않고도 구입하는 것을 설명한다. 역시 웹은 알고 있는 상표를 온라인으로 구입함으로써 시간을 절약할 수 있는 능력을 소비자에게 제공한다. 이에 추가하여 소비자는 이미 알고 있는 상표, 예를 들어, Dell 컴퓨터를 구입하는데 필요한 고객화된 제품규격을 수립할 수 있으므로 용이하게 구입할 수 있다. 따라서 상표충성심은 도구적 조건화라는 학습이론으로 설명할 수 있다(그 상표에 대한 만족에 근거하여 긍정적인 강화가 유발되어 반복적인 행동이 일어난다).

〈그림 4-1〉 네 가지 소비자 행동 유형

	고관여	저관여
의사결정	**의사결정 과정** 복잡한 의사결정 **효과의 계층** 신 념 평 가 행 동 **이 론** 인지적 학습	**의사결정 과정** 제한적 의사결정 **효과의 계층** 신 념 행 동 평 가 **이 론** 수동적 학습
습관	**의사결정 과정** 상표충성심 **효과의 계층** (신념) (평가) 행 동 **이 론** 도구적 조건화	**의사결정 과정** 타 성 **효과의 계층** 신 념 행 동 (평가) **이 론** 고전적 조건화

상기의 두 가지 고관여 과정은 신념/평가/행동의 계층으로 설명되는데, 상표충성심은 신념의 형성과 상표의 평가가 필요한 부분이 아니다.

2. 타성

〈그림 4-1〉의 오른쪽 하단은 오뚜기표 옥수수 식용류의 예로서, **타성**(inertia)에 따라 구입하는 것이다. 저관여 계층이 적용되는 경우 소비자는 수동적으로 신념을 형성하고, 거의 정보처리를 하지 않고 의사결정을 하며 또한 구매 후에 그 상표를 평가한다.

타성이 의사결정을 피하기 위해 동일한 상표를 반복적으로 구입하는 것과 연관되므로 소비자는 처음 한두 번 구매를 한 후에 상표평가를 한다. 만약 그 상표가 최소한의 만족수준을 성취한다면, 소비자는 일상적으로 그것을 재구매할 것이다. 이 과정을 **가짜 충성심**(spurious loyalty)이라고 하는데, 그 이유는 실질적으로 충성심이 존재하지 않을 때에도 소비자가 그 상표에 충성적인 것처럼 반복적으로 구매하기 때문이다.

시간의 부족함에 직면한 소비자는 웹을 통해서 온라인으로 품목을 주문하고 배송받을 수 있는 편리함을 제공받는다. 즉 과거에 구입한 제품이 거의 없어져 가고 소비자들이 타성으로 구입할 수 있는 경우에 보다 효과적인 방법은 기업이 자사 고객이 전자우편 상기물을 받을 수 있는 서비스를 온라인으로 제공하는 것이다.

타성을 가장 잘 설명하는 학습이론은 고전적 조건화이다. 즉 소비자가 그 제품에 관여하지 않을 때 자극과 반응간의 근접성은 반복적인 광고를 통해 보다 용이하게 수립될 수 있는데, 그 이유는 소비자가 수동적인 상태에 있기 때문이다. 소비자는 사고하지 않고 연관성을 형성한다. 즉 소비자가 점포에 갔을 때, 그 연관성은 그 제품을 봄으로써 야기될 수 있다. 그리고 사고하지 않고 제품을 구입하게 되므로 용이하게 구매행동이 이루어진다. 예를 들어, 크리넥스 티슈의 "촉촉한 부드러움"과 같은 주제에 반복적으로 노출됨으로써 저관여 제품범주에 대해 부드러운 흡수성과 그 제품 간의 연관성을 조성하게 된다.

결론적으로 볼 때, 저관여 조건하에서 광고주제를 반복하는 것이 효과적이라는 것, 즉 광고메시지를 반복하는 것이 저관여 제품에 대해 친근감을 조성함으로써 보다 우호적인 상표태도를 조성한다는 것이다.

3. 제한적 의사결정

간혹 어떤 저관여 구매는 일상적인 의사결정인 타성과는 대조적으로 의사결정 과정을 거치기도 한다(〈그림 4-1〉의 상단 오른쪽). 신제품의 도입, 기존상표의 변화 또는 다양성의 추구 등으로 인해 소비자는 일상적인 구입으로부터 제한적 의사결정으로 전환한다. 예를 들어, 새롭고 좀더 두꺼운 종이수건이 시장에 도입되고, 재사용할 수 있을 정도로 강한 것처럼 광고되었다고 가정하자. 지속적으로 어떤 특정상표를 구입하는 소비자가 새로운 종이수건 광고를 주시한다. 그 종이수건 범주에 대한 관여수준은 낮지만 신제품의 시장도입은 순수한 관심과 호기심을 조장하기에는 충분하다. 정보탐색과 상표평가가 거의 없으므로 의사결정 과정은 저관여 계층과 일치된다. 즉 소비자는 그 상표에 대한 신념(두꺼움, 강함, 재사용 가능)이 형성되고, 그 상표를 구입한 후 최초의 시용에 근거하여 그 상표를 평가한다.

제한적 의사결정은 수동적 학습으로 설명되는데, 그 이유는 능동적인 정보탐색과 상표평가가 거의 일어나지 않기 때문이다. 즉 소비자는 새롭게 출시된 종이수건에 대한 정보를 수동적으로 받아들이고 또한 그 정보를 자신의 마음 한 구석에 넣는다. 점포에서 그 신상표를 보는 것이 회상(상기)을 초래하는데, 소비자는 포장을 살펴보고 시용하기 위해서 그 제품을 구입한다.

웹을 통한 정보탐색 엔진은 특별한 욕구에 대한 적절한 제품을 발견하는데 필요한 시간을 최소화함으로써 제한적 의사결정을 고무할 수 있다. 예를 들어, 찌든 때나 얼룩을 없애는데 필요한 조언을 얻고자 하는 소비자는 그 문제에 대해 특별하게 관여하지 않고 목적을 달성하기 위해서 관련되는 사이트 그리고 정보를 신속하게 결정하기 위해 www.oxy.co.kr을 이용한다. 그런 효율적인 정보탐색은 저관여 조건하에서 웹의 중요한 우위성이다.

제한적 의사결정 중 중요한 형태는 **다양적 탐색**(variety seeking)이다. 소비자는 상당수 저관여 제품이 일반적이며 세속적이기 때문에 지루함을 느끼게 되고, 따라서 여러 다양한 상표를 시용하려고 한다. 즉 소비자는 덜 선호하는 상표이지만 다양성을 추구하기 위해서 여러 다양한 상표를 의식적으로 구입할 수도 있다. 이 경우 구매는 상표평가나 상표태도의 변화가 없이도 이루어지며, 선택된 상표는 소비하는 동안에 평가된다.

즉 소비자는 불만족 때문에 다른 상표로 변경하는 것이 아니라, 단지 새로운 것을 시용하기 위해서 변경하였으며, 이전에 사용한 상표에 대해 우호적인 태도를 계속 가지고 있다. 결국 상표를 변경하려는 동기유발은 변화에 대한 욕망이며 또한 새로운 것을 탐구하는 것이다.

웹을 통해 이리저리 돌아다니는 것은 다양적 탐색행동을 유발케 한다. 즉 소비자가 웹을 통해 품목을 탐색함으로써 신제품이나 새로운 품목이 연결되는데, 그에 따라 온라인이나 오프라인을 통해서 구매가 행해진다. 가상적으로 쇼핑하는 것은 매우 간단하며 또한 온라인 식품잡화점의 진열대를 이리저리 다니는 것은 매우 간단하다.

따라서 소비자로 하여금 다양적 탐색을 하도록 하기 위해 온라인에도 제품이 제시되는 전략적인 자리를 확보해야 한다. 그리고 명심해야 할 것은 실제 오프라인 점포에서보다는 온라인에서 잘 모르는 대체품을 찾는 것이 더 용이하다는 것인데, 그 이유는 이리저리 다니는 것이 용이하며 또한 고무되고 있기 때문이다.

제 4 절 무계획적 구매행동

소비자가 제품에 관여하지 않을 때 소비자는 자주 점포 내에서 구매결정을 하는데, 미리 구매를 계획할 어떤 충분한 동기부여가 없기 때문이다. 그러한 무계획적 의사결정은 일반적으로 타성이나 제한적 의사결정에 의해서 이루어진다. 이와는 대조적으로 복잡한 의사결정은 사전에 미리 계획하는 과정이다.

1. 무계획적 구매의 본질

무계획적 구매(unplanned purchase)란 점포에 들어가기 전에 소비자가 미리 계획한 것과는 상이하게 점포 내에서 구매하는 것으로 정의할 수 있다. 이러한 무계획적 구매는 두 가지 이유 때문에 발생한다. 첫째, 점포 밖에서 대안적인 것을 평가하는데 관련되는 시간과 노력이 그러한 고통에 대해 가치가 없으며 또한 소비자는 거의 상기자 수준(즉 타성에 의해서)에 따라 구입한다. 둘째, 소비자는 다양성이나 새로움을 추구하고, 따라서 충동적으로(제한적 의사결정) 구입한다.

점포 내 전시, 진열대에서의 위치, 포장 및 가격과 같은 점포 내 자극의 영향은 선계획적 구매보다는 무계획적 구매에 대해 보다 중요하다. 이것은 광고와 점포 내 자극이 개별적인 것이라는 것을 의미하지는 않는다. 즉 광고는 소비자가 진열대에서 그 상표를 보았을 때 소비자로 하여금 그 상표를 상기하도록 함으로써 점포 내 자극을 보강·강화할 수 있다.

이와는 반대로 점포 내 전시와 진열대의 좋은 위치라고 하더라도 전혀 광고가 안된 상표인 경우에 소비자는 크게 관심을 기울이지 않는다. 따라서 광고가 효과적으로 소비자에게 정확한 메시지를 전달했을 때 점포 내 자극과 연결된다. 결국 광고의 역할은 구매의 유형에 따라 분명하게 상이하다. 즉 선계획적 구매의 경우에 광고는 미리 수요를 창조하려는 것인 반면에, 무계획적 구매의 경우에 광고는 판매시점에서 소비자에게 영향을 주는 점포 내 자극과 결합되어야 한다는 것이다.

2. 무계획적 구매의 이유와 유형

무계획적 구매는 그 정의에서와 같이 여러 이유로 인해 발생할 수 있다. 첫째, 소비자가 구입하기로 미리 계획한 상표품이 점포에 없는 경우에 다른 대체품을 구입할 수도 있다. 둘째, 다른 대체상표품이 할인판매를 하는 경우이다. 셋째, 소비자가 구입하기로 예정한 쇼핑목록에는 포함되어 있지 않은 품목을 그 점포에서 판매하고 있는 경우 또는 소비자가 잊어버리고 쇼핑목록에 빠뜨린 경우이다. 넷째, 소비자가 장래에 필요하다고 생각하여 점포에서 구입하기로 결정하는 경우이다. 상기의 여러 이유에서 볼 때 양호한 할인가격이 소비자로 하여금 미래의 소비를 위해 미리 구입하도록 유인할 수 있는 좋은 방법이다.

무계획적 구매의 여러 이유에서 볼 때, 무계획적 구매는 상기자 구매와 충동구매라는 두 가지의 범주로 나누어질 수 있다. **상기자 구매**(reminder purchase)는 소비자가 점포 내에서 특정품목을 보는 순간, 집에 그 품목이 다 떨어져 없다는 것을 기억하여 점포에서 구입하는 것이다. 한편, **충동구매**(impulse purchase)는 점포 내에서 어떤 품목을 보고 갑작스럽게 전혀 숙고하지 않고 구입하려는 강한 욕망 때문에 또는 변덕스러운 생각에 따라 구입하려는 경향이다.

3. 무계획적 구매와 웹사이트 영향

상기자 효과에 의해서 무계획적 구매가 자주 행해짐에 따라 마케팅 기업은 특정고객에게 직접 지향하는 전자우편 메시지를 통해 효과적으로 소비자로 하여금 구매하도록 부추기는 것이 용이해지고 있다. 예를 들어, 도서를 판매하는 사이트는 유명한 작가가 저술한 새로운 책이나 유명한 예술가가 그린 최신 예술작품을 구입하도록 그 사이트를 통해 구입하도록 유인할 수 있다.

역시 웹사이트는 과거에 구입한 소비자나 유사한 취향을 가진 소비자들이 구입한 것에 근거하여 소비자들이 좋아할 제품을 제시하는데 효과적이다. 즉 소비자의 선호성과 구매행동을 기초로 한 표적화를 통해서 기업은 웹을 이용하여 충동구매를 고무할 수 있다.

제 5 절 저관여 구매행동의 세 가지 이론

마케팅에 있어 저관여 소비자 행동에 관한 이론은 세 가지 즉 ① Krugman의 수동적 학습이론 ② Sherif의 사회적 판단이론 ③ Petty와 Cacioppo의 숙고가능성 모델이다.

1. Krugman의 수동적 학습이론

1) 수동적 학습이론과 TV매체

Krugman은 TV광고가 상표에 대한 소비자의 태도를 거의 변화시키지 않으면서도 높은 수준의 상표 상기를 생성케 함으로써, TV를 **수동적 학습**(passive learning)을 생성케 하는 저관여 매체라고 가정한다. 즉 시청자는 편안한 상태에 있으며, 메시지에 전혀 주의를 기울이지 않는 저관여 상황에서 그 메시지를 자신의 욕구, 상표신념, 과거경험과 연결시키지 않는다. 즉 시청자는 메시지가 반복되기 때문에 되는대로 정보를 보존한다. 결과적으로 시청자는 특별한 TV광고를 높은 수준에서 상기(recall)하지만, 그 광고는 상표태도에 전혀 영향을 주지는 않는다(〈사진 4-2〉 참조).

TV가 저관여 매체인 이유는 첫째, 시청자는 수동적인 반면에 TV광고는 생명력이 있다. 둘째, TV를 시청하는 속도를 시청자가 통제할 수 없기 때문에 시청자는 반응하거나 연관성을 맺을 수 있는 기회를 갖지 못한다. 이와는 대조적으로 인쇄매체(잡지와 신문)는 고관여 매체인데, 그 이유는 신문광고는 수동적인 반면에, 독자는 생명력을 갖고 능동적이기 때문이다. 즉 노출의 속도가 독자의 통제범위 내에 있으므로 독자는 광고에 반응할 수 있는 기회를 갖게 된다. 따라서 TV는 저관여의 경우에 보다 효과적이며, 인쇄광고는 고관여의 경우에 효과적이다.

〈사진 4-2〉 상기자 광고의 예

Krugman의 수동적 학습이론은 광고의 본질에 대해 시사점을 제공한다. 만약 소비자가 수동적이고 관심을 거의 기울이지 않는다면, 상표평가가 일어날 가능성은 거의 없다. 그러므로 정보제공적 접근방법을 통해 제품이점을 전달할 가능성도 거의 없다. 즉 광고는 메시지를 전달하기 위해서 상징이나 심상과 같은 비정보제공적 수단을 사용해야 한다.

2) 수동적 학습의 소비자 행동에 대한 시사점

〈표 4-3〉은 고관여적이며 능동적인 소비자의 행동개념과 저관여적이며 **수동적인 소비자**(passive consumer)의 개념이 열거되어 있다.

〈표 4-3〉 저관여적, 수동적 소비자 대 고관여적, 능동적 소비자

수동적 소비자에 대한 새로운 저관여 견해	능동적 소비자에 대한 전통적인 고관여 견해
1. 소비자들은 되는대로 정보를 학습함	1. 소비자들은 정보를 처리시킴
2. 소비자들은 정보수집자임	2. 소비자들은 정보탐색자임
3. 소비자들은 광고에 대해 수동적인 청취자임	3. 소비자들은 광고에 대해 능동적인 청취자임 따라서 소비자에 대한 광고의 효과는 약함
4. 소비자는 우선 구입함. 소비자들이 상표를 평가한다면, 구매 후에 평가함	4. 소비자들은 구매 전에 상표를 평가함
5. 소비자들은 어떤 수용할 수 있는 만족의 수준을 탐색함. 따라서 소비자들은 그들에게 거의 문제를 유발할 가능성이 적은 상표를 구입하며, 소수의 속성에 바탕을 두어 구매함. 친근성이 주요 요소임	5. 소비자들은 기대되는 만족을 극대화하려고 함. 따라서 소비자들은 욕구와 관련되는 최상의 이점을 제공하는가를 파악하기 위해 상표를 비교하며, 또한 그 상표를 다속성 비교에 바탕을 두어 구입함
6. 개성과 라이프스타일 특징은 소비자 행동과 관계가 없는데, 그 이유는 제품이 그 소비자의 동질성 및 신념의 체계와 밀접하게 연결되지 않기 때문이다.	6. 개성과 라이프스타일 특징이 소비자 행동과 관계되는데, 그 이유는 제품이 그 소비자의 동질성 및 신념의 체계와 밀접하게 연결되기 때문임
7. 준거집단은 제품선택에 거의 영향력이 없는데, 그 이유는 제품들이 집단의 규범 및 가치관과 관련된 가능성이 없기 때문임	7. 준거집단이 소비자 행동에 영향력을 미치는데, 그 이유는 집단의 규범 및 가치관에 대해 그 제품이 중요하기 때문임

① **소비자는 되는대로 정보를 학습한다** : 비관여적 소비자는 반복적인 광고로부터 학습하는 사람이다.

② **소비자는 정보를 받는 사람이다** : 저관여의 경우에 소비자는 정보를 수동적으로 받아들이는 수신자이다. 반면에 고관여적 소비자는 여러 대안적인 원천에서 정보를 능동적으로 탐색하며 또한 쇼핑행동에 몰입하는 정보탐색자이다.

③ **소비자는 광고에 대해 수동적인 청중이다** : 광고가 중요하지 않은 것으로 취급되는 저관여적 조건에서 구매행동을 유발케 하는데 효과적이다. 즉 설득당하거나 이해하는 단계가 없이 상업광고에 노출된다는 것이 구매를 유도케 한다.

④ **소비자는 구매 후에 상표를 평가한다** : 비관여적 소비자는 상기자 효과에 기인하여 무계획적으로 간단하게 구입한다. 즉 소비자는 자주 점포 내에서 욕구와 상표 간의 연관성을 맺어 구입하는데, 상표평가는 구매 후에 일어난다. 예를 들어, 소비자는 점포에서 할인판매하는 오뚜기표 옥수수 식용류 상표를 선정하고, 그것을 사용한 후에 그 상표를 평가한다.

⑤ **소비자는 최적의 만족수준이 아닌 받아들일 수 있는 만족수준을 추구한다** : 저관여의 경우

소비자는 상표만족을 최적화하지 않는다. 최상의 제품을 찾는데 필요한 에너지와 노력이 기대하고 있는 이점에 비해 가치가 없기 때문에 더 낮은 수준의 만족을 받아들일 수 있다.

⑥ **개성과 라이프스타일 특징이 소비자 행동과 관련되지 않는다** : 강제성과 같은 개성변수 그리고 사회성과 같은 라이프스타일 변수들이 비관여적 소비자의 행동과 관련되지 않는다. 즉 소비자가 구입하는 대부분의 제품들이 소비자의 신념이나 자아일치성에서 핵심이 되지 않기 때문이다.

⑦ **준거집단은 저관여 수준에서 소비자에게 거의 영향을 미치지 않는다** : 저관여 제품은 준거집단에 대해 거의 영향을 받지 않으므로 준거집단은 저관여 제품에 대해 중요하지 않다. 예를 들어, 식탁을 닦는 행주용 세제와 같은 제품에 사회적 용인(준거집단의 용인)을 나타내는 광고는 잘못된 것으로서, 해결방법은 그 제품이 해결하고 제거할 수 있는 문제를 나타내어야 효과적이다.

2. Sherif의 사회적 판단이론

Sherif의 **사회적 판단이론**(social judgement theory)은 사건에 대한 그 사람의 관여수준에 따라서 그 사건에 대한 그 사람의 입장을 설명한다. 즉 수용(찬성)의 범위(그 사람이 받아들이는 입장), 반대의 입장(그 사람이 거절하는 입장), 비몰입의 범위(그 사람이 중립화하려는 입장)가 있다는 것이다.

어떤 사건에 대해 한정적인 의견을 가지고 있는 고관여적인 사람은 거의 다른 사람의 입장을 받아들이지 않으며, 또한 폭넓은 입장을 거절한다(찬성에 대해서는 좁은 범위, 반대에 대해서는 넓은 범위), 반면에 비관여적인 사람은 보다 많은 입장을 받아들이거나(수용·찬성에 대해 넓은 범위) 또는 그 사건에 대해 전혀 의견이 없다(비몰입에 대해서는 넓은 범위).

어떤 메시지에 동의하는(수용의 범위 내에서) 고관여적인 사람은 실제보다는 더 긍정적으로 그 메시지를 해석하는데, 이러한 반응은 **동화효과**(assimilation effect)를 의미한다. 그 사람이 반대하는(반대의 범위 내에서) 메시지는 실제보다는 더 부정적으로 그 메시지를 해석하는데, 이러한 반응은 **대조효과**(contrast effect)를 의미한다. 예를 들어, Sportage를 방금 구입하고 그 자동차에 매우 만족한 자동차광은 친구가 그 자동차에 대해 조언한 것보다는 더 긍정적으로 상기할 수 있다(동화). 그러나 Sportage에 대해 실망(불만족)하였다면, 그 자동차광은 친구가 말한 똑같은 조언을 실제보다 더 부정적으로 상기할 수 있다(대조). 그러므로 고관여적인 사람은 그의 선입견과 편견에 근거하여 선택적으로 지각할 가능성이 크다. 반면에 저관여적인 사람은 그 메시지를 선택적으로 지각할 가능성은 적으며, 동화효과나 대조효과가 일어날 가능성은 적다.

소비자 행동에 응용되는 Sherif의 이론은 〈그림 4-2〉와 같다. 즉 능동적이며 관여적인 소비자는 거의 소수의 상표만을 받아들이며 또한 능동적으로 정보를 처리하는 반면에, 저관여적 소비자는 여러 상표를 받아들이며 또한 거의 정보처리를 하지 않는다.

〈그림 4-2〉 소비자 행동에 응용되는 사회적 판단이론

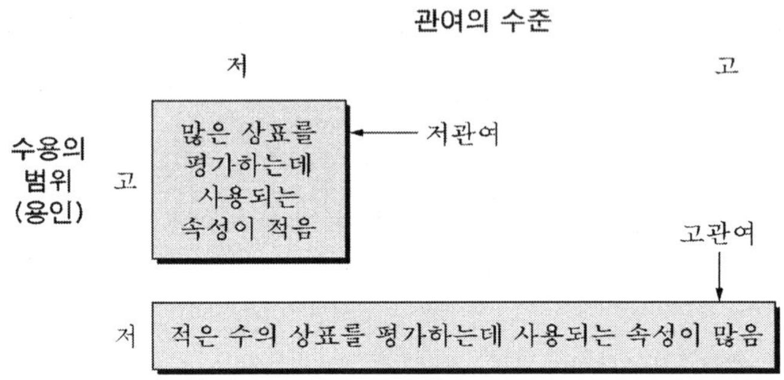

결론적으로 비관여적 소비자는 상표에 거의 몰입하지 않기 때문에 더 폭넓은 많은 상표를 고려할 의지가 있으나 대안적인 상표를 탐색하지는 않는다. 거의 몰입하지 않으므로 저관여적 소비자는 광고메시지를 해석하고, 상표를 평가하는데 소요되는 시간을 낭비할 가능성이 없다. 즉 비관여적 소비자는 거의 인지적 활동을 하지 않고, 가장 잘 알고 있는 상표를 구입하고 또한 반복적으로 동일한 상표를 구입함으로써 가능한 한 가장 용이한 방법으로 상표를 구입한다. 또한 비관여적 소비자는 문제를 해결하는데 보통 수준의 만족스러운 해결방법을 추구한다.

또한 고관여적 소비자는 더 적은 상표를 평가하는데 더 많은 속성을 사용한(〈그림 4-2〉의 수평적인 것) 반면, 저관여적 소비자는 많은 상표를 고려하는데 소수의 속성을 사용한다(〈그림 4-2〉의 수직적인 것). 즉 고관여적 소비자의 수용범위는 협소적이고(고려하는 상표가 거의 없음) 또한 정보처리의 수준이 더 크다(평가하는데 많은 속성을 사용함). 반면에 저관여적 소비자는 위와는 반대다.

3. 숙고가능성 모델

Petty와 Cacioppo의 **숙고가능성 모델**(ELM : elaboration likelihood model)은 소비자가 고관여 조건 및 저관여 조건하에서 정보를 처리하는 방법을 설명하며, 숙고하는(중심적) 처리로부터 숙고하지 않는(주변적) 처리 간의 연속성을 제시한다.

숙고의 정도는 정보를 처리하는 소비자의 동기부여에 따라 좌우된다. 만약 소비자가 더욱 관여적이면 소비자는 정보를 처리하도록 더욱더 동기가 부여되고, 따라서 보다 숙고적(중심적)인 처리

를 하게 된다. 반면에 저관여적 소비자는 정보를 처리하는데 거의 동기가 부여되지 않는데, 따라서 숙고하지 않고(주변적) 처리를 하게 된다.

메시지를 처리하려는 동기부여는 소비자의 욕구를 충족하는데 있어 그 메시지의 관련성과 더 관계가 있다. 즉 메시지가 소비자의 욕구를 충족하는데 더욱더 관련되면 소비자가 메시지의 내용을 지지하거나 또는 대응하는데 사고할 가능성은 더 크다(즉 소비자는 그 메시지를 더욱더 숙고할 것이다). 예컨대, 관절염 환자의 고통을 없애 준다고 주장하는 진통제 광고를 본 관절염환자는 숙고함으로써(즉 이 제품은 나를 도와줄 것이다 또는 이 제품은 복통을 일으킬 것이다) 그러한 고통을 거의 겪지 않은 소비자에 비해 그 메시지를 숙고할 가능성이 매우 높다.

저관여적 소비자는 메시지와 관련된 사고를 할 가능성이 거의 없다. 소비자는 정보를 처리하도록 동기가 부여되지 않기 때문에 최저로 숙고한다. 즉 저관여적 소비자는 정보를 수동적으로 받아들이는 사람처럼 행동한다.

결론적으로, 관여적인 소비자는 메시지의 질과 강도(중심적 단서)에 영향을 받을 가능성이 큰 반면에, 이와는 대조적으로 비관여적 소비자는 그 메시지에 대한 주위의 자극(주변적 자극 또는 주변적 단서), 예를 들어, 광고에 색상을 사용함, 배경의 본질, 또는 전문적인 연사를 사용함과 같은 자극에 의해 영향을 받을 가능성이 높다. 따라서 그러한 주변적 단서는 관여적인 소비자에게 거의 영향을 미치지 못한다.

즉 관여적인 소비자에 대한 광고는 제품성능을 다루는 중심적인 메시지 단서를 강조해야 한다. 그리고 비관여적인 소비자에 대한 광고는 정보를 수동적으로 받아들이도록 조장하기 위해 긍정적인 환경을 조성하는 주변적(주위적) 단서를 사용해야 한다.

제 6 절 저관여 의사결정의 전략적 시사점

1. 마케팅 전략

저관여적 견해의 가장 중요한 시사점은 광고전략이며, 또한 마케팅 전략의 다른 측면에도 적용된다.

1) 광고

저관여 제품에 대한 광고전략은 고관여 제품과는 판이하게 상이하다.

① **광고비는 자주 반복되는 캠페인에 지출되어야 하며, 또한 짧으면서도 지속적인 메시지가 사용되어야 한다** : 자주 반복되고 또한 짧은 메시지는 수동적 학습을 고무하여 상표친근성을 확실하게 한다. 예를 들어, Hite맥주의 "다함께"라는 캠페인은 지속적으로 반복되고 있다. 그 메시지는 짧으며, 소비자는 주의를 기울이지 않지만 수동적으로 처리될 수 있다. 그러나 소비자가 점포에 들렸을 때, 그 메시지를 기억하고, 그 상표와 쉽게 연관성을 맺게 된다. 또한 점포 내 촉진 그리고 동일한 주제로 된 인쇄광고도 TV의 캠페인을 보완한다.

② **광고는 몇 가지 중요한 요점에 집중해야 한다** : 소비자가 거의 주의를 기울이지 않고 또한 정보를 처리하고 받아들이는 능력이 거의 제한되어 있으므로, 저관여의 적절한 캠페인은 몇 가지 중요한 요점을 강조하는 짧은 메시지를 사용해야 한다.

③ **시각적 및 비메시지 구성요소가 강조되어야 한다** : 저관여 소비자는 수동적으로 학습하고, 빠르게 망각하므로 저관여 소비자들에게 그 제품이 시각적으로 유지되도록 하는 것이 중요하다. 따라서 점포 내 전시와 포장이 중요한 커뮤니케이션 도구이다. TV 상업광고는 활동적인 시각적 구성요소로 되어 있기 때문에 TV광고는 인쇄광고보다 효과적일 가능성이 있다. 인쇄매체를 사용하는 경우, 그 제품은 전면에 제시되고, 배경에는 주위적(주변적) 단서가 있어야 한다.

④ **광고는 자사 제품을 경쟁제품과 차이가 나도록 하는 기본적인 수단이 되어야 한다** : 저관여 제품은 거의 실질적인 상표 차이가 없으므로 광고는 경쟁적인 차별화 수단이 된다. 즉 광고주는 실제적인 제품 차이에 대한 대체용으로서 상징과 심상을 사용하여 차이가 거의 없는 상표에 관심을 유지하도록 해야 한다. 예를 들어, 오뚜기 및 청정원과 같이 상표와 긍정적으로 동일시할 수 있는 상징이 사용되어야 한다. 즉 제품차별화보다는 커뮤니케이션 차별화가 저관여 광고에 있어 전략적 도구가 된다.

⑤ **인쇄광고보다 TV매체가 커뮤니케이션의 기본수단이 된다** : 제품에 대한 정보가 거의 필요하지 않다면 TV와 같은 저관여 매체가 보다 적절하다. 그 이유는 TV가 소비자로 하여금 커뮤니케이션 내용을 세밀하게 평가하도록 요구하지 않기 때문이다. 그러나 이와는 반대로 정보를 탐색하고 그 정보를 긍정적으로 평가한다면, 인쇄매체가 더 적절하다.

2) 제품 위치화

저관여 제품은 문제를 최소화하기 위해 위치화될 가능성이 큰데, 그 이유는 저관여적 소비자는 용인할 수 있으며 또한 최적이 아닌 제품을 추구하기 때문이다. 반면에, 고관여 제품은 바람직한 이점을 극대화하기 위해 위치화될 가능성이 크다.

예를 들어, 플라스틱 랩의 경우, 고관여 견해를 취하기 위해서는 식품포장에 사용하는데 특별히 강함 및 보호와 같은 이점을 강조하도록 위치화되어야 한다. 반대로 저관여적 위치화는 찢어지지 않음, 온도변화에도 변질이 되지 않음 등으로 문제를 최소화하는 것을 강조해야 한다.

예컨대, 더러운 마루, 얼룩진 유리 또는 옷에 묻은 찌든때와 같은 문제를 없애는 것과 같은 것은 저관여 제품에 대한 것으로서, 문제를 최소화하는 접근방법을 이용하는 것이다.

3) 가격

저관여 제품을 구입하는 소비자는 고관여 제품을 구입하는 소비자보다 가격의식적일 가능성이 크다. 즉 저관여적 소비자는 상표 간의 비교가 중요하지 않으며 또한 상표 간의 차이가 거의 없기 때문에 단지 가격을 기준으로 자주 구입한다. 그러므로 가격인하나 쿠폰 제공이 저관여적 소비자로 하여금 구입하도록 영향을 미치는데 충분할 수 있다.

4) 점포 내 자극

대부분의 저관여 구매가 미리 계획된 것이 아니므로(무계획적 구매임), 쿠폰, 전시 또는 가격할인과 같은 점포 내 자극은 소비자들이 관여하지 않는 경우에 중요할 가능성이 매우 크다. 소비자들은 상기자 효과 때문에 눈높이에 있는 상표를 간단하게 구매할 수 있고 또는 가장 큰 진열대에 있는 상표를 구입할 수도 있다.

포장 역시 그 점포에서 우연히 마주칠 수 있기 때문에 저관여 제품에 대해 보다 영향적일 수 있다.

5) 유통경로

특히 저관여 제품에 대해 폭넓은 유통경로(집중적 경로)가 중요한데, 그 이유는 소비자들이 상표를 탐색하는데 동기가 부여되지 않기 때문이다. 만약 선호하는 상표가 그 점포에 없다면 소비자는 다른 상표를 선택할 가능성이 있다. 그러므로 마케팅 전략은 상표변경의 가능성을 고무하지 않도록 하기 위해 점포 내에서 이용(구입)할 수 있도록 해야 한다.

6) 제품 시용

시용을 하도록 하는 시도는 특히 저관여 제품에 중요한데, 그 이유는 소비자가 구매 후에 상표에 대해 우호적인 태도를 형성할 수 있기 때문이다. 예컨대, 소비자는 무료로 치약견본을 시용해 보고, 그 맛을 좋아하게 되어 그것을 구입할 수 있다. 만족의 극대화를 추구하지 않으므로 소비자는 그 상표가 적당하기 때문에 그 치약을 계속 구입할 수 있다. 정보탐색과 추가적인 상표평가가 이루어지지 않는다. 시용은 타성으로 인해 소비자가 그 상표를 계속 구입하도록 유인하는데 충분할 수 있다.

마케팅 기업은 저관여 조건하에서 시용을 고무하기 위해 무료견본, 쿠폰과 소액할인, 다른 제품과의 공동촉진, 점포 내 전시, 집중적 유통경로와 같은 전략이 이용될 수 있다.

2. 전략적 문제

저관여 의사결정은 두 가지 면에서 전략적인 문제를 다루어야 한다.

1) 저관여로부터 고관여로 소비자를 변화시킴

마케팅 기업들은 소비자로 하여금 그 제품에 더욱 관여하도록 시도하는데, 그 이유는 관여적인 소비자는 경쟁사의 활동에도 불구하고 자사의 상표에 충성적일 가능성이 높기 때문이다.

① **그 제품을 관여되는 사건과 연결시킴** : 비관여적인 제품(시리얼)을 관여적인 문제(골다공증)와 연결될 수 있는 전략을 이용하는 것이다. 예를 들어, 충치예방과 Crest치약, 웰빙과 행복한 두부 등이다.

② **어떤 문제를 제기하고 그 문제를 해결함** : 소비자 자신이 전혀 모르고 있는 문제를 소비자들이 가지고 있다는 사실을 소비자들에게 확신시킴으로써 판매되고 있는 제품에 관여를 증대시킬 수 있다. 예를 들어, 마케팅 기업은 문제를 제기하고 자사 제품(먹어도 전혀 해가 없는 화장품)으로 문제가 해결될 수 있음을 제시할 수 있다.

③ **그 제품을 관여적인 개인적 상황과 연결시킴** : 이 전략은 저관여 제품을 관여적인 상황과 연관시키는 것으로서, 소비자가 흥미를 갖고 있는 행동에 그 제품을 관련시키는 것이다. 예를 들어, 이른 아침에 커피를 광고하는 것, 저녁 늦은 시간 TV쇼에서 수면제를 광고하는 것으로서, 그 제품에 대한 관여는 상황과의 연관성 때문에 증가될 수 있다.

④ **그 제품을 관여적인 광고와 연결시킴** : 이것은 소비자가 그 제품에 어떤 연관을 지으려고 하므로 광고에 관여를 조성하는 것으로서, 두 가지 광고가 관여를 창조할 수 있다. 첫째, 자아방어적 광고는 소비자가 부적합한 것에 대해 자신을 방어하는데 도움이 된다(예 : Marlboro 흡연자는 남성적이다). 둘째, 자아표현적 광고는 소비자의 가치관과 신념을 표현하는 것으로서, 어떤 세제

광고는 세제를 가족의 가치관과 연결하는데, 이것은 저관여적 제품에 감정적인 애착을 창조하는 것이다.

또 다른 방법으로서, 광고를 통해서 비관여적인 제품에 표식적 가치를 부여하는 것으로서, 예를 들어, Haagen-Dazs 광고는 사회적인 인정과 같은 것을 사용하여 비관여적인 제품에 대해 관여수준을 증가시키려고 하였다.

⑤ **제품이점의 중요성을 변화시킴** : 소비자가 제품이점에 부여하는 중요성을 마케팅 기업이 변경시키려고 하는 것으로서, 예를 들어, 비타500은 카페인이 없다는 것을 광고하였다. 점차 소비자들이 건강에 대해 의식함에 따라 광고에 카페인 함량에 대한 중요성을 증가시킴으로써 그 제품의 관여수준을 증가시켰다.

⑥ **그 제품에 중요한 특성을 도입함** : 과거에 중요하다고 생각하지 않았던 또는 전에는 존재하지 않았던 속성을 제품에 도입하는 것으로서, 예를 들어, 가솔린에 첨가물을 사용하거나, 시리얼에 섬유질을 추가하거나, 우유에 DHC를 첨가하거나 또는 콩을 첨가하는 것 그리고 카메라에 자동되감기장치를 도입하는 것이다.

상기의 여섯 가지 전략은 마케팅 기업이 제품에 관여수준을 창조하는데 도움이 되지만 관여는 상대적이다. 즉 치약이나 아이스크림에 대한 관여수준을 더 높게 하는 것이 필시 소비자가 상표를 평가할 때에 복잡한 의사결정에 몰두할 가능성이 있다는 것을 의미하지는 않는다. 즉 그것은 광고와 제품 방침을 통해 적절한 수준의 인지적 활동이 조장될 수 있다는 것을 의미한다.

2) 타성으로부터 다양적 탐색으로 소비자를 변화시킴

저관여 조건하에서 또 다른 문제는 마케팅 기업이 소비자로 하여금 다양성을 탐색하여 상표를 변경하도록 하는 것, 또는 제품탐색을 회피하도록 고무하며 또한 친근감 때문에 동일한 상표에 머무르도록(타성) 해야 하느냐이다.

시장선도상표의 마케팅 기업은 타성을 고무시키기 위해 그 상표에 최상의 관심을 갖도록 한다. 즉 소비자는 친근성 때문에 시장선도상표를 구입하게 되는데, 이 경우 선도상표 마케팅 기업은 상기자로서 광고를 이용해야 한다. 또한 점포 내 조건 즉 점포 내의 주요 진열대에 자사 상표를 배치함으로써 상표친근성을 유지시킬 수 있다.

반면에 잘 알려지지 않은 도전상표나 추종상표 마케팅 기업은 다양적 탐색을 고무해야 한다. 즉 마케팅 기업은 시용을 조장하기 위해 가격할인, 저가격, 쿠폰, 무료견본 등을 사용함으로써 다양적 탐색을 고무하도록 시도하여 소비자로 하여금 상표를 변경하도록 유인하며 또한 폭넓은 경험을 하도록 해야 한다.

제 7 절 저관여 의사결정의 사회지향적 시사점

1. 사회지향적 사고와 비관여적 소비자

어떤 소비자는 사회지향적인 사건이나 문제 즉, 환경보호, 의약품 남용, 10대들의 음주와 흡연, 음주 운전, AIDS 예방 등과 같은 문제에 대해 다른 소비자들보다 더 관여적이다. 그러나 관여하지 않는 소비자는 사건을 거의 알지 못하거나, 이런 사건에 대한 정보를 거의 처리하지 않거나, 대안적인 해결방안을 거의 고려하지 않고 있다는 것이 문제이다.

예를 들어, 생태학적인 문제(환경보호 등)에 거의 관여할 가능성이 적은 사람은 나이가 많고, 교육수준이 낮고, 상류층이 될 가능성이 거의 없는 사람들이다. 그리고 정치적인 문제에 관여하지 않는 사람들도 상기와 유사한 프로파일을 갖고 있다. 이러한 사회지향적인 사건이나 문제에 관여하지 않는 사람들에게 관여수준을 높이는 것이 문제가 될 수 있다.

2. 사회지향적 사건에 대한 관여수준을 높이는 노력

중요한 문제는 관여하지 않는 사람들에게 사회지향적 사건이나 문제에 대한 관여수준을 높이게 하는 방법이다. 이 경우 기업, 정부, 소비자 단체가 그 역할을 수행해야 한다.

기업은 기금을 모아 이러한 사회지향적 문제를 인식시키도록 노력을 기울일 수 있다.

소비자 단체는 광고캠페인을 통해 폐기물 재활용이나 의약품의 오용과 남용에 대한 인식을 높일 수 있다.

정부는 공해방지나 음주운전, 질서준수와 같은 사회지향적 문제를 해결하기 위해 법규를 제정하거나 다양한 활동을 통해 관여 수준을 높이는데 간접적인 역할을 수행할 수 있다.

참고문헌

윤훈현 역, 『소비자행동론』, 제6판, 석정, 1998.

윤훈현, 『소비자행동론』, 석정, 2005.

Benton A. Cocanougher and Grady Bruce, "Socially Distant Reference Groups and Consumer Aspiration," *Journal of Marketing Research* 8 (Auguest 1971), pp. 378-381.

Chris Janiszewski, "Preconscious Processing Effects : The Independence of Attitude Formation and Conscious Thought," *Journal of Consumer Research* 15 (September 1988), pp. 199-209.

"Former Customers are Good Prospects," *Wall Street Journal* (April 22, 1982), p. 31.

Frederick E. Webster, Jr., "Determining the Characteristics of the Socially Conscious Consumer," *Journal of Consumer Research* 2 (December 1975), pp. 188-196.

Giles Laurent and Jean-Noel Kapferer, "Measuring Consumer Involvement Profiles," *Journal of Marketing Research* 22 (February 1985), pp. 41-53.

Harold H. Kassarjian and Waltraud M. Kassarjian, "Attitudes Under Low Commitment Conditions," in Maloney and Silverman, *Attitude Research Plays for High Stakes*, p. 8.

Harper W. Boyd, Jr., Michael L. Ray, and Edward C. Strong, "An Attitudinal Framework for Advertising Strategy," *Journal of Marketing* 36 (April 1972), p. 31.

Henry Assael, Consumer Behavior, Houghton Mifflin, 2004.

Herbert E. Krugman, "The Measurement of Advertising Involvement," *Public Opinion Quarterly* 30 (Winter 1966), pp. 584-585.

Jerry B. Gotlieb, John L. Schlacter, and Robert D. St. Louis, "Consumer Decision Making : A Model of the Effects Involvement, Source Credibility, and Location on the Size of the Price Difference Required to Induce Consumers to Change Suppliers," *Psychology & Marketing* 9 (May/June 1992), pp. 191-206.

John G. Lynch, Howard Marmorstein, and Michael F. Weigold, "Choices from Sets Including Remembered Brands : Use of Recalled Attributes and Prior Evaluations," *Journal of Consumer Research* 15 (September 1998), pp. 169-184.

John L. Lastovicka, "Questioning the Concept of Involvement Defined Product Classes," in Wilkie, *Advances in Consumer Research*, pp. 174-179.

Judith L. Zaichowsky and James H. Sood, "A Global Look at Consumer Involvement and Use of Products," *International Marketing Review* 6 (February 1988), pp. 20-34.

Michael J. Houston and Michael L. Rothschild, "Conceptual and Methodological Perspectives on Involvement," in Subhash C. Jain, ed., *1978 Educators' Proceedings* (Chicago : American Marketing Association, 1978), pp. 184-187.

Michael S. Mulvey, Jerry C. Olson, Richard L. Celsi, and Beth A. Walker, "Exploring the Relationships Between Means-End Knowledge and Involvement," *Advances in Consumer Research*, Vol. 21 (Provo, Utah : Association for Consumer Research, 1994), pp. 51-57.

"Pepsi-Cola to Stamp Dates for Freshness on Soda Cans," *New York Times* (March 31, 1994), pp.

D1, D18.

Rajeev Batra and Michael L. Ray, "Situational Effects of Advertising Repetition : The Moderating Influence of Motivation, Ability, and Opportunity to Respond," *Journal of Consumer Research* 12 (March 1986), pp. 432-445.

Rebecca K. Rattner, Baarbara E. Kahn, and Daniel Kahneman, "Choosing Less-Preferred Experiences for the Sake of Variety," *Journal of Consumer Research* 26 (June 1999), pp. 1-15.

Richard E. Petty, John T. Cacioppo, and David Schumann, "Central and Peripheral Routes of Advertising Effectiveness : The Moderating Role of Involvement," *Journal of Consumer Research* 10 (September 1983), pp. 135-146.

Richard E. Petty, John t. Cacioppo, and Rachel Goldman, "Personal Involvement as a Determinant of Argument-Based Persuasion," *Journal of Personality and Social Psychology* 41 (November 1981),1 pp. 847-855.

Robert C. Grass and Wallace H. Wallace, "Advertising Communication : Print vs. TV," *Journal of Advertising Research* 14 (October 1974), pp. 19-23.

Robert S. Wyer and Thoas K. Srull, "Human Cognition in Its Social Context," *Psychological Review* 93 (July 1986), pp. 322-359.

Scott A. Hawkins and Stephen J. Hoch, "Low Involvement Learning : Memory Without Evaluation," *Journal of Consumer Research* 19 (September 1992), pp. 212-225 ; Richard L. Celsi and Jerry C. Olson, "The Role of Involvement in Attention and Comprehension Processes," *Journal of Consumer Research* 15 (September 1988), pp. 210-224 ; Jean-Noel Kapferer and Gilles Laurent, "Consumer Involvement Profiles : A New Practical Approach to Consumer Involvement," *Journal of Advertising Research* 25 (December 1985-January 1986), pp. 48-56.

Sharon E. Beatty and Lynn R. Kahle, "Alternative Hierarchies of the Attitude-Behavior Relationship : The Impact of Brand Commitment and Habit," *Journal of the Academy of Marketing Science* 16 (Summer 1988), pp. 1-10.

Terry L. Childers and Michael J. Houston, "Conditions for a Picture-Superiority Effect on Consumer Memory," *Journal of Consumer Research* 11 (September 1984), p. 652.

Thomas S. Roberson, "Low-Commitment Consumer Behavior," *Journal of Advertising Research* 16 (April 1976), p. 23.

Wayne D. Hoyer and Steven P. Brown, "Effects of Brand Awareness on Choice for a Common, Repeat-Purchase Product," *Journal of Consumer Research* 17 (September 1990), pp. 141-148.

5
chapter

의사결정과 상황적 영향

소비자 의사결정의 목표가 구매와 소매이므로, 소비자가 제품과 서비스를 구매하고 소비하는 상황은 그들이 무엇을 구입하느냐에 영향을 준다.

구매에 관하여 점포의 유형(소형 의류전문점 또는 백화점), 구매의 목적(선물용 또는 본인용), 그리고 구매의 맥락(혼자서 쇼핑, 친구와 쇼핑, 판매원의 도움을 받아서 쇼핑)은 소비자에게 영향을 줄 가능성이 있다.

소비에 관하여 소비자는 자신이 선택한 상표가 자신이 그것을 사용하는 방법, 시기, 장소, 이유 등에 의해서 좌우된다고 말할 수 있다. 예를 들어, 소비자는 종이수건 중에서 힘든 청소를 하기 위해서는 어떤 상표를, 바닥을 닦기 위해서는 또 다른 상표를 선호할 수 있다. 커피 상표 중에서도 혼자 마시기 위해서는 어떤 상표를 또한 손님을 대접하기 위해서는 또 다른 상표를 선호할 수 있다. 즉 이러한 소비상황은 구매행동에 직접 영향을 준다.

소비자 의사결정에 대한 영향요인에는 구매상황, 소비상황, 커뮤니케이션 상황(소비자가 정보에 노출되는 분위기) 등 세 가지 유형의 상황이 있다.

제1절 상황적 영향의 본질

1. 상황적 영향의 중요성

소비상황뿐만 아니라 구매상황은 마케팅 전략에서 핵심적인 것이다. 예를 들어, 선물을 주는 상황은 시계, 전자제품, 장난감, 꽃 등과 같은 제품을 광고하는 데 있어 기본이다. 이에 따라 제조업체들은 어버이날, 기념일, 특히 크리스마스 또는 특별한 날을 위해 제품을 광고한다.

따라서 마케팅 기업은 소비자에 대한 상황적 영향의 본질, 특히 구매상황과 소비상황에 대해서 그리고 소비자에게 제품을 위치화하는 데 있어 전략적 중요성에 대해 연구해야 한다.

2. 상황적 영향의 본질과 연구의 필요성

상황적 영향(situational influence)이란 특별한 시기와 장소에서의 상황에서 일어나는 순간적인 조건이나 분위기로서, 즉 선물을 사거나, 스키를 타거나, 조깅을 하거나 또는 여름휴가를 가기 위해서 쇼핑하는 것이 그 예에 속한다.

구매상황이 상표를 선택하는 데 영향을 주는 데 중요하기 때문에 마케팅 기업들이 이를 고려하고 있다. 그러나 사용상황 즉 소비상황에 대해서는 고려하지 않고 있는데, 그 이유는 마케팅 기업이 제시하는 영양가, 맛, 편리성 및 기타 속성 등이 상황과는 관계없이 상표태도, 상표선호성, 소비자 선택에서 동일하다고 가정하기 때문이다.

그러나 마케팅 전략이 소비자의 욕구 및 선호성과 적합해야 한다면, 마케팅 기업은 특별한 사용(소비)상황에 대한 소비자의 욕구와 선호성을 이해해야 한다. 그러한 것을 이해하기 위해서는 아래의 사항을 고려해야 한다.

- 소비자 의사결정에 영향을 주는 상황의 영향
- 소비자 의사결정에 영향을 주는 상황의 특징
- 상황적 영향 모델의 맥락에서 상황적 영향이 소비자 행동에 어떻게 영향을 주는가이다.

제 2 절 상황의 유형

마케팅 기업과 관련되는 상황의 유형은 세 가지, 즉 구매상황, 소비상황, 커뮤니케이션 상황이다.

1. 구매상황(쇼핑상황)

구매상황 즉 ① 점포 내 구매상황 ② 선물을 주기 위한 구매상황 ③ 예상치 못했던 구매상황 등의 요인은 소비자 의사결정에 영향을 미치므로 마케팅 전략 수립시 고려되어야 한다.

1) 점포 내 구매상황

쇼핑행동에 대한 점포영향의 중요성에 대해서는 점포선정에 대한 연구에서 이미 검토하였다. 즉 제품 이용가능성, 선반 위치, 가격촉진, 전시 및 쇼핑의 용이성과 같은 점포 내 자극은 소비자의 의사결정, 특히 무계획적 구매에 영향을 미치는데 중요하다.

즉 가격변경, 전시 및 판매원의 영향 등 점포 내 환경이 소비자 행동에 영향을 미친다는 것, 즉 구매상황이 중요하다는 사실이다.

점포 내 자극의 중요성은 판매촉진에 대한 지출이 광고에 대한 지출보다 빠르게 증가하고 있다는 사실로서 잘 나타나고 있으며, 특히 판매촉진 비용 중 대부분은 가격촉진, 전시 및 쿠폰과 같은 점포 내 자극에 지출되고 있다.

따라서 마케팅 기업은 여러 상이한 점포 내 상황을 확인·규명하고 또한 소비자가 어떻게 반응할 것인가를 소비자에게 질문해야 한다. 예를 들어, 인스턴트 커피 또는 라면의 경우, 진열대에 없을 때, 가격이 인상되었을 때, 경쟁상표가 할인판매를 할 때, 계산대 줄이 길 때, 선호하는 상표를 찾기가 어려울 때 등에 대한 질문을 하여 그러한 구매상황이 상표선택에 어떻게 영향을 주는가를 확인할 수 있다.

이러한 점포 내 상황에 대한 반응은 상표전략 수립에 영향을 줄 수 있다. 예를 들어, 소비자가 점포 내 자극과는 무관하게 선호하는 상표를 구입하는가 또는 그러한 자극이 경쟁상표를 구입하도록 영향을 미치는가를 확인하여 자사 상표의 충성도를 파악할 수가 있다.

2) 선물을 주기 위한 구매상황

소비자는 선물용으로 또는 자신을 위해서 제품을 구입하는 상황에 처할 수 있다. 이에 마케팅 기업은 기념일 또는 선물을 주는 다른 경우에 맞추어 과자에서부터 의류나 전자제품에 이르는 많은 제품을 표적화한다.

선물을 구입한다는 것은 자신을 위해 구입하는 경우보다 소비자는 더 관여할 가능성이 있다. 그 이유는 소비자는 선물을 구입할 때 물질적인 제품뿐만 아니라 그 제품과 함께 상징적인 메시지를 준다. 즉 소비자는 선물의 유형, 가격 및 상표면의 관점에서 적절한 메시지를 보내고 있음을 확실히 하고자 하기 때문이다.

결과적으로 소비자는 자신이 사용하기 위해 제품을 선택할 때보다 선물용으로 선택하는데 더 많은 시간을 소비한다. 즉 소비자는 상표를 평가할 때 상이한 기준을 사용하며, 또한 자신을 위해 구입하는 경우보다 상이한 상표를 선택할 가능성이 있다.

그 제품이 비관여적일지라도 선물로 주는 상황에 처한 경우, 소비자는 보다 관여적일 가능성이 있다. 즉 소비자는 선물용일 경우 더 많은 점포를 방문하고 또한 정보탐색에 더 많은 시간을 소비한다.

상기와는 반대로 고관여의 경우, 소비자는 선택상황에서 더 많은 위험을 인식할 가능성이 있으므로, 결국 소비자는 상표품을 구입하고 또한 잘 알고 있는 점포(즉 고급스런 이미지를 갖고 있는 점포)에서 쇼핑할 가능성이 매우 크다.

또한 선물을 주는 상황은 문화적 관습을 나타낸다. 즉 소비자는 선물을 구입하고, 가격표를 떼내고, 고급스럽고 정성스럽게 포장하고, 그것을 전달하며 반응을 기다린다. 그리고 국가에 따라서도 선물을 주는 의식은 상이하다. 예를 들어, 중국에서 선물을 주는 의식은 사회적인 예의범절과 가족가치관을 지키는 것이며, 일본 사람들은 선물이 사회에서의 집단지향성을 결속하는 것으로 인식한다.

그러나 선물을 주는 것이 긍정적인 면이 있기는 하지만, 선물을 선택하는 과정에서 불안감을 조장할 수도 있다. 즉 선물을 주고받는 것은 상호인적인 갈등(선물이 받는 사람의 마음에 들지 않음)을 조장할 수도 있다는 것이다.

또한 선물을 주는 외적인 본질, 필요한 쇼핑과업 그리고 관여되는 시간의 촉박감 등으로 인해 심각하게 긴장감을 가질 수도 있다. 즉 선물을 주는 것은 자주 힘든 시련이 수반되며, 어려울 수도 있어 기대와 불안감에 사로잡힐 수도 있다.

3) 예상하지 못했던 구매상황

구매상황은 간혹 예상할 수 없는 경우가 있다. 예를 들어, 예상치 않은 손님이 방문한다면, 소비자는 특별하게 여기저기를 돌아다니며 쇼핑을 해야 하며, 또한 필요한 품목을 신속하게 구입하기 위해 고가격을 지불할 수도 있다.

또 한 가지 예상치 못하는 상황은 재고가 없는 제품의 경우인데, 그 이유는 재고가 없다는 상황으로 인해 소비자는 제품을 선택해야 하는 필요성을 느끼기 때문이다. 예를 들어, 구매하고자 하는 식품의 재고가 없는 경우, 그 식품이 매우 중요하다면 특별하게 시장을 보아야 한다.

2. 소비상황

소비상황은 그 상표를 사용하는 맥락을 정의하는 것으로서, 어떤 소비자는 특별한 경우를 위해서 특별한 상표의 향수를 그리고 매일 사용하기 위해서는 또 다른 상표를 사용할 수 있다. 다른 소비자는 집에서 사용하기 위해서 또는 사업용으로 사용하기 위해서 상이한 상표의 PC를 고려할 수 있다. 소비자는 손님을 대접하기 위해서는 원두커피를, 그러나 혼자 마실 때에는 즉석커피를 사용할 수 있다. 즉 이런 각각의 소비상황은 상표선택에 영향을 준다(〈사진 5-1〉 참조).

〈사진 5-1〉 소비상황을 이용한 산악자전거 광고

마케팅 기업은 제품범주와 관련되는 소비상황을 확인 · 규명해야 하는데, 예를 들어, 맥주의 소비상황은 아래와 같다.

- 집에서 친한 친구를 대접할 때
- 금요일이나 토요일 밤에 식당이나 라운지에 갈 때
- 스포츠 경기나 재미있는 TV쇼를 볼 때
- 스포츠 활동이나 취미를 즐길 때
- 주말여행을 할 때
- 집에서 정원이나 집수리 또는 자동차를 손 볼 때
- 집에서 쉴 때

소비상황은 역시 소비자의 서비스 선택에도 영향을 줄 가능성이 있는데, 건강보호서비스의 소비상황의 경우는 아래와 같다.

- 건강문제가 큰가 작은가?
- 건강문제가 자기자신이나 또는 가족의 다른 구성원에게 영향을 주는가?
- 건강문제가 집안에서 또는 집에서 멀리 떨어져 발생했는가?

이러한 상황은 소비자가 선택하는 건강보호의 유형에 직접 영향을 준다. 예를 들어, 건강문제가 작을 때에는 동네 근처의 의원에서 치료하지만 큰 경우에는 멀리 떨어져 있는 종합병원을 이용할 수 있다. 또는 집에 있을 때보다는 집에서 멀리 떨어져 있을 때 중요한 건강문제로 병원응급실에 갈 가능성은 매우 크다.

3. 커뮤니케이션 상황

커뮤니케이션 상황은 소비자가 정보에 노출되는 분위기로서 대인접촉(친구 및 이웃 간의 구전 커뮤니케이션 또는 판매원으로부터의 정보) 또는 비인적 접촉(광고, 점포 내 전시)이 될 수 있다. 따라서 커뮤니케이션 상황은 소비자가 정보를 주시, 이해 및 보존하느냐를 결정할 수 있다.

세 가지 유형의 상황, 즉 노출상황, 커뮤니케이션의 전후관계(맥락), 그리고 커뮤니케이션을 받아들이는 때의 마음상태가 소비자 반응에 영향을 줄 수 있다.

첫째, 노출상황 요인으로서, 예를 들어 아래와 같은 광고노출 상황이 소비자에게 영향을 줄 수 있는데, 광고물의 내용과는 달리 모든 상황이 그 광고물의 효과성에 영향을 줄 가능성이 있다.

- 소비자가 자동차를 타고 있으면서, 또는 거실에 앉아 있으면서 라디오의 상업광고를 들었는가?
- 소비자가 집 안에서 또는 집 밖에서 잡지를 읽었는가?
- 소비자가 시간을 보내기 위해서 그 잡지를 읽었는가?
- 소비자가 혼자서 또는 많은 사람들과 함께 TV 상업광고를 보았는가?
- 소비자가 프로그램에 관여하는 가운데서 TV 상업광고를 시청하였는가?
- 소비자가 온라인으로 광고나 촉진을 보았는가?

둘째, 커뮤니케이션이 보이는 전후관계(맥락)가 커뮤니케이션에 대한 반응에 영향을 줄 가능성이 있다. 예를 들어, TV광고가 나오는 프로그램 유형이다. 슬픈 프로그램과는 달리 행복한 프로그램은 소비자로 하여금 그 광고에 노출되는 동안 긍정적으로 사고하도록 하며 또한 회상(상기)의 수준을 더 높게 한다. 이에 따라 몇몇 광고주들은 TV 프로그램 내용이 자사 제품과 부정적인 관계를 맺지 않도록 하기 위해, 그 TV 프로그램에 자사 제품을 광고하지 않기도 한다.

셋째, 그 커뮤니케이션을 받아들이는 때의 소비자의 마음상태가 상황적 변수가 될 수 있다. 즉 소비자가 행복하냐 또는 슬프냐가 상표정보를 처리하고 또한 상기(회상)하는 것에 영향을 미칠 수 있다. 따라서 소비자의 마음상태가 역시 광고메시지의 이해와 보존에 영향을 줄 가능성이 있다.

제 3 절 소비상황과 구매상황의 특징

1. 소비상황과 구매상황의 일반적 특성

소비상황과 구매상황에 대한 일반적인 특성을 고려해야 하는데, 5가지 특성이 확인될 수 있다.

① **물질적인 주위의 환경** : 소비자가 활동할 때 둘러싸고 있는 환경의 구체적인 물리적·공간적 측면으로서 점포의 장식과 진열대에서의 제품배열, 제품을 사용할 때 실내에 또는 실외에 있음, TV를 시청할 때, 또는 시끄러운 방에 있을 때 등이다. 이 물질적 환경은 시각, 청각, 후각, 촉

각 등의 감각기관을 통해 소비자의 지각에 영향을 주게 된다. 이러한 환경 특성은 소매상에게 매우 중요한데, 의도한 대로 소비자의 신념, 태도, 행동을 변화시킬 수 있도록 물질적 환경을 관리해야 함을 시사한다.

② **사회적인 주위의 환경** : 이것은 다른 사람들이 미치는 영향으로서, 사회적인 모임행사, 제품을 구매하거나 소비할 때 현장에 있는 친구나 이웃의 중요함 등이다. 즉 집단에 속한 소비자는 복종과 규범에 대한 압력을 느낄 수 있다.

③ **시간** : 아침식사시간, 점심식사시간, 식사하는 도중, 의복의 경우에는 여름 또는 겨울과 같은 계절적 요인, 제품을 다 소비한 후 지나간 시간 등이 포함된다. 그리고 구매 의사결정을 하는 데 얼마나 많은 시간을 소비하는가에 따라서 정보탐색이나 상표평가 등이 달라진다.

④ **과업 정의** : 이것은 제품이나 서비스를 구매하고 소비하는 이유로서의 구매동기이다. 즉 자신을 위한 또는 가족을 위한 쇼핑, 선물을 위한 쇼핑, 가족을 위한 또는 손님을 위한 요리준비 등이 포함된다.

⑤ **선행적 상태** : 선행적 상태란 소비자가 구매 또는 소비할 때 일시적으로 갖는 신체적 또는 심리적인 상태로서 배고픔, 목마름, 수면부족, 피곤함, 기분 등이다. 즉 피곤하거나 조바심이 날 때 쇼핑하는 것, 충동적으로 제품을 구입하는 것, 흥분된 상태에서 제품을 사용하는 것과 같은 순간의 조건이다. 선행적 상태가 소비자의 마음상태와 관련된 것이므로, 내적인 것인 반면에, 앞의 네 가지 다른 상황적 특성은 환경에 의해서 결정되므로 외적인 것이다.

상황은 상기의 특성들 중 몇 가지 특성으로 구성될 수 있다. 예를 들어, 토요일 오후에 롯데 마트 완구부(Toys 'R' Us)에서 아이와 함께 아이의 생일선물로 사주기로 약속했던 장난감을 사주기 위해 쇼핑하는 구매상황은 롯데 마트라는 물질적 환경, 아이라는 사회적 환경, 토요일 오후라는 시간, 아이의 생일선물을 사야 한다는 과업정의라는 네 가지 요소로 구성된다.

2. 상황적 영향과 경험

마케팅 기업들은 상기의 세 가지 상황 중에서 구매상황에 집중하는데, 그 이유는 마케팅 기업이 판매의 결과에 집중하기 때문이다. 그러나 소비자가 재구매하느냐를 결정하는 것은 소비경험이므로, 마케팅 기업은 자사의 신제품에 대한 잠재력을 평가하기 위해서는 아래의 질문을 이용하여 소비경험의 본질을 파악해야 한다.

- 어떤 상황에서 신제품이 사용될 가능성이 있는가?(물질적인 주위의 상황)
- 그것이 사회적인 맥락에서 이용될 것인가?(사회적인 주위의 상황)
- 언제 그것이 사용될 것인가?(시간)
- 사용하기 위해서 어떤 과업이 필요한가?(과업 정의)
- 여러 상이한 사건의 경우 사용에 영향을 줄 가능성이 있는 여러 다양한 태도와 감정은 무엇인가?(선행적 상태)

상기의 질문들은 소비경험을 상황적 특성에 따라 분류된 것으로서, 경험의 측면에서 제품을 경험과 연결시키는 것이다. 예를 들어, 맛동산, 박카스, 초코파이 등의 제품은 경험을 반영할 수 있도록 하고 있으며, Timex사와 같은 마케팅 기업은 상기의 경험을 반영할 수 있도록 자사 제품을 개발하고 위치화하고 있다.

최근 광고주들은 기쁨 추구, 사회적 직위, 환상 등에 대한 소구로 제품의 감정적인 맥락에 집중한다. 그러한 광고는 그 제품을 사용하는 것처럼 그 제품의 경험을 묘사할 수 있도록 디자인되는데, 예를 들어, 도로를 질주하는 자유로움을 경험하는 BMW 운전자들, 표식적 가치를 즐기는 Calvin Klein 청바지를 입고 있는 젊은이, 대리적 스릴감을 경험하는 Air Jordan을 신고 있는 청소년 등이 그것이다.

이와 같이 광고주들이 제품의 소비경험에 의존하고 있는 이유는 점증하는 경쟁적 환경하에서 관여적인 사용의 맥락에서 볼 때, 자동차, 청바지, 농구화와 같은 제품은 광고주에게 경쟁적 우위를 제공할 수 있기 때문이다.

3. 웹에서의 구매경험과 소비경험의 특징

인터넷은 구매경험과 소비경험에 대해 집중해야 하는데, 그 이유는 대부분의 인터넷 이용자들은 구매 의사결정을 하는데 도움을 얻기 위해서 웹이 제공하는 정보를 이용하기 때문이다. 즉 정보사용에 대한 경험은 장래의 이용을 결정한다는 것이다. 제품에 대한 구매상황과 소비상황을 평가하기 위해 사용하는 동일한 다섯 가지 기준이 인터넷 이용을 평가하는데 이용될 수 있다.

- **물질적인 주위의 상황** : 인터넷은 가정이나 사무실에서 이용될 수 있다.
- **사회적인 주위의 상황** : 자신의 목적으로 웹을 이용하는 것은 사회적인 맥락에서 인터넷을 이용하는 것과 상이하다.

- **시간** : 시간이 부족하다는 것이 웹을 이용하려는 가장 중요한 동기이다. 당장 소비자는 웹을 이용하여 금융거래나 청구서 대금지불로부터 선물구입에 이르는 과업을 수행할 수 있다. 그러나 잘 나타나지 않는 중요한 부분이란 웹을 통해 너무나 많은 정보가 널리 보급됨으로써 소비자가 탐색하는 정확한 정보를 살펴보고 찾는데 너무나 많은 시간이 소요될 수 있는 것이다.
- **과업 정의** : 소비자가 정보를 얻기 위해서 또는 구매하기 위해서 웹을 이용하는 데 다양하고 많은 과업이 요구된다. 이것에는 쾌락적 탐색과업과 실용주의적 탐색과업이 있다.
  - 쾌락적 탐색과업 : 소비자는 오락적으로 웹을 이용하며 또한 자주 그 탐색 그 자체에서 즐거움을 느낀다.
  - 실용주의적 탐색과업 : 많은 소비자들은 정보에 대한 실용주의적 원천으로 엄밀하게 웹을 이용한다. 예를 들어, 소비자가 온라인으로 또는 오프라인으로 구매하기 위해 정보를 찾는다면 구매하기 전에 대안적인 가격이나 제품을 비교하기 위한 한 가지 방안으로 간단히 웹을 이용할 수 있다.
- **선행적 상태** : 선행적 상태는 웹 이용에 대해 긍정적인 효과와 부정적인 효과를 준다. 첫째, 긍정적인 효과로서, 몇몇 웹 이용자들은 웹을 이리저리 찾아다니는 과정을 즐기며 또한 종료 시점과 장소 등에 관여한다. 이것을 **흐름상태**(flow state)라고 하는데, 그것은 인터넷 이용이 이용자에게 **쾌락적 부추김**(hedonic lift)을 제공한다는 것을 의미한다. 둘째, 부정적 측면에서 볼 때 어떤 이용자는 걱정과 불안감을 가지고 웹에 접근하기도 한다. 그 이유는 그들이 기술적으로 충분하게 이용할 수 없거나 또는 그들의 사생활이 보호를 받는다는 것을 신뢰하지 않기 때문이다.

제4절 상황적 영향 모델

1. 상황적 영향요인 모델

소비자 행동에 상황적 영향의 역할을 설명하는 이론적 모델은 〈그림 5-1〉과 같다. 소비자에 대해 두 가지의 외부적 영향요인은 제품과 상황이다. 즉 소비자는 제품과 상황에 대해 반응하고 또한 구입해야 할 상표를 결정한다. 소비자의 심리적 세트(욕구, 태도, 선호성), 상황 그리고 제품

간의 상호작용에 의해 선택의 과정을 거쳐 구매행동으로 이르게 된다.

여기에서 제품과 상황은 **전후관계**(context)의 원칙이 적용될 수 있다. 전후관계의 원칙이란 소비자는 돌출하는 자극과 돌출하지 않은 자극을 구별함으로써 **실체**(앞배경 : figure)와 **배경**(뒷배경 : ground)으로 자극을 조직하는 것을 의미한다. 이러한 대조는 거의 모든 인쇄광고에서 나타나는데, 제품은 일반적으로 실체(앞배경)에서 나타나며, 상황은 배경(뒷배경)에 붙어 있다. 예를 들어, KCC사의 페인트 광고는 사용하는 상황으로 앞배경에는 제품(그리고 행동하는 소비자)을, 그리고 뒷배경에는 다시 색칠한 거실을 보여준다.

그러나 이러한 상황적 모델은 간단하지 않은데, 소비자가 자신의 행동을 상황에, 제품에 또는 두 가지 모두에 요인으로 돌리느냐가 문제가 되기 때문이다. 즉 행동을 제품으로 귀속시킨다는 것(그렇게 행동하는 것을 제품의 탓 또는 원인으로 생각하는 것)은 소비자가 어떤 특정한 상표에 충성적이며, 또한 상황과는 관계없이 그 상표를 구입한다는 것이다. 한편 행동을 상황으로 귀속시킨다는 것은 소비자가 상이한 상황에 따라 상이한 상표를 구입한다는 것을 의미하는 것으로서, 제품보다는 상황이 결정요인인 것이다.

결국 소비자의 구매행동은 상황과는 관계없이 그 제품에 대해 충성적이기 때문이거나, 또는 제품과는 관계없이 그 상황 때문일 수가 있다. 그러나 행동은 제품, 상황 그리고 소비자 간의 상호작용 때문일 가능성이 있으므로, 3가지 요인에 대해 양방향 화살표로 표시되어 있다(〈그림 5-1〉 참조).

〈그림 5-1〉 소비자 행동의 상황적 영향요인 모델

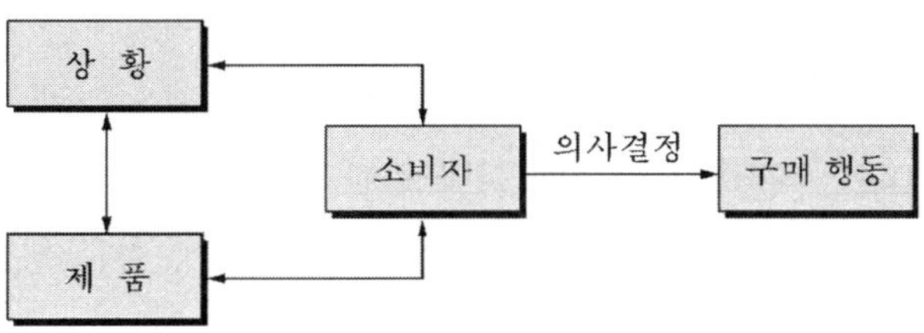

2. 상황 대 제품에 대한 소비자의 귀속

상황적 모델에서 중요한 고려사항은 소비자가 자신의 행동을 그 제품의 특징 또는 상황에 귀속시키느냐이다. 이런 의문사항은 귀속이론으로 설명할 수 있는데, **귀속이론**(attribution theory)이란 한 가지 원인을 자신의 행동에 귀속시킨다는 것이다.

만약 소비자가 행동을 제품에 귀속시킨다면 그가 다시 그 제품을 구입할 가능성은 증가되며, 따라서 그 제품에 대한 태도는 더욱 긍정적이 된다. 예를 들어, 소비자가 어떤 과자를 구입하는데, 할인판매되고 있다는 사실(상황적 요소)보다는 그 과자의 영양가 함량(제품속성)에 귀속한다면, 그의 태도는 긍정적이 될 가능성이 있으며 또한 그것을 재구매할 가능성이 있다. 한편, 귀속원인이 상황(할인판매)이라면 그 제품에 대한 그의 태도는 긍정적이 될 가능성이 없다(〈표 5-1〉 참조).

〈표 5-1〉 귀속이론의 결과

결과 \ 귀속원인	제 품	상 황
상표충성도	높 음	거의 없음
재구매	가능함	가능성 없음
지속적인 관여 정도	높 음	낮음
태도	긍정적	긍정적이지 않음
다양한 용도	중요함	중요치 않음

제품과 상황이 소비자 행동에 미치는 영향을 결정하는 몇 가지 원칙이 있다.

① **상표충성도의 정도가 클수록 상황적 영향요인의 중요성은 적다** : 예를 들어, Hite맥주 애주가는 혼자서, 손님과 함께 있을 때, TV를 시청하면서, 식사시에 또는 다른 어느 때에도 전혀 차이가 없다. 즉 소비상황은 구매행동에 전혀 영향을 주지 않는다. 이와는 반대로, 충성심이 약한 경우에는 소비상황이 상표선택에 결정적인 요인이 될 수 있다. 보통 때에는 싼 맥주를, 그러나 행사시에는 비싼 맥주를 구입하는데, 이 경우 소비상황은 그 소비자가 어떤 특정 상표를 구입할 것인가를 결정한다.

② **지속적인 제품관여의 수준이 높을수록 상황적 요인이 행동을 결정하는 가능성은 적다** : 지속적 관여의 수준이 높은 경우, 그 제품 자체에 대한 소비자의 관심은 행동에 영향을 준다. 반면에 상황적 관여의 수준이 높은 경우, 그 상황에 맞는 제품을 구입하려는 소비자의 욕구는 그 상표의 평가에 대한 동기부여의 요인이 된다.

③ **제품이 다양한 용도로 사용되는 경우, 상황적 요인이 상표선택을 결정하는 데 중요하지 않다.** 즉 한 가지 용도로 구입하는 제품은 상황에 의해서 영향을 받을 가능성이 크다. 그러한 제품은 거의 포장소비재일 가능성이 매우 큰데, 청량음료, 스낵제품, 맥주, 육류제품 등은 모두 소비상황에 직접적으로 영향을 받는다. 한편, 소비자가 다양한 용도로 사용하기 위해 구입하는 제품은 내구재일 가능성이 매우 크다.

간단히 요약해서, 상황적 요인은 소비자가 그 상표에 충성적일 경우, 소비자가 계속적인 기준에 따라 그 제품에 관여하는 경우, 그리고 그 제품이 다양한 용도로 사용되는 경우에 별로 중요하지 않을 경향이 있다.

3. 상황과 행동 간의 근접성

〈그림 5-1〉의 상황적 모델과 관련되는 또 다른 문제는 상황과 행동 간의 근접성인데, 만약 구매와 상황이 시간적으로 밀접하다면 상황은 상표선택에 영향을 미칠 가능성이 있다. 예를 들어, 저녁 때 성대한 파티를 위해 식품을 쇼핑하는 소비자는 통상 구입했던 것이 아닌 품목을 구입한다. 또는 특별한 상표의 가격이 엄청나게 인하된 것(구매상황)을 본 소비자는 그것이 통상적으로 구입한 상표가 아닐지라도 그것을 구입할 수 있다. 상기의 두 가지 경우 구매행동은 특히 상황특이적이다.

그러나 반대로 소비자가 장래의 용도를 위해 비축하는 경우, 즉 상황과 행동이 근접하지 않은 경우에는 상황적 조건이 약하기 때문에 소비자는 선호하는 상표를 구입할 것이다.

제5절 제품 태도, 선택 및 의사결정에 대한 상황적 영향

소비자는 자주 특이한 상황을 위해 제품을 구입한다. 따라서 상황적 영향에 대한 조사는 세 가지 영역에 대해 집중한다. 즉 ① 제품에 대한 태도(교촌 닭고기는 저녁식사용이 아니라 점심식사를 위해 준비하는데 편리하다고 평가됨) ② 제품선택(Coca-cola는 식사보다는 파티용으로 구입됨) ③ 소비자의 의사결정 과정(자신이 사용하기 위해서보다는 선물용으로 모발건조기를 선택하는 경우에 많은 제품 속성이 고려됨)이다.

1. 제품 태도에 대한 상황적 영향

제품 및 상표에 대한 소비자의 태도는 상황에 따라 상이하다. 예를 들어, 즉석식품 체인점을 평가하는 경우, 소비자는 저녁식사를 위해서보다는 간단한 식사나 점심식사시의 편리성을 보다 중요하다고 평가하거나, 또는 점심식사나 간단한 식사를 위해서보다는 저녁식사시 가족을 위해 좋은 곳이라고 중요하게 평가할 수도 있다.

수송수단의 경우에도 소비자는 상황에 따라 대안적인 수송수단의 특별한 속성에 부여하는 가치를 달리한다. 즉 출근시간이라는 상황에서 자가용, 택시, 버스, 지하철에 대한 가치가 상이할 수 있다. 즉 상황을 기준으로 욕구와 태도에서의 차이는 마케팅 전략에 대해 중요한 시사점을 제시한다. 따라서 출퇴근시에 약속을 지키기 위해서 자가용보다는 지하철을 이용하는 것을 고무하기 위해서는 지하철이 승용차보다 빠르고 정확하다는 것을 확신시켜야 한다.

상황에 따라 태도의 차이는 그 상표의 장점과 단점을 지적할 수 있다. 만약 소비자들이 파티용과 행사용으로 맛에 대해서 어떤 특별한 맥주를 낮게 평가한다면, 마케팅 기업은 이런 약점을 수정해야 한다. 즉 제조상의 문제인가 또는 상표이미지의 문제인가를 간파할 수 있어야 한다. 더욱이 어떤 상표가 특별한 상황(파티용)에서 더 강력하다면(맛동산), 이 장점을 더욱 개발해야 한다. 소비자가 Hite맥주를 행사용보다는 혼자 마시기에 좋은 맥주라고 간주한다면, 마케팅 기업은 애주가들이 혼자 있을 때의 상황에 맞는 맛의 이점을 강조해야 한다.

한 연구에 의하면, 소비자들은 Arby's와 Burger King을 쇼핑하러 다니는 동안 편한 식사를 하는데 편리한 곳으로, 그리고 Burger Chef과 McDonald's는 저녁식사의 경우에 편리한 곳으로 인식한다.

2. 제품선택에 대한 상황적 영향

상표를 선택하는데 있어 제품속성의 중요성이 상황에 따라 상이할 수 있다. 따라서 상황적 요인을 고려하는 상황적 모델이 상표선택에 대한 예측력을 더 높게 나타낸다. 결론적으로 제품선택을 설명하는데 상황을 이해하는 것이 중요하며, 더욱이 식품선택의 경우에는 인구통계적 변수 및 태도보다 상황변수가 더 작용한다.

3. 의사결정에 대한 상황적 영향

소비상황과 구매상황에 따라 고려되는 상표의 수, 탐색의 범위, 추구하는 정보의 유형 그리고 정보원천이 상이할 가능성이 있다. 예를 들어, 쇼핑자가 혼자 있는 상황보다도 친구와 함께 쇼핑하는 상황시에 더 많은 점포를 방문하며 또한 보다 무계획적으로 구매하는 경향이 있다.

또한 소비자가 자신을 위해서 또는 선물용으로 제품을 구입하는 경우 의사결정이 상이하다. 즉 선물용에 대한 소비자의 의사결정은 더 관여할 경향이 있는데, 이것은 전반적인 욕구발상의 수준을 증가시키며, 더욱더 많은 노력을 경주하며 또한 정보탐색을 더 확대한다는 것을 의미한다.

제 6 절 마케팅 전략에 상황적 변수의 사용

마케팅 기업은 두 가지 방법, 즉 ① 새로운 사용(소비)상황을 도입함으로써, ② 기존의 사용상황에 표적화함으로써 마케팅 전략에 상황적 변수를 사용할 수 있다.

1. 새로운 사용상황의 도입(사용확대 전략)

효과적인 마케팅 전략이란 새로운 사용(소비)상황에 따라 제품을 사용하도록 소비자에게 영향을 미치는 것이다. 예를 들어, Johnson Products사는 소비자들이 가구용 왁스를 자동차에 사용한다는 사실을 발견한 후 자동차 왁스로 소비상황을 새롭게 확대하였다. 이와 유사하게 베이킹소다인 Arm & Hammer를 냉장고용 방취제로 광고함으로써 그리고 그 후 베이킹소다가 양치질을 하는데 사용될 수 있다고 제시하여 베이킹소다에 대한 사용을 확대하였다. 이 회사는 기본적인 재료로서 베이킹소다가 첨가된 별개의 제품인 치약제품과 방취제를 도입함으로써 논리적인 단계를 취하였다.

그러나 이러한 새로운 사용확대전략을 구사할 때, 마케팅 기업은 새로운 사용 경우가 그 제품을 사용하는 방법에 대해 소비자가 갖고 있는 기존의 생각과 일치하는 경우 광고는 어떤 상표에 대한 새로운 사용을 제시하는데 효과적이라는 사실을 기억해야 한다. 즉 기존의 생각과 일치되어야만 새로운 사용확대전략이 효과적이라는 것이다. 기존에 딱딱한 것을 씹어서 먹는 것을 마시도록 하는 것으로 바꾸어 새로운 사용확대를 추진하는 것은 실패할 수 있다는 것이다. 예를 들어, 먹는 멀미약 대신에 바르거나 붙이는 약으로 바꾸는 경우, 소비자는 거부할 가능성이 있다. 반면에, 정종을 음식을 조리하는 데 조미료로 사용하는 것은 소비자들이 기존의 생각과 일치한다고 인식함으로써 성공할 수 있었다.

2. 기존사용(소비)상황을 표적화함

마케팅 기업은 ① 제품사용을 기준으로 사용자를 세분화함, ② 특별한 사용상황에 소구하기 위해 신제품을 개발함, ③ 특별한 사용상황에 제품을 위치화하기 위해 광고함, ④ 상황적 욕구를 충족시키기 위해 제품을 유통시킴, ⑤ 특별한 상황에 웹사이트를 표적화함으로써 기존의 사용을 표적화할 수 있다.

1) 시장세분화

소비자의 사용(소비)상황을 기준으로 시장을 세분화할 수 있다. 예를 들어, 식품시장을 아침식사용, 간식용, 점심식사용, 저녁식사용, 안주용 등으로 세분화할 수 있다.

베이커리의 경우에도 생일과 같은 특별한 날에만 케이크를 구입하기 위해 이용하는 사람, 매일 아침 주식용으로 빵을 먹기 때문에 항시 이용하는 사람, 밥을 거를 때에만 이용하는 사람들이 있다. 부엌가구 전문회사인 ENEX사는 일반가정 이외에 기업을 고객으로 세분화하였는데, 기업 내의 주방에서 커피를 끓이거나 커피잔을 씻는 상황을 고려하여 하나의 세분시장을 확인하였다.

2) 신제품 개발

기업은 특별한 상황에 맞는 신제품을 개발할 수 있는데, 이것은 소비자가 추구하는 이점과 그 상황이 주는 이점을 바탕으로 신제품에 이점을 추가하는 것이다. 예를 들어, 어떤 시계회사는 여러 다양한 스포츠 상황에 맞게 자사의 시계에 대해 새로운 계열확대를 하였으며, 또한 특별한 사업목적에 맞도록 디자인된 시계를 포함시키기 위해서 신제품 도입을 확대하였다.

소비자의 생활양식이 변화함에 따라 제품을 소비하는 상황이 변화할 수 있다. 예를 들어, 운동화나 운동복은 일반적으로 운동경기에서 주로 사용되었으나, 건강에 대한 관심이 높아지면서 운동화가 일상적으로 이용되며 또한 지위의 상징으로 여겨지고 있다. 이에 Nike와 Reebok 등은 변화하는 소비상황에 대응하여 스타일, 멋 그리고 기능을 강조하는 운동화와 운동복을 개발하고 있다.

3) 제품 위치화

기업은 자사 제품들이 어떤 상황 즉 어떤 소비용도와 연결되고 있는가를 조사하여 그 상황적 맥락을 광고에 대한 지침으로 이용할 수 있다. 예를 들어, 자사의 종이수건이 소비하는 상황, 즉 힘든 일에 사용되는가(오븐 청소, 유리창 닦기 등), 보통의 일에 사용되는가(손 닦기, 싱크대 닦기, 그릇 닦기 등), 그리고 장식용(식탁용 접시받침이나 네프킨)으로 사용되는가를 확인하여 그 위치를 광고할 수 있다.

즉 소비(사용)상황을 인식하여 힘든 일의 용도에 대한 위치화는 제품의 특징(다목적), 그 제품이 위치화되는 표적세분시장(힘든 일을 하는 사람), 촉진적 소구(강함과 내구성) 그리고 사용가능한 매체(그 세분시장의 인구통계적 특징에 근거하여)에 제시하여 자사의 제품을 위치화해야 한다.

또 다른 예로서, KTF의 귀가시간 알림서비스는 남편이 아내에게 전화하는 상황을 이용하여 행복한 부부라는 광고컨셉트로 제품을 위치화하였다.

4) 광고

소비자의 사용(소비)상황은 역시 촉진적 소구를 제시할 수 있다. 만약 소비자가 사교행사용 또는 손님접대용으로 포도주를 구입한다면, 마케팅 기업은 이러한 맥락에서 그 포도주를 광고해야 한다. 즉 소비자의 사용상황에 기초하여 특정제품을 광고하는 것이 효과적이므로, 사용상황이 촉진적 소구가 될 수 있다. 사용상황의 맥락에서 제품을 광고하는 활동은 **구성화**(관련화 : framing)로 설명할 수 있다. 구성화란 소비자와 관련되는 맥락에서 사용상황이 그 제품을 구성하는 것으로서 사용상황을 그 제품과 관련시키는 것이다. 따라서 광고는 제품-사용상황에서 추구하고자 하는 것(이점)을 소비자에게 주장한다. 예를 들어, 사용상황에 제품을 구성・관련하는 광고로서 롯데월드 어드벤처 광고는 자이로드롭이란 놀이기구를 타고 열광하는 이용자의 소비상황을 보여 줌으로써 소비의욕, 즉 타고 싶은 욕구를 유발시킨다.

상황을 기준으로 제품을 광고하는 다른 두 가지는 선물을 주는 것 그리고 계절적인 사용이다.

첫째, 축제일이나 특별한 행사에 대한 광고가 이에 속하는데, 예를 들어, 백화점들의 광고는 명절날 선물용으로 상품권을 이용하도록 자극하여 설득한다.

둘째, 어떤 광고 캠페인은 계절적인 사용을 제시하는데, 예를 들어, 여름에 많이 사용하는 냉차(iced tea), 아이스크림, 아이스 바 등 그리고 겨울에 많이 사용하는 따끈한 찐빵이나 오뎅 등이다. Gatorade는 여름에 많이 소비되기 때문에 운동하는 동안 여름철의 갈증을 해소하는 것으로서 뿐만 아니라 감기에 걸린 소비자를 위해 겨울철에 수분을 보충하는 음료로서 Gatorade를 광고함으로써 수요를 창출하고 있다.

5) 유통경로

소비상황은 유통경로 전략에도 영향을 미친다. 편의점은 대부분의 슈퍼마켓이 문을 닫았을 때 생기는 예상치 않은 소비상황에 대응하기 위해 밤늦게까지 영업을 한다. 식수인 여러 다양한 샘물들은 주로 보통시간의 상황에서 일어나는 갈증을 해소하기 위한 것이므로 편의점을 이용하는 것이 편리할 수 있다. 또 다른 예로서 김밥장사 아주머니들은 바쁜 출근시간 때에 아침식사를 거르는 직장인을 대상으로 이동인구가 많은 지하철역 앞에서 직접 노상판매를 한다.

6) 웹사이트 개발

웹사이트가 이용되는 상황은 사이트의 디자인과 목적에 영향을 준다. 즉 선물을 제시하고 또한 구입할 수 있는 사이트는 개인적인 오락을 위한 사이트와는 상이하게 디자인되고 조정되어야 한다.

또 다른 경우로서, 사이트는 사회적 상황과 사회적 상호작용을 구축한다. 예를 들어, 어떤 특정 사이트는 소비자들이 동일한 관심사를 가지고 있거나 또는 유사한 지역에 살고 있는 다른 소비자에게 제시할 수 있는 포탈로서 이용할 수 있도록 디자인되어 있다. 또 다른 사이트는 보다 특별한 소비자의 관심거리 특히 정치나 음악 등을 위해 개발되고 있다.

역시 많은 소비자들은 오락적인 목적으로 웹을 선택한다. 어떤 사이트들은 모든 종류의 게임, 게임쇼, 복권 등에 대한 포탈로서 이용되는 한편, 또 다른 사이트는 기타 형태의 매체와 연합하거나 연결되어 있다. 상기의 모든 경우, 웹사이트는 그 사이트가 표적화하는 상황적 맥락에 맞추어 개발되어야만 효과적으로 그 목적을 달성할 수 있으며 수익을 창출할 수 있다.

참고문헌

윤훈현 역, 『소비자행동론』, 제6판, 석정, 1998.

윤훈현, 『소비자행동론』, 석정, 2005.

Amanda Joy, "Gift Giving in Hong Kong and the Continuum of Social Ties," *Journal of Consumer Research* 28 (September 2001), pp. 239-256.

Brian Wansink and Michael L. Ray, "Advertising Strategies to Increase Usage Frequency," Journal of Marketing 60 (January 1996), pp. 31-46.

Bruce E. Mattson, "Situation Influences on Store Choice," Journal of Retailing 58 (Fall 1982), pp. 46-58.

Clarke and Belk, "The Effects of Product Involvement and Task Definition on Anticipated Consumer Effort," in Wilkie, ed., *Advances in Consumer Research*, pp. 313-317.

David B. Wooten, "Qualitative Steps Toward an Expanded Model of Anxiety in Gift-Giving," *Journal of Consumer Research* 27 (June 2000), pp. 84-95.

Donald H. Granbois, "Improving the Study of Customer In-Store Behavior," Journal of Marketing 32 (October 1968), pp. 28-33.

Donna L. Hoffman and Thomas. P. Novak, "Marketing in Hypermedia Computer-Mediated Environments : Conceptual Foundation," *Journal of Marketing* 60 (July 1996), pp. 50-68.

Henry Assael, Consumer Behavior, Houghton Mifflin, 2004.

James M. Daley and James H. Martin, "Situational Analysis of Bus Riders and Non-Riders for Different Transportation Methods," *Logistics and Transportation Review* 24 (June 1988), pp. 185-199.

John F. Sherry, Mary Ann McGrath, and Sidney J. Levy, "The Dark Side of the Gift," *Journal of Business Research* 28 (1993), pp. 225-244.

Joseph A. Cote, James McCullough, and Michael Reilly, "Effects of Unexpected Situations on Behavior-Intention Differences : A Garbology Analysis," *Journal of Consumer Research* 12

(September 1985), pp. 188-194.

Keith Clarke and Russell Belk, "The Effects of Product Involvement and Task Definition on Anticipated Consumer Effort," in William Wilkie, ed., *Advances in Consumer Research*, Vol. 6 (Ann Arbor, Mich.: Associatuon for Consumer Research, 1979), pp. 313-317.

Kenneth C. Gehrt and Mary Beth Pinto, "The Impact of Situational Factors on Health Care Preferences : Exploring the Prospect of Situationally Based Segmentation," *Journal of Health Care Marketing* 11 (June 1991), pp. 41-52.

Kenneth E. Miller and James L. Ginter, "An Investigation of Situational Variation in Brand Choice Behavior and Attitude," *Journal of Marketing Research* 16 (February 1979), pp. 111-123.

Marvin E. Goldberg and Gerald J. Gorn, "Happy and Sad TV Programs : How They Affect Reactions of Commercials," *Journal of Consumer Research* 14 (December 1987), pp. 387-403.

Rajendra K. Srivastava, Allan D. Shocker, and George S. Day, "An Exploratory Study of the Influences of Usage Situation on Perceptions of Product Markets," in H. Keith Hunt, ed., *Advances in Consumer Research*, Vol. 5 (Ann Arbor, Mich. : Association for Consumer Research, 1978), pp. 32-38.

Ravi Dhar and Itamar Simonson, "Making Complementary Choices in Consumption Episodes : Highlighting Versus Balancing," *Journal of Marketing Research* 36 (February 1999), pp. 29-44.

Russell Belk, "Gift-Giving Behavior," in J. Sheth, ed., *Research in Marketing*, Vol. 2 (Greenwich, Conn : JAI Press, 1979), pp. 95-126.

Russell W. Belk, "Situational Variables and Consumer Behavior," *Journal of Consumer Research* 2 (December 1975), p. 159.

Ryan A. "Consumer Gift-Giving Behavior: An Exploratory Analysis," in Danny Bellinger and Barnett A. Greenberg, eds., *Contemporary Marketing Thought* (Chicago : American Marketing Association, 1977), pp. 100-104.

Umesh U. N. and Joseph A. Cote, "Influence of Situational Variables on Brand-Choice Models," *Journal of Business Research* 16 (1988), pp. 91-99.

Whan Park, C. Easwar S. Iyer, and Daniel C. Smith, "The Effect of Situational Factors on In-Store Grocery Shopping Behavior : The Role of Store Environment and Time Avaiable for Shopping," *Journal of Consumer Research* 15 (March 1989), pp. 422-433.

제3부

개인 소비자

6 chapter

소비자 지각

성공적인 마케팅 전략의 구성요소 중의 하나는 소비자의 욕구와 관련하여 소비자 자신이 지각하는 제품과 촉진 자극을 개발하는 것이다. 제3장에서 소비자 **지각**(perception)이란 마케팅 자극과 환경적 자극을 일관된 하나의 모습으로 선택, 조직, 해석하는 것으로 정의하였는데, 따라서 지각은 입력된 정보를 처리하는 일련의 과정으로서 여러 감각기관을 통해 두뇌로 유입된 자극을 개인의 주관적 기준으로 해석하고 이해하는 과정이다.

마케팅 기업은 가치와 신뢰성을 의미하고 내포하는 상표의 이미지를 창조함으로써 소비자 지각에 영향을 주려고 한다. 즉 Coca-Cola, Nike, Procter & Gamble, McDonald's, Inter, Microsoft, Samsung, LG, HD, SK, KTF 등과 같은 이름은 시간이 지남에 따라 긍정적인 소비자 지각을 수립하고 또한 지속적으로 강화하는 데 성공하였다.

제1절 마케팅 자극과 소비자 지각

자극(stimuli)이란 사람들을 둘러싸고 있는 환경요소로서, 어떤 사람의 반응에 영향을 줄 수 있는 물질적, 시각적 또는 구두적 커뮤니케이션이다. 소비자 행동에 영향을 주는 가장 중요한 두 가지 자극유형은 마케팅과 환경(사회적 영향과 문화적 영향) 요인이다.

1. 마케팅 자극

마케팅 자극(marketing stimuli)은 소비자에게 영향을 주기 위해서 디자인된 커뮤니케이션 또는 물질적 자극으로서 〈그림 6-1〉과 같다.

〈그림 6-1〉 마케팅 자극의 구분

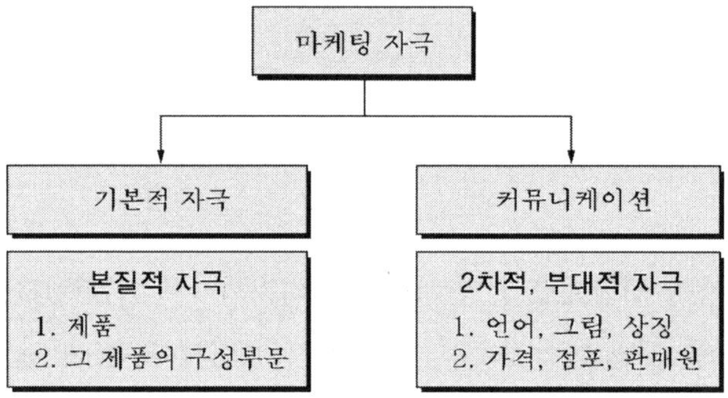

기본적 자극(primary stimuli, 본질적 자극-intrinsic stimuli)이란 제품과 그 제품의 구성부분이다.

커뮤니케이션(2차적 자극-secondary stimuli, 부대적 자극-extrinsic stimuli)은 소비자 행동에 영향을 주기 위한 것으로서 언어, 그림, 상징 또는 그 제품과 연관되는 다른 자극(가격, 구입하는 점포, 판매원의 영향) 등인데, 이를 통해서 그 제품을 나타낸다.

경쟁이 치열한 시장에서 생존하기 위해 마케팅 기업은 지속적으로 2차적 마케팅 자극을 소비자에게 노출시켜야 한다. 그러나 지속적인 광고가 소비자로 하여금 다시 구입하도록 하지는 않으므로, 마케팅 기업은 미래의 소비자 행동에 대한 최종적인 결정요인은 1차적 자극인 제품에 대한 경험임을 명심해야 한다.

간혹 기업은 소비자에게 무료견본을 제공하여 구매 전에 제품경험을 주려고 시도하는데, 이러한 무료견본은 소비자에게 위험이 없는 제품경험을 제공하는 것에 한정된다. 결론적으로, 마케팅 전략에서 가장 중요한 요소는 제품에 대한 커뮤니케이션이다.

2. 마케팅 자극과 제품개념

소비자에게 2차적 자극을 커뮤니케이트하는 데 있어 필수조건은 제품개념을 수립하는 것이다.

제품개념(product concept)이란 메시지, 상징, 심상 등을 통해서 정의된 소비자 집단의 욕구를 충족시킬 수 있는 **제품이점**(product benefit)의 덩어리이다. 따라서 제품개념은 소비자에게 커뮤니케이트 하기로 정한 제품위치에 맞도록 2차적 자극을 조직하는 것을 의미한다.

예를 들어, Nestle사는 냉건조커피시장의 진출용으로 Taster's Choice를 개발하였는데, 그 제품의 개념은 즉각적인 편리함을 제공하면서도 커피의 맛과 향을 제공하는 것이다. 이에 이 회사는 의도한 두 가지 개념을 2차적 자극에 연결하였다. 즉 상표명은 맛을 의미하고, 광고는 가장을 위한 좋은 즉석커피의 맛 이점을 보여준다. Nestle사는 깊숙한 4각의 용기는 전통적인 둥근 용기보다 풍부한 맛의 이미지와 남성적임을 제공한다고 결정하였다. 분명히 말해서 제품개념의 정의는 소비자의 이점과 관련되므로 마케팅 계획에서 2차적 자극을 수립하기 전에 정해져야 한다.

소비자가 어느 자극을 지각하고 또한 그 자극을 어떻게 해석하느냐를 결정하는 두 가지 영향요인은 ① 자극의 특성, ② 그 자극을 지각하는 소비자의 능력이다. 이 두 가지 영향요인은 소비자의 지각을 결정하는 데 상호작용한다. 예를 들어, 치약을 생산하는 기업이 청결한 감각을 갖도록 하기 위해 소금(자극 특징)을 첨가하여 구성성분을 실질적으로 변화시켰다고 하자. 만약 많은 소비자들이 새로운 치약과 과거의 치약을 구분할 수 없다면(소비자 능력), 자극의 변화는 효과적이지 못하다.

제 2 절 지각에 영향을 주는 자극 특성

마케팅 자극의 몇 가지 특징은 소비자가 제품을 지각하는 방법에 영향을 준다. 이러한 특징은 감각적 요소와 구조적 요소로 구분되는데, 두 가지 모두가 제품개발과 광고에 시사점을 제공한다.

1. 감각적 요소

감각적 요소는 색상, 맛, 냄새, 소리, 느낌 등으로 구성된다.

1) 색상

모습을 나타내는 데 있어 가장 중요한 요소는 색상(color)으로서, 중요한 감각적 의미를 갖고 있다. 트라스트와 레모나의 노란색, 그리고 슈퍼마켓 진열대에 쌓여 있는 포장제품들, 즉

Coca-Cola, 홍삼원, Pepsi 등에 붙어 있는 빨간색 로고와 명칭을 생각해 보자.

빨간색은 따뜻함, 관능적, 위협적이 아닌 것 등으로 생각된다. 그리고 빨간색은 활력의 근원이다. 푸른색은 편안한 것으로 간주되는데, 그러한 이유로 IBM사의 로고는 푸른색이다. 그것은 냉담하며 멀리 떨어져 있는 것처럼 인식되는 기업으로부터 보다 친화적이며 가까이에 있는 이미지를 전달하려고 하는 것이다.

즉 색상선호성과 상표선택 간에는 밀접한 연결관계가 있다. 동일한 제품에 대해 상이한 색상으로 된 제품포장을 제시한 경우에 소비자들은 포장의 색상의 차이에 의해서 동일한 제품에 대해서 상이한 반응을 나타낸다.

색상에 대한 지각의 중요성은 지속적으로 소비자 지각에 도전하는 것은 매우 위험스러운 것이며, 실수를 저지르는 것이라는 사실이다. 예를 들어, P&G사의 Prell샴푸의 경우, 전통적으로 사용해 왔던 녹색에서 청색으로 변경하였다. 그러나 충성적인 Prell이용자들이 거세게 반대하여 P&G사는 Prell의 색상을 원래의 녹색으로 다시 바꾸었다.

색상에 대한 지각은 문화적 특성에 따라 국가들 간에 상이하다. 즉 중국과 일본의 소비자들은 자주색을 고가 제품으로, 회색을 저가 제품으로 연관시키는 반면에, 미국 소비자들은 자주색을 저가 제품으로, 회색을 고가 제품으로 인식하고 있는데, 이러한 연관성의 파악은 특별한 기회를 시사한다.

2) 맛

맛은 소비자의 상표 지각을 조건화하는 또 다른 감각적 요인이다. 예를 들어, 순수하면서도 천연향이 주는 맛에 대해서도 소비자들은 상이하게 지각한다. 즉 어떤 소비자들은 깨끗함을 천연적이며 건강함으로 연관시키는 반면에, 다른 소비자들은 깨끗함을 단지 물로 간단하게 연관시킬 수도 있다.

그러나 맛은 기억에서 사라지기 쉬운 요소가 될 수 있다. 즉 라벨이 붙어 있지 않은 세 가지의 맥주에 대해서 그 맛이 모두 비슷하다고 평가하지만, 라벨을 보여주었을 때에는 상이하다고 판단함을 볼 때, 맛은 객관적인 기준이 아니라는 사실이다.

결론적으로, 맛에 대한 판단은 거의 주관적이며, 상표와 맛의 관련성을 강하게 인식하고 있다.

3) 냄새

냄새(smell)는 특히 화장품과 식품에 대해 중요하다. 예를 들어, 두 가지 상이한 향수를 똑같은 화장지에 첨가한 경우 소비자들은 어느 화장지는 우아하며 비싼 것으로 지각하고, 다른 화장지는 부엌에서 사용하는 제품으로 지각하였다.

이러한 지각적 차이를 맡을 수 있도록 하기 위해 어떤 기업은 긁으면 냄새가 나는 스티커를 세제포장에 사용하였다.

역시 냄새는 교차문화적 차이가 있다. 서구사회에서 수립된 향수와 콜로뉴의 사회적 역할은 일본에서는 결코 성립될 수 없다. 사실상 일본사람들은 깨끗하다는 것을 가치가 있다고 인식하며 향수와 콜로뉴를 다른 사람의 사생활을 침해하는 것으로 간주한다.

4) 소리

소리(sound)는 또 다른 감각적 자극이다. 광고주들은 지위와 권위를 전달하기 위해서 높낮이가 분명한 연사를 사용하여 왔으며 또한 자주 음의 운율적 반복을 통해 음악을 사용하거나 또는 상표에 대한 긍정적인 연관성을 조성하기 위한 배경으로서 음악을 사용한다.

그러나 마케팅 기업은 연사나 음악과 같은 자극이 특정 상표와 긍정적인 연관성을 조성할 것인가를 알기 위해 사전에 시험해야 한다. 예를 들어, 소비자들이 어떤 제품의 배경음악을 좋아하는 경우, 그 제품을 선택할 가능성은 매우 높아진다.

5) 느낌(감각)

어떤 제품에 대한 **느낌**(feel : 감각)도 역시 소비자의 지각에 영향을 미친다. 부드러움은 옷감이나 종이제품이 대해 바람직한 속성으로 생각하고 있으므로, 어떤 화장지 상표는 광고주제에 느낌의 중요성을 강조한다.

역시 느낌은 품질을 결정하는 수단으로 사용되는데, 소비자들은 섬유, 의복, 카펫, 가구의 느낌을 사용하여 그 제품의 품질을 평가한다.

제품에 대한 느낌은 웹을 통해서 특정 제품을 판매하는 데 있어 저해요인이 된다. 소비자는 그 제품이 주는 어떤 감각적 상호작용을 느끼지 않고 구매하는 것을 주저할 수 있기 때문이다.

따라서 어떤 마케팅 기업은 구매하기 전 그 제품의 느낌을 경험하고자 하는 바램이라고 인식함으로써 그러한 상호작용이 없는 경우에 의복, 가구, 가전제품, 자동차와 같은 제품의 판매가 이루어질 가능성은 낮아진다고 주장한다.

2. 구조적 요소

구조적 요소는 마케팅의 물리적 특성으로서 역시 지각에 영향을 미친다. 즉 인쇄광고에서 구조적 요소는 광고의 크기 또는 잡지에서의 위치이다. TV상업광고의 경우에 물리적 특징은 광고의 길이(30초 대 60초 단막광고), 방송시간, 경쾌한 짧은 노래의 사용 등과 관계가 있다.

인쇄광고에 기본적으로 응용되는 구조적 요소에 대한 연구에서 많은 결과가 도출되었다.

- 광고의 크기가 크면 클수록 그것을 주시할 가능성은 더 크다.
- 잡지의 앞부분 10페이지나, 각 페이지의 상단에 위치한 광고는 더 많은 주의를 유발한다. 이와 유사하게 웹사이트의 홈페이지에 위치한 광고는 그 광고에 노출된 이용자 수를 증가시킨다.
- **대조**(contrast)는 광고에 대한 주의에 영향을 미친다. 예를 들어, 하얀 배경에 있는 제품의 그림은 주의를 유발할 가능성이 있다.

상기의 요소 이외에 새로움도 다른 주의를 유발하는 방법이며, 역시 새로움은 웹에서도 지각에 영향을 준다. 예를 들어, 웹 광고에서 만화를 사용하는 것은 주의를 유발할 가능성이 있다.

제3절 지각에 영향을 주는 소비자 특징

소비자가 자극을 지각하는 것을 결정하는 데 있어 두 가지 특징이 중요하다. 두 가지 특징이란 ① 자극들 간의 차이를 구분하는 능력 ② 하나의 자극으로부터 또 다른 자극을 일반화하려는 경향이다.

1. 자극 차별화

1) 자극의 차별화와 학습

마케팅 자극의 효과에 대한 기본적인 문제 중의 하나는 소비자들이 자극 간의 차이를 차별화할 수 있느냐이다. 즉 소비자가 맛, 느낌, 가격, 포장형태를 통해 상표 간의 차이를 지각할 수 있느냐가 문제이다.

상이한 자극을 차별화할 수 있는 능력은 학습되어진다. 일반적으로, 하나의 제품을 자주 사용하는 사람은 상표 간의 제품 특징의 조그마한 차이도 주지할 수 있다. 그러나 대개의 경우 맛이나 느낌과 같은 감각적 특징의 차이를 구분할 수 있는 능력은 매우 낮다. 결과적으로, 마케팅 기업은 물질적 특징만으로 구분할 수 없는 상표차이를 전달하기 위해서 광고를 이용한다. 즉 마케팅 기업은 상표이미지를 조성하여 어떤 상표가 다른 상표보다 더 좋다는 것을 소비자에게 확신시켜야 한다.

이러한 개념은 인터넷의 가상적 세계에서 특히 중요하다. 마케팅 기업들은 자사의 웹사이트나 베너광고가 대중들로부터 어느 정도 두드러져야 하며 또한 어떤 독특한 특징이 대중들을 위한 주체성(독자성)을 창조하는가를 결정해야 한다. 자주 웹을 이용하는 사람들은 웹사이트의 디자인, 목적 및 정보 컨텐츠에 기초하여 어떤 웹사이트와 다른 웹사이트를 구별한다. 그런 소비자는 웹에 대한 초기 채택자가 될 가능성이 크다. 웹 이용이 증가함에 따라 웹을 자주 이용하지 않던 상당수의 소비자들이 웹을 방문하게 될 것이다. 따라서 후기 이용자들이 웹사이트의 컨텐츠와 관련성을 평가할 수 있도록 웹사이트의 중요한 특징을 구별하고 차별화할 수 있는 방법을 학습할 수 있는 기회를 제공해야 한다.

그러나 너무나 많은 정보를 이용할 수 있게 됨으로써 웹이 혼란스러워져 차별화하는 것이 더욱 어려워지고 있다. 그러므로, 마케팅 기업은 이용자들이 클릭해야만 광고주의 웹사이트를 방문할 수 있음을 터득하여 이용자들의 학습기회를 증가토록 해야 한다.

2) 식역수준

빛, 소리, 냄새 또는 기타 자극의 변화를 파악할 수 있는 소비자의 능력은 소비자의 **식역수준**(threshold level)에 의해 결정된다. 즉 어떤 소비자는 다른 소비자보다 이러한 자극에 더 예민한데, 특히 제품에 대한 맛에 대해서는 전문가들이 미묘한 차이를 파악할 수 있는 능력이 있으므로, 마케팅 기업은 여러 가지 시험용 제품을 평가하기 위해서 전문가들을 이용한다.

소비자들의 식역수준을 결정하는 데 있어 기본적인 원리는 차별적인 식역이 두 가지 자극을 비교하는 데 존재한다는 것이다. 소비자는 자신의 차별적 식역수준 이하에서 자극 간의 어떤 차이도 파악할 수 없다. 그러므로 **차별적 식역수준**(differential threshold level)은 주지할 수 있는 차이(JND : just noticable difference)를 의미한다. 예를 들어, 소주의 25도와 23도의 차이는 구별할 수 없으나, 25도와 20도의 차이는 구별할 수 있는데, 이때 5도가 이 사람의 차별적 식역 또는 주지할 수 있는 차이이다. 또 다른 예로서, 소비자가 일상적으로 사용하는 상표보다 어떤 사적상표 세제가 100원 저렴한 경우, 그 소비자는 그 차이를 주지할 수 없다. 그러나 그 사적상표가 일상적으로 사용되는 상표보다 200원 싸다면, 그 소비자는 그 차이를 주지할 가능성이 있다. 그러므로 200원이 소비자에게 있어 차별적 식역 또는 주지할 수 있는 차이(JND)이다.

마케팅 전략에 직접적으로 응용되는 것은 그 상표가 주지될 수 있도록 하기 위해서 경쟁사의 상표와 자사 상표를 차이가 나도록 하는 것이다. 이러한 경우에 마케팅 기업은 쉽게 파악할 수 있는 제품 특징과 광고메시지(크기, 맛, 색상, 구성요소 등의 차이)를 개발하여야 한다(〈사진 6-1〉 참조).

〈사진 6-1〉 주지할 수 있는 차이 전략의 예

3) Weber의 법칙

대부분의 소비자들이 제품의 가격, 포장 크기 또는 물질적 특징에서의 조그만 변화를 파악할 수 없으므로, 소비자가 주지할 수 있도록 하기 위해 마케팅 기업이 어느 정도 변화를 시켜야 할 것을 결정하는 것이 문제가 된다.

Weber의 법칙(Weber's Law)은 최초의 자극이 크면 클수록, 그 자극이 차이가 있도록 보여주기 위해서는 후속되는 자극에 요구되는 변화는 더 커야 한다고 주장한다. 마케팅 관점에서 이 원리는 가격수준이 높을수록 소비자가 주지할 수 있도록 하기 위해 요구되는 가격의 변화는 더 커야 한다는 것을 의미한다. 예를 들어, 100만 원짜리 LCD모니터의 가격을 주지시키기 위해서는 50만 원짜리 가격보다 더 분명하게 인상되거나 또는 인하되어야 한다.

더욱이 Weber의 법칙은 차별적 식역수준에 도달하기 위해서 요구되는 차이의 증가는 일정해야 한다고 주장한다. 즉 가격이 50만 원인 모니터를 주지시키기 위해서는 최소 5만원까지 인상해야 한다면, 100만 원짜리 모니터를 주지시키기 위해서는 최소 10만 원까지 인상해야 한다는 것이다. 두 가지의 경우 주지할 수 있는 차이(JND)는 각각 10%이다.

예를 들어, 미국의 FTC는 담배광고에 외과의사들의 경고사항이 일정한 크기로 되어야 한다는 것에 대해 Weber의 법칙을 분명하게 적용하였다. 즉 광고가 크면 클수록 경고문의 글씨 크기는 주지할 수 있도록 더 커야 된다. 만약 글씨 크기가 규격 이하라면, 그 경고문은 주지할 수 없는 차이 이하가 되어 소비자들이 그 경고문을 지각할 수 없게 되기 때문이다.

Weber의 법칙이 가장 직접적으로 응용되는 것은 가격이다. 한 가지 중요한 시사점은 어떤 품목에 대한 최초의 가격수준이 높을수록 판매를 증가시키는 데 필요한 가격인하는 더 커야 한다는 것이다. 즉 디자이너 의류에 필요한 가격인하폭은 보통 의류의 인하폭보다 더 커야 한다. 결론적으로 제품의 가격을 인상하려고 할 경우에는 판매량의 감소를 막기 위해 소비자들이 가격인상을 덜 깨닫게 하는 것이 중요하다. 그러므로 소비자의 주지할 수 있는 차이(JND) 수준을 파악하여 그 이하에서 제품가격을 나누어 인상해야 하고, 반대로 가격을 인하할 때는 판매량을 부추키기 위해서 JND 수준을 능가하는 범위까지 가격을 인하해야 한다.

4) 식역이하의 지각

차별적 식역은 소비자가 파악할 수 있는 두 가지 자극 간의 최소한의 차이이다. 예컨대, 소비자가 20도와 30도인 두 가지의 과일주 간의 도수 차이를 파악할 수 있는 경우, 두 자극 간의 차이가 더 작으면 소비자는 그 차이를 파악할 수 없다(30-20=10, 즉 10이 주지할 수 있는 차이임). 소비자가 그 자극을 전혀 파악할 수 없는 최소한의 자극의 양인 **절대적 식역**(absolate threshold) 이하가 있다. 예컨대, 소비자가 5도 차이가 나는 과일주에서 알코올의 도수를 파악할 수는 있으나, 그 이하의 경우 소비자는 그 과일주에서 알코올의 도수를 파악할 수 없다. 그러므로 차별적 식역은 10도이며, 절대적 식역은 5도이다.

따라서 절대적 식역은 마케팅 자극을 계획하는데 중요한 고려사항이다. 예를 들어, 옥외광고가 아무리 좋은 카피(광고 주제)를 가지고 있더라도 글씨가 너무 작아서 지나다니는 사람들이 읽을 수 없다면 그 광고는 낭비가 되는 것이다.

소비자 지각에 관해 중요한 논쟁의 하나는 소비자가 절대적 식역 이하에서 마케팅 자극을 실제로 지각할 수 있느냐이다. **식역 이하의 지각**(subliminal perception)이란 의식수준 이하에서 자극을 지각하는 것을 의미한다. 이것에 대한 여러 실험의 결과, 소비자 행동에 영향을 주었다는 증거가 없었으며, 또한 식역 이하의 광고가 어떠한 영향도 줄 수 없다는 사실을 밝혔다.

식역 이하의 광고에 대한 논쟁은 TV광고(칠성사이다 광고)뿐만 아니라 인쇄광고에까지 확대되고 있다. 간혹 인쇄광고에 **식역 이하의 끼워넣기**(subliminal embeds)가 사용되고 있는데, 식역

이하의 끼워넣기란 고속사진이나 에어브러싱에 의해 잡지광고에 삽입하는 조그마한 모양으로서, 특히 잡지광고에 이용된다. 예를 들어, Gilbey사의 Gin 광고는 얼음덩어리가 SEX라는 글씨를 나타내고 있다. 이에 대한 연구결과도 역시 끼워넣기가 잘 알지 못하는 소비자에 대해 무의식적으로 영향을 준다는 증거가 없음을 밝혔다.

전체적으로 상기의 증거들은 식역 이하의 자극을 이용하여 영향을 주는 것은 극히 어렵다는 것을 제시하고 있지만 아직도 적지 않은 기업들이 이를 시도하고 있다. 그러나 지각적 능력에 있어 소비자들 간의 차이, 낮은 식역수준에서 광고주제를 실행하는 어려움 그리고 구매활동에 대한 식역 이하의 광고가 미치는 영향에 대한 증거부족 등으로 마케팅 도구로서 식역 이하의 광고가 점차 사라지고 있다.

5) 적응(순응) 수준

적응 수준(adaptation level)이란 소비자가 자주 반복되는 자극을 더 이상 주지하지 않는 수준이다. 에어컨디션이 된 방, 냄새가 가득 찬 부엌, 시끄러운 파티장에 있는 사람은 일정시간 후에는 이러한 자극(시원함, 냄새, 시끄러움)을 주지하지 않는다.

적응 수준은 자주 반복되는 광고에 적용되는데, **광고마멸**(advertising wearout)이란 지루함과 친근감 때문에 시간이 지남에 따라 발생하는 광고캠페인에 대한 소비자의 적응을 말한다. 즉 소비자는 자주 반복되는 광고에 대해 주의수준을 줄이게 되므로 결국에는 그 광고에 대해 주지하지 않게 된다.

소비자들은 적응수준에 있어 차이가 있다. 어떤 소비자는 다른 소비자보다 빨리 무시한다. 즉 어떤 소비자는 정보와 커뮤니케이션이 자주 반복된다고 해도 쉽게 적응하여 무시하는 경향이 있다.

그러므로 광고주는 주의를 끌고 또한 차별성을 유지되기를 바라기 때문에 광고캠페인의 목적은 주의를 끌 수 있는 특성을 도입함으로써 적응수준을 낮출 수 있어야 한다. 새로움, 유모어, 대조, 움직임 등은 소비자의 주의를 끌고 또한 소비자의 적응수준을 줄일 수 있는 자극효과이다. 그러나 적응수준을 줄이는 가장 효과적인 방법은 그 메시지가 소비자의 바라는 이점을 커뮤니케이트하도록 분명하게 노력하는 것이다.

또한 광고마멸은 인터넷 광고주들이 가장 관심을 갖는 문제이다. 1990년대 말, 닷컴 기업들이 급증하면서 베너광고가 일반적인 것이 됨으로써 소비자의 적응수준이 높아지게 되었고, 이에 따라 베너광고들이 거의 무시당하기 시작하였다.

이에 웹 광고주들은 주의를 끌기 위한 방도로써 보다 전통적인 모습, 잡지 유형의 광고, 팝업 형식 등을 창조하여 적응하려고 노력하고 있다. 역시 웹 광고주들은 웹페이지에 움직이는 광고와 같은 새로운 형식을 도입하고 있다. 이러한 방법들은 웹광고의 효과성을 측정하는데 강조해야 하는 사항이 클락률로부터 단순한 노출과 주의로 변화되고 있음을 제시한다. 즉 이것은 광고주의 웹사이트에 웹광고 메시지가 제시되기 위해서는 소비자가 그 광고에 클락해야 한다는 사실이다.

2. 자극 일반화

소비자는 자극들 간의 차이를 구분할 수 있는 능력을 개발할 수 있을 뿐만 아니라, 하나의 유사한 자극으로부터 다른 자극을 일반화할 수 있는 능력도 개발한다. **자극 일반화**(stimulus generalization)의 과정은 두 개의 자극이 유사하게 보여질 때(근접적 · 인접적) 일어나며, 따라서 한 자극의 효과(영향)는 다른 자극의 효과로 대체될 수 있다.

차별화함으로써 소비자는 선택적으로 상표를 판단하며 또한 다른 상표에 대해 당해 상표를 평가한다. 반면에 일반화함으로써 소비자는 각각의 자극에 대해 별도로 평가할 필요가 없기 때문에 소비자는 평가과정을 간단히 할 수 있다. 따라서 상표충성심은 자극 일반화의 한 형태로서 소비자는 그 상표에 대한 긍정적인 과거경험이 반복될 것으로 생각한다. 그러므로 소비자는 구매할 때마다 개별적인 판단을 할 필요가 없다.

지각적 범주화(perceptual categorization)도 역시 자극 일반화의 한 형태이다. 즉 신제품이 도입되면 소비자는 과거경험에서 학습한 것에 기초하여 일반화함으로써 그 신제품을 기존의 것에 범주화한다. 예를 들어, 20세기 초에 자동차가 처음 도입되었을 때 사람들은 말과 수레라는 과거경험으로부터 일반화하여 자동차를 동일한 범주에 포함시켰다.

1) 자극 일반화의 전략적 응용

마케팅 기업은 자사 상표를 경쟁사 상표로부터 구별하려고 하기 때문에 소비자의 자극 일반화를 피하려고 한다. 그러나 어느 경우, 의도적이며 생산적으로 일반화를 전략으로 이용하기도 한다. 예를 들어, Heinz사는 57개 상표에 대해 일반화 전략을 사용하고 있는데, 소비자들이 자사 상표들 중 하나에서 얻은 긍정적인 경험이 자사의 다른 상표에도 일반화되기를 희망하고 있다. 또한 General Electric(GE)사도 역시 가족군 상표전략을 고수하고 있으며, 삼성과 LG도 30여년 동안 가족군 상표전략을 이용하여 왔다.

한편 Procter & Gamble사는 자사의 명칭에 대해 관련을 맺지 않고 독특한 방법으로 각 상표를 위치화하여 일반화 전략을 피하고 있는데, 현재 삼성전자와 LG전자도 역시 일부 품목에 대해 P&G와 같은 전략을 구사하고 있다. 즉 Heinz사와 GE사는 자극 일반화를 이용하는 한편, P&G

사는 자극 차별화를 이용하고 있다.

2) 상표 수단화

성공적인 상표명을 다른 제품에 확대하여 사용하는 것으로서, 상표확장전략인 **상표 수단화**(brand leveraging)는 마케팅에서 자극 일반화를 직접적으로 응용하는 방법 중의 하나이다. 신제품을 도입하는 비용이 급증하기 때문에 기업은 점차 이 전략을 자주 이용하고 있는데, 어떤 제품에 기존의 상표명을 이용하는 경우에 신제품 도입비용은 40~80% 정도 절감되기 때문이다.

상표 수단화를 적용하기 위해서는 첫째, 소비자가 그 상표를 고품질과 연관시켜야 하며, 둘째, 2개의 제품들 간에 적절함이 지각되어야 한다. 즉 기존제품으로부터 신제품으로 논리적인 이전이 지각되어야 하는데, 그럼으로써 자극 일반화가 발생할 수 있다.

그러나 상기의 조건이 충족되지 못하는 경우 실패할 수 있는데, 개념적인 일관성이 없는 경우에 소비자들이 어떤 제품범주로부터 다른 제품범주를 일반화할 수 없기 때문이다(예 : 카메라와 배터리, 고가의 항공기와 저가의 철도). 또 다른 위험은 그 상표의 가치를 훼손할 가능성이 있다는 것이다. 예를 들어, 1회용 면도기 상표를 향수에 사용함으로써 상표의 이미지에 손상을 입힐 수 있다.

역시 광고주들은 시장선도자와 경쟁하기 위하여 상표를 위치화하는데 일반화 전략을 사용한다. 즉 어떤 상표는 기본적인 이점은 같지만, 저가격 또는 더 큰 포장으로 시장에 도입될 수 있다. 이런 전략은 소비자들이 선도상표의 잘 알려진 이점을 새로 도입된 경쟁상표에 일반화할 것이며, 따라서 그 신제품을 수용할 것을 희망한다.

일반화의 원칙은 스낵으로서 냉시리얼을 먹는 것 또는 세제로서 표백제를 사용하는 것과 같은 제품에 대해서 새로운 용도(사용)를 고무하기 위해서 이용될 수 있다. 이것은 공통적인 속성, 예를 들어, 영양가가 있는 시리얼, 영양가가 있는 스낵과 같은 바람직함 등의 속성이 광고되는 경우에 소비자들이 사용 일반화를 수용할 가능성이 매우 크기 때문이다.

제4절 지각적 선택

지각의 과정을 설명하는 단계는 〈그림 6-2〉와 같이 선택, 조직, 해석이다.

〈그림 6-2〉 지각적 과정

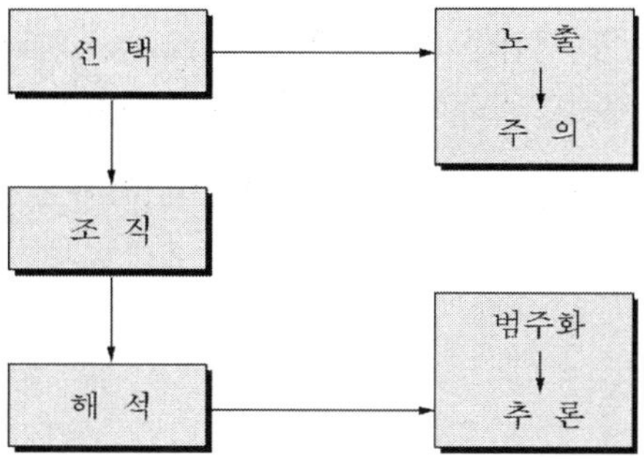

1. 선택

지각의 첫 번째 구성요소는 **선택**(selection)이다. 선택은 소비자들이 마케팅 자극에 노출되고 또한 이러한 자극에 주의해야 한다. 즉 소비자들은 자신의 욕구와 태도에 근거하여 마케팅 자극을 선별하여 선택한다. 즉 자동차구매자는 자동차광고에 보다 주의하고, 패션 의식적인 소비자는 의류광고에 더 주의한다. 각각의 경우 소비자는 자신의 심리적 세트에 근거하여 자극들을 선별하여 선택함으로써 선택적으로 자극을 처리한다.

그러한 지각적 선택이 일어나기 위해 소비자는 우선 자극을 보거나 들어야 하며, 그 후 자극에 반응해야 하는데, 이러한 과정은 선택 즉 노출, 주의 그리고 선택적 지각을 제시한다.

2. 노출

노출(exposure)은 소비자의 감각(지각, 청각, 촉각, 후각)이 자극에 의해 작동될 때에 야기된다. 그러나 자극에 대한 노출은 일어날 수도 있고, 그렇지 않을 수도 있는데, 그 이유는 자극에 대한 소비자의 관심 그리고 자극에 대한 소비자의 관여정도에 따라 소비자가 자극에 부여하는 주의의 수준에서 일어나기 때문이다. 즉 소비자는 자신에게 노출되는 자극을 선별하여 선택한다. 새로운 자동차를 구입하려는 소비자는 자동차광고를 탐색할 가능성이 크며, 노트북컴퓨터를 쇼핑하는 소비자는 여러 상표에 대한 친구나 직장동료들의 경험을 물어볼 가능성이 크다.

소비자는 역시 중요하지 않고 또한 관심이 없는 자극에 대한 노출을 회피할 가능성이 있다. 즉 TV의 리모트콘트롤을 사용하여 채널을 변경함으로써 TV광고를 없애거나, 녹화된 테이프를 시청하는 동안 광고를 빠르게 지나가도록 할 수 있다. VCR을 이용하여 녹화하는 동안 광고를 자동적으로 제거할 수도 있다.

자극회피를 나타내는 또 다른 행위는 **분출요인**(flush factor)이다. 예를 들어, 월드컵 경기 중 한국팀이 경기하는 동안 또는 매우 인기 있는 TV드라마가 방영되는 시간에는 거리가 한산할 뿐만 아니라 술집 등에도 손님이 적은데, 이는 다른 요인에 의해서 실제의 자극(술, 기타 행동)을 회피하는 것이다.

3. 주의

주의(attention)는 특별한 자극에 대해 소비자의 인지적 능력이 순간적으로 집중하는 것이다. 즉 소비자가 TV광고를 주시하거나, 진열대에 있는 신제품을 주시할 때 또는 전시장에 있는 새로운 자동차를 주시할 때 주의가 일어난다.

광고주들은 소비자의 주의를 획득하기 위해서 앞에서 설명한 여러 가지 구조적 요인, 예를 들어, 더 큰 크기의 광고, 그 페이지의 상단에 광고를 게재하여 좋은 위치를 확보함 그리고 시선을 끄는 사진이나 만화 등을 사용하여 새롭게 하는 것 등을 이용할 수 있다.

감각적 요인도 역시 소비자의 주의를 끌 수 있는데, 예를 들어, 상업광고에서 유명인사의 목소리나 배경음악을 사용하는 것과 같은 소리, 또는 향수의 경우에 인쇄광고에서 문지르거나 떼내어 냄새가 나게 하는 것 등도 소비자의 주의를 끌 수 있다.

주의에 대해 중요한 원칙이란 소비자의 적응수준이 크면 클수록 주의가 일어날 수 있는 가능성은 더 낮아진다는 것이다. 즉 상당수 소비자들이 반복적인 TV 상업광고에 적응됨으로써 TV광고를 무시하게 되는데, 그것은 소비자들이 그 상업광고에 노출되기는 하지만, 그 광고를 주시하지 않기 때문이다.

적응의 반대는 **대조**(contrast)로서, 소비자가 습관적으로 생활했던 계속적인 조건으로부터의 변화이다. 광고주들은 캠페인을 다양하게 함(시리즈 광고)으로써 주의를 일으키는 자극을 사용하거나, 새로운 자극을 도입하여 대조를 이루도록 하는데, 이는 광고마열을 줄이게 한다. 또한 상표재위치화는 새로운 자극을 도입함으로써 적응으로부터 대조로 이동케 하는 또 다른 전략이다.

그러나 노출 후에도 항상 주의가 일어나지 않을 수도 있는데, 그것은 거의 주의를 기울이지 않기 때문이다. 그렇지만, 그 광고에 있는 정보들 중 일부가 보존될 수도 있는데, 저관여 상황에서 발생할 가능성이 있다. 그 경우는 **선주의 과정**(preattentive processing)으로서, 소비자가 능동적으로 정보를 처리하도록 동기가 부여되지 않는 경우이다.

4. 선택적 지각

소비자들은 각자가 자신의 욕구, 태도, 경험 및 개인적 특성을 결합하는데 독특하기 때문에 선택적으로 마케팅 자극을 지각한다. 즉 사람들은 자신의 주관과 자극에 대한 기대치를 바탕으로 여러 자극 중에서 필요한 자극을 선택하고, 다른 것은 무시하거나 그냥 지나침으로써 자신의 감각과 주의를 통해 자신의 두뇌에 들어 온 전체 자극 가운데에서 극히 일부분만을 받아들이거나 지각한다.

선택적 지각(selective perception)이란 두 명의 소비자가 동일한 광고물, 포장 또는 제품을 상이하게 지각할 수 있다는 것을 의미한다. 예를 들어, 어떤 소비자는 옥시크린 O_2액션이 다른 표백제보다 찌든 때를 없앤다는 주장을 믿지만, 다른 소비자는 그런 주장을 진실하지 않다고 생각할 수 있으며 또한 모든 표백제는 동일하다고 믿을 수 있다.

선택적 지각은 〈그림 6-2〉에 제시된 지각적 과정의 모든 단계에서 일어난다. **선택적 노출**(selective exposure)과 **선택적 주의**(selective attention)는 사람들의 신념이 자신들이 듣거나 읽기 위해서 선택한 것에 영향을 주기 때문에 일어난다. 즉 자신의 신념과 일치되는 자극을 선택적으로 노출하고 주의한다는 것이다. **선택적 조직**(selective organization)은 사람들이 자신의 신념과 일치되도록 정보를 조직하기 때문에 일어난다. 역시 **선택적 해석**(selective interpretation)은 지각이 이전의 신념과 태도에 일치되도록 하기 위해 일어난다.

예를 들어, Arm & Hammer가 함유된 치약과 다른 상표의 치약들이 전혀 차이가 없지만, 소비자들은 Arm & Hammer가 함유된 치약이 다른 치약과 차이가 있다고 생각함으로써 소비자의 신념과 일치되어, 상당수 소비자들이 Arm & Hammer 치약의 주장을 믿었다.

1) 선택적 지각의 기능

선택적 지각은 소비자들에 대해 두 가지 기능 즉 지각적 경계와 지각적 방어의 기능을 한다.

첫째, **지각적 경계**(perceptual vigilance)로서, 소비자가 자신의 욕구와 관련되는 정보를 받아들이도록 하는 것으로서, 수많은 광고와 자극들 중에서 자기의 욕구와 부합하고 자기에게 유용한 정보를 더 잘 지각하는 현상이다.

고관여 구매에서 지각적 경계는 소비자로 하여금 바람직한 이점을 획득하는데 도움이 되는 도구적인 정보에 지향하도록 한다. 대조적으로 저관여 구매에서 소비자는 정보처리를 최소화하고자 하므로 지각적 경계는 불필요한 정보를 여과하도록 작용한다.

둘째, **지각적 방어**(perceptual defense)는 소비자는 그의 신념 및 태도와 일치하기 위해서 정보를 지각하는 것으로서, 개인에게 주어진 위협적, 모순적 정보를 사실로 인식하지 않으려는 현상이다. 즉 지각적 방어는 위협적이거나 모순적인 자극으로부터 그 사람을 보호한다. 예를 들어, 애연가는 금연광고를 회피할 수 있으며 또한 금연의 중요성을 무시할 수 있다.

이러한 지각적 방어는 아래와 같은 특징이 있다.

첫째, 특정상표에 대한 소비자의 신념과 태도가 강할수록 지각적 방어의 가능성은 높다.

둘째, 소비자의 경험이 일관적일 때 지각적 방어의 가능성은 커진다. 즉 특정상표를 좋아하는 소비자는 지금까지의 일관적이고 긍정적인 상표경험에 반대가 되는 정보를 접한 경우에 그 정보를 무시하거나 자기합리화를 하는 경향이 크다.

셋째, 자극을 받아들이면서 생기는 걱정이 커짐에 따라 지각적 방어의 가능성도 커진다. 즉 담배를 피우는 사람은 담배가 암을 유발한다는 정보를 회피하려고 하고, 해당정보의 타당성에 대해 신뢰하려고 하지 않는다.

넷째, 구매 후 불협화의 가능성이 클수록 지각적 방어의 가능성은 커진다. 소비자는 선택한 제품에 대한 부정적인 정보를 회피하고 긍정적인 정보만을 우선적으로 받아들이며 올바른 선택을 했다는 확신을 가지려고 한다.

결론적으로 볼 때, 선택적 지각의 두 가지 기능은 〈표 6-1〉과 같이 정리할 수 있다.

〈표 6-1〉 선택적 지각의 두 가지 기능

기능 / 구분	지각적 경계	지각적 방어
의사결정 단계	욕구와 관련	신념과 태도
자극의 지각 가능성	욕구와 부합하고 유용한 정보를 지각함	신념, 태도와 일치하기 위해 정보를 지각
소비자에서의 혜택	고관여-바람직한 이점을 획득하는 정보에 지향함 저관여-정보처리를 최소화함, 불필요한 정보여과	위협적, 모순적인 자극으로부터 자신을 보호함

2) 지각적 균형

선택적 지각이 행해지는 기본적 원리는 소비자는 **지각적 균형**(perceptual equilibrium)을 추구한다는 것인데, 지각적 균형이란 그들이 그 상표에 대해서 받은 정보와 그 상표에 대한 이전의 신념 간의 일관성을 추구하는 것이다. 이러한 일관성은 소비자의 심리적 구조를 균형이 되도록 도와준다. 세 가지 인지적 이론은 선택적 지각 그리고 선택적 균형의 원리에 바탕을 두고 있다.

① Sherif의 사회적 판단이론 : 소비자는 모순적인 정보를 거절하거나(대조) 또는 자신의 견해와 보다 밀접하게 적합할 수 있도록 수용 가능한 정보를 해석함으로써(동화) 일관성을 유지하도록 정보를 처리한다.

② Heider의 균형이론 : 어떤 대상에 대한 정보가 소비자의 신념과 모순되는 경우에 소비자는 그 대상에 대한, 또는 정보원천에 대한, 또는 두 가지 모두에 대한 그의 의견을 바꾸어 균형을 성취한다. 그 결과로 그 정보와 대상에 대한 신념이 균형을 이룬다. 예를 들어, 당신이 좋아하는 카메라에 대해 친한 친구가 사진이 잘 찍히지 않는다는 의견을 표명하는 경우, 당신은 카메라에 대한 정보원천으로서 친구의 신뢰성을 의심하거나, 또는 좋아하는 카메라에 대해 당신이 부정적인 태도를 형성하거나, 또는 그 정보와 대상 간의 균형을 유지하기 위해서 두 가지 모두를 일부분 수용할 수 있다.

③ 인지적 불협화이론 : 구매 후 갈등이 일어날 때 소비자는 지지하는 정보를 추구함으로써 또는 모순적인 정보를 왜곡하여 받아들임으로써 심리적 구조 내에서 균형을 추구한다. 예를 들어, 골초들은 폐암과 흡연 간의 연결성을 왜곡하며 또한 그의 흡연을 합리화한다.

상기의 이론들은 마케팅 자극에 대한 소비자의 지각 그리고 그의 신념과 태도 간의 일관성을 조성하는 것이라고 주장한다.

지각적 균형을 조성하는 것에 대한 또 다른 전략은 갈등을 일으키는 상황을 피하는 것이며 또한 균형유지를 추구하는 것이다. 즉 부정적인 결과를 초래하는 의사결정(최상의 의료보험료)에 직면한 소비자는 부정적인 결과를 회피함으로써 그러한 결정을 처리한다. 이것은 불균형이 일어날 수 있는 가능성을 간단하게 피함으로써 지각적 균형이 이루어진다는 것이다.

3) 지각적 불균형

소비자는 자신의 신념과 일관되는 정보를 받아들일 뿐만 아니라 선택한 제품에 대한 모순적인 정보도 받아들이기도 한다. 만약 소비자가 모순되는 정보를 받아들이지 않는다면 불만족할 때마다 소비자는 그 구매를 합리화하려고 할 것이며 또한 상표를 결코 변경하지 않을 것이다.

학습이론과 인지적 불협화이론은 구매 후 불만족에 대해서 상이한 결과를 예상한다.

첫째, 인지적 불협화의 경우, 소비자는 부정적인 정보를 무시함으로써 균형을 추구한다.

둘째, 학습이론에 의하면, 구매한 상표가 기대를 충족시키지 못하는 경우 소비자는 부정적인 경험을 학습하고 또한 그 결과에 따라 신념과 태도를 조정・변화시킨다. 그 결과로 재구매의 가능성은 감소한다. 예를 들어, 흡연자 중 상당수가 흡연과 폐암의 연결관계를 인정함으로써 불협화적인 정보를 받아들이게 되어 자신의 행동을 변경하기 위해 금연을 시도할 수 있다.

5. 선택적 지각과 마케팅 전략

마케팅 메시지는 분명하거나 또는 애매모호하기도 하다. 만약 소비자가 지각적 방어를 활용한다면 애매모호한 메시지는 효과적일 가능성이 큰데, 그 이유는 마케팅 기업이 소비자에게 그 상표에 대한 자신의 신념과 일치하도록 메시지를 해석하는 범위를 제공하기 때문이다. 그러나 만약 소비자가 지각적 경계를 활용한다면 분명한 메시지가 효과적일 가능성이 큰데, 그 이유는 그 메시지 정보가 소비자의 신념에 대해 지지적인가 또는 모순적인가가 분명하기 때문이다(〈표 6-2〉 참조).

〈표 6-2〉 지각적 방어와 지각적 경계에 대한 마케팅 전략

	지각적 방어	지각적 경계
메시지 내용	모호함	분명함
마케팅 기업	제품이점이 분명치 않음	제품이점이 분명함 정의된 세분시장을 표적화함
메시지 전략	신념과 일치되도록 메시지를 선택적으로 해석	정보제공적 내용
소비자 정보탐색	응용의 범위내에서 탐색	욕구가 추구하는 정보 탐색

1) 지각적 방어를 활용함

모호함은 그 제품이 소비자에게 중요하지만, 제품이점이 분명하지 않을 때 광고에 사용되어야 한다. 즉 소비자가 자신의 욕구와 일관되는 신념을 활용하므로 지각적 방어의 원칙이 적용된다.

예를 들어, Nike의 Just do it과 같이 모호한 것의 경우, 그 주제가 상이한 소비자들에게 상이한 것을 의미하므로 소비자는 최소한의 정보제공적 내용으로 응용의 범위를 선택적으로 지각할 수 있다. 즉 소비자는 자신의 신념에 일치되도록 선택적으로 메시지를 지각할 수 있다.

일반적으로 fresh, hite, lite, mild, 담백함과 같이 적당한 모호함이 최적인데, 만약 메시지가 너무나 분명하다면 소비자는 표출할 수 있는 여지가 없어지게 되며 또한 마케팅 기업은 잠재시장의 범위를 불필요하게 제한하게 된다(Mustang의 젊음). 한편 그 메시지가 너무나 모호하다면 소비자는 그것을 이해하기 어렵거나 또는 그것에 관련을 맺지 못한다.

2) 지각적 경계를 활용함

마케팅 기업은 그 제품이점이 분명하고 또한 그 제품이 잘 정의된 세분시장을 표적으로 한다

면 광고에서 정보를 분명히 제시해야 한다. 그러한 경우 광고에 정보제공적 내용이 많아야 하지만 모호함은 최소가 되어야 한다.

산업재 광고는 모호함이 거의 없는데, 그 이유는 상징보다는 정보제공적 내용이 보다 중요하기 때문이다. 즉 소비자들이 자신의 욕구가 추구하는 정보를 탐색하고 또한 불필요한 정보를 회피하므로 그 경우에 적용되는 운영원리는 지각적 경계이다.

예를 들어, 성능위주의 자동차는 직접적인 정보제공적 내용, 즉 마력, 배기량, 흡・배기 밸브의 수, 타이어 등을 분명하게 광고하는데, 이것은 이미지 형성과는 거리가 멀다. 따라서 그 정보는 분명하며 또한 실제로 지각된다.

6. 선택적 지각과 인터넷

소비자들은 자신이 이해하고 알고 있는 것(신념)과 자신이 보는 것(지각) 간의 갈등을 좋아하지 않으므로, 이에 따라 인터넷 마케팅에도 두 가지 문제가 야기될 수 있다.

첫째, 오프라인에서 잘 알려진 상표에 대한 지각이 온라인에 제시됨으로써 나타난 온라인 상표지각 간에 갈등이 일어날 수 있다. 즉 온라인으로 잘못 실행된 상표수단화(상표확대전략) 전략으로 인해 갈등이 발생할 수가 있다. 즉 기업의 웹사이트에 강력한 상표이미지를 전달하지 못함으로써 **상표의 실제가치**(brand equity)가 손상될 수가 있다. 이 경우 자사의 웹사이트나 확장된 상표가 기존에 수립된 이미지와 일관성이 있어야 성공할 수 있다.

둘째, 상표를 구매하기 전에 기대했던 결과와 그 상표를 사용한 후 겪게 되는 부정적 경험 간의 갈등이 불협화를 초래할 수 있다. 이 경우에 웹은 불협화를 줄이는 효과적인 수단이 될 수 있다. 즉 상호작용성을 이용하여 마케팅 기업은 부정적인 관심사를 누그러뜨리고 또한 긍정적인 상표경험을 강화하기 위한 시도를 일 대 일 기준으로 소비자와 **관계**(relationship)를 수립할 수 있다.

예를 들어, 어떤 자동차회사는 소비자들로 하여금 서비스 요구조건을 상기하도록 하기 위해 소비자에게 전자우편을 보내고, 자동차에 대한 문제에 관해 피드백하도록 고무하며 또한 소비자의 요구사항과 관심사에 효과적으로 반응하고 있다.

제5절 지각적 조직

하루에 300~600개의 상업광고에 노출되므로 보통의 소비자는 개별적으로 분리된 자극 또는 간혹 모순되는 자극에 대해 어떤 유형의 지각적 조직을 사용한다. **지각적 조직**(perceptual organization)이란 소비자들이 정보를 보다 잘 이해하고 또한 그 정보에 의해 행동하기 위해서 여러 원천에서 온 정보를 하나의 전체적인 의미 있는 덩어리로 집단화하는 것을 의미한다.

1. 지각적 통합화의 의미

지각적 조직의 기본적인 원리는 **통합화**(integration)인데, 통합화란 소비자가 여러 자극을 하나의 조직화된 전체로 지각하는 것을 의미한다. 그러한 지각적 조직은 정보처리를 간단하게 하며 또한 그 자극에 대해 통합적인 의미를 제공한다.

이러한 원리는 Gestalt심리학에서 유래된 것으로서, Gestalt심리학의 원리는 하나의 통합된 전체로서 광고메시지를 해석하기 위한 틀을 제공하기 때문에, 그 원리는 직접적으로 마케팅 전략에 응용된다. 즉 광고캠페인, 가격수준, 유통경로, 상표특징 등은 마케팅 전략수립시 개별적인 요소가 아니므로 여러 요소들은 결합되어 인식되며, 또한 하나의 전반적인 상표이미지를 생성한다. 즉 소비자들이 제품에 대해 갖는 선호도는 하나의 정보만으로 결정되지 않는다. 소비자는 가격, 디자인, 상징의 분위기 등을 총괄하여 그 제품에 대한 구매를 결정한다.

따라서 지각적 통합화의 원리는 어떤 대상의 완전한 모습을 형성하기 위해서 사람들은 지각을 조직한다는 것으로서, **지각적 통합화**(perceptual integration)는 많은 개별적인 자극들을 하나의 조직화된 전체로 형성하는 과정으로서, 사람은 자극의 일부분에 대한 지각만을 가지고는 자극이 주는 의미를 파악하기가 힘들므로 여러 자극들은 별개의 것이 아닌 조직의 덩어리로 지각하는 경향이다.

지각적 통합화의 가장 기본적인 원리는 종결(완결성), 집단화 및 전후관계(실체와 배경)의 원리이다.

2. 종결(완결성)

종결(closure)은 자극이 불완전할 때 잘못된 요소를 고치거나, 빠진 요소를 채우려는 지각자의 경향이다. 즉 소비자는 완전한 모습을 형성하려는 바램을 가지고 있으며, 자신의 입장에서 메시지를 완전하게 함으로써 어떤 만족감을 갖게 된다.

이 원리는 스스로 모호한 광고를 적절하게 결론을 내릴 때에 성립된다. 즉 불완전한 광고는 메시지에 대한 주의를 증가시키고 또한 메시지를 상기하게 된다는 것이다.

예를 들어, 종결의 원리는 J&B Scotch 위스키 광고에서 잘 나타난다. 이 광고에서 J라는 글자와 B라는 글자를 Jingle Bell에서 빼놓았다(〈사진 6-2〉 참조). 종결하려는 욕망으로 인해 시청자들은 그 정보를 J&B라는 상표명으로 조직화하였다. 또 다른 예로서 Kellogg사는 광고게시판의 광고에 자사의 첫 글자인 K자를 없애고 광고를 한 적이 있었다. 그 결과 이 광고에 대한 소비자의 지각 정도가 크게 향상되었다. 또한 삼성전자의 Anycall에서 끝의 ℓ을 빼는 경우, KTF의 광고에서 wonderfull에서 끝에 ℓ을 추가하는 경우이다(〈사진 6-3〉 참조).

〈사진 6-2〉 종결의 원리를 이용한 광고

〈사진 6-3〉 종결의 원리를 이용한 KTF의 광고

3. 집단화

소비자는 개별적인 단위보다는 하나의 덩어리로 다양한 정보를 지각할 가능성이 크므로, 여러 가지 정보의 조각을 조직화된 전체로 통합한다. 즉 **정보 덩어리화**(chunking information) 또는 **정보 집단화**(grouping information)를 통해서 소비자는 여러 가지 다양한 속성을 사용하여 어떤 상표를 다른 상표와 비교하여 평가한다. Gestalt심리학으로부터 유래된 집단화의 원리는 근접성, 유사성, 계속성으로서 〈그림 6-3〉에 제시되어 있다.

1) 근접성

근접성(proximity)에 따라 자극을 집단화하는 경향이란 하나의 목적물이 가까이에 있는 또 다른 목적물과 연관되어 함께 지각되는 경향을 의미한다. 〈그림 6-3〉의 12개 점들은 수직적으로 근접하기 때문에 3개의 점이 네 줄로 되어 있기보다는 4개의 점들이 세 줄로 보여질 수 있다.

대부분의 광고는 근접성의 원리를 이용하여 그 제품과 가까이에 있는 긍정적인 상징 및 심상으로 그 제품을 연상시키고 있다. 예를 들어, 어떤 운동화 광고는 기타와 특정한 배우의 사진 옆에 운동화를 놓음으로써, 그 운동화를 록 음악 그리고 반체제 문화의 상징과 연관시키려고 한다.

웹사이트의 홈페이지는 근접성의 원리를 이용하여 상표정보나 제품범주 정보를 밀접하게 조직화하도록 디자인되어야 한다. 예를 들어, 어떤 기업은 자사의 오프라인에서 나타나는 가치관을 그 웹사이트와 연관시키기 위해 만화, 그림, 소리 등을 이용하기도 한다. 즉 자사의 환경보호에 대한 가치관을 웹사이트에 연관시키도록 그린색(녹색)을 이용할 수 있다.

〈그림 6-3〉 조직화의 원칙

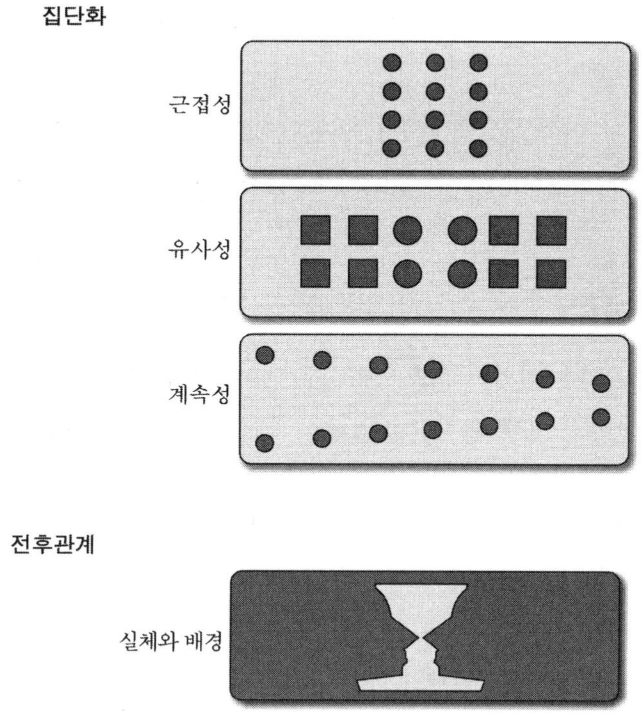

2) 유사성

소비자는 **유사성**(similarity)에 따라 자극을 집단화한다. 〈그림 6-3〉의 8개의 사각형과 4개의 원은 유사성 때문에 3개의 세트, 즉 4개의 사각형으로 된 2개 세트와 4개의 원으로 된 1개의 세트로 집단화한다.

웹사이트도 역시 유사성을 이용하여 자사의 홈페이지를 디자인한다. 예를 들어, 어떤 기업의 홈페이지는 이용자들이 클릭하여 각각의 선택사양으로 용이하게 나갈 수 있도록 하기 위해 유사한 품목을 한데 묶어 그 사이트를 조직한다.

3) 계속성

역시 소비자는 끊어진(비연속적) 형태보다는 방해받지 않는 **계속성**(continuity)의 형태로 자극을 집단화한다. 즉 〈그림 6-3〉의 세 번째에 있는 점들은 세로로 된 것이라기보다는 오른쪽으로 표출하려는 화살로서 보여질 가능성이 있다.

예컨대, 소매점포에 계속성을 응용하는 경우는 세일을 알리고 또한 이용하도록 하는 것으로서, 아무런 중단이 없도록 하기 위한 것이다. 또한 연속성의 원리에 따르면 판매 메시지의 기본흐름은 상표확인으로부터 소비자에게 주는 이점, 나아가 해당 상표의 구매일시까지 연속적으로 나아가야 한다.

특히 웹사이트 개발시 연속성은 중요하다. 어떤 상표정보를 시작할 것인가, 어디에서 어떻게 상표명을 제공할 것인가 또한 가격제시 그리고 제품규격명세 정보는 어디에서 어떻게 제시할 것인가가 문제가 된다.

4) 전후관계(실체와 배경)

소비자는 어떤 목적물이 보여지는 **전후관계**(context)에 따라 그 목적물을 지각하는 경향이 있다. 즉 어떤 광고물의 배경은 제품의 지각에 영향을 준다. 예를 들어, 소비자는 두 개의 상이한 매체에 있는 하나의 광고물을 상이하게 지각할 수 있다. 즉 동일한 광고물을 고품위 잡지와 저질 잡지에 같은 조건으로 동일하게 게재하였을 경우, 소비자는 저질 잡지에 게재한 동일한 광고보다는 고품위 잡지에 게재된 광고를 더 높게 평가하였는데, 이는 매체의 전후관계(실체와 배경)가 광고에 대한 지각에 직접적으로 영향을 준다는 사실을 보여주는 것이다.

전후관계에 대한 중요한 원리는 **실체와 배경**(figure and ground)이다. 즉 사람들은 자극을 전체로 조직하는데 있어 두드러진 자극(실체)과 두드러지지 않은 자극(배경)을 구분한다. 〈그림 6-3〉의 아래에 있는 것은 실체와 배경의 원리를 보여준다. 그림은 짙은 배경 속에 있는 화병(실체)으로 보이거나, 또는 밝은 배경 속에 있는 두 사람(실체)으로 보일 수도 있다. 따라서 광고주들은 그 제품이 실체이고 주위에 있는 것이 배경이라는 것을 확실히 해야 한다.

전체 중 어느 부분이 실체이고, 어느 부분이 배경인가를 결정하는 것은 소비자들이 자극을 지각하는 방법에 영향을 받는다. 예를 들어, 상표를 인식시키기 위해 유명한 배우나 탤런트가 등장하여 너무나 현란하며 노출된 모습을 나타낼 경우, 재미있고 즐거움을 주었지만, 제품과 서비스의 우위성을 설명하지 못할 수 있는데, 이는 그 광고가 실체와 배경을 적절하게 사용하지 못하고, 반대로 하였기 때문이다.

마케팅 기업은 소비자들에게 주려는 마케팅 자극이 배경으로서가 아니라 실체로 인식될 수 있도록 광고에 신중을 기해야 한다. 광고에 나오는 배경모델이 단지 소비자로 하여금 광고에 좀더 주의를 기울이도록 하는 역할에 머물러야지, 그 모델이 주의를 너무 끌 경우 광고는 기억나지만 무슨 제품의 광고였는지 기억나지 않는 경우가 생기게 된다. 즉 제품의 이점과 연관성은 실체가 되어야 하며, 배경은 도움이 되는 보조적인 것이 되어야 한다.

제 6 절 지각적 해석

소비자가 자극을 선택·조직하고 나면 자극을 지각적으로 해석한다. 소비자는 두 가지 기본원칙, 즉 범주화와 추론에 따라 마케팅 정보를 해석한다.

첫 번째 원리는 **범주화**(categorization : 분류화)로서, 정보를 논리적인 범주 속에 넣는 경향이다. 즉 범주화의 원리에 따라 소비자는 알고 있는 정보를 신속하고도 효율적으로 처리한다(이것은 브랜닥스 치약에 대한 다른 광고이다. 나는 그것이 말하고자 하는 것을 알고 있다. 그래서 나는 주의를 기울일 필요가 없다). 또한 범주화는 소비자들이 새로운 정보를 분류하는데 도움을 준다(이것은 아마 "바르는 비트"와 같은 새로운 "찌든 때를 없애는 세제"에 대한 광고이다).

둘째, **추론**(inference)은 두 자극 간의 연관성을 수립하는 것과 관련되는 것이다. 예를 들어, 소비자는 고가격을 품질과 연관시키거나, 세제와 푸른색 비누물을 세척력과 연관시킨다.

1. 지각적 범주화(분류화)

지각적 범주화는 소비자가 각종 정보를 자신의 지식구조에 포함시킬 때 이를 체계적으로 정돈하고자 하는 본능에서 생겨나는 것으로서, 알고 있거나 또는 새로운 정보를 받았을 때 소비자는 과거의 경험을 바탕으로 어떤 정보인가를 효율적으로 분류하게 된다.

따라서 마케팅 기업은 소비자가 지각적으로 범주화하는 과정을 용이하게 하도록 해야 한다. 즉 기업은 소비자가 어떤 제품계층의 부분으로 그 상표를 인식시키면서 또한 자사 상표가 다른 상표와 직접적으로 중복되지 않도록 한다. 즉 **제품 위치화**(product positioning) 전략을 통해서 제품을 범주화시키고 또한 제품의 독특성을 함께 수립해야 한다.

특히 품질이 개선된 신제품의 경우, 소비자들로 하여금 신제품을 어떻게 범주화하도록 하는 것이 매우 중요하다. 이에 따라 광고주들은 제품광고에서 생겨나는 연관성에 의해서 신제품을 범주화시키거나 또는 점포에 있는 제품의 장소에 의해서 신제품을 범주화하는 방법에 영향을 줄 수가 있다. 예를 들어, 광고에 디지털 카메라를 필름이나 컴퓨터 그래픽과 연관시키거나 또는 전자제품점의 카메라나 컴퓨터 진열대에 그 제품을 배치·진열하는 것이 소비자가 카메라나 컴퓨터 범주의 확장으로서 디지털 카메라를 범주화하는데 영향을 주게 된다.

1) 범주(분류) 수준

소비자가 처음 어떤 제품에 대해 학습할 때는 가장 기본적인 수준에서 그 제품을 분류한다. 소비자가 더 많은 정보를 처리함으로써 그 후 보다 세부적으로 분류할 수 있는 능력을 개발한다. 예를 들어, 세률러폰의 경우, 1990년대 초 처음 도입되었을 때의 범주수준과 2007년도의 범수수준은 보다 세부적으로 범주화되고 있다. 즉 세률러폰의 크기, 유형, 기능면에서 계속 개선・향상됨으로써 그것의 범주수준이 점차 더 세분화되고 있다.

이것은 소비자가 더 관여할수록 자극을 보다 세부적인 수준으로 분류할 가능성이 더욱 커지고 있다는 것을 시사한다. 즉 보통의 소비자는 자동차라고 말할 수 있지만, 한편 관여수준이 높은 소비자는 자동차를 다시 승용차와 SUV로, 다시 승용차를 국산차와 외제로, 그리고 국산차 중에서 SM7으로 보다 구체적으로 분류한다.

용도(사용)에 기초한 범주화(분류화)는 역시 교차문화에 따라 상이하다. 즉 중국 소비자들은 자전거를 더 세부적으로 범주화할 가능성이 있지만, 컴퓨터는 하나의 범주로 인식할 수도 있다. 반대로 대부분의 선진국 소비자들은 자전거를 하나의 범주로 인식하지만, 컴퓨터는 여러 범주로 인식한다.

2) 범주화 과정

폭넓은 제품범주 내에서 하위범주를 정립하는 과정을 이해하기 위해서는 윤곽과 특수형화의 개념을 도입해야 한다.

(1) 윤곽

소비자들이 처음 컴퓨터, MP3와 같은 신제품에 대한 정보를 받았을 때, 그들은 그 범주에 대한 여러 조각의 정보를 자신의 기억 속에 저장한다. 그 범주에 대한 많은 지식을 획득함에 따라 소비자들은 사고, 아이디어, 상징들의 덩어리인 **윤곽**(schema)이라고 하는 것에서 정보를 상기한다.

예를 들어, 초기의 컴퓨터에 대한 소비자들의 윤곽은 책상용 계산기와 동일시하여 일반적으로 사업용 기계라고 인식하였다. 그러나 최근의 컴퓨터에 대한 윤곽은 마이크로프로세서, 운영시스템, 워크스테이션, 동영상 등과 같은 것이 포함됨으로써 변형되었다.

(2) 특수형화

새로운 기술이 개발되고, 또한 소비자들이 많은 정보를 획득함에 따라 특수형화의 과정이 시작되었다. **특수형화**(subtyping)란 어떤 범주를 더 넓게 하위범주로 개발하는 것으로써, 과거에는 라면이었지만, 지금은 라면, 컵라면, 사발면 등으로 구별되고, 라면도 기능상으로 콩라면, 그리고 콩라면도 다시 국산콩 라면 등으로 특별한 특성을 포함하는 윤곽에 근거하여 특수형화되고 있다.

3) 범주화의 마케팅 시사점

범주화는 마케팅 전략의 측면에서 신제품 개발과 사업확장용 상표수단화에 대해 시사점을 제시한다.

첫째, 마케팅 기업이 신제품에 독특한 이점을 제공하는 경우에 소비자들로 하여금 특수형화하도록 고무한다. 성공한다면 마케팅 기업은 새로운 하위범주에서 지배적 위치를 수립하게 되는 것이다. 예를 들어, 광동제약이 비타500을 도입하였을 때 소비자의 마음 속에 새로운 윤곽, 즉 비타민을 이용한 음료의 윤곽을 정립하는데 성공하였다. 광동제약은 마시는 비타민드링크라는 광고주제로 그리고 비타 500이라는 이름으로 그러한 윤곽을 수립하였다. 그 후 Lotte와 대웅제약 등이 진출함으로써 더욱 하위범주가 확고하게 수립되었다. 또 다른 예로서, 우유와 요구르트를 고급화하는 것은 성분을 추가하거나 기능성을 추가함으로써 특수형화를 이용하여 고급화하는 것이다.

그러나 특수형화하는 제품은 소비자의 욕구와 관련되어야 한다. 예를 들어, 식초를 특수형화한 많은 웰빙 제품들이 출시되었으나, 여성들의 웰빙 욕구와 관련되지 않음으로써 크게 성공하지 못하였다. 또 다른 예로서, Pepsi사가 아침식사용 콜라인 Pepsi AM을 도입하였는데, 아침식사용 음료로 커피 대신 콜라를 마신다는 아이디어가 소비자의 마음 속에 새로운 특수형화를 수립하지 못하여 성공하지 못하였다.

둘째, 범주화의 원리는 사업을 자연스럽게 확장할 때, 상표수단화의 맥락에서 유용하다. 즉 기업은 어떤 논리적인 연결성이 있는 경우 한 범주에서 다른 범주로 확장하여 자사의 상표명을 수단화할 수 있다. 예를 들어, 소형 일회용 라이터에 사용된 유명한 상표라고 하더라도 1회용이 아닌 제품에 동일한 상표를 사용하는 것은 두 범주 간의 논리적 연결성이 없어 실패할 수 있다.

2. 지각적 추론

소비자는 상표, 가격, 점포 및 기업에 대해 추론하는데, 이러한 추론은 소비자가 과거의 연관성으로부터 대상물에 대해 형성하는 신념이다. 예를 들어, 소비자는 Rolex나 Cartier 시계를 품질 및 사치품으로 연상하는데, 이러한 추론은 친구로부터의 구전 그리고 시계에 대한 광고에 의해 이루어진다.

1) 지각적 추론과 제품 상징

광고와 포장에서 우리가 보는 상징은 사회적으로 또는 문화적으로 유래된다. 예를 들어, 목동은 개척시대 이후 남성의 상징이며, 곰은 활력의 상징이었다. 포장에 쓰이는 붉은색, 흰색 및 푸른색은 애국심과 연관된다.

기호학(semiotics)은 **표식**(sign)과 **상징**(symbol)이 목적물에 대해 의미를 부여하는데 행하는 역할을 시험하는 것이다. 따라서 마케팅의 맥락에서 볼 때, 포장에 사용되는 상징은 어떤 종류의 문화와 소비 등을 나타내는 전체적인 것을 나타낸다.

표식이나 상징을 이용하는 기호화는 소비자가 이해할 수 있는 언어의 형태로 변환하는 것으로서, 심리적 기호를 부여하는 과정이다. 여기에서 심리적 기호란 소비자가 이해할 수 있는 말, 숫자, 그림 등의 형태를 의미한다. 따라서 상징이 부여되는 것은 제품이며, 그 상징에 대한 정의는 문화적인 의미가 내포되어 있다.

소비자는 세 가지 구성요소를 이용하여 상징에 의미를 부여하는데, 세 가지 구성요소는 ① 그 목적물(칠성사이다와 같은 제품), ② 그 제품과 연관되는 상징(깨끗한 제품), ③ 그 상징에 대한 해석경향 또는 의미(부드러움과 천연적임) 등으로 이루어진다. 〈그림 6-4〉의 왼쪽에 있는 연관성은 기업이 어떤 깨끗한 제품을 도입함으로써 촉진하고자 하는 것이다. 그러나 상당수 소비자들은 깨끗함을 약하고 연하다는 식으로 연관시킬 수도 있다(〈그림 6-4〉의 오른쪽). 이 경우 소비자들이 그 상징에 대해 연관되는 의미는 그 기업이 유도하려고 하는 것이 아니므로 깨끗한 사이다에 대한 상징물은 실패할 수도 있다.

〈그림 6-4〉 기호학의 세 가지 구성요소

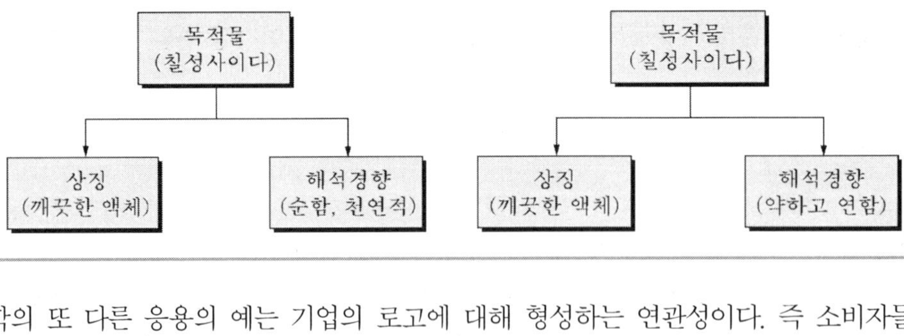

기호학의 또 다른 응용의 예는 기업의 로고에 대해 형성하는 연관성이다. 즉 소비자들은 표식과 상징을 해석하는 방법에 따라 소비자의 지각이 크게 상이하므로, 기업과 로고 간의 연관성이 강하다는 것이다. 즉 기업과 광고수준보다는 기업과 로고와의 연관성이 중요하다는 것이다. 예를 들어, 한화의 경우에 축협과 비슷한 로고를 사용하였다가, 2007년 자사의 로고를 변경하였는데,

이러한 변화가 과거에 소비자가 지각하고 있던 연관성을 새롭게 지각하게 하여 또 다른 연관성을 갖도록 하기 위함이다.

2) 지각적 추론의 마케팅에 대한 시사점

소비자는 상표, 점포, 기업에 대한 이미지를 형성하는 경향이 있다. **이미지**(image)란 사람들이 시간이 지남에 따라 여러 상이한 원천에서 나온 정보를 인지적으로 처리함으로써 형성된 목적물의 전체적인 지각을 수립하는 자연스러운 과정으로 사람이 어떤 목적물에 대해 취하고 있는 신념, 아이디어 및 느낌의 일체이다. 따라서 이미지를 형성한다는 것은 그 대상물에 대한 전체적인 지각을 조성하는 자연적인 과정이다.

소비자는 두 가지 방법으로 이미지를 형성한다. 즉 ① 소비자는 광고와 같은 환경적 자극 또는 친구나 이웃과의 구전으로부터 상표와 제품에 대해 추론한다. ② 소비자는 환상(공상), 즉 현실에 근거하지 않고 사고함으로써 내적으로 추론한다. 그러한 환상은 어떤 상표의 이미지에 대한 기초가 될 수 있다. 예를 들어, Pro-Specs 운동화를 신은 사람은 그가 결승선에서 황영조와 함께 올림픽 마라톤에서 우승하는 환상적인 세계로 도취될 수 있다.

3) 상표이미지

상표이미지(brand image)는 외적 자극이나 환상에 근거하든지 간에 그 상표에 대한 전반적인 지각을 나타내든지, 또는 소비자가 그 상표에 대해 조성하는 추론에 근거하여 형성되는 것으로서 소비자가 상표에 대해 가지고 있는 전체적인 인상을 말한다.

상표이미지는 어떤 상표의 실제가치와 밀접하게 연결되는데, Coca-Cola라는 이름이 1,000억 달러 이상의 가치가 있다고 예상하는 것 등이다. 이러한 예측치는 그 상표명의 가치에 기본적으로 근거를 둔 것이다.

소비자의 상표이미지에 영향을 미치는데 있어 중요한 구성요소는 **제품 위치화**(product positioning)이다. 즉 마케팅 기업은 정의된 고객세분시장의 욕구를 충족하도록 자사 상표를 위치화하려고 한다. 즉 기업은 제품개념을 개발하고 광고 등 촉진을 통해 바람직한 이점을 커뮤니케이트 하며 또한 표적세분시장에 도달할 수 있는 매체를 이용하여 위치화하고 있다.

상표이미지 형성은 온라인에도 중요하다. 오프라인 기업의 웹사이트가 성공하려면 기존의 상표이미지를 온라인으로 강화해야 한다. 이와는 대조적으로 순수한 닷컴기업들은 처음부터 시작해야 하기 때문에 상표이미지를 수립하는 것은 매우 어렵다. 즉 소비자들에게 온라인 가치제안을 효과적으로 제공하는 기업들은 성공할 수 있다. 예를 들어, eBay사나 Auction은 온라인 대중경매의 용이함에 대한 욕구를 효과적으로 충족시킴으로써 성공하였으나, 이와는 반대로 잘 정의된 가치 제안을 가지고 있지 않은 기업 또는 비효과적으로 가치를 커뮤니케이트 하는 기업들은 실패한다. 즉 소비자에게 전달하고자 할 것을 커뮤니케이트하지 못하는 경우 강력한 상표이미지를 수립할 수가 없기 때문이다.

4) 점포이미지

소비자는 광고, 점포에 있는 상품, 친구와 친척들의 의견 그리고 쇼핑경험에 근거하여 점포이미지를 수립한다. 자주 점포이미지는 상표이미지에 영향을 미친다.

소비자는 동일한 상표에 대해서도 신세계백화점이나 현대백화점에서보다는 E마트나 Homever에서 분명 상이하게 지각한다. 즉 동일한 카펫에 유명한 점포명과 유명하지 않은 점포명을 부착한 경우, 동일한 제품임에도 불구하고, 유명한 점포에 있는 것을 더 높게 평가한다. 따라서 제품과 가격이 동일함에도 불구하고, 긍정적인 점포이미지는 긍정적인 상표이미지를 조성한다.

이에 따라 소매상들은 소매상의 이미지가 직접 판매량과 연결되므로 긍정적인 점포이미지를 수립하는데 특별한 관심을 기울인다. 예를 들어, 어떤 백화점은 고품질 상품으로 자사의 계열을 재위치화함으로써 자사 백화점의 이미지를 향상시켰다.

5) 기업이미지

소비자는 역시 기업에 대한 다양한 정보 그리고 그 기업의 제품에 대한 경험을 통해서 기업이미지를 조직한다. 기업은 여러 가지 이유 때문에 공중들에 대한 자사의 이미지를 개선하기 위해서 수십억 원을 지출한다(〈사진 6-4〉 참조).

첫째, 긍정적인 기업이미지는 자사 제품에 대한 긍정적인 지각을 보강한다. 즉 기업과 상표이미지 간의 그러한 연결관계는 상표명이 그 기업과 밀접하게 연관될 때에 매우 중요하다. 예컨대, General Electric사나 삼성, LG 등은 소비자들이 자사 상표와 기업명의 연관성을 맺을 것을 희망하여 자기 자신을 혁신적이며 미래지향적인 기업으로 광고한다.

둘째, 기업은 역시 소비자들에게 직접 영향을 주는 공공적인 행사와 관련된 우호적인 이미지를 유지하려고 한다. 예를 들어, Toyota사는 Kentucky주와 California주에 제조설비를 설치하는데 50억 달러를 투자하였으며, 16,000명의 고용을 창출하였다고 광고하였다. 그 광고의 목적은 Toyota사가 미국에 존재한다는 것이 긍정적인 효과를 조성하고 있다는 것을 보여주기 위해서이다.

〈사진 6-4〉 KT의 기업이미지 광고

3. 지각적 위험

지각적 추론의 한 가지 중요한 구성요소는 **지각적 위험**(perceived risk)이다.

1) 지각적 위험의 의미

소비자는 상표와 구매과정을 지각하는 방법에 따라서 그로 인해 발생하는 여러 가지 위험을 지각하게 된다.

소비자는 구매에서 잠재적인 위험을 인식할 수 있는데, 첫 번째 경우는 그 결정의 결과에 대해 불확실하게 생각(의사결정의 결과에 대한 불확실성 : 구입한 자동차가 1년 내에 고장이 나지 않을까 하는 발생확률)할 수 있다. 두 번째 경우는 그 의사결정의 결과에 대해 관심을 가질 수 있다는(비용, 불편함, 소비자의 기대를 충족시켜 주지 못하는 실망감) 것이다.

2) 지각적 위험의 영향요인

여러 요인들이 소비자가 구매하는데 느낄 수 있는 위험을 증가시킬 가능성이 있는데, 아래와 같은 경우에 위험을 더 크게 지각할 가능성이 있다.

- 소비자가 구매과정에 크게 관여하는 경우
- 제품범주(분류)에 대한 정보가 거의 없는 경우
- 제품이 새로운 경우
- 제품이 기술적으로 복잡한 경우
- 소비자가 상표를 평가하는데 자신감이 없는 경우
- 가격이 고가인 경우
- 구매가 소비자에게 중요한 경우
- 상표를 사용한 경험이 적은 경우

예를 들어, DVD 플레이어를 구입하는 경우 지각적 위험이 큰데, 그 이유는 앞에 제시한 대부분의 기준에 해당되기 때문이다. 많은 소비자들에게 제품범주(분류)가 상대적으로 새롭기 때문에 소비자는 대안적인 것들에 대해 거의 경험이 없다. 더욱이 그 제품이 기술적으로 복잡한 경우 평가하기가 더욱 어렵다. 결과적으로 다른 상표와 비교하여 어떤 상표를 선택하는데 소비자의 자신감은 낮다. 또한 상표들 간에 실질적인 차이가 있거나 그리고 호환성이 없는 시스템들 간의 실질적인 차이는 위험을 높인다. 고가격도 역시 위험을 일으키며, 경험이 없거나, 마지막으로 구매가 소비자에게 중요한 경우에도 지각적 위험을 느낀다.

지각적 위험은 역시 정교한 제품에 대해 가능성이 높다. 즉 카메라, 스테레오, 카펫과 같은 제품을 구입하는데 자신감이 없는데, 그 이유는 대부분의 소비자들이 상표와 가격 간의 차이를 판단하는 기준에 대해 정보나 지식이 없기 때문이다. 위험을 줄이기 위해 소비자는 그 상표를 구입해 본 친구 또는 「소비자시대」와 같이 신뢰성이 높은 중립적인 정보원천에 의존하는 경향이 있다.

3) 지각적 위험의 유형

소비자는 구매 의사결정을 하는데 여러 가지 상이한 위험에 직면한다.

(1) 재무적 위험(financial risk)

재무적 위험은 소비자의 가처분소득과 비교되는 제품가격의 함수이다. 예를 들어, 비싼 자동차를 구입하기 위해 4년 동안 저축한 소비자는 매 2년마다 여유 있는 돈으로 같은 자동차를 구입할 수 있는 사람보다 더 큰 재무적 위험에 직면하게 된다.

(2) 사회적 위험(social risk)

사회적 위험은 구매가 자신이 속해 있는 중요한 준거집단의 기준을 따르지 못할 때의 위험이다. 가시성 품목(의복, 자동차, 가정용 가구) 그리고 사회적 매력성을 높이기 위해 계획된 품목(화장품, 양치질 약) 등은 사회적 위험의 대상이 된다.

(3) 심리적 위험

심리적 위험은 소비자가 어떤 실수를 인식할 때 자존심이 상실되는 위험이다. 예를 들어, 제품을 구입하였을 때 일주일 후에 그 제품이 더 싼 가격으로 판매되는 것을 보았거나, 또는 VCR 타이머와 같은 제품을 작동하기가 어렵다는 것을 인식하였을 때 자존심이 상실되는 위험이다.

(4) 성능위험

성능위험은 그 제품이 예상대로 작동되지 않거나, 기대한 성능을 발휘하지 못할 가능성에 대한 위험이다. 그 제품이 기술적으로 복잡하거나 또는 자아와 관련된 욕구와 연관될 때 성능위험은 크다.

(5) 신체적 위험(physical risk)

신체적 위험은 제품성능의 결과로 인해 신체적으로 건강 및 안전에 해를 주는 위험으로서, 예를 들어, 자동차가 추돌하게 되는 불량한 브레이크 또는 의약품의 부작용 등이다.

인터넷은 위의 다섯 가지 유형에 추가하여 새로운 지각적 위험을 초래한다. 소비자는 인터넷을 이용하는 경우 아래와 같은 지각적 위험을 느낀다.

- **재무정보의 부족** : 소비자는 온라인으로 자신의 신용카드번호를 입력하는 것이 사기를 당할 위험에 노출된다고 걱정한다.
- **사생활 보호** : 소비자는 마케팅 기업이 웹사이트를 여기저기 검색하는 행동을 볼 수 있으며 추적할 수 있다고 두려워한다.
- **직접 제품접촉이 없음** : 실제로 제품을 보거나 만질 수 없으므로 소비자는 그 제품이 자신이 생각하는 것이 아닐 수 있다고 걱정한다.
- **추적행위(navigation)의 어려움** : 소비자는 추적 · 탐색하기가 어려워 자신이 좋아하는 만큼

의 많은 정보를 수집할 수 없다고 두려워한다.

- **선적 및 취급비용** : 이 비용은 판매가 종료되었을 때 나타나게 되므로, 일반적으로 의도한 대로 구매가 완료되지 못하는 요인이 된다.
- **느린 배송 또는 손상되거나 불완전한 제품의 배달**

3) 소비자의 위험감소전략

소비자들은 자신이 지각하는 위험요소를 감소시키기 위해 아래의 네 가지 전략을 구사한다.

첫째, 소비자가 위험을 줄이는 가장 직접적인 수단은 대체안을 보다 잘 평가하기 위해 광범위하게 정보를 처리하는 것이다. 즉 보다 세밀한 상표평가는 소비자가 실패할 수 있는 제품을 피할 수 있게 한다.

인터넷은 위험을 줄일 수 있는 수단인데, 소비자는 인터넷을 이용하여 대안적인 것을 확인하고 또한 그 대안적인 것을 더 잘 평가하기 위해 더 많은 정보에 접촉할 수 있기 때문이다. 예를 들어, 소비자는 제품 및 서비스 정보, 가격정보, 이용할 수 있는 선택품, 환불(recall) 내역, 보증, 대출정보 등 많은 것을 탐색하기 위해 편견이 없는 여러 원천을 이용할 수 있다.

둘째, 위험을 줄이는 또 다른 전략은 상표충성도이다. 동일한 상표를 반복적으로 구입하는 것은 구매결과의 확실성을 증가시키는데, 그 이유는 소비자가 그 제품에서 기대하는 것을 알고 있기 때문이다. 즉 불만족의 가능성을 피할 수 있는 최상의 방법은 합리적으로 받아들일 수 있는 대안적인 상표를 고수하는 것이다.

많은 소비자들이 전통적인 기업들의 웹사이트를 통해 인터넷 구매를 하는데, 그 이유는 소비자들이 인터넷만 활용하는 기업이름보다는 전통적인 기업명에 보다 익숙하고 잘 알고 있기 때문이다.

셋째, 위험을 줄이는 또 다른 전략은 최저가 품목이나 가장 작은 크기의 품목을 구입하는 것이다.

넷째, 그 제품에 대해 보증이나 보장을 획득하는 것도 실패의 결과를 줄인다.

결론적으로 볼 때, 세 번째와 네 번째 전략은 재무적 위험을 감소시키지만 심리적 위험은 줄일 수 없다. 잘못된 의사결정으로 발생하는 심리적 위험을 줄이는 전략은 구매 의사결정을 하기 전에 기대수준을 낮추는 것이다. 즉 기계고장과 수리비 등이 필시 발생하므로 자동차는 필요악이라고 결정한 구매자는 자신의 자동차가 성능이 낮다고 해도 크게 실망하지 않는데, 그 이유는 그가 그것을 이미 예상하고 있었기 때문이다.

4) 마케팅 기업의 위험감소전략

소비자는 지각적 위험이 높은 경우에 구매를 연기하기도 한다. 따라서 마케팅 기업이 소비자의 지각적 위험을 줄여준다면, 소비자는 원하는 제품을 적기에 구입할 수 있고 기업의 판매량도 증가하게 된다.

첫째, 마케팅 기업은 보증, 환불보장 그리고 결함이 있는 상품에 대한 자유로운 반품방침을 제공함으로써 소비자에 대해 위험을 줄일 수 있다.

둘째, 저가격이나 또는 더 작은 포장으로 제품을 제공하는 것도 역시 처음 제품을 사용하는데 있어 소비자의 위험을 최소화한다.

셋째, 무료견본도 역시 구매에 몰입하기 전에 신제품을 시용할 수 있는 기회를 소비자에게 제공한다.

넷째, 인터넷 마케팅 기업은 신뢰성을 증가시키기 위해 자주 커뮤니케이션을 하거나 주문 후 검토하는 것과 같은 온라인 서비스를 제공하며, 정보를 수집할 수 있도록 클릭의 횟수를 최소화하며 또한 친근감을 증가시키기 위해 인터넷 사이트를 과거의 광고와 연결하거나 연관성을 제공하는 전략을 통해 위험을 줄일 수 있다.

상기와 같이 지각적 위험은 〈표 6-4〉와 같이 소비자와 마케팅 기업에 의해서 감소시킬 수 있다.

〈표 6-4〉 지각적 위험감소전략

소비자의 위험감소전략	마케팅 기업의 위험감소전략
• 광범위한 정보처리, 세밀한 상표평가(인터넷 이용) • 상표충성심 • 최저가 품목, 작은 크기 품목 구입 • 제품에 대한 보증・보장	• 보증, 환불보장, 반품보장 • 저가격, 더 작은 포장제품 제공 • 무료견본 • 빈번한 커뮤니케이션(온라인 서비스 제공)

제 7 절 가격 지각

소비자의 가격 지각은 광고나 점포 내에서의 관찰에 근거하여 제품가격을 결정하므로 간단하게 보일 수 있다. 그러나 가격결정은 간단하지 않은데, 그 이유는 ① 소비자가 현재의 가격 또는 미래의 가격에 대해 어떤 기대를 가지고 있으며, ② 소비자는 자주 가격수준을 제품품질과 연관을 맺기 때문이다.

1. 가격 기대

구형 17인치 컴퓨터용 컬러 모니터를 교체할 것을 결정하는 경우 소비자는 비교 가능한 19인치 모니터에 대해 약 60만 원을 지불할 것을 기대할 수 있다. 이 가격은 소비자의 **준거가격**(reference price 또는 표준가격 : standard price)으로서, 소비자가 어떤 품목에 대해 지급할 것을 기대하는 가격이다. 즉 준거가격은 소비자가 대안적으로 상표에 대해 가격을 비교하는 준거의 틀 또는 표준으로서 작용한다.

소비자는 어떤 제품을 구입하기로 고려하는 경우에 한 가지 가격만을 가지고 있지 않다. 일반적으로 소비자는 특정제품에 대해 **수용할 수 있는 가격범위**(asceptable price range), 즉 어떤 범위의 가격을 수용할 의향이 있다. 모니터를 구입하려는 소비자의 준거가격과 수용할 수 있는 가격범위는 〈그림 6-5〉의 상단에 있는 것과 같다. 수용할 수 있는 가격범위는 최하로 40만원에서부터 최고로 80만원까지이다. 수용할 수 있는 가격범위 중 최고가격을 **보류가격**(reservation price)이라고 하는데, 너무나 비싸다고 판단되는 것 이상의 최고 한계가격이다. 수용할 수 있는 가격범위 중 최하가격은 그 품목이 의심스러울 정도 이하의 낮은 한계가격이다.

기대가격을 측정하는 또 다른 방법은 〈그림 6-5〉의 하단에 제시되어 있다. **기대되는 가격범위**(expected price range)는 소비자가 시장에서 발견할 것을 기대하고 있는 가격범위이다. 이 기대되는 가격범위는 수용할 수 있는 가격범위보다 항상 넓다. 앞의 예에서, 소비자는 최고로 100만원, 최하로 30만원으로 가격이 설정된 19인치 컬러 모니터를 발견할 것을 기대하고 있지만, 소비자는 수용할 수 있는 가격범위의 이상 또는 이하의 가격에 의해서 영향을 받을 가능성은 거의 없다.

〈그림 6-5〉 소비자의 가격기대 측정법

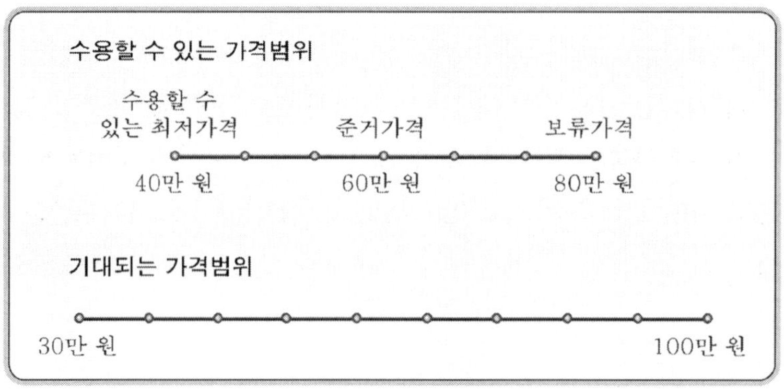

2. 가격-품질 연관성

소비자들은 제품품질에 대해 충분한 정보를 가지고 있지 않을 경우에 **가격-품질 연관성**(price-quality association)을 지각할 가능성은 매우 높다. 이러한 상황에서 소비자는 품질에 대한 표시로서 가격을 사용한다. 이런 소비자는 그 제품에 대해 거의 알지 못하므로 관여할 가능성은 거의 없다. 이와는 반대로 제품 특징에 대한 정보를 가지고 있는 소비자는 가격-품질을 추론할 가능성은 거의 없다. 따라서 소비자는 그 제품범주에 관여할 가능성이 높다.

소비자가 가격정보원천을 신뢰하는 경우, 가격은 역시 품질을 반영할 가능성이 매우 높다. 즉 소비자들은 가격정보에 대한 신뢰성과 믿음 때문에 그가 잘 알고 있는 소매상에서 판매하는 제품에 대해 또는 상표명에 대해 더 많이 지급할 의향이 있는데, 이것은 상표명이 제시하는 품질연관성은 고가격을 보증한다는 것을 의미하기 때문이다.

참고문헌

윤훈현 역, 『소비자행동론』, 제6판, 석정, 1998.

윤훈현, 『소비자행동론』, 석정, 2005.

"A Corporate Campaign Tries Selling Toyota's U. S. Presence," *New York Times* (July 21, 1993), p. D24.

Brian Wansink, "Advertising's Impact on Category Substitution," *Journal of Marketing Research* 31 (November 1994), pp. 505-515.

David A. Aaker and Kevin Lane Keller, "Consumer Evaluation of Brand Extensions," *Journal of Marketing* 54 (January 1990), pp. 27-41.

David Mick, "Consumer Research and Semiotics : Exploring the Morphology of Signs, Symbols, and Significance," *Journal of Consumer Research* 13 (September 1986), pp. 196-213.

Dennis L. Rosen and Surendra N. Singh, "An Investigation of Subliminal Embed Effect on Multiple Measures of Advertising Effectiveness," *Psychology and Marketing* 9 (March/April 1992), pp. 157-172.

"Design Research : Beauty or Beast," *Advertising Age* (March 9, 1981), p. 43.

Dhruv Grewal and Howard Marmostein, "Market Price Variation, Perceived Price Variation, and Consumers's Price Search Decisions for Durable Goods," *Journal of Consumer Research* 21 (December 1994), pp. 453-460.

Donald R. Lichtenstein, Peter H. Bloch, and William C. Black, "Correlates of Price Acceptability," *Journal of Consumer Research* 15 (September 1988), pp. 243-252.

Douglas A. Fuchs, "Two Source Effects in Magazine Advertising," *Journal of Marketing Research*

1 (August 1964), pp. 59-62.

"Firms' Eye-Catching Logos Often Leave Fuzzy Image Minds of Consumers," *Wall Street Journal* (December 5, 1991), pp. B1, B8.

"Gap's Image Is Wearing Out," *Wall Street Journal* (December 6, 2001), p. B1.

Gerald J. Gorn, "The Effects of Music in Advertising on Choice Behavior : A Classical Conditioning Approach," *Journal of Marketing* 46 (Winter 1982), pp. 94-101.

Henry Assael, Consumer Behavior, Houghton Mifflin, 2004.

James R. Bettman, "Perceived Risk and Its Components : A Model and Empirical Test," *Journal of Marketing Research* 10 (May 1973), pp. 184-190.

James T. Heimbach and Jacob Jacoby, "The Zeragnik Effect in Advertising," in M. Venkatesan, ed., *Proceedings, 3rd Annual Conference* (Provo, Utah : Association for Consumer Research, 1972), pp. 746-758.

John Revett, "FTC Threatens Big Fines for Undersized Cigarette Warning," *Advertising Age* (March 17, 1975), p. 1.

Joseph W. Alba and J. Wesley Hutchinson, "Dimensions of Consumer Expertise," *Journal of Consumer Research* 13 (March 1987), pp. 411-454.

Laurence Jacobs, Charles Keowen, Reginald Worthley, and And-Ⅱ Ghymn, "Cross-Cultural Colour Comparisons : Global Marketers Beware!" *International Marketing Review*, 8 (1991), pp. 21-30.

Mary Francis Luce, "Choosing to Avoid : Coping with Negatively Emotion-Laden Consumer Decision," *Journal of Consumer Research* 24 (March 1998), pp. 409-433.

Moore, "The Case Against Subliminal Manipulation," pp. 297-316 ; and Joel Saegert, "Why Marketing Should Quit Giving Subliminal Advertising the Benefit of the Doubt," *Psychology and Marketing* 4 (Summer 1987), pp. 107-120.

"New Media : Wallpaper or Banner Ads? Spot the Difference : Rich Johnston on the Panic Over Boring Online Advertising," *The Guardian* (January 8, 2001), p. 78.

"Out of Banner's Ads Face Skepticism, Poor Timing," *Electronic Commerce* (October 1, 2001), p. 1.

Page Moreau C. Arthur B. Markman and Donald R. Lehmann, "What Is It? Categorization : Flexibility and Consumers's Responses to Really New Products," *Journal of Consumer Research* 27 (March 2001), pp. 489-498.

"P&G Discovers a New Look to and Old Product," *New York Times* (January 28, 1993), p. D20.

"Packaging Research Probes Stopping Power, Label Reading, and Consumer Attitudes Among the Targeted Audience," *Marketing News* (July 22, 1983), p. 8.

Ralph I. Allison and Kenneth P. Uhl, "Influence of Beer Brand Identification on Taste Perception," *Journal of Marketing Research* 1 (August 1964), pp. 36-39.

"Red Symbols Tend to Lure Shoppers Like Capes Being Flourished at Bull," *Wall Street Journal* (September 18, 1995), p. A9B.

Susan Fournier, "Consumers and Their Brands : Developing Relationship Theory in Consumer Research," *Journal of Consumer Research* 24 (March 1998), pp. 343-373.

"The Online Price Just Wasn't All That Right," *U.S. News & World Report* (February 12, 2001), p. 39.

Timothy E. Moore, "Subliminal Advertising : What You See Is What You Get," *Journal of Marketing* 46 (Spring 1982), pp. 38-47.

William Copulsky and Katherine Marton, "Sensory Cues," *Product Marketing* (January 1977), pp. 31-34.

7
chapter

소비자 정보획득과 정보처리

소비자는 구매 의사결정을 하기 위해 광고, 웹, 친구, 이웃 그리고 제품에 대한 자신의 경험에서 정보를 획득하고 처리한다. 정보를 획득한다는 것은 소비자가 욕구에 기초하여 여러 상이한 원천으로부터 정보를 수집해야 한다는 것이다. 소비자는 정보처리를 하기 위해서 정보를 선택, 조직, 해석함으로써 정보를 지각해야 한다. 그러나 정보처리를 하기 위해서 소비자는 상기의 지각적 과정의 차원을 넘어 기억 속에 정보를 보존해야 하며 또한 상표를 평가할 때 그 정보를 상기해야 한다.

마케팅 기업은 소비자가 정보를 획득하고 처리하는 방법에 직접 관심을 갖고 있는데, 그 이유는 **소비자 정보처리**(consumer information processing)가 긍정적인 상표평가와 구매행동을 초래하지 않으면, 마케팅 기업은 비효과적인 마케팅으로 막대한 비용을 낭비하기 때문이다.

제1절 소비자 정보획득

소비자는 정보를 처리하기 전에 정보를 획득해야 하는데, 소비자 의사결정에서 정보획득의 역할은 〈그림 7-1〉과 같다.

〈그림 7-1〉 소비자 의사결정에서 정보획득의 역할

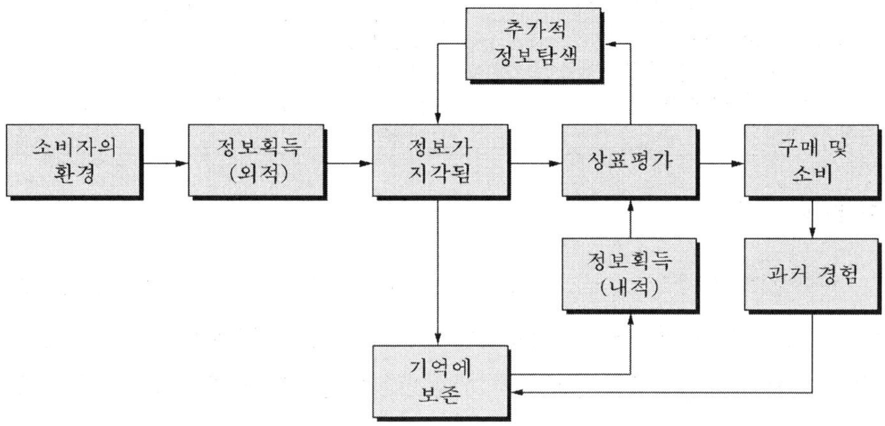

1. 정보획득과 관여수준

정보탐색(information search)이란 소비자가 환경, 즉 광고, 판매원, 친구, 이웃 등과의 구전 커뮤니케이션, 「소비자시대」와 같은 중립적 원천 등으로부터 정보를 획득하는 것으로서, 의도적으로 소비자가 점포, 제품, 구매에 대해 더 많은 것을 알고자 하는 것이다.

이에 추가하여 소비자는 과거보다 더 온라인으로 정보탐색을 한다. 즉 소비자들은 구매의 수단으로서보다는 제품에 대한 정보를 발견하기 위한 원천으로서 웹을 더 많이 이용한다. 대다수 소비자들은 웹을 통해서 처음 제품이나 서비스를 조사한 후 중요한 구매를 하는데, 그 이유는 웹은 언제, 어디에서든지 많으며, 지금까지 이용해 왔던 기타 정보원천처럼 웹을 신뢰할만한 가치가 있다고 인식하기 때문이다.

소비자가 여러 상이한 방법을 이용하여 오프라인과 온라인으로 정보를 획득하는데 사용하는 방법은 그 제품에 대한 소비자의 관여수준에 크게 좌우된다. 〈표 7-1〉은 소비자가 외적 정보를 획득하는데 네 가지 상이한 과정을 사용하는 것을 보여주는데, 각각의 과정은 그 제품에 대한 소비자의 관여와 관련된다.

〈표 7-1〉 외적 정보의 획득 과정

획득 과정	관여 유형
1. 직접적인 지속적 탐색	지속적 관여
2. 직접적인 구매특이적 탐색	상향적 관여, 사전 지식 있음
3. 비직접적인 구매특이적 탐색	상황적 관여, 사전 지식이 거의 없음
4. 수동적 정보획득	저관여

1) 지속적 탐색

이것은 그 제품에 대해 지속적으로 관여하는 소비자의 특징을 나타내는 것으로서, 예를 들어, 컴퓨터 잡지나 게임잡지를 정기구독하는 컴퓨터광이나 게임광은 여러 다양한 선택품을 알고 있다.

이런 지속적 탐색은 이용자가 특정분야나 제품범주에 집중하며 또한 탐색방향을 알고 있어야 가능하다.

2) 직접적 구매특이적 탐색

이런 유형의 탐색은 상황적 관여에 있는 소비자가 구매 의사결정을 하기 위해 정보를 수집하는 것이다. 예를 들어, SUV를 구매하려는 소비자는 이미 SUV를 소유하고 있는 친구의 충고·조언을 바라거나, 판매상을 방문할 수 있다. 이러한 경우, 판매상을 방문하기 전에 소비자는 우선 **정보제공사이트**(informediary)에서 정보를 획득하는데, 정보제공사이트란 제품정보를 제공하기 위해 디자인된 사이트이다. 이 사이트들은 소비자가 자신의 욕구와 우선순위(예 : 안전성, 스타일, 성능, 경제성 등)를 제시하면 추천대리인으로서 서브한다.

또한 소비자는 특정 모델에 대한 정보를 얻기 위해 기업의 웹사이트에 직접 갈 수도 있다.

3) 비직접적 구매특이적 탐색

이 탐색 유형은 일반적인 정보를 필요로 하는 소비자가 행하는 유형이다. 예를 들어, 소비자가 새로운 노트북을 필요로 하지만, 어떤 종류의 노트북을 찾고 있는가를 확실하게 모를 수가 있다. 그런 탐색을 시작하는데 특히 웹이 좋은 수단인데, 그 이유는 **탐색엔진**(search engine, 예 : google, yahoo!, Daum 등)이 있기 때문이다. 이런 사이트들은 키워드를 중심으로 다른 관련되는 웹사이트를 확인할 수 있도록 디자인이 되어 있다.

이런 사이트들 중에서 선택한 후 소비자는 고관여적인 탐색의 첫 단계를 시작한다. 이런 비직접적 탐색의 이점은 소비자가 가장 중요시하는 제품속성 그리고 대안적인 상표와 대안적인 가격을 확인할 수 있도록 교육적으로 도움을 주는 것이다.

4) 수동적 정보획득

최소한으로 탐색하는 특징이 있는 소비자는 정보를 수동적으로 획득하고 거의 노력하지 않는다. 즉 능동적으로 추가적인 정보를 획득함으로써 얻는 이점이 그 비용에 비해 가치가 없기 때문이다.

웹은 역시 간단하게 의사결정을 하는데 좋은 수단이다. 저관여 상황에서 소비자는 싼 제품이나 가장 인기 있는 상표를 구입하고자 한다. 예를 들어, 최저가격의 노트북을 찾는 저관여적 소비자는 정보제공사이트를 통해 최저가격의 여러 대체품을 신속하게 확인할 수 있다. 이러한 상황에 대비하여 많은 쇼핑사이트들이 인터넷을 통해 보다 용이하게 구입할 수 있도록 특정한 제품범주에 대한 최저가격 품목이나 가장 인기 있는 품목과 연결하는 방법을 제공한다.

5) 추가적인 정보탐색과 기억 회상

온라인이나 오프라인 환경에서 정보를 획득한 후 소비자는 정보를 지각한다. 즉 소비자는 정보를 조직하고 해석하는데, 정보를 처리하는 관점에서 소비자는 대안적인 상표를 평가하거나 또는 제품 특성을 결정하기 위해(〈그림 7-1〉 참조) 더 많은 정보가 필요하다는 사실을 알게 된다. 즉 대안적인 상표나 가격에 대한 추가적인 정보를 탐색함으로써 잘못 선택할 수 있는 위험을 줄인다. 그리고 소비자는 상표평가의 과정에서 회상하기 위해 기억 속에 중요한 정보를 보존한다.

예를 들어, 노트북 컴퓨터를 구입하고자 하는 경영학과 학생은 노트북의 화면 크기, 키보드의 유연성 그리고 하드 드라이브의 저장용량에 대해 많은 관심을 가지고 있다. 그 학생은 고려하고 있는 각 상표에 대해 위의 세 가지 속성에 대한 정보를 기억 속에 저장하며, 또한 그 상표들을 평가·비교할 때, 그 정보를 다시 생각(회상)한다.

〈그림 7-1〉은 기억 속에 저장되어 있는 정보 중 또 다른 것은 과거 구매경험과 소비경험이 있다. 즉 이 경험은 과거에 이미 유사한 제품을 사용해 보았거나, 또는 다른 유형의 제품(데스크탑)을 사용해 본 경험으로서, 상표평가 과정에서 상기될 수 있는데, 소비자는 과거경험으로부터 학습을 하게 된다.

〈그림 7-1〉에서 기억으로부터 정보를 다시 생각(회상)하는 것은 내적인 정보획득으로서, 소비자의 정보원천이 된다. 또한 〈표 7-1〉의 네 가지 유형의 정보탐색은 소비자가 새로운 정보를 탐색하는데 사용하는 외적인 정보획득이다.

2. 정보탐색의 결정요인

〈표 7-2〉의 정보획득의 주요 구성요소는 그 과정이 능동적이냐 또는 수동적이냐에 따라 상이하다. 소비자가 보다 많은 정보를 능동적으로 획득하도록 고무하는 요인에는 9가지가 있다.

① **고관여적 소비자** : 관여수준이 높을수록 획득하는 정보의 양은 많다. 즉 소비자의 자아이미지가 그 제품과 연결되거나, 그 제품이 감정적인 소구 또는 표식적 가치를 가지고 있거나, 또는 소비자가 그 제품에 대해 지속적으로 관심을 갖는 경우에 정보탐색은 더욱 더 크다.

② **지각적 위험이 큼** : 구매시 지각적 위험이 클수록 정보탐색의 양은 더 크다. 즉 위험수준이 높은 경우에 소비자는 「소비자시대」 및 Consumer Report와 같은 중립적 원천에서 더 많은 정보를 탐색한다. 또한 서비스의 경우에도 정보탐색이 중요한데, 그 이유는 서비스 평가가 어려운 경향이 있으며 또한 서비스에 대해 많은 정보를 수집하는 것이 위험을 줄이는 수단이기 때문이다.

③ **제품·상표선택의 불확실성** : 소비자가 상표선택에 불확실할수록 제품탐색은 더 크다. 즉 어느 상표가 최상인가에 대해 불확실한 경우에 소비자는 정보를 탐색할 가능성이 더 크다.

④ **제품지식과 제품경험이 거의 없음** : 어떤 제품에 대한 지식이 거의 없는 소비자는 정보를 탐색할 가능성이 크다. 반면에 과거 경험이 있는 경우에는 정보탐색이 감소하지만, 과거 경험이 부정적인 경우에는 정보탐색이 증가한다.

⑤ **분명한 목표** : 소비자가 자신이 원하는 특성에 대한 분명한 목표를 가지고 있는 경우에 정보탐색은 더 클 가능성이 있다. 예를 들어, 자동차가 안전하다는 목표를 제시하는 경우, 그 기업은 에어백과 열처리된 유리창이 장착되어 있음을 촉진하는 것이 효과적인데, 그 이유는 분명한 목표는 소비자로 하여금 제품속성에 대한 특정한 정보를 획득하도록 유도하기 때문이다.

⑥ **시간압박이 거의 없음** : 의사결정을 하는데 시간적 압박은 정보탐색을 저해한다. 즉 소비자가 충분한 시간을 이용할 수 있다면 정보탐색은 증가하는데, 이것은 고관여 제품에 해당된다.

⑦ **고가격** : 고가격일수록 정보탐색은 더 많아진다. 이것은 여성용 의류, 대형 가전제품, 자동차 등에 적용된다. 즉 고가격은 정보탐색으로 획득되는 경제적 이점이 더 크다는 것이므로 소비자는 정보탐색에 더 많은 노력을 기울일 가능성이 높다. 역시 고가격은 소비자가 장래에 발생할 탐색비용을 낮추는 방법을 학습하기 위해서 현시점에서 탐색하도록 동기가 부여된다는 것을 의미한다.

⑧ **제품차이가 큼** : 상표 간에 실질적인 차이가 있는 경우에 정보탐색은 상관관계가 더 크다. 즉 가구나 가전제품 구매자들은 더 많은 점포를 방문하여 많은 정보를 탐색한다.

⑨ **정보탐색의 원가효과성** : 정보탐색을 하는데는 금전적 비용과 비금전적 비용이 소요된다. 첫째, 정보탐색은 자주 여러 상이한 소매점을 돌아다니는데 소요되는 금전적 비용과 관련된다. 둘째, 또 다른 비용은 돌아다님, 쇼핑함, 광고물을 읽음 그리고 친구에게 충고를 부탁함 등에 소요되는데 발생하는 시간이다. 소비자는 여가목적이나 사업목적과 같은 대안적인 것에 대해 탐색시간의 중요성을 평가한다. 세 번째 비용은 심리적인 것으로서 정보탐색은 쇼핑을 싫어하는 사람들에게는 바람직하지 않을 수도 있다.

3. 정보원천

소비자는 환경 속에 있는 여러 정보원천을 이용할 수 있다. 〈그림 7-2〉는 2개의 차원에 따라 구분된 원천, 즉 (1) 인적 원천 대 비인적 원천 (2) 마케팅 기업의 통제원천 대 마케팅 기업의 비통제원천을 보여준다. 또한 〈그림 7-2〉는 상기의 2개의 차원에 따라 구분되는 오프라인 원천과 온라인 원천을 보여준다.

〈그림 7-2〉 오프라인 및 온라인을 통한 소비자의 정보원천

	인적	비인적
마케팅 기업의 통제원천	· 판매원 · 전화마케팅 · 업계 전시회 · 전자우편	· 매체 광고 · 점포 내 전시 · 판매촉진 · 포장 · 인터넷 광고
마케팅 기업의 비통제원천	· 구전 · 전문가 조언 · 소비에 의한 경험 · 잡담(이야기)방	· 사설 및 뉴스 소재 · 중립적 원천(소비자시대, Consumer Report) · 정보중재자 · BOTS

그 대학생은 대안적인 노트북 컴퓨터를 평가하는데 〈그림 7-2〉에 제시된 네 가지 유형의 원천 전부를 이용한다. 그 대학생은 대안적인 상표, 가격, 주변장치에 대해 소매점의 판매원에게 물어보거나 또는 온라인으로 정보를 탐색한 후 온라인 소매점으로부터 전자우편을 받는다(인적이며 마케팅 기업의 통제원천). 그 대학생은 노트북 관련잡지에서 광고를 보고 또한 온라인 베너광고를 본다(비인적이며 마케팅 기업의 통제원천). 역시 그 대학생은 노트북을 사용해 본 경험이 있는 친구에게 물어보며 또한 노트북과 관련된 온라인 이야기방을 방문한다(인적이며 마케팅 기업

의 비통제원천). 마지막으로 그 대학생은 제품을 독립적으로 시험하여 평가한 책자인 『소비자시대』와 같은 중립적인 원천을 이용하며 또한 J. D. Power와 같은 온라인 정보중재자를 이용하여 노트북 상표를 평가한다(J. D. Power사는 소비자 만족평가점수를 기준으로 여러 상이한 모델을 독립적으로 평가한다)(비인적이며 마케팅 기업의 비통제원천). 즉 소비자는 〈그림 7-2〉에 제시된 각각의 대안적인 원천인 온라인 원천과 오프라인 원천을 이용한다.

〈그림 7-2〉는 외적인 정보원천인데, 역시 소비자는 기억으로부터 정보를 회상(상기)함으로써 내적 원천의 과정을 수행한다. 즉 그 대학생은 친구들이 갖고 있는 여러 종류의 노트북을 사용하면서 기억 속에 자신의 경험을 저장한 후 상표평가의 과정에서 저장된 경험을 회상한다.

소비자의 의사결정 과정상의 단계는 그가 사용하는 정보원천에 영향을 미친다. 즉 마케팅 기업의 통제원천은 의사결정의 초기단계에 보다 중요할 경향이 있다. 반면에 친구와 동료의 의견 그리고 소비자 자신의 과거경험은 소비자가 최종결정에 가까워짐에 따라 중요하게 되는데, 그 이유는 이러한 원천이 보다 가치가 있다고 생각하기 때문이다.

역시 정보원천의 사용은 정보탐색의 조건에 따라 상이하다. 즉 제품지식이 거의 없는 소비자는 정보를 획득하기 위해서 친구와 동료들에게 의존할 가능성이 큰데, 그 이유는 친구나 동료들이 판매원보다 더 신뢰적이라고 생각하기 때문이다. 한편 제품지식이 많은 소비자는 자신의 과거경험에 의존할 가능성이 있는데, 그 이유는 자신의 평가와 판단을 믿기 때문이다.

4. 정보탐색의 양

소비자는 여러 가지 이유로 정보를 탐색하지만, 고가제품을 제외한 거의 모든 제품에 대한 정보탐색의 양은 매우 제한적이다. 즉 소비자는 **인지적 경제성**(cognitive economy)의 원리에 따라 추가적인 정보를 탐색하는데 소요되는 비용을 가치가 없다고 생각한다.

소비자들은 저관여 제품이나 고관여 제품에 대한 의사결정을 하기 전 이용가능한 많은 정보 중 극히 적은 정보를 이용하며, 소매점포도 거의 방문하지 않고 있다. 이런 유사한 행동이 웹에서도 발견되고 있는데, 한두 번 정도 웹을 탐색하는데, 그 이유는 많은 사이트를 탐색하는데 소요되는 시간과 노력이 가치가 없기 때문이다.

종합해 볼 때, 소비자들이 고려하는 상표의 수는 일반적으로 적다는 것이다. 이러한 증거는 정보탐색이 제한적이라는 것으로서, 구매자가 비관여적이라는 것을 의미하지는 않는다. 즉 예상잠재구매자는 많은 과거경험 그리고 기억 속에 저장된 구매정보를 가지고 의사결정을 하므로 광범위한 정보탐색의 필요성이 낮다는 것이다.

5. 정보획득의 한계

소비자 옹호자들과 정부기관들은 대안적인 상표를 평가할 수 있도록 가능한 한 많은 정보가 소비자들에게 제공되어야 한다고 생각한다. 이것은 최적의 선택을 하기 위해서는 모든 대체안에 대한 정보에 접해야 한다는 경제이론에 바탕을 두고 있다. 그러나 현실적으로 소비자들은 이용할 수 있는 모든 정보를 거의 탐색하지 않는다. 즉 소비자들은 탐색하는데 소요되는 비용이 너무나 많고 또한 정보처리가 너무나 복잡하기 때문에 모든 대안적인 상표를 고려하려고 하지 않는다. 그러므로 많은 정보가 반드시 더 좋다는 것은 아니다. 사실상 너무 많은 정보는 **정보과다**(information overload), 즉 의사결정 과정이 혼란스러워져 비효과적인 결정을 초래케 할 수도 있다.

소비자는 욕구의 맥락에서 정보를 여과하고 또한 가장 중요한 정보만을 주시함으로써 반응한다. 따라서 어떤 상황에서 너무나 많은 정보가 의사결정에 대해 부정적인 결과를 초래한다는 가능성은 광고주와 공공단체들이 소비자들에게 무관한 정보를 제공하지 않도록 주의해야 한다는 사실을 제시한다. 또한 방송에서 수많은 상업광고가 소비자를 화나게 만든다는 것이 문제가 된다. 따라서 복잡한 의사결정에 대해 정보를 단순화한다는 것은 올바른 방향으로 가는 하나의 단계가 된다.

웹에서도 역시 정보과다는 특별한 문제가 된다. 간혹 소비자들은 개별 사이트에서 혼란스럽게 선택을 하거나 또는 너무나 많은 웹사이트에 직면하고 있다. 이에 소비자들은 좌절감, 혼란스러움 그리고 시간제약 때문에 웹 탐색에 소요되는 시간을 제한함으로써 논리적으로 반응한다.

정보과다를 일으키게 하는 또 다른 요인은 소비자들이 이용할 수 있는 대안적인 상표가 너무 많다는 것이다. 10년 전 슈퍼마켓들은 평균 8,000개 품목을 취급하였지만 오늘날에는 평균 40,000개 품목을 취급하고 있다. 즉 라면을 구입하는 소비자는 40개 이상의 상표들 중에서 선택해야 하는 처지에 놓여 있다. 더욱이 기존제품의 변형(상표확장)이 엄청나게 증가하고 있는데, 그 이유는 마케팅 기업들이 신제품보다는 기존제품의 확장이 더 안전하고 비용이 적게 소요된다는 사실을 간파하였기 때문이다.

6. 실용적 제품 대 쾌락적 제품에 대한 정보획득

소비자는 제품을 기본적으로 실용적, 즉 몇 가지 기능적 목적을 서브하는 것 또는 쾌락적, 즉 기쁨을 주고 또한 환상을 고무하는 것으로 인식한다. 예컨대, Lacetti나 효성 스쿠터가 어떤 소비자에게는 실용적인 제품으로, 또 다른 소비자에게는 쾌락적 제품이 될 수 있다.

〈표 7-2〉에 제시된 각 경우에 따라 정보획득의 본질은 상이할 가능성이 있다. 즉 실용적 제품을 평가하는 경우 소비자는 논리적으로 제품성능에 대한 정보를 탐구하므로 제품속성이 소비자 정보탐색의 중심이 된다.

〈표 7-2〉 쾌락적 제품 대 실용적 제품에 대한 정보획득

쾌락적 제품	실용적 제품
감각적 자극이 지배적임 지속적인 정보탐색 인적 원천이 가장 중요함 상징과 심상이 가장 효과적임	제품속성 정보가 지배적임 구매특이적 정보탐색 비인적 원천이 가장 중요함 제품정보가 가장 효과적임

쾌락적 제품을 평가하는 경우에 소비자는 기쁨이나 환상을 주는 감각적 자극을 추구하므로 상징이나 심상이 제품성능에 대한 분명한 정보보다 더 중요할 수 있다. 교통수단으로 효성 스쿠터를 구입하는 소비자는 안전함, 연료소모량, 편리함 및 기타 제품속성에 대한 정보를 추구한다. 그러나 그의 자아이미지를 확대하는 수단으로 효성 스쿠터를 구입하는 소비자는 그 제품의 느낌 또는 스쿠터에 앉아 있을 때의 즐거움을 보여주는 광고의 심상과 상징을 보다 의식하게 된다. 이런 소비자도 성능정보를 무시하지는 않는데, 성능이 그 제품을 고려하는데 필수조건이기 때문이다. 그러나 기본적인 의사결정은 보다 감정적인 기준에 의해서 좌우된다.

결론적으로 소비자는 제품속성에 대한 정보뿐만 아니라 감각적 기쁨이나 환상을 일으킬 수 있는 그 제품의 잠재력과 관련되는 정보를 획득한다.

〈표 7-2〉는 역시 소비자가 쾌락적 제품을 평가할 때 정보탐색은 계속적일 가능성이 있으며, 한편 소비자가 실용적 제품을 평가할 때 정보탐색은 구매특이적일 가능성이 있음을 제시한다. 이것은 기쁨과 환상을 위해 구입된 제품은 지속적으로 관여될 가능성이 있기 때문이며, 실용적 목적을 위해 구입된 제품은 특별한 구매상황과 관련될 가능성이 있기 때문이다.

추가적으로 기쁨과 환상을 위해 제품을 구입하는 소비자는 그 제품에 대한 경험을 강조하므로 유사한 경험을 한 사람들의 충고를 추구할 가능성이 매우 크다. 결과적으로 소비자는 그 자신의 과거경험뿐만 아니라 인적이며 비마케팅적 원천, 즉 친구, 친척 그리고 제품소유자에게 의존한다. 즉 자신의 자아이미지를 확대하기 위해서 효성 스쿠터를 소유할 예상잠재소유자는 모터사이클이 제공하는 잠재력을 평가하는데 있어 다른 사람들의 경험에 의존할 가능성이 높다. 그러나 실용적 제품을 구입하는 소비자는 제품속성 정보를 제공하는 비인적 원천에 의존할 가능성이 매우 크다.

7. 정보획득의 전략적 시사점

소비자가 정보를 획득하는 방법은 마케팅 전략에 대해 직접적인 시사점을 제시한다. 그러나 전략적 시사점은 탐색 유형(능동적 또는 수동적), 제품 유형(실용적 또는 쾌락적) 및 정보탐색에 대한 소비자의 비용에 따라 상이하다.

1) 정보탐색 유형 : 수동적 대 능동적

정보탐색의 유형 즉 수동적 정보탐색 대 능동적 정보탐색은 마케팅 기업에게 중요한 결과를 초래하는데, 〈표 7-3〉에 전략적 시사점이 요약되어 있다.

저관여 제품의 경우, 마케팅 기업은 소비자가 수동적으로 정보를 획득한다는 사실을 인식해야 하며 또한 수동적으로 정보를 받아들일 수 있도록 지원해야 한다. 예를 들어, 신제품을 도입하는 경우에 마케팅 기업은 충분하게 인식될 수 있도록 TV 광고를 반복적으로 해야 한다. 소비자는 TV 상업광고에 노출되어도 정보탐색을 하지 않으므로 TV는 수동적으로 정보를 획득할 수 있는 최상의 매체이다. 웹도 역시 베너광고와 팝업광고를 통해서 수동적으로 정보를 탐색케 하는 좋은 수단이다. 웹검색자(surfer)는 능동적으로 정보를 처리하기보다는 노출을 받아들이므로 지나가는 동안에 베너광고와 팝업광고를 부담 없이 주시할 가능성이 있다.

〈표 7-3〉 수동적 대 능동적 정보탐색의 전략적 시사점

수동적 정보탐색	능동적 정보탐색
반복적 광고를 이용함	자주 메시지 내용을 다양화함
TV를 이용함	인쇄물을 이용함
가격촉진을 강조함	광고를 강조함
점포 내 마케팅 자극을 강조함	점포에 들어가기 전에 마케팅을 강조함

수동적인 정보획득에서 정보를 획득하는 수단으로 중요한 것은 시용이다. 즉 수동적인 정보획득시 소비자가 추가적인 정보를 탐색하는데 소요되는 비용보다 시용용으로 비싸지 않은 제품을 구입하는 것이 실제로 더 저렴할 수 있다. 이에 따라 정보탐색의 한계를 감지한 마케팅 기업은 소비자에게 정보를 전달하려고 시도하기보다는 시용을 하도록 유도하는데 더 많은 예산을 투입해야 한다. 즉 광고예산을 증가시키기보다는 무료견본과 가격촉진에 추가예산을 투입하는 것이 원가적으로 보다 효과적이 될 수 있다.

또한 수동적 정보탐색에서 중요한 수단은 점포 내 자극인데, 그 이유는 소비자가 점포에 가기

전에 정보를 탐색할 가능성이 거의 없기 때문이다. 즉 전시, 진열대에서의 위치 그리고 가격촉진으로 소비자는 그 상표를 주시하게 되며 또한 점포 내 촉진은 **상기자 효과**(reminder effect)로서 서브할 가능성이 있다.

만약 정보탐색이 능동적이라면 마케팅 기업은 완전한 정보를 제공하도록 메시지 내용을 자주 변경할 가능성이 있다. TV 광고보다는 인쇄광고가 사용될 가능성이 큰데 그 이유는 제품특성을 커뮤니케이트하는 것이 중요하기 때문이다. 또한 점포 내 촉진보다는 광고에 예산을 지출할 가능성이 매우 큰데, 그 이유는 소비자가 점포에 가기 전에 정보를 탐색할 가능성이 크기 때문이다. 따라서 마케팅 기업들은 오프라인 판매에 도움을 주는 부가정보로서 웹사이트를 설치하고 있다.

2) 제품의 유형 : 쾌락적 대 실용적

쾌락적 제품과 실용적 제품 간의 차이는 마케팅 기업이 전달하는 정보의 유형과 직접 관계가 있다. 즉 쾌락적 제품에 대한 정보는 상징과 심상이 전달될 가능성이 있는 반면에, 실용적 제품에 대한 정보는 문자로 된 단어에 의존할 가능성이 있다.

예를 들어, 어떤 자전거광고는 파산에서 벗어난 후 자사의 이미지를 자전거 열정자의 모습을 빌려 재수립하는 것이었다. 도로에서 자전거에 도전하는 자전거 주자의 상징은 대중들에게 감정적으로 심금을 울릴 가능성이 있다. 즉 이 광고는 주제가 없이 모든 것이 실제의 이미지이었다.

이와는 대조적으로 오토바이용 핼맷광고는 모든 것이 주제로서 핼맷은 기쁨과 환상을 유발할 가능성은 거의 없다. 그것은 실용적 목적, 즉 머리를 보호하기 위해서 디자인된 제품으로서 결과적으로 이 광고는 제품정보를 커뮤니케이트하기 위해서 디자인되었다.

3) 정보획득 비용

정보탐색에는 상이한 비용들이 발생한다. 첫째, 가장 분명한 비용은 웹을 통해서 탐색하는데 소요되는 시간에 대한 기회비용이다. 즉 인터넷에 접속하고 또한 소프트웨어를 다운로드하는데 지연됨으로써 탐색시간이 소요된다. 둘째, 소비자는 역시 지연되는 탐색으로 인해 금전적 비용을 경험한다. 예를 들어, 어떤 소비자는 웹사이트에서 정보에 접속하는 데 수수료를 지불해야 하거나 또는 필요한 정보에 접속하기 위해 어떤 조직의 회원이 되어야 한다. 셋째, 탐색하는 데 지루함 또는 추가적인 탐색으로 야기되는 좌절감으로 심리적 비용이 발생한다. 넷째, 지나친 탐색으로 과다한 정보가 획득되어 의사결정이 지연될 수도 있다. 다섯째, 경험의 수단으로서 제품을 시용할 수 없다는 것도 역시 웹을 통해서 정보를 탐색하는 비용이 될 수 있다.

따라서 마케팅 기업은 소비자가 정보를 탐색하는 데 소요되는 비용을 절감할 수 있는 방법을 고려해야 한다.

첫째, 웹을 통해서 정보를 탐색하는 데 소요되는 비용을 절감할 수 있는 방법에는 관련 사이트에 더 용이하게 접속케 하는 보드밴드(board band), 탐색엔진, 제휴와 동반자화 등이 있다. 이에 추가하여 웹사이트 제공자들은 웹을 통해 제품 쿠폰을 제공하여 시용을 조장할 수 있다.

둘째, 무료견본 제공은 소비자로 하여금 제품을 경험하게 함으로써 정보탐색 비용을 줄이는 또 다른 방법이다.

셋째, 소비자는 제품을 조사하기 위해 멀리까지 돌아다니려고 하지 않으므로 제품을 집중적으로 유통시키는 것도 역시 정보탐색을 줄이는 한 가지 수단이다.

넷째, 예상잠재고객을 확인할 수 있고 또한 관련정보를 직접 제공할 수 있는 마케팅 기업이 정보탐색 비용을 줄일 수 있는 또 다른 방법은 직접우편이다.

다섯째, 점포 내 정보도 역시 정보탐색 비용을 줄일 수 있다. 즉 단위가격을 살펴봄으로써 소비자는 점포 내에서 상표를 비교하는데 소요되는 시간을 줄일 수 있다.

여섯째, 마케팅 기업은 정보를 탐색하는데 많은 비용을 소요하는 집단들에게 보다 효과적으로 제품정보를 직접 제공하기도 한다. 예컨대, AT&T사는 피크타임이 아닌 때에 적용되는 요금이 저렴하므로, 저소득 집단에게 메시지를 직접 전달하여 정보탐색에 소요되는 비용을 더 줄일 수 있도록 하였다.

제 2 절 소비자 정보처리

소비자는 정보를 획득한 후 그 정보를 처리해야 한다. 소비자가 어떤 정보를 기억하고, 상표를 평가하는 과정에서 어느 정보를 사용하며, 또한 그 정보를 사용하느냐를 정보처리에서 결정하므로, 마케팅 기업은 필시 정보처리에 관심을 가져야 된다.

1. 정보처리 모델

〈그림 7-3〉은 〈그림 7-1〉을 확대한 것으로서 정보처리 모델을 보여준다. 노트북 컴퓨터를 구입하려고 하는 경영학과 학생을 예로 하여 설명한다.

〈그림 7-3〉 정보처리 모델

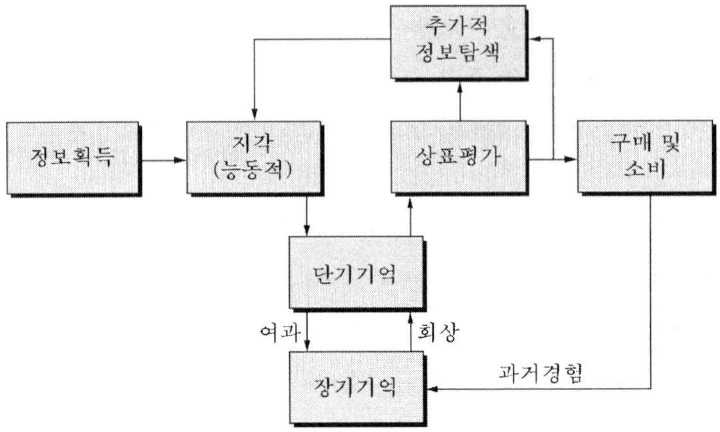

1) 정보처리 과정

〈그림 7-3〉은 정보를 획득함으로써 처리과정이 일어난다는 것을 보여준다. 정보탐색의 과정에서 그 대학생은 Sony 대한 광고를 주시하고, 시험적으로 사용하기 위해 여러 점포를 방문하기도 하며, 또한 처리속도가 예상보다 빠르다는 것을 알게 된다. 이러한 정보는 소비자의 주의를 끈 후에 정보가 조직되고 해석된다.

정보처리의 다음 단계는 상표평가과정에서 회상(상기)하기 위해 어떤 정보를 기억 속에 보관할 것인가를 결정하는 것이다. 대학생은 우선 **단기기억**(short-term memory)에 있는 정보를 처리하는데, 단기기억은 그 대학생이 저장해야 할 정보와 무시해야 할 정보를 결정하는 여과수단으로서 작용한다. 그런 여과수단은 필요한데, 그 이유는 소비자가 본 모든 것을 보존할 수 없고 또한 소비자가 원하지 않기 때문이다. 즉 **선택적 보존**(selective retention)의 원리는 상표결정에 대해 가장 중요하고 또한 관련이 있는 정보만이 장기기억 속에 보존된다고 제시한다.

그 대학생은 광고나 판매원으로부터 그리고 웹으로부터 Sony에 관해 획득한 정보에 관심을 갖는다. 그는 더 수월하게 비교하기 위해서 제품특성을 기준으로 Sony와 기타 노트북에 대한 정보를 조직한다(예 : 그는 속도, 가격, 크기 등을 기준으로 상표를 비교한다). 또한 그 대학생은 비교하는데 도움을 주는 비교사이트를 이용한다. 즉 그가 노트북에 대해 가장 중요하고 또한 가장 바람직한 속성을 제시하면 그 비교사이트는 추천한 상표에 대해 대조하여 비교내용을 제공한다. 그 후 그는 **장기기억**(long-term memory)에 Sony의 속도, 마이크로프로세서 및 가격을 보존한다. 그러나 화면의 크기 및 프린터기에 필요한 부착물과 기초정보는 단기기억을 통해 지나치게 되므로 보존하지 않는다.

그 대학생은 상표평가의 과정 중에 장기기억 속에서 정보를 회상한다. Sony에 대한 정보를 이용하여 그는 Sony의 특징에 대한 자신의 신념을 변경하며 또한 Sony에 대해 보다 긍정적인 태도를 갖게 되어 Sony를 선택할 수 있는 기회를 증가시킨다.

상표평가 과정에서 소비자는 의사결정을 하는데 추가적인 정보가 필요한가를 결정한다. 추가적인 정보탐색을 꼭 해야 하는가를 결정하는데 있어 중요한 요인은 구매와 관련되는 위험수준이다. 그러한 지각적 위험은 고가격, 복잡한 제품, 소비자가 속해 있는 동료집단이 그 제품을 중요시하는 정도 또는 그 제품에 대한 소비자의 감정적 애착 등의 이유로 야기될 수 있다. 그러한 위험으로 인해 소비자는 구매 의사결정을 하기 전에 추가적인 정보를 추구하게 된다. 결국 그 대학생은 Sony보다 더 좋고 경제적인 제품을 간과하지 않도록 하기 위해서 다른 웹사이트에서 확인한 두 가지의 추가적인 상표인 Compaq과 Dell에 대한 정보를 획득하는 등 정보탐색을 계속한다.

그 대학생은 Sony를 구입하기로 결정한다. 즉 그는 온라인을 통해서 좋고 많은 정보를 수집하였지만 서비스 보증을 제공하는 소매점에서 Sony를 구입하기로 결정한다. 구매가 행해지고, 제품을 사용한 후 소비자는 구매경험과 사용경험을 기억하고 학습하게 된다. 즉 그 대학생은 구매한 후 장기기억 속에 Sony에 대한 경험을 저장한다. 역시 그는 기억 속에 Sony를 결정할 때 겪은 경험을 저장한다. 따라서 이 정보는 추후에 그가 다른 노트북을 구입할 때에 유용하게 사용될 수 있다. 이런 경험을 바탕으로 그 대학생은 효과적인 정보탐색자, 쇼핑자 그리고 상표평가자가 될 것이다.

2) 관여와 정보처리

소비자가 정보를 처리하는 방법은 제품을 결정하는데 있어 관여의 수준에 따라 좌우된다. 즉 소비자가 제품에 관여하는 경우 능동적으로 정보를 탐색하며, 또한 대안적인 상표를 효과적으로 평가하기 위해서 그 정보를 분석한다. 저관여 제품인 경우에 소비자는 수동적으로 정보를 받아들이고 처리할 가능성이 크다.

그 대학생은 능동적으로 정보를 처리하였다. 즉 그는 욕구에 근거하여 신중하게 정보를 해석하고 또한 그 정보를 평가하였다. 그리고 상표평가는 포괄적이며 집중적으로 행해졌으며, 더욱이 지각적 위험이 높으므로, 추가적 정보를 능동적으로 탐색하였다.

반면에 저관여 정보처리는 〈표 7-4〉와 같이 고관여 정보처리에 비해 최소한 네 가지 면에서 상이하다.

〈표 7-4〉 고관여 대 저관여 정보처리

고관여	저관여
1. 능동적 처리	수동적 처리
2. 포괄적, 집중적 상표평가	최소한의 상표평가
3. 추가적 정보추구의 가능	추가적 정보추구의 불가능
4. 제품정보에 더욱 의존	과거경험에 더욱 의존

첫째, 소비자는 수동적으로 정보를 처리하므로, 그 정보에 거의 주의하지 않고 기억 속에 정보를 저장할 수 있다. 옥수수 수염차의 광고를 보고 있는 소비자는 상표명과 보아의 V라인 얼굴을 기억할 수 있다. 그러나 그 주제는 거의 즉각적인 의미를 갖지 못하지만, 그 후 소비자가 점포에서 옥수수 수염차를 보게 되면 V라인 얼굴과의 연관성이 일어나며, 소비자는 그 음료를 구입하겠다는 욕구를 상기하게 된다(〈사진 7-1〉 참조).

〈사진 7-1〉 저관여 정보처리의 예(옥수수 수염차)

둘째, 상표평가가 거의 없다. 즉 옥수수 수염차가 좋은 느낌을 갖고 있다는 소비자의 신념은 어떤 강한 상표태도가 생기지 않고도 구입한다는 의사결정을 유도할 수 있다. 즉 신념은 행동을 유발하고, 구매행동 이후에 상표태도가 형성될 가능성이 있는데, 이것은 저관여 계층과 일치된다.

셋째, 지각적 위험이 낮으므로, 소비자는 상표를 선택하기 위해서 추가적인 정보를 추구할 가능성이 거의 없다. 즉 추가적으로 정보를 추구하는데 소요되는 시간과 노력은 가치가 없다.

넷째, 저관여적 소비자는 상표를 판단하는데 과거경험에 의존하는 것으로 만족할 가능성이 있다. 그러나 보다 관여적인 소비자는 제품정보를 추구하고 또한 사용할 가능성이 있다.

2. 기억 과정

고관여 및 저관여의 경우 정보를 처리한다는 것은 아래와 같은 것이 요구된다.

① 정보는 단기기억을 통해 여과된다.
② 정보는 장기기억 속에 저장된다.
③ 정보는 상표평가를 하기 위해 회상되어야 한다.

1) 단기기억을 통해 정보를 여과함

소비자가 정보를 지각하는 경우, 그는 장기기억 속에 그 정보를 저장할 것인가 또는 그 정보를 중요하지 않거나 바람직하지 않은 정보로 여과할 것인가를 결정하기 위해 단기기억에서 그 정보를 간단하게 평가한다. 즉 소비자는 이미 기억 속에 저장해 놓은 정보와 관련지어 그 정보를 보존할 것인가 또는 여과할 것인가를 결정한다. 만약 그 정보가 중요하다면 소비자는 그 정보를 저장한다.

단기기억은 정보를 처리하는 능력에 한계가 있는데, 그 능력은 한꺼번에 평균 7개 정도의 정보를 처리할 수 있으며, 또한 그 처리가 수 초 내에 이루어진다. 즉 사람들은 이러한 제약에 대처하기 위해서 정보를 덩어리화한다. 예를 들어, 보험회사 전화번호나 경찰서 전화번호는 10개 숫자로 되어 있는데, 사람들은 3개의 숫자집합으로 덩어리화하며 보다 쉽게 그것을 상기한다. 이와 유사하게 이동통신 전화번호가 10단위 또는 11단위이지만, 사람들은 전화번호를 3개의 집합으로 집단화한다.

역시 상표이미지는 소비자들이 어떤 상표와 연관시키는 신념을 나타내는 것으로서 정보의 덩어리화이다. 즉 상표이미지는 20개 이상의 상이한 구성요소로 구성되지만 하나의 일반적인 인상으로서 회상될 수 있다.

소비자가 단기기억을 통해서 정보를 여과한 후, 그 정보를 장기기억에 저장하거나 또는 그 정보를 보존하지 않기로 결정할 수 있다. 대부분의 정보는 여러 가지 이유 때문에 보존되지 않는데, 그 이유는 그 정보가 관련이 없거나, 중요하지 않거나, 해석하기 어려운 혼잡스러운 정보이거나 또는 소비자가 무시할 수 있을 정도로 바람직하지 않은 정보이기 때문이다.

2) 장기기억에 정보를 저장함

장기기억 속에 정보는 두 가지 수단, 즉 과거의 사건에 대한 기억(**삽화적 기억**: episodic memory)을 반영하는 이미지로서 저장되거나 또는 우리가 기억하는 사실과 개념을 나타내는 단어와 문장(**어의적 기억**: semantic memory)으로서 저장된다.

상표에 대한 소비자의 기억은 단어와 이미지의 형태로 되어 있다. Nike라는 단어는 운동하는 동안 "Just Do It" 그리고 육체적인 전력투구와 같은 다른 생각을 불러일으킬 수 있다. 역시 Nike라는 단어는 광고로부터 그리고 과거경험, 즉 "분출(Nike의 상징)" 및 유명한 운동선수와 같은 것으로부터 학습한 이미지를 불러일으킬 수 있다. 즉 장기기억 내의 단어와 이미지는 정보 네트워크 내의 다른 단어 또는 이미지와 연결된다. 이 때 장기기억 속의 각 단어와 이미지를 **중심점**(node)이라고 한다. 예를 들어, 소비자는 달리기, 운동하기, 땀흘리기, 열심히 일을 함, 프로 운동선수, 운동복, Just Do It 그리고 "분출모양"과 같은 다른 중심점을 Nike(중심점)와 연결할 수 있다. 이러한 중심점들은 소비자의 마음 속에 Nike에 대한 신념을 나타낸다.

상기의 신념의 집합을 **윤곽**(schema)이라고 한다. 즉 기억과정의 맥락에서 어떤 중심점(상표와 같은 것)이 다른 중심점의 군집을 이끌어내는 경우에 윤곽이 발생한다. 마케팅과 관련하여 볼 때, 그러한 윤곽은 소비자의 상표이미지나 기업이미지이다. 즉 Nike는 하나의 윤곽인데, 그 이유는 Nike라는 단어가 광고, 스포츠 행사, 대화에 의해서 활성화되는 경우에 연관되는 중심점들의 집단(집합)이 소비자의 마음 속에서 나오기 때문이다.

장기기억의 맥락에서 마케팅 전략은 두 가지 중요한 목적을 갖는다. 첫째, 상표와 기타 다른 긍정적인 중심점 간의 연결관계를 수립하는 목적, 둘째, 연결관계가 수립된 후, 이러한 연결관계를 실행에 옮긴다(**활성화**: activating)는 목적을 갖는다. 이러한 긍정적인 연관성은 소비자 학습을 통해서 수립된다. 즉 기억 속에 연관성을 수립하는데 있어 가장 중요한 요소는 그 제품에 대한 소비자의 경험이지만, 광고는 시간이 지남에 따라 긍정적인 연결관계를 유지시키는 중요한 역할을 한다.

예를 들어, Nike에 대한 반복적인 광고는 그러한 연결관계를 수립하는데 성공하였다. Just Do It이라는 광고주제는 Nike의 윤곽을 형성하는데 있어 중요한 중심점으로서, 격렬하고 힘든 운동 그리고 활력적인 육체적 활동 가치에 대한 이미지를 커뮤니케이트하는 기초가 되었다. 즉 그 캠페인이 높게 인식되고 또한 그 캠페인이 생성시킨 긍정적인 연관성은 소비자들이 장기기억 속에 그것을 보관할 가능성이 있다는 것을 의미한다.

3) 상표평가의 목적을 위해 정보를 회상함

소비자가 단기기억을 통해 정보를 여과하고 또한 장기기억 속에 정보를 저장한 후, 그 정보는 회상하는데 이용된다. 장기기억으로부터 정보를 회상할 때 소비자는 단기기억 속에 잠시 정보를 저장하면서 상표를 평가하기 위해 그 정보를 이용한다(〈그림 7-3〉 참조). 상표를 평가하는 경우에 소비자는 몇 가지 중요한 정보를 활용한다. 소비자가 Nike 및 관련된 중심점에 대한 윤곽을 활성화한다는 것은 Nike를 평가하는 방법을 결정한다는 것이다.

이러한 점에서 볼 때, 상표를 결정하는데 있어 마케팅 전략은 두 가지 중요한 목적을 가져야 한다. 즉

① 장기기억 속에 상표의 긍정적인 연관성을 수립해야 한다.
② 일단 연관성이 수립되면 기억으로부터 그 상표를 신속하게 회상하도록 해야 한다.

(1) 회상을 고무하는 요인

장기기억으로부터 정보를 회상하기 위해서는 활성화, 이전, 배치 등 세 가지가 필요하다.

첫째, 활성화로서, 중심점들 간의 연결은 회상이 일어나도록 활성화되어야 한다. 〈그림 7-3〉에서 볼 때, Nike광고는 Nike의 윤곽과 연관되는 여러 가지 중심점들을 활성화한다. 즉 스포츠팀 및 유명한 운동선수들은 Nike를 활성화하는 데 중요한 역할을 수행한다. Michael Jordan은 Air Jordan운동화와의 강력한 연관성을 불러일으키는데, 이로써 Air Jordan운동화는 특정한 집단들에게서 인기를 얻고 있다. 또한 Nike의 윤곽 내의 중심점들 중 Just Do It과 같은 단어는 윤곽을 활성화한다. 즉 그 상표의 윤곽은 그 상표와 관련되는 단어(상표명이 없음)를 제공하는 경우 어떤 관련되는 중심점에 의해서 활성화되며, 그 상표에 대한 회상이 증가하게 된다.

둘째, **배치**(placement)로서, 배치는 활성화된 중심점을 소비자가 어떤 다른 중심점과 연결할 것인가를 결정하는 것이다. 즉 노트북 컴퓨터를 구입하는 대학생은 Sony를 새로운 정보인 처리속도와 연결할 수 있다.

셋째, **이전**(transfer)으로서, 이것은 장기기억으로부터 단기기억으로 회상하는 정보를 결정하는 과정이다. 일반적으로 소비자는 의사결정을 하는데 가장 중요한 정보, 즉 잠재적으로 유효성이 가장 높은 정보를 이전한다.

(2) 회상을 저해하는 요인

회상은 네 가지 중요한 요인 즉, 망각, 방해, 비일관성, 소멸에 의해서 방해를 받는다.

첫째, **망각**(forgetting)은 장기기억으로부터 정보를 회상하지 못하는 무능력이다. 즉 일정기간 동안 정보를 회상하지 못하는 소비자는 정보를 망각하게 되고, 차후에도 회상을 시도하지 못하게 된다.

둘째, **방해**(interference)는 어떤 관련된 정보의 중심점이 관련되는 정보의 회상을 막을 때 일어난다. 예를 들어, 새로운 테니스화에 대한 DMX 기술 그리고 테니스 선수인 Venus Williams를 특성화하여 만든 Reebok 광고로 인해 소비자들은 스포츠화의 성능, 유명한 운동선수 그리고 Nike 간에 조성된 장기기억 속에서의 연결성을 상실하게 되었다. 즉 경쟁적인 광고로 인해 소비자들은 어떤 관련된 상표에 대한 광고를 상기할 수 없게 된다. 또한 소비자들은 간혹 어떤 상표와 다른 경쟁상표를 혼동할 수도 있다. 예를 들어, 어떤 소비자는 자신의 장기기억 속에 있는 비타500의 윤곽이 강하기 때문에 비타800이나 비타1000에 대한 광고를 비타500의 광고로 상기할 수도 있다. 첫 번째에서의 방해는 Nike에게 해를 주지만, 두 번째의 방해는 비타500을 도와주는 것이다.

셋째, 비일관성으로서, 그 상표에 대한 상이한 메시지나 아이디어가 소비자에게 커뮤니케이트되는 경우에 소비자들은 혼란에 빠지게 된다. 예를 들어, Amazon.com사가 책이나 음악과는 너무나 동떨어지게 제품을 확대하는 경우 자사 상표와 연결되는 핵심적 가치관과 혼란을 초래할 수도 있다. McDonald's사가 성인에게 지향하는 이미지를 창조하려고 시도하는 경우, 가족과 재미라는 핵심적 가치관에 대해 갈등을 발생시킴으로써 소비자들을 혼란에 빠지게 할 수 있다.

넷째, **소멸**(extintion)은 그 제품에 대한 부정적인 정보로 인해 발생하는 연결관계에 대한 변화로서, 불량한 품질이나 잘못된 광고로 인해 회상이 방해를 받게 된다. 이러한 경우에 기업은 과거의 잘못된 연결관계를 수정하기 위해서 수정광고를 하여 소멸이 없어지도록 해야 한다.

또 다른 수단으로서의 웹이 강력한 상표 연관성을 조성하는데 긍정적인가 또는 부정적인가를 결정하는 것은 온라인으로 자사의 메시지를 통합하고 또한 효과적으로 커뮤니케이트하는 기업의 역량에 좌우된다. 즉 웹은 기존의 연관성을 강화하고 또한 정보를 회상케 하는 좋은 수단인데, 그 이유는 소비자가 능동적인 처리자이며 또한 강력한 연결관계와 여러 다양한 연관성을 수립하기가 용이하기 때문이다.

그러나 역시 웹은 정보를 회상하는데 방해가 되는 혼란과 혼잡을 증가시킨다. 그 이유는 두 가지로 설명된다. 첫째, 순수하게 닷컴기업으로 시작한 많은 기업들이 시작부터 이미지를 수립하는 것이 현실적으로 어렵기 때문이다. 둘째, 많은 기업들이 웹으로 전향함에 따라 웹의 내용이 일반상품이 되고 있는데, 이러한 일반상품화는 독특한 상표 연관성을 조성하려는 시도를 약화시키기 때문이다.

3. 상표평가

〈그림 7-3〉의 정보처리의 마지막 단계는 상표평가인데, 소비자는 상표를 평가하기 위한 일련의 지침이나 의사결정 규칙을 필요로 한다. 그리고 의사결정 규칙은 소비자가 상표를 평가하는데 사용하는 정보처리 전략이 된다.

소비자는 ① 상표에 대한 관여수준, ② 상표에 대한 지식의 양, ③ 정보가 새롭거나 또는 기억에 이미 저장되어 있느냐에 따라 여러 다양한 전략을 사용하는데, 그 전략은 〈그림 7-4〉와 같이 분류된다.

〈그림 7-4〉 상표평가를 위한 처리전략

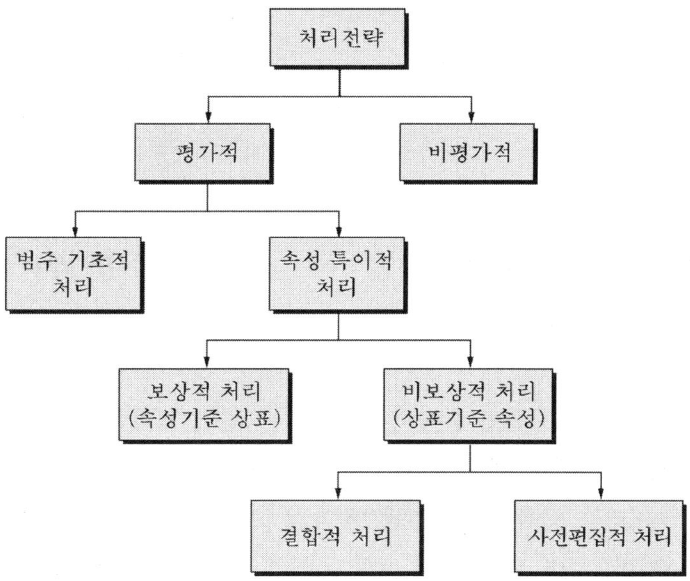

1) 평가적 처리 대 비평가적 처리

기본적인 차이는 평가적으로 처리를 하느냐 또는 비평가적으로 처리하느냐이다. **평가적 전략**(evaluative strategies)은 대안적인 상표들에 대한 정보의 조직이 필요하다. 반면에 **비평가적 전략**(nonevaluative strategies)은 상표를 평가해야 하는 필요성을 피하기 위해 간단한 의사결정 규칙을 따르는 것과 관련된다. 예를 들어, 가장 인기 있는 상표를 구입하거나, 가장 싼 상표를 구입하거나, 친한 친구가 구입한 상표와 같은 상표를 구입하거나 또는 판매원이 추천하는 상표를 구입하는 것으로서 각각의 경우에 상표평가는 없다.

즉 소비자는 관여수준이 높을 때 평가적 전략을 그리고 관여수준이 낮을 때 비평가적 전략을 사용할 가능성이 크다. 비평가적 전략을 사용하는 사람은 정보를 능동적으로 처리하는데 필요한 노력을 피하려 하므로 능동적으로 상표정보를 추구하지 않는다. 즉 광고를 보았을 때 그들은 메시지 내용에 집중하지 않고 즐거움이나 호기심으로 광고를 주시한다.

2) 범주 기초적 처리 대 속성 특이적 처리

평가적 전략은 범주 기초적 전략과 속성 특이적 전략으로 나누어진다. **범주 기초적 전략**(category-based strategies)은 특이한 속성보다는 전체적으로 하나의 상표를 평가하는 것이다. 상표평가를 하기 위해서 소비자는 장기기억으로부터 전체적으로 일관된 연관성을 회상하기 위해 그 상표에 대한 윤곽을 수립해야 한다. 이런 기준에 따라 소비자는 신속하게 상표를 평가하고 또한 선호성을 수립하게 된다.

한편 **속성 특이적 전략**(attribute-specific strategies)은 신속한 서비스, 좋은 맛, 또는 멋있는 분위기와 같은 특별한 속성에 따라 대안적인 상표를 비교한 후 어느 상표를 선택할 것인가를 결정한다.

소비자가 범주 기초적 처리를 사용하는 첫 번째 경우는 기억으로부터 실제로 상기할 수 있는 상표의 전반적인 이미지(윤곽)를 가질 때이다. 즉 특별한 속성이 아니라 상표의 전반적인 느낌에 근거하여 평가하는 것이다.

둘째, 소비자는 복잡한 의사결정을 단순화하는 수단으로 범주 기초적 처리를 한다. 예를 들어, 컴퓨터를 선택하는 기준이 없어 혼란에 빠져 있는 전문직업인은 특별한 제품속성이 아니라 전반적인 상표이미지에 기초하여 2~3개 컴퓨터를 평가하기로 간단하게 결정할 수 있다.

한편, 속성 특이적 처리는 신제품이 도입될 때 또는 소비자가 상표를 비교하는데 보다 광범위하게 처리하는 경우에 필요하다. 즉 치아에 대한 치석과 잇몸의 시림에 대해 알고 있는 소비자는 치약을 평가하는데 속성 특이적 처리를 한다. 따라서 이러한 변화로 인해 새로운 치석제거치약이 성공할 수 있다.

또한 속성 특이적 처리는 소비자가 ① 그 상표에 관여적이며, ② 그 제품범주에 대해 많이 알고 있는 경우에 가능성이 높다. 즉 관여적인 소비자는 과거의 정보에 근거하여 상표를 전체적으로 판단하는 것을 만족스럽게 생각하지 않는다. 즉 관여적인 소비자는 상표에 대한 추가적인 정보를 탐구하며 또한 특별한 속성에 기초하여 상표를 평가할 가능성이 있다.

만약 소비자들이 범주 기초적 처리를 사용한다면 마케팅 기업은 상표명 및 상표명과 연관되는 긍정적인 상징(예를 들어, McDonald's사의 아치 또는 PepsiCo의 빨갛고 파란색의 로고)을 강조해야 한다. 그러나 마케팅 기업은 상표명과 긍정적인 상징을 강조하기 위해서 그 상표와 연관된 윤곽을 조장해야만 한다. 반대로 속성 특이적 처리가 되는 경우 마케팅 기업은 집중적으로 제품 특징에 대한 특이한 정보를 커뮤니케이트해야 한다.

3) 보상적 처리 대 비보상적 처리

〈그림 7-4〉는 소비자가 속성 특이적 평가전략을 사용하는 경우 두 가지 추가적인 전략이 가능하다는 것을 보여준다. 소비자는 중요한 여러 속성을 기준으로 일정시점에 여러 개의 상표를 평가(보상적 평가)하거나, 또는 고려하고 있는 대안적 상표를 중요한 속성의 순서에 따라 평가(비보상적 평가)할 수 있다.

예를 들어, 여러 대안적인 노트북 컴퓨터 모델을 비교하는 대학생은 처리속도, 기억용량, 화면크기, 키보드 및 기타 속성들을 기준으로 평가함으로써 Sony를 전체적으로 평가한다. 그러한 보상적 평가방법은 가산적인 것으로서 Sony에 대한 평가는 모든 속성의 점수를 합침으로써 처리속도와 같은 속성의 좋은 점수가 화면크기와 같은 다른 속성의 나쁜 평가점수를 보상할 수 있다.

반대로, 그 대학생은 역시 일정시점에 한 가지 속성을 정하고 또한 고려하고 있는 상표를 각각의 속성을 기준으로 평가할 수 있다. 이 경우에 그 대학생은 처리속도에 따라 Sony, Dell, Compaq을 비교하고, 그 후 가격에 따라, 그 다음으로 기억용량에 따라 그리고 모든 중요한 속성에 따라 각 상표를 평가할 때까지 그렇게 비교한다. 이런 전략이 비보상적인 이유는 소비자가 한 가지 속성에 대해 결함이 있는 상표를 제외시킬 수 있기 때문이다. Compaq이 현저하게 비싸다는 사실을 파악했다면, 그는 다른 속성을 기준으로 상표를 고려하기 전에 Compaq을 제외시키게 된다. 그러나 보상적 접근방법의 경우 구매 의사결정을 하기 전에 모든 속성에 따라 Compaq을 고려한다.

소비자들로 하여금 보상적 전략을 사용하도록 하기 위해서 마케팅 기업은 소비자들이 상표를 비교할 수 있도록 제품속성 일체를 커뮤니케이트해야 한다. 그러나 소비자가 비보상적 전략을 사용한다면 마케팅 기업은 소비자가 상표평가시 사용할 가능성이 있는 몇 가지 중요한 속성에 집중해야 한다.

소비자는 특히 너무 많은 상표를 고려하는 경우에 그 상표들을 여과하기 위해서 우선적으로 비보상적 전략을 사용하며, 그 후 나머지 상표를 평가하기 위해 보상적 전략을 사용한다. 즉 이런 처리전략은 처리되는 정보의 양을 관리할 수 있으며 또한 고려하고 있는 상표의 수를 줄이기 위한 좋은 전략이기 때문이다.

〈그림 7-4〉는 두 가지 유형의 비보상적 역할을 보여주는데, 이 전략은 〈표 7-5〉에 상세히 설명

되어 있다. 예를 들어, 대학생이 세 가지 속성에 따라 4개의 노트북 상표를 평가한다고 가정하자. 그는 최고점수를 7점으로 하는 7점 척도를 사용한다.

〈표 7-5〉 비보상적 처리전략

	삼성	Dell	Compaq	Sony
처리속도	2	7	7	5
저장능력(용량)	6	6	4	6
키보드/전시	7	5	3	7

결합적 처리
- 삼성은 처리속도에 대해 평가점수가 낮기 때문에 제외된다.
- Compaq는 키보드/화면표시 그리고 저장용량에 대해 평가점수가 낮기 때문에 제외된다.
- Dell과 Sony 중에서 선택한다.

사전편집적 처리
- 가장 중요한 속성들이 위의 표에 있는 것처럼 동일한 순서로 제시된다고 가정한다.
- Dell과 Compaq가 처음에 동일한 점수이다. 그 다음 가장 중요한 속성으로 평가되어 이러한 기준에 따라 Dell을 선택한다.

첫째, **결합적 전략**(conjunctive strategy)을 사용하여 소비자는 어떤 상표가 중요한 속성에 대해 받아들일 수(용인할 수) 있는 기준을 충족하는 경우에만 하나의 상표를 고려한다. 즉 받아들일 수 있는 평가점수가 5점 이상이라고 가정한 경우 삼성이 처리속도에서 받아들일 수 있는 수준 이하의 점수이므로 제외되며, Compaq는 키보드/화면크기 특징에서 그리고 저장용량에서 점수가 낮기 때문에 제외된다. 그 후 Sony와 Dell 중에서 선택해야 한다. Sony와 Dell이 저장용량에서 같은 점수이므로 키보드/화면크기에 기초하여 Sony를 선택한다. 대안적으로 삼성과 Compaq을 제외시킨 후 Sony와 Dell 중에서의 선택은 모든 속성에 대해 각 상표를 평가하므로 보상적 기준에 따라 이루어진다. 즉 소비자는 점수가 최고로 좋게 평가되는 제조업자(상표)를 선택한다.

둘째, **사전편집적 전략**(lexicographic strategy)을 사용하는 경우에 소비자는 우선 가장 중요한 속성을 기준으로 상표를 평가한다. 동점이 되면 두 번째로 중요한 속성에 따라 상표를 평가하는데, 그 후 하나의 상표가 선정될 때까지 평가한다. 가장 중요한 속성이 〈표 7-5〉에 제시된 순서와 같다고 가정한 경우, Sony와 Dell이 가장 중요한 기준인 처리속도에 대해 평가점수가 같다. 이런 경우에 삼성과 Compaq은 제외된다. 그 후 소비자는 두 번째로 중요한 기준인 저장용량에 따라 평가한 후, 이에 따라 Dell보다 Sony를 선택한다.

4. 실용적 제품 대 쾌락적 제품에 대한 정보처리

정보처리도 그 제품이 기본적으로 실용적이냐 또는 쾌락적이냐에 따라 상이하다. 즉 정보의 회상과 상표평가의 본질은 쾌락적 제품에서부터 실용적 제품까지의 연속선상에서의 위치에 따라 상이하다.

1) 정보의 회상

장기기억으로부터 회상되는 정보의 본질은 그 제품이 기능적이냐 또는 기쁨을 추구하며 감정적으로 보이느냐에 따라 좌우된다. 즉 실용적 제품에 대한 정보는 실제적인 경험과 과거의 사건에 근거를 둘 가능성이 있다. 예를 들어, 소비자는 오토바이용 헬멧과 관련하여 자신이 보았던 정보를 상기하거나 또는 특별한 상표를 사용했던 자신의 경험을 기억할 수 있다.

반면에 쾌락적 제품에 대한 정보는 과거경험에 바탕을 두기는 하지만 쾌락적 제품은 역시 환상에 바탕을 둔다. 예를 들어, 효성 스쿠터의 예상잠재구매자는 탁트인 바닷가를 혼자 달리는 사람으로 그 자신을 상상한다. 그리고 Pro-Specs 쟈켓의 예상잠재구매자는 기아 타이거스 팀요원으로 타석에 있는 선수가 되어 있는 자신을 볼 수도 있다. 두 가지의 경우에 심상은 현실과는 거의 상관이 없고 동떨어져 있지만 직접적으로 구매에 영향을 줄 수 있다.

2) 상표평가

상표를 평가하기 위해 사용되는 처리전략도 역시 실용적 제품 대 쾌락적 제품에 따라 상이하다.

실용적 제품을 평가하는 소비자는 속성 특이적 전략을 사용할 가능성이 있는데, 어떤 상표의 성능을 평가하기 위해 제품정보를 추구하게 된다. 즉 소비자는 연료소모량, 내부공간, 트렁크 크기, 가속력, 내구성 및 가격에 따라 여러 대안적인 자동차를 평가한다.

또한 소비자는 범주 기초적 전략, 즉 특별한 제품속성이 아니라 전체적인 것에 따라 쾌락적 제품을 평가할 가능성이 있다. 소비자는 그 제품을 일련의 경험이나 환상과 연관시킬 가능성이 있다. 이런 관점에서 볼 때, 효성 스쿠터는 실용적 제품과는 별개의 것으로서 이미지, 분위기 또는 감정을 만들어낼 수 있다. 그러한 경우에 마케팅 기업은 그 제품에 대해 긍정적인 연관성을 고무할 수 있는 심상과 상징을 강조해야 한다. 그러한 심상과 상징은 특이한 제품정보를 전달하기보다는 전반적인 인상을 창조하는 것이다.

제3절 정보처리의 마케팅 전략적 사사점

정보처리의 두 가지 구성요소 즉 기억과정과 상표평가도 중요한 마케팅 시사점을 제시한다.

1. 기억과정

광고전략의 기본적인 목적은 소비자가 기억 속에 메시지를 보존하도록 하는 것인데, 보존을 증가시키는 가장 분명한 수단은 광고 메시지를 반복하는 것이다. 즉 광고의 상기(회상)는 반복횟수가 한번에서 여섯 번으로 증가함에 따라 거의 3배가 되기 때문이다.

그러나 빈번하게 광고를 반복함으로써 나타나는 다른 문제는 **소멸(마멸)효과**(wearout effect)이다. 즉 소비자는 광고캠페인에 익숙해짐에 따라 더 이상 그 광고캠페인을 주시하지 않게 된다. 그러므로 그 캠페인은 제품 이점을 커뮤니케이트하는데 새롭고 신선한 아이디어를 도입함으로써만 재생될 수 있다. 사실상 지속적인 반복은 소비자를 화나게 할 수 있다.

기억과정의 또 다른 중요한 시사점은 마케팅 기업이 긍정적이며 지속적인 상표이미지를 유도하도록 상표와의 연관성을 수립하는 것이다. 그러나 긍정적인 이미지를 수립하기 위해서 광고는 소비자의 기억 속에 긍정적인 연관성을 가진 중심점을 그 상표와 연결시켜야 한다.

소비자가 일단 상표이미지를 수립하면 마케팅 기업은 마케팅 전략의 모든 요소를 이용하여 상표이미지를 강화해야 한다. 즉 상표이미지를 강화하기 위해서 광고, 포장, 점포 내 자극 등이 조정된 마케팅 캠페인이 행해져야 한다. 예를 들어, McDonald's사의 마케팅 전략은 강한 이미지를 촉진하고 있는데 Ronald McDonald, 운동장, 판매촉진, 점포 내 장식 및 분위기와 같은 여러 가지 캠페인 요소들이 좋은 서비스 그리고 가족적 가치의 이미지를 촉진하였기 때문이었다. 그러나 기존에 수립된 이미지와는 상이한 요소들은 혼란을 일으키며 또한 소비자의 기억 속에 있는 연관성을 약하게 한다는 사실에 주의해야 한다.

2. 상표평가

소비자가 상표를 평가하는 방식도 역시 전략적 시사점을 제시한다. 보다 관여적인 소비자가 평가적 처리를 하는 경우 마케팅 기업은 소비자의 욕구와 밀접하게 관련되는 메시지를 개발해야 한다. 반대로 비평가적 처리는 저관여적 소비자와 연관되므로 광고주는 간단한 주제와 주변적 단서를 사용하며 또한 그러한 주제와 단어를 커뮤니케이트하기 위해 기본적으로 TV에 의존해야 한다.

소비자가 사용하는 평가적 처리전략도 역시 전략적으로 시사점을 제시한다. 만약 소비자가 속성 특이적 기준에 따라 상표를 평가한다면 광고는 소비자가 쉽게 평가할 수 있도록 정보제공적이며 또한 제품 특징을 제시해야 한다. 반대로 범주 기초적 평가는 소비자가 전체적으로 상표를 평가하므로 이미지 지향적 광고를 많이 이용해야 한다. 예컨대, 진로의 두꺼비, 세진컴퓨터의 진돗개 또는 apple Computer의 로고(사과)와 같은 상징과 이미지는 그 상표에 대해 간단한 수단으로 사용될 수 있다. 즉 이러한 상징은 그 상표의 특이한 속성을 구체적으로 제시하지 않고도 상표이미지를 불러일으킬 수 있다.

제 4 절 정보처리의 사회지향적 시사점

소비자는 합리적인 의사결정을 할 수 있는 능력을 발휘하는데 필요한 적절한 정보를 획득할 수 있는 권리를 갖고 있다. 이러한 관점에서 볼 때 세 가지의 사회지향적 문제가 있다.

첫째, 소비자에게 더 많은 정보가 제공되어야 하는가(소비자 행동주의자 주장) 또는 소비자에게 적게 제공되어야 하는가(일부 조사자)이다.

둘째, 소비자는 간혹 복잡한 상표정보를 처리하는데 서투른 전략을 사용하는데, 이 경우에 보다 최적의 전략을 사용할 수 있도록 소비자를 고무할 수 있는 방법이 있는가이다.

셋째, 나이가 어린 소비자와 나이가 많은 소비자들이 비효율적으로 정보를 처리하므로, 정부와 기업이 웹에 대해서 두 집단의 정보처리 능력을 증대시키는 데 역할을 해야 하느냐 하는 문제이다.

1. 더 많은 정보 또는 더 적은 정보

많은 연구들은 어떤 제품범주에 대해 많은 정보가 소비자 혼란을 증대시키며 또한 비효율적으로 선택하도록 유도하므로 제품정보가 제한되어야 하고 간단해야 한다고 제시한다.

소비자 행동주의자들은 내용물, 영양가 성분, 성능, 가격 등과 같은 제품정보는 일반적인 기준에서 소비자들이 이용할 수 있어야 하며 또한 소비자는 그 후 얼마나 많은 정보를 사용해야 할 것인가를 결정해야 한다고 주장한다.

정부는 추가적인 정보가 제공되어야 한다는 소비자 행동주의자들의 주장을 받아들이고 있다. 식품의약품안전청은 성분과 영양가에 대한 정보를 포장에 제시하고 또한 더욱 분명하게 경고내용을 제시하도록 하는 법규를 마련하고 있다. 기타 정부기관들이 단위가격정보 그리고 부패하기 쉬운 품목에 대해 보존기간을 요구하고 있다. 그리고 산업재 기업들은 광고, 브로셔 및 직접우편물을 이용하여 세부적인 제품정보를 제공하고 있다. 또한 몇몇 소매점들은 점포에 상담자를 배치하여 쇼핑자에게 대안적인 가격과 상표에 대한 정보를 제공하고 있다.

더 많은 정보를 제공해야 한다는 주제를 뒷받침하는 몇 가지 이유가 있다.

첫째, 어떤 소비자는 그런 많은 정보를 사용하지만 불행스럽게도 나이가 많고 또한 저학력 소비자는 제품정보를 사용할 가능성이 없다. 이에 따라 정부와 기업은 이런 집단들이 많은 정보를 획득할 수 있도록 조치를 취할 수 있는데, 예를 들어, 의약품과 같은 중요한 제품범주에 대해 비교되는 가격정보를 제공하거나 또한 대단위 쇼핑센터를 이용할 수 있도록 교통편의시설을 개선하는 것 등이 있다.

둘째, 정보를 사용하는 경우에 소비자는 보다 더 효율적으로 구매를 한다. 즉 단위가격정보를 이용함으로써 소비자는 가격이 더 낮은 제품을 구입할 수 있다.

셋째, 더 많은 정보를 제공하는 것이 소비자의 신뢰성을 증가시킨다. 즉 소비자는 더 많은 정보(예 : 이자율, 금융비용 등)를 알고 있음으로써 더 좋은 느낌을 가질 수 있다.

2. 보상적 처리 또는 비보상적 처리

두 번째 문제는 소비자가 이용할 수 있는 정보의 양과는 관계없이 적절한 처리전략을 사용하는가이다. 즉 대부분의 소비자는 많은 제품정보를 이용할 수 있는 데도 불구하고 2~3개 기준으로 사용하고 있다. 이것은 소비자들이 제품범주에 대해 잘 알지 못하는 경우에 비보상적 전략을 이용함으로써 준최적화 결정을 하고 있다는 것이다.

특히 소비자가 지식이 없고 또한 선택하는데 자신감이 없는 경우에, 고가이며 위험이 큰 제품에 대해 의사결정을 하는데 있어 소비자로 하여금 폭넓은 기준을 사용하도록 고무하는 강력한 조치를 취할 수 있다. 즉 기업은 제품특성에 따라 상표들을 비교할 수 있는 기준에 대해 소비자를 교육시킬 수 있다. 예를 들어, 컴퓨터 회사들은 컴퓨터를 선택하는데 필요한 기준인 기억용량 및 속도 등의 사용방법을 설명하는 정보제공적인 브로셔를 예상잠재구매자에게 제공할 수 있다.

3. 연령과 연관되는 정보처리

나이가 적은 소비자 그리고 나이가 많은 소비자들의 정보처리 능력이 감소한다는 사실이 심각한 사회적 문제가 되고 있다. 나이가 적은 어린이들은 일반적으로 상업광고의 목적을 이해하지 못하며 또한 TV 프로그램과 상업광고를 구별할 수 없다. 따라서 정보처리능력이 거의 없는 어린이를 이용하지 못하도록 책임 있는 조치를 취해야 한다.

어린이들이 지나칠 정도로 웹을 사용하고 있다는 것에 관심이 기울여지고 있다. 8세 이하의 어린이들 중 상당수가 인터넷에 접속하는 컴퓨터 열광자(중독자)인데, 그 어린이들은 TV의 광고와 프로그램 간을 구별하지 못하며 또한 광고에 의해 더 영향을 받을 가능성이 매우 높다.

역시 나이가 많은 소비자들은 비효율적으로 정보를 처리한다. 즉 나이가 많은 소비자들은 대안적인 많은 광고주장이나 상표를 기억 속에 보존할 수 없으며 또한 대안적인 상표를 평가하는데 소수의 속성을 사용하는 경향이 있다. 또한 장년기 소비자들은 광고의 주장내용을 거의 기억하지 못하며, 반복적인 주장이 보증을 의미하지 않음에도 불구하고 반복적인 주장을 더욱 신뢰하는 경향이 있다.

장년기 소비자들은 정보를 처리하는 방법으로서 인터넷을 거의 이용하지 않고 있는데, 인터넷에 접속하지 않는다는 것은 장년층들에게 정보를 제공하는데 있어 심각한 장애요인이 된다.

참고문헌

윤훈현 역, 『소비자행동론』, 제6판, 석정, 1998.

윤훈현, 『소비자행동론』, 석정, 2005.

Brian T. Ratchford, "The Economics of Consumer Knowledge," *Journal of Consumer Research* 27 (March 2001), pp. 397-411.

Catherine A. Cole and Siva K. Balasubramanian, "Age Differences in Consumers' Search for Information : Public Policy Implications," *Journal of Consumer Research* 20 (June 1993), pp. 157-169.

Cynthia Huffman and Michael J. Houston, "Goal-Oriented Experiences and the Development of Knowledge," *Journal of Consumer Research* 20 (September 1993), pp. 83-95

Dennis A. Lussier and Richard W. Olshavsky, "Task Complexity and Contingent Processing in Brand Choice," *Journal of Consumer Research* 6 (September 1979), pp. 154-165.

Dommermuch W. P., "The Shopping Matrix and Marketing Strategy," *Journal of Marketing Research* 2 (May 1965), pp. 128-132.

Douglas M. Stayman, Dana L. Alden, and Karen H. Smith, "Some Effects of Schematic Processing Consumer Expectations and Disconfirmation Judgments," *Journal of Consumer Research* 19 (September 1992), pp. 240-255.

George S. Day, "Assessing the Effects on Information Disclosure Requirements," *Journal of Marketing* 40 (April 1976), pp. 45-52.

Henry Assael, Consumer Behavior, Houghton Mifflin, 2004.

Irving Janis and Leon Mann, *Decision Marking* (New York : Free Press, 1977) : and Charles Schaninger and Donald Sciglimpaglia, "The Influence of Cognitive Personality Traits and Demographics on Consumer Information Acquisition," *Journal of Consumer Research* 8 (September 1981), pp. 208-216.

Jacob Jacoby, Donald E. Speller, and Carol A. Koh, "Brand Choice Behavior as a Function of Information Load," *Journal of Marketing Research* 11 (February 1974), pp. 63-69.

James R. Bettman, Mary Frances Luce, and John W. Payne, "Constructive Consumer Choice Process," *Journal of Consumer Research* 25 (December 1998), pp. 187-217.

Jennifer Gregan-Paxton and Deborah Roedder John, "Are Young Children Adaptive Decision Makers? A Study of Age Differences in Information Search Behavior," *Journal of Consumer Research* 21 (March 1995), pp. 567-580.

Joan Meyers-Levy, "The Influence of a Brand Name's Association Set Size and Work Frequency on Brand Memory," *Journal of Consumer Research* 16 (September 1989), pp. 197-207.

John D. Claxton, Joseph N. Fry, and Bernard Proits, "A Taxonomy of Prepurchase Information Gathering Patterns," *Journal of Consumer Research* 1 (December 1974), pp. 35-42.

Jong-Won Park and Manoj Hastak, "Memory-Based Product Judgements : Effects of Involvement at Encoding and Retrieval," *Journal of Consumer Research* 21 (December 1994), pp. 534-547.

Joseph W. Newman and Richard Staelin, "Prepurchase Information Seeking for New Cars and Major Household Appliances," *Journal of Marketing Research* 9 (August 1972), pp. 249-257.

Keith B. Murry, "A Test of Services Marketing Theory : Consumer Information Acquisition Activities," Journal of Marketing 55 (January 1991), pp. 10-25.

Kevin Lane Keller, "Memory Factors in Advertising Evaluations," *Journal of Consumer Research* 14 (December 1987), pp. 316-333.

Meryl P. Gardner, Andrew A. Mitchell, and J. Edward Russo, "Low Involvement Strategies for Processing Advertisements," *Journal of Advertising Research* 14 (1985), pp. 4-12.

Michael L. Ray and Alan G. Sawyer, "Repetition in Media Models : A Laboratory Technique," *Journal of Marketing Research* 8 (February 1971), pp. 20-29.

Nancy Stephens and Mary Ann Stutts, "Preschoolers's Ability to Distinguish Between Television Programming and Commercials," *Journal of Advertising Research* 11 (April-May 1982), pp. 16-25.

Narasimhan Srinivasan and Brian T. Ratchfored, "An Empirical Test of a Model of External Search for Automobiles," *Journal of Consumer Research* 18 (September 1991), pp. 233-241.

Sharon E. Beatty and Scott M. Smith, "External Search Effort : An Investigation Across Several Product Categories," *Journal of Consumer Research* 14 (June 1987), pp. 83-95.

Sridhar Moorthy, Brian T. Ratchford, and Debabrata Talukdar, "Consumer Information Search Revisited : Theory and Empirical Analysis," Journal of Consumer Research 23 (March 1997), pp. 263-277.

"The Influence of Task Complexity on Consumer Choice : A Latent Class Model of Decision Strategy Switching," *Journal of Consumer Research* 28 (June 2001), pp. 135-148.

"Too Many Choices," *Wall Street Journal* (April 20, 2001), pp. B1, B4.

William B. Locander and Peter W. Herman, "The Effect of Self-Confident and Anxiety on Information Seeking in Consumer Risk Reduction," Journal of Marketing Research 16 (May 1979), pp. 268-274.

8 chapter

태도수립과 태도변화

본 장에서는 소비자가 처리한 정보에 근거하여 상표에 대한 신념과 선호성을 수립하는 방법에 대해 연구한다. 이러한 신념과 선호성은 어떤 상표에 대한 소비자의 태도를 정의하고 또한 상표에 대한 소비자의 태도는 자신의 상표평가에 직접 영향을 주고, 그 상표를 구입할 것인가를 결정한다.

제1절 소비자 태도의 본질

태도란 말은 라틴어의 앱투스(aptus)에서 유래된 것으로 앱투스란 자세 또는 신체적 포즈를 뜻하는 말이다. 현재 우리가 사용하고 있는 태도는 50년 전 Gordon Allport가 정의한 것으로서, 태도는 항상 우호적 또는 비우호적인 방법으로 어떤 목적물 또는 목적물 계층에 대해 반응하는 학습된 경향이다라고 제시하였다.

1. 태도의 의미

태도(attitude)는 어떤 대상(사람, 사물, 사안)에 대해 일관성이 있게 호의적/비호의적, 긍정적/부정적으로 반응을 나타내려는 학습된 선유경향이라고 정의할 수 있다. 따라서 **상표에 대한 태도**

(brand attitude)는 일관되게 우호적 또는 비우호적으로 상표를 평가하는 소비자의 학습된 경향으로서, 전반적인 기준에 따라 불량으로부터 우량으로 소비자가 특정상표를 평가하는 것이다.

상표에 대한 태도는 소비자가 장기기억에 저장한 어떤 상표의 윤곽에 기초를 둔 것으로서, **윤곽**(schema)은 어떤 상표나 기업에 대한 사고와 아이디어의 군집으로 신념인 것이다. 예를 들어, 격식과 전통에 치우치며 고압적이라는 KT사에 대한 윤곽으로 인해 상당수 젊은 소비자들이 다른 장거리통신 제공기업을 선택하였다. 한편 나이가 많은 소비자들은 신뢰성, 안전성 및 좋은 서비스와 연관되어 KT사에 대한 윤곽을 형성할 가능성이 크다. 이러한 속성들로 상당수 나이가 많은 소비자들이 KT사에 대한 신념을 조성하게 되고, 그들은 KT사를 긍정적으로 평가하게 되며, 또한 장거리통신 제공기업으로서 KT사를 선택하도록 유도할 가능성이 있다. 결과적으로 상표신념(KT사는 좋은 서비스를 제공한다)은 상표평가(나는 KT사를 좋아한다)를 유도하며, 따라서 행동의도를 유도한다(나는 장거리통신 서비스를 받기 위해 KT사를 이용하려고 계획한다).

2. 태도의 세 가지 구성요소

상표신념, 태도 및 의도적 행동(행동 의도)간의 연결관계는 〈그림 8-1〉과 같이 태도의 세 가지 구성요소를 정의한다.

〈그림 8-1〉 태도의 세 가지 구성요소

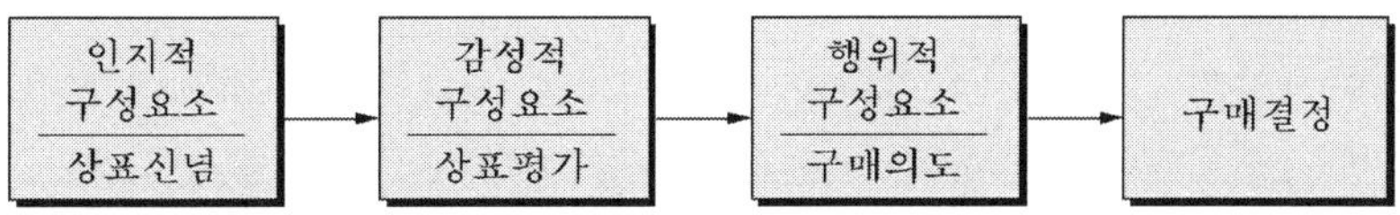

상표신념은 태도의 **인지적**(cognitive, 사고 : thinking) 구성요소이고, 상표평가는 **감정적**(affective, 느낌 : feeling) 구성요소이며, 구매의도는 **행위적**(conative, 행동적 : behavioral) 구성요소이다. 이 세 가지 구성요소는 마케팅 전략에서 중심적인 역할을 수행하므로 이들 각각을 완전하게 이해해야 한다.

1) 신념 : 인지적 구성요소

상표에 대한 소비자의 **신념**(belief)이란 소비자가 상표에 속해 있다고 생각하여 설명할 수 있는 특징이다. 마케팅 기업은 소비자들에 대한 심층분석 또는 집중집단면접과 같은 마케팅 조사를 통해서 자사제품에 대한 어휘를 개발한다. 그 후 상기의 제품에 대한 소비자들의 어휘를 표현할 수 있는 것으로 제품속성 및 이점을 나타내는 어휘를 개발한다. 마케팅 기업은 제품속성과 이점을 나타내는 어휘를 수립한 후 설문지에 그것을 포함시키고, 그 어휘를 사용한 상표를 응답자들에게 평가하도록 소비자 조사를 한다. 예컨대, 청량음료의 경우 〈표 8-1〉에 제시된 기준에 따라 상표를 평가하도록 소비자들에게 요청한다.

〈표 8-1〉에 제시된 청량음료에 대한 신념의 어휘는 속성과 이점을 보여주는데, 여기에서의 속성(attribute)은 그 제품이 갖고 있는 특성이며, 이점(benefit)은 그 속성이 소비자의 욕구를 충족시키는 부분이다. 소비자는 그 청량음료가 달콤한지, 탄산도가 있는지와 같은 속성 그리고 영양가가 있는지 또는 갈증을 해소해 주는지와 같은 이점에 따라 청량음료를 평가한다. 이러한 평가점수라는 수단을 통해서 마케팅 기업은 경쟁사의 것에 비해 자사 상표의 강점과 약점을 확인할 수 있다. 예를 들어, 30대들이 비타 500에 비해 박카스가 카페인 등의 첨가물을 함유하고 있어 건강에 별로 도움이 되지 않는다고 신념이 약점을 보여준다면, 마케팅 기업은 30대들의 태도를 변화시키거나 강화하기 위해 재위치화 전략을 고려할 수 있다.

〈표 8-1〉 청량음료 제품에 대한 상표신념의 어휘

제품 속성	제품 이점
열량 함량	에너지를 회복함
비타민 함량	영양가가 풍부함
천연(자연) 성분	가족 전체를 위해 좋음
달콤함	활력을 줌
뒷맛	식사시간에 좋음
탄산도	갈증을 해소함

그러한 속성과 이점을 나타내는 어휘는 역시 소비자가 상표를 평가하는데 도움을 준다. 즉 어휘를 소비자들이 상표를 평가하는데 제공하는 경우에 소비자들은 상표에 대한 자신들의 신념의 본질을 더 잘 이해할 수 있으며 또한 시간이 지남에 따라 보다 지속적이며 확실한 상표선호성을 갖게 된다.

그러나 〈표 8-1〉에 제시된 속성과 이점들의 어휘는 마케팅 기업이 신념을 이해하는데 있어 일부분만을 제공한다. 즉 소비자는 청량음료를 달콤하다고 평가하지만 그 평가점수는 그 소비자가 달콤한 음료를 원한다는 것을 의미하지는 않는다. 그러므로 마케팅 기업은 소비자가 달콤함, 신선함과 같은 속성 그리고 영양가, 갈증해소용과 같은 이점에 부여하는 가치를 결정해야 한다. 즉 두 명의 소비자가 그 청량음료는 매우 달콤하다고 평가할 수 있지만, 어떤 소비자는 달콤함에 대해 높은 가치를 부여하는 반면에, 다른 소비자는 그렇지 않은 수도 있다. 결과적으로 첫 번째 소비자는 유사한 신념을 가지고 있음에도 불구하고 두 번째 소비자의 태도에 비해서 그 상표에 대해 보다 긍정적인 태도를 가지게 된다.

소비자가 가치를 부여하는 것은 그 소비자가 중요시하는 것으로서, 신념이란 소비자가 그 제품의 속성에 대해 생각하는 것을 보여주기 때문에, 그것(제품의 속성)에 따라 소비자들을 세분화할 수 있다. 즉 청량음료시장은 달콤한 세분시장 또는 영양가적 세분시장으로 정의할 수가 있다는 것이다.

2) 전반적인 상표평가 : 감정적 구성요소

두 번째 구성요소인 감정적(느낌) 구성요소는 그 상표에 대한 소비자의 전반적인 평가를 나타낸다. 즉 상표에 대한 소비자의 전반적인 평가는 나쁜 것으로부터 좋은 것까지 또는 좋아하지 않음으로부터 매우 좋아함에까지 상표를 평가하여 측정하는 것이므로 일차원적이다. 이에 반해 상표에 대한 신념은 소비자가 지각하는 상표의 속성들을 나타내므로 다차원적이다.

〈그림 8-1〉의 기본적인 태도 모델에 의하면, 상표평가는 상표신념에서 유래된다. 예를 들어, 30대들이 비타500이 많은 비타민을 함유하고 있다고 믿으며, 그 비타민 함유에 대해 높은 가치를 부여하는 경우에 그들은 비타500에 대해 긍정적인 태도를 갖게 된다.

세 가지 구성요소 중 상표평가는 태도를 연구하는데 중심적인 것으로서, 상표신념이 상표평가에 영향을 주며, 상표평가는 행동의도의 기본적인 결정요소가 되기 때문이다. 즉 상표평가는 우호적 또는 비우호적으로 상표를 평가하는 경향이므로 전통적으로 인정되어 온 상표태도에 대한 정의와 일치된다.

3) 구매의도 : 행위적 구성요소

세 번째 구성요소인 행위적 차원은 어떤 대상물을 향해 행동하려는 소비자의 경향이며, 그것은 일반적으로 구매의도의 관점에서 측정된다. 따라서 마케팅 전략을 수립하는데 있어 구매의도를 측정하는 것은 매우 중요하다.

마케팅 관리자들은 구매행동에 영향을 가장 많이 주는 요인을 결정하기 위해 마케팅 믹스 요인인 대안적인 제품개념, 광고, 가격, 포장 또는 상표명들을 실험한다. 이런 대안적인 요인을 실험하는 경우 실험대상이 되는 마케팅 자극이 아닌 모든 요인(외생변수)을 일정하게 유지하고 인위적으로 통제된 환경하에서 실험한다. 대안적인 광고를 보거나 또는 여러 가지 제품성능을 사용하는 소비자들에게 이러한 마케팅 자극을 경험하게 한 후에 구매의도를 물어본다. 마케팅 관리자는 구매의도를 최상으로 생성케 하는 대안적인 것을 최상의 선택이라고 결정한다. 실제적인 구매행동이 행해지지 않은 상태에서 경영자는 마케팅 믹스 요소들의 효과성을 결정하기 위해 구매행동을 대신하여 구매의도를 사용한다.

한편 마케팅 기업은 신념과 상표평가에 직접 영향을 주지 않고도 태도의 세 번째 구성요소인 구매의도에 소구하려고 시도할 수 있다. 뚜렷한 가격인하, 특별한 쿠폰을 제공하는 것은 소비자로 하여금 덜 우호적인 상표를 사용하도록 하는 유인방법이 될 수 있다. 상기와 같은 유인방법이 경제적으로 충분하다면 구매의도를 수립하는데 상표에 대한 신념과 태도를 변화시킬 필요는 없다.

3. 태도와 효과의 계층

태도의 세 가지 구성요소들 간의 관계를 **효과의 계층**(hierarchy of effect)이라고 하는데, 세 가지 상이한 계층은 고관여 계층, 저관여 계층, 경험적 계층으로서 〈표 8-2〉와 같다.

〈표 8-2〉 세 가지 효과의 계층

소비유형	계층유형	연속성	정보처리의 본질
실용적 소비	고관여	신념 평가 행동	능동적, 구매특이적 과정
	저관여	신념 행동 평가	수동적, 구매특이적 과정
쾌락적 소비	경험적	평가 행동 신념	능동적, 지속적 과정

1) 고관여 계층 대 저관여 계층

소비자가 관여하는 경우 소비자는 우선 능동적인 정보탐색과정을 통해 그 상표에 대한 신념을 수립한다. 그것에 기초하여 소비자는 상표를 평가하고, 분명한 상표태도를 수립하고, 또한 그에 따라 구매 의사결정을 한다.

저관여 계층의 경우 소비자는 수동적으로 신념을 갖는다. 소비자는 제한된 정보를 가지고 구매결정을 하는데, 그 이유는 능동적인 정보탐색과 정보처리에 몰두하는데 시간과 고통을 투자할 가치가 없기 때문이다. 상표평가와 상표태도는 구매 후에 형성되며, 또한 태도는 약할 가능성이 있다. 즉 이것은 소비자가 자주 그 상표에 대해 분명한 태도를 형성하지 않고 저관여 제품을 구입한다는 것을 의미한다. 결과적으로 고관여 구매와는 달리 태도는 저관여 구매에서 행동을 예측하지 못하는데, 그 이유는 분명한 태도가 일반적으로 구매행동에 앞서 형성되지 않기 때문이다.

저관여 제품의 구매 후에 형성된 소비자의 태도가 약하게 형성된다고 해도, 그 태도는 계속해서 장래의 구매에 영향을 줄 수 있다. 예를 들어, 새로운 화장실용 두루마리 화장지를 시용한 후,

그것이 일상적으로 사용하였던 상표보다 좋지 않다고 결정한 소비자는 다시 새로운 화장지를 구입할 가능성은 없다. 즉 소비자가 상표에 관여하지 않는다고 해도 소비자의 이러한 전반적인 평가는 마케팅 기업에게는 중요한 정보가 된다.

2) 경험적 계층

쾌락적 제품에 의해 도출되는 효과의 계층을 경험적 계층이라고 한다. 즉 경험적 계층은 기본적으로 상표에 대한 소비자의 감정적 반응에 바탕을 두고 있다.

〈표 8-2〉와 같이, 우선 소비자는 자신의 느낌, 감정, 환상 등에 의한 전반적인 기준에 따라 상표를 평가하며, 그리고 나서 이러한 기준에 따라 행동한다. 상표의 속성과 특징에 대한 신념은 행동 후에 조성될 수 있다. 즉 소비자의 기본적인 구매동기는 평가적인 제품기준에 근거한 그 상표의 예상되는 성능이 아니라, 그 상표를 사용하여 즐거움을 갖게 된다고 예상하는 경험에서 일어난다. 예를 들어, 어떤 10대는 Pro-Specs 축구화를 구입할 수 있는데, 특별한 성능이나 편안함이라는 기준 때문이 아니라 축구장에서 박주영과 같이 되려는 욕망 때문인 것이다. 즉 그 10대는 그 축구화를 구입한 후에 비로소 편안함의 정도를 결정할 수 있다.

경험적 계층도 마케팅 전략수립에 중요한 시사점을 제시한다. 경험적 계층의 경우 소비자는 어떤 상표에 대해 자신의 느낌을 형성케 하는 상징이나 심상과 같은 자극을 더 많이 알고 있을 가능성이 있다. 그가 감정적으로 관여하므로, 그러한 자극을 계속적으로 탐색할 가능성이 있다. 그러나 이와는 대조적으로 고관여 계층하에서 소비자는 상표속성을 알고 있을 가능성이 크며 또한 구매 특이적인 탐색이 될 가능성이 크다.

예를 들어, 어떤 침대(매트리스) 기업이 자사의 제품을 고관여 계층으로부터 경험적 계층으로 변화시키기 위해 재위치화 전략을 시작하였다. 즉 과거의 위치화 광고는 고품질의 편안함과 화려하다는 제품속성을 크게 강조하였다. 그러나 경험적 계층으로 변화시키기 위해 자사의 제품을 숙면 및 건강과 연관시키기 위해 특이한 제품속성을 광고하는 대신에 유명 여배우를 등장시켜 그 제품을 이용함으로써 경험하게 되는 숙면과 건강을 보여주었다.

4. 태도수립

소비자 행동에서 태도의 역할을 이해하기 위해서는 태도가 수립되는 방법 그리고 태도가 수립하는 기능을 이해해야 한다. 태도는 가족의 영향, 동료집단의 영향, 정보와 경험 그리고 개성 등에 의해서 영향을 받는 학습과정을 통해 시간이 지남에 따라 수립된다.

1) 가족의 영향

가족은 구매 의사결정에서 중요한 영향요인이다. 10대들 간에는 반항하는 경향이 있음에도 불구하고, 그들의 태도는 부모의 태도와 높은 상관관계가 있다. 즉 신념과 태도들이 부모로부터 획득된다.

이러한 영향은 몇몇 광고에서 나타난다. 예를 들어, Johnson & Johnson사는 딸의 결혼식날에 어린이용 파우더를 사용하는 어머니를 보여주고 또한 예전에 사용했던 것을 추억으로 되새김으로써 자사의 어린이용 파우더를 광고하였다. 또한 청정원은 자사 제품을 광고하면서 어머니와 시집가는 딸을 등장시켜 부모의 영향을 보여주고 있다.

2) 동료집단의 영향

동료집단은 태도와 구매행동에 영향을 미치는데 있어 광고보다 더 영향력이 있을 가능성이 크다. 즉 동료집단의 규범을 가치가 있다고 인식하는 사회적인 의사들은 신약을 더 빨리 받아들이며, 또한 사회활동을 하는 소비자는 새로운 커피제품을 더 일찍 받아들인다. 상기의 연구에서 볼 때, 동료집단이 가지고 있는 집단규범은 제품에 대한 태도에 영향을 미친다.

3) 정보와 경험

소비자의 과거경험은 상표태도에 영향을 주는데, 이것은 학습이론에 근거한 것으로서, 과거경험은 미래의 행동을 조건화하기 때문이다. 역시 정보도 중요한 태도 결정요인이 된다. 예를 들어, 새로운 진통제 상표가 새롭고도 신속하다는 것을 알고 있다는 것은 그 상표에 대해 보다 우호적인 평가를 초래하며, 또한 소비자로 하여금 변경하도록 할 수 있다.

4) 개성

소비자의 개성이 자신의 태도에 영향을 미친다. 저돌성, 외향성, 유순함 또는 권위주의와 같은 기질은 상표 및 제품에 대한 태도에 영향을 미칠 수 있다. 예를 들어, 저돌적인 사람은 경쟁적인 운동에 몰입할 가능성이 있으며 또한 탁월하게 보이려고 비싼 운동기구를 구입한다. 그러한 경우 운동기구에 대한 태도는 개성의 함수이다.

5. 태도의 기능

태도의 기능을 이해함으로써 마케팅 기업은 사람들을 서브하는 방법을 터득할 수 있다. Daniel Katz는 태도의 기능을 실용적 기능, 가치표현적 기능, 자아방어적 기능, 지식 기능 등 네 가지로 분류하였다.

1) 실용적 기능

태도의 실용적 기능은 소비자로 하여금 바람직한 이점을 성취하도록 인도한다. 예를 들어, 진통제를 선택하는데 있어 안전함과 신속한 통증경감을 가장 중요한 기준으로 생각하는 소비자는 이러한 이점을 충족시키는 상표로 향하게 된다. 이와는 반대로 태도의 실용적 역할에서 볼 때 태도는 소비자로 하여금 자신의 욕구를 충족시키기 위해서 충족시키지 못하는 상표를 거부하도록 한다. 즉 세탁기의 성능 특징을 특성화하는 광고는 태도의 실용적 기능을 나타낸다(〈사진 8-1〉 참조).

〈사진 8-1〉 태도의 실용적 기능을 나타내는 광고

예를 들어, Pro-Specs 운동화에 대한 광고는 실용적 기능을 나타낸다. 죠깅하는 동안, 에어로빅을 하는 동안 또는 기타 다른 운동을 하는 동안 편안함, 스타일, 유연함에 가치를 부여하는 활동적인 사람에게 그 광고의 소구내용은 그 상표의 유연성을 고취시킨다. 수돗물이 깨끗하지 못하다고 생각하는 소비자는 불순물을 제거한다고 광고하는 정수기에 대해 호의적인 태도를 갖게 된다.

2) 가치표현적 기능

태도는 특히 고관여 제품의 경우에 소비자의 자아이미지와 가치 시스템을 표현할 수 있다. 예를 들어, 스포츠카를 구입하는 사람의 이미지는 우아함을 나타내기를 좋아하는 정력적이며 오만한 사람일 수도 있다. 저돌적인 사람은 이러한 이미지에 맞는 자동차를 구입함으로써 자신을 나타낸다. 이와 유사하게, 그가 일하는 직장에서 동료들과 같이 보수적으로 옷을 입는 사람은 성공의 표현으로서 보수성과 부의 가치를 받아들인다.

〈사진 8-2〉 태도의 가치표현적 기능을 나타내는 광고

광고주들은 자주 어떤 제품을 사용하거나 구입하는 것이 자기발전, 성취 또는 독립성을 유도할 것이라고 생각하여 태도의 가치표현적 본질에 소구한다(〈사진 8-2〉 참조). 이 경우에 광고주들은 가치표현적 기질에 가치를 부여하는 대규모 소비자 세분시장에 소구한다. 예를 들어, 어떤 광고는 남에게 뒤처지는 것을 두려워하지 않는 자신만만하고도 자기를 인식하는 여성을 제시함으로써 그 제품이 저돌적이며 야성적인 면모를 가지고 있음을 주장한다.

3) 자아방어적 기능

태도는 외부의 위협으로부터 자아를 방어하고 마음 속에 있는 두려움과 같은 내적 갈등을 해소하는 자아방어적 기능을 가진다. 즉 소비자는 두려움을 생성케 하는 상황을 피하기 위해 비듬샴푸와 같은 제품들을 구입한다. 대개의 사람들은 비듬을 치료하기 위해서보다는 비듬으로 인한 망신을 피하기 위해서 비듬샴푸를 사용한다.

어떤 광고는 그 제품을 사용함으로써 사회적으로 용인을 받을 수 있게 된다는 사회적 추방이라는 두려움을 이용한다. 결과적으로, 소비자는 사회적 수용, 자신만만함 그리고 성적으로 바람직함과 연관되는 상표에 대해 긍정적인 태도를 수립한다. 예를 들어, 어떤 고급 자동차는 사회적 지위에 대한 생각을 표출하고 있는데, 소비자는 이 자동차를 운전함으로써 지위, 권력, 사회적 용인 그리고 영향력을 과시할 수 있다고 느낄 수 있다.

4) 지식 기능

태도는 소비자로 하여금 매일 노출되는 여러 가지 제품 및 상표와 관련된 대량의 정보를 조직화하는데 도움을 준다. 즉 소비자는 거의 관련이 없는 정보를 무시하면서 메시지를 분류한다. 역시 지식기능은 불확실성과 혼란을 줄여준다. 새로운 상표나 기존상표의 새로운 특징에 대한 정보를 제공하는 광고는 소비자에게 분명한 이점으로 가치가 있도록 함으로써 어떤 지식을 제공할 수 있어야 한다(〈사진 8-3〉 참조). 예를 들어, 어떤 피임약 광고는 그것이 피임약 주사처럼 99% 이상 효과가 있을 뿐만 아니라 여드름을 없앰으로써 깨끗한 피부를 유지할 수 있다는 것을 여성들에게 제공하였다.

간단히 요약해서 태도는 상이한 기능을 갖는데, 그 기능은 어떤 대상물에 대한 그 사람의 전반적인 평가에 영향을 준다. 예를 들어, 어떤 치약에 대해 동일하게 우호적인 태도를 갖고 있는 두 사람은 태도가 실용적 기능(그 치약은 치아를 하얗게 함) 또는 자아방어적 기능(그 치약은 나쁜 입냄새를 없앰)을 반영하느냐에 따라 태도의 본질에서 두드러지게 상이하다. 즉 실용적인 소비자에게 그 치약이 나쁜 입냄새를 없앤다는 것으로 영향을 미치려는 주장 또는 자아방어적인 소비자에게 치아를 하얗게 한다는 것으로 영향을 미치려는 주장은 모두가 비효율적이다.

〈사진 8-3〉 태도의 지식 기능을 나타내는 광고

제 2 절 마케팅 전략수립에 있어 광고

마케팅 기업은 자사 상표에 대한 태도를 정의하고 측정해야 하는데, 그 이유는 마케팅 기업이 ① 이점 세분시장을 확인하고, ② 신제품을 개발하고, ③ 촉진전략을 수립하고 평가하는데 태도가 도움을 주기 때문이다.

1. 이점 세분시장의 확인

세분시장은 소비자가 바라는 이점을 기준으로 확인되는데, 소비자의 이점은 마케팅 기업이 소비자에게 영향을 미치기 위해 사용하는 중요한 제품속성을 정의하기 때문이다. 따라서 소비자가 바라는 이점들은 속성을 평가함으로써 측정될 수 있다. 예를 들어, 치약을 구매하는데 깨끗함, 냄새제거, 치석제거 등을 기준으로 평가하는 소비자는 세 가지 이점 세분시장들 중 한 세분시장에 속할 수 있다.

자동차 시장에서 경제성, 성능, 사치스러움 등을 기준으로 세분시장이 정해질 수 있다. 마케팅 기업은 가속력, 마력, 연료경제성과 같은 중요한 특성을 제시함으로써 성능추구 세분시장에 있는 소비자 태도에 영향을 미칠 수 있다. 반면에 가격과 서비스 비용은 경제성 추구 세분시장에서 강조되어야 할 기준이 된다.

2. 신제품 개발

태도는 신제품에 대한 대안적인 위치화를 평가하는데 중요하다. 즉 자사의 제품을 여러 가지 속성에 따라 평가해 보고 소비자들이 원하는 이상적인 제품에 비추어 볼 때에 어떤 속성이 취약한가를 판단하여 개선된 제품을 개발할 수 있다. 또한 개발단계에서 시제품을 소비자로 하여금 평가하게 한 후 소비자들이 이상적인 속성을 가진다고 제시한 제품과 비교하여 완벽에 가까운 제품을 개발함으로써 위치화시킬 수 있다.

예를 들어, 어떤 기업은 신제품에 대한 기회를 확인하기 위해 스낵식품시장에 대한 이점 세분화 조사를 한 결과 가장 큰 세분시장이 영양가 추구 시장임을 확인하였다. 그 세분시장은 가장 중요한 속성으로 영양가와 천연성분을 지적하였는데, 그 기준에 따라 이 회사는 영양가 추구 세분시장에 위치화되도록 신제품을 개발하였다.

3. 촉진전략의 수립과 평가

태도는 촉진전략을 수립하는데 있어 중요하다. 만약 스낵 구매자들이 바람직한 이점으로서 영양가와 천연성분을 강조한다면, 마케팅 기업은 표적집단으로 하여금 우호적인 태도를 조성하도록 영양가와 천연성분의 소구내용을 광고와 촉진에서 강조해야 한다. 즉 그 제품이 실제로 성능을 발휘하는 것뿐만 아니라 광고가 이러한 이점을 커뮤니케이트하는 역할을 수행해야 한다.

역시 태도는 광고메시지의 효과성을 평가하는데 중요한 요소이다. TV의 상업광고와 인쇄광고의 효과는 그 광고에 의해서 생성되는 태도가 얼마나 그리고 어떻게 우호적으로 변화되었는가에 의해서 판단된다. 즉 상표태도는 통제된 환경하에서 어떤 상업광고에 노출되기 전과 후에 측정되므로 마케팅 기업은 상업광고의 효과성을 평가하기 위해 상표태도의 변화정도를 이용한다.

역시 마케팅 기업은 그 태도가 계속 유지되고 있는가 또는 태도가 우호적 또는 비우호적으로 변화하고 있는가를 파악하기 위해서 태도를 사용한다. 즉 시간이 지남에 따라 광고캠페인의 효과를 평가할 수 있는데, 그 경우에 광고캠페인의 목적은 태도를 변화시키는 것이다.

예를 들어, 신세계 백화점의 위치를 보여주는 〈그림 8-2〉의 **지각지도**(perceptual map)에서 신세계 백화점은 안전 및 전통과 연관되어 나이가 많은 소비자들 간에 위치를 잡고 있다. 그러나 신세계 백화점은 40세 이하 집단에 소구해야 한다고 결정하였다. 따라서 신세계 백화점은 재위치화 전략을 고려하고 있는데, 이 재위치화 전략은 자사의 체인백화점들을 전통과 혁신이 복합된 것으로 향하도록 수직축 밑으로 이동시키는 것이다(바람직한 태도변화에 대해서는 〈그림 8-2〉에 점선으로 표시되어 있음). 이러한 목적을 성취하기 위해 광고캠페인이 행해지는데, 그 캠페인의 전후에 신세계 백화점에 대한 태도를 측정하여, 그 태도가 보다 혁신적이며 또한 최신의 현대적인 이미지로 변화되었는가를 파악할 수 있다. 이러한 경우에 상표태도의 변화는 광고캠페인의 효과성을 평가하는 척도가 된다.

〈그림 8-2〉 백화점의 위치를 평가하기 위해 태도를 이용함(가상적 예임)

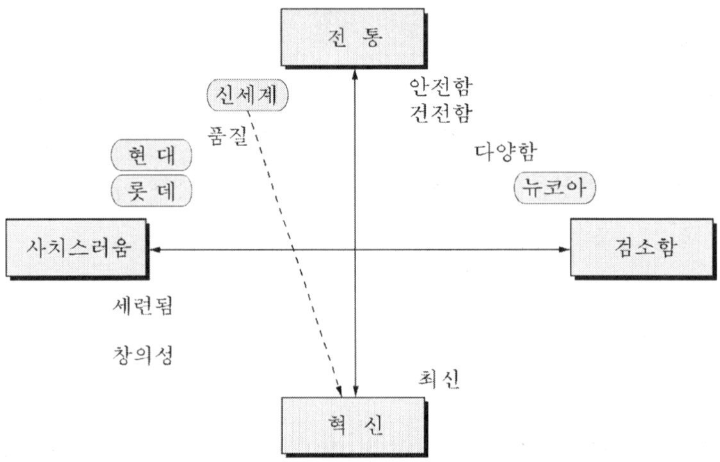

제3절 신념, 태도 및 행동 간의 관계

마케팅 기업이 관심을 기울이는 것은 〈그림 8-1〉에 제시된 세 가지 구성요소인 신념, 태도, 행동 간의 관계인데, 그 관계가 마케팅 전략의 성공을 결정하기 때문이다. 만약 광고가 어떤 상표에 대한 긍정적인 신념을 수립하는데 성공한다면, 소비자는 그 상표를 긍정적으로 평가할 가능성이 크며 또한 구입할 가능성이 매우 크다(〈사진 8-4〉 참조). 그리고 상표에 대한 만족은 긍정적인 태도를 강화하며 또한 소비자가 그것을 재구매할 가능성을 증가시킨다.

〈사진 8-4〉 신념의 변화가 태도를 형성함

1. 신념과 태도 간의 관계

신념과 태도 간의 관계는 두 가지 이론, 즉 Heider의 균형이론과 Fishbein의 다속성 모델(후에 이성적 행동이론으로 수정됨)에 의해 설명된다.

1) Heider의 균형이론

Heider의 **균형이론**(balance theory)은 사람들이 자신의 생각(신념)과 느낌(평가) 간의 균형을 유지하려고 한다는 것을 주장한다.

균형이론에 대한 예는 JCPenney사가 Halston사의 디자이너 의류계열을 취급하기로 계약함으로써 JCPenney 백화점의 이미지를 향상시키려고 시도한 것으로 설명될 수 있다. 소비자들이 Halston에 대해서는 긍정적인 이미지를 가지고 있지만 Penney에 대해서는 부정적인 이미지를 가지고 있었다(〈그림 8-3〉의 왼쪽 삼각형과 같이). Penney 백화점에서 Halston을 판매하기로 하였을 때 이러한 관계는 불균형을 창출하였다(긍정적인 것이 부정적인 것과 연결됨). 두 개의 +와 한 개의 -는 소비자의 마음 속에 불균형을 남겨 놓음으로써 -를 생성시킨다. Penney사는 소비자들이 자사 점포에 대해 보다 우호적인 이미지를 수립함으로써 이런 불균형을 해소할 것이라고 희망하였다(중간 삼각형). 그러나 실제로 상당수 소비자들이 Penney의 이미지를 그대로 유지하고 있으나 Halston에 대해서는 부정적인 이미지를 수립하는 결과를 초래하였다(오른쪽 삼각형). 이러한 이미지 변화는 소비자의 인지 시스템에 균형을 초래하였으나(두 개의 -와 한 개의 +가 +를 생성함), Penney사는 의도했던 균형을 조성치 못하였다.

〈그림 8-3〉 균형이론의 예

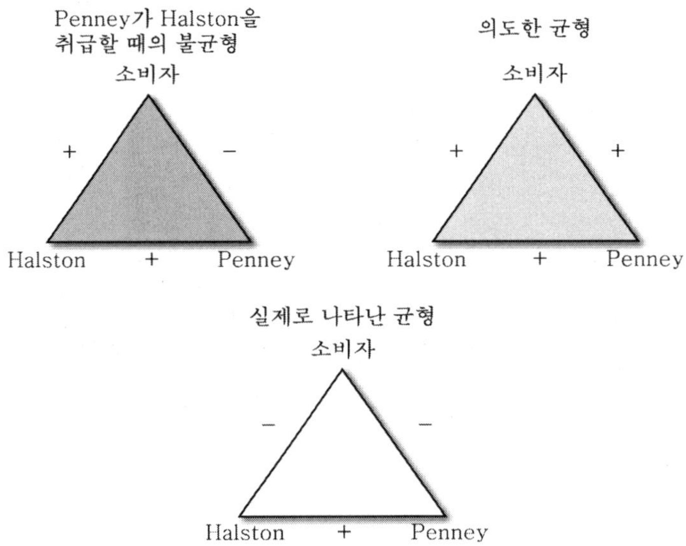

Penney사의 예가 제시한 바와 같이 마케팅 기업은 균형이론을 이용하여 상표나 기업을 긍정적인 이미지를 가진 상징, 상표 또는 사람과 연결시키고 있다. 즉 과거에 대우전자가 연사로 최순호 박사를 이용한 것 그리고 삼성물산의 건설사업부가 해외건설 수주를 광고함으로써 긍정적인 이미지를 갖도록 하는 것은 바로 균형이론을 적용한 것이다.

균형이론은 **인지적 일관성**(cognitive consistency)의 기본적 행동원리와 일치한다. 이 원리는 소비자는 자신의 신념과 평가(태도) 간의 균형을 가치가 있다고 여긴다는 것이다. 만약 어떤 것이 다른 것과 일관성이 없다면 소비자는 그의 인지적 구조에 균형을 조성하기 위해 자신의 태도를 변경한다.

결론적으로, 상표신념과 전반적인 평가 간의 연결관계가 있다.

2) Fishbein의 다속성 모델

태도에 대한 Fishbein의 **다속성 모델**(multiattribute model)은 태도형성을 어떤 상표의 속성과 이점에 대한 소비자의 신념의 함수라고 설명한다. 이에 Fishbein 모델을 이용하여 마케팅 기업은 소비자들이 중요한 속성에 따라 대안적인 상표를 평가하는 방법을 파악함으로써 경쟁자 상표의 강점 및 약점과 비교하여 자사 상표의 강점과 약점을 분석·진단할 수 있다. 그 경우에 마케팅 기업은 어떤 상표를 평가하기 위해 사용하는 속성의 어휘목록에 직접적으로 다속성 모델을 적용할 수 있다.

〈그림 8-4〉와 같이 소비자는 욕구에 근거하여 특별한 속성을 결정·평가하는 것으로 시작한다(약품 맛이 나는 양치질 약은 좋다). 그 후 소비자는 그 대상물이 그 속성을 가지고 있는가(덴타가글은 약품 맛이 난다)에 따라 신념을 형성한다. 그 대상물에 대한 태도는 하나의 속성에 아니라 관련되는 모든 속성의 신념과 가치(가중치)의 총합계이다. 예컨대, 소비자는 덴타가글이 약품맛이 나고 또한 입에 신선한 느낌을 주기 때문에 덴타가글을 보다 우호적으로 평가할 수 있는데, 이 경우에 소비자는 상기의 두 가지 속성을 바람직한 속성이라고 생각한다. 이와 동시에 그 소비자는 잇몸에 자극을 주는 것과 같은 다른 속성에 대해서는 덴타가글을 비우호적으로 평가할 수 있다.

〈그림 8-4〉 Fishbein의 다속성 모델

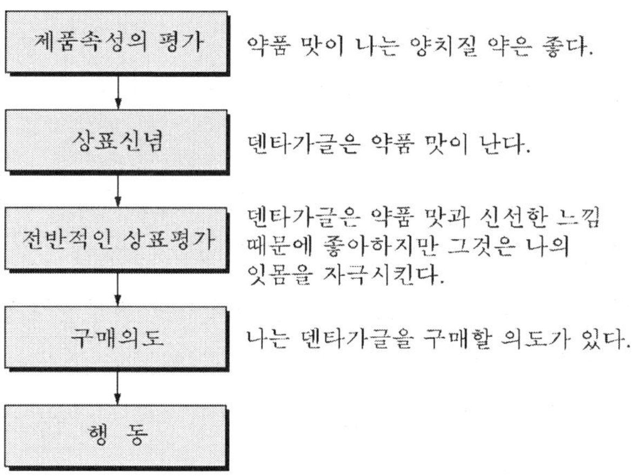

또한 Fishbein의 다속성 모델은 상표태도에 대한 보상적 모델이다. 즉 소비자는 다른 속성에 대한 장점에 의해서 어떤 속성에 대한 그 상표의 단점을 보충한다. 즉 덴타가글은 약품 맛과 신선한 느낌에 근거하여 긍정적으로 평가하고, 잇몸에 대한 자극 때문에 부정적으로 평가되지만, 그 상표에 대해 어느 정도 긍정적으로 전반적인 평가가 된다.

역시 Fishbein 모델은 상표평가와 의도적 및 실제적인 행동 간의 연결관계를 주장한다. 즉 어떤 상표에 대한 긍정적(부정적) 태도는 소비자가 그 상표를 구입할 의도를 가질 가능성을 증가(감소)시킨다.

결론적으로 볼 때, Fishbein의 다속성 모델에서 마케팅 기업은 상표태도에 영향을 줄 수 있는 중요한 속성을 확인하고 또한 그 속성을 광고에서 강조해야 한다는 것을 시사한다. 예를 들어, 덴타가글이 자극을 주지 않고 입을 신선하게 하는 강하고 효과적인 양치질 약의 이점을 전달할 수 있다면, 긍정적인 상표태도가 조성되고 또한 구매의 가능성을 더 크게 할 것이다.

3) Fishbein의 이성적 행동이론

소비자는 Benz, Lexus나 BMW에 대해 매우 긍정적인 태도를 가질 수 있지만 고가격 때문에 구입할 가능성은 거의 없다. 이런 경우에 제품속성은 행동을 유도하지 않으므로 Fishbein의 다속성 모델과 모순된다. 이러한 모습을 설명하기 위해 Fishbein은 다속성 모델을 수정하였다.

그 결과로 나타난 **이성적 행동이론**(theory of reasoned action)은 보다 정확하게 행동을 예측하기 위해서는 행동의 대상물에 대해서보다는 그 행동에 대한 그 사람의 태도를 결정하는 것이 보다 중요하다는 것을 제시한다. 즉 그 상표자체(Benz)에 대한 태도를 측정하는 것보다 Benz를 구입하는 행동에 대한 그 사람의 태도를 결정하는 것이 더 중요하다는 것이다. 그것은 소비자의 구매행동 그리고 결국 그 제품을 소비하는 것이 만족을 결정하기 때문이다. 따라서 그 대상물(제품이나 상표)에 대한 태도는 태도를 측정하는 정확한 기준이 될 수 없다. 소비자는 Benz에 대해 매우 긍정적인 태도를 가질 수 있지만 가격과 운영비 때문에 Benz를 구입하는 것(행동)에 대해서는 부정적인 태도를 갖게 된다.

Fishbein은 자신의 모델에 대해 두 번째 수정을 하였다(〈그림 8-5〉 참조). 그는 가족과 동료집단이 상표에 대한 소비자의 태도에 영향을 줄 가능성이 있으므로, 그 모델은 그러한 사회적 영향을 고려해야 한다고 결론을 내렸다. 그는 소비자들은 가족이나 친구들의 바램에 부응해야 한다는 정도에 근거하여 중요한 사회적 요인인 규범적 신념을 도입하였다. Fishbein은 (1) 소비자는 친구나 가족의 바램에 응해야 한다고 생각하는 정도 그리고 (2) 이러한 규범을 따르려는 자신의 동기 정도에 기초하여 태도를 측정하고자 하였다.

〈그림 8-5〉 이성적 행동에 대한 Fishbein 이론

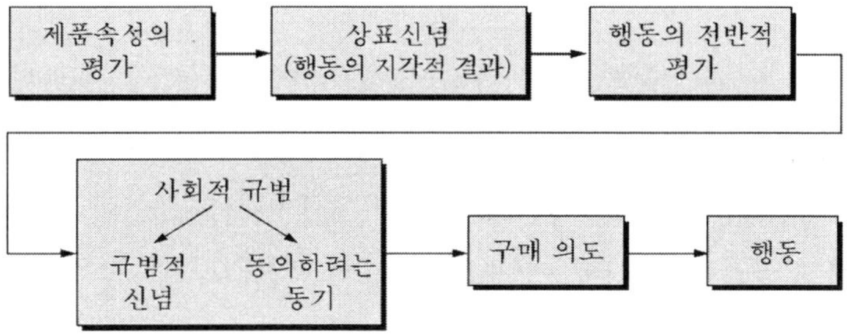

2. 구매의도와 행동 간의 관계

상표에 대한 긍정적인 태도는 소비자가 그 상표를 구입할 의도를 표현할 가능성을 더 유도한다. Fishbein의 태도모델에서 구매의도는 태도와 행동 간의 중재변수이다(〈그림 8-4〉 참조).

마케팅 기업과 경제학자들은 미래의 행동을 예측하기 위해서 구매의도를 이용하여 왔다. 즉 마케팅 기업은 대안적인 신제품의 개념과 광고주제를 평가하기 위해 그리고 경제학자들은 미래의 경제추세를 예측하기 위해 구매의도를 이용하여 왔다.

구매의도가 행동경향에 대한 명백한 측정방법이라면, 마케팅 기업은 구매의도와 그 뒤에 이어지는 행동 간의 관계를 확인해야 하는데, 이러한 관계는 여러 연구에서 확인되었다.

그러나 현대에는 소비자의 의도가 행동에 대한 믿을만한 예측치가 되지 않고 있다. 즉 1980년대와 1990년대 초 에너지 부족과 두 번의 심각한 불경기로 인해 의도와 행동 간의 관계가 확실하지 않게 되었다. 즉 불경기로 인해 소비자의 구매의도는 구매행동으로 연결되지 않게 된다.

소비자의 구매의도의 이행을 저해하는 또 다른 요소는 장기적인 재구매 주기이다. 즉 욕구의 변화, 경제적 상황, 이용할 수 있는 대체방안과 같은 많은 요인들이 의도를 변화하도록 제약을 가할 수 있다.

3. 행동과 태도의 관계

소비자의 태도가 행동에 영향을 줄 뿐만 아니라 행동도 역시 뒤에 이어지는 태도에 영향을 미친다. 즉 행동이 태도에 영향을 줄 가능성이 있는 세 가지 상황은 인지적 불협화, 수동적 학습, 그

리고 기대와의 불일치인데, 이에 대한 이론들은 태도변화가 구매행동의 변화에 대한 필요조건이 아님을 보여준다.

1) 인지적 불협화

불협화 이론에 의하면, 소비자의 태도는 간혹 과거의 행동에 일치하기 위해서 변화되며, 따라서 구매 후 갈등을 없앤다는 것이다. 예를 들어, 경마에서 마권을 구입한 후, 마권을 구입한 경주마가 승리할 것이라고 긍정적으로 태도가 변화됨으로써 의사결정 후 갈등에 대한 잠재력을 줄이게 된다.

결론적으로, 사람들은 선택한 상표에 유리하게끔 자신의 태도를 변화하고 또한 그러한 변화 후에 자신의 의사결정을 강화하는 경향이 있다.

2) 수동적 학습

수동적 학습이론(passive learning theory)은 행동의 결정요소로서 소비자 태도의 중요성을 낮추는 다른 기준을 제시한다. 즉 저관여 조건하에서 태도의 변화가 행동의 변화에 영향을 주는 필요사항이 아니다. 그리고 새로운 상표를 인식한다는 것은 다양성을 추구하기 위해 소비자가 변경하는 것이다.

또한 소비자가 새로운 상표를 사용한 후에 이 새로운 상표에 대한 태도를 형성할 수 있는데, 즉 구매한 후에 그 상표를 보다 우호적으로 평가하는 경향이 있다는 것이다.

3) 기대와의 불일치

제품성능에 대한 기대가 충족되지 못할 때 **기대와의 불일치**(disconfirmation of expectation)는 소비자에게 구매 후 그 제품에 대한 부정적인 태도를 갖게 한다. **동화이론**(assimilation theory)/**대조이론**(contrast theory)에 의하면 소비자가 약간 실망하였을 때 그는 경험을 인정하고 또한 경험이 동화된 후에 태도는 기대에 적응하게 된다. 그러나 소비자가 크게 실망한 경우 구매 후에 태도가 부정적으로 변화할 가능성이 있으며, 소비자는 이러한 변화를 과장하게 나타낸다.

광고가 상표를 과다하게 제시하면, 기대와의 불일치를 촉진할 수 있다. 즉 최고의 품질, 최상의 가치 또는 만족보증이라는 주장에 대해 그 주장이 충족되지 않는 경우, 소비자는 실망하게 되어 기대와의 불일치를 경험하게 되고, 구매 후에 부정적인 태도를 갖게 된다.

4. 신념, 태도 및 행동 간의 관계를 저해하는 요인

마케팅 기업은 소비자의 태도가 행동과 관계가 되지 않는 경우가 있음을 이해해야 한다. 아래의 조건들은 신념, 태도 및 행동 간의 연관성을 없어지게 한다.

① **관여가 없음** : 저관여 제품의 경우 소비자의 태도는 행동과 관계될 가능성이 적다.

② **구매 가능성이 없음** : 소비자가 그 상표에 대해 매우 긍정적인 태도를 갖고 있지만, 그 상표가 실제로 구입할 수 없는 상표가 될 수 있다. 예를 들어, Rolex를 매우 긍정적으로 평가할 수 있지만, 가격 때문에 Rolex는 대부분의 소비자들에게 현실적으로 대안적인 제품이 아니다. 결과적으로 태도는 행동과 관련이 되지 않는다.

③ **직접적인 제품경험이 없음** : 제품경험이 부족한 경우 행동과 관계가 되지 않는 태도가 형성되기는 매우 어렵다. 즉 직접 경험을 하였을 때 태도는 그 뒤에 이어지는 행동과 관계될 가능성이 매우 크다.

④ **가치와 신념 간의 관계가 없음** : 상표신념이 소비자의 가치와 연결되지 않는다면 태도가 행동과 관계될 가능성이 없다. 즉 어떤 상표가 열량이 없다는 것이 그 소비자의 체중조절에 대한 관심과 관계가 되지 않을 때 그 가치를 인식하지 못하므로 그 상표에 대한 신념이 행동을 예측하지 못한다.

⑤ **시장조건의 변화** : 선호하는 상표의 가격이 인상되면 소비자는 태도의 변화 없이도 상표를 변경할 수 있다. 경쟁상표의 특별가격촉진 또는 더 양호한 신용조건 등으로 소비자는 덜 선호하는 상표를 구입할 수 있다. 또한 선호하는 상표를 이용할 수 없는 경우(매장에 없음)에도 소비자는 태도의 변화 없이도 덜 선호하는 상표를 구입하게 된다.

⑥ **태도 근접성이 없음** : 어떤 태도가 너무 약하게 형성되는 경우 그 태도가 영향을 줄 수 없다. 반대로 소비자가 강하게 태도를 형성한 경우, 그 제품(대상물)을 접하게 되었을 때, 그 소비자는 태도를 자주 자발적으로 회상한다. 예를 들어, 소비자가 McDonald's에 대해 긍정적인 강한 태도를 가지고 있다면, 그 소비자는 BigMac의 이름만으로 또는 황금색 아치를 보는 순간에 McDonald's의 윤곽을 자발적으로 회상하게 된다.

제 4 절 태도강화와 태도변화

마케팅 기업은 소비자 태도에 기초하여 두 가지 전략을 수립할 수 있는데, 한 가지 전략은 기존의 태도를 강화하는 것이고, 또 다른 전략은 태도를 변화시키는 것이다.

이 과정을 이해하기 위해서는 소비자 태도를 변화시키기 위해 필요한 조건 그리고 마케팅 기업이 태도변화를 실행하기 위해 사용하는 전략이 고려되어야 한다.

기존의 태도를 강화하는 것이 태도를 변화시키는 것보다는 용이하다. 따라서 잘 알려져 있고 인기 있는 상표에 대한 대부분의 광고는 긍정적인 태도를 유지하고 강화하는 것인데, 성공적인 광고주제가 장기간의 캠페인으로 소비자 태도를 강화시키고 있다.

그러나 상표이미지나 기업이미지를 변화시키기 위해서는 태도를 변화시키는 시도가 필요할 때가 있다.

1. 태도강화와 태도변화의 조건

커뮤니케이션이 기존의 상표태도에 모순되기보다는 일치할 때 소비자가 쉽게 영향을 받는다. 즉 소비자들이 중요하다고 생각하는 상표의 속성을 소비자에게 커뮤니케이트하는 것이 그 상표의 속성의 중요성을 변경하려고 하는 것보다 더 효과적이라는 것이다. 또한 어떤 상표에 대한 사용자의 긍정적인 태도를 강화하는 것이 비사용자의 태도를 변화시키는 것보다 그 상표의 소비를 증가시키는데 더 효과적이다.

그러므로, 마케팅 기업은 소비자 태도를 강화시키는 것보다 소비자 태도를 변화시키는 것이 더 어렵다는 사실을 명심해야 하며, 따라서 태도변화가 가능한 조건을 알아야 한다. 즉 제품범주, 시장환경, 소비자의 본질 등을 반영하는 여러 조건들로 조성된 마케팅 전략을 통해 태도를 변화시킬 수 있다. 그러나 그 원리는 상표에 대한 소비자의 신념, 상표평가(상표태도) 또는 구매의도를 변화시키는 것이다.

① 신념은 바람직한 이점보다 변화하기가 용이하다.

마케팅 기업은 어떤 상표에 대한 신념을 변화시키려고 하는데, 그렇게 하기 위해서는 소비자들이 상표속성에 부여하는 가치(중요성 정도)를 변화시킴으로써 가능하다. 그러나 바람직한 이점(추구하는 이점)은 소비자의 가치체계 및 욕구와 밀접하게 연결되어 있어 신념보다 오래 지속되고 깊이 뿌리박혀 있으며 또한 내재화되어 있다. 따라서 마케팅 기업은 바람직한 이점을 변화시키기 위해서 우선 상표속성에 부여하는 가치를 변화시켜야 한다.

② 태도는 그 제품에 대한 관여수준이 낮을 때 변화하기가 용이하다.

관여하지 않는 제품에 대한 태도는 소비자가 그 상표에 몰입하지 않기 때문에 변화하기가 용이하다. 즉 관여수준이 낮은 경우, 소비자는 과거의 신념과 일치하지 않는 경우에도 그 메시지를 받아들일 가능성이 있다. 예를 들어, 우유는 어린이들뿐만 아니라 어른들에게도 영양가를 제공한다는 것을 확신시킬 수 있는데, 그 이유는 우유가 저관여 제품이기 때문이다.

③ 약한 태도는 강한 태도보다 변화하기가 용이하다.

소비자의 상표태도가 강하지 않다면 마케팅 기업은 그 상표에 대해 새로운 연관성을 용이하게 수립할 수 있다.

④ 상표태도에 자신감이 거의 없는 소비자의 태도는 변화하기가 용이하다.

어떤 상표를 평가하는데 확신을 갖지 못하는 소비자는 광고의 정보제공적 내용을 쉽게 받아들이며 또한 태도변화의 대상이 될 수 있다. 즉 상표를 평가하는데 사용하는 기준이 혼란스러운 경우 소비자는 의사결정을 하는데 자신감이 없기 때문이다. 이와 같은 경우, 소비자는 몇 가지 중요한 특성에 대한 정보를 제공하는 상표를 받아들인다. 따라서 마케팅 기업은 그 제품범주에 대한 신념을 변화시키며 또한 태도변화를 자사의 상표명과 연관시킴으로써 그러한 태도변화에 집중하는 전략을 구사해야 한다.

⑤ 모호한 정보에 바탕을 둔 태도는 변화하기가 용이하다.

경쟁제품의 모호한 주장이나 평가할 수 없는 첨단의 기술적 정보에 접한 소비자는 명확하고 자세한 정보에 의해서 태도를 변화시킨다. 예를 들어, Apple사의 사과는 소비자들에게 친근성을 제시함으로써 PC에 대한 불확실성을 경감시켰다.

2. 구매 전 태도변화

마케팅 기업은 구매하도록 소비자에게 영향을 주기 위해 구매 전에 소비자 태도를 변화시킬 수 있으며 또한 구매 후 불협화를 줄이기 위해 구매 후에 태도를 변화시킬 수 있다. ① Fishbein의 다속성 모델, ② Katz의 태도의 기능이론, ③ Heider의 균형이론은 구매 전에 태도변화에 영향을 주기 위한 기초를 제공한다.

1) Fishbein의 다속성 모델

Fishbein의 다속성 모델(〈그림 8-4〉 참조)에서 상표에 대한 소비자의 신념 그리고 이 신념에 부여하는 가치(중요성 정도)는 그 상표의 전반적인 평가에 영향을 미치며, 그 평가는 행동(구매)의도에 그리고 구매행동에 영향을 미친다.

상기의 다속성 모델의 과정에 근거하여 마케팅 기업은 행동에 영향을 미칠 수 있는데 네 가지 전략을 고려할 수 있다.

① 신념의 변화
② 특별한 제품속성에 부여하는 가치의 변화
③ 전반적인 상표평가(상표태도)의 변화
④ 행동의도의 변화

(1) 신념의 변화

마케팅 기업은 제품전략과 광고전략을 통해서 상표에 대한 소비자의 신념을 변화시키고 있다. 여기에서 중요한 점은 변화하는 신념이 소비자의 상표평가와 구매의도에 대해 우호적인 변화를 유도하도록 하는 것이다.

(2) 특별한 제품속성에 부여하는 가치를 변화함

이 전략은 소비자에게 특별한 속성의 가치(중요성)를 재평가하도록 하는 것이다. 예를 들어, 양치질 약의 경우 나쁜 맛이 좋은 품질이라는 것을 소비자에게 확신시키는 것이다. 제품속성에 부여하는 가치를 변화시키기 위해서는 사전조사에 바탕을 두어 어떤 특별한 세분시장이 그러한 변화를 받아들일 것인가를 확인해야 한다.

그러나 깊이 뿌리박힌 사회문화적 규범에 부여된 가치(가치관 등)는 변화시키기가 어렵다.

(3) 상표태도(상표평가)를 변화함

이 전략은 긍정적인 느낌(감정)을 제품사용과 연관시키는 것과 관련되는 것으로서, 감정과 환상에 바탕을 둔 상표에 대해 쾌락적으로 지각하도록 하기 위해 사용될 수 있다. 예를 들어, 음악이나 어떤 테마(주제)를 이용하여 특별한 상표속성을 주장하지 않고도 보다 쾌락적인 방향으로 태도를 변화시킬 수 있다.

특히 오늘날 마케팅 기업들은 점차 표준화되어 가는 제품범주 속에서 특이함(독특성)을 조성하기 위해 상징과 심상을 이용하여 소비자 태도를 변화시키려고 한다.

(4) 행동의도와 구매행동을 변화함

이것은 소비자로 하여금 선호하지 않는 상표를 구입하도록, 즉 태도에 맞지 않는 행동을 하도록 유도하는 전략이다. 가격인하, 가격할인, 쿠폰 제공 등을 이용하여 선호하지 않은 상표를 사용하도록 하고 구매 후에 소비자가 상표태도를 변화할 것을 기대하는 것이다.

예를 들어, 어떤 사람이 200원이 할인되는 쿠폰으로 치약을 구입했는데, 그 새로운 상표와 기존에 이용했던 상표간에 효과성에서 별 차이가 없다고 생각하고 있다. 이 경우 구매를 정당화하기 위해 소비자는 새로운 치약상표가 충치예방에 좋다고 결론을 내릴 수 있는데, 그럼으로써 가격이 정상적이 되더라도 그 새로운 치약상표를 구입하기로 결정할 수 있다.

그러나 이 경우에 유인방법(할인금액 등)의 크기가 너무 커서는 안 된다. 유인방법이 큰 경우에 소비자는 상표변경의 유일한 이유를 가격차이였다고 말할 수 있기 때문이다. 이 경우 선호하지 않은 상표의 가격이 정상적이 될 때에 소비자는 다시 과거의 일상적인 상표로 변경하게 된다. 즉 가격차이가 상대적으로 작지만 절약할 정도로 충분하다면 소비자는 자신의 구매를 합리화하기 위해서 가격보다는 다른 이유를 발견하려고 한다.

2) 태도의 기능이론(Katz의 이론)과 태도변화

구매 전 소비자의 태도변화 전략은 태도의 4가지 기능에 대한 마케팅 전략을 이용하여 각각의 기능을 서브하는 태도를 변화시키는 것이다.

(1) 실용적 기능을 이용한 태도변화

상표태도를 긍정적으로 변화하도록 영향을 줄 수 있는 한 가지 방법은 그 제품이 소비자가 과거에 전혀 고려하지 않았던 실용적 목표를 해결할 수 있는 방법을 보여주는 것이다.

예를 들어, 어떤 제품은 판매를 증가시키기 위한 시도로 여러 가지 실용적 용도(경미한 피부염증 치료, 카펫 냄새 제거, 제산제, 표백 촉진제 등)를 광고하는데, 그것은 지금까지 사용하여 왔던 용도에 추가된 새로운 용도에 의해서 그 상표에 대한 소비자 태도를 우호적으로 변화시키는 것이다. 즉 이러한 용도는 일련의 실용적 기능을 만족시킨다.

(2) 가치표현적 기능을 이용한 태도변화

가치표현적 기능에 영향을 주려는 광고는 변화시키기 어려운 개인적 가치(가치관)를 다루는 것이다. 예를 들어, 나이가 많은 사람들이 모여 사는 실버타운에 대한 가치관을 주장하기보다는 실버세대가 갖고 있는 개인적인 가치관인 젊은 주제를 사용하는 것이 더 효과적일 가능성이 있다.

(3) 자아방어적 기능을 이용한 태도변화

자아방어적인 태도가 강할수록 외적 영향은 효과가 없다. 즉 어떤 직접적인 방법도 강한 자아방어적인 태도를 변화시키기가 어렵기 때문에, 이 경우에 광고는 자아방어적 태도를 변화시키려고 하기보다는 자아방어적 태도를 받아들이고 적응하는 것이 효과적이다.

예를 들어, 약을 과다하게 복용하는 사람들은 약물남용의 위험에 대한 정보를 무시할 가능성이 있는데, 이는 고통스러운 정보를 피하는 것이 자아방어적 반응이기 때문이다. 따라서 광고는 약물남용의 위험을 보여줌으로써 부정적인 접근방법을 취하기보다는 사용자들이 약물사용을 줄이기 위해 취할 수 있는 효과적인 단계과정을 보여주는 것이 효과적이다.

(4) 지식기능을 이용한 태도변화

소비자는 지식기능으로 정보처리 과업을 원활하게 하여 정보를 조직하고 분류한다. 따라서 마케팅 기업은 우호적인 태도를 갖도록 자사 제품에 대해 분명하고도 명료한 위치화를 제공하는 것이 중요하다.

이것은 그 제품의 분명한 속성에 의해서 명료하게 위치를 확보하도록 하는 것으로써, 예를 들어, 피곤할 때에는 무엇, 소화가 안 될 때에는 무슨 상표, 간단한 아침식사로 영양가가 있는 음식은 무슨 상표 또는 납성분이 나오지 않는 수도꼭지는 무슨 상표(〈사진 8-5〉 참조) 등으로 분명하게 위치화되어야 한다.

〈사진 8-5〉 대림통상의 수도꼭지 광고

3) Heider의 균형이론과 태도변화

Heider의 균형이론에서 태도는 신념과 평가 간의 갈등을 피하기 위해서 변화한다. 따라서 마케팅 기업은 소비자의 상표태도가 긍정적으로 변화될 것이라고 희망하여 태도에 갈등을 조장하기도 한다. 즉 사치스러운 이미지와 경제적 이미지 때문에 갈등을 일으키는 경우, 균형이론에 의하면 어느 한 쪽으로 균형을 잡게 될 수 있으므로, 마케팅 기업은 가급적 자사가 바라는 이미지가 될 수 있도록 노력해야 한다.

3. 구매 후 태도변화

마케팅 기업은 구매 전은 물론 구매 후에 소비자의 상표태도를 변화시키려고 한다. 그러한 전략에는 구매에 대해 소비자의 마음속에 의심을 조장케 하는 경쟁적인 광고에 대응하는 것이거나 또는 그 제품에 대한 부정적인 경험을 없애려고 하는 것 등이 포함된다. 세 가지 이론, 즉 불협화 이론, 귀속이론, 수동적 학습이론이 구매 후 태도변화에 대한 전략적 시사점을 제공한다.

1) 불협화 이론

불협화 이론은 마케팅 기업이 구매 후 그 상표에 대한 긍정적인 정보를 소비자에게 제공함으로써 불협화를 줄이려고 한다는 것이다. 구매 후 지지적인 정보를 제공하여 불협화를 줄이기 위한 전략은 5가지이다.

① 추가적인 제품정보 그리고 브로셔나 광고를 통해 제품보호와 유지에 대한 제안을 제공함
② 구매 후 의심을 줄이기 위해 보증과 보장을 제공함
③ 구매 후 지원을 제공하기 위해 양호한 서비스를 보장하고, 또한 불평에 대해 즉각적인 조치를 보장함
④ 최근의 구매자에게 제품만족을 재확인할 수 있도록 믿을만한 제품품질과 제품성능을 광고함
⑤ 고객이 제품의 사용법 그리고 만족을 보장할 수 있는 방법을 확실하게 이해할 수 있도록 직접적인 면담 등 접촉을 통해 구매 후에 적절한 조치를 취함. 즉 구매 후 판매업자들로부터의 재확인은 구매 후 불협화를 줄이는데 효과적임

상기의 전략은 위험이 높고, 고관여적 제품범주에 적용되는 것으로서, 구매 후 의심을 줄임으

로써 그 제품에 대한 소비자의 태도(불협화)를 변화시키기 위한 계획이다.

2) 귀속이론

귀속이론(attribution theory)은, 소비자는 사실(행동) 후에 자주 그 사실에 대한 원인(귀속)을 결정하려고 한다고 주장한다. 즉 귀속이론은 소비자가 제품을 구입한 후 광고주는 그 구매에 대한 긍정적인 이유를 소비자에게 제공해야 한다는 것을 시사한다.

예를 들어, 소비자가 할인가격으로 어떤 커피상표를 구입하고 그 커피상표가 보다 싸다는 사실에 그 커피상표의 구매를 귀속시키는 경우, 그 귀속으로 인해 소비자는 그 싼 상표로 변경하여 장기간 사용할 가능성은 거의 없다. 그러나 제조업자가 광고를 이용하여 그 상표는 맛이 풍부하며 진한 품질임을 소비자에게 확신시킬 수 있다면, 그 소비자는 다시 구입할 가능성이 있다. 여기에서 중요한 점은 제조업자가 구매 후 소비자에게 그런 주장을 확신시켜야 한다는 것이다.

귀속이론에서 볼 때, 저관여 제품을 구매한 후 소비자는 구매한 것이 합리적이었다는 근거로서 무엇인가를 추구하므로, 저관여 제품에 대한 마케팅 전략은 소비자가 합리적이라고 생각하는 특별한 제품차이를 제시해야 한다. 그러한 차이는 소비자로 하여금 다시 구입하도록 하는 이유(근거)를 제공한다. 따라서 마케팅 기업은 저관여 제품을 구입하도록 소비자에게 영향을 주기 위해 가격촉진에만 의존해서는 안 된다.

즉 마케팅 기업은 동일한 상표를 재구입할 수 있도록 광고를 사용하여 가격이 아닌 다른 속성에 대한 합리성을 제공해야 한다.

3) 수동적 학습이론

Krugman의 수동적 학습이론은, 소비자는 거의 관여하지 않고 상표에 대해 학습하며 또한 대안적인 상표에 대해 평가하지 않고 구입한다고 주장한다. 그러므로 태도는 구매 전보다는 구매 후에 형성될 가능성이 크다.

따라서 Krugman의 이론은 구매 후에 소비자의 관여수준을 증가시키기 위한 전략을 수립하는 것과 관련된다. 즉 높은 수준의 몰입은 가짜 충성심이 아니라 진정한 상표충성심을 유발시킬 가능성이 있으므로, 마케팅 기업은 그 상표에 대한 관여수준을 증가시키기 위한 전략을 제시할 수 있는데 아래와 같다(제 5 장 제 6 절의 전략적 문제를 참조할 것).

① 그 제품을 관여적인 사건과 연결함
② 그 제품에 관여적인 개인적 상황을 연결함

③ 그 제품에 관여적인 광고를 연결함
④ 제품 이점의 중요성을 변화시킴
⑤ 그 제품에 중요한 특성을 도입함

4. 태도변화 전략

앞에 제시한 이론에 근거하여 소비자 태도를 변화시킬 수 있는 전략은 일반적으로 기존상표를 재위치화함으로써 이루어진다. 즉 소비자로 하여금 구입하도록 영향을 주기 위해 소비자에게 이미 커뮤니케이트되었던 일련의 속성과 이점을 변화시키는 것이 필요하다. 이에 마케팅 기업은 상표이미지를 향상·개선시키기 위해 기존사용자에게 재위치화 전략을 구상하거나 또는 그 상표로 변경하도록 비사용자에게 영향을 주기 위해 비사용자를 표적으로 할 수 있다.

1) 기존사용자의 태도변화

판매감소에 직면한 기업은 자주 기존사용자에게 자사의 제공물을 재위치화하려고 시도한다. 예를 들어, 미원은 화학조미료에 대한 소비감소 그리고 경쟁사의 자연천연조미료의 출시로 인해 매출이 감소되었다. 이에 따라 미원은 기업명을 청정원으로 변경하고, 자사의 조미료에 대한 위치를 변화시키기 위해 신제품의 출시와 더불어 제품계열을 확대하였다.

또한 여러 산업에서 하향하고 있는 수요추세를 반전시키기 위해 재위치화 전략을 전개하고 있는데, 이 재위치화 전략은 협동광고를 통해 추진되고 있다. 예를 들어, 우유, 쌀, 한우 등은 하향하고 있는 수요추세를 회복하기 위해 고객의 추세에 역류하여 모순되기보다는 그 추세(예 : 영양가, 건강 등)에 맞추어 따라가도록 재위치화되어야 성공할 수 있다.

2) 비사용자의 태도변화

시장 중 새로운 세분시장에 소구하기 위해 기업은 자주 비사용자들의 태도를 변화시키려고 한다. 이러한 변화는 기업이 장래의 판매를 증가시키기 위해 필요하다. 예를 들어, KT사는 대안적인 다양한 서비스를 사용하고 있는 많은 소비자들로 하여금 자사의 이미지를 변화하도록 하였는데 이것은 젊은 소비자들이 자사를 보수적이며 구식으로 인식하여 이용하지 않았기 때문이었다.

Mercedes사는 자사의 고급 승용차의 크기를 작게 하고 또한 가격을 인하함으로써 젊은 자동차 구매자(비사용자)에게 자사의 시장을 확대하려고 시도하였다. 2001년 이 회사는 천으로 된 시트, 문짝이 두 개, 해치백이 장착된 26,000달러짜리의 승용차를 대량생산하였다. 젊은이들을 위한 저가격의 고급스러운 모델을 구체화하기 위해 자신을 재위치화하였다. 그러나 이 회사는 고령층 핵심고객을 도외시하는 위험에 처하였다.

제5절 사회적 문제에 대한 태도변화

마케팅은 사회적 문제에 대한 소비자의 태도를 변화시키는 역할을 담당한다.

그 한 가지 예는 AIDS에 대한 많은 오해를 불식시키기 위한 광고캠페인이다. U.S. Department of Health가 주관한 캠페인은 AIDS에 걸린 사람들을 적대시하지 말고 보다 관대하게 처신하도록 하기 위해 계획된 것이다.

그러나 AIDS와 같은 사회문제 그리고 수돗물과 같은 공공적인 문제에 대한 태도를 변화시키는 것은 그러한 부정적인 태도가 거의 항상 깊이 뿌리박혀 있기 때문에 대단히 어려운 과업이다. 즉 사람들은 그 메시지가 강한 신념에 대해 갈등을 유발하게 되어 그 메시지를 거부하기 때문이다.

마케팅 커뮤니케이션을 통해서 소비자 태도를 변화시키는데 성공한 것도 있다. 정부는 흡연의 위험에 대한 인식수준을 높이기 위해 광고를 한 결과 금연율이 크게 향상되었다. 그러나 음주운전에 대한 위험을 인식시키기 위한 커뮤니케이션은 성공하지 못하였는데, 그것은 애주가들의 운전에 대한 자신감이 위험을 초래할 수 있다는 태도를 변화시키지 못한 결과이다.

참고문헌

윤훈현 역, 『소비자행동론』, 제6판, 석정, 1998.

윤훈현, 『소비자행동론』, 석정, 2005.

"A Campaign to Turn a Matteress Maker into a Wellness Provider," *New York Times* (June 8, 2001), p. C9.

"Class Meets the Mass," *Forbes* (May 14, 2001), pp. 205-206.

Daniel Katz, "The Functional Approach to the Study of Attitudes," *Public Opinion Quarterly*, 24 (Summer 1960), pp. 163-204.

David T. Wilson, H. Lee Matthew, and James W. Harvey, "An Empirical Test of the Fishbein Behavioral Intention Model," *Journal of Consumer Research* 1 (March 1975), pp. 39-48.

Henry Assael, Consumer Behavior, Houghton Mifflin, 2004.

Herbert E. Krugman, "The Impact of Television Advertising Learning Without Involvement," *Public Opinion Quarterly* 29 (Fall 1965), pp. 349-356.

Ida E. Berger and Andrew A. Mitchell, "The Effect of Advertising on Attitude Accessibility, Attitude Confidence, and the Attitude-Behavior Relationship," *Journal of Consumer Research* 16 (December 1989), pp. 269-279.

Jagdish N. Sheth and W. Wayne Talarzyk, "Perceived Instrumentality and Value Importance as Determinants of Attitudes," *Journal of Marketing Research* 9 (February 1972), pp. 6-9.

James L. Ginter, "An Experimental Investigation of Attitude Change and Choice of a New Brand," *Journal of Marketing Research* 11 (February 1974), pp. 30-40.

Johan Arndt, "Role of Product-Related Conversations in the Diffusion of a New Product," *Journal of Marketing Research* 4 (August 1967), pp. 291-295.

Michael Solomon, *Consumer Behavior* (Englewood Cliffs, N.J.: Prentice-Hall, 1966), pp. 162-163.

Patricia M. West, Christina L. Brown, and Stephen J. Hoch, "Consumption Vocabulary and Preference Formation," *Journal of Consumer Research* 23 (September 1996), pp. 120-135.

Raj S. P. "The Effects of Advertising on High and Low Loyalty Consumer Segments," *Journal of Consumer Research* 9 (June 1982), pp. 77-89.

Richard J. Lutz, "Changing Brand Attitudes Through Modification of Cognitive Structures," *Journal of Consumer Research* 1 (March 1975), pp. 49-59.

Robert E. Knox and James A. Inkster, "Post-Decision Dissonance at Post Time," *Journal of Personality and Social Psychology* 8 (1968), pp. 319-323.

Russell H. Fazio, Martha C. Powell, and Carol J. Williams, "The Role of Attitude Accessibility in the Attitude to Behavior Process," *Journal of Consumer Research* 16 (December 1989), pp. 280-288.

Shellby D. Hunt, "Post-Transaction Communications and Dissonance Reduction," *Journal of Marketing* 34 (July 1970), pp. 46-51.

William B. Locander and W. Austin Spivery, "A Functional Approach to Attitude Measurement," *Journal of Marketing Research* 15 (November 1978), pp. 576-587.

9
chapter

인구통계적 특징과 사회계층

연령, 소득, 가족 규모 및 고용상태와 같은 **인구통계적 특징**(demographic characteristics)은 개인과 가정을 객관적으로 설명하는 요인이다. 제 6 장부터 제 8 장까지 연구하였던 소비자의 사고변수인 소비자의 지각과 태도는 상표 및 제품과 관련하여 소비자의 마음 속에 형성된 것이므로 제품특이적인 인지적 과정이다. 이와는 대조적으로 인구통계적 특징은 제품특이적이 아닌 객관적인 특징으로서 연령과 소득은 자동차로부터 방향제에 이르는 것을 구입하는데 영향을 줄 수 있다.

사회계층(social class)이란 권력(힘)과 긍지에 기초하여 사회 속에서 그 사람의 순위를 서열화한 것으로서, 인구통계적 특징인 직업, 소득, 교육수준 등 여러 요인에 의해서 정해진다.

본장에서는 인구통계적 특징과 사회계층의 본질 그리고 마케팅 전략 수립시에 어떻게 적용되는가에 대해 집중적으로 연구한다. 또한 두 가지 분야 즉 ① 표적시장의 정의, ② 미시 마케팅 부문에서 인구통계적 특징과 사회계층이 마케팅 전략을 수립하는데 어떻게 응용될 수 있는가에 대해 연구한다.

전략적으로 응용하는데 있어 마케팅 기업들은 과거보다는 구체적이며 특별한 인구통계적 세분시장을 정의하고 있다. 또한 10년 전 마케팅 기업은 자동차와 의복에 대한 표적시장으로 근로주부를 정하였으나, 오늘날 기업들은 근로주부 집단을 직업유형(전문직, 사무직, 근로직 등)으로 나누거나, 사회계층(상, 중, 하)을 기준으로 더 나누고 있다. 물론 이렇게 세부적으로 나누기 위해서는 그들의 욕구와 태도를 우선적으로 이해해야 한다.

제1 절 시장에서의 인구통계적 분열화

1990년대와 2000년대의 중요한 인구통계적 변화는 우리 사회에 많은 영향을 주고 있다. 베이비붐 세대(1945년 이후 20년 동안 태어난 세대)들이 현재에는 장년기(50세 이상의 시장)에 진입하여 급속하게 성장하고 있다. 더욱이 비전통적인 가정이 만혼, 이혼, 독신 등으로 인해 하나의 규범이 되고 있다. 이러한 변화의 영향은 이미 다양화되고 있는 시장을 더욱더 분열화시키고 있다.

인구통계적 특징은 소비자를 표적화하는데 오랫동안 사용되어 왔다. 즉 인구통계적 특징은 3개의 기간, 첫째, 1970년 이전인 대중시장 시대, 둘째, 1970년 이후인 시장세분화 시대, 셋째, 1990년 이후인 미시 마케팅 시대에서 독특한 접근방법으로 사용되고 있다.

1. 대중시장 시대

대중시장 시대에서 마케팅 기업은 소비자의 욕구와 구매가 유사하여 광범위한 인구통계적 집단을 표적으로 하였다. 예를 들어, 현대자동차는 코티나 또는 포니를 중상류 소비계층 소비자에게 표적화하였다. 그러나 그 후 사회경제적 범위를 넓혀, 베르나, 아반테, 소나타, 그랜저, 다이너스티, 에쿠스 등으로 소득수준에 따라 이동하고 있다.

예를 들어, Pepsi사는 New Age 청량음료와 경쟁하기 위해 자사의 제품계열을 확대시키지 않고 자사의 주력상표로 10대 시장을 표적화하였다. Campbell Soup사는 어린애가 있는 가정을 간단하게 표적화하였으며, Levi's사는 자사의 청바지를 폭넓은 젊은이 시장에 표적화하였다.

2. 시장세분화 시대

1970년대 이후 여러 가지 변화로 인해 대중시장 접근방법을 이용할 수 없게 되었다. 직장여성의 구성비율이 폭발적으로 증가하고, 18세 이하 자녀를 가진 부모로 구성된 전통적인 가정이 분열화되었으며, 또한 베이비붐 세대와 X세대(1965년부터 1977년 사이에 태어난 세대)의 연령집단이 독특한 규범과 가치관을 가진 하위문화 집단으로 정의되고 있다.

이러한 변화는 과거 마케팅 기업들이 무시하였던 태도, 욕구 및 구매행동에 대해 커다란 차이를 초래하였다. 즉 특별한 연령범주 간의 차이를 구별하지 않고 젊은이 시장에 대해 말할 수 없으며, 사회경제적 차이를 고려하지 않고 직장여성의 욕구에 대해 이야기할 수 없으며, 또한 자녀가 있는 부부와 없는 부부, 자녀가 없는 이혼부부 간을 구별하지 않고 가족에 대해 이야기할 수 없게 되었다.

이러한 분열되는 시장세분화에 대해 집중하도록 하였다. 예를 들어, 현대·기아자동차는 베르나를 저가격 자동차로 위치화시키고 있지만, 최근에는 가족이 없는 젊은 소비자, 독신, 또는 가격의식성을 나타내는 전문직 여성을 표적화하고 있다. 한편 30대의 경제지향적인 봉급생활자들을 위해 SUV를 표적화하고 있다. 또 다른 예로서, Campbell사는 Texas에서는 나초 치즈스프, 남부에서는 Creole스프와 같이 새로운 향기를 지역적인 기준에 따라 특별한 인종집단에게 자사의 스프를 표적화하고 있다. 또한 Levi's사는 장년기 베이비붐 세대, 젊은 베이비붐 세대, X세대, 10대, 심지어는 10세 이전 세대에게 상이한 청바지를 제공하였다.

3. 미시 마케팅 시대

1990년대 이후, 마케팅 기업은 시장세분화보다 한차원 높지만 실행가능한 것인 미시 마케팅 접근방법을 구사하기 시작하였다. 미시 마케팅이란 개별 소비자의 인구통계적 및 사회계층 특징에 기초하여 개별 소비자에게 도달하는 것으로 시장을 보다 구체적인 구성요소로 나누는데 있어 시장세분화보다 더 세부적으로 확장한 것이다. 즉 시장세분화 시장은 인구통계적 변수를 이용하여 분화하는 것인 반면에, 미시 마케팅은 마케팅 기업이 더 세분화된 시장에 보다 용이하게 도달할 수 있도록 하는 기술적인 발전으로 이루어진 결과이다.

이렇게 조성된 미시 마케팅은 3가지의 기술적 발전 및 자료와 관련된 발전으로 실행할 수 있게 되었다. 첫째, 인터넷 및 상호작용 TV와 같은 상호작용적 기술을 이용하여 만든 메시지(광고물)로 광고주는 개별 소비자를 표적화할 수 있다. 둘째, 데이터베이스인데, 데이터베이스는 개인의 인구통계적 특징을 확인할 수 있는 신용카드나 운전면허증 등을 이용하여 구축되는데, 이 자료를 바탕으로 직접우편을 통해 표적화할 수가 있다. 셋째, **지리인구통계적 분석**(geodemographic analysis)을 이용하여 마케팅 기업은 우편번호지역의 인구통계적 특징을 확인·규명할 수가 있다.

제 2 절 한국시장의 인구통계적 추세

1. 세계 인구의 증가

1994년 56억 7,000만 명이었던 세계 인구는 2004년 64억, 2006년 말 66억 1,590만 명이 되었다. 2015년에는 79억 2,000만 명이 될 것이다. 매년 7,600만 명이 늘어나는 현추세(2006년은 2005년보다 7,560만 명이 증가됨)로 볼 때, 세계 인구는 2050년이 되면 현재보다 30% 증가하여 89억 명에 이를 것으로 예상된다. 그러나 유럽을 비롯하여 전세계의 출산율이 감소하고 있어 인구의 증가세는 둔화되고 있다.

1) 세계 인구 증가추세의 둔화

예상보다 인구증가가 둔화되는 주된 이유는 선진국의 출산율이 저하되고 있기 때문이다. 가족당 자녀수도 60년대에는 6명, 70년대에는 5.4명, 2000년에는 2.9명으로 감소하였다. 이러한 현상은 한국에서도 일어나고 있는데, 50년대에는 6명에서 2000년에는 1.47명, 2005년에는 1.08명으로 급감하였다. 그러나 2006년부터 다소 증가되고 있다.

현재 인구폭발이 문제시되는 국가는 인도, 파키스탄, 방글라데시 등 일부 아시아 지역 국가들이다. 이러한 현상에서 볼 때 세계 인구의 증가는 **전지구적**(global)이라기보다는 **지역적**(regional)이다.

또한 세계 인구가 점점 도시로 집중되고 있는 것도 출산율 저하를 부추기는 요인이다. 즉 도시 여성들이 양육비 부담 대신에 직업, 학업 등 자기실현을 더 선호하기 때문이다. 세계인구기금(UNFPA)에 의하면, 2007년에는 세계 인구의 과반수가 도시에 거주할 것으로 예상하는데, 이러한 현상이 출산율 저하로 나타난다.

또한 인구증가의 추세를 감소시키는 주요인은 많은 여성들이 임신·출산 등으로 사망한다는 것이다. 에이즈 성인 감염자 중 여성이 차지하는 것도 요인이 된다. 즉 에이즈의 여성화가 크게 확산됨으로써 세계 인구의 증가가 다소 주춤하고 있다.

2) 인구와 경제

세계의 경제질서가 1인당 국민소득에서 인구 규모로 재편되고 있다. 즉 부국보다는 인구 대국이 더 힘을 쓰는 시대가 오고 있다.

신흥 인구대국인 브릭스(BRICs : 브라질, 러시아, 인도, 중국) 4개국의 1인당 국민소득은 낮지만, 전체 국민총생산(GNP)은 매우 높다. 예를 들어, 중국의 2004년도 GDP는 1조 9,365억 달러(1인당 GDP는 1,480달러), 일본은 4조 5,849억 달러(1인당 GDP는 35,841달러)이며, 인도는 2005년 8,003억 달러(1인당 GDP는 725달러)이다. 영국과 프랑스는 2005년 각각 2조 1,988억 달러(1인당 GDP는 35,158달러)이며, 캐나다는 2005년 1조 1,293억 달러(1인당 GDP는 34,998달러)이다.

브릭스 국가 중 중국은 13억 명, 인도는 10억 8,500만 명, 브라질과 러시아는 각각 1억 8,410만 명과 1억 4,397만 명의 인구를 거느리고 있다. 브릭스 4개국은 세계 전체 인구의 약 45% 정도를 차지하고 있다. 또한 브릭스 4개국은 인구뿐만 아니라 국토가 방대하며 천연자원도 풍부하다. 또한 경제성장도 급속도로 이루어지고 있으므로, 잘 사는 국가가 아니라 큰 시장을 가진 국가가 큰 소리를 치는 시대가 오고 있다.

2. 한국의 인구통계

1) 한국의 인구성장

한국의 인구는 〈표 9-1〉과 같이 1970년 32,241천 명에서 꾸준히 증가하여 2006년 말 48,297천 명으로 전년 대비 0.33% 증가하였으나 인구증가는 계속 둔화되고 있다.

〈표 9-1〉 한국의 총인구 및 합계출산율 현황(단위 : 천명)

연 도	총 인 구	남 자	여 자	인구성장률	성 비	합계출산율
1970	32,241	16,309	15,932	2.21	102.4%	4.53
1980	38,124	19,236	18,888	1.57	101.8%	2.83
1990	42,869	21,568	21,301	0.99	101.3%	1.59
1995	45,093	22,705	22,388	1.01	101.4%	1.65
2000	47,008	23,667	23,341	0.84	101.4%	1.47
2001	47,357	23,843	23,514	0.74	101.4%	1.30
2002	47,622	23,970	23,652	0.56	101.3%	1.17
2003	47,859	24,090	23,770	0.50	101.4%	1.19
2004	48,039	24,165	23,874	0.38	101.2%	1.16
2005	48,138	24,191	23,947	0.21	101.0%	1.08
2006	48,297	24,268	24,030	0.33	101.0%	
2007	48,456					

자료원 : 한국의 사회지표, 통계청, 2007, p.151.

2007년 10월 31일 현재 주민등록상 인구는 남자 2,465만(50.11%), 여자 2,454만(49.89%) 등

4,919만 명이었다. 또한 국내에 거주하는 외국인 62만 명과 주민등록 말소자 27만 명을 합한 전체 한국의 거주인구는 5,009만 명으로 추산됐다.

지역별로는 경기도가 1,105만 명(22%), 서울이 1,019만 명(20.71%), 서울, 인천, 경기 3곳의 인구는 2,900만 명(49.6%)으로 전체 인구의 과반수가 수도권에 집중되어 있다.

한국의 인구가 2020년에 49,326천 명으로 정점을 기록할 것으로 전망되나(〈표 9-2〉 참조), 출산율이 낮아지면서 2025년부터는 인구가 감소될 것으로 예상된다.

〈표 9-2〉 장래의 연구추계

연 도	총인구 (1,000명당)	출생 (1,000명당)	사망 (1,000명당)	자연증가율 (1,000명당)	인구성장률
2007	48,456	449	260	3.9	0.33
2010	48,875	434	284	3.1	0.26
2015	49,277	398	332	1.4	0.10
2020	49,326	377	375	0.0	-0.02
2025	49,108	375	419	-0.9	-0.12
2030	48,635	348	465	-2.5	-0.25
2040	46,343	262	573	-6.7	-0.67
2050	42,343	226	679	-10.7	-1.07

자료원 : 한국의 사회지표, 통계청, 2007. p. 153.

한편 한국의 기대수명은 의학기술 등의 발달로 평균수명은 계속 증가하여 1970년 61.9세에서 2000년 76.0세, 2005년 78.6%세이다. 2010년에는 79.1세, 2030년에는 81.9세, 2050년에는 83.3세가 될 것으로 예상된다(〈표 9-3〉 참조).

〈표 9-3〉 고령화지수 및 기대여명(1970~2006년)

연 도	중위연령	고령화 지수	노년 부양비	65세이상 인구구성비	연 도	평균 수명		
							남 자	여 자
1970	18.5	7.2	5.7	3.1	1970	61.9	58.7	65.6
1980	21.8	11.2	6.1	3.8	1980	65.7	61.8	70.0
1990	27.0	20.0	7.4	5.1	1990	71.3	67.3	75.5
2000	31.8	34.3	10.1	7.2	1995	73.5	69.6	77.4
2001	32.3	36.3	10.5	7.6	2000	76.0	72.3	79.6
2002	32.9	38.7	11.1	7.9	2001	76.5	72.8	80.0
2003	33.5	41.3	11.6	8.3	2002	77.0	73.4	80.5
2004	34.1	44.1	12.1	8.7	2003	77.4	73.9	80.8
2005	34.8	47.3	12.6	9.1	2004	78.0	74.5	81.4
2006	35.4	51.0	13.2	9.5	2005	78.6	75.1	81.9

자료원 : 한국의 사회지표. 통계청, 2007, p. 91.

2) 한국의 연령구조

한국의 연령구조는 2000년과는 달리 2050년에는 크게 변화하여 노령화 사회로 진입될 것으로 예상된다.

(1) 한국의 인구 피라미드

〈그림 9-1〉과 같이 한국의 연령구조는 2000년에는 청장년층이 가장 많았으나, 2030년에는 점차 노령인구가 많아지다가 2050년에는 노령인구가 가장 많은 역피라미드 구조가 될 것으로 예상된다.

2004년 총인구를 연령에 따라 3계층으로 구분하면, 0~14세인 유년인구는 총인구의 20.0%, 15~64세인 생산가능인구는 71.4%, 65세 이상인 노령인구는 8.7%를 차지하고 있다. 그러나 2019년에는 0~14세가 14.1%, 15~64세가 71.4%, 65세 이상이 14.4%가 될 것이다. 2026년에는 0~14세가 12.8%, 15~64세가 67.2%, 65세 이상이 20.0%, 2030년에는 0~14세가 12.4%, 15~64세가 64.6%, 65세 이상이 23.1%가 될 것으로 예상된다. 2050년에는 유년인구가 9.0%, 생산가능인구가 53.77%, 노령인구는 37.3%가 될 것이다. 따라서 한국은 2026년에는 20.0%로서 초고령사회에 도달하게 된다. 그리고 2019년에는 노령인구 비율이 14.4%로 유년인구 14.1%를 초과할 것으로 예상된다.

〈그림 9-1〉 한국의 인구 피라미드

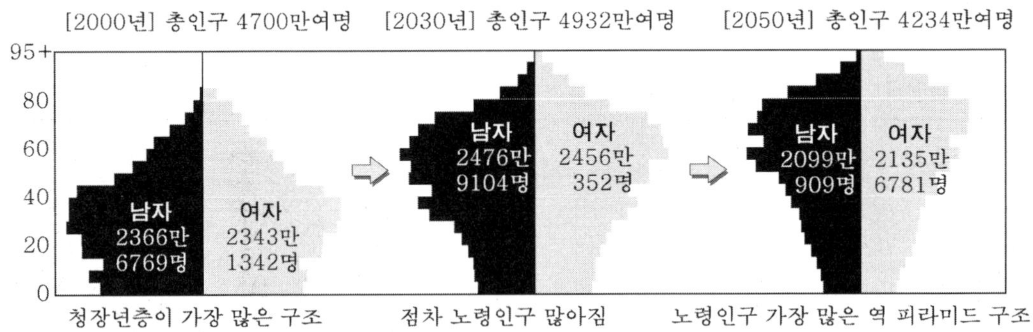

자료원 : 조선일보, 2005. 2. 22일자.

(2) 노령화 사회의 도래

한국의 노령화 추세는 65세 이상 노령인구 비중이 2000년 7.2%(〈표 9-3〉 참조)로 노령화 사회에 진압하였고, 2019년에는 14.4%로 고령화 사회에 진입, 2026년에는 20.0%로 초고령사회에 도달할 것으로 예상된다.

연령대별로 인구를 볼 때, 중간을 나타내는 중위연령은 2006년 말 현재 한국이 35.4세, 일본이 41.8세(2004년), 이태리 42.4세(2004년), 미국 35.9세(2004년)보다 낮다. 그러나 2020년 한국의 중위연령은 43.7세로 선진국 평균 42.3세를 웃돌고, 2050년에는 56.2세로 선진국 평균 45.2세보다 훨씬 상회할 것으로 예상된다.

만 14세 이하 유년인구 비중은 2006년 말 현재 18.6%로 선진국보다 높지만, 2030년에는 11.4%로 떨어져 선진국보다 낮아진다. 반면에 65세 이상 노령인구는 2006년 말 현재 9.5%에서 2040년 32.5%까지 치솟아 선진국(25.9% : 2050년)보다 높아질 것으로 예상된다.

이에 따라 한국은 OECD 국가들 중 가장 젊은 국가였지만 앞으로 40년 내에 가장 늙은 국가가 될 것이며, 특히 20~30년 후에는 절대노동인구가 감소하면서 경제성장과 고령화의 쇼크가 성장을 뛰어넘을 것이다. 즉 2006년 3,492만(71.9%)의 생산가능인구의 비중이 2017년 3,612만(73.2%)을 정점으로 하여 2040년에는 2,653만(57.2%)명, 2050년에는 53%로 줄어들어 경제의 활력은 그만큼 약화된다. 또한 가장 활발하게 경제활동을 할 나이인 25~29세 인구는 2007년부터 감소할 것으로 예상된다.

전체적으로 볼 때, 65세 이상 노인인구, 생산가능인구(15~64세) 그리고 신생아의 수가 2006년에는 각각 459만, 3,472만, 47만, 2030년에는 1,181만, 3,130만, 34만, 그리고 2040년에는 각각 1,504만, 2,653만, 23만 명이 될 것이다.

한편, 2006년 총인구 48,297천 명 가운데 남자는 24,268만 명, 여자는 24,030천 명으로 여성 100명당 남성은 101.0명이다. 〈표 9-1〉과 같이 성비가 계속 낮아지고 있는데, 이러한 성비가 2039년에는 99.9명으로 여성이 남성보다 많아지며, 2050년에는 98.3명으로 남성이 귀해지는 시기가 올 것이다.

그러나 결혼연령층을 여자 24~28세, 남자 26~30세로 볼 때, 성비 추이는 여성 100명당 남자수가 2000년 110.2명에서 2005년 107.7명, 2012년 124.0명으로 여성의 절대부족 현상의 상황이 생길 것이다. 그러나 점차 감소하여 2020년 112.8명, 2050년에는 107.1명이 될 것이다.

3) 한국의 가정구성

한국의 가정구성은 점차 직계가족에서 핵가족화되고 있으며, 또한 이혼율이 급증하고 있다는 것이 특징이다.

(1) 한국의 가정구성 유형

2005년 일반가구는 15,887천 가구로 1995년보다 23% 증가하였다. 〈표 9-4〉와 같이 가구원 수가 3인 이하인 가구의 비중이 지속적으로 증가하는 추세인데, 특히 1인 가구의 비중이 급속히 증가하여 2005년 20.0%로서 비전통적 가구의 현상이 두드러지게 나타나고 있다. 또한 4인 가구는 계속 증가하다가 2005년부터 급속히 감소하고 있으며, 또한 4인 이상 가구도 역시 계속 감소하고 있어, 2005년 현재 전체 가구의 39.9%로서(2000년 44.5%), 전통적 가구가 상대적으로 감소하고 있다.

이러한 현상으로 인해 평균가구원 수는 4인 이상 가구는 감소하는 반면에, 3인 이하 가구의 증가로 인해 감소추세를 보이고 있으며, 2000년 3.1명에서 2005년 2.9명으로 핵가족화하는 현상이 나타나고 있다.

〈표 9-4〉 가구원수 및 세대수별 분포(1975~2005)

연도	가 구 원 분 포(%)								세대수별 분포(%)				
	일반가구(1,000가구)	가 구 원 수 별						평균가구원수(명)	혈연가구(천가구)	세대수별			
		1인 가구	2인 가구	3인 가구	4인 가구	5인 가구	6인이상 가구			1세대	2세대	3세대	4세대 이상
1975	6,648	4.2	8.3	12.3	16.1	18.3	40.7	5.0	6,367	7.0	71.9	20.1	1.0
1980	7,969	4.8	10.5	14.5	20.3	20.0	29.8	4.5	7,470	8.8	73.1	17.6	0.6
1985	9,571	6.9	12.3	16.5	25.3	19.5	19.5	4.1	8,751	10.5	73.3	15.8	0.5
1990	11,355	9.0	13.8	19.1	29.5	18.8	9.8	3.7	10,167	12.0	74.1	13.6	0.3
1995	12,958	12.7	16.9	20.3	31.7	12.9	5.5	3.3	11,133	14.7	73.7	11.4	0.2
2000	14,312	15.5	19.1	20.9	31.1	10.1	3.3	3.1	11,928	17.1	72.9	9.9	0.2
2005	15,887	20.0	22.2	20.9	27.0	7.7	2.3	2.9	12,491	20.6	70.5	8.7	0.1

자료원 : 한국의 사회지표, 통계청, 2007, p. 185, 187.

2005년 혈연가구 12,491천 가구 중 70.5%는 2세대 가구로 가장 많다. 1세대 가구의 비중은 1975년 7.0%에서 2005년 20.6%로 2.94배 증가하였는데, 이는 결혼 후 자녀를 갖지 않고 있음을 보여준다. 또한 3세대 가구(전통적 가구)의 비중은 1975년 20.1%에서 2005년 8.7%로 감소하여 우리 사회의 핵가족화 경향을 보여준다.

〈표 9-5〉에 의하면 2005년 총혈연가구수 12,491천 가구 중 핵가족의 구성비율은 부부만으로 된 가족은 18.1%, 부부와 미혼자녀로 구성된 가족은 53.7%, 한 부모와 미혼자녀로 된 가족은 11.0%로서, 부부만으로 된 가족은 계속 증가하고 있으며, 특히 한 부모와 미혼자녀 가족이 감소하다가 2000년 이후 증가하는 현상은 이혼의 증가 때문이다.

(2) 한국의 결혼과 이혼

〈표 9-6〉과 같이 2005년 연간 혼인건수는 311천 건(쌍)으로 2002년 307천 건보다 약 4천 건 증가하였다. 초혼인율은 6.5건으로 전년에 비해 0.1건 증가하였고, 10년 전인 1995년 8.7건에 비해서는 2.2건 감소하는 등 지속적으로 감소하는 추세이다.

〈표 9-5〉 가족의 종류별 분포

연 도	혈연 가구수 (천가구)	핵가족(%)			직계가족(%)		기타 가족(%)
		부부	부부와 미혼자녀	한부모와 미혼자녀	부부와 양(편)친	부부와 양(편)친과 자녀	
1975	6,367	5.0	55.6	10.1	0.5	10.9	17.9
1980	7,470	6.4	56.5	10.0	0.6	10.4	16.1
1985	8,751	7.8	57.8	9.7	0.8	9.9	14.0
1990	10,167	9.3	58.0	8.7	0.9	9.3	13.8
1995	11,133	12.6	58.6	8.6	1.1	8.0	11.2
2000	11,928	14.8	57.8	9.4	1.2	6.8	10.1
2005	12,491	18.1	53.7	11.0	1.2	5.7	10.4

자료원 : 한국의 사회지표, 통계청, 2007. p.188.

〈표 9-6〉 혼인 및 이혼건수, 재혼율 현황(1995~2005) (단위 : 1,000건)

		1995	1998	2000	2001	2002	2003	2004	2005
혼인건수		398.5	375.6	334.0	320.1	306.6	304.9	310.9	316.4
조혼인율		8.7	8.0	7.0	6.7	6.4	6.3	6.4	6.5
평균 초혼연령	남자	28.4	28.9	29.3	29.6	29.8	30.1	30.6	30.9
	여자	25.4	26.1	26.5	26.8	27.0	27.3	37.5	27.7
이혼건수		68.3	116.7	120.0	135.0	145.3	167.1	139.4	128.5
조이혼율		1.5	2.5	2.5	2.8	3.0	3.5	2.9	2.6
이혼/혼인건수(%)		17.1	31.1	35.9	42.2	47.4	54.8	44.8	40.6
총재혼건수(천)		25.7	30.3	32.0	34.6	35.4	39.2	44.4	46.4
이혼연령 남자(%)/ 여자(%)	25~29	12.4/21.9	9.9/18.5	9.7/17.7	9.2/17.0	8.4/15.7	7.0/13.9	6.4/13.0	6.0/12.3
	30~34	24.1/27.0	19.3/22.8	19.1/22.4	19.4/22.8	18.9/23.0	18.3/22.7	17.3/22.1	16.5/21.2
	35~39	25.4/22.5	25.1/24.4	23.1/22.6	22.4/21.8	22.0/21.4	21.2/21.1	21.3/21.3	21.0/21.5
	40~44	16.7/11.1	20.1/24.3	21.1/17.3	21.5/18.1	21.8/18.5	22.1/19.2	21.4/18.8	21.2/18.5
	45~49	9.9/5.2	11.4/6.8	12.4/7.9	13.0/8.4	13.7/9.3	14.8/10.8	15.7/11.5	16.1/12.2

자료원 : 한국의 사회지표, 통계청, 2007, p.194.

2005년 남자의 평균 초혼연령은 30.9세, 여자는 27.7세로 전년에 비해 남자, 여자 각각 0.3, 0.2세씩 늦어졌고, 10년 전인 1995년 평균 초혼연령인 남자 28.4세, 여자 25.4세에 비해 각각 2.5, 2.3세씩 늦어졌다. 전체적으로 볼 때, 평균 초혼연령은 남자, 여자 모두 매년 조금씩 늦어지고 있다.

한편 2005년 연간 이혼건수는 128.5천 건으로 1998년 이후 계속 증가하다가 2004년부터 낮아지고 있다. 이와 마찬가지로 조이혼율도 2005년 2.6건으로 1995년 이후 계속 증가하다가 2004년부터 낮아지고 있다.

혼인건수에 대한 이혼건수의 비율은 2005년 40.6%(이혼건수/혼인건수)로 2003년 54.8%에서 점차 낮아지고 있다. 이 비율은 1995년 17.1%에서 계속 증가하다가 2004년부터 낮아지고 있다. 총재혼건수는 이혼건수가 증가하고는 있지만, 그만큼 증가하지는 않는다.

그리고 이혼연령에서 볼 때, 35~39세, 40~44세, 45~49세 층에서 계속 증가하고 있다. 이혼에 대한 견해에 대해 어떤 이유라도 이혼해서는 안 된다는 견해가 2002년 16.9%에서 2006년 19.5%로 증가하였다. 이유가 있더라도 가급적 이혼해서는 안 된다는 견해가 41.5%에서 40.4%로 감소하였다. 이유가 있다면 하는 것이 좋다는 견해는 6.6%에서 6.8%로 증가하였다(〈표 9-7〉 참조).

〈표 9-7〉 이혼에 대한 견해

	계	어떤 이유라도 이혼해서는 안 된다	이유가 있더라도 가급적 이혼해서는 안 된다	할 수도 있고 하지 않을 수도 있다	이유가 있으면 하는 것이 좋다	잘 모르겠다
2002년	100	16.9	41.5	32.9	6.6	2.2
남자		18.5	46.3	27.8	5.0	2.4
여자		15.3	37.0	37.6	8.1	1.9
2006년	100	19.5	40.4	29.4	6.8	4.0
남자		22.0	44.2	24.0	5.4	4.4
여자		17.0	36.8	34.5	8.1	3.6

(3) 가족해체 현상

한국의 가족해체 현상은 두 가지로 설명할 수 있다. 첫째, 자녀를 낳지 않고 살거나 또는 혼자 사는 사람이 급증하면서 가족해체 현상이 심각한 사회경제적 문제로 부상하고 있다. 즉 자녀 없이 부부만 사는 가구가 2002년 190만 가구에서 2005년 226만 가구(18.1%)로 36만 가구 이상 증가하였다. 이러한 현상은 결혼한 자녀들이 고령의 부모를 부양하지 않거나 또는 아예 자녀를 낳지 않고 사는 젊은층 부부가 증가하기 때문이다. 그리고 결혼하지 않거나 또는 이혼한 뒤 혼자 사는 1인 가구도 계속 증가하여 2005년 3,177천 가구이다. 반면에 조부모와 부모, 자녀가 함께 사는 3세대 가구는 계속 감소하여 2005년 1,099천 가구이다.

결론적으로 저출산과 고령화, 높은 이혼율 등 사회변화를 고려해 볼 때, 최근 2~3년 전부터 주택유형이나 내구소비재, 교육, 의료체제 등 산업구조도 빠르게 변화하고 있다.

둘째, 이혼율(결혼한 부부 10쌍 중 4쌍이 이혼함)이 급증하면서 편부 또는 편모 가정도 해마다 급증하고 있다. 즉 부모 가운데 한 명만이 자녀와 함께 사는 가구는 2002년 1,121천 가구에서 2005년 1,374천 가구로 253천 가구가 증가하였다. 아버지가 자녀를 키우는 가정은 2004년 말 238천 가구이며, 어머니가 혼자 자녀를 키우는 가정은 989천 가구에 달한다. 어머니가 자녀와 함께 사는 가구 비중이 아버지와 함께 사는 비중보다 4배 이상 많은 것은 부모 이혼시 어머니가 자녀를 양육하는 추세가 보편화됐고, 여성의 평균수명이 남성보다 평균 7년 이상 길어진 것이 영향을 미쳤기 때문이다.

결론적으로 볼 때 고령화, 이혼율의 증가, 핵가족화 등에 따른 가족해체 현상은 저소득층의 빈곤화 추세를 심화시키고, 사회범죄를 비롯한 각종 경제·사회 문제를 야기할 수 있다.

3. 한국의 사회경제적 추세

1) 직장여성의 증가추세

여성의 취업추세는 1985년 이후 계속 증가하였는데, 다만 1998년 2.2% 감소하였고, 불경기가 시작된 2003년 1.3% 감소하였다(〈표 9-8〉 참조).

〈표 9-8〉 여성 취업자 구성비

연도	여성취업자 수(천명)	증감률	연도	여성취업자 수(천명)	증감률	연도	여성취업자 수(천명)	증감률
1985	5,833		2000	8,769	8.4	2004	9,364	2.8
1990	7,376	26.5%	2001	8,791	0.3	2005	9,536	1.8
1995	8,267	12.1	2002	9,225	4.9	2006	9,706	1.8
1998	8,090	△2.2	2003	9,108	△1.3			

이러한 여성취업의 경우 전문, 관리직 종사자의 구성비율은 1993년 11.3%에서 계속 증가하여 2003년 16.9%로 5.6%가 증가하였다. 즉 1997년 12.2%에서 1998년 13.3%, 2000년 13.97%, 2002년 14.3%, 2003년 16.9%, 2005년 17.5%, 2006년 18.8%로 계속 증가하고 있다.

또한 2006년 여성취업에 대한 견해에서 볼 때, 여자들은 가정과 관계 없이 취업하는 것에 대해 50.8%로 남자보다 높다. 또한 대졸 이상은 가정과 관계 없이 취업하는 것에 대해 48.6%가 그리고 결혼 전과 자녀 성장 후 취업에 대해 29.4%가 응답한 반면에, 가정에만 전념한다는 것에는 6.6%가, 결혼 전까지 취업에는 3.8%가 응답하였다.

2) 교육수준

한국의 평균 교육수준은 1975년 6.6년에서 계속 증가하여 2005년 11.3년으로 4.7년이나 증가하였다. 특히 남자와 여자의 평균 교육수준이 1975년부터 1990년까지는 남자가 2년이나 많았지만, 1995년부터는 2년 미만으로 감소하고 있다(〈표 9-9〉 참조).

연령별에서 볼 때, 2005년에는 남과 여의 차이가 점차 줄어들고 있음을 알 수 있다.

〈표 9-9〉 성·연령 계층별 평균 교육수준

연도	평 균		6~19세		20~29세		30~39세		40~49세		50세 이상	
	남	여	남	여	남	여	남	여	남	여	남	여
1975	7.6	5.7	6.3	6.1	9.3	8.4	9.3	6.9	7.9	4.8	4.0	1.7
1980	8.7	6.6	6.6	6.1	10.3	9.4	10.2	8.2	9.0	6.0	5.0	2.3
1985	9.7	7.6	6.7	6.7	11.3	10.6	10.9	9.3	9.9	7.1	6.5	3.1
1990	10.6	8.6	7.7	7.8	12.3	11.8	11.8	10.4	10.6	8.4	7.6	3.9
1995	11.2	9.4	6.7	7.2	12.7	12.7	12.7	11.6	11.4	9.6	8.5	4.8
2000	11.5	9.8	5.3	6.0	13.0	13.2	13.2	12.5	12.0	10.5	9.2	5.5
2005	12.0	10.5	4.0	4.3	13.6	13.9	13.8	13.3	12.9	11.7	10.0	6.7

〈표 9-10〉과 같이, 25세 이상 인구의 학력구성비에서 볼 때, 1975년 이후 2005년까지 고졸 및 대졸 이상은 계속 증가하고 있다. 특히 성별에서 볼 때, 전체적으로 여성의 구성비율은 학력수준이 높을수록 점차 많아지고 있다. 그러나 대졸 이상의 경우 아직까지도 여성보다는 남성이 1.5배 이상이다.

〈표 9-10〉 25세 이상 인구의 학력구성비

연도	초졸 이하		중 졸		고 졸		대졸 이상	
	남	여	남	여	남	여	남	여
1975	53.1	77.1	17.7	12.1	19.7	8.4	9.5	2.4
1980	42.8	67.0	19.8	16.5	25.4	12.9	12.0	3.6
1985	31.9	54.1	20.5	20.5	32.1	20.2	15.5	5.2
1990	23.3	43.0	17.6	20.3	38.9	28.4	20.1	8.3
1995	17.8	35.0	14.2	17.1	41.1	34.8	26.6	13.1
2000	15.1	30.4	12.3	14.3	41.6	37.3	31.0	18.0
2005	12.2	25.5	10.2	12.1	39.7	37.0	37.8	25.4

자료원 : 한국의 사회지표, 통계청, 2007, p. 274.

3) 소득

(1) 국민총소득

국민총소득(GNI)은 2000년 이후 7% 이상 증가하였는데, 2003년 다소 저조하여 5.8%가 증가하였다. 국민의 생활수준을 나타내는 1인당 GNI는 2001년 -6.3%가 감소하였지만, 2002년 이후 계속 10% 이상 증가하였다.

국민경제 전체가 소비나 저축으로 자유롭게 처분할 수 있는 소득규모인 국민처분가능소득도 계속 증가하였다(〈표 9-11〉 참조).

〈표 9-11〉 국민총소득, 국민총생산 및 국민처분가능소득 추이

연도	GNI(십억원) (명목)	1인당($) GNI	GDP (명목)	국민처분가능 소득(명목)	노동소득 분배율
1990	186,559.8	6,147	186,690.9	166,552.9	59.1%
2000	576,160.0	10,841	578,664.5	493,388.0	58.8%
2001	621,027.9 (7.79%)	10,160 (△6.3%)	622,122.6	532,419.1	59.5%
2002	685,069.0 (10.3%)	11,499 (13.18%)	684,263.5	591,979.1	58.2%
2003	725,420.3 (5.89%)	12,720 (10.62%)	724,675.0	623,126.2	59.8%
2004	781,174.2 (7.69%)	14,193 (11.58%)	779,380.5	672,773.1	59.1%
2005	805,885.8 (3.16%)	16,291 (14.78%)	806,621.9	692,602.8	60.4%

자료원 : 한국의 사회지표, 통계청, 2007, p. 214.

(2) 국내소비지출

국내소비지출은 2001년과 2002년 크게 증가하였으나, 2003년과 2004년 2년 동안 2% 정도 증가하였는데, 내구재의 소비지출이 계속 현저하게 감소하였기 때문이다(〈표 9-12〉 참조).

〈표 9-12〉 국내소비지출 및 재화형태별 소비지출 구성비

연도	국내소비지출 (10억원)	재화 형태별 구성비(%)			
		내구재	준내구재	비내구재	서비스
1990	93,535.0	10.2	8.6	35.1	46.0
2000	305,796.2	9.3	7.0	30.3	53.4
2001	335,391.0 (9.68%)	9.0	6.6	29.5	54.9
2002	368,882.8 (9.99%)	8.8	6.9	28.5	55.8
2003	376,221.3 (1.99%)	7.3	6.6	28.5	57.6
2004	386,499.3 (2.73%)	6.5	6.3	29.1	58.1
2005	406,890.9 (5.28%)	6.4	6.3	29.5	57.8

자료원 : 한국의 사회지표, 통계청, 2007, p. 219.

그러나 서비스에 대한 소비지출 비중은 계속 증가하고 있다. 1994년 50.8%로 처음 50%를 상회한 후 지속적으로 증가하여 2005년 57.8%에 이르렀다.

(3) 도시근로자 가계지수

도시근로자 가구의 월평균 가구소득은 2001년 9.97%, 2002년 6.36%, 2003년 5.30%, 2004년 5.88%, 2005년 4.43%로 증가하여 처분가능소득도 거의 유사한 비율로 증가하고 있다.

월평균 가계지출은 2002년 다소 낮다가 2003년 이후 증가하고 있으며, 소비지출도 가계지출과 유사한 현상을 보여준다. 이에 따라 소비성향은 2000년부터 계속 감소하다가 2003년부터 약간씩 증가하고 있다. 민간 저축률은 평균 소비성향과는 반대 현상을 보이고 있다(〈표 9-13〉 참조).

〈표 9-13〉 도시근로자가구의 월평균소득 및 소비지출 추이

연도	월평균소득 (천원)	처분가능소득 (천원)	소비지출 (천원)	평균소비성향 (%)	민간저축률 (%)
1990	943.3	870.2	650.0	74.7	29.6
2000	2,386.9	2,113.5	1,614.8	76.4	21.9
2001	2,625.1 (9.97%)	2,319.2 (9.73%)	1,751.6 (8.47%)	75.5	20.7
2002	2,792.4 (6.36%)	2,483.4 (7.08%)	1,826.9 (4.30%)	73.6	19.5
2003	2,940.0 (5.30%)	2,595.9 (4.53%)	1,936.6 (6.00%)	74.6	21.1
2004	3,113.4 (5.88%)	2,722.7 (4.88%)	2,043.7 (5.33%)	75.1	24.6
2005	3,250.8 (4.43%)	2,833.8 (4.08%)	2,126.4 (4.05%)	75.0	22.8

자료원 : 한국의 사회지표, 통계청, 2007, p. 224.

(4) 도시근로자 가구의 월평균 소비지출 구성

2005년 도시근로자 가구의 월평균 소비지출 중 식료품 구성비(엥겔계수)는 26.4%로 전년도 27.0%보다 감소하였다. 또한 2006년은 26.5%이며, 2007년 3분기는 25.9%이었다(월평균 총지출액은 238만 362원, 식료품비는 61만 7,535원).

가계소득이 증가하면서 식료품비 지출보다는 교양, 오락 등 문화생활 지출이 많이 증가하였기 때문에 엥겔계수가 하락하고 있다(〈표 9-14〉 참조).

〈표 9-14〉 도시가구의 월평균 소비지출 구성비(%)

	1995	1997	2000	2003	2004	2005
소비지출	100.0	100.0	100.0	100.0	100.0	100.0
식료품	29.0	28.7	27.4	26.5	27.0	26.4
외식	9.1	10.9	10.8	12.1	12.6	12.2
주거	3.8	3.4	3.5	3.4	3.3	3.4
광열·수도	4.1	4.5	5.3	4.9	4.9	4.9
가구집기사무용품	4.7	4.2	3.6	3.8	3.9	4.1
의복·신발	7.7	6.6	5.6	5.6	5.2	5.3
의료·보건	4.7	4.5	4.3	4.7	4.7	4.9
교육	10.0	10.3	11.2	11.6	11.7	11.8
교양·오락	5.3	5.2	5.2	4.9	4.9	4.9
교통·통신	11.3	13.1	16.0	17.1	17.2	17.3
개인교통	6.3	7.5	8.2	7.7	7.7	8.1
통신	2.1	2.4	4.7	6.7	6.6	6.4
기타소비	19.4	19.5	17.8	17.5	17.3	16.9
잡비	15.0	15.0	13.5	13.4	13.0	12.6

자료원 : 한국의 사회지표, 통계청, 2007, p. 100.

(5) 소득분배 동향

〈표 9-15〉와 같이 2005년 소득분배 동향에서 볼 때, 소득불평등도를 나타내는 **지니**(Gini)계수는 0.310으로 전년도(0.310)와 같은 수준이나, 지니계수가 2000년 이후 계속 낮아지고 있어 소득집중도가 완화되는 모습을 보이고 있다. 한편, 소득 10분위 백분율도 0.5160으로 전년도 0.5196보다 낮아지고 있다.

〈표 9-15〉 도시근로자 가구소득 10분위별 소득분포(단위 : %)

	1997	1998	1999	2000	2001	2002	2003	2004	2005
1분위	3.2	2.6	2.7	2.9	2.9	3.0	2.7	2.5	2.6
2분위	5.1	4.7	4.6	4.7	4.6	4.7	4.8	4.6	4.6
3분위	6.3	5.9	4.8	5.8	5.7	5.8	6.1	6.0	5.9
4분위	7.3	6.9	6.8	6.9	6.8	6.9	7.1	7.1	7.0
5분위	8.3	8.0	7.9	7.9	7.8	7.9	8.1	8.2	8.2
6분위	9.4	9.1	9.1	9.1	9.1	9.2	9.3	9.4	9.4
7분위	10.8	10.6	10.5	10.5	10.5	10.5	10.7	10.8	10.8
8분위	12.4	12.3	12.3	12.2	12.3	12.4	12.5	12.6	12.5
9분위	15.0	15.0	15.0	14.7	15.0	15.1	15.0	15.3	15.2
10분위	22.3	24.8	25.3	25.4	25.4	24.6	23.8	23.6	23.8
(지니계수)소득집중도	0.283	0.316	0.320	0.317	0.319	0.312	0.306	0.310	0.310
10분위 백분율	0.5872	0.5072	0.4960	0.5039	0.4967	0.5136	0.5317	0.5196	0.5160

(6) 싱글족과 소비시장

한국의 인구는 2018년 4,934만 명을 정점으로 점차 감소할 것으로 예상되지만 가구수는 계속 증가하고 있는데, 이는 자녀가 없는 부부 가구와 1인 가구가 크게 증가하는 가족분열 때문이다. 이런 현상으로 인해 2007년 1,641만 7,000개인 총 가구수가 2030년에는 1,987만 1,000개로 21% 증가할 것으로 예상된다.

조기독립, 만혼, 이혼은 물론 기러기족이 증가하면서 혼자 사는 사람이 많아지고 있다. 2005년 말 1인 가구는 317만이며, 20대 이상 인구 중 독신자(부모와 함께 살고 있는 미혼 남녀 포함)는 600만 명이 넘는다.

2007년 현재 1인 가구는 329만 8,000가구(20.1%)이지만, 2030년에는 그 비중이 23.7%(471만 3,000가구)로 증가하여 4인 가구(22.7%)나 3인 가구(19.1%)를 능가할 것으로 예상된다. 이들의 경제력이 높아지면서 싱글족은 중요한 소비주체로 떠오르고 있다.

싱글 소비자의 독특한 라이프스타일과 경제력이 있는 싱글족이 증가하면서 그들의 소비패턴도 화려해지고 있다. 그들은 호텔의 싱글 패키지를 이용하며, 백화점의 특별카드(현대백화점의 클럽 유피)를 이용하고 있다. 또한 화려한 싱글은 외식업체(스테이크 전문점인 페페런치)를 이용하고 있다.

싱글 소비자의 독특한 라이프스타일과 소비성향이 향후 잠재 소비세력으로 주목을 받을 것인데, 그 이유는 두 가지이다. 첫째, 무엇보다도 싱글족의 절대적인 규모가 증가하였으며, 또한 계속 증가할 것이기 때문이다. 둘째, 혼자 살기 때문에 경제적인 면에서 상대적으로 여유가 있으며 또한 주변 관심사와 유행 등에 민감하게 반응하며 소비를 선도해 나가기 때문이다.

결론적으로 싱글족들은 자기 자신을 가꾸거나 인생을 즐기기 위해 선뜻 지갑을 열고 있으므로 소비자의 증가는 기업들로 하여금 싱글족을 위한 제품을 출시하도록 독려하고 있다. 즉 싱글족을 위해 가구와 가전제품들이 모두 갖추어진 주거용 오피스텔인 코쿤하우스나 호텔식 서비스를 제공하는 서비스 레지던스가 각광받고 있다.

제3절 인구통계적 요인과 마케팅 전략

마케팅 기업은 자사 제품의 기존 및 예상잠재이용자들을 설명하고 이해하기 위해 인구통계적 요인을 사용한다.

1. 세분시장의 확인·규명

마케팅 기업들은 자사 상표나 제품범주에 대한 표적집단을 확인·규명하기 위해 인구통계적 요인을 사용한다. 어떤 상표의 표적집단에 대한 인구통계적 설명내용을 통해서 매체 선정, 광고개발 및 제품개발을 하는데 도움을 얻을 수 있다. 즉 인구통계적 설명내용을 활용하여 예상잠재 표적집단이 구독하는 잡지 그리고 그들이 시청하는 TV쇼를 결정함으로써 매체를 선정하는데 도움을 얻을 수 있다. 예를 들어, 전문직 여성들이 전문경제잡지나 전문패션잡지를 구독한다면, 고급 외제자동차 회사는 이 세분시장을 표적화하기 위해 이들 잡지에 광고를 해야 할 것이다.

역시 인구통계적 프로파일은 인구통계적 집단에서 소구할 수 있도록 적절한 배경이나 장면을 설정함으로써 광고전략에 대한 지침을 제시할 수 있다. 예를 들어, 최근 이동전화기(mobile phone) 제조회사들은 10대들에게 소구하기 위해 10대들이 좋아하는 배우나 가수를 등장시키고 있다.

인구통계적 세분화는 어떤 제약회사가 제품추구적 마케팅으로부터 연령추구적 마케팅으로 변화하는데 기초가 되고 있다. 즉 일반적인 캠페인을 이용하여 모든 청중들에게 소구하는 대신에 50대 이상의 베이비붐 세대집단을 광고에 등장시켜 베이비붐 세대가 걱정하고 있으며 문제시하고 있는 고민거리를 해결할 수 있음을 강조하고 있다.

인구통계적 자료를 이용하여 세분화하는 것은 역시 국제시장에 대해서도 매우 중요하다. 예를 들어, 개발도상국을 대상으로 판매에 많은 관심을 갖고 있는 어떤 표백제 제조기업은 케냐, 방글라데시, 알제리아, 파키스탄 등의 여성들이 자녀들에게 적절한 의료적인 주의를 기울이지 못할 정도로 많은 자녀를 키우고 있음을 간파하였다. 이에 이 회사는 자사의 표백제를 살균제로 위치화하였으며 또한 문맹률이 높기 때문에 그림을 이용하여 그 제품의 사용법을 광고하였다.

1) 한국의 싱글족 소비시장

싱글족이 증가하고 또한 중요한 소비주체로 부상됨으로써 싱글족 시장을 겨냥하여 관련 제품을 개발하고 판매하는 제조업체와 유통업체가 증가하고 있다.

식품업계는 더 작고 간편한 가공식품으로 싱글족이나 맞벌이 부부를 공략하고, 이에 따라 유통업체도 미니, 간편식품 비중을 증가하고 또한 별도의 매장을 신설하고 있다.

또한 크기는 작으면서도 기능은 이것저것을 합친 가전, 가구제품이 인기를 끌고 있다.

결론적으로 볼 때, 잠재적 소비세력이었던 싱글족이 이제 소비시장의 주역으로 떠오르고 있으므로, 식품, 주거, 서비스 업계는 이들의 가치관과 소비성향을 잘 파악하고 대처해야만 살아남을 수 있다.

2) 한국의 실버미스, 골드미스 시장

(1) 실버미스와 골드미스의 증가

실버미스나 골드미스는 사회적 조명을 받으며 등장한 신조어로서 하나의 시장을 만들어가고 있다. 즉 미혼 직장여성들이 새로운 소비주체로서 마케팅 표적층으로 급부상함으로써 이를 공략하기 위해 **프린세스 마케팅**(princess marketing)이 성행하고 있다.

미혼 직장여성들은 직장을 갖고 있는 반면에 실제 생활을 부모와 같이 하는 경우가 많아 생활비나 육아비가 전혀 필요 없으므로, 다른 여성이나 남성층보다 소비여력이 크므로 집중적인 소비 표적층이 되고 있다.

서울시 통계에 의하면, 2005년 가임여성 중 출산연령층(25~34세) 여성인구는 95만 명으로 1995년(100만 명)보다 5만 명(5.5%) 감소하였다. 이 중에서도 배우자가 있는 여성은 46만 명으로 95년(73만 명)보다 37.2%나 감소하여, 미혼여성(48만 명)은 95년(27만 명)보다 21만 명(79.5%) 급증하였다.

(2) 실버미스와 골드미스의 소비성향

20대 미취업 여성이나 여대생들은 가격민감도가 크기 때문에 매스티지(대중적 명품) 중심으로 구입한다면, 소비여력이 큰 30대 취업여성은 소득이 많은 만큼 가격대가 높은 제품도 과감하게 구입하는 경향이 있다. 이에 따라 필수 소비재가 아닌 의류나 화장품, 건강음료 시장에서 경제력이 있는 싱글여성에 대해 연구해야 할 것이다.

즉 싱글여성 소비자들은 웰빙 명품 소비처럼 트랜드를 주도하는 매력적인 소비군이므로, 기업은 이들을 정교하게 세분화하고 감정적인 심리 마케팅을 활용하는 접근방법이 필요하다.

3) 한국의 중산층의 세분화

삼성경제연구소는 중산층을 4단계로 세분화할 수 있다고 주장(2007년 8월 29일)하였는데, 그 이유는 소득에 따라, 자산규모에 따라 소비행태도 다르고 재테크 관심사도 상이하기 때문이다.

다 같지 않은 중산층은 〈표 9-16〉과 같이 4단계로 세분화될 수 있다.

〈표 9-16〉 4단계로 세분화된 중산층

구 분	비 중	가치관	월평균 가구소득
예비 부유층	9%	성취지향적	420만~499만원
전형적 중산층	24%	균형적	350만~419만원
무관심형 중산층	29%	내부지향적	270만~349만원
생계형 중산층	38%	기본생활 지향적	200만~269만원

자료 : 삼성경제연구소

① 예비중산층(예비 부유층 : 9%)은 고소득층의 라이프스타일을 동경하는 도시 중상위층 소비자로서, 20대의 미혼 또는 맞벌이 비중이 높다. 부와 성공에 대한 열정이 강하고, 중산층 소비의 새로운 트랜드를 창조하는 것이 특징이다.

② 전형적 중산층(24%)은 일과 생활의 균형을 추구한다. 주로 30~40대 부모와 성장기 자녀로 구성된 가족이 함께 즐길 수 있는 여가와 소비생활을 선호한다.

③ 무관심형 중산층(29%)은 현대 사회의 지치고 우울한 소비층이다. 40~50대가 주류로 일에 대한 관심과 의욕이 부족하다. 유행에 민감하지 않고 기존 제품이나 브랜드를 관성적으로 소비한다.

④ 생계형 중산층(38%)은 생필품 위주의 소비에서 간신히 벗어난 경계 소비층이다. 주로 50대 이상으로 가부장적 가치관과 보수적인 소비성향을 지니고 있다.

중산층을 획일적인 시장이 아닌 다양한 특성을 지닌 세분화된 시장들의 집합체로 보아야 하므로, 각각의 세분화된 시장을 표적으로 기업의 마케팅 전략도 바꾸어야 한다.

2. 데이터베이스 마케팅

마케팅 기업들은 소비자들을 세분화하지만, **데이터베이스 마케팅**(database marketing)을 이용하고 있다. 즉 마케팅 기업은 개별 소비자들을 확인·규명하고 또한 그들의 특별한 욕구를 충족시킬 수 있도록 제품, 서비스 또는 촉진제공물을 고객화하고 있다.

인터넷은 사이트 방문자들과 웹을 이용하여 구매하는 사람들의 인구통계적 특성을 확인·규명하는 수단이지만, 그것은 이용자들의 정보제공 의지에 바탕을 두고 있다. 데이터베이스는 웹보다 더 폭넓은 정보원천에 바탕을 두고 있다. 즉 경품에의 응모, 쿠폰 이용, 신용카드 청구서 또는 전화요금 청구서 등의 원천을 통해 개별 소비자의 인구통계적 특징을 확인·규명할 수 있는데, 이것은 **미시마케팅**(micromarketing)에 대한 기초적인 것을 제공한다.

마케팅 기업은 개별 소비자들에게 전자우편, 쿠폰 및 광고를 표적화하는데 인구통계적 자료를 이용한다. 예를 들어, 어떤 항공사가 연간 1억 원 이상의 소득이 있는 고객으로서 도심에 거주하는 35~54세 사이의 기업경영자들이 웹을 통해서 항공권을 자주 구입하는 승객이라고 결정했다고 하자. 이 항공사는 자주 이용하는 고객의 마일리지와 여행할인을 촉진함으로써 전자우편을 이용하여 이들에게 직접 표적화할 수 있다. 역시 이 항공사는 이 집단들이 방문할 가능성이 가장 많은 웹사이트 그리고 가장 구독할 가능성이 높은 잡지를 결정할 수 있다. 즉 웹사이트의 팝업광고 그리고 잡지의 인쇄광고는 자주 사업목적으로 여행하는 사람들의 인구통계적 프로파일에 기초하여 표적화할 수 있다.

역시 기업들은 자체의 데이터베이스를 만들고 있다. 예를 들어, 어떤 의류회사는 컴퓨터에 본인의 규격을 제시할 수 있도록 지시문을 고객들에게 제공한 후, 고객이 청바지를 주문할 수 있도록 하고 있다. 그렇게 하는 경우, 고객은 그 의류회사에게 인구통계적 정보를 제공하는데, 그 후 이 회사는 직접우편 촉진을 이용하여 상기의 고객들에게 도달할 수가 있다.

개별고객에게 도달하고 또한 제공물을 고객화하는 것에 추가하여 데이터베이스 마케팅은 자사와 고객들 간의 관계를 더욱 공고히 할 수가 있다. 예를 들어, 어떤 백화점은 청구서 자료를 이용하여 자사 백화점을 자주 이용하고 다량 구입하는 구매자를 확인·규명하고 또한 생일선물이나 기념일 선물을 구입할 수 있도록 배우자에게 생각나게 하는 것을 보내거나 또는 팩스를 이용하여 주문을 할 수 있는 것과 같은 서비스를 제공한다. 그러한 **관계 마케팅**(relationship marketing) 전략은 점증하고 있는 경쟁시장에서 고객충성심을 획득하기 위한 시도이다.

그러나 데이터베이스를 사용하는데 있어 야기되는 문제는 사생활에 대한 고객의 권리이다. 만약 고객이 촉진목적을 위해서 사용되는 인터넷 또는 신용카드 청구서나 전화요금 청구서에 개인적인 정보가 제시되는 것을 원하지 않는다면, 고객은 이러한 정보의 사용을 막을 수 있는 권리를 가져야 한다. 관계 마케팅에 대해서는 제18장에서 더 상세하게 연구한다.

제 4 절 사회계층의 영향

실제적으로 모든 인간사회는 사회계층을 갖고 있으므로 마케팅 기업은 세 가지 사회경제적 요인인 직업, 소득 및 교육수준을 이용하여 소비자 행동에 대한 또 다른 중요한 차원인 사회계층을 확인·규명하고 있다.

사회계층(social class)이란 계층으로 구분되고, 그 구성원들이 동일한 가치관, 관심 그리고 행동을 공유하는 어떤 사회 속에서 상대적으로 동질적이며 지속적인 부분으로서, 사람들의 권력과 긍지에 기초하여 상 · 중 · 하의 계층으로 그 사회의 구성원들의 순위를 정하는 것으로 정의된다. 권력과 긍지는 일반적으로 자신의 직업, 소득 및 교육수준과 거의 일치하므로 사회계층은 인구통계적 변수에 바탕을 두고 있다.

1. 사회계층의 본질

1) 사회계층의 요소와 특징

사회계층은 **사회계층화**(social stratification)로 정의되는데, 사회계층화란 존경이나 위신에 대한 계층을 조성하기 위해 다른 사람들에 의해서 높거나 또는 낮은 지위로 그 사회의 사람들을 순위화하는 것이다. 따라서 소비자들을 상류, 중류 및 하류 계층으로 분류한다는 것은 그 사회의 특별한 구성원들을 긍지와 권력에 대해서 다른 사람들보다 높게 순위화하는 것을 의미한다. 물론 모든 사람들은 평등하다는 신조에 위배되기는 하지만 사회계층화는 어떤 사람은 다른 사람보다 월등하다는 것을 제시한다.

이러한 사회계층은 소득, 직업, 교육수준뿐만 아니라 라이프스타일, 유대와 연결관계, 정치적 권력 및 공공서비스와 같은 부와 무형적인 요인으로 형성되는 다차원적인 개념이다. 상기의 기준을 이용하는 경우 의사, 과학자, 공무원 및 대학교수들이 사회적으로 가장 상류층이 될 수 있다.

그리고 권력과 위신을 정의하는 기준이 사회에 따라 상이하므로 상 · 중 · 하 계층의 구성도 역시 상이할 가능성이 있다. 즉 사회계층화는 그 사회에서의 이념과 가치관에 따라 상이하기 때문이다. 예를 들어, 유럽에서 예술가와 작가는 미국에서보다 더 높게 등급화된다.

사회계층의 지위는 공통적인 가치관과 유사한 구매유형을 나타낼 가능성이 있다. 예를 들어, 중상계층 사람들은 다른 집단보다 교육을 강조하고, 패션지향적이지만 상표충성적일 가능성은 거의 없다. 즉 규범, 가치관 및 구매유형상의 유사성은 사회계층이 어떤 특별한 사회계층 내의 소비자의 구매행동에 대한 준거의 틀로서 이용될 수 있다는 것을 의미한다.

동일한 사회계층에 속한 사람들은 가치, 태도, 행동패턴이 서로 유사하지만, 다른 사회계층에 속한 사람들과는 상이한 가치, 태도, 행동을 보인다. 그러므로 사회계층이 상이하면, 그들의 소비행동도 다르기 때문에 사회계층은 시장세분화의 기준으로 쓰인다. 즉 마케팅 기업은 제품, 가격, 유통, 광고 등 마케팅 요소를 특별한 사회계층집단에 맞추어 설계함으로써 효과적인 마케팅 활동을 수행할 수 있다.

사회계층은 일반적으로 네 가지 특징을 가지고 있다. 첫째, 각 사회계층의 구성원들은 상이한 사회계층의 구성원들과는 달리 거의 유사하게 행동하는 경향이 있다. 둘째, 사람들은 사회계층에 따라 열등하거나 우월한 위치를 획득하는 것으로 인식한다. 셋째, 어떤 사회계층은 어떤 유일한 변수가 아니라 직업, 소득, 재산, 교육, 가치지향성과 같은 여러 변수에 의해서 나타난다. 넷째, 사람들은 일생 동안 보다 높은 사회계층으로 올라가거나, 낮은 계층으로 전락할 수도 있다.

2) 사회적 상징물

사회계층을 나타내는 또 다른 표식은 소유물로서, 입는 옷, 거주하는 주택, 타고 다니는 자동차 등이다. 따라서 사회계층은 의복, 가구, 여가활동 그리고 자동차와 같은 영역에서 독특한 제품, 상표선호성 등을 보여준다.

따라서 지위 상징물은 부와는 연관되지 않는다. 즉 **지위 상징물**(status symbol)은 사회에서 자신의 지위를 나타내는 상징인데, 예를 들어, 경찰관의 제복이나, 최고경영자들이 입는 세로의 가느다란 줄무늬 의상은 지위 상징물이다.

3) 사회적 이동성

사회적 이동성(social mobility)은 어떤 사회계층으로부터 다른 사회계층으로 개인이나 가정이 이동하는 것이다. 금세기의 사람들과 가정이 사회계층상에서 위로 이동함으로써 중간계층의 지위가 생활표준으로 점차 확대되고 있다.

상기와 같이 이동성은 1980년대, 1990년대의 불경기가 그 원인이 되고 있다. 또한 2000년대 초의 불경기는 더욱더 사회적 정체성에 영향을 주고 있다. 즉 상당수 X세대들이 비관적으로 경제를 전망함으로써 자신의 경제적 지위가 부모들보다 더 낮아질 것이라고 생각하고 있다.

이러한 추세는 시간이 지남에 따라 사회계층이 변화됨으로써 사회계층화의 변화를 초래케 한다는 것을 보여준다.

2. 사회계층의 분류기준

어떤 사람이 어떤 사회계층에 속한다고 평가하기 위해서는 기준이 필요한데, 사회계층을 결정하는 요인은 다섯 가지이다.

1) 소득과 소유물

소득은 사회적 지위와 관련정도가 높기 때문에 구매력과 지위의 측정도구로 널리 사용되어 왔다. 즉 서울에 살더라도 압구정동에 사는가 또는 봉천동에 사는가, 보통 아파트에 사는가 또는 고급스러운 주상복합에 사는가, 에쿠스를 혹은 모닝을 타는가 등의 소유물은 사회계층을 간파하는데 중요한 역할을 수행한다. 따라서 사회계층은 의복, 가구, 여가활동, 자동차, 주택유형, 거주지역과 같은 영역에서 독특한 제품, 상표 선호성 등에서 차이를 보여준다.

또한 사회계층은 매체 선호성에도 차이가 있는데, 상위계층 소비자들은 잡지나 책을 선호하며, 하위계층 소비자는 TV 시청을 선호한다. TV와 같은 매체범주에서도 사회계층은 그 선호성에서 차이가 있다. 즉 상위계층 소비자는 뉴스와 드라마를 선호하지만, 하위계층 소비자들은 연속극이나 스포츠 프로그램을 좋아한다. 또한 사회계층 사이에는 언어적 차이도 존재한다. 이에 따라 광고주들은 표적 사회계층에 알맞은 광고표제와 대화를 구성해야 한다.

2) 직업

노동운동가로서 매우 가난하게 지내던 사람이 국회의원이 되거나, 또는 높은 직위의 공무원 등이 되었을 때, 그 노동운동가는 사회적 직위측면에서 현저한 변화를 겪게 된다. 또한 산업자본주의와 상업자본주의가 발달됨에 따라 공업이나 상업에 종사하는 기업인의 지위가 더욱 높아지고 있다. 즉 사회적 공헌도가 높은 직업일수록 그 사회로부터 높은 사회적 지위를 부여받으므로 직업은 사회계층을 평가하는 중요한 요인이 된다.

3) 사교활동

어떤 저녁식사에 초대를 받는가, 어떤 사람들이 초대를 받는가, 어떤 골프장 회원권을 소유하고 있으며, 누구와 주로 골프를 즐기는가, 남들과 다른 특별한 여가활동을 누구와 함께 하느냐 등과 같이 사교활동의 수준에 따라서도 그 사람의 사회계층을 파악할 수 있다.

4) 개인적 성취도

올림픽 경기에서의 금메달리스트는 다른 선수에 비해 사회적으로 존경을 받는다. 어떤 사람이 세계적으로 놀랄만한 연구성과를 발표하였다면 그의 사회계층은 높게 변화되며, 같은 운동선수라고 하더라도 유명한 외국 팀에 소속된 경우 그의 사회계층은 높아진다. 즉 같은 직업이라고 하더라도 그 직업세계에서의 개인적 성과에 따라 사회적 지위가 달라진다.

5) 가치관

가치관은 사람들이 어떤 사회계층에 속하는가를 나타낸다. 즉 어떤 집단이 특별한 태도로 조직되고 또한 어떤 공통된 가치관을 가지고 있는 경우에, 이러한 가치관의 정도에 따라, 그 집단 내의 사람들은 다른 사회계층으로 분류될 수 있다.

그러므로 특정 집단 내의 정치적 이상, 종교적 관행, 자본주의 경제체제 등과 같은 일반적인 가치관과 양육, 가족구조, 낙태, 의사결정에 있어서의 충동성과 같은 특별한 세부적인 가치관을 고려해야 한다.

3. 한국의 사회계층 구조변화

한국의 사회계층구조는 1997~1998년 이후 크게 변화하여 양극화 현상이 두드러지게 나타나고 있다고 하지만, 이 양극화는 사회계층의 측면이라기보다는 소득의 양극화를 의미한다. 이러한 의미에서 볼 때, 한국에서의 사회계층은 아직까지도 공식적으로 발표되지 않고 있으며, 단지 소득별 계층이 보고되고 있을 뿐이다. 따라서 중간층, 하류층이라고 하는 계층은 사회계층이라기보다는 소득계층으로 보아야 하므로 소득계층에 대한 자료는 한국의 10단계 소득계층을 참고해야 한다.

소득계층의 양극화는 소비지출의 양극화 현상을 초래케 하고 있으므로 마케팅 기업들의 마케팅 전략도 고급형, 보급형 등 양극 중심으로 변해 가고 있다.

4. 사회계층과 마케팅 전략

마케팅 기업들은 사회계층 간의 행동상 차이를 간파함으로써 사회계층의 특징을 연구하고 그 특징을 마케팅 전략에 적용한다.

1) 사회계층과 소비자 행동

(1) 문제의 인식과 평가기준

상류층 소비자들은 이미 상당한 정도의 부를 갖고 있으므로 추가로 제품을 구입할 필요성을 하류층 소비자들보다 상대적으로 인식하지 않는다. 그러므로 욕구의 인식과 구매선택도 얼마나 새로운가, 얼마나 유행에 어울리는가보다는 얼마나 전통 있는 상표인가, 또는 진귀한 제품인가에 의해 좌우된다.

또한 이미 필요한 제품을 소유하고 있으므로, 그 제품의 효과적인 활용과 관계되는 서비스의 구매에 대한 비중이 상대적으로 크다. 예를 들어, 최고급 오디오나 DVD 플레이어를 소유하기보다는 오디오나 DVD 플레이어를 사용하고 즐기는데 도움이 되는 음악회를 관람하는 횟수가 중·하류층보다 상대적으로 많을 것이다.

여가활동에 있어서도 상류층 사람들은 앉아서 일하는 직업에 대한 보상으로 동적인 것을 좋아하는 반면에, 육체적인 직업을 가지고 있으며 부족한 경제력을 갖고 있는 하류층 사람들은 보다 적게 움직이는 취미활동을 즐기는 경향이 있다.

(2) 정보탐색과정

정보탐색의 양과 형태는 제품이나 상황은 물론 개인이 속한 사회계층에 따라 상이하다. 예를 들어, 최하위층에 속한 소비자들은 정보원천에 극히 제한되어 있기 때문에 부정확한 정보를 식별하기 어려우므로 구매결정에 관한 정보를 주로 가까운 친인척 등 인적 원천에 의존하거나, 진열이나 판매원과 같은 점포 내 정보원천을 많이 이용하는 경향이 있다.

이에 반해 중·상류층 소비자들은 구매에 앞서 폭넓게 다양한 정보를 탐색하는 경향이 있고, 구체적인 정보를 원하므로 인쇄매체 광고에 대한 관심이 많다.

(3) 구매과정

사회계층은 어디에서 어떻게 쇼핑·구매하느냐에 영향을 미친다. 즉 낮은 계층일수록 친절한 서비스와 외상이 가능한 인접지역의 점포를 즐겨 이용한다. 반면에 중·상류층 주부들은 대부분 쇼핑 그 자체를 즐기기 때문에 마케팅 기업은 진열과 흥미진진하고 쾌적한 점포분위기를 꾸미는데 노력해야 한다.

물론 소매점의 주고객이 어느 한 사회계층에만 국한되지는 않는다. 예를 들어, 할인점은 다양한 계층의 사람들이 함께 이용하고 있지만, 상이한 사회계층 사람들이 똑같은 정도로 할인점을 이용하지는 않는다. 문제가 되는 것은 제품의 유형과 소비자의 관여수준에 따라 상이하다는 것이다. 즉 높은 계층의 소비자일수록 의상용 보석과 액세서리, 핸드백, 스테레오, 도자기와 같이 사회적 위험이 높게 지각되는 고관여 제품에 대해서는 할인점에서의 구매를 덜 선호한다는 것이다.

2) 사회계층과 마케팅 전략

(1) 시장세분화

의류, 가구, 가전제품, 여가용품, 금융서비스 및 식품을 구매하는데 있어 사회계층 간의 실질적인 차이에 따라 마케팅 기업들은 소비자들을 세분화한다. 예를 들어, 상위계층은 가전제품을 구매하는데 있어 스타일과 색상을 강조할 가능성이 있으나, 하위계층 소비자는 작동이 되는 보통의 가전제품을 강조한다. 따라서 각각의 경우 상이한 제품계열이 소구되어야 한다.

어떤 기업은 외국의 사회계층을 인식하여 적응하기도 한다. 예를 들어, Nestle사는 저개발국가에서 부상하고 있는 중간계층에 자사 제품을 표적화하기 위해 그 국가에 포장제품용 제조설비를 세우고 있다.

(2) 제품개발

최근 소비지출의 양극화 현상은 마케팅 기업들로 하여금 제품계열의 변화를 초래케 하고 있다. 예를 들어, 음악회의 경우, 여러 등급으로 된 관람료 체계를 두 가지로 하는 방식으로 바꾸어 서비스나 제품을 개발할 수도 있다. 또한 호텔의 경우에도 VIP용과 일반용으로 패키지를 구분할 수도 있다.

어떤 의류회사는 고소득층용 상표 그리고 할인점용 PB(사적상표)와 경쟁할 수 있는 저소득용 상표를 시장에 출시하고 있다. 즉 사회의 양 끝에 위치한 계층을 동시에 겨냥하는 이러한 전략은 각 계층에 성공하고 있다.

또한 사회계층은 제품의 특징과 스타일에 대해 상이하게 반응하므로 다양한 사회계층에 맞도록 스타일과 색상 등에 대한 선호도를 조사하여 제품을 개발할 수 있다. 예를 들어 하위계층의 근로계층이 장식용 스타일과 색상을 선호한다면, 그 표적시장의 욕구를 충족시킬 수 있는 제품을 개발하는 것이 성공할 수 있다.

(3) 유통

사회계층 특징은 계층별로 상이한 점포를 이용하기 때문에 유통경로 전략에 대한 지침을 제공할 수 있다. 예를 들어, 오로지 자신의 취향에 맞는 디자인과 좋아하는 상표의 옷을 구입하는 상류층 여성들은 특정 지역에 있는 고급의상실을 이용한다. 이 고급의상실은 최고급 소재의 독특한 제품, 화려한 인테리어, 넓고 쾌적한 매장을 갖추고 상류층과 특정 고객집단을 표적으로 하고 있다. 또한 고급의상실 매장은 서로 마주하고 싶지 않아 하는 고객들을 고려하여 분리된 공간을 마련하고, 영업장소라기보다는 사교모임이나 파티를 할 수 있는 만남의 장소로 꾸며 놓고 있다.

또한 사회계층에 따라 구입하는 제품이 상이하므로 쇼핑하는 점포가 상이하다. 따라서 표적시장이 낮은 사회경제적 집단인 경우에는 도심의 쇼핑센터보다는 이웃의 점포를 이용할 수 있도록 해야 한다. 그리고 판매원과 친근한 점포 분위기를 강조해야 한다. 중간계층과 상위계층 표적집단은 제품의 본질과 다양성을 강조하므로, 일상적으로 이용하는 백화점을 이용할 수 있도록 해야 한다.

(4) 광고

사회계층마다 중요시하는 규범과 가치관이 상이하고 또한 대화에서 사용하는 언어와 표현방식이 상이하므로 광고의 메시지 구조와 사용하는 언어 및 상징을 차별화시켜야 한다.

근로계층과 하위계층 소비자들은 특징과 인물이 두드러지게 보여지는 광고 그리고 활동, 지속적인 일과 삶, 활력에 대한 인상을 보여주는 광고, 매일매일의 요구사항에서 실제적인 문제에 대해 해결책을 보여주는 광고를 받아들이는 경향이 있다. 반면에 이와는 대조적으로 상위계층 소비자들은 미묘한 상징주의에 보다 개방적이며, 자신의 지위와 자기표현 목표에 대해 의미가 있는 목적물 및 상징과 같은 것을 제공하는 개인주의적인 접근방법에 보다 개방적이며, 그러한 광고에 영향을 받는다.

그러므로 마케팅 기업은 표적으로 하는 계층에 따라 광고매체, 메시지 구조, 상징체계를 달리 선택해야 한다. 특히 소비의 양극화 현상과 함께 사회계층에 따라 자동차에서부터 의류, 심지어는 은행, 통신서비스에 이르기까지 다른 제품과 상표를 사용하는 시대가 도래하고 있음을 고려하여 광고전략을 수립하는 것이 요구된다.

또한 사회계층에 자주 사용되는 상징물은 힘(power)이므로 사회계층의 가치관에 지향될 수 있는 힘의 주제를 사용하는 것도 효과적인 전략이다. 예를 들어, 전문직업인과 경영자를 표적하기 위해서는 경제적인 힘에 바탕을 두어야 한다. 또한 중·상류계층의 전문직 여성들에게 지향하기 위해서는 직장과 가정을 성공적으로 조화를 이룰 수 있는 광고를 개발해야 한다. 그리고 근로계층 소비자들에게 힘의 주제를 지향하기 위해 자사의 상표명(예를 들어, Power Line)을 광고함으로써 그 제품을 힘의 주제와 연관시킬 수 있다.

참고문헌

기타 일간신문(동아일보, 중앙일보, 조선일보, 매일경제신문, 한국경제신문 등)
윤훈현 역, 『소비자행동론』, 제6판, 석정, 1998.
윤훈현, 『소비자행동론』, 석정, 2005.
한국의 사회지표, 통계청, 2007.
Henry Assael, Consumer Behavior, Houghton Mifflin, 2004.
Richard P. Coleman, "The Continuing Significance of Social Class to Marketing," *Journal of Consumer Research* 10 (December 1983), p. 270.
"The Emerging Middle Class," Business Week, 21st Century Capitalism (2001), pp. 176-193.

10
chapter

라이프스타일과 개성

라이프스타일과 개성은 소비자의 외적인 면을 설명하는 인구통계적 특성과는 달리 소비자가 왜 그렇게 행동하는가 하는 이유를 설명한다. **라이프스타일**(lifestyle)은 소비자들의 태도, 관심, 의견을 반영하는 것으로서 소비자의 생활모형이며, **개성**(personality)은 지속적인 개별적 행동유형이라고 정의한다. 라이프스타일과 개성 변수를 **심리묘사적 특징**(psychographic characteristics)이라고 한다.

제 1 절 심리묘사(사이코그래픽스)

심리묘사(psychographics), 즉 가치와 개성 그리고 라이프스타일 등은 기업의 마케팅 활동수행에 영향을 미치며 또한 마케팅 성과에 영향을 미친다.

1. 심리묘사의 의미

심리묘사는 심리나 정신을 나타내는 psycho와 윤곽이나 도식 등을 일컫는 graphics의 합성어로서 다양한 상황이나 욕구, 자극하에서 구매와 소비과정에서 소비자의 심리상에 발생하는 일련의 절차에 대한 묘사라고 이해할 수 있다. 이에 따라 심리묘사는 가치와 개성 등의 소비자의 심리적 내면세계와 소비자가 특정 제품의 용법에 대해 어떤 태도나 감정을 표출하게 되는지에 대해 보다 광범위한 개념까지 포함하는 것으로 이해된다.

최근 한국여성들은 개성의 관점에서 미래의 위험에 대비하는 위험회피적 성향과 자아실현의 모습을 보여주고 있으며, 건강이나 장래의 생활 등에 큰 가치를 부여하고 있다. 또한 그들은 점차 여성상위시대를 맞아 그동안 소홀했던 스스로의 삶에 의미를 부여하고자 한다. 이러한 심리묘사적 변화에 따라 여성시대의 건강보험은 상품개발 및 판매, 광고 등의 촉진단계에서 여성의 생활이 지니는 특성을 고려하여 마케팅 활동을 전개하고 있다.

2. 심리묘사의 구성요소

심리묘사를 구성하는 주요 요소는 가치, 개성 및 라이프스타일로서, 구성요소는 소비자 특성을 파악하고, 소비자 행동을 예측하는데 유용하다. 여러 구성요소가 결합된 심리묘사는 인구통계적 변수와 비교해 볼 때, 포괄적이고 관련있는 유용한 정보를 제공하므로 마케팅 기업은 소비자 행동을 보다 정확하게 이해할 수 있다.

결론적으로 심리묘사는 〈그림 10-1〉과 같이 3가지 구성요소가 유기적인 관계를 맺으면서 그 상호작용의 결과로서 궁극적인 관심의 대상이 되는 심리묘사를 도출하게 된다.

〈그림 10-1〉 심리묘사의 구성

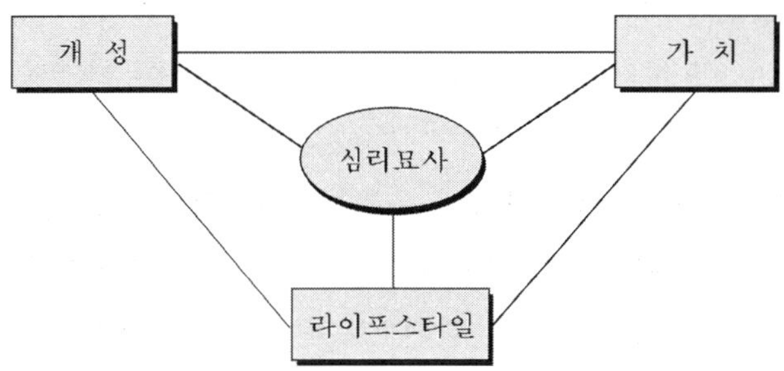

제2절 가 치

사람들은 다른 사람들과는 다르게 소비 의사결정을 하는데, 이는 개인적 가치가 상이하기 때문이다.

1. 가치의 의미

1) 개인적 가치

사람마다 삶의 목적이 다르고 중요하게 생각하는 가치관도 다르다. **가치**(value)란 가치관으로서 우리들의 일상생활에서 크고 작은 일에 대한 결정을 할 때 작용하는 판단의 기준이라고 할 수 있다.

국가발전과 자기분수에 맞는 생활을 통해서 가정의 안정을 가장 중요하게 생각하는 사람은 국산품의 선호와 소비절약이라는 가치를 제품선택으로 생각하며, 가족 간의 사랑을 중시하는 아버지라면 베스킨라빈스 광고에서와 같이 직접 퇴근길에 아이들의 간식을 살 수도 있다. 한 개인이 어떤 가치를 중요시하는가에 따라 다른 사람들과 비교하는 표준이 되기도 한다.

그러나 한 개인이 한 가지 가치만을 가지고 있는 것은 아니다. 수많은 가치가 한 개인의 가치체계를 이루고 있으며, 종종 이러한 가치는 특정한 상황에서 서로 상반되는 **가치충돌**(values conflict)을 야기하기도 한다. 예를 들어, 어떤 소비자가 일회용 식기를 사용하는 경우, 이 소비자는 환경보존에 가치를 부여할 수 있지만, 다른 한편으로 편리한 생활에 또 다른 가치를 둘 수 있다.

2) 소비자 행동 측면에서 가치의 의미

가치란 개인이 어떻게 행동할까를 말해 주는 표준이며, 어떤 태도를 지켜야 하는가를 알려주는 기준이기도 하다. 친구들 간의 우정을 삶의 중요한 가치로 생각하는 사람은 친구를 이용하여 성공하고자 하는 행동을 하지 않을 것이며, 자존심을 중요시하는 사람은 돈을 더 벌기 위해 자신의 자존심을 상하게 하는 행동은 거부할 것이다.

가치는 인간행동에 대한 내적 기준이 되므로 각 개인의 행동을 정당화시켜 주는 역할도 한다. 가치는 인간행동의 중심적 위치를 차지하는 지속적 신념이므로 좀처럼 변화하지 않는 특징도 갖고 있다. 따라서 가치관이 다르면 행동도 다르기 마련이고, 가치체계가 비슷하면 행동도 비슷할 것이다. 소비자 행동의 예측지표로서 가치체계를 정확히 파악할 수 있다면 시장세분화, 신제품개발, 광고매체의 이용 등 마케팅의 여러 분야에 적용할 수 있기 때문이다.

2. 가치의 측정

1) 가치측정의 어려움

가치는 특정 상황이나 대상에 대해 행동이나 판단을 이끄는 광범위한 신념이다. 이러한 가치는 마케팅 활동을 수행함에 있어 이해하고 예측할 수 있어야 하며, 소비자 개개인이 가지고 있는 가치체계가 마케팅에 활용되기 위해서는 어떤 가치가 존재하는가를 파악함과 동시에 그 중요성이 어느 정도인가 또는 어떤 변화양상이나 추세를 지니고 있는가를 파악하는 것이 중요하다.

이처럼 가치는 측정될 수 있어야만 마케팅에 활용될 수 있는데, 그 가치를 파악하는 것은 결코 수월하지 않은데, 그 이유는 두 가지 때문이다.

첫째, 일반 개개인이 자신의 가치가 어떤 것인지 평소에 주의깊게 생각하고 있지 않아 어떤 가치가 정말로 중요한가를 표현하는데 어려움이 있다.

둘째, 소비자가 중요시하는 가치가 나름대로 정립되어 있다고 하더라도 그 평가과정에서 발생하는 사회적 영향력이나 보이지 않는 압력 등에 의해 자신을 보다 그 사회나 공동체에 어울리도록 보이기 위해 혹은 자신을 남과 다르게 보이게 하기 위해 거짓 답변을 할 수도 있기 때문이다. 따라서 가치를 분석하는데 종종 간접적인 방법이 사용된다.

2) 가치 조사방법

가치를 조사하는 방법으로는 문화추론법, 수단-목표 사슬분석법 및 설문조사법 등이 있다.

(1) 문화추론법

일반적으로 가치는 개인이 공유하고 있는 문화에 스며져 있다. 따라서 문화추론법은 문화적 배경을 분석하여 소비자의 가치를 유추해 내는 방법이다. 즉 각 국가나 지역의 문화에서 가치를 추론할 수도 있으며, 또는 인기 있는 방송이나 책 등을 통해서도 가치관을 미루어 생각해 볼 수 있다.

마케팅의 관점에서 볼 때, 제품이나 서비스 등에 붙여지는 이름을 통해서도 가치를 찾아볼 수 있다. 예를 들어, "한 스푼"이라는 상표는 좀더 아껴쓰자는 절약정신을 찾아볼 수 있으며, 또한 "3분 라면"이라는 상표에는 간편함을 추구하고자 하는 마음이 나타난다. 최근 상표명에 숫자를 이용하는 것도 상기와 같은 의미로 해석될 수 있다.

(2) 수단-목표 사슬분석법

이 방법은 소비자가 제품에 대해 가지고 있는 지식의 구조를 속성, 결과, 가치라는 3단계로 파악하는 접근방법이다. 이것은 매우 특정한 제품속성들이 궁극적 가치에 어떻게 연결되어 있는지를 살펴보는 것으로, 그 속성을 왜 중요하게 생각하는지 소비자의 가치체계를 역으로 거슬러 올라가며 탐색하는 방법이다.

이 때 사용하는 기법이 **래더링**(laddering)으로서, 연구자는 소비자의 반응에 따라 계속적으로 왜라는 질문을 하고, 소비자가 원하는 것이 어떤 수단적 가치를 통해 궁극적으로는 어떠한 최종 가치를 달성하고자 하는지를 거슬러 올라가며 추적하게 된다.

(3) 설문조사법-로키치 가치조사

추가적인 특성을 갖고 있는 인간의 가치체계를 측정하는데 가장 많이 이용되는 척도가 **로키치 가치조사**(Rokeach Value Survey : RVS)이다. 로키치는 가치를 인간 삶의 궁극적인 목표가 되는 **궁극적 가치**(terminal value)와 궁극적인 목표가치를 성취하기 위한 행동양식을 제시해 주는 **수단적 가치**(instrumental value)로 구분하고 〈표 10-1〉과 같이 각각 18가지의 가치항목을 제시하였다.

〈표 10-1〉 로키치 가치조사에 따른 두 가지 가치유형

수단적 가치	궁극적 가치
1. 근면하고 포부가 있는(ambition)	1. 편안하고 안락한 생활(a comfortable life)
2. 편견이 없이 허심탄회한(broad-minded)	2. 쾌락적이고 재미있는 생활(a exciting life)
3. 능력 있는(capable)	3. 성취감(a sense of accomplishment)
4. 명랑하고 즐거운(cheerful)	4. 평화로운 세계(a world at peace)
5. 깔끔하고 단정한(clean)	5. 미적 세계(a world at beauty)
6. 용감한(courageous)	6. 평등(equality)
7. 타인을 잘 용서하는(forgiving)	7. 가족의 안전(family security)
8. 도움이 되는(helping)	8. 자유(freedom)
9. 진지하고 진실한(honest)	9. 행복(happiness)
10. 창조적인(imaginative)	10. 내적 조화(inner harmony)
11. 독립적인(independent)	11. 성숙한 사랑(mature love)
12. 이성적이고 사려깊은(intellectual)	12. 국가의 안전(national security)
13. 일관성 있고 합리적인(logical)	13. 즐거움(pleasure)
14. 자애롭고 상냥한(loving)	14. 구원(salvation)
15. 의무에 충실하고 순종하는(obedient)	15. 자존심(self-respect)
16. 예의바르고 정중한(polite)	16. 사회적 인정(social recognition)
17. 책임감(responsible)	17. 진실한 우정(true friendship)
18. 자기통제(self-controlled)	18. 지혜(wisdom)

자료원 : Richard W. Pollay, "Measuring the Cultural Values Manifest in Advertising," *Current Issues and Research in Advertising* 1983, pp. 71-92에서 인용 수정함.

소비자들에게 RVS에 제시된 궁극적 가치항목 18개 중에서 중요성의 정도에 따라 순서를 정하도록 하거나 또는 각 가치항목별로 중요하게 생각하는 정도를 1점부터 7점까지 평가하도록 함으로써 평가점수가 어떤 가치항목에서 나오는가를 파악할 수 있다.

〈그림 10-2〉와 같이 소비자의 소비행동은 가치와 관련된 일련의 과정을 가지고 있다.

〈그림 10-2〉 제품특성에서 궁극적 가치까지의 과정

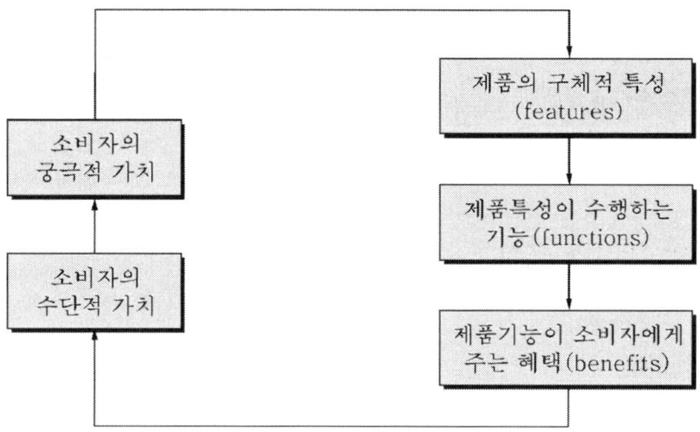

예를 들어, 가정에서 야채믹서기를 이용하여 야채주스를 만들어 먹는 경우에 야채믹서기는 야채를 갈 수 있도록 하는 부분과 주스와 찌꺼기를 여과시켜서 분리하는 유리부분 등으로 이루어져 있으며(product features), 이러한 제품특성이 수행하는 기능(function)은 가정에서 영양가 있는 주스를 만들어 주는 것이라 할 수 있다. 야채믹서기는 이러한 기능으로부터 주부들에게 많은 혜택(benefit)도 준다. 어떤 가정주부가 이른 아침에 야채주스를 만드는 모습은 애정과 봉사라는 요소와 서로 연관된다. 이러한 애정과 봉사는 그 가족의 건강과 행복이라는 궁극적 가치를 가족구성원이 느끼도록 도와주는 **수단적 가치**(instrumental value)가 된다.

따라서 마케팅 기업은 제품의 구체적 특성이 소비자의 수단적 가치 및 궁극적 가치와 사슬(chain)처럼 연결되어 있음을 소비자가 느낄 수 있도록 해야 한다. 그러나 소비자가 느끼지 못한다면 그 제품을 수정하여 개선해야 하며, 촉진 메시지나 촉진매체 계획도 수정해야 한다.

3) 가치와 마케팅 적용

소비자들의 가치관이 구체적으로 어떻게 변화하는가를 파악하여 그에 적응할 수 있도록 신제품 개발과 시장개발전략이 수립되어야 한다. 그러므로 조사자료뿐만 아니라 소비자들과 함께 소비생활을 하면서 제품의 장·단점을 파악하는 관찰법도 이용하고 있다.

특히 가치를 기준으로 시장을 세분화하는 **가치세분화**(value segmentation)는 마케팅 기업들에게 의미 있는 시사점을 제공한다. 예를 들어, 삼성은 이미지 작업을 통합하여 성취추구자형 소비자에게서 좋은 반응을 불러오기도 하였지만, 일부 사람들이 부담을 느끼게 되고 거부감을 나타내자, 최근에는 광고에 "또 하나의 가족"이라는 문구를 통해 소비자의 가슴 속에 정, 사랑 등의 메시지를 심어 주면서 보다 가족적이고 온정적인 소비자에게 소구하고 있다.

제 3 절 라이프스타일

1. 라이프스타일의 의미와 특성

1) 라이프스타일의 의미

맥주를 마시는 사람들의 경우 나이, 소득, 주거행태와 주거장소, 교육수준 등 인구통계적 변수들이 똑같다고 하더라도 맥주의 사용패턴이 현저하게 다를 수 있다. 맥주가 싫어서 또는 맥주를 마실 기회와 분위기를 만들지 못해서 맥주를 마시지 않는 경우도 있다. 또한 맥주가 가지고 있는 상징적 의미를 즐기기 위해 맥주를 마시기도 한다. 친구들과의 만남, 열심히 일을 한 후 쉬는 시간에 맥주를 마시는 즐거움 등 맥주가 주는 사회적, 상징적 의미가 어울리는 사람들과 분위기를 연출하는 점에서 호프집도 발전하고 있다.

맥주를 호프집에서 찾는 사람들은 무엇에 관심(interest)이 있으며, 맥주에 대해서는 어떤 의견(opinion)을 갖고 있으며, 또한 여가생활과 맥주는 어떤 관계가 있으며, 맥주를 많이 마시는 사람은 다른 사람과 비교하여 특별히 어떤 활동(activity)을 더 많이 하는가는 바로 그의 라이프스타일에서의 상이함 때문이다.

따라서 **라이프스타일**(lifestyle)이란 사람들이 그들의 시간을 소비하는 방법(활동), 그들의 환경에서 중요하다고 생각하는 것(관심), 그리고 그들이 그들 주위의 세상과 그들 스스로를 생각하는 것(의견)에 의해서 확인·규명되는 생활의 유형이라고 정의할 수 있다. 이에 따라 라이프스타일을 정의하는 활동, 관심 및 의견은 〈표 10-2〉와 같다.

라이프스타일 요인은 두 가지 면에서 마케팅 기업과 관련된다. 첫째, 변화하는 남성/여성들의 구매역할과 같은 폭넓은 라이프스타일 추세는 소비자들의 습관, 취향 및 구매활동을 변화시킨다. 둘째, 라이프스타일은 제품특이적 기준에 적용될 수 있다. 예를 들어, 어떤 기업은 건강지향적 소비자 집단의 욕구를 보다 잘 이해하기 위해서 건강추구적 소비자를 확인 · 규명할 수 있도록 특별하게 디자인된 활동, 관심 및 의견에 관한 욕구목표를 개발하였다.

〈표 10-2〉 라이프스타일 정의 항목

활 동	관 심	의 견
일	가족	개인적(자기자신) 관계
취미	가정	사회적 문제
사회적 사건	일	정치
휴가	공동체(지역사회)	사업
오락	레크리에이션	경제
클럽회원	패션	교육

자료원 : Henry Assael, Consumer Behavior, Houghton Mifflin Company, 2005. p. 280.

2) 라이프스타일 연구의 특징

소비자 행동론에서 진행된 라이프스타일 연구의 특징은 아래와 같다.

첫째, 라이프스타일 연구는 개개인의 생활방식을 연구하는데 초점이 있는 것이 아니라 소규모 집단의 생활방식을 연구한다. 신세대의 라이프스타일, TV세대의 라이프스타일 등은 라이프스타일을 지역별, 직업별, 사회계층집단별 그리고 연령별로 소규모 집단의 생활유형을 다룬다.

둘째, 라이프스타일 연구는 가시적이다. 즉 라이프스타일은 외부적으로 나타나는 그 집단의 생활 그 자체이므로 누구나 쉽게 관찰할 수 있다.

셋째, 라이프스타일 연구는 종합적이다. 야외생활을 좋아하며 서로 어울려 다니기를 좋아하는 생활양식이 형성된 이유는 동기이론, 개성이론, 사회계층이론, 학습이론 등으로 설명될 수 있으므로 여러 이론들이 종합적으로 반영된 것이다.

넷째, 라이프스타일은 소비자 집단을 보다 생동감 있게 실제적으로 묘사해 주므로 그 이용가치가 높다. 따라서 마케팅 전략수립에 보다 실질적인 도움이 된다.

다섯째, 라이프스타일 연구에서는 인간을 소비자로 보는 것이 아니라 생활자로 본다. 각종 재화나 서비스를 소비시키는 인간들이 아니라 개개인들의 가치관과 생활관에 따라 설계된 생활계획을 실천해 나가는 인간의 모습이 라이프스타일 연구에 내포되어 있다.

2. 라이프스타일 특징 측정

마케팅 기업들이 특정 소비자와 제품범주에 대한 구체적인 라이프스타일 특징을 유용하게 이용하므로 그 특징이 정의되고 측정되어야 한다. 예를 들어, 식품회사가 다이어트 세분시장을 확인 · 규명하는 것 또는 의류회사가 패션의식적 세분시장을 확인 · 규명하는 것과 관련되기 때문이다. 또한 라이프스타일은 연령, 소득 또는 직업과 같이 확실하게 정의내용이 없으므로 그 특징을 정의해야 한다.

1) AIO 목록

라이프스타일을 측정하는 가장 일반적인 방법은 활동, 관심 및 의견(AIO 목록 ; activity, interest, opinion)에 대한 목록을 개발하는 것이다. 마케팅 기업은 소비자의 활동, 관심 및 의견에 관해 여러 가지 질문을 마련한 후 소비자 세분시장을 최상으로 정의하는 질문을 선정하여 목록을 개발한다. 〈표 10-3〉은 11개 라이프스타일 범주에 대한 AIO 목록을 보여준다. 이러한 범주는 표본소비자에게 6점 척도로 된 항목에 대해 찬성 또는 반대하느냐고 질문한 300개의 AIO문항을 근거로 만들어진 것이다.

〈표 10-3〉 지각하고 있는 활동, 관심 및 의견에 근거한 라이프스타일 범주 표본

○ 가격의식적
- 나는 특별가격으로 많이 쇼핑한다.
- 나는 작은 품목이라도 가격을 체크한다.
- 나는 세일을 알리는 광고를 주시한다.
- 바겐세일에 쇼핑함으로써 상당히 절약할 수 있다.

○ 패션의식적
- 나는 항상 최신유행의 의상을 한 벌 이상 갖고 있다.
- 나는 두 벌 중에서 선택해야 하는 경우 항상 편안함보다는 유행에 맞는 옷을 선택한다.
- 나의 활동 중 중요한 부분은 스마트하게 옷을 입는 것이다.
- 나는 머리 스타일을 바꿀 때 최신의 머리 스타일로 하려고 한다.

○ 가정적인 사람
- 나는 파티보다는 집에서 조용한 저녁시간을 보내는 것을 좋아한다.
- 나는 음악과 대화가 많은 파티를 좋아한다.
- 나는 댄스보다는 스포츠 경기를 관람한다.
- 나는 가정적인 사람이다.

○ 공동체 의식적
- 나는 한 서비스 조직보다는 여러 조직체에서 활동적인 성원이다.
- 나는 일상적으로 병원이나 서비스 조직을 위해 자원봉사활동을 한다.
- 나는 공동체 프로젝트에 참여하여 일하는 것을 좋아한다.
- 나는 개인적으로 어떤 후보나 어떤 문제를 위한 선거운동에서 일해 왔다.

○ 어린이 지향적
- 나는 어린이가 아파 누워 있을 때, 어린이가 편안하도록 최선으로 행동한다.
- 나의 어린이는 내 삶에서 가장 중요한 존재이다.
- 나는 어린이의 편리함을 위해 집을 정돈하려고 한다.
- 나는 어린이에게 좋은 습관을 가르치기 위해 많은 시간과 노력을 기울인다.

○ 강박감이 있는 주부
- 나는 어린이의 장난감이 어지럽혀 있는 것을 보고싶지 않다.
- 나는 항상 청결하고 말끔하게 집안을 청소한다.
- 나는 집이 완전하게 깨끗하지 않을 때 불안정하다.
- 우리의 시대는 일상적인 시간에 식사를 하는 것처럼 정확하게 일상적인 일정을 따르는 것같이 보인다.

○ 자기과신적
- 나는 대부분의 사람보다 상당히 자기과신적이라고 생각한다.
- 나는 대부분의 사람들보다 독립적이다.
- 나는 상당한 개인적 역량이 있다.
- 나는 지도자로 생각되기를 좋아한다.

○ 자칭 의견선도자
- 나의 친구들이나 이웃들이 자주 충고를 얻기 위해서 나에게 온다.
- 나는 간혹 나의 친구가 구입하는 것에 영향을 준다.
- 내가 상표에 대한 정보를 얻기 위해서 그들에게 가기보다는 사람들이 나에게 더 자주 온다.

○ 정보탐색자
- 나는 자주 어느 상표를 구입할 것인가에 대해 친구들의 충고를 찾는다.
- 나는 제품과 상표에 대해 친구들에게 묻는데 상당한 시간을 보낸다.

○ 다이어트를 하는 사람
- 나는 1주일에 수차례 저칼로리 청량음료를 마신다.
- 나는 평균적인 주부들보다 저칼로리 식품을 많이 구입한다.
- 나는 하루에 최소한 한끼 식사는 Metrecal이나 다이어트 음식을 사용하여 왔다.

○ 금전적 낙천주의자
- 나는 현재 내가 가지고 있는 것보다 내년도에는 더 많은 돈을 벌 수 있을 것이다.
- 지금부터 5년 후, 가족의 수입이 현재보다는 더 많을 것이다.

자료원 : William D. Wells and Douglas J. Tigert, "Activities, Interests and Opinions," *Journal of Advertising Research* 11 (August 1971), p. 35.

이러한 라이프스타일 차원은 소비자를 묘사하고 또한 세분화하기 위해 이용될 수 있다. 예를 들어, 눈화장품(eye makeup) 이용자는 패션의식성을 나타내는 항목에 동의하는 경향이 있는 반면에, 비사용자는 그렇지 않다. 그리고 쇼트닝(shortening)을 이용한 요리법을 많이 활용하는 주부는 비사용자보다 어린이지향적이며 가정적이었다.

라이프스타일은 지속적으로 변화하고 있다. 즉 〈표 10-3〉의 금전적으로 낙관적인 사람 그리고 강박감이 있는 주부 세분시장은 과거보다 오늘날 규모가 작아지고 있으며, 한편 가격의식적 세분시장은 더 커지고 있다. 더욱이 새로운 라이프스타일이 생겨나고 있다. 예를 들어, 오늘날 개발된 AIO 목록은 건강의식적 세분시장, 환경에 대해 잘 알고 있는 세분시장 그리고 기술발전을 잘 이해하는 세분시장을 확인하였다.

2) 소비자 설문조사(consumer survey)

라이프스타일을 측정하는 또 다른 접근방법은 소비자의 활동, 관심 및 의견을 확인·규명하기 위해 소비자 설문조사를 행하고, 그 내용을 기초로 라이프스타일 범주를 개발하는 것이다.

(1) 가치 및 라이프스타일 조사(value and lifestyle survey : VALS)

1978년 Standford Research Institute(SRI)가 개발한 VALS는 여론조사에 기초한 접근방법으로서, 매년 2,500명 소비자를 대상으로 조사하여 공통적인 라이프스타일과 가치관에 기초하여 집단을 확인한다.

그 후 SRI가 VALS 프로그램의 단점을 보완하여 1988년 VALSⅡ를 개발하였다. 이렇게 개발된 VALSⅡ에서 확인된 VALS 집단을 이용하여 VALS는 마케팅 전략수립에 적용되고 있다. 마케팅 기업들은 VALS의 조사결과를 정기적으로 구입하여 시장세분화, 매체 및 광고전략을 수립하는데 VALS를 이용하고 있다.

(2) Forrester의 기술묘사적 세분시장

Forrester Research사는 소비자 활동과 관심사를 웹에 적용함으로써 라이프스타일 세분화에 기여하였다. Forrester의 모델은 기술낙관주의 및 기술비관주의라는 2개의 차원에 근거를 두고 있다. 기본적인 동기부여 요인으로 가정(가족), 경력, 오락, 지위로 집단을 확인한다.

나누어진 범주는 마케팅 기업이 기술관련 제품이나 서비스를 소비자 세분시장에 전달해야 하는 특별한 욕구를 갖는 경우에 도움을 주게 된다. 예를 들어, 그 세분된 집단들 중 "fast forward"와 "techno-strivers"는 기술적인 제품을 구입하는 경우에 특성과 이점 간의 합리적인 연관성을 추구하며 또한 그들은 월등한 성능을 특성과 연결할 수 있는 제품에 대한 중요한 표적이 되는데 예를 들어, 이동전화기를 컴퓨터와 연결하는 것이다.

3. 세계 소비자의 변화하는 라이프스타일 추세

소비자의 라이프스타일의 변화는 부분적으로 인구통계적 특징의 변화와 가치관의 변화에 기인하고 있다. 과거 10년 동안 라이프스타일에 일곱 가지 변화가 세계적으로 발생하고 있다.

- 남성/여성의 구매역할 변화
- 건강과 영양가에 대한 견해를 피력함

- 가정지향적 라이프스타일이 점증함
- 시간적 압박이 커짐
- 소비자의 자아인식성이 증가함
- 보다 검소하며 가치지향적 라이프스타일
- 라이프스타일에 대해 인터넷이 영향을 미치는 역할이 더 커짐

1) 남성의 구매역할이 변화함

직업여성의 수가 증가하고, 독신부모 가정이 증가함으로써 일하는 남성 그리고 집에 있는 여성의 전통적인 역할이 변화하고 있다. 즉 남성의 구매역할의 변화는 쇼핑과 어린이 돌보기에 대한 책임이 증가하고 또한 전통적으로 여성들이 해 왔던 요리와 집 청소에 더욱 몰입하는 것에서 나타나고 있다.

이러한 추세는 1990년대 초에 분명하게 나타나고 있다. 조사결과에 의하면, 남성 중 35%가 집에서 사용하는 식품을 구입하고, 30%는 청소용품과 부엌용을 구입하며, 67%는 자신의 개인용품을 구입한다. 즉 남자들은 쇼핑하는데 여자들과 다르게 행동하지 않는다. 남자들은 구매를 미리 계획하고, 가격을 검토하고, 또한 쿠폰을 이용하는데 똑같은 시간을 소비하는 경향이 있다.

특히 남자들은 자녀를 키우는데 점차 많은 역할을 담당하고 있다. 미국의 경우, 아버지들이 자녀들을 위해 소비하는 시간이 1965년 3.7시간이었지만, 2000년에는 4시간 정도이다.

변화하는 남성의 역할은 인구통계적 요인뿐만 아니라 남성 가치관의 변화의 결과이다. 점차 남성들이 "사나이"라는 이미지에 일치하려는 욕구를 느끼지 않기 때문이다. 즉 어떤 남성들은 보석, 피부보호제품, 모이스춰 및 화장품 등을 구입한다. 예를 들어, 1999년 L'Oreal사는 젊고 이미지 의식적인 남성들에게 두발염색약(Feria)의 계열을 마케팅하였으며 두발보호제품과 피부보호제품을 남자들에게 소구하였다.

이러한 제품을 마케팅하는데 있어, 광고주들은 카우보이나 맥주광고에 등장하는 강하고 남성다운 이미지와는 상이한 방법으로 남성들을 묘사하고 있다. 즉 그의 동반자인 여성처럼 상처받기 쉽고 감정적인 남성인 SNAGS(Sensitive New Age Guys : 감정적인 새로운 연령대의 남자)로 남성에 대해 새로운 개념이 나타나, 마케팅 기업이 이 새로운 집단을 표적시장으로 표적화하고 있다. 예를 들어, 아버지가 아들 그리고 강아지와 함께 운동장에서 뒹구는 광고는 자녀사랑의 이미지를 나타내는 것으로서 경력이나 다른 개인적으로 추구하는 것보다는 가족과 함께 시간을 보내는 것을 보여준다.

결론적으로 볼 때, 전통적인 남성의 이미지에서 벗어나려는 의지가 있으며, 또한 쇼핑과 가사

활동 등에서 남성들이 크게 몰입함으로써 남자와 여자들의 역할이 합쳐지고 있다.

2) 여성의 구매역할이 변화함

오늘날 여성들은 과거보다도 더 풍요로워지고, 독립적이며 또한 자신감을 갖게 됨에 따라 자신의 구매역할을 실질적으로 변화시키고 있다. 구매력이 증가함에 따라 여자들은 더 이상 남자의 영역이 되지 않는 모든 제품범주에 대해 위력을 보이고 있다. 미국에서 여자들은 자동차 판매고의 40%를 차지하고 있다. 역시 여자들은 가족들 중에서 재무담당자가 될 가능성이 더 커지고 있다. SRI의 조사에 의하면, 40% 가정에서 여자들이 가정경제를 관리하는 한편, 남자는 33%가 금전적 의사결정에 책임을 지고 있다.

여성들의 독립성이 증가한다는 것은 여성들의 전통적인 역할의 차원을 넘어 동질감에 대한 열망을 제시하는 것이다. 전업(full time) 근로주부들 중 60% 이상이 그들의 삶 속에서 일과 가사를 함께 꾸려가고 있다. 결과적으로 대부분의 여자들은 마루를 청소하거나 또는 남편을 기쁘게 하는 방법을 말하는 광고에 더 이상 동조하지 않는다.

따라서 현대 여성들과 일치하는 광고를 만드는 것이 문제인데, 아직까지도 광고업계에서 두드러진 사례는 거의 없다. 과거 30년 동안 여성들을 묘사한 광고를 검토한 결과를 보면, 1970년대 말까지 여자들은 일상의 허드렛일을 하는데 너무나 억압을 받고 어리석은 존재로 묘사되었으나, 1980년대 초 상당수 광고주들은 초능력 여성 모델을 창조하여 또 다른 쪽으로 가고 있다.

1990년대 여성을 표적으로 하는 캠페인은 여성들의 전문성과 일치하며 또한 그들의 자존심을 강화하는 것으로 가고 있다. 2000년대에는 이러한 변화가 더 확대되어, 여성 자신을 활동적이며 독단적인 여성임을 강조하고 있다.

3) 남성과 여성의 역할에 대한 세계적인 시각

남성과 여성의 역할은 문화에 따라 크게 상이하다. 북아메리카와 서구유럽에서 성별 간의 상대적인 일치성은 세계적으로 예외적이다. 그러나 대부분의 문화는 남성지배적이다. 한 가지 극단적인 예는 Taliban 게릴라들이 Afghanistan을 장악했을 때 Taliban 게릴라들은 이슬람교의 근본주의에 따라 여성들에게 일하는 것을 금지시켰으며, 또한 여성들이 대중 앞에 나설 때에는 머리에서 발끝까지 감출 것을 요구하였다.

일본의 부인들은 집에서 어린이를 돌보며 전통적으로 남편보다 두 발짝 뒤에서 따라가는 것으로 여겨지고 있다. 라틴아메리카의 여성들은 자주 광고와 매체에서 성적 대상물 또는 금발의 미인으로 묘사된다. 미국의 스페인계 공동체들은 전통적으로 보다 남성적인 문화에 결속되어 있다.

그러나 아시아의 어느 지역에서는 그러한 풍조가 바뀌지고 있다. 많은 여성들이 서구에서와 같이 상대방들과 합석하고 또한 섬세한 어머니로서 뿐만 아니라 경력을 가진 여성으로 이중적인 삶을 추구하고 있다. 전통적으로 라이프스타일에 대한 문화적 견해는 깨뜨리기가 용이하지 않다. 상당수 아시아의 남편들은 가사일과 어린이 돌보기를 도와주는 서구 남자들의 역할을 아직까지도 포용하지 않고 있다. 즉 여자는 2차적 또는 보조적인 수입창출자로 지각하고 있으며, 독단적으로 경력에 몰입하고 있다고 생각하지 않는다.

4) 건강과 영양에 대한 태도가 변화함

미국소비자들은 건강에 대한 다이어트 습관의 효과, 즉 콜레스테롤과 염분수준, 카페인 함유 및 식품첨가물을 포함하는 다이어트 효과를 더욱 의식하고 있다. 이에 따라 미국 성인들 중 최소한 과반수가 어느 때든지 체중을 줄이려고 시도하고 있다.

이러한 인식은 소비자의 구매패턴을 변화시키게 한다. 즉 성인들 중 거의 과반수가 비타민을 보충하고 있으며, 1/3 이상이 저칼로리식품과 청량음료를 이용하는 것으로 예측된다. 따라서 어떤 제품의 소비는 감소되고 있다. 담배, 술, 커피에 대한 1인당 소비가 1980년 이후 꾸준히 감소하고 있다. 소비자들은 콜레스테롤에 대한 관심 때문에 소고기로부터 닭고기로 변경하고 있으며, 우유나 요구르트와 같은 저지방 제품으로 변경함에 따라 몇몇 유제품에 대한 구매가 감소되고 있다.

이러한 관심사의 결과로, 대부분의 식품기업들이 다이어트용 제품이나 영양가 지향적인 제품계열을 확보하고 있다. 또한 기존제품을 건강지향적인 소비자에게 재위치화하는 기업들도 많다.

건강에 대한 피트니스(fituers)와 관련된 행동에 보다 관여하고 있다. 예를 들어, 미국인들이 완벽하며 근육질로 된 몸매를 만들기 위해 열심히 운동을 해야 한다는 것에는 몰입하지는 않지만, 피트니스 시장이 이미 적소적인 행동이 아닌 폭넓은 라이프스타일의 한 부분이라는 측면으로 문화적 변화가 일어나고 있다. 이에 기업들은 운동을 할 수 있는 작지만 다양한 연습센터를 조성하고 있는데, 이는 사람들이 어느 곳에 가든지 그곳에서 운동연습을 하는 것을 선호하기 때문이다.

또한 식품 및 음료회사들은 이러한 추세에 소구하기 위해 제품을 위치화하고 있다. 예를 들어, 어떤 식품회사는 채소주스에 대한 이점 정보를 제공하고 있다. 그러나 이러한 지나친 건강과 피트니스에 지향하는 것에 대한 반대되는 라이프스타일도 나타나고 있다. 즉 많은 소비자들이 고달픈 삶에 대한 보상으로써 맛이 주는 만족감과 즐거움을 추구하기 위해 간편한 식사를 하는데 그것은 실제적인 것을 원하기 때문이다.

이러한 반대적인 라이프스타일이 아마도 세계적인 추세처럼 보인다. 즉 부유한 국가에서 비만이 건강에 대한 문제로 급증하고 있는데, 세계에서 과체중, 과식하는 사람의 수가 11억 명으로 증가하여 저체중과 영양실조인 사람의 수보다 많다는 사실이다. 조사에 의하면, 미국 성인들 중 61%가 과체중이며, 러시아는 54%, 영국은 51%, 독일은 50%이다.

5) 보다 가정지향적인 라이프스타일

소비자들은 집에서 많은 시간을 보내고 있는데, 여가를 즐기기 위해서 집에 머물러 있는 것 그리고 집에서 근무(재택근무)를 하는 두 가지 차원 때문이다. 오늘날 소비자들은 과거보다도 여가와 오락을 즐기기 위해 집에 머물러 있을 가능성이 크다. 그것은 미국가정 중 25%가 Home theater를 소유하고 있으며, 37%가 30인치 이상 크기의 TV를 소유하고 있다는 사실로 설명할 수 있다.

이러한 추세는 특히 베이비붐 세대와 X세대에서 두드러진다. 베이비붐 세대들이 나이가 많아짐에 따라 전통적으로 집에 머무는 유형이 늘고 있다. 그들은 중년에 접어들면서 서민적인 가치관과 마음의 평화를 받아들일 가능성이 크다. 어떤 사람은 이러한 추세를 내부에 안착한다(cocooning)라고 말한다. X세대들은 역시 상이한 이유 때문에 집에 머물러 있다. 즉 그들은 경제적으로 여유가 없으며 밖으로 나갈 여력이 없을 가능성이 크다. 상당수는 간편한 음식을 먹고, TV와 홈비디오를 시청함으로써 도피주의의 한 형태로 집에 머물러 있는데, 그에 따라서 공해 및 AIDS와 같은 문제들을 피하게 된다.

또한 테러 등이 이러한 추세를 더욱 강화시키고 있다. 많은 소비자들이 오락과 여흥을 즐기거나 여행을 하기보다는 친구나 친척들과 집에 머물러 있는 것이 안전하다고 느끼고 있다.

보다 가정지향적인 소비자의 두 번째 차원은 정보혁명으로 인해 집에서 근무할 수 있는 기회가 더 커졌으며, 따라서 그들이 회사에서 일하는 것처럼 가정에서 더 용이하게 일을 할 수 있게 된다. 이 때 필요한 것은 팩스기기, 복사기 및 PC 등이다.

특히 미국의 경우 관리직 및 행정직 경험을 가진 50대의 백인남자들이 2000년에 시작된 불경기로 기업의 해고조치의 희생양이 되었다. 즉 고등교육을 받은 사무직 관리자들이 자신의 기술이 더 이상 활용될 수 없다는 사실을 터득함에 따라 적게 번다고 하더라도 최상의 진로로서 독립적인 사업가가 되었다. 따라서 집에서 시작된 새로운 사업으로서, 상담, 그래픽디자인, 컴퓨터 유지보수 등을 시작하게 되었다.

이러한 추세에 맞추어 기업들도 구성원들이 시간을 절약하고 또한 비생산적인 사무실의 혼란에서 해방되어 집에서 컴퓨터로 일을 할 수 있도록 허용하고 있다.

이러한 재택근무는 미국뿐만 아니라 유럽 등에서도 활용되고 있다. 그러나 집에서 외부와 의사소통을 하고, 집에서 일을 하는데 가장 큰 문제는 인간은 사회적 동물이므로 다른 사람들과 접촉해야 한다는 것 그리고 기업본부와 서로 커뮤니케이트 하고 몰입한다고 느껴야 한다는 것이다. 물론 통신 및 컴퓨터 등의 기술을 이용함으로써 멀리 떨어진 장소에서 일을 간단하게 할 수 있으므로 현재까지는 크게 문제가 되지 않고 있다.

이에 마케팅 기업들은 집에서 일하는 근로자들로 구성된 적소시장을 서브하기 위해 대응하고 있다. 예를 들어, 컴퓨터 소프트웨어 디자이너 기업들은 정교한 그래픽과 제시내용을 창안할 수 있는 프로그램을 개발·제공하고 있으며, 또 다른 기업들은 기업에서 사용되어 왔던 사무용기기를 개인이 사용할 수 있도록 변경하여 가정에서 일하는 기업인들에게 소구하고 있다.

6) 시간적 압박이 더 커짐

사람들이 경쟁적으로 생활함에 따라 긴장의 수준이 증가함으로써 더욱 더 시간적 압박이 증가하고 있다. 물질적으로 풍부한 사람들이 집에서 상당한 시간을 보내고 있지만 정작 가족들과는 거의 시간을 보내고 있지 않고 있다는 것이 문제이다.

이러한 현상은 미국을 비롯하여 유럽에서도 발생하고 있다. 미국의 경우, 30년 전보다 자녀들과 1주일에 겨우 22시간을 보내고 있는데, 과거보다 자유로운 여분의 시간을 갖지 못할 가능성이 2배 정도이다. 물론 유럽에서 미국보다는 심각하지는 않는데, 그 이유는 근로자가 일할 수 있는 시간에 대한 많은 제약조건이 있기 때문이다.

또한 대다수 가정에서 여행에 소요되는 시간은 휴가시 지출되는 비용보다 중요한 고려사항이 되고 있는데, 이것은 여행을 계획하는데 있어 시간이 부족하다는 것을 의미한다. 이에 마케팅 기업들은 저렴한 비용보다는 출발시에 느끼는 활기참 그리고 여유 있게 시간을 보낼 수 있다는 것에 집중하고 있다.

시간적 압박에 대해 직접적으로 영향을 주는 것은 소비자들이 편안하게 시간을 절약하는데 더 집중한다는 것이다. 이에 대해 마케팅 기업들은 많은 소비자들에게 있어 시간은 돈만큼이나 중요하게 되었다고 결론을 내렸다. 시간을 편리하게 절약하기 위해서 소비에 대해 두 가지 추세, 즉 노상에서 스낵식품을 먹는 것 그리고 재보충하는 것이 창출되었다.

첫째, 노상에서 스낵식품을 먹는 것(grazing)은 다른 활동을 하면서 식사를 하는 욕구이다. 즉 사람들은 직장에 가는 도중 자동차 안에서 아침을 먹으며, 걸어가면서 샌드위치를 먹거나 또는 사무실 책상에서 점심을 먹는다. 이러한 추세를 "한꺼번에 여러 가지 과업을 하는 것"(multitasking)이라고 하는데, 이로 인해 대부분 집에서 먹는 아침식사와 점심식사가 거의 없어지고 있다. 간편하면서 빠르게 식사하려는 필요성에 맞추어 마케팅 기업들은 노상에서 스낵식품을 먹는 사람들의 다이어트 욕구에 맞추기 위해 자사 제품을 소형으로 재포장하였다. 이에 따라 스낵 바, 에너지 바,

영양식 바, 아침식사 바 및 다이어트 바가 출현되고, 이에 많은 제품이 제공되고 있다.

둘째, 재보충(refueling)은 식사를 준비하고 먹는데 소요되는 시간을 줄이는 것을 말한다. 예를 들어, 이러한 추세에 맞추어 기업들은 시간압박을 받고 있는 소비자를 표적으로 하는 식사용 제품계열을 출시하고 있다. 이 제품들은 처리하기가 용이하고, 먹는데 거의 다른 식기가 필요 없을 정도로 작은 크기로 되어 있으며, 또한 사무실에서도 어지럽히지 않아 깨끗하게 뒤처리를 할 필요가 없다.

서비스 제공기업들도 역시 시간의 긴요함을 인식케 하는 제공물을 출시하고 있다. 예를 들어, 은행들은 시간이 매우 가치가 있다는 사실을 인식하여 온라인 뱅킹 서비스, 홈뱅킹 서비스 등을 제공하고 있다. **탐색엔진**(search engine)과 정보제공사이트를 이용하여 소비자는 이용할 수 있는 일련의 선택방법을 찾게 된다. 또한 시간부족을 도와주기 위해 자동차 구매, 여행준비, 금융서비스 등을 제공하는 서비스 기업들이 온라인을 확대하고 있다.

7) 소비자 자아인식의 증가

과거 10년 동안 운동기구, 가전제품 및 교육용 자재와 같이 개인적 성취감을 제공하는 제품과 서비스에 대한 수요가 증가하였다. 보다 자아인식적 라이프스타일에 대한 두 가지 전제조건은 자기를 만족시키는 행동을 하는데 필요한 돈과 그것을 행하는데 필요한 시간이다.

그러나 시간적 압박은 자아인식적 라이프스타일을 추구하는 욕망에 대한 갈등이 되고 있다. 이러한 갈등의 해결방안은 용이하게 습득할 수 있고, 짧은 시간에 큰 보상을 받을 수 있고 또한 집에서 또는 집 근처에서 성취할 수 있는 활동, 즉 웹을 이리저리 탐색하는 것, 운동하는 것 또는 간단하게 독서하는 것과 같은 활동에 대해 더 강조하는 것이다.

나타나고 있는 또 다른 추세는 50세 이상의 성인들이 조용한 취미생활에서 서서히 변화되고 있다는 것이다. 나이가 많은 베이비붐 세대들은 자기발전과 창의력을 발휘하고 또한 다양한 여러 가지 사회적 삶에 몰입하고자 한다. 즉 베이비붐 세대들이 능동적으로 쾌락적인 라이프스타일을 추구할 것이다. 이에 따라 마케팅 기업은 성취감과 자아실현에 대한 그 세대의 욕망을 강화하고 성취할 수 있는 메시지를 개발해야 한다.

소비자들은 역시 기술을 이용하여 자신의 삶을 계획하고 선도하는 방법에 대해 책임을 져야 한다. 세계적으로 소비자들은 웹을 통해서 보다 신속하게 정보를 발견할 수 있으며 또한 비슷한 관심사를 갖고 있는 다른 소비자들로 구성된 공동체와 연결하고 있다. 전세계적으로 인터넷 이용자 수가 증가함에 따라 웹 공동체는 규모면에서 증가하고 있는데, 이에 따라 소비자들은 상호연결되고 또한 지식이 많아지고 있다.

8) 보다 검소하며 가치지향적 라이프스타일

계속되는 불경기로 소비자들은 근검절약하는 뚜렷한 추세를 조장하고 있다. 이로 인해 사치품에 대한 소비가 줄고, 품질에 대한 요구가 새롭게 나타나고, 상표충성심이 약해지고 있다. 소비자들이 성공과 획득 대신에 생존과 안전의 관점에서 자신의 삶을 영위함으로써 사치품 시장이 고전하고 있다.

품질에 대한 열망은 경제에 대한 추세와 맞물려 가치(value)지향성을 창출하였다. 즉 소비자들은 비싸지 않은 제품을 구입하면서 또한 같은 수준의 품질을 추구한다. 이러한 가치지향성은 상표충성심을 흐리게 하며, 또한 사적상표와 저가격상표에 대한 구매를 증가시키고 있다. 즉 쇼핑객들은 스스로를 더욱 확신시키고 또한 비싼 것을 구입하여 다른 사람을 억누를 필요성을 더 이상 느끼지 않고 있다. 그들은 상표명보다는 협상가격으로 질좋은 상표에 관심을 갖는다.

이에 소비자들은 가치를 탐색하기 위해 인터넷을 이용하고 있다. 즉 가격 및 제품관련 비교 사이트를 이용하여 최상의 가치를 찾기 위해 제품들 간의 가격과 기타 다른 요인들을 용이하게 비교하고 있다.

9) 라이프스타일에 영향을 미치는 인터넷의 역할

인터넷 접속으로 웹에 소비하는 시간이 증가함으로써 소비자의 라이프스타일이 변화되고 있다. 즉 인터넷 이용자(1주일에 12.3시간)는 비사용자(16.8시간)에 비해 TV를 적게 시청한다. 따라서 인터넷 이용자들은 역시 도서, 잡지, 신문 등을 보는데 거의 몇 시간만을 소비한다. 분명히 말해서, 인터넷은 전통적으로 과거에 소비했던 시간과 경쟁하여 승리하고 있다.

인터넷은 그것에 많은 시간을 몰입케 함으로써 라이프스타일을 변화시킬 뿐만 아니라, 인터넷은 그 매체에 관여케 함으로써 라이프스타일을 변화시키고 있다. 이제는 많은 소비자들이 인터넷을 하나의 라이프스타일로 인식하고 있다. 웹을 많이 이용하는 사람은 오락과 즐거움을 위해 웹을 탐색하고 있으며 또한 그렇게 하는 경우에 자기나름의 흐름을 만끽한다. 흐름은 고관여, 기술 및 쾌활함에 대한 심리적 상태를 설명하는데, 네트워크를 이리저리 찾아다니는 동안에 발생한다.

소비자가 직접 활동에 철저하게 집중하고 또한 자신의 기술이 온라인 환경에서의 도전적인 문제에 완벽하게 적응하는 경우 외부세계에서 발생하는 것에 전혀 두려움 없이 처신하게 된다. 그러나 극단적인 경우로서, 비디오 게임이나 사고파는 것에만 열중하는 사람들은 가족이나 친구보다는 자신의 활동에 더 많은 시간을 투입함에 따라 그 사람들은 어느 정도 강제적으로 몰입하는 상태가 될 수도 있다. 즉 인터넷을 통해서 자신의 생애가 조직화된 틀 속에서 계속적으로 흘러가는 상태가 되기도 한다.

상기와는 반대로 건강한 모형이란 소비자가 인터넷 탐색에 크게 몰입하며 또한 인터넷 탐색이 라이프스타일의 한 부분이 되어 다른 관심사나 활동과 결합되는 것이다.

〈사례〉 Yawns(욘)족

2000년대 엘리트는 욘족(Young and Wealthy but Normal)

자선사업…평범한 삶 추구

1980년대에는 '여피족(yuppies)'이, 1990년대에는 '보보스족(Bobos)'이 엘리트를 대표했다면, 2000년대에는 새로운 엘리트로 '욘족(yawns)'이 부상하고 있다.

13일 월스트리트 저널에 따르면 '젊고 부자지만 평범하게 사는 사람(young and wealthy but normal)'이라는 뜻의 머릿글자를 딴 욘족은 지난 10년간 자산 붐 시대를 거치면서 30~40대에 수천만 달러 또는 수십억 달러의 부를 일군 사람들로, 요트나 제트기 등을 사는 데 부를 소비하기보다는 대부분의 재산을 자선사업 등에 쓰면서 가족과 함께 평범한 삶을 추구하는 성향을 보인다.

이런 점에서 도시에 거주하는 젊은 전문직 고소득층을 대변하는 여피족이나 정신적으로 히피의 자유성향을 지향하면서도 현실에서는 실리를 추구하는 디지털시대의 엘리트 보보스족과 구별된다.

여피족의 상징이 '아르마니' 옷에 BMW였다면, 욘족의 상징은 '도커' 같은 평범한 캐주얼 의류일 정도여서 오히려 투박한 성향을 보인다.

이 신문은 온라인 거래회사인 '사이버콥'을 2000년에 찰스 슈왑에 4억달러 이상에 매각한 뒤에도 여전히 텍사스 오스틴 외곽의 평범한 집에서 살고 있는 필립 버버(47)를 욘족의 대표적 인물로 꼽았다. 그는 부인과 함께 재산과 시간의 대부분을 에티오피아의 빈곤퇴치를 위한 자선재단 활동에 투자하고 있다.

신문은 "빌 게이츠 마이크로소프트 회장을 욘족의 '수호성인'으로 볼 수 있다"며 "그는 대저택을 갖고 있지만, 자선활동과 촌스러운 옷차림, 친근한 가족관계 등이 이를 상쇄한다"고 설명했다.

한국일보 2007. 7. 16

4. 라이프스타일과 마케팅 적용

사람들은 각자 살아가는 목적이 다르고 살아가는 방식도 다르다. 그래서 살아가는데 필요로 하는 것과 갖고 싶어하는 것도 서로 상이하다. 그러므로 소비자 삶의 목적과 살아가는 유형을 알 수 있다면 무엇을 구입해서 어떻게 사용하고 싶어하는가와 같은 소비자 행동도 예측할 수 있다. 제품을 구매하는 행동이 삶의 목적이나 살아가는 방법에 대한 수단이므로 라이프스타일을 마케팅에 적용할 수 있다. 그 방안으로는 시장세분화, 제품개발, 촉진전략, 유통전략 및 가격결정 등에 활용될 수 있다.

1) 시장세분화

인구통계적 특성에 의한 세분시장 소비자의 성격이나 구매행동은 파악할 수는 있으나, 인구통계적 특성 그 자체가 한계가 있으므로, 마케팅 기업은 유사한 라이프스타일을 가진 소비자집단을 가시화하고 그 시장에 가까이 하고자 한다. 예를 들어, 홈쇼핑 채널의 경우 과거의 구매실적 자료를 활용하여 어느 시간대에 어떤 소비자가 반응하는가 혹은 어떤 제품을 구입하는가를 파악할 수 있다. 즉 주시청자의 시간대에 맞추어 소개할 제품을 차별화하여 보다 효율적으로 마케팅 활동을 수행할 수 있다.

2) 제품 개발

기업은 소비자의 트랜드 변화와 조화를 이루도록 제품을 재위치화하거나 신제품을 개발해야 한다. 경영환경의 급속한 변화와 소비자의 구매 위축, 보다 현명한 소비자의 등장, 개성이 강한 소비자의 출현 등으로 마케팅에서 라이프스타일의 중요성이 더욱더 부각되고 있다. 소비자의 변화는 곧 제품이나 서비스의 속성이나 상표 등의 변화를 초래케 하기 때문이다.

예를 들어, 미국의 프라이드 치킨의 대명사인 KFC는 과거 Kentucky Fried Chicken이라는 기름기를 부각시키는 이름이 건강추구의 라이프스타일에 부합되지 않는다는 점을 감지하여 기존상표의 첫 글자만을 딴 KFC라는 심플한 상표로 상표의 개성을 바꾸었다. 또한 Pizza Hut에서도 기름진 음식에 대한 소비자의 불만이 높고, 피자의 주요 소비계층인 젊은 여성들이 다이어트에 점차 관심을 가짐에 따라 기름을 줄인 Fresh Bake Pizza를 출시하였다.

또한 신제품 개발에 있어서도 소비자의 라이프스타일을 고려할 경우 보다 높은 성공확률을 기대할 수 있다. 숙취해소음료로 위치화된 Condition도 변화하는 라이프스타일을 반영한 것이며, 현재 한국에서 출시되고 있는 17차, 홍초, 비타 500, 옥수수 수염차 등이 라이프스타일을 반영한 예가 될 수 있다.

3) 촉진

광고메시지나 촉진전략은 특정한 라이프스타일에 소구할 수 있도록 특화되는 경우가 많으며, 광고메시지 자체도 목표로 정한 소비계층의 라이프스타일을 배경으로 제작되기도 한다. 예를 들어, Nike의 "Just Do It" 광고캠페인은 보다 활동적인 라이프스타일을 지향하는 사람들을 대상으로 소구하고 있으며, 맥주 광고는 대부분 친구 등 여럿이 모여 함께 즐겁게 시간을 보내는 상황을 설정하는데, 이는 맥주를 주로 소비하는 사람들이 보다 사교적이고 외향적 라이프스타일을 가진 사람들이기 때문이다.

라이프스타일은 매체선정에도 마케팅 기업에게 또 다른 시사점을 제시한다. 호텔은 광고를 자주 하지 않으나 Times지나 Newsweek지, 신동아, 월간조선, 주간매경 등 일부 잡지에 선별적으로 광고를 하며, 한국갤럽도 역시 자사가 제공하는 시장조사 자료의 중요한 고객이 기업의 간부라는 점을 파악하여 시사월간지에 집중적으로 광고한다.

또한 젊은 세대를 대상으로 하는 서비스업체나 제조업체는 인터넷 광고나 홈페이지를 통해 촉진한다. 예를 들어, 주 고객층이 대학생 혹은 예비 대학생인 경우 웹을 디자인하는데 동영상을 많이 등장시키고 사운드 효과도 사용하여 호기심을 유발시키는 전략을 구사해야 한다.

4) 유통

유통은 기능적 측면에서 볼 때 생산된 제품이나 서비스를 소비자가 소비할 수 있도록 접근성을 용이하게 해 주고 또한 도달 가능성을 높여 편리성을 제공하는 활동이므로 변화하는 소비자 라이프스타일에 맞추어 유통경로 전략을 변화시켜야 한다.

예를 들어, 새로운 업태로 등장한 거의 모든 할인점들이 24시간 영업을 하면서 주차시설을 충분히 확보하고 있으며, 자가용으로 도착하여 쇼핑하기 편리한 곳에 입지함으로써 접근용이성을 높이고 있다. 또한 여주에 새로 등장한 명품 아울렛(outlet) 매장도 변화하는 라이프스타일에 대응하기 위한 유통전략의 한 예이다.

이 밖에도 점포나 매장의 입지에 있어서도 유통인구의 성향에 대한 파악이 기초가 되어 이루어져야 하는데, 이도 역시 라이프스타일을 고려한 유통전략이다. 최근 이동통신업체와 대리점 등이 신촌이나 강남역 등에 집중적으로 자리잡고 있는 것이 하나의 예가 될 수 있다.

5) 가격

가격은 그 특성에서 볼 때 소비자에게 새로운 이점을 제공하는 것에 대한 가치 그리고 고객의 수요와 기호에 맞도록 설정되어야 하므로 가격을 결정할 때에는 역시 소비자의 가격체계나 라이프스타일을 이해해야 한다.

예를 들어, 이동통신의 경우 통화요금의 결정시 통화품질이나 부가서비스에서의 차별화가 어려운 상황에서 통화자의 라이프스타일의 추세를 고려하는 것이 바람직한 방법이다. 연인 간, 가족 간, 사업상 또는 지역 간의 통화 등 각사의 기호에 맞는 요금제계를 이용자들이 선택할 수 있도록 함으로써 고객이탈을 막고 고객가치를 높일 수 있다.

제 4 절 한국인의 라이프스타일 추세

1. 2007년 한국 소비자의 트랜드

제일기획이 서울, 부산, 대구 등 전국 5개 대도시의 13~56세 소비자 3,600명에 대한 가치관과 삶의 방식을 설문조사한 결과, 한국의 소비자들은 정치나 불황과 같은 사회 전반의 현안보다는 개인적 취미와 여가생활, 주식과 부동산 재산증식, 자녀교육문제 등을 더 중시하고 있다.

1) 전체적인 소비자 트랜드

10년 전인 1998년 조사 때는 정치, 경제 등 사회적 이슈에 대한 관심이 개인적 문제에 대한 관심보다 컸으나, 2007년을 살아가는 한국의 소비자는 즐거운 인생이라는 목표 아래 각자의 소신을 가치판단의 기준으로 삼는다는 뚜렷한 특징이 있다.

① 악착같이 돈을 모으는 것보다 가족과 함께 취미 · 여가생활을 즐기는데 더 큰 의미를 둔다는 사람이 2003년 66.9%보다 2007년 72.7%로 증가하였다.

② 건강에 관심이 많아 영양제나 보약 등 건강식품을 챙겨 먹는데, 1998년 13.1%에서 2007년 20%로 증가하였다.

③ 미의 기준에서 볼 때, 아름다워질 수 있다면 성형수술도 하겠다는 사람이 증가하였다(1998년 20.8%에서 2007년 36.0%로 증가).

④ 10년 전에 비해 한국인의 직업관은 평생직장의 개념이 희박해지고 더 나은 기회를 찾고자 하는 성향이 강해졌다. 즉 내가 하는 일만큼 응분의 보수를 받지 못한다고 느끼고 있으며(12.8%에서 15.7%로 증가), 내가 근무하는 직장이 평생직장이라고 생각한다에 대해서도 크게 감소하였다(24.8%에서 9.3%로 감소). 또한 직장생활보다 개인생활이 더 중요하다고 생각하고 있다(11.6%에서 16.0%로 증가).

⑤ 주말이나 휴일은 주로 집 밖에서 보내는 경향이 있다(33.7%에서 38.2%로 증가).

⑥ 사회적 관심사도 물가고와 범죄, 사건 등 민생고 측면에서 교육, 투자, 사회복지제도 등 선진화된 영역으로 옮겨가고 있다. 우선 국내 정치에 대한 관심도가 낮아지고 있으며(28.9%에서 13.8%로 감소), 불황 타개, 경제살리기(36.6%에서 17.8%로 감소), 범죄, 사건, 비행(27.6%에서

20.7%로 낮아짐), 물가인상(34.4%에서 26.8%로 낮아짐) 등에 관해 관심이 많이 줄었다. 반면에 주식・증권에 대한 관심도는 4.0%에서 9.3%로 증가하였고, 부동산・주식・토지(18.2%에서 32.5%로 높아짐), 교육(25.2%에서 43.3%로 높아짐) 등에 대한 관심이 증가하였다.

2) 세대별 소비자 특징(SWITCH)

제일기획은 가치관, 직업관, 건강, 교육 등 전반적인 분야에서 자신의 가치를 추구하되, 타인의 다양성을 인정하는 2007년의 한국인을 〈표 10-4〉와 같이 **스위칭**(switiching) 소비자로 정의하였다.

〈표 10-4〉 세대별 소비자 특징

세 대	구 분	내 용
13~18세	S(speak up)	적극적으로 의사를 표현한다.
19~24세	W(why not)	변화를 주로 하는 트랜드의 리더로서 능동적으로 삶을 추구한다.
25~29세	I(invest)	미래의 자신을 위해 투자한다.
30~39세	T(task-free)	정신적・경제적 여유를 갈망하여 책임과 의무로부터 자유롭고 싶다.
40~49세	C(commitment)	사회적 책임감이 강하다.
50~59세	H(handy)	편안한 삶이 최고이므로 그 삶을 추구한다.

2. 한국의 2635세대

1) 2635세대의 인구통계적 현황

2007년 현재에서 볼 때, 10년 전 X세대였던 26~35세의 부모들은 전통적인 부모상과는 색다른 특징과 변화를 갖고 있다.

현재 한국 전체 인구의 17%, 경제활동인구의 24%를 구성하는 이 세대는 문화 마니아 1세대, 배낭여행 1세대, 해외연수 1세대 등으로 불리우며, 웰빙, 명품 소비의 대중화와 함께 필수 생활용품 구매에서는 최대한 실속을 추구하는 가치소비를 확산시키고 있다.

경제적 풍요가 싹튼 1980년대에 어느 세대보다 유복하게 청소년기를 보내고, 민주화가 자리잡기 시작한 1990년대에 대학생활을 보낸 후 1990년대 후반 외환위기를 겪으면서 이념보다는 현실, 명분보다는 합리, 집단보다는 개성 중시의 뚜렷한 성향을 앞세워 기성세대를 뒤흔들고 있다.

인터넷 생활화 1세대답게 다양하고 전문적인 정보력으로 무장한 이들은 합리주의적 경제관과 소비행태를 보이고 있다.

2635세대는 어느 세대보다 돈에 관심이 많은 실리적인 세대답게 소비성향도 계산적이고 합리적이다.

글로벌화, 개방화, 민주화를 향유하면서도 청년실업 대란을 온몸으로 돌파하고 있는 2635세대는 다른 이전 세대와는 다른 리버럴(liberal)과 실용을 코드로 우리 사회에 세분화를 접목하고 있으면서 한국사회의 새 주력세대로 발돋음하고 있다.

2) 2635세대의 특징

2635세대는 크게 세 가지 특징으로 설명될 수 있다.

① 2635세대는 합리적인 경향이 강하고 이념적으로 실용적이며 경제적인 실리를 추구하는 경향이 있다.

첫째, 선배세대에 비해 세태흐름에 기민하게 적응하는 경향이 있다.

둘째, 시장을 통제하거나 규제하는 개혁보다는 자본주의 시장경제에 편승하고 이용하는 자세를 보인다.

② 2635세대는 매사에 개방적이고 열등감이 전혀 없으며 소탈하고 당당한 품성과 정서를 가지고 있다.

첫째, 인터넷을 생활화하여 개방적이고 진취적인 성향을 일찍이 터득하면서 현실지향적이면서 적극적인 삶을 추구하고 있다.

둘째, 개방시대의 글로벌 경쟁시대에 소중한 덕목으로서 위치를 갖고 있지만 자칫 자기중심적인 개인주의로 흐를 소지가 있다.

③ 종합적으로 볼 때, 2635세대는

첫째, 윗 세대보다 강한 발전동력을 가진 세대로 한국을 업그레이트시킬 것이다.

둘째, 물질적, 이념적, 정서적 콤플렉스를 떨쳐버렸기 때문에 미래를 창조적으로 개척하려는 적극성이 강하다.

셋째, 이 세대에 동기부여의 극대화, 폭넓은 네트워크를 활용할 수 있는 환경을 제공함으로써 한국의 미래를 보장할 역사적인 세대가 되도록 해야 한다.

3) 2635세대의 구매 및 기타 행태

2635세대는 아래와 같은 행태를 가지고 있다.

① 필요한 물건을 세일 때까지 기다렸다가 구입한다에 대해 60.8%이다.

② 좋은 물건을 싸게 구입하기 위해 인터넷의 여러 곳을 둘러보는 비율은 81.9%이다(386세대

는 73.4%임).

③ 자신의 정치이념 성향을 진보적이라는 것에 대해 24.1%가 응답하였다.

④ 외국영화보다 국산영화를 더 좋아한다에 대해 44.3%가 응답(386세대는 30.6%임)함으로써, 우리문화의 소비에 대한 자존심과 기대가 선배세대보다 강하다.

⑤ 여유가 있으면 외제 승용차를 사는 것이 국산차를 사는 것보다 낫다는 것에 32.6%로써, 외제차 선호도를 드러내고 있다. 결국, 합리적 구매와 실속 구매성향이 타세대에 비해 강하다.

⑥ 맞벌이 선호, 실용소비족답게 김치를 집에서 담가 먹는다에 대해 61.6%가 찬성하였다.

⑦ 정당한 노력만으로 성공하기 힘들다에 대해 60.0%가 그렇다고 응답하였다.

⑧ 노력하면 성공할 수 있다고 현실적으로 생각하고 있으며, 미래보다 현재가 중요하다에 대해 52.8%가 그렇다고 응답하여 미래지향적 성향을 보이고 있다.

⑨ 나 자신의 행복을 위해서라면 별도의 시간, 경제적 투자를 해야 한다에 대해 90.3%가 그렇다고 응답하였다. 즉 자기중심적 성향이 더해져 자기계발에 대한 끊임없는 투자로 이어지고 있다. 이에 따라 셀러던트(salaried man+student)의 대부분이 2635세대이다.

⑩ 20대부터 노후를 위한 준비를 해야 한다에 대해 86.8%가 긍정적으로 응답하여 노후준비에도 빠르다. 즉 국민연금 등 사회복지제도를 믿을 수 없다는 시각을 갖고 있다.

4) 2635세대의 가족생활 특성

이 세대의 어머니들은 줌마텔라(아줌마와 신데렐라의 합성어) 성향을 보이고, 아버지들은 처가살이를 부끄럽게 생각하지 않고 오히려 실리적 처세술 중 하나라고 생각한다.

따라서 이 세대 부모들은 합리적, 독립적으로 균형을 잡으려는 공평(fair)한 특성 때문에, 기존의 부모(parents)와는 다른 "fair-ents"로 부를 수 있다.

① 이들은 전통적인 가족상과는 달리 장남이라고 해서 꼭 부모를 모셔야 하는 것은 아니다(68.3%)라고 응답한다.

첫째, 친가 식구보다 처가 식구들과 모임이나 외식을 자주 하며(51.4%), 아이 양육을 위해 처갓집 근처로 옮겼거나 그럴 의향이 있을 정도(57.1%)로 처가를 가깝게 생각한다.

둘째, 의식보다는 실질적인 이득을 따지는 이들에게는 처가살이족이라는 이름이 붙여진다.

② X세대 부모들은 자녀에 대한 관심에 있어서도 아들과 딸에 대한 차별을 하지 않는다.

첫째, 자녀가 꼭 아들일 필요는 없다에 대해 86.4%가 그렇다고 응답하였다.

둘째, 딸이 아들보다 재산이다에 대해 85.6%가 응답하였다.

③ 아이들에 대한 태도에 있어서

첫째, 아이가 친구에 가까우며(89.2%),

둘째, 의견이 다를 때는 아이의 의견을 존중한다(63.4%).

셋째, 권위를 내세우는 전통적인 아버지상과 다른 친구 같은 아버지(Buddy daddy)로 규정할 수 있다고 설명한다.

④ 전통적인 부모상과의 거리는 자아관에서도 확인된다. 즉 아이, 남편을 위해 자신을 희생했던 어머니와는 달리 여성 응답자들은 내가 제일 중요하다(71.7%)고 생각하고 있다.

3. 포스트 디지털 세대

1) 포스트 디지털 세대의 특성

포스트 디지털 세대(Post Digital Generation : PDG)는 1986년 이후 출생한 2004년 현재 고등학생 이하에 해당되는 16~18세 세대가 핵심으로서, 현재 중·고교와 대학생에 재학중인 소비자들이다. PDG는 디지털의 차가운 환경에서 자랐지만 인간적이고 아날로그적인 감성을 잊지 않고 무의식적인 디지털 환경과 문화 속에서도 디지털 기기와 매체를 활용하여 감정과 욕구를 적극적으로 표출하는 주체적이고 낙천적인 성격을 가진 세대이다.

이러한 특성을 가진 PDG는 고등교육을 받은 도시 전문직 고소득층인 여피족이 부상했던 디지털 시대와는 달리, 전 직장보다 소득은 떨어지나 삶의 질을 높일 수 있는 일을 선호하는 더피족(depressed urban professional)의 특징을 갖는다. 이에 따라 PDG들은 인간적 정감에 대한 애착, 실패를 두려워하지 않는 낙천주의 등 합리적이면서도 인간적인 사회를 지향한다.

2) PDG를 공략하기 위한 핵심요소

PDG를 공략하기 위해서는 아래의 여섯 가지 핵심요소(HEARTS)가 필요하다.

1. 인간관계를 위한 디지털(human relationship) : 각종 디지털 기기를 인간관계를 강화하고 관계의 끈을 더욱 튼튼히 하는 커뮤니케이션 수단으로 활용해야 한다.
2. 표현하기 위한 디지털(expression) : 다수에게 보여지는 나를 중요시하는 것이 사용되어야 한다. 즉 디지털카메라로 사진을 찍어 홈페이지에 올리는 것과 같은 사소한 일상까지 표현하기를 좋아하므로 그에 대한 대응조치가 필요하다.
3. 시각적 라이프스타일(anti-literality) : 시각적 의사소통을 선호하므로, 이에 따라 기업은 캐릭터 마케팅에 주목해야 한다.

4. 낙천적 라이프스타일(relaxed mindset) : 찍어서 보고 마음에 들지 않으면 바로 삭제한다. 따라서 재촬영하는 디지털카메라와 같이 쉽게 시도하고 결정할 수 있는 제품을 선호한다.
5. 트랜드를 주체적으로 수용(trend-independence) : 추세를 주관적이며 주체적으로 받아들이므로 기업은 이 세대에 맞는 독자적인 트랜드를 창조해야 한다.
6. 즉시성(speed) : 어떤 결과든지 바로 나오는 것을 당연하게 여긴다. 따라서 디지털카메라, 위성 DMB 서비스와 같은 특성을 반영한 제품을 선호하므로 즉시성이 높은 제품을 개발해야 한다.

4. P세대

1) P세대의 정의

제일기획이 17~39세 남녀, 1,600명을 대상으로 가치관, 소비성향, 라이프스타일 등을 분석한 것으로 P세대를 열정(passion)과 힘(potential power)을 가지고 적극적인 사회참여(participation)를 통해 사회변화를 일으키는 세대(paradiam-shifter)로 정의하였다.

2) P세대의 소비문화

P세대는 사전정보탐색의 합리성과 디지털 상품을 선호하는 경향이 있다. 즉 조사대상의 40%는 상품을 구입하기 전에 충분히 사전정보를 탐색하는데, 상품정보를 얻는 원천으로 39%는 신문, TV, 라디오, 잡지 등 4대 매체를 이용하고, 24%는 인터넷이라고 응답하였다. 45%는 백화점보다 할인점을 선호하는 반면에 13%는 할인점보다 백화점을 선호함으로써 겉치레보다는 합리적인 소비를 지향한다. 또한 한 달 평균 250,000원을 쓰는데, 그 중 절반은 입고 먹는데 지출한다. 그리고 인터넷 쇼핑몰에 대한 경향은 2000년에 비해 네 배가 증가하였다.

3) P세대의 선호상품

P세대가 가장 선호하는 상품은 디지털 기기가 주종으로서 향후 구매하고 싶은 제품으로는 노트북이 33.1%, 디지털 카메라가 30.3%, 디지털 캠코더 27.8%, 자동차 25.5%, 홈시어터 22.1%, MP3 플레이어 18.4%, 대형화면 TV가 18% 순이었다.

4) P세대의 사회변화에 대한 의식

P세대는 사회변화에 대한 확신을 갖고 있지만, 미래보다는 현재의 행복을 중시한다. 즉 사회문

제에 대한 인식이 높으면서도 개인의 이익을 우선시하는 경향이 있다. 따라서 P세대는 과거 386세대가 가졌던 사회의식과 X세대식 소비문화, N세대의 라이프스타일, W(worldcup)세대의 공동체 의식과 행동이 뒤섞여 있다. P세대의 가장 큰 특징은 사회변화에 대한 태도로서 80%가 내가 우리 사회를 변화시킬 수 있다고 응답했으며, 70%는 최근의 사회변화를 바람직하게 생각하고 있다.

5) P세대와 인터넷

P세대의 커뮤니케이션은 인터넷과 휴대전화인데, 80%는 하루라도 인터넷 없이는 살 수 없다고 응답했으며, 43%는 평균 2.39개의 인터넷 커뮤니티(공동체)에 가입하고 있다. 이에 따라 TV와 인터넷에 투자하는 시간은 하루 평균 6시간이다. P세대는 사건이 발생하면 즉시 인터넷을 통해 문제를 공유하며 확대시켜 나간다. 이에 따라 인터넷이 발달하면서 선도층과 추종층의 구분이 모호해졌다. 즉 인터넷의 사용이 생활화됨으로써 변화의 시간도 순식간에 폭발적인 변화가 가능해지고 있다.

P세대는 축제의 장을 통해 하나로 결집되는 힘을 가지고 있으며, 온라인과 오프라인을 넘나들며 광범위한 휴먼 네트워크를 구축하고 있다. 즉 P세대는 인터넷을 통해 서로 다양한 의견과 정보를 공유하고자 하는 욕구가 넘치고, 기존 관습이나 관념에서 탈피해 새로운 사회적 가치를 창조해 내려는 의지가 강하다.

6) P세대와 사회변화의 핵심세력

P세대는 공익 차원의 사회적 이슈라도 자신과 직접 관련이 없다면 관심이 없으며, 옳고 그름보다는 좋고 싫음을 기준으로 판단한다. 그리고 P세대는 개인주의적이면서 집단주의적이고 이성적이면서 감성적인 이중적인 면을 갖고 있지만 사회변화의 핵심세력이다.

7) P세대 중 1020세대의 특성

1020세대는 표현에 능한 세대로서 인터넷에서의 활동과 코스프레, 게임, 문신과 피어싱 등 다양한 방법으로 자신을 표현한다. 주요 활동공간인 인터넷에서 P세대는 게시판에 뜬 남의 글에 훈수두기와 댓글달기를 통해 적극적으로 자기 의사를 표현하며, 이용자들 간의 고유한 은어를 사용하며, 타집단에 대해 배타적인 동아리를 형성한다. 즉 P세대는 티치즌이 되어 남의 고민이나 문의에 적극적으로 답변하면서 영향력을 키워 사이트의 주도세력으로 떠오르고 있다. 여기에서 티치즌이란 티처(teacher)와 네티즌의 합친 것이다.

P세대 중 17~19세와 20~24세 연령층의 경우, 다른 층과 비교할 때 재미를 가장 중요한 행동기준으로 선택하였다. 즉 젊은 세대의 표현양식이 다양해진 것처럼 보이지만, 이들이 유행이라는

틀 속에서 특정 장르에 몰두하기 때문에 실제로는 편협한 측면도 있다. 결론적으로 1020세대는 자기표현 단계에서 소통의 단계로 넘어가고 있는데, 남들과 관계를 맺고 이를 유지해 나가려는 변화가 조금씩 이루어지고 있다.

8) P세대에 대응하는 마케팅 전략

상기와 같은 특성을 가진 P세대의 욕구, 태도 및 행동을 충족시키기 위해서 마케팅 기업은 i) 재미 있는 이슈를 제공해야 하며, ii) 커뮤니티 등 의사소통 수단을 이용하며, iii) 제품 출시 초기부터 총력을 다해 즉시적으로 만족시켜야 한다.

5. 한국의 WINE 세대 : 45~64세

1) WINE 세대의 의미

와인세대는 제대로 잘(well) 통합되고 인격적 · 정서적으로 성숙한(integrated) 새로운(new) 어른기성세대(elder), 즉 WINE(well integrated new elder)이다. 와인세대는 광복과 전쟁의 혼란 속에 태어나 보릿고개를 겪으며 성장했고, 군정시대 아래서 젊은 시절을 보냈으며, 경제성장을 위해 청춘을 바친 세대이다. 97년 불어닥친 외환위기(IMF) 때에는 직격탄을 맞아 생활기반 붕괴를 경험했고, 자식 세대인 P세대의 거센 도전을 받는 세대이다. 격란의 시간을 꿋꿋이 버티는 와인세대는 여전히 사회의 어른으로서 자기 책임을 다하고 사회적 통합을 위한 소임을 충실히 수행하고 있어 젊은 시절처럼 강력하지는 않지만 와인처럼 은은한 향과 맛을 지닌 세대이다.

4564세대는 디지털 세대가 몰고 온 변화에 적응하는 "나"이고 싶은 한편, 사회안전을 지키려는 "나"이려고 한다. 와인세대는 사회적 차원에서 P세대와는 정반대의 모습을 보인다. 즉 개인주의적 성향이 강한 P세대와는 달리 와인세대는 사회와 가족에 대한 투철한 책임의식을 갖고 있다.

와인세대는 개인활동보다는 인간관계에 큰 비중을 두고 조화와 화합을 추구하며, 자신의 삶을 추구하고 제2의 인생을 준비하고자 하는 의지를 갖고 있다. 즉 와인세대는 사회적으로는 사회의 어른으로서 역할을 다하기 위한 책임의식을 갖고 있으며, 개인적으로는 생활의 변화를 적극적으로 시도하면서 사회의 균형된 발전에 기여하고 있다.

결론적으로, 와인세대는 급격한 변화로 인해 혼란을 겪고 있지만 숙성된 모습으로 긍정적인 미래를 이끌어 갈 견인차 역할을 수행하고 있다. 이에 "인고와 숙성의 세대"라고 부른다.

2) 와인세대의 특성

와인세대는 4564세대를 표현하는 것으로서 세 가지 특성으로 설명할 수 있다.

(1) 뒷전으로 밀리는 와인세대(혼란스러운 자화상)

와인세대는 45~64세의 기성세대로 불리우는 우리 사회의 중심세력이지만, 최근 사회개혁의 분위기와 인터넷 등으로 시작된 급격한 생활환경의 변화로 인해 조금씩 사회의 중심에서 밀려나고 있다. 이는 사회적 역할에서 상실감을 경험하고 있으며, 젊은 세대에게 사회적 주도권을 빼앗겼다고 생각하기 때문이다. 36.5%는 우리 세대가 현사회변화를 주도하는 세대냐는 질문에 그렇다고 응답하였으나, 64.2%의 젊은 세대는 그렇다고 응답하였다.

와인세대 중 9.4%는 최근 사회변화가 바람직하냐에 대해 긍정적으로 대답한 반면에 77.8%는 현재의 사회변화 속도가 너무 빠르다고 여기며, 젊은 세대와 세대차이를 느낀다고 응답하였다. 70%는 최근 사회가 지나치게 젊은 세대중심으로 변화하고 있다고 응답하였다. 즉 젊은 세대에게 시대흐름의 주도권을 빼앗겼다는 실망감을 느끼고 있다.

와인세대 중 53.3%는 구조조정 및 명퇴 등에 대해 바람직하지 않다고 응답하여, 젊은 세대보다 사회적 책임의식이 강하다. 또한 와인세대는 나보다는 가족이 더 중요하다고 생각하며, 인간관계에서 연령과 지위의 서열을 지켜야 한다고 68.8%가 생각한다. 한편으로 와인세대는 자기 재발견에 대한 욕구가 높다. 즉 64.9%는 젊은 세대가 마음에 들지 않지만 이해하려고 노력함으로써 젊은이들의 변화에 부정적이면서도 그들을 닮고 싶어하는 욕구도 강하다. 즉 와인세대 중 39.5%는 가족에 버금가는 관심사를 갖고 있으며, 49.5%는 새로운 일을 시작해 보고 싶어하고 있어 자기 삶을 중시하는 P세대의 가치관을 적극적으로 받아들이는 자세를 보이고 있다.

(2) 젊은 오빠이고 싶다

와인세대는 자신의 세대에 대해 불쌍하다고 여기지 않는다. 즉 73%는 다른 세대가 보는 것처럼 본인 세대가 불쌍하지 않으며, 나이는 숫자에 불과하다고 생각한다. 그리고 70%는 60세면 아직 젊은 나이라고 생각한다. 또한 와인세대는 나이와 관계없이 젊은 오빠로 불리기를 원하며, 아직도 사회와 가정을 위해 자신이 해야 할 일이 많다고 생각한다. 즉 31%가 인터넷을 하루에 30분 이상 사용하며 40%가 문자메시지로 연락을 주고받는다.

인생에서 가장 중요한 것은 건강(49.2%), 가족(30.1%) 등으로 돈(10.6%)보다 우선시하고 있다. 이에 49.3%가 주말에 스포츠, 레저활동을 즐긴다. 관심영역에 대해서는 경제가 79.5%, 사회영역이 43.6%, 정치는 26.3%였으며, 3대 고민거리에 대해서는 자녀(29.5%), 돈(26.2%), 건강

(21.5%)의 순서로 응답하였다. 현재 삶에서 가장 큰 만족감을 느낄 때로는 건강할 때(31.4%), 가족화목(26.9%), 자녀(17%), 직장생활 만족(6.7%)이라고 응답하였다.

(3) 라이프스타일이 변화

와인세대의 라이프스타일 중 가장 큰 변화는 가부장에서 가모장으로 급격한 권력이동이 진행되고 있다는 것이다. 와인세대 중 46.3%는 가정에서 의사결정을 할 때 아내의 역할이 커졌다고 응답한 반면, 7.4%는 남편의 역할이 커졌다고 응답하였다. 그리고 61.5%는 돈을 버는 것과 관련된 최종 의사결정자는 남편이라고 생각하지만, 돈을 쓰는 것과 관련된 소비주체와 소비주권이 남편(37.5%)보다는 아내(60.6%)가 월등히 높다고 생각한다. 특히 전자제품, 주택 등의 구입에서는 상대적으로 여자의 영향력이 더욱 크다.

그리고 와인세대는 가족중심에서 부부중심으로 라이프스타일이 변화하고 있다. 즉 52.9%는 행복이 배우자에게 달렸다고 생각하고 있어 남편의 아내 짝사랑이 심화되고 있다. 이에 남자들 중 61.5%는 취미 · 여가활동을 아내와 함께 하겠다고 생각하고 있으며, 76.7%는 배우자가 나의 노후를 함께 할 수 있는 가장 좋은 동반자라고 응답하였다.

와인세대는 디지털과의 로맨스를 시작함에 따라 인터넷 이용률이 31.2%이며, 평일의 경우 인터넷 이용시간이 1시간 30분이었다. 그리고 46%는 첨단기능을 갖춘 디지털 신제품에 관심을 갖고 있다. 그리고 49%는 수입을 위해 일을 더하기보다는 여가시간을 갖고 싶다고 응답하였다.

또한 와인세대는 자녀 중심의 가정문화에서 탈피하려는 움직임을 두드러지게 보이고 있다. 즉 49%는 부모가 자식을 위해 희생하는 것이 당연하다고 응답하였는데, 2000년 조사에서는 54%로서, 그 비율이 감소하였다. 또한 42%는 노후를 자식과 함께 보내고 싶지 않다고 응답한 반면 30.6%는 노후에 자식과 함께 살고 싶다고 응답하였다.

3) 와인세대에 대한 마케팅 전략

와인세대의 변화하는 라이프스타일에 대응하기 위한 마케팅 전략은 무주공산을 선점하는 것으로서 보다 현명하게(WISER) 하는 것으로 요약할 수 있다. 즉 woman, itself, safety, evergreen, relationship의 다섯 가지 전략이 필요하다.

(1) W(woman) : 여성을 공략함

가부장제가 서서히 무너지면서 소비권력의 주체가 변화하고 있기 때문이다. 즉 와인세대에서 제품을 직접 구입하는 당사자가 여성이 압도적으로 많으며, 또한 소비와 관련된 의사결정자는 아내라는 답변이 남편이라는 답변보다 두 배 이상 많다.

(2) I(itself) : 기본과 실제를 중시하라

복잡한 것은 피하고 단순하면서도 필요한 기능에 집중해야 한다고 57.2%가 생각하고 있다는 것에서 볼 때 제품의 기능과 사후 서비스에 대한 친절한 설명이 필수적임을 시사한다. 즉 와인세대는 상대적으로 포장과 이미지에는 둔감한 반면에 기본적 성능에 대해 더욱 민감하므로 기업은 기본과 실제에 집중해야 한다.

(3) S(safety) : 안심시켜라

와인세대는 풍부한 경험을 통해 신중하게 선택하는 소비자이므로 가상적인 기대감보다는 가시적인 확신을 심어 주어야 한다. 즉 65.4%는 과거 사용을 통해 확인된 상표를 계속 구입하는 성향이 있는데, 이는 한 번 경험한 안전한 제품을 선호한다는 것이다. 60%는 상품이 아무리 좋아도 A/S가 불안하다면 구입하지 않는다고 응답함으로써 인터넷 쇼핑몰이나 홈쇼핑 이용률이 젊은 세대에 비해 크게 낮다. 즉 와인세대는 직접 물건을 보고 구입하는 습관을 가지고 있으며, 다른 사람의 의견에 휩쓸리기보다는 스스로 경험한 체험을 소중하게 생각하고 있다.

(4) E(evergreen) : 영원한 젊음을 얘기함

와인세대는 나이가 들었다고 벌써 노인대접을 받는 것을 원하지 않으므로 나이에 맞는 제품이라도 노인용으로 개발된 상품에 대해 친절한 설명은 금물이라는 것이다. 즉 와인세대 중 46.7%는 노인용이라고 알려진 제품을 구입하지 않으므로 잠재된 새로운 인생욕구를 일깨우는 것이 좋다는 것을 시사한다.

(5) R(relationship) : 인적 교류를 활용하라

와인세대는 따뜻한 체온을 원하며 또한 신속함보다는 편안함을 선호하기 때문이다. 즉 47%는 일처리가 빠른 점원보다는 말이 통하는 점원을 선호하므로 인적인 관계를 조성하도록 해야 한다.

6. 한국의 웰빙 성향

본 연구는 2004년 제일기획이 조사한 2004년 웰빙 포스트 디지털 세대의 신라이프스타일로서 웰빙은 단지 건강한 음식을 먹고 몸매를 관리한다는 차원에서 머무르는 것이 아니며, 삶의 근본 자체에 변화를 주는 새로운 생활방식, 즉 마음의 철학으로 자리를 잡아 자기만족을 위한 생활습관이 되는 것이다.

1) 한국의 네 가지 웰빙

한국의 웰빙 성향은 네 가지로 구분된다.

1. **마음의 철학으로 자리잡는 웰빙** : 웰빙을 마음의 철학으로 의식하는 것이다. 즉 83.3%는 웰빙은 단순한 소비추세가 아닌 생활 그 자체의 변화라고 생각하고 있으며, 82.7%는 물질적인 풍요로움보다는 마음의 여유와 평화를 중시한다. 또한 81.3%는 농촌경험이 생활에 활력소라고 생각하고 있다.
2. **자기만족을 찾는 웰빙** : 부와 명예, 권력이 행복의 척도라고 생각하지 않는다. 즉 88.7%는 집단적 가치보다는 개인적 가치를 더 소중하게 생각하고 있으며, 82%는 남에게 보여지는 것보다는 나에게 얼마나 충실한가를 중요시한다.
3. **내식대로 즐기는 웰빙** : 값으로 매길 수 없는 인생의 소중한 경험을 웰빙을 키우는 자양분이라고 생각하고 있다. 즉 69.3%는 단체 패키지 여행보다는 배낭여행을 선호하며, 70.7%는 형식에 신경쓰지 않고 내가 편안한 옷을 입는다고 응답하였다.
4. **고정관념을 넘어선 웰빙** : 육체적인 웰빙의 차원을 넘는 것으로서 70.7%는 육식과 채식을 골고루 먹으며, 62.7%는 몸매를 가꾸는 것만큼 마음의 양식을 채우는 것이 중요하다고 생각한다.

2) 웰빙의 세대별 차이

웰빙은 모든 세대에 걸쳐 공통적인 특성이 있기는 하지만 세대별로는 차이가 있다(〈그림 10-3〉 참조).

〈그림 10-3〉 세대별 웰빙 유형

1318세대 돌봄=care	1824세대 개성=color
2534세대 실속=core	3544세대 전환=conversion

(1) 1318세대(13~18세 : 돌봄=care)

부모가 챙겨 주는 초보단계의 웰빙으로서, 부모의 강요에 못이겨 마지못해서 하는 울며겨자먹기식 웰빙이다. 즉 스스로 실천하기보다는 부모의 강요에 못이겨 마지못해 하는 것이다. 입시 때문에 기초체력을 다지는 건강식단이지만 공부에 꽉짜인 일상에서 웰빙은 본인과 별 상관이 없다. 그리고 기름진 패스트푸드는 삼가야 한다는 충고를 받고 있으며, 친구들 사이에서 뚱뚱하다고 놀림을 받을까 두려워 항상 먹는 것에 신경을 쓰는 세대이다.

(2) 1924세대(19~24 : 개성=color)

내 식대로 해석하고 즐기는 프로슈머 웰빙으로서, 온라인 네트워크를 통해 웰빙 바이러스를 퍼뜨리는 추세의 전도사이다. 또래들끼리 유기농 전문식당에서 밥을 먹고 인터넷을 통해 웰빙에 대한 정보를 찾는다. 따라서 유행하는 라이프스타일을 따라하지 못하면 소외당하는 강박관념이 있다. 경제적 여유는 없지만 내 마음대로 즐길 수 있으며, 진정한 웰빙은 자신만이 가진 특권이라고 생각한다. 즉 경제력에 제한을 받지만 현실이 허락하는 범위에서 웰빙을 실천한다.

(3) 2534세대(25~34세 : 실속=core)

제대로 즐기는 프로페셔널 웰빙으로서, 몸을 혹사하면서 회사에 충성하는 것보다는 자신에 대한 투자가 중요하다고 생각한다. 따라서 직장생활로 경제력을 얻는 동시에 집단스트레스를 체험한다. 이 세대는 맛보기 요가보다는 정통 명상법으로 마음을 달래며, 피할 수 없다면 즐겨라는 마음가짐으로 웰빙을 실천한다. 즉 아침에 커피 대신에 허브티, 점심은 일주일에 두세 번 샐러드 바, 저녁은 버섯이나 두부 등 채식을 즐긴다. 그리고 빨리 늙어버리겠다는 불안감에 휩싸이게 되어 삼겹살에 소주를 찾기보다는 샐러드에 와인 한 잔으로 분위기를 살리고 건강을 살핀다.

(4) 3544세대(35~44세 : 전환 = conversion)

잃어버린 나를 찾는 구도의 웰빙으로서 늘어나는 아이들의 양육비와 생활비로 늘 경제적으로 부족하다고 느끼는 세대이다. 웰빙을 숨가쁜 디지털 사회에서의 휴식처로 받아들인다. 즉 빠르게 변화하는 디지털 사회와 도시생활에서 탈출하고 싶은 욕구를 가지고 있다. 되도록 일상생활에서 많이 걷도록 노력하며, 주말에는 가족과 함께 산책과 등산을 즐기며 여유를 찾는다. 그리고 미래의 가치보다는 과거의 여유로움을 그리워하고 나를 찾는 여행을 꿈꾼다.

상기의 4세대가 웰빙을 즐기는 방법으로서 하루만이라도 인터넷을 하지 않고 아날로그 생활로 돌아가고 싶다는 것에 대해서 13~24세는 40.0%, 25~34세는 50.5%, 35~44세는 56.7%가 바라고 있어 디지털에서 탈출하여 웰빙을 즐기고자 한다.

〈사례〉 트레저 헌터 · 아티젠 · 크리슈머 · 몰링…

'新소비코드 5' 주목하라

LG경제연구원은 1일 '새로운 소비코드 5가지'라는 보고서에서 새로운 소비코드가 나타나고 있다고 분석했다.

① 트레저 헌터(Treasure Hunter)=가격 대비 최고의 상품을 구입하기 위해 끊임없이 정보를 탐색하는 소비자다. 기업이 일방적으로 전달하는 광고에만 의존하지 않고 직접 상품 정보를 습득하고 품질을 꼼꼼히 확인한다.

② 아티젠(Arty Generation)=상품에 예술이 결합된 아트 디자인을 선호하고 세련되고 예쁜 디자인의 수준을 넘어 디자이너 혹은 예술가가 주는 고유의 디자인과 퍼스낼러티를 중시한다.

③ 크리슈머(Cresumer)=창초적 소비자를 의미한다. 단순히 고객 모니터링이나 단발성 이벤트에 수동적으로 참여하는 것을 넘어 기업의 제품 개발, 디자인, 판매 등에 적극 개입한다.

④ 몰링(Malling)=대형 복합 쇼핑몰에서 쇼핑은 물론 오락 등 다양한 여가 활동을 즐긴다. 기업은 쇼핑 공간의 체험적 가치를 극대화하는 공간 연출 마케팅에 더욱 관심을 가져야 한다.

⑤ 마이크로 미디어(Micro-media) 소비=네티즌들이 온라인상에서 1인 미디어인 UCC(사용자 생산 콘텐츠), 블로그, 미니홈피 등을 제작, 공유하는 것을 의미한다. 연구원은 "최근 소비자들은 제품 개발에 관여하기를 원하며 유통구조에 변화를 유도하고 있다"고 지적했다.

AM7 2007.7.2

제5절 개 성

소비자 행동이 외적으로 나타나는 반면에 개성은 소비자의 마음 속에 존재하고 있는데, 이 개성은 외적 행동의 뿌리로서, 외적행동에 강하게 영향을 미친다.

1. 개성의 의미

1) 개성의 정의

사람은 각자 자기의 구매행동에 영향을 주는 독특한 개성을 갖고 있다. 즉 소비자 행동이 왜 각자 다르게 나타나는지를 설명해 주는 **개성**(personality)이란 외부환경의 자극요인에 대해서 상대적으로 일관성이 있고 지속적인 반응에 패턴양상을 초래케 하는 개인의 독특한 심리적 특성이라고 말할 수 있다. 즉 개성은 보통 자기과신, 우월감, 자율, 복종, 사회성, 방어성, 적응성과 같은 속성에 의해서 설명된다. 따라서 개성은 소비자의 상표선택을 분석하는데 유용한 변수가 될 수 있다.

2) 상표개성

소비자 각자가 개성을 가지고 있듯이 상표도 역시 개성을 가지고 있으므로, 소비자는 상표의 개성이 자신과 어울릴 수 있는 상표를 선택할 가능성이 있다. **상표개성**(brand personality)이란 특별한 상표에 대해 사람들이 생각할 수 있는 특성들의 특별한 혼합이라고 정의한다.

Jennifer Aaker는 상표개성을 조사한 결과 다섯 가지 특성을 확인하였다.

- 성실함(솔직함, 정직함, 건전함, 즐거움)
- 흥분(대담무쌍, 용기 있음, 상상력 있음, 최신)
- 역량(신뢰적, 지적임, 성공적임)
- 세련됨(상류계층, 매력적임)
- 무뚝뚝하고 소박함(야외활동을 즐김, 강인함)

즉 몇 가지 유명한 상표들은 한 가지 특별한 특성에 대해 강한 경향이 있는데, 예를 들어, Levi's는 무뚝뚝하고 소박함, MTV는 흥분, CNN은 역량 그리고 Campbell은 성실함이 있다. 이러한 상표들은 동일한 개성 특성에 끌릴 수 있는 사람들을 끌 수 있다는 사실을 시사한다.

3) 마케팅에 대한 지침

개성은 시시각각 변하는 것이 아니므로 소비자 행동을 연구함에 있어 일정한 기준을 가지고 개성의 유형을 구분할 수 있으며, 그에 따라 실제 마케팅 활동에 활용할 수 있다.

예를 들어, 두통치료제를 복용하는 소비자들이 강박감에 사로잡혀 있을 가능성이 크다는 사실에 근거하여 어떤 제약회사는 획일적인 일상생활을 나타내는 질서정연한 분위기 속에서 그 제품을 광고하였다. 또 다른 기업은 인공감미료 사용 세분시장이 고분고분한 개성의 소유자이며 또한 다이어트를 시도하는 경향에 맞추어 권위 있는 연사를 통해서 그 제품을 광고하였다(〈사진 10-1 참조).

〈사진 10-1〉 개성이론과 광고

2. 개성에 관한 이론

개성은 개인의 여러 가지 심리적 요소들이 결합되고 요소 간의 상호작용의 결과로 생겨나는 것이기 때문에 그 접근방법이 다양하다. 개성에 관한 이론으로는 심리분석이론, 사회문화적 이론, 자아개념이론, 특성이론 등이 있다.

심리분석적 이론과 사회문화적 이론은 개성변수를 평가하는데 정성적 접근방법을 취하고, 특성이론은 대부분 실증적 접근방법을, 그리고 자아개념 이론은 정량적 및 정성적 접근방법을 적용한다.

심리분석적 이론이 확장됨으로써 마케팅에 폭넓게 이용되어 왔는데, 구매동기가 깊이 내재되어 있는 경우에 소비자들이 구입하는 이유를 정성적으로 통찰할 수 있기 때문이다. 또한 자아개념이론이 마케팅 기업에게 관계가 되는데, 그 이유는 그 개인의 자아이미지가 그의 구매행동에 영향을 주는 이유에 대해 자아개념이론이 집중하기 때문이다. 즉 자아개념이론은 우리가 구입하고 소유하는 것이 현재의 우리가 누구냐를 반영한다고 인식한다.

1) 심리분석적 이론

Freud의 심리분석적 이론은 어린시절의 갈등의 결과로서 개성의 무의식적인 본질을 강조하며, 개성의 형성은 개성 시스템의 구성요소인 이드, 자아, 초자아 등의 세 요소 상호 간 갈등의 결과로서 나타난다고 주장한다.

(1) 이드(id 또는 원초아, 애욕 : libide)

이드는 배고픔, 섹스 및 자기보존과 같은 인간의 가장 기본적인 본능적 욕구를 충족하기 위해 행동을 야기시키는 역할을 한다. 행동을 유도하고 추구토록 하는 모든 선천적인 영향요인의 원천인 이드는 즐거움을 만끽하고 고통을 피하도록 행동을 지도하는 원칙에 따라 작동한다. 즉 이드는 객관적인 현실에서 제약이 없이 전체적으로 무의식적으로서, 갓 태어난 아이의 행동은 거의 이드에 대해서 지배된다.

(2) 자아(ego)

자아는 개인이 외부세계와의 상호작용을 통해서 형성된 **자아개념**(self-concept)으로서 객관적인 현실을 나타내는 것이다. 이드의 관리자로서 자아는 사회적으로 용인될 수 있는 방법으로 이드의 목표를 달성하려고 한다. 예를 들어, 반사회적 방법으로 공격적이 되고자 하는 욕구를 나타내기보다는 강력한 스포츠카를 구입하여 이러한 욕구를 부분적으로 만족시킬 수 있다.

(3) 초자아(superego)

초자아는 이드의 충동적 행동을 억제시키는 역할을 한다. 즉 초자아는 사회적 동물로서 지켜야 할 도덕, 윤리, 규범에 맞도록 인간의 본능적, 이기적 행동을 규제하는 기능을 한다. 초자아는 무의식적으로 작용하며 실제보다는 이상적인 것을 나타내므로, 우리로 하여금 도덕적인 방법으로 행동하도록 동기를 부여한다.

심리분석적 이론을 마케팅에 적용하는 경우에 이드와 초자아가 특정한 제품을 구입하도록 하는 무의식적 동기를 창출하도록 작용한다. 물론 이러한 동기가 깊이 내재되어 있는 경우에 소비자들이 구입하는 이유, 즉 특별한 구매행동을 설명하는 핵심이 되므로 무의식적인 동기를 밝혀야 한다. 그 수단을 **동기조사**(motivational research)라고 하며, 마케팅에 적용되는 정성적인 방법으로 심층면접과 투영기법이 응용되고 있다.

① 심층면접(depth interview)

이것은 체계적이고 구조화된 질문방식으로 도출할 수 없는 깊이 내재되어 있는 억제된 동기를 파악하기 위해 설계된 면접을 개인 소비자에게 실행하는 것이다. 소비자들은 비체계적인 면접에서 자유롭게 말할 수 있으며, 또한 그들의 응답은 동기와 잠재적인 구매억제를 밝히기 위해 신중하게 해석된다.

심층면접의 한 가지 방법은 **집중집단면접**(FGI : focus group interview)인데, 이것은 8~12명의 소비자가 깊이 내재되어 있는 욕구나 무의식적인 동기를 밝힐 수 있는 문제들을 논의하도록 면접자의 지시하에 행하도록 하는 것이다. 이것의 이점은 그 집단이 집단역학으로 인해 토론을 진지하게 할 가능성이 있다는 것 그리고 집단이 개인적인 심층면접에서 밝힐 수 없는 생각과 동기를 밝힐 수 있다는 것이다.

② 투영기법(projective technique)

투영기법은 표현하거나 확인하기 어려운 동기를 파악하기 위해 디자인된 방법이다. 소비자는 자신의 구매동기를 알지 못할 수 있기 때문에 조사자는 소비자가 대답할 수 없는 질문을 직접 할 수가 없다. 그 대신에 소비자에게 상황, 만화 또는 단어 세트, 그림 등을 제시하고 응답하도록 요구한다.

투영기법에는 소비자들에게 문장을 완성하도록, 또는 만화에 있는 빈칸을 완성하도록 또는 상표나 제품을 인간이나 동물의 특성으로 의인화하도록 요구하는 것 등이 있다. 각각의 경우에 소비자에게 직접적인 질문사항에 대해 응답하도록 하지 않고, 소비자는 어떤 제품이나 상황과 관련되는 느낌을 표현한다.

상기의 방법들을 이용하여 나타난 결과를 광고에 적용할 수 있다. 사람의 행동이 의식적인 동기뿐만 아니라 무의식적인 동기에 의해서 유발되므로 광고에서의 환상적 소구 혹은 성적 소구 등이 예가 될 수 있다. 또한 메시지 내용에서도 이드, 자아, 초자아 간의 갈등을 해소시키는 방향으로 이루어져야 한다. 예를 들어, 주상복합 아파트를 구입하는 것이 사치성 소비행위라기보다는 가치가 있는 현명한 투자임을 강조하는 것 등이다.

또 다른 예로서, 의인화하는 한 가지 응용방법으로서 소비자들에게 장거리 통신회사를 동물로서 상상하도록 요청한 결과, 상당수 소비자들은 AT&T사를 사자로, MCI사를 뱀으로, Sprint사를 퓨마로 묘사하였다. 이것에 바탕을 두어 Sprint사는 다른 통신회사들이 사용하는 절약지향적인 접근방법을 취하지 않고, 보다 사업을 잘 하도록 당신에게 도움을 주는 것으로 자사의 서비스를 위치화하였다.

2) 사회문화적 이론

이 이론은 인간을 사회적 동물로 인식하여 인간과 사회와의 상호관계에서 인간행동을 설명하는 이론이다. 즉 인간이 특정한 사회적 상황에서 그 사회가 요구하는 조건에 충족하기 위하여 어떻게 행동하는가에 연구의 중점을 두는 것이다.

이 이론은 첫째, Carl Jung에 의해 설명되는데, Jung은 그 사람의 문화는 과거로부터 있었던 공유하는 기억들을 조장한다고 주장한다. 둘째, Aflred Ader는 사회적 지향성을 최초로 주장한 사람으로, 사회적 배경하에서 우위성을 추구하는 개인을 강조하였다.

셋째, Karen Horney는 개성이 부모와 자식 간의 관계에서 발생하는 걱정거리(anxiety)에 대처하기 위해 또는 그 관계에서 일어나는 기본적인 열망에 일치하기 위해 그 사람이 학습함으로써 형성된다고 주장한다. 이러한 걱정거리를 극복하기 위한 유형으로는 세 가지 접근방법, 즉 순응형-다른 사람에게 향하여 가까이 하려는 전략, 공격형-사람들에게 반대하여 다른 사람으로부터 멀어지려는 전략, 분리형-다른 사람들로부터 멀어져 떨어지려는 전략을 가정하였다.

Cohen은 Horney의 연구를 바탕으로 구매행동을 설명하기 위한 CAD 척도(순응-공격성-분리척도 : compliance-aggresiveness-detachment scale)를 개발하였다. CAD 척도를 이용하여 Cohen은 순응형 소비자는 구강청결제, 세면비누, 아스피린을 많이 소비하고, 공격형 소비자는 전기면도기보다 면도칼을 많이 사용하고, 면도 후 로션을 많이 사용하며, 분리형 소비자는 차를 많이 마시고, 맥주는 적게 마신다는 사실을 밝혔다.

이러한 연구결과는 사회적 용인의 수단으로서 구강청결제와 세면비누의 사용을 광고해야 하며, 면도 후 로션은 사회적 정복의 수단으로 광고해야 하며, 또한 차는 전통적이고 억제된 배경하에서 인생을 즐기는 수단으로 광고해야 한다는 것을 제시한다.

3) 자아개념 이론

자아개념 이론에 의하면 모든 사람은 두 가지의 자아개념을 가지고 있다. 그 하나는 **실제적 자아**(actual self)로서 현재의 자기 모습을 그가 생각하는 것이며, 또 하나는 **이상적 자아**(ideal self)로서 개인이 바라는 이상적인 자기모습으로 그가 되었으면 하고 생각하는 개념이다.

자아개념 이론은 자아 및 초자아와 관련된다. 자아는 그 사람의 객관적인 현실을 반영하므로 자아는 실제적 자아와 유사하다. 초자아는 무엇이 되어야 하는 방법에 의해 정의되므로 이상적 자아를 반영한다. 따라서 그의 자아개념을 알기 위해서 소비자에게 자신을 어떻게 인식하는가(실제)를 또는 아래의 여러 가지 속성에 따라 자신을 어떻게 보이고자 하는가(이상적)를 설명하도록 요구한다.

- 행복한
- 의존적
- 현대적
- 실용적
- 활동적
- 진지한
- 자아통제적
- 성공적
- 감정적
- 공격적

자아개념 이론은 두 가지 원리, 즉 시종일관성을 달성하려는 욕망 그리고 자신의 자존심을 높이려는 욕망에 의해서 설명된다. 시종일관성을 달성하는 것은 실제적 자아의 개념과 일치하여 행동할 것이라는 것을 의미한다. 그리고 실제적 자아를 격상시켜서 이상적 자아와 비슷하게 되도록 행동할 수 있다.

예를 들어, 자기 스스로를 돋보이게 하고 싶어하는 욕구가 있는 사람은 상징 간의 상호작용을 중요하게 생각하여 고급시계나 고급승용차를 구매할 것이며, 자신을 남과 다른 개성이 강한 사람이라고 생각한다면 상표선택에 있어 보통사람들이 가장 많이 구입하는 상표가 아니라, 자신의 개성을 반영하면서 자신의 이미지와 부합되는 상표 개성을 가진 상표를 선택할 것이다.

(1) 실제적 자아

소비자들은 여러 역할을 하고 있으며, 이 역할 중 어떤 역할이 특별한 상황에서는 중요시된다. 그리고 그 특별한 역할은 그 사람의 이상과 행동유형에 영향을 준다. 또한 그 사람의 역할들이 혼합되어 실제적 자아를 형성한다.

마케팅에의 적용에서 볼 때 실제적 자아에서 소비자의 구매는 그가 자신에 대해 가지고 있는 이미지에 의해 영향을 받는다. 즉 소비자는 자신의 자아개념과 유사한 것으로 지각하는 제품을 구입함으로써 시종일관성을 달성한다. 즉 상표이미지와 자아이미지 간의 일치가 존재한다.

즉 소비자들은 자신의 자아개념과 관련되는 제품을 구입하는데, 자신과 유사하다고 평가한 상표를 선호하는 경향이 있다. 그에 포함되는 제품에는 맥주, 담배, 비누, 치약뿐만 아니라 자동차도 동일한 관련성이 있다.

(2) 이상적 자아

이상적 자아의 개념은 자존심과 관련된다. 실제적 자아와 이상적 자아 간의 차이가 크면 클수록 그 사람의 자존심은 더 낮다. 따라서 마케팅의 맥락에서 볼 때 자신에 대한 불만족은 특히 자존심을 높여주는 제품에 대한 구매에 영향을 준다. 예컨대, 보다 효율적이고 현대적이며 또한 상상력이 풍부하고자 하는 여성은 상이한 유형의 향수와 탈취제를 구입하거나 또는 온화하며 매력적이고자 하는 여성과는 상이한 점포에서 쇼핑하는 경향이 있다.

상기의 의미에서 볼 때, 광고주제와 이미지가 자주 실제적 자아와 이상적 자아 간의 불일치를 더 크게 조장한다. 즉 아름다운 모델이나 사치스러운 라이프스타일을 보여주는 광고는 달성할 수 없는 이상적인 세계를 조장한다. 결과적으로 소비자는 현실적이며 실제적인 자아와 이상적인 이미지 간을 비교하여 불일치하는 감정을 갖게 된다. 그리고 실제적 자아와 이상적 자아간의 차이가 높게 나도록 조장하는 광고에 의해서 소비자의 자존심은 낮아지게 된다.

시종일관성과 자존심에 대한 욕망은 갈등을 일으킬 수 있다. 즉 실제적 자아개념과 같게 구입하는 소비자는 시종일관성을 성취할 수 있으나, 자존심을 높일 수는 없다. 일반적으로 소비자들은 자신의 실제적 자아이미지에 일치하는 제품을 구입한다. 그러나 만약 그들의 자존심이 낮다면(실제적 자아와 이상적 자아 간의 차이가 큰 경우), 그들은 현재의 자신보다는 더욱 좋게 되고자 하는 것에 근거하여 구입할 가능성은 크다. 결과적으로 이러한 소비자들은 이상적 자아를 묘사하는 환상에 대한 소구 등에 의해 동요될 가능성이 크다.

비현실적인 자아이미지를 성취하기 위해서 구입하는 것은 충동적인 구매행동을 유도할 수 있다. 빈번한 구매는 실제적 자아와 이상적 자아 간의 불일치를 극복하는 수단이며, 또한 낮은 자존심에 대한 감정을 경감케 하는 수단이다.

(3) 소비와 확장된 자아

자아이미지는 우리가 선택하는 제품에 영향을 준다. 그리고 우리가 선택한 제품도 우리의 자아이미지에 영향을 준다. 즉 어떤 제품은 상징적(표식적) 가치가 있다. 그 제품은 우리에 대해 어떤 것을 말하며, 또한 우리가 우리 자신에 대해 느끼는 방법을 말한다. 예를 들어, 우리가 어떤 의상을 구입하는 경우, 그 의상이 우리의 자존심을 높여줄 것이라고 예상할 수 있다.

이러한 기준에 따라 실제적 자아와는 거리가 먼 것으로 **확장된 자아**(extended self)가 존재한다. 확장된 자아는 우리의 보다 중요한 소유물을 우리의 자아개념과 결속하는데, 우리가 소유한 것이 우리의 개성을 반영하기 때문이다. 즉 사람들은 자신이 가지고 있는 것을 통해서 되고자 하는 상태를 추구하고 표현하며, 확실히 하고 또한 확인한다.

4) 특성 이론

여러 가지로 다양한 자극양상이 전개되더라도 인간의 행동에는 어떤 일관성이나 규칙이 존재하고 있다. 이러한 일관성이나 규칙, 선유경향을 **특성**(trait)이라고 한다. 이러한 특성은 모든 개개인마다 공통적으로 갖고 있으나, 정도의 차이가 있기 때문에 개인마다 성격이 달라지게 된다. 환경요소가 변화하더라도 특성들은 상당히 안정적이고 또한 행동에 광범위하게 영향을 미친다.

개인의 거의 모든 행동에 영향을 강하게 미치는 신앙심이나 애국심 등의 특성을 **기본적 중심 특성**(central traits, cardinal traits)이라고 한다. 반면 개인의 사생활이나 친한 친구들과의 관계에서와 같이 극히 제한된 영향을 미치는 특성을 **2차적 특성**(secondary traits)이라고 한다. 따라서 구두쇠와 같은 요소는 2차적 특성이다.

특성 이론은 Allport가 도입한 이론으로서, 개성은 일반적인 반응성질을 설명하는 일련의 특성으로 구성되어 있다고 주장한다. Allport의 특성 이론을 기초로 Cattell은 요인분석을 이용하여 특성-요인으로 추출하여 **특성-요인 이론**(traits-factor theory)이라고 하였다. 즉 개개인의 개성(성격)에는 이러한 특성-요인들이 뒤섞여 있으므로, 개인의 성격을 이해하려면 개인의 특성구조를 파악해야 한다.

따라서 시장을 세분화하는데 개성 특성이 사용될 수 있다. 예를 들어, 담배를 많이 피우는 흡연자들은 이성애, 공격성 및 성취감을 높게 평가하는 반면에, 질서와 순종을 낮게 평가한다. 즉 담배를 많이 피우는 흡연자는 권력과 경쟁에 대해 지향적일 가능성이 크며 또한 성적인 주제와 상징에 의해 영향을 받을 수 있다. 예를 들어, 대형차를 구입하는 사람의 성격과 중소형차의 구매자의 성격에 어떤 차이가 있거나, 현대자동차를 구입하는 사람과 대우차를 구입하는 사람과 성격차이가 있다면, 자동차의 설계나 광고전략에 이러한 차이점이 반영되어야 할 것이다.

참고문헌

윤훈현 역, 『소비자행동론』, 제6판, 석정, 1998.

윤훈현, 『소비자행동론』, 석정, 2005.

제일기획, 「2007 대한민국 라이프스타일」.

Advertising Age (July 26, 1982), p. M13 : *Advertising Age* (April 2, 1984), p. M10.

Alice Hanley and Mari S. Wilhelm, "Compulsive Buying : An Exploration into Self-Esteem and Money Attitudes," *Journal of Economic Psycholog*, 13 (1992), pp. 5-18.

"Americans' Waistlines Have Become the Victims of Economic Progress," *New York Times* (March 22, 2001), p. C2.

Arthur Koponen, "Personality Characteristics of Purchasers," *Journal of Advertising Research*, 1 (September 1960), pp. 6-12.

"Banks Found Lacking in Online Advertising," *Advertising Age International* (December 14, 1998), p. 28.

Bureau of the Census, *Statistical Abstract of the United States*, 2000.

"Drawn to the Hearth's Electronic Glow," *New York Times* (January 24, 2002), pp. G1, G7.

Edward L. Grubb and Gregg Hupp, "Perception of Self-Generalized Stereotypes and Brand Selection," *Journal of Marketing Research* 5 (February 1968), pp. 58-63.

"Fifty-Somethings of 2010 Will Be 'Active Hedonists,'" *Independent* (November 20, 2000), p. 6.

"For Richer & for Poorer," *American Demographics* (July 2000), pp. 59-64.

"Health and Fitness Trend Blossoms into a Way of Life," *Advertising Age* (March 13, 2000), pp. S14-S16.

Henry Assael, Consumer Behavior, Houghton Mifflin, 2004.

"Internet Surfing Can Cut into 'People Time,'" *UPI News* (February 16, 2000).

Ira J. Dolich, "Congruence Relationships Between Self-Images and Product Brands," *Journal of Marketing Research* 6 (February 1969), pp. 80-85.

Joel B. cohen, "An Interpersonal Orientation to the Study of Consumer Behavior," *Journal of Marketing Research* 4 (August 1967), pp. 270-278.

"Kellogg, General Mills Battle Over Bars," *Wall Street Journal* (March 26, 2001), p. B10.

"Make Room for Daddy," *American Demographics* (June 2000), pp. 34-36.

Marsha L. Richins, "Social Comparison and the Idealized Images of Advertising," *Journal of Consumer Research* 18 (June 1991), pp. 71-83.

"Obesity a Global Threat," Associated Press (December 19, 2000).

Rena Bartos, "Ernest Dichter : Motive Interpreter," *Journal of Advertising Research* 26 (February/March 1986), p. 20.

"Snacking Today : Any Time and Anywhere," *New York Time* (July 30, 1999), pp. A1, A15.

"Survey Suggests Internet Use Affects TV-Viewing Habits," *Wall Street Journal* (November 29, 2001), p. B11.

"Survey-The Work Life Balance : Chats Over Coffee Hard to Replace," *Financial Times* (May 8, 2000), p. 1.

"Ten Trends Shaping the Future of Leisure Travel," *Hotel and Motel Management* (November 6, 2000), pp. 26-27.

"The Brave New World of Men," *American Demographics* (January 1992), p. 40.

"The Future's Paying Off Nicely for a Trend Spotter," *New York Time* (June 6, 2001), p. B2.

"United States Got the Time?" *The Economist* (June 26, 1999), pp. 32-35.

William D. Wells and Douglas J. Tigert, "Activities, Interests and Opinions," *Journal of Advertising Research* 11 (August 1971), pp. 27-35.

제4부

집단영향과 문화적 영향

11
chapter

문화적 가치관

소비자 행동에 영향을 주는 가장 광범위한 환경적 요인은 문화로서, 문화는 사회가 강조하는 가치관과 규범으로 반영된다. 문화는 소비자들이 사회로부터 학습하는 가치관, 즉 개인주의, 자립, 성취 및 자기달성과 같은 가치관으로 반영되기 때문에 문화는 구매행동에 영향을 미친다. 결과적으로 소비자들의 구매와 소유는 문화의 반영인 것이다.

제 1 절 문화의 본질

1. 문화의 정의와 특성

1) 문화의 정의

문화는 어떤 사회의 개성이라고 생각될 수 있는 것으로서, 추상적인 아이디어와 물질적인 실체를 모두 포함하고 있어 그 정의는 다양하다.

문화(culture)란 한 사회의 구성원으로서 인간 행동을 규정짓는 사회적 규범과 양식, 즉 사회가 전체적으로 용인하고 또한 언어와 상징물을 통해서 그 사회의 구성원들에게 전달되거나 사회적으로 획득한 능력과 습관 그리고 지식, 신념, 예술, 법규, 도덕, 관습, 전통 등을 모두 포함하는 복잡한 집합체로서 일체의 가치관이다. 따라서 문화는 어떤 사회가 공유하는 의미와 전통을 반영한다.

즉 한국 사회를 다른 국가 사회와 상이하게 만들고, 또한 한국 사회로 하여금 고유한 특성을 지니게 하는 것이 문화인 것이다.

2) 문화의 특성과 구성요소

복잡한 집합체로서 일체의 가치관으로 정의되는 문화는 다섯 가지 특성이 있다.

첫째, 문화는 행동의 기준이고 규범을 제공한다. 즉 문화는 사회구성원의 행동기준이 되어 사회구성원의 욕구와 방향 및 욕구충족 방법의 지침을 제공한다. 문화는 이상적인 행동의 표준이나 패턴을 포함하므로 특정 상황에서 사회구성원이 올바르고 적절하게 생각하고, 느끼고, 행동할 수 있도록 한다.

둘째, 문화는 학습된다. 문화는 개인이 학습하는 일련의 규칙 및 행동패턴으로서 발전하고 변화과정을 거치면서 다음 세대에 계승·전수된다.

셋째, 문화는 공유된다. 문화는 가족을 비롯한 조직화된 사회 내에 거주하는 사람들에 의해 널리 공유된다.

넷째, 문화는 보편적이면서도 다양하다. 공동생활을 누리는 인간과 인간 사회에는 문화가 존재하는데, 특수성을 띤 다양한 모습으로 나타난다.

다섯째, 문화는 동태적이다. 문화는 전수되고 유지되어 나가지만, 여러 세대를 이어져 오는 동안에 새것이 보태어지고 낡은 것은 퇴색되면서 끊임없이 변화한다.

또한 문화는 여러 가지 요소로 구성된다. 즉 전화, TV, 자동차, 컴퓨터 등 물질적 요소가 한 사회의 문화를 구성한다. 또한 문화는 교회, 학교, 사찰, 화랑, 극장 등 사회적 기관을 포함하며, TV, 라디오, 신문 등 대중매체와 인터넷도 새로운 문화를 보급하는 역할을 하는 문화기관이다.

언어, 특히 사회에서 은밀하게 통용되는 은어도 특정 집단의 생활유형을 짐작케 하는 자료이다. 가치와 신념체계가 문화에 포함되며 또한 관습과 의식도 소비의 특징을 나타내며 한 사회에 존재한다. 마지막으로, 심미적 요소는 소비자 선택에 있어 중요한 요소로서 문화에 따라 각각 상이하며 그 의미가 다를 수 있다.

2. 문화와 소비자 행동 및 마케팅 전략

소비자 행동과 문화 간의 관계에는 두 가지 측면이 있다. 첫째, 특정한 시기에 중요한 문화를 나타내는 제품과 서비스는 소비자들에 의해서 수용될 가능성이 매우 높다. 둘째, 특정시기에 어떤 문화에 의해서 성공적으로 생산된 신제품이나 제품 디자인의 혁신에 대한 연구는 그 시기의 지배적인 문화적 이념을 표출한다.

1) 문화 : 소비자 행동에 영향을 주며 반응함

문화적 가치관은 그 구성원의 구매와 소비유형에 영향을 줄 가능성이 있다. 예를 들어, 어떤 소비자는 성공에 높은 가치를 부여하며, 사치와 긍지의 상징으로 성공을 나타낼 수도 있다. 다른 소비자는 젊음과 활력함을 보이고자 하여 더 젊게 보이는 모습을 광고하는 화장품을 구입하며 또한 운동경기의 정기회원권을 구입할 수도 있다. 어느 경우이든, 마케팅 기업은 소비자의 가치관을 정의하고 또한 이 가치관을 반영하는 상징물을 결정해야 한다.

문화는 소비자 행동에 영향을 줄 뿐만 아니라 소비자 행동을 반영한다. 즉 운동기구, 체력단련 클럽, 피부보호용 로션, 다이어트 식품, 저지방 제품들은 그 문화가 젊음과 체력을 강조하고 있음을 의미한다. 그러므로 문화는 그 구성원들의 가치관과 소유물을 반영하는 것이다.

2) 문화 : 마케팅 전략에 영향을 주며 반영한다.

마케팅 전략은 문화적 가치관을 변화시키려고 하지 않는데, 그 이유는 광고, 판매촉진, 판매원, 포장 등이 소비자들의 핵심적 가치관에 영향을 줄 수 있을 정도로 강력한 힘을 가지고 있지 않기 때문이다. 예를 들어, 남성용 중절모 기업들이 많은 광고와 마케팅 노력을 하였지만 중절모의 비공식성과 소멸하는 추세를 막을 수가 없었다.

마케팅 전략이 문화적 가치관을 변화시킬 가능성은 거의 없지만, 대중매체의 맥락에서 볼 때 마케팅은 영향을 주고, 또한 문화도 마케팅에 영향을 준다. 광고대행사, 음반회사, 패션디자인회사, 출판사 등은 문화의 제작자로서 문화조성 시스템으로 생각된다. 이 시스템은 문화적 목표를 달성하기 위해 계획된 제품을 창조하고 생산하는데, 그렇게 생겨나는 제품, 노래, 책, 의상들은 날씬해지고, 독립적이며, 아름다워지고, 안전하거나 또는 사회적으로 인정되고자 하는 욕망에 영향을 준다. 이렇게 볼 때 마케팅과 문화는 서로 상호작용적이다.

3. 교차문화 및 하위문화의 영향

1990년대 이후 국제경영활동의 중요성이 점증함에 따라 마케팅 기업들은 자신의 문화뿐만 아니라 다른 나라의 문화적 가치관 시스템을 필시 이해해야만 하였다. 따라서 **교차문화적 영향요인**(cross-cultural influences)은 국제마케팅 전략을 수립하는데 있어 기초가 되었다.

예를 들어, Kellogg사는 건강과 영양가의 중요성을 이해하고, 건강에 대한 소구를 이용하여 아침식사 습관을 변경케 함으로써 자사의 시리얼에 대한 수요를 증가시켰다. 반면에, Gerber사는 자기 자녀를 위한 음식은 필시 어머니가 준비해야 한다는 브라질의 문화를 인식하지 못하고 가공된 어린이용 식품을 제공한 결과 실패하였으며, 또한 한국에 진출한 Wal-Mart사도 한국의 문화에 적응하지 못하여 E-마트에 매각되었다.

특정 국가에 사는 모든 사람들이 동일한 문화적 가치관을 갖고 있지는 않다. 즉 집단들 간에 가치관의 차이가 존재하므로, 그 차이에 따라 상이한 전략이 수립되어야 한다. 즉 각 집단들마다 특별한 하위문화를 조성하고 있는데, **하위문화**(subcultures)란 전체 사회로부터 소비자 집단들을 구분케 하는 유사한 가치관을 가진 폭넓은 소비자 집단이다. 이러한 하위문화는 연령, 종교, 지역 또는 인종적 동질성을 기준으로 정의된다(사례 참조).

〈사례〉 한국인의 끼리끼리 문화

한국개발연구원(KDI)이 전국 1,500명을 면접 조사한 "사회적 자본실태 종합조사" 보고서에 의하면, 한국인들은 소득, 지역, 학력, 세대에 따라 끼리끼리 어울리는 경향이 있다.

① 다른 소득계층과 대화를 할 경우에 불편하다에 22.3%, 매우 불편하다에 2.5%이었다. 그리고 세대차이가 다른 사람과 대화할 때 불편하다(매우 불편함 포함)는 24.6%이었는데, 4명 가운데 1명이 소득이나 세대에 따라 배타적이거나 이질적 감정을 느끼고 있다.

② 다른 차이로 불편함을 느낀다는 비율은 종교차이 18.3%, 학력차이 18.8%, 정치성향 차이 18.1%, 출신지역 차이 11.6% 등이었다.

③ 친구들의 구성비율에 대해서도 친구들 모두가 같은 지역 출신은 16.8%, 친구들 중 2/3 이상이 동일지역이 33.1%이었다. 친구들 중에서 자신과 같은 학력을 갖고 있는 사람이 2/3 이상은 29.1%이었으며, 친구들 중 종교가 있는 사람이 2/3 이상은 14.5%이었다. 동일한 정치성향의 인물이 친구의 2/3 이상은 12.4%이었다.

④ 사람에 대한 전반적인 신뢰도가 낮았는데, 사람을 대할 때 조심하는 것이 필요하다(불신 : 0점). 대부분의 사람을 신뢰할 수 있다(신뢰 : 10점)고 한 경우 평균 4.8점이었다.

제 2 절 문화적 가치관의 정의

문화적 가치관은 제10장의 심리묘사의 구성요소 중 하나인 가치(values) 부분에서 이미 설명하였으므로, 본 절에서는 문화적 측면을 중심으로 하여 가치부분에서 빠진 내용에 대해서 연구한다.

1. 문화적 가치관의 정의

1) 문화적 가치관의 정의

Rokeach는 **문화적 가치관**(cultural value)을 일반적인 상태로 존재하여 개인적으로 또는 사회적으로 추구할만한 가치가 있는 신념이라고 정의하였는데, 〈표 11-1〉은 Rokeach가 제시한 문화적 가치관이다.

〈표 11-1〉 문화적 가치관, 소비-특이적(도구적) 가치관 및 제품속성

문화적(종결적) 가치관(궁극적 가치)	소비-특이적(도구적) 가치관(수단의 가치)	제품속성
안락한 생활	신속한 서비스	서비스 품질
흥분된 생활	신뢰적인 광고 주장	신뢰성
평화스러운 세계	소비자 욕구에 대한 대응	성과
동등함(평등함)	정확한 정보	안전
자유	공해 제거	사용상 용이
행복	결함이 있는 제품을 무료로 수선	내구성
국가적 안전	편리한 점포 위치	경제성
기쁨	전혀 사기적이지 않은 광고	편의성
구원	예의바르고 도움을 주는 판매원	스타일
자존심	저가격	
사회적 인식(인정)	도시의 황폐화와 실업에 대한 해결	
아름다움의 세계	소비자를 보호하기 위한 법규	
지혜	제품을 잘못 설명하지 않음	
가족 안전		
성숙된 사랑		
성취		
내적 조화		

자료원 : Cultural values from Mioton J. Rokeach, "The Role of Values in Public Opinion Research," *Public Opinion Quarterly* 32 (Winter 1968), p. 554 ; Consumption-specific values from Donald E. Vinion, Jerome E. Scott, and Lawrence M. Lamont, "The Role of Personal Values in Marketing and Consumer Behavior," *Journal of Marketing* 41 (April 1997), p. 47.

한편, **가치관 시스템**(value system)은 문화가 이들 가치관에 부여하는 상대적인 중요성으로서, 예를 들어, 아시아 문화는 내적 조화를 더욱 강조하는 한편, 서구문화는 개인적인 성취를 더 강조한다. 또한 세계평화와 같은 가치관은 보편적으로 인정되는 교차문화가 될 가능성이 있다.

제10장에서 연구한 바와 같이, Rokeach는 문화적 가치관을 종결적 가치관(궁극적 가치)과 도구적 가치관(수단적 가치)으로 구분하였다. 즉 **종결적 가치관**(terminal values)이란 달성해야 하고 수립되어야 할 목표이며, **도구적 가치관**(instrumental values)이란 바람직한 목표를 달성하는

수단으로서 그 자체가 목표는 아니다.

이 분류를 구매행동에 응용하는 경우, 종결적 가치관은 최종 구매목표이며, 도구적 가치관은 이러한 목표(구매목표)를 달성하기 위한 소비에 대해 특별한(소비특이적) 지침이다. 그리고 소비특이적 가치관을 달성할 수 있는 제품의 속성과 수단이 추가되어야 한다. 따라서 소비자 행동 조건하에서 제품 속성은 소비특이적 가치관을 달성하기 위한 수단이며, 소비특이적 가치관은 문화적(종결적) 가치관을 달성하기 위한 수단이다.

예를 들어, 스포츠웨어 광고는 자기보존 목표를 달성하기 위해 따스함과 보호라는 도구적 가치관을 보여줄 수 있으며, 어떤 자동차 광고는 가족의 안전보호라는 종결적 가치관을 나타낼 수 있다. 어떤 새로운 세탁기는 더 향상된 효율성으로 도구적 가치관을, 그리고 어떤 김치냉장고는 잘 발효된 김치의 맛을 나타내기 위해 종결적 가치관을 광고할 수도 있다.

2) 문화적 가치관과 라이프스타일의 비교

문화적 가치관은 라이프스타일 가치보다 더 지속적이며 깊이 내재되어 있다. 예를 들어, 어떤 사람을 스포츠광이라고 묘사하는 것은 그의 라이프스타일의 한 가지 구성요소를 반영한다. 운동에 대한 그 사람의 관심을 유발케 하는 보다 깊이 내재되어 있는 문화적 가치관은 그가 어떤 도전적인 스포츠 활동에 몰입되어 느끼는 흥분스러운 삶 또는 자아성취감에 대한 욕망이다.

문화적 가치관은 소비자의 태도와 의견을 반영하는데 있어 라이프스타일과 유사하다. 그러나 문화적 가치관은 보다 지속적이고 널리 퍼져 있으며 또한 깊이 내재되어 있다는 것에서 상이하다. 예를 들어, 자주 여행을 하려는 소비자의 욕망은 라이프스타일을 반영하지만, 여행을 통해 자유스러움과 독립성을 성취하려는 보다 기본적인 동인은 전형적인 문화적 가치관을 반영한다(〈표 11-2〉 참조).

〈표 11-2〉 문화적 가치관과 라이프스타일 비교

구 분	문화적 가치관	라이프스타일
지속, 내재성	더 지속적, 깊이 내재됨 (몰입함으로써 느끼는 흥분스러운 삶, 자아성취)	외적인 표출(스포츠광)
소비자의 태도 및 의견	유사함	유사함
행동	자유스러움, 독립심의 성취라는 기본적인 동인	소비자의 욕망을 행동으로 표출

2. 문화적 가치관의 특징

문화적 가치관은 문화라는 배경하에서 조성되므로 그 특징도 역시 문화의 특징과 일맥상통하지만, 모든 문화적 가치관은 공통적으로 다섯 가지 특징, 즉 ① 학습됨 ② 행동에 대한 지침 ③ 거의 영구적 ④ 역동적 ⑤ 폭넓게 받아들여짐의 특징이 있다.

① 문화적 가치관은 학습된다.

어린이들은 어린 나이에 문화적 가치관과 함께 생활한다. 즉 어린시절부터 자신의 문화에 대한 가치관을 학습하는데, 그 과정을 **문화화**(문화적응 : enculturation)라고 한다. 다른 문화의 가치관을 학습하는 것을 **문화 변용**(acculturation)이라고 한다.

문화적응은 가족, 학교 및 종교단체 등으로부터 가치관을 주입하는 과정을 통해서 일어난다. 특히 가족은 한 세대로부터 다음 세대로 가치관을 전달하기 위한 수단이기 때문에 중요하다. 또한 광고도 역시 비공식적인 학습을 통해 소비자를 문화화시키는 역할을 한다. 예를 들어, 연사를 통해서 소비자로 하여금 이러한 역할을 하는 모델이나 전문가를 모방하도록 하며, 또한 특별한 제품이나 서비스를 채택하도록 고무한다.

소비자의 문화 변용은 타국에서 온 사람이 그가 정착한 국가의 소비 가치관과 행동에 적응할 때 발생하는데, 관찰, 구전 커뮤니케이션 및 대중매체를 통한 커뮤니케이션을 통해서 적응하게 된다. 이러한 문화 변용의 과정은 특히 해외시장에서 활동하는 기업인들에게 중요한데, 제품과 광고계획을 개발하기 전에 그 지역문화를 이해해야 하기 때문이다.

즉 미국에 온 이민자들 중 선진국에서 온 소비자들이 후진국에서 온 소비자들보다 훨씬 빠르게 문화 변용이 되었는데, 이는 선진국에서 온 소비자들의 전통과 라이프스타일이 미국소비자들과 밀접하기 때문이다.

② 문화적 가치관은 행동에 대한 지침이다.

문화적 가치관은 문화적 규범에 의해서 어떤 개인의 행동을 지침하며 따르도록 한다. 그러한 규범은 적절한 사회적 관계, 안전을 보장하는 수단 및 식사습관과 관련되는 행동 등의 표준을 수립한다. 만약 행동이 사회적 규범을 위반하면, 사회는 그 행동에 대해 제재나 제한을 할 수도 있다.

③ 문화적 가치관은 거의 영구적이다.

문화적 가치관은 부모들이 어린이들에게 전수하므로 영구성을 갖는다. 가치관은 이런 방식으로 전수되는 경우에 지속적인 교차세대적 영향력을 나타낸다. 또한 학교나 종교단체들도 문화적 가치관의 영속성을 유지하는데 역할을 한다.

④ 문화적 가치관은 역동적이다.

문화적 가치관은 영구적인 반면에 사회가 변화함에 따라 가치관도 변화한다. 즉 군사혁명, 전쟁, 경제적 혼란과 불경기 등은 일에 대한 윤리관, 물질주의, 권위 등을 나타내는 존경, 질서와 같은 전통적인 가치관을 변화시킨다.

사회적 변화는 가치관의 변화를 초래하는데, 이는 마케팅 전략에 대해 여러 가지를 시사한다. 예를 들어, 새로운 현실에 대한 가치관은 미래에 대해 비관적이므로 상당수 사치품들이 내핍적인 환경 속에서 감소할 것임을 제시한다. 또한 사랑과 보살핌에 집중하는 것으로부터 일과 오락에 대한 중심지로 가정을 인식하는 시작의 변화는 이동전화기와 팩시밀리 및 PC와 같은 유연적인 기술을 사용함으로써 사무실에서 가정으로 일이 확대되고 있음을 반영하며, 또한 이에 근거하여 가정에서 전일제로 근무하는 소비자의 비율이 증가하고 있음을 반영한다.

⑤ 문화적 가치관은 폭넓게 받아들여지고 있다.

각 문화에는 다른 문화로부터 자신을 차별화하여 광범위하게 공통적으로 수용되고 있는 가치관이 있다. 예를 들어, 미국에서는 개인주의와 젊음이 폭넓게 공유되고 있는 가치관이지만, 여러 아시아 국가에서는 나이가 많은 사람을 존경하고, 그 집단에 대한 순응이 널리 공유하고 있는 가치관이다.

가치관의 공유는 공통된 언어에 의해서 조장된다. 캐나다, 인도, 동구 유럽과 같이 여러 언어를 쓰는 국가의 경우 언어를 통한 하나의 문화적 결속이 없음으로 분열을 초래케 한다.

또한 대중매체도 문화적 규범을 공유하도록 조장한다. 대부분의 가정들이 동일한 시간에 특별한 프로그램을 시청하는 경우에 그들은 동일한 가치관을 공유하게 된다.

제 3 절 교차문화적 가치관

상이한 사회에서 문화적 가치관의 변화를 이해하는 것은 해외에서 성공적으로 마케팅 활동을 하는데 필요한 요구조건이다. 본 절에서는 해외에서의 4가지 즉, 물질주의, 개인주의, 젊음, 일에 대한 윤리관에 대한 핵심적 가치관에 대해 연구한다.

1. 물질주의

미국 및 다른 선진국 문화에서 널리 퍼져 있는 뚜렷한 물질주의는 세계의 나머지 국가에서는 거의 발견되지 않는다. 사실상 나머지 국가의 대부분은 미국문화가 MTV와 같은 유선 TV채널, Hollywood 영화 및 인터넷과 같이 세계적으로 전파될 수 있는 것을 통해 널리 퍼져가고 있다는 것에 관심을 기울이고 있다.

예를 들어, 어떤 경우에 부가 행복을 증진시키지 않는다고 생각하는데, 멕시코와 브라질 사람들은 영국, 독일, 프랑스, 일본, 이태리와 같은 몇몇 선진국 사람들보다 자신들이 더 행복하다고 생각하고 있다.

2. 개인주의

세계의 나머지 국가들은 자신이 속한 집단의 욕구를 뒤엎는 미국인들의 개인적 욕구를 일반적으로 공유하지 않는다. 아시아, 중남미 및 중동의 대부분 국가에서 성취라는 것은 그 집단이 혜택을 보는 경우에 최상으로 인정된다. 이러한 사회는 다른 사람과의 연결성 및 사회적 관계를 강조하는 반면에, 미국사회는 그 개인의 분리성과 독특함을 강조한다.

일본에서는 집단의 일치성과 사회적 일치성을 선호하므로 개인성을 낮추려는 전통적인 욕망이 있다. 예를 들어, “McDonald's and You”라는 주제는 이런 지배적인 가치관을 반영하지 않는다. 그러나 최근 전통적인 일본의 가치 시스템이 미국제품을 소유하려는 욕망을 가진 젊은이들 간에 변화하고 있는데, 이는 일본의 젊은이들이 중요한 미국의 가치관을 채택·수용하고 있음을 보여준다.

3. 젊음

젊음에 대한 경향은 일반적이지 않다. 아시아 국가에서 나이가 많은 사람(장년기)들은 미국에서보다 더 존경을 받는다. 한편 미국에서는 젊은이들이 거의 모든 광고에 등장하지만, 아시아 국가에서는 장년층들이 더 자주 묘사되고 있어, 장년층 연사가 전문가로서 또는 역할 모델로서 아시아 국가에서 수용될 가능성이 있다.

그러나 일본여성들은 젊게 보이려고 미국여성들이 사용하는 것과 동일한 제품으로 점차 전향하고 있다. 예를 들어, 셀룰라이트(노폐물)를 줄이고 또한 여자들의 넓적다리를 좀더 탄탄하고 날

씬하게 보이도록 만들어진 Dior사의 Svelte와 Estee Lauder사의 Thigh Zone 크림이 Tokyo 백화점에서 빠른 속도로 판매되고 있으며 또한 해외에서 일본 관광객들이 엄청나게 많이 구입하였다.

4. 일에 대한 윤리관

일반적으로 유럽인들은 대부분의 미국인들보다 일과 여가의 분리성에 대해 상이한 견해를 취하고 있다. 미국의 상당수 기업근로자들이 책상에서 식사를 할 수 있는 반면에, 이런 행동이 대부분의 유럽 근로자들에게는 무례한 행동이다. Wall Street Journal의 Richard Minister는 이런 분리성을 "저돌적인 여가"라고 묘사하는데, 저돌적인 여가는 귀족적인 문화유산을 통해서 전수된다. 유럽인들에게 저돌적인 여가는 자신들이 주의를 기울이는 것을 특별하게 주장하는 활동으로서 자기 자신이 기쁨을 만끽하려는 권리감이다. 이것은 평균적인 미국인들보다 매년 여러 번의 휴가를 즐기는 유럽인들의 공통적인 행동으로 전수되고 있다.

제 4 절 문화적 가치관의 확인

가치관은 시간이 지남에 따라 변화하므로 문화적 가치관은 확인되어야 한다. 조사자들은 문화적 가치관을 조사하기 위해 ① 현장조사, ② 문화적 가치관 목록, ③ Yankelovich Monitor사와 같은 서비스 기업, ④ 어떤 사회의 문학 및 매체에 대한 내용분석 등을 사용한다.

1. 민족지학적(기술적 인종학) 조사

소비자의 가치관을 확인·규명하기 위해 사용하는 것으로 점차 중요시되는 방법은 조사자들이 참여하고 관찰하여 소규모한 소비자 집단에 대해 심층적으로 연구하는 것이다. 이러한 심층적 관찰을 **민족지학**(기술적 인종학 : ethnography)이라고 하는데, 그것은 문화인류학에서 유래된 분야로 관찰방법을 통해 연구하는 것이다. 즉 연구자들이 상이한 문화의 집단이나 가족과 같이 생활하면서 그들의 관습이나 행동을 관찰하여 문화적 가치관을 연구하는 것이다.

이와 유사하게 소비자 조사자들은 소비자 집단들의 가치관과 구매행동을 연구하기 위해 그들의 자연적인 환경하에서 소비자 집단들과 함께 수개월을 기거하면서 관찰하는데, 그 목적은 문화적 맥락에서 그 제품의 역할을 이해하는 것이다.

예를 들어, 민족지학적 연구를 통해 물물교환 회합의 특성을 파악한 결과, 물물교환 회합의 본질적인 의미 그리고 중요한 동기가 자유라는 사실 그리고 남녀의 역할이 분명하게 정의되고 있다는 사실을 확인하였다.

2. 문화적 가치관 목록

문화적 가치관 목록은 크게 두 가지로 구분된다. 우선 Rokeach의 분류로서, 〈표 11-1〉의 왼쪽 칸에 있는 것이다.

또 다른 문화적 가치관 목록은 Kahle 등이 개발한 List of Values(LOV)로서, Rokeach의 가치관 목록에 대한 대체방법으로 LOV목록은 아래의 아홉 가지 가치관을 측정한다.

- 자기달성
- 흥분
- 성취감
- 자존심
- 소속감
- 존경받음
- 안전
- 즐거움과 기쁨
- 다른 사람과의 온화한 관계

LOV 척도를 이용한 연구결과에 의하면, 천연식품 구매자들은 다른 사람들보다 자기달성, 흥분, 성취 등을 강조하는 경향이 있는데, 이러한 가치관은 건강과 영양가에 대한 강조를 반영하는 것으로 자신의 삶을 통제하고자 하는 열망을 반영한다.

3. 조사 서비스 기업

문화적 가치관의 변화를 확인하기 위해 여러 조사 서비스 기업들은 소비자에 대해 주기적으로 설문조사를 한다.

VALS와 같이 Yankelovich Monitor사는 일련의 다항목 측정방법으로 측정한 가치관의 변화를 결정한다. 이 기업에서 발견한 추세는 기업들에게 직접적인 시사점을 제공한다. 예를 들어, General Electric사는 스타일이 있으면서도 에너지를 효율적으로 활용하는 가전제품을 생산하기 위해 집에서의 아름다움에 부여하는 가치관 그리고 환경에 대한 관심을 이용하였다.

4. 내용분석

내용분석은 어떤 문화 속의 매체와 문학에 가치관이 반영되므로, 반복되는 가치관을 측정하기 위해 어떤 문화 속에 있는 문학과 대중 커뮤니케이션을 검토하는 방법이다.

예를 들어, 어린이용 소설에 쓰여진 주제를 분석하여 문화가 성취에 대해 어느 정도 동기를 부여하는가를 파악할 수 있다. 또한 코믹스러운 책을 분석한 결과, 일에 대한 윤리관이 높게 존경을 받고 있다는 사실이 확인되었는데, 이는 어린이들에게 긍정적인 사회화에 영향을 미칠 수 있다.

제5절 문화적 가치관과 소비자 행동

마케팅 전략은 그 사회의 핵심적인 문화적 가치관을 반영해야 하므로, 여러 가지 행동이론들이 문화적 가치관과 소비자 행동 간의 연결성을 밝히려고 시도하고 있다.

1. 수단-목표 연결쇠(means-ends chain : 수단-목표 사슬)

Gutman은 소비자 행동에 영향을 미치는데 있어 문화적 가치관의 역할을 수단-목표 연결쇠로 설명하였다. **수단-목표 연결쇠**(means-ends chain)에서 수단(제품 속성)은 문화적 가치관과 소비목표 간의 중재자로서 소비목표를 통해 문화적 가치관(목표)을 달성하기 위한 도구이다(<그림 11-1> 참조). 따라서 제품속성은 문화적 가치관에 대한 반영체이다.

〈그림 11-1〉 수단-목표 연결쇠

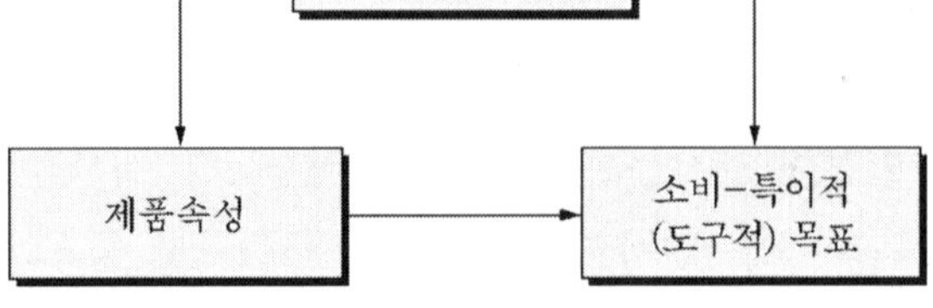

Gutman의 개념화는 두 가지 이론에 바탕을 두고 있다. 첫 번째는 Rokeach의 개념화를 마케팅에 응용할 수 있도록 문화적(종결적) 가치관과 소비(도구적) 목표 간에 다른 요인, 즉 소비목표를 달성하는 수단으로서 제품속성을 추가시킨 것이다.

수단-목표 연결쇠를 뒷받침하는 두 번째 이론은 Rosenberg의 **기대-가치 이론**(expectancy-value theory)이다. 그는 소비자들은 제품이 문화적 가치관을 성취하는데 도구적인 정도에 바탕을 두어 제품을 평가한다고 주장한다. 즉 소비자는 자신의 행동에 대해 예측된 결과를 평가하고 또한 바람직한 결과를 성취하는 제품을 구입하게 된다. 따라서 아름다운 세계(종결적 가치관)에 가치관을 부여하는 소비자는 썩어서 없어지는 제품을 구입하는 결과가 환경을 보호하는데 도움이 되기 때문에 썩어서 없어지는 것과 같은 제품속성을 선호하게 된다. Rosenberg의 이론을 응용하여 제품구매를 유도하는 수단-목표 연결쇠는 아래와 같다.

- 제품속성 : 썩어서 없어짐
- 소비 결과 : 환경을 보호하는데 도움이 됨
- 문화적(종결적) 가치관 : 아름다운 세상

2. 계층화

Reynold와 Johnson은 **계층화**(laddering)라는 과정을 통해서 마케팅 전략을 수립하는데 수단-목표 연결쇠를 응용하였다. 계층화는 제품속성, 소비목표 및 문화적 가치관들 사이의 연결관계를 알기 위해 일련의 소비자와의 면접을 수단-목표 연결쇠의 과정의 형식으로 행한다. 즉 소비자는 확고한 제품속성으로 시작하며, 그 후 보다 추상적인 소비목표 그리고 보다 추상적인 문화적 가치관을 밝히는 일련의 조사를 통해 계층을 밟아간다.

예를 들어, 소비자가 과일 맛이 나는 흰 치즈에 대한 선호성을 말한다. 조사결과는 이러한 속성이 그로 하여금 지방질이 있는 음식을 덜 먹게 하고, 체중을 줄이며 또한 좋게 보이게끔(소비목표) 하기 때문에 그가 이러한 제품속성을 선호한다는 사실을 보여준다. 이렇게 되어 자존심(종결적 가치관)은 더 커지게 된다.

그 후 마케팅 기업은 그 계층에 있는 수단-목표 연결쇠의 세 가지 구성요소를 사용하여 마케팅 전략을 수립할 수 있다.

- **메시지 요소** : 광고에서 커뮤니케이트되는 특별한 제품속성임. 흰 치즈에 대한 광고는 중요한

요소로서 맛과 향기에 집중한다.

- **소비자 이점** : 그 제품을 사용한 후, 긍정적인 소비 결과임. 제품속성을 더 맛있는 제품 및 체중조절의 이점과 연결하는 것이 중요한 필요사항이다.
- **균형점** : 광고는 문화적 가치관에 속성과 이점을 연결시키고, 또한 그것들을 활성화하는 방법이다. 즉 광고는 제품소비의 결과로서 체중이 줄어드는 것이 더 큰 자존심을 창출한다는 것을 보여주어야 한다. 즉 광고에서 자기만족적이며 매력적인 소비자를 묘사함으로써, 또는 제품사용의 결과로서 동료집단의 더 큰 용인을 보여줌으로써 성공할 수 있다.

결과적으로 마케팅 기업이 개발한 광고는 메시지 요소로서 소비자 이점 그리고 균형점에까지 수단-목표 연결쇠로 올라갈 수 있는 능력에 기초하여 평가된다.

제 6 절 제품의 문화적 의미

제품과 서비스의 문화적 의미는 자주 상징적 형태로 표현된다. 제2장에서 연구한 바와 같이 소비자는 제품의 실용성(기능성)보다는 제품의 상징성으로 제품을 구입한다.

이에 마케팅 기업은 자사 제품에 대해 긍정적인 문화적 가치관과 동일시되는 상징을 수립하려고 한다. 즉 McDonald's사의 황금색 아치는 즐거움과 가족적 가치관이 반영된다. 그리고 Marlboro 카우보이는 꾸밈없는 개인주의와 독립성의 표상이며, Mercedes의 표식은 지위와 안전을 표시하기 위한 것을 의미한다.

간혹 상징은 그 제품과의 관련성 차원을 넘어 자신을 의미하는 것을 나타내며 또한 그 문화를 표현한다. 즉 McDonald's의 황금색 아치, Levi's 청바지, Coca-Cola의 로고 등은 서구문화의 상징이 되고 있다. 공산주의가 몰락하기 전에 동구유럽의 젊은이들은 Levi's 청바지를 서구의 문화와 독립심을 나타내는 것으로 가치를 부여하였다. 즉 Levi's 청바지를 입는 것은 경찰국가에 대항하고 있다는 것을 나타내는 안전한 방법이었다.

1. 제품 상징주의의 역할

문화적 가치관을 반영하는 수단으로서 제품은 다섯 가지 상징적 역할을 한다.

① **제품은 사회적 지위를 나타내는 수단이다** : 즉 제품은 사회에서 소비자의 지위와 연관된다. Gucci 핸드백, Mercedes 자동차 또는 Rolex 시계는 지위의 상징이 될 수 있다. 또한 저소득층이 사는 지역에서 그랜저 XG는 지위의 상징이 될 수도 있다. 따라서 마케팅 기업은 기업경영자 또는 저소득층 성인을 목표로 하든지 간에 자사 제품에 대해 지위(긍지)의 상징을 수립하려고 한다.

② **제품은 자기표현의 수단이다** : 제품 그 자체는 소비자에게 가장 중요한 가치관을 반영한다. 이에 마케팅 기업은 자사 제품을 이러한 가치관과 연관시키려고 한다. 예를 들어, 어떤 광고는 의상을 자기표현 세대인 X세대와 연결하려고 젊은이 시장의 중요한 가치관인 젊음, 자유 및 개인주의를 연관시키고 있다. 또한 다른 광고는 구두를 개인주의, 자유 및 개인적 발전이라는 가치관을 나타내는 젊은이 시장에 소구하기 위해 자기표현적 가치관과 연결시키고 있다.

③ **제품은 경험을 공유하는 수단이다** : 제품은 자주 경험을 공유할 수 있는 기초를 제공한다. 사회적 행사나 모임에 사용하는 음식물과 음료, 행복한 일이나 슬픈 일에 사용하는 꽃 그리고 선물 등은 사회적 사건을 공유하기 위한 수단이다. 이러한 관점에서 제품의 본질이 그 행사를 정의하므로, 그 제품은 중요한 상징적 역할을 한다. 파티에서 맥주나 포도주를 제공하고, 특별한 행사에 장미나 카네이션을 보내고, 졸업시에 펜이나 보석을 선물하는 것은 모두 상이한 의미를 갖는다.

④ **제품은 쾌락적이다** : 보석, 향수, 식품, 의복, 가구 및 예술작품 등의 제품은 자주 소비자에게 기쁨을 주는 심미적 또는 감각적 품질을 가지고 있다. 제품의 품질을 강조하는 실용주의와는 대조되는 것으로서, 쾌락을 강조하는 것은 소비자의 가치관을 반영한다. 그러나 여러 상이한 문화는 특정한 제품에 대해 서로 다른 것을 강조하는 경향이 있다. 즉 Harley-Davidson은 자사 오토바이에 대한 광고와 디자인에서 쾌락적인 것에 더 가치를 부여한 반면, 일본의 오토바이 회사들은 실용적인 것에 더 가치를 부여하는 경향이 있다. 프랑스의 패션산업은 전통적으로 의복의 쾌락적 가치관을 강조하지만, 미국의 스타일은 실용주의를 강조할 가능성이 크다.

⑤ **제품은 경험적이다** : 제품은 소비자에게 과거의 경험을 회상케 한다. 개인적으로, 약혼반지는 과거의 일에 대한 기억을 되새기게 하는 오래된 사진앨범, 레코드, CD 등과 같이 경험적인 것이다. 따라서 마케팅 기업은 간혹 제품으로 경험적 가치관을 투영하려고 한다. 예를 들어, 어떤 자동차는 어린 시절 자동차에 대해 가졌던 호기심과 경이로움을 광고에 제시하여 소비자의 기억을 사로잡으려고 하는데, 이는 자사제품을 효과적으로 긍정적인 경험과 연결시키는 것이다.

2. 기호학

사람들은 자주 그들의 문화적 가치관을 나타내는 것으로 기호와 상징에 대해 공유된 의미를 수립한다. 즉 사람들이 어떻게 그러한 의미를 표출하는가를 이해하기 위해 기호학을 기초로 제품의 기호와 상징을 연구한다. 예를 들어, 곰은 공격적이지만 부드럽고도 길들일 수 있다고 인식할 수 있으므로, 거치른 의복을 부드럽게 하는 섬유연화제의 좋은 표식으로 곰을 사용하는 것은 적합할 수 있다. 또한 거북, 해태, 제비, 두꺼비, 진돗개 등의 동물들도 문화적으로 어떤 가치관을 표출한다.

그러한 기호학적 분석은 세 가지의 구성요소, 즉 기호(곰의 상징), 목적물(제품), 그리고 해석자(상징을 해석하는 소비자)에 바탕을 두고 있다. 이 세 가지 구성요소는 〈그림 11-1〉에 있는 문화와 소비자 행동 간의 관계로 설명될 수 있다. 곰의 상징은 그 제품의 속성에 바탕을 둔 소비목적(거치른 의복을 부드럽게 하는 것)을 통해서 문화적(종결적) 가치관(자연을 보호함)을 달성하는데 도구적이라는 것을 보여준다.

여러 상이한 문화가 동일한 기호나 상징에 대해 상이한 의미를 부여하기 때문에 기호학은 교차문화적 분석에서 중요한 도구이다. 예를 들어, 미국사회에서 동물은 속도(재규어, 표범), 그리고 자유(독수리)의 상징으로 받아들여지고 있다. 상당수 아시아의 후진국가에서는 동물들이 낮은 수준의 생활상으로 인식되기 때문에 동물이 의미하는 상징을 거부하는 경향이 있다.

3. 환상과 신화로서의 제품

마케팅 기업은 간혹 제품을 문화적 가치관과 연결하기 위해서 환상과 신화의 형태로 제품에 대해 상징을 수립한다. **신화**(myths)는 문화적 가치관을 묘사하려고 하는 환상의 형태로 된 이야기나 인물을 나타내는 것이다. 광고는 그러한 신화를 창조하고 유지하는 역할을 수행한다. 예를 들어, McDonald's사의 광고는 음식, 즐거움 및 환상에 대한 신화적 세계를 창조하였다. 즉 황금색 아치는 외국 소비자들에게 미국인의 우상을 받아들이도록 하며, 또한 여행자들이 인식할 수 있는 휴식처를 제공함으로써 미국인의 문화로서 널리 인식되는 상징이다.

신화적 이미지는 역시 상징적인 배우와 연관된다. 예를 들어, 어떤 배우는 사용자 친화적 이미지를 전달하며, 또 어떤 배우는 가족의 안전과 집에서 요리한 음식을 제시함으로써 위대한 어머니의 이미지와 연상된다. 그리고 또 다른 배우는 안전, 보장 및 신뢰성을 제시하기도 하며, 또 다른 배우는 건강지향적 이미지를 나타낸다.

역시 마케팅 기업은 주위에서 신화거리를 창조한다. 예를 들어, 어떤 농산물 광고는 우리들에게 농부들과 과거의 오래된 가치관의 시대로 되돌아가도록 한다. 이와 유사하게 어떤 커피 광고는 커피가 좋은 맛을 낼 때의 느긋하고 편안한 시간의 이야깃거리를 만든다.

이런 신화적 이미지는 국제 마케팅 기업들에게도 응용되고 있다. 예를 들어, 프랑스의 Michelin Man은 세계적인 10대 광고인물 중의 하나인데, 세계의 소비자들에게 안전, 의존성 그리고 품질을 나타낸다.

역시 마케팅 기업은 소비자들에게 자사상표에 대한 경험과 이미지를 커뮤니케이트하도록 고무하기 위해 인터넷을 사용하고 있다. 예를 들어, Apple Computer사와 Coca-Cola사는 자사의 웹사이트를 이용하여 그러한 이야깃거리를 고무하고 있다. 인터넷에서 매년 개최되는 이야기하기 페스티발은 소비자들에게 제품경험을 신화와 환상으로 전환하도록 하는 사건현장을 제공한다.

제 7 절 문화와 소비

문화는 제품이 묘사되는 방법에 영향을 미칠 뿐만 아니라, 제품이 소비되는 방법에도 영향을 미친다. 특히 문화는 여러 제품범주에 대한 소비의 관습적인 역할을 정의하는 데 필요하다.

1. 소비관습(소비 의식)

관습(의식 : ritual)이란 계속적으로 발생하고 또한 자주 반복되는 일련의 상징적인 행동이다. 즉 몸치장(grooming)은 계속적으로 발생하고, 또한 자주 반복되는 일련의 행동(샤우어, 양치질, 방취제 사용, 빗질)과 관련되므로 대부분의 사람들에게 관습이다. 마케팅 기업은 자사 제품을 이러한 관습과 연결시키려고 하는데 예를 들어, 하루에 세 번 양치질을 하거나, 자주 샴푸를 사용하는 것 등이다.

선물을 주는 것(gift-giving)도 역시 여러 연속적인 사건들이 요구되는 관습이므로 선물을 구입하고, 선물을 주고받고, 그 후 받는 사람의 반응을 평가하는 것들이 필요하다. 어느 사회에서는 선물을 주고받는 것, 교환되는 선물의 유형과 행사들 모두가 권고되고 있다. 이에 어떤 산업은 판매증가를 선물을 주는 것에 기본적으로 의존하고 있다. 추석, 크리스마스와 연말연시 그리고 구정에 주는 선물에 소요되는 판매고가 대부분의 소매상의 경우, 연간판매고 중 상당부분을 차지한다.

축제일(holiday : 명절)도 역시 선물을 주는 예절에 추가하여 관습적 행동이 포함된다. 크리스마스, 추석, 구정 등의 관습은 특별한 음식과 음료의 소비를 권고한다. 축제일은 역시 매년 친척 등을 방문하며 또한 성묘와 같은 동일한 행동을 하는 것과 같은 예절(관습)을 행할 수도 있다.

학생들은 학교와 관련된 사회적 활동에 관습적으로 참여한다. 즉 종교단체나 동아리 등 클럽에 가입하는 것, 기숙사에 입사하는 것, 졸업하는 것 등 모든 것은 계속해서 발생하고 또한 예측할 수 있는 어떤 특별한 행동유형을 요구한다.

관습적 행동유형들 각각은 공통적으로 세 가지 요인을 포함한다. 첫째, 관습적 행동은 소비자용 제품형식으로 자주 **관습적(예절적) 가공물**(ritual artifact)이 관계가 된다. 즉 색깔이 있는 불빛, 겨우살이, 화환 및 싼타크로스 형상 등은 모두 크리스마스 관습과 연관되는 가공물이다. 그리고 모자와 까운은 졸업과 연관된다.

둘째, 관습에는 그 제품이 사용되는 방법, 때 및 사람을 묘사하는 **각본**(script)이 관련된다. 예를 들어, 결혼식에서 반지, 케이크 및 사진을 찍는 것은 그 사회에 의해서 대부분 각본화되어 있는 것이다. 셋째, 관습은 어떤 사람이 **이행역할**(performance roles)을 하도록 요구한다. 즉 결혼식에서 신랑, 신부, 주례, 들러리 및 신부친구들의 역할이 잘 정의되어 있다. 그리고 졸업식에서 학생, 교수, 학장 및 부모의 역할이 잘 정의되어 있다.

마케팅 기업들은 관습적 소비과정에서 자사 제품을 가공물로 촉진하려고 한다. 예를 들어, Diamond Trading Company의 광고는 "당신은 2개월분의 월급으로 어떻게 영원하게 만들겠습니까?"라는 광고문구로 결혼전 관습인 약혼식에서의 가공물로 다이아몬드 반지를 묘사하고 있다. 역시 마케팅 기업은 관습적으로 행동의 연속성을 묘사할 수 있다. 예를 들어, 어떤 로션 광고는 몸치장을 하는 관습을 묘사하는 데, 양치질하고, 세수하고, 화장하는 순서를 보여준다.

관습은 그 문화에 대해 두드러지게 보이는 가치관을 반영하는 것으로서 문화에 따라 상이할 가능성이 있다. 예를 들어, 일본에서 선물을 주는 관습(예절)은 그가 속해 있는 사회집단에서 다른 사람에 대한 그의 의무를 반영하는 것으로서 선물을 강조한다. 즉 선물을 주는 것은 서로의 의무를 이행하는 하나의 공유된 도덕적인 책임으로 간주된다. 예를 들어, Valentine's Day에 남자들이 여자들로부터 초콜릿을 받는 반면에 여자는 과자를 받기 위해서 3월 11일 White Day까지 한 달을 기다려야 한다. 이러한 관습은 판매를 증대시키기 위해 2차 대전 후, 일본의 제과업계에 의해서 유래되었다.

2. 종교적 소비와 비종교적 소비

문화는 역시 제품이 소비되는 방법에 영향을 준다. 이런 과정에서 종교적 소비와 비종교적 소비 간에 중요한 차이가 존재한다.

종교적 소비(신성한 소비 : sacred consumption)는 아름다움, 자연보존, 협동 등을 촉진하는 재화의 소비이다. 즉 종교적 측면에서 소비를 추구하는 소비자는 자연적 심상과 가족의 결속에 대한 소구에 이끌리게 된다. 소비자들은 천연성분의 식품과 간단한 스타일의 패션을 선호한다. 예를 들어, 포도주와 오렌지주스에 대해 종교적 지향성을 반영하는 광고는 천연식품, 자연적인 분위기, 시골의 환경 및 가족을 강조한다. 분명히 자연은 영양분을 주고, 생명을 주는 것으로 인식된다. 종교적 소비의 또 다른 면은 어떤 소비자들이 특별한 제품을 취급하는 맹신 그리고 숭배이다. 예를 들어, 특별한 행사에 주는 보석 또는 사업의 성공이나 사회적 성공과 연관되는 의상은 주로 종교적인 경우에 입게 된다.

비종교적 소비(세속적 소비 : secular consumption)는 기술, 자연의 정복 및 경쟁을 촉진함으로써 창출되는 재화의 소비이다. 따라서 비종교적 측면의 소비를 추구하는 소비자는 자신의 인생을 통제하는데 도움을 주는 제품에 이끌리게 된다. 예를 들어, 섬유에서 발생하는 정전기를 없애 주는 섬유유연제 그리고 40세 이상의 여성용 기능성 미용비누에 대한 광고는 소비에 대한 비종교적 지향성을 반영한 것으로서, 이 광고들은 제품을 사용하여 자연을 극복하는 통제를 강조한 것이다. 즉 섬유유연제 광고는 원하지 않은 사건을 극복하기 위해서 그리고 두 번째 광고는 나이를 먹는 것을 정복하기 위해서이다.

마케팅 기업들은 제품과 서비스를 통해서 전달하고자 하는 가치관에 따라 종교적인 또는 비종교적인 것을 강조한다. 즉 포도주와 오렌지주스 기업들은 자사 제품의 자연적인 면을 전달하고자 하기 때문에 종교적 심상을 사용하였다. 그리고 섬유유연제와 미용비누는 자연을 통제하기 위한 수단으로서 그 제품을 묘사하고자 하기 때문에 비종교적 심상을 사용하였다.

제 8 절 세계의 문화적 가치관의 변화

여러 가지 의미가 있고 상호관련적인 변화가 과거 10년 동안 세계의 소비자들의 가치관 시스템에서 발생하였다. 이러한 변화는 20년 이상 계속되는 극심한 불경기의 결과로 주로 일어났다.

1990년대와 2000년대 소비자의 가치관에서 반영되는 세 가지 변화는 아래와 같다.

- 젊은이에 대해 가치를 부여하는 것으로부터 젊음에 대해 가치를 부여하는 것으로의 변화
- 더욱더 전통주의가 됨. 자기지향성으로부터 우리지향성으로 초점이 변화되는 것을 반영함
- 새로운 물질주의가 나타남

1. 새로운 현실

새로운 현실(new reality)은 소비자들과 그들의 소비패턴에 심오한 영향을 미치고 있다. 많은 소비자들은 경제성장에 한계가 있으며, 또한 이러한 한계는 미래의 제한적인 구매잠재력으로 전환된다는 것을 인식하게 되었다. 결국 소비자들은 더욱 가격의식적이며 가치추구적이 되었다. 즉 소비자들은 상표충성심이 거의 없어지고, 또한 저가격의 사적상표와 비교쇼핑으로 구입할 가능성이 더욱 커지고 있다. 구매동기에서 중요한 변화는 긍지(권위)로부터 가치로 변화한다는 것이다. 즉 지위에 바탕을 둔 구매가 사라지고, 품질과 성능에 바탕을 둔 구매가 나타나고 있다.

Yankelovich Monitor사는 새로운 현실에 대한 몇 가지 차원을 확인하였다. 한 가지는 조직적 가치관에 대한 몰입이 사라지고 있으며, 또한 다른 대안적 특성을 탐구하려는 의지가 더욱 커지고 있다는 것이다. 위험이 있음에도 불구하고 자신의 사업이나 자유직업을 시작한다는 것은 조직계층에서 위로 올라가는 대안적인 과정으로서 새로운 정당성을 획득하고 있는 것이다. 결과적으로 가정은 가족의 중심지일 뿐만 아니라, 일을 수행하는 곳으로 점차 인식하고 있다.

또 다른 차원은 기술과 환경에 대해 보다 강제적이며 속박된 시각이다. 즉 사람들은 환경을 정복하는 수단으로서 과학과 기술을 인식하는 강한 신념으로부터 환경을 관리하고 보존하는 수단으로서 기술을 생각하는 신념으로 변화되고 있다. 이러한 변화가 두드러지게 나타나고 있는 것은 소비자들이 환경보호를 더욱더 강조한다는 것이다. 또한 2000년 초부터 시작된 **닷컴**(com)기업들

의 거품의 붕괴는 기술의 한계에 대한 인식을 강화시켰다.

보다 냉정하고도 건전한 소비자의 관점은 계속될 가능성이 있다. 이에 마케팅 기업들은 저가격으로 고품질 제품에 이미 집중함으로써 적응하고 있다. 이제 **매일매일 저가격**(EDLP : everyday low price)은 일반적인 마케팅 전략을 반영한다. 이러한 변화는 문화적 가치관에 있어 경제적 변화를 반영할 뿐만 아니라 성취로부터 안전으로 그리고 환경통제로부터 환경관리로 기본적인 변화를 반영한다.

2. 젊은이보다는 젊음

베이비붐 세대들이 나이가 많아짐에 따라 젊음에 대한 전통적인 가치관에 부여하였던 강조내용이 뚜렷하게 변화되고 있다. 점차 아름다움과 매력은 이미 젊은이들의 전유물이 아니다. 아름다움에 소구하는 제품광고는 40대 그리고 심지어는 50대 모델을 이용하고 있다. 어떤 설문조사가 오늘날 상위 20명의 미인을 평가하도록 여자들에게 요청하였을 때 16명이 40세 이상이었다.

결과적으로 문화적인 강조사항이 젊은이로부터 젊음으로 변화되고 있는 것처럼 보이는 데, 이는 사람들이 나이가 많아짐에 따라 젊음의 감정을 유지하고 있다는 것을 의미한다. 이에 광고주들은 장년기 시장을 보다 힘차고 또한 젊음을 추구하는 시장으로 묘사함으로써 그러한 변화에 동조하고 있다.

3. 더 강한 전통주의

전통주의로의 변화는 가족과 애국심의 가치관을 더욱 강조하는 것을 제시한다. 1990년대 전까지 자기지향성이 베이비붐 세대와 젊은층 세대에 상당히 파급되었다. 즉 자기지향성은 내 방식대로 삶을 살아가는 필요성 그리고 사회나 가족을 위해 몰입하였던 가치관에 대해 관심을 갖지 않고 오늘을 위해 살아가는 열정적인 욕망을 반영한다.

즉 자기지향성은 많은 전쟁으로 인한 자기희생과 여러 정치적 혼란으로 야기된 환멸 그리고 지속되는 경제적 혼란에 대한 반응이었다. 자기지향성은 70년대 초기에 생겨나 80년대 중반까지 널리 퍼져 있었으나, 그 후 많은 소비자들이 자기만족을 중요시하지 않기 시작함에 따라, 80년대 말에 이르러 약화되기 시작하였다.

우리지향성으로의 변환은 가족적 가치관, 애국심 및 일에 대한 윤리관에 보다 전통적으로 집중하고 있음을 반영한다. 베이비붐 세대 중 69%가 그들이 젊었을 때보다 더 가족지향적이라고 응답하였음을 밝힌 연구는 이러한 변환이 있음을 증명하고 있다. 이렇게 전통주의가 더욱 확대되고 있는 것은 베이비붐 세대들이 풍요에 대한 동인으로부터 개인적인 발전을 더 크게 강조하는 것으로 변환되고 있기 때문이다. 개인적 발전을 중요시하고 강조하는 것은 일, 가정 및 오락적 추구에 대한 경쟁적인 욕구를 균형이 되도록 하는 욕구이다.

이러한 우리지향성은 2000년대 초까지 계속되고 있다. 우리지향성은 Y세대의 더 강한 전통주의에서 나타나는데, 이는 전통주의를 자녀들에게 전승하는 베이비붐 세대 부모들의 한 결과물이다. 최근의 조사는 어떤 측면에서 Y세대는 베이비붐 세대처럼 어느 정도는 냉소적이며 또한 전혀 냉소적이지 않음을 밝혔다. 이것은 부모들에 대한 존경, 정부에 대한 신뢰감, 처음에는 가난하였지만 부자가 되는 것이 가능하다는 믿음 그리고 성적인 문제에 대해 상당히 보수적인 자세를 갖고 있음을 나타낸다.

두 개의 집단이 전통주의를 더욱 강조하고 있다. 새로운 전통주의자들은 개인적 발전과 자기실현에 집중함을 반영하는 신세대 라이프스타일에 가족적 가치관을 통합시키고 있다. 반면에 구식의 전통주의자들은 새로운 라이프스타일을 수용하지 않고 전통적으로 가지고 있던 신념을 나타내고 있다. 이에 마케팅 기업들은 애국심에 소구를 집중함으로써 이런 구식의 전통주의자들을 매료시키고 있다.

4. 새로운 물질주의

자기성취를 더욱 강조한다는 것은 물질주의에 대해 전통적으로 집중하였던 과거의 가치관이 감소하고 있다는 것도 의미하지만, 그것은 물질주의의 본질이 변화되고 있음을 제시한다. 즉 과거의 풍요는 특징적으로 눈에 뜨이는 소비를 통해서 그의 사회적 지위를 높이는 수단이었다. 그러나 오늘날 지위의 수단으로서 부를 강조하는 것은 집단의 일체성보다는 개인주의를 표현하는 수단으로 인식되고 있다. 즉 오늘날 소비자는 전통적으로 여겨왔던 사회적 차원에서의 차별적 지위를 누리지 않고 있다. 예를 들어, 소비자는 고급 승용차를 운전하면서도 셀프서비스 주유소에서 싼 휘발유를 구입할 수도 있다. 또 다른 소비자는 독점적인 소매상에서 디자이너 의류를 그리고 할인점에서 1,000원짜리 양말 등을 구입할 수도 있다.

풍요로움은 개인주의를 표현하는 수단일 뿐만 아니라, 개인적인 발전을 높이는 수단으로 인식되고 있는데 성인교육, 레크리에이션, 여행 등에 많은 비용이 지출되고 있다는 것은 개인적인 발전에 집중하고 있음을 반영한다. 예를 들어, 어떤 광고는 새로운 물질주의를 나타내기 위한 광고주제로 건전한 자금관리에 대한 보상은 더 높은 사회적 지위보다는 가족과 함께 있다는 즐거움에 소구하고 있다.

5. 미국인 소비가치관의 세계화

McDonald's, Coca-Cola, Nike 등을 포함하여 세계적인 선도상표들 대부분은 미국에서 시작하여 세계 전역에 파급되어 소비자의 지갑과 상상력을 장악하고 있다. 예를 들어, McDonald's사는 1990년 모스크바에서 거대하게 개점하여 역기능적으로 소비에트가 지배하는 정부기관과는 분명하게 상이한 서비스 경험을 제공하였다. 오늘날 기업 구성원들은 Pushkin Square에 있는 McDonald's 식당이 세계에서 가장 분주한 식당이라고 주장한다. Coca-Cola사는 세계에서 가장 큰 소비자 시장인 중국에 대해 강하게 밀어부치고 있으며 또한 중국시장의 탄소음료시장 중 1/3 가량을 통제하고 있다. 그러나 Coke이 청량음료 왕국을 확대하는데 대해 중국정부는 공개적으로 불만을 표출하고 있다.

세계의 많은 국가들은 미국인의 문화와 가치관이 자국에 유입되어 영향을 주는 것에 대해 걱정하고 있다. 예를 들어, Disney Corporation이 1991년 EuroDisney를 개점하였을 때 EuroDisney가 "문화적 Chernobyl"을 조장하고 있으며 또한 미국문화가 프랑스에 서서히 침투되고 있다는 많은 사람들의 주장에 대해 Disney사는 확실하게 처신해야만 하였다. 이에 EuroDisney사는 프랑스 소비자들의 반감을 연구한 후, 그 대응조치로서 애완동물을 데리고 술을 마실 수 있는 특별구역을 설치하였고 또한 구성원들에 대한 의상규칙을 완화시켰다.

미국인들이 세계화를 촉진함으로써 발생되는 삶에 대한 소비추구적 가치관에 대응하여 다른 국가들의 단체들이 여러 가지 조치를 강구하고 있다. 예를 들어, 이태리에서는 삶의 속도를 지연시키기 위한 "느린 도시 운동"이 전개되고 있다.

영화, 상표 또는 기타 인기 있는 소모품을 통해서 미국인의 문화가 퍼져나가는 것에 대해 다른 국가의 많은 사람들은 가족과 함께 시간을 보내는 것, 맛있는 음식을 즐기는 것 또는 지역에서 열리는 오락활동에 참여하는 것 등과 같은 자신들의 전통적인 가치관에 대한 공격으로 인식하고 있다.

결론적으로 볼 때 지배적인 미국기업들이 추진하고 있는 문화의 세계화가 증가됨에 따라 장래에는 보다 더 큰 반발이 일어날 수 있다.

제9절 문화적 가치관의 사회적 시사점

1. 문화적 가치관의 긍정적 영향

문화적 가치관은 사회에 대해 긍정적인 영향을 줄 수 있다. 환경보존에 부여하는 세계적 가치관이 증가함으로써 미래 세대를 위해 이 지구의 제한된 천연자원을 보호하는 긍정적인 결과가 낳게 될 것이다. 1990년대의 새로운 현실에서 반영되는 가치관의 변환은 역시 장기적으로 긍정적일 가능성이 있다. 즉 제품에 대한 가치를 더욱 강조함으로써 소비자들은 보다 효율적인 쇼핑자가 되고 있다.

인터넷 이용이 증가함으로써 가격비교와 제품탐색이 간단해지고 또한 보다 효율적이 되고 있다. 이와 유사하게, 부분적으로 인터넷 탐색으로 인해 점차 가격에 대한 투명성이 증가됨에 따라 제조업자들은 생산성을 증대시키고, 원가를 절감함으로써 더 적은 비용으로 더 많은 것을 행할 수 있도록 학습하고 있다. 즉 이렇게 함으로써 제조업체들은 소비자들이 추구하는 가치관을 전달할 수가 있다.

2. 문화적 가치관의 부정적 영향

사회에 대한 문화적 가치관의 영향이 부정적인 결과를 초래할 수 있다. 즉 물질주의는 생활수준을 증대시킬 수 있다. 그러나 물질주의는 역시 부의 축적과 가진 자와 없는 자 간의 격차를 더 크게 조장하고 있다. 세계적 수준에서, 물질주의는 부유한 국가들이 자신들과 개발후진국들 간을 더욱 크게 분리시킴으로써 더 큰 문제를 만들고 있다.

젊음을 강조하는 것은 활력적이고 강력한 사회를 촉진할 수 있으나, 역시 사회는 나이가 많은 사람들의 욕구를 무시하게 된다. 그러한 문제는 21세기에 사람들이 점차 더 나이가 많아짐에 따라 확대될 것이다. 개인주의에 대한 강조는 개척정신을 반영할 수도 있지만, 그것은 팀워크에 대한 장애물을 조장하여 왔다. 그러한 장애물은 보다 집단지향적인 기업들과 경쟁하는데 있어 불이익을 초래케 한다.

문화적 가치관은 역시 바람직하지 않은 소비결과를 생성할 수 있다. 즉 습관(충동)적 소비로 인해 의약품과 술 소비가 너무나 심각하게 오용되고 있는 한편, 습관성으로 인해 다른 많은 제품들이 생산되고 있다. 습관적 소비는 술, 다이어트 소다수 및 스낵식품과 같은 보다 세속적인 제품에 대해서도 이루어지고 있다. 강제적인 구매행동은 강제적인 소비처럼 사회적으로 바람직하지 않은 것이 될 수 있다. 즉 습관적 쇼핑은 소비자들이 상환할 수 없는 과다한 부채를 짊어지게 하는 결과를 초래하고 있다.

물질주의와 같은 문화적 가치관은 절도, 들치기 또는 보험사기와 같은 반사회적 행동을 조장할 수 있다. 들치기로 인한 상품의 손실은 일반 가정의 피해는 물론이고 제품원가의 인상을 초래할 수 있다.

물론 전체적으로 문화적 가치관은 건설적인 방법으로 소비자들의 행동을 인도함으로써 소비자들에게 긍정적인 영향을 주고 있다. 그러나 어떤 사회적 가치관으로 인해 부정적인 소비결과가 초래된다는 사실을 인식한다는 것도 역시 중요하다.

참고문헌

윤훈현 역, 『소비자행동론』, 제6판, 석정, 1998.

윤훈현, 『소비자행동론』, 석정, 2005.

"Advertising as Myth-Maker : Brands as Gods and Heroes," *Advertising Age* (November 8, 1993), p. 32.

"Buzzwords of Love in Japan-With a Sting," *Christian Science Monitor* (February 11, 1999), p. 1.

Dennis W. Rook, "The Ritual Dimensions of Consumer Behavior," *Journal of Consumer Research* 12 (December 1985), pp. 251-264.

"Door Ajar to Women of All Ages in Ads," *Advertising Age* (October 4, 1993), pp. S-2, S-4.

Henry Assael, Consumer Behavior, Houghton Mifflin, 2004.

"Japan to Get L. L. Bean's Outdoor Chic," *New York Times* (March 5, 1992), p. D3.

Jonathan Gutman, "A Means-End Chain Model Based on Consumer Categorization Processes," *Journal of Marketing* 46 (1982), pp. 60-72.

Joseph F. Hair, Jr., and Rolph E. Anderson, "Culture, Acculturation and Consumer Behavior : An Empirical Study," in Boris W. Becker and Helmut Becker, eds., *Combined Proceedings of the American Marketing Association, Series No. 34* (Chicago : American Marketing Association, 1972), pp. 423-428.

Lynn R. Kahle, Sharon Beatty, and Pamela Homer, "Alternative Measurement Approaches to Consumer Values : The List Values (LOV) and Values and Life Style (VALS)," *Journal of Consumer Research* 13 (December 1986), pp. 450-459.

Mary Tharp and Linda M. Scott, "The Role of Marketing Processes in Creating Cultural Meaning," *Journal of Macromarketing* (Fall 1990), pp. 47-60.

Milton J. Rokeach, "A Theory of Organization and Change Within Value-Attitude Systems," *Journal of Social Issues* 24 (January 1968), pp. 13-33.

"Preserving 'la dolce vita' in Italy," *USA Today* (October 13, 2000), p. D1.

Russell W. Belk, "Material Values in the Comics," *Journal of Comsumer Research*, 14 (June 1987), pp. 26-42.

Russell W. Belk, John F. Sherry, Jr., and Melanie Wallendorf, "A Naturalistic Inquiry into Buyer and Seller Behavior at a Swap Meet," *Journal of Consumer Research* 14 (March 1988), pp. 449-470.

"Taste-de Gustibus : Work? Non! The Effortless Pursuit of Pleasure," *Wall Street Journal* (September 1, 2000), p. W.13.

"That Golden Touch to the Arches in Russia McDonald's Is Unsung Bearer of Western Civilization," *Christian Science Monitor* (March 4, 1977), p. 1. 3.

Thomas J. Reynolds and Alyce Byrd Craddock, "The Application of the Meccas Model to the Development and Assessment of Advertising Strategy : A Case Study," *Journal of Advertising Research* 28 (April/May 1988), pp. 43-59.

Thomas J. Reynolds and Jonathan Gutman, "Laddering Theory, Method, Analysis, and Interpretation," *Journal of Advertising Research* 28 (February/March, 1988), pp. 11-31.

12
chapter

하위문화의 영향과 연령 동세대 집단

사회에서 개인들 모두가 동일한 문화적 가치관을 가지고 있지 않다. 어떤 세분집단은 하위문화로 확인될 수 있는데, 하위문화는 전체적으로 그 문화와는 독특한 규범, 가치관 및 행동을 갖고 있는 사람들의 집단으로서, 특별한 종교, 인종, 지역, 국적 및 연령 하위문화와 밀접하게 연관되는 개인은 그 집단의 규범과 가치관을 받아들인다.

결과적으로 하위문화의 구성원들은 자주 동일한 상표와 제품을 구입하고, 동일한 잡지와 신문을 구독하고 또한 동일한 유형의 점포에서 쇼핑한다. 또한 하위문화는 연령을 기준으로 정의될 수 있다. 성인지배적인 사회와는 달리 10대를 구별케 하는 10대들의 문화적 가치관은 10대 하위문화를 정의한다.

한 나라의 문화에서의 종교, 인종, 라이프스타일의 다양성은 다른 사회와 그 나라의 문화를 구별케 한다. 즉 대부분 유럽국가들의 대다수 사람들은 동일한 인종과 종교를 가지고 있다. 일본의 경우 대부분의 사람들은 자신들을 동일한 자손이라고 생각한다. 사회가 다양한 경우에 하위문화의 분석은 소비자 행동을 분석하며 또한 소비자 행동에 영향을 미치는데 있어 매우 중요하다.

제1절 소비자 행동에 대한 하위문화의 영향

1. 하위문화의 의미와 특징

하위문화(subculture)란 더 규모가 크고 또한 더 복잡한 사회 속에서 자신들을 다른 사람들과 구별케 하는 신념, 가치관 및 공통적인 경험 등을 공유하는 집단 구성체로서, 더 큰 문화 중에 포함되어 있는 하나의 독자적인 세분시장으로 존재하는 독특한 문화집단이다.

즉 특별한 하위문화의 구성원 집단은 연령, 인종적 배경, 국적, 거주지역, 종교 또는 행동이나 예술유형에서의 강력한 일체성(주체성)으로 유사한 것에 바탕을 두고 하나의 범주를 이룬다.

또한 하위문화의 구성원들은 그들이 존재하는 더 큰 문화의 한 부분으로서 큰 사회의 지배적이며 핵심적인 문화적 신념, 가치관 및 행동유형의 대부분을 공유하고 고수한다.

소비자 행동의 측면에서 하위문화의 영향은 아래에 제시된 여러 가지 요인에 의해 좌우된다.

- **하위문화의 독특성** : 하위문화가 개별적인 주체성(일체성)을 유지하려고 하면 하위문화의 잠재적인 영향은 더 크다. 예를 들어, 한국의 경우, 지역별로 사용하는 독특한 사투리는 문화적 일체성의 수단이 된다.
- **하위문화의 동질성** : 동질적인 가치관을 갖는 하위문화는 그 구성원들에 대해 영향력을 행사할 가능성이 크다. 한국의 경우, 지역 하위문화(전라도, 경상도, 충청도, 경기도 등)는 나름대로 동질적인 가치관을 가지고 있다.
- **하위문화의 매력성** : 하위문화는 사회로부터 배타성을 추구하며, 또한 사회에서 제외되기도 한다. 예를 들어, 미국의 Amish 공동체들은 자신의 신념을 유지・보호하기 위해서 의도적으로 배타성을 추구하고 있다. 이러한 배타성은 사회로부터 하위문화를 고립시키고, 따라서 하위문화의 규범과 가치관의 유지를 조장함으로써 하위문화의 영향력을 강화시키는 경향이 있다.

독특성, 동질성, 배타성은 일반적인 문화와는 구별되도록 하위문화적 주체성을 유지하기 위해 상호작용한다. 그러나 사람들은 독특한 하위문화적 주체성을 유지하면서, 전체의 큰 문화를 수용해야 함으로써 그 사이에서 고통을 겪고 있다. 따라서 마케팅 기업은 전체 시장에 소구하면서 역시 하위문화 집단의 개별적인 주체성에 소구해야 하는 이러한 문제에 처하게 된다.

2. 중요한 전략적 문제 : 마케팅 기업이 하위문화에 소구함

중요한 전략적 의문사항이란 마케팅 기업이 일반적인 시장에 대해 사용하는 동일한 전략으로 여러 하위문화 집단에 소구하느냐 또는 특별한 하위문화를 표적으로 특별한 캠페인을 계획해야 하느냐이다.

보험가입에 대해 2개의 대기업이 상기의 의문사항에 대해 정반대의 견해를 취하고 있다. 예를 들어, M사는 보험에 대한 태도에 영향을 주는 가치관과 지각에서 독특한 차이에 따라 3개의 중요한 인종집단을 표적으로 하고 있다. 반면에 J사는 기본적으로 재무적 욕구는 각각의 인종집단에 대해 크게 상이하지 않으므로, 각 인종집단을 표적으로 상이하게 하지 않는 것이 원가적 측면에서 보다 효과적이라고 생각하고 있다.

그러나 많은 금융기관들이 하위문화를 표적화하는데 있어 M사의 전략을 따르고 있다.

제 2 절 하위문화의 유형

본 절에서 연구하는 하위문화의 유형에 대해서는 한국의 하위문화에 대한 체계적이며 종합적인 연구가 거의 없어 참고자료로서 미국의 하위문화를 소개하여 한국기업의 국제 마케팅 전략수립에 도움을 주고자 한다. 미국의 하위문화는 지역, 종교, 라이프스타일, 연령 및 인종 주체성의 기준에서 볼 때 매우 다양하다. 본 절에서는 지역, 종교 및 비전통적 하위문화에 대해 간단하게 설명하고 다음 절에서 연령 하위문화에 대해 연구한다.

1. 지역적 하위문화

지역적 집단도 역시 하나의 하위문화로 규명될 수 있다. 따라서 지리인구통계적 분석의 한 가지 목적은 그러한 하위문화를 규명하는 것이다. 예를 들어, Florida, Arizona 또는 New Jersey이건 간에 퇴직자 공동체에 거주하는 사람들은 하나의 하위문화로 확인될 수 있는데 주택, 의료, 퇴직

혜택 등에 관해 공통적인 가치관을 가지고 있기 때문이다. 또 다른 지역적 집단화는 North Carolina주의 Chapel Hill로부터 Wisconsin주 Madison에 이르는 대학공동체에 거주하는 사람들이 될 수 있는데, 두 개의 하위문화, 즉 대학생과 교수들의 취향과 소비유형에 있어서의 유사성에 근거를 두고 있다.

마케팅 기업은 취향과 선호성에서의 차이에 근거한 지역에 제품을 표적화하고 있다. 예를 들어, Campbell사는 동남부에 대해서는 닭머리와 토마토 스프를, California에 대해서는 버섯 스프크림을 그리고 남서부에 대해서는 나초 치즈크림을 광고하고 유통경로 활동을 집중적으로 행함으로써 지역적 취향에 맞게 자사의 스프를 표적화하고 있다. 그리고 McDonald's사는 자사의 메뉴를 지역적으로 상이하게 제공하는데, 서부에는 멕시코 스타일의 품목을, 중서부에는 브라트부르스트를, New England에는 가재 샌드위치를 제공한다.

2. 종교적 하위문화

종교집단도 자신의 신념과 연결되고 또한 한 세대로부터 다음 세대로 전해지는 전통과 관습에 따라 하나의 하위문화로 간주될 수 있다. 가치관의 차이에 대해서 카톨릭은 강력한 가족결속을 강조함으로써 보다 전통적인 경향이 있으며, 신교는 성공에 대한 수단으로서 일에 대한 윤리관에 가치를 부여하는 경향이 있고, 유태교는 자신의 행동과 자기 교육에 대해 개인적인 책임을 강조하는 경향이 있으며, 이슬람교는 가족규범에 대한 고수를 강조하므로 보다 보수적인 경향이 있다.

이러한 전통과 관습은 구매행동에 반영될 가능성이 있다. 유태교인들은 돼지고기와 조개를 먹지 않으며, 몰몬교인들은 담배를 피우지 않고 또한 청량음료를 마시지 않지만, 카톨릭교인들은 금요일에는 생선을 먹을 가능성이 매우 높다. 부활을 믿는 기독교인들의 비물질적 가치관으로 기독교인들은 신용카드에 대해서는 형편없는 시장이 되지만, 즉석식품과 자기가 직접 조립하는 제품(do it yourself product)에 대해서는 좋은 표적시장이 된다.

간혹 종교집단은 구성원들의 구매행동에 영향을 주는데 적극적인 역할을 담당한다. 예를 들어, Southern Baptist Convention은 구성원들로 하여금 Disney사 제품과 주제공원을 구입·이용하지 못하도록 고무하였는데, 그 이유는 Disney사가 동성의 남녀를 위해서 종업원 건강혜택을 제공하였기 때문이었다. 이 집단은 Disney사가 동성연애자들의 활동과 대의에 대해 협력하는 것을 중지하기를 바라고 있다.

세계적으로는 2001년 4월 많은 아랍국가들은 이스라엘에 대해 미국정부가 지원을 하기 때문에 미국제품에 대한 불매운동을 지지·후원하였다. 이로 인해 KFC, McDonald's와 같은 즉석식품 식당이 이런 국가에서는 엄청날 정도로 형편없는 매출을 경험하였다.

3. 비전통적 하위문화: 동성연애자 공동체

하위문화는 역시 비전통적인 라이프스타일 선택방식 예를 들어, 성인인구 중 약 4~6%를 구성하는 동성연애자 공동체 등으로 집단화될 수 있다. 이러한 하위문화가 과거 20년 동안 정치적 및 경제적으로 더욱 두드러짐에 따라 광고주들은 동성연애자들이 평균적인 미국인들보다 가처분소득이 많으며, 고급품에 대한 취향 및 상당한 정도의 상표충성심을 갖는 경향이 있다는 사실을 인식함으로써, 그 집단을 능동적으로 유인하고 있다.

금융서비스 기업들은 동성연애자들이 상류층이기 때문에 그 집단을 표적화하여 왔다. 2001년 Prudential Security사는 미혼 커플을 위한 부동산 계획에 대하여 전문지식을 권유하는 광고를 동성연애자용으로 변형된 광고를 만들었다. 이와 유사하게 American Express사는 동성연애자 잡지에 동반자용 금융계획을 광고하였다. 자동차 제조회사들도 역시 동성연애자 소비자를 표적화하고 있다. 예를 들어, 인기 있는 Outback 모델에 대한 Subaru광고는 동성연애자 공동체에 자사의 메시지를 지향하고 있다.

동성연애자는 역시 사건을 커뮤니케이트하고 또한 자신들을 표적화하는 기업들을 널리 알리기 위해 200개 이상의 웹사이트를 확보한 활동적인 커뮤니케이션 네트워크를 가지고 있다. 그 웹은 소규모한 세분시장을 표적화할 수 있어 동성연애자와 접속하는데 아주 탁월한 수단이다. 동성연애자 특이적인 잡지는 그 수가 제한적이며 또한 TV도 동성연애자를 표적화하기에는 매우 제한적이다.

마케팅 기업이 직면하는 한 가지 문제는 동성연애자를 표적화하는 것이 자사의 직접적인 고객들 중 일부를 이탈하게 할 수도 있다는 것이다. Wall Street Journal지는 Dupont사가 2001년 동성연애자를 표적으로 하였을 때 발생한 논쟁을 슬기롭게 처리하였다고 지적하였다. 서로 팔을 끼고 있는 두 명의 신랑을 보여주는 Dupont사의 Sustiva(약품)에 대한 광고는 의약논문집과 소비자용 잡지 일반판에 게재되었다. 그러나 Dupont사는 동성연애자 매체에는 이 광고를 제한하였다.

제3절 연령 동세대 집단

연령집단이 하위문화를 조성할 수 있을 정도로 충분히 동질적이며, 독특한 가치관을 가지고 있다는 것에 의문이 있지만, 마케팅 기업은 N세대, Y세대, X세대, 베이비붐 세대 및 장년기(노년기) 시장을 하위문화로 확인하는 경향이 있다. 이러한 집단은 유사한 가치관 및 유사한 인생경험 때문에 동세대 집단(cohort)으로 규명되는데, 예를 들어, 나이가 많은 베이비붐 세대들은 6 · 25사변, 4 · 19, 5 · 16, 베트남 전쟁, Watergate 사건 등을 경험하였다. 그러나 유사한 경험에도 불구하고, 이 연령 동세대 집단은 너무나 폭넓기 때문에 하위문화로 정의하지 못할 수도 있다.

따라서 더 젊은 베이비붐 세대와 나이가 많은 베이비붐 세대, 또는 더 젊은 노년기와 나이가 많은 노년기 등과 같이 특별하게 구분하여 명명하는 것이 동질적인 규범과 가치관을 가진 연령집단으로 구분하는데 더 좋을 것이다.

1. 성숙기(장년기, 노년기) 시장(55세 이상)

55세 이상의 사람들은 아래와 같이 4개의 하위 세분시장으로 나누어진다.

- 연결세대(55~64세) : 그들은 부모의 태도를 X세대 자녀에게 연결 · 전달하기 때문에 그런 이름이 붙여졌다.
- 조금 나이가 많은 세대(65~74세)
- 더 나이가 많은 세대(75~84세)
- 아주 나이가 많은 세대(85세 이상)

4개의 하위 세분시장으로 나누어지는 장년기 시장은 공통적인 특별한 가치관을 가지고 있다. 즉 장년기 소비자는 활동적인 삶을 선도하고자 하며, 자기만족적이 되며, 더 젊게 보이게 행동하고자 하며, 새로운 경험을 즐김으로써 과거에 마련한 저축이 주는 혜택을 이용하고 또한 사회에 어떤 것을 돌려주려고 하며, 아마도 금전적 기부나 자원봉사 일의 형태로 돌려주려고 한다.

그러나 4개 집단들 중 어느 집단에 속해 있느냐에 따라 이러한 가치관에 대한 강조내용이 시간이 지남에 따라 변화한다. 예를 들어, 나이가 많아짐에 따라 자기충족감(자부심)은 새로운 경험을 즐기는 것보다 더 중요한 가치관이 된다. 구매력과 소득은 나이가 많아짐에 따라 감소함에도 가처분소득은 계속 증가하는데, 이 소비자들은 부동산 담보 상환 및 자녀교육과 같은 의무와 책임을 다 수행했기 때문이다.

전체적으로, 이 연령 동세대 집단은 가장 강력한 구매집단이다. 그들이 전체 인구의 1/4 정도이지만, 가처분소득에서는 1/2을 점하며 또한 자신에 대해서는 3/4를 차지하고 있다. 이 집단의 상당수가 퇴직하였지만, 소득력은 베이비붐 세대와 거의 같다. 이 집단에 대해 마케팅을 행할 수 있는 역량을 높인다는 것은 장년기 시장이 여행에 대한 전체 지출액의 대부분을 차지하고 있다는 사실로 입증된다.

이 집단이 엄청나게 큰 구매잠재력을 가지고 있는데도 불구하고, 마케팅 기업이 이 집단에 대해 제품과 광고를 거의 표적화하지 않고 있다는 것은 자못 의심스럽다. 대형 광고 대행사에 의하면 TV 상업광고 중 단지 6~7%만이 장년기 시장을 표적화하고 있으며, 약간의 제품과 서비스만이 장년기 시장의 욕구에 적응하였다. 장년기 소비자를 표적으로 한 소수의 상업광고가 거의 고전을 하고 있는데, 그 이유는 Methuselah Syndrome(나이가 많고 시대에 뒤떨어진 사람), 즉 55세 이상의 소비자를 연약하고, 귀엽게 치장하고, 매력적이지 않은 사람으로 묘사하고 있기 때문이다.

마케팅 기업이 장년기 시장을 표적으로 하지 않는 세 가지 이유가 있다. 첫째, 대부분의 마케팅 기업의 관리자들이 40세 이하이고 또한 장년기 소비자에게 소구하는 방법을 이해하지 못하고 있다. 따라서 마케팅 기업은 판매하는데 엄청난 비용을 지출해야 한다.

둘째, 장년기 소비자는 자신의 연령을 나타내는 것을 좋아하지 않는다. 따라서 장년기 시장에 대한 일반적인 접근방법은 젊음을 나타내는 모델을 사용하여 제품을 광고하는 것이다. 이 접근방법은 일반적으로, 장년기 소비자는 자신이 실제 나이보다 15년 정도 젊다고 생각하기 때문에 타당성이 있다. 결과적으로 장년기 소비자는 젊은 연사와 동일시되는 것을 선호한다.

셋째, 마케팅 기업은 젊은 인구통계적 집단을 표적화하는 것을 선호하는데, 그 이유는 기업들이 X세대나 Y세대의 충성심을 획득할 수 있다면 그들이 그 상표에 대해 평생 동안 몰입할 것이라고 기대하기 때문이다. 따라서 마케팅 기업이 장년기 시장을 희생하면서 젊은층 소비자에게 도달하기 위해서 무차별적으로 비용을 지출하고 있다. 즉 18~34세 집단을 표적으로 한 TV 프로그램에 대한 광고가 장년기 시장을 표적으로 한 TV 프로그램에 대한 광고보다 75% 이상 많이 지출되고 있다. 이것은 50세 이상의 집단이 개인별로 더 많이 지출한다는 사실에도 불구하고 반대로 투자되고 있는 것으로, 장년기 시장의 구매잠재력과 그 집단에 대한 마케팅 비용 배분액 간의 관계가 전혀 고려되지 않고 있다.

이에 마케팅 기업은 장년기 시장에 대해 더욱 의미를 부여하기 시작하고 있는데, 이는 베이비붐 세대가 이 집단에 진입하기 때문이다. 즉 베이비붐 세대가 마케팅 기업 및 매체가 집중하는 세대가 됨으로써 나이가 많아지는 것에 대한 견해가 변화하기 시작하고 있다. 베이비붐 세대는 그 사회에서 젊음의 문화에 대한 숭배의 대상으로 재정립되기 시작하고 있으며, 이에 광고주들은 그들을 보다 젊고 활기찬 모습으로 묘사하고 있다.

과거와 같이 부정적이며 고정관념적인 것에 기초하여 장년기 시장에 구사된 전략은 부적절한 것으로 결론을 내릴 수 있다. 따라서 마케팅 기업은 제품범주를 고려하여 연령보다는 열정이나 성숙함을 강조함으로써 성공할 수 있다.

2. 베이비붐 세대(1946~1964년에 태어난 세대)

마케팅 기업은 다른 어떤 집단보다도 베이비붐 세대에 집중하여 왔는데, 그 이유는 이 집단이 전체 인구의 1/4을 차지하고 있기 때문이다. 대부분은 최고의 절정기에 있으며, 더욱이 50대에 이르러 가처분소득이 증가하고 따라서 구매력이 가장 큰 동세대 집단이 되고 있다.

역시 베이비붐 세대의 구매력이 더 큰 것은 고등교육을 받았기 때문이며, 이에 따라 가처분소득이 커지게 된다. 추가적으로 베이비붐 세대 중 30%는 2000년에 이르러 자녀들은 거의 없이 두 부부만 남아 있게 되는데, 설령 남은 자녀들도 10년 이내에 거의 부모 곁을 떠나게 된다. 이렇게 됨으로써 가처분소득은 더 많아지게 된다.

마케팅 기업들은 자사 제품의 성공은 장년기로 변화하는 이 세대에 대해 자사가 어떻게 적응하느냐에 따라 좌우됨을 터득하고 있다. 예를 들어, 어떤 항공사는 서로를 위해 그리고 인생을 위해 자신의 열정을 다시 발견하여 부활하도록 자녀가 없는 부부를 표적화함으로써 근면하면서 자신을 재발견하려는 이 세대의 경향에 맞추려고 시도하였다. 또한 미국의 잡지사는 50세 이상의 베이비붐 세대를 표적으로 하여 새로운 잡지를 출간하였다. 이 잡지사는 필요 이상으로 나이가 많다고 느끼지 않도록 하면서 그 베이비붐 세대를 장년기에 보다 쉽게 진입시키고 있다. 이에 추가하여 이 잡지사는 자사의 주력 잡지를 인구통계적 특성으로 표적화된 잡지, 즉 56~65세를 위한 잡지와 66세 이상을 위한 잡지를 분리할 것을 계획하고 있다.

가치관이 변화됨으로써 역시 베이비붐 세대는 주택개선, 여행, 교육, 오락 및 자기발전을 위한 기타 다른 것 등에 더 많은 돈을 지출하고 있다. 결과적으로 이런 분야에서 제품과 서비스를 개발하는 기업들은 점차 풍요로워지고 있는 베이비붐 세대로부터 많은 수익을 창출할 것이다.

1) 나이가 많은 베이비붐 세대

베이비붐 세대 시장은 약 18년간의 격차가 있으므로, 그 시장을 유사한 취향과 가치관을 가진 하나의 연령 동세대 집단으로 취급하는 것은 오류를 범하게 된다. 다시 말해서 베이비붐 세대는 두 개의 동세대 집단, 즉 나이가 많은 베이비붐 세대(1946~1954에 태어난 첫 번째)와 더 젊은 베이비붐 세대(1955~1964년에 태어난 세대)로 구성되어 있다.

나이가 많은 베이비붐 세대는 반항적인 1960년대 그리고 1970년대 초의 월남전과 Watergate 사건에서부터 1980년대의 보다 물질주의적 라이프스타일에까지 그리고 1990년대의 보다 내부지향적이며 비물질주의적 바램으로의 변환을 거쳐 왔다. 이 집단을 한정하는 순간은 1996년 1월 1일인데, 그 날은 첫 번째 베이비붐 세대가 50세가 되는 때이다. 나이가 많은 베이비붐 세대는 돈이 중요하다는 것으로부터 개인적인 자기발전과 의미 있는 일이 중요하다는 것으로 우선순위를 다시 정한다. 이 집단은 마케팅 기업의 주의를 받고 있으며 또한 베이비붐 세대가 원하고 가치가 있다고 여기는 것을 정한다.

이 세대가 50세가 되어 나이를 먹는다는 것이 의미하는 것, 즉 인생을 살아가면서 거쳐가는 다른 모든 여정을 다시 정의하고 있다는 사실을 마케팅 기업들이 인식함으로써 나이가 많은 베이비붐 세대에 직접 주의를 기울이기 시작하였다. 예를 들어, 어떤 화장품 회사는 회색(나이가 많음)의 멋을 촉진하기 위해 나이가 많은 베이비붐 세대에게 권고하였으며, 이와 유사하게 50세 이상의 여성을 표적으로 하는 어떤 화장품 광고는 그것은 젊게 보이려고 하는 것이 아니라 당신을 우아하게 보이도록 하는 것이다라고 말한다.

한국의 경우, 2007년 현재 60세 이상의 실버 세대는 씀씀이가 커지고 있다. 특히 경제력을 갖춘 노인층이 자신을 위한 소비 그리고 손자·손녀에 대한 선물용 소비를 늘리고 있다. 예를 들어, L백화점의 경우 60세 이상 1인당 구매액은 2003년 1분기 41만원에서 2007년 1분기 47만원으로 14.6%가 증가하였고, 60세 이상의 명품 구입액은 80만 원에서 142만 원으로 77.5% 증가하였다.

또한 60세 이상 고객의 유·아동 부분 구입액은 16.7% 증가하여 손자·손녀 선물 구매에 아낌없이 돈을 쓰고 있다.

나이가 많은 베이비붐 세대는 50세 이상의 소비자를 무시하는 마케팅 기업의 의도를 결코 받아들일 가능성은 거의 없다.

2) 약간 젊은 베이비붐 세대

젊은 베이비붐 세대는 베이비붐 세대 중 과반수를 차지하지만, 월남전과 Watergate 사건으로 형성된 반체제주의 세대는 아니다. 즉 그들은 나이가 많은 형제들보다 더 보수적인 경향이 있으며, 물질주의로부터 개인적 발전으로의 변화를 겪어가고 있다. 나이가 많은 형제들이 겪은 사회적인 큰 변동을 경험하지 않았으므로, 젊은 베이비붐 세대는 어느 정도는 보수적이며 물질주의적이다. 그들은 전통주의로 설명될 수 있는데, 전통주의는 가족에 대한 가치관, 애국심 및 일에 대한 윤리관에 대해 보다 집중하고 있다.

나이가 많은 베이비붐 세대에 대한 소구방식이 젊은 베이비붐 세대에서는 주의를 끌지 못하고 있다. 이는 1990년대 초의 불경기 속에서도 치열한 취업시장에서 경쟁해야 하며 또한 자주 나이가 많은 베이비붐 세대가 자신들의 길을 막고 있다는 것을 간파하였기 때문이다.

한국의 이 세대(1955~1963년 출생자)는 경제성장의 주력으로서 점차 은퇴기에 들어감에 따라 그 구매력은 어느 연령층 중에서 가장 높다.

현재 이 세대는 713만 명으로서 은퇴 이후에도 구매력을 가진 최초의 세대가 될 것인데, 2005년 현재 50대들의 가구당 연소득은 4,547만 원으로 가장 높은데다 노후준비도 어느 정도 마련된 세대이며 인구가 많아 실버시장을 형성하고 있다.

마케팅 기업은 나이가 많은 베이비붐 세대와 젊은 베이비붐 세대 간을 구분하기 위해 자사의 광고를 적절하게 맞추어야 하며 또한 모든 세대와 관련이 있는 주제를 개발해야 한다. 예를 들어, 어떤 신용카드 기업은 젊은 베이비붐 세대를 표적으로 하는데, 그 이유는 자녀가 있을 가능성이 있으며 또한 자사 카드를 이용하여 대출을 받아 재무적인 안정을 추구할 가능성이 있기 때문이다.

3. X세대(1965~1976년에 태어난 세대)

X세대는 전체 인구 중 약 20%의 소비자로 구성되어 있다. 그들은 상류층인 베이비붐 세대를 위해 혼란스럽게 짜여진 마케팅 틀에 의해 무시당하고 있다고 느끼는 경향이 있는데, 그럼으로써 X세대라는 이름이 붙여졌다. 그들은 이러한 명칭이 의미하는 것과 같이 파악하기 어려운 존재이다. 그들은 자유스러우면서도 보수적이며, 낙관적인 반면 비관적이기도 하고, 소비할 준비가 되어 있으면서도 인색하며 검소하다. 이 집단은 역시 어린이를 적게 낳는 세대라고 알려져 있는데, 그 이유는 그들이 금세기 중 출생률이 가장 낮은 기간에 태어났기 때문이다. 출생률이 낮기 때문에 오늘날 다른 연령대 성인들 중에서 그 숫자가 가장 적다. 숫적으로 적지만, 30대 초반과 30대 후반 소비자들의 연간 소비의 약 1/4은 이들의 가처분소득에서 나오는데, X세대 중 주요 고객들은 식당, 술, 의상 및 전자제품에 대한 고객이 된다.

X세대는 베이비붐 세대보다 다문화적이고, 매체에 대한 경험이 많고 박식하며, 기술지향적이고

또한 미래에 대해 비판적이고 냉소적이다. 역시 그들은 베이비붐 세대보다 자기의존적이며 소득 중 상당 부분을 저축하고 있는데, 사회보장이 없고 또한 엄청나게 건강비용이 소요되는 장년기를 예상하기 때문이다. 상당수 X세대들은 1990년대 초 경제적으로 불경기 시대를 겪었으며, 2000년대 초기의 경기침체는 장래의 경제가 불확실하다는 자신들의 견해를 강화시켰다. 결과적으로, 그들은 다른 연령집단보다도 비관적(냉소적)이 되고, 고립되는 것으로 묘사되었으며, 따라서 소득수준도 기대 이하로 낮다.

X세대는 자유스럽게 소비하던 10년이 지난 후, 그들보다 나이가 많은 세대들이 자신들을 돌봐주지 않는다고 비난한다. 역시 베이비붐 세대보다 X세대들은 환경문제, 의약품, AIDS에 대해 더욱 관심을 가지고 있다. 이 집단은 "새로운 현실"에 의해서 잘 설명되는데, 그들은 부모들이 누리고 있는 수익잠재력을 같이 누릴 수 없으며, 또한 환경오염을 통제해야 함으로써 발생하는 미래의 비용을 자신들이 부담해야 한다는 것에 분노하고 있다. 또한 X세대들은 좋은 직장을 찾고자 하는데, 나이가 많은 베이비붐 세대가 그 기회를 막는다고 생각하여 그들에 대해 화를 내기도 한다.

상기의 내용들이 다소 침체되고 우울한 모습이지만, X세대 사람들은 인생에 대해 실제로 긍정적으로 생각하고 있으며 또한 베이비붐 세대보다 구매 의사결정에 대해 보다 실천적이며 실용적인 접근방법을 취하고 있다.

마케팅 기업은 실용주의를 소구함으로써 그리고 현란한 것을 벗겨버리는 광고를 창조함으로써 X세대를 표적화하고 있다. 즉 힘을 가지고 있다는 느낌, 신기술의 채택을 설명하며 또한 환경에 대한 통제를 제시하고 있다. 역시 마케팅 기업이 방종하게 되는 것이 나쁜 것이 아니라는 메시지를 전달함으로써 X세대 연령 동세대 집단을 표적화하는데 보다 쾌락주의적 접근방법을 취하고 있다.

4. Y세대(1977~1994년에 태어난 세대)

1977~1994년 사이에 태어난 소비자는 그들이 X세대를 따른다는 간단한 이유 때문에 Y세대로 명명되었다. Y세대는 전체인구의 36%로서, 2개의 독특한 연령 동세대 집단 즉 20대와 청소년들로 구성된 나이가 많은 Y세대 그리고 10대로 구성된 나이가 적은 Y세대로 나누어진다.

1) 나이가 많은 Y세대

나이가 많은 이 동세대 집단은 1977~1988년에 태어났는데, 독특한 가치관을 가지고 있다. 즉 그들은 쉽게 흥분되거나 자극되지 않으며 또한 자극을 주기도 어렵다. 그들은 과거의 젊은이들보다 환경을 잘 알고 있으며 건강의식적이다. 그들은 여드름 및 거칠은 머리카락과 같은 매일매일의 귀찮은 일뿐만 아니라 AIDS 및 폭력 등과 같은 실제 세상에서 일어나는 문제에 관심을 갖는다. 그들은 X세대보다 사이버문학적이며 또한 어떤 신기술에도 편안감을 갖고 있다.

이 연령집단은 전체 인구 중 16%로 20대로 구성되어 있다. 이 세대는 물질적 편안함(material comfort)에 대해 미래에 커다란 기대감을 갖고 있어, 90% 이상이 부모만큼 잘 살거나 더 잘 살 것을 기대하고 있다.

그들은 나이가 많은 베이비붐 세대의 자녀로서 "열쇠"를 가진 어린이(부모들이 맞벌이를 하므로 학교에서 집에 돌아왔을 때 스스로 문을 열고 들어오는 어린 자녀)이기 때문에, 오늘날의 20대들은 과거의 세대들보다 부모의 영향을 벗어나 많은 시간을 스스로 보내고 있다. 이에 추가하여 그들은 식품 쇼핑과 같이 가족들이 책임지고 있는 것들 중 상당히 많은 부분을 맡고 있다.

그러나 독립심에도 불구하고 그들은 베이비붐 세대의 부모로부터 쇼핑하는 방법과 절약하는 방법을 배웠다. 이에 많은 식품회사들은 그 세대에 맞는 잡지를 표적화하고 있다. Fortune지 500대 기업들은 또 다른 20대 시장용 잡지를 이용하고 있는데, 20대들이 부모들의 행동에 영향을 줄 수 있다는 희망하에 자사의 메시지를 알리고 있다.

젊은이들은 역시 매체들의 중요한 소비자들이다. 즉 그들은 1주일에 평균적으로 MTV를 5.25시간 시청하고, 한 달에 2.5편의 영화를 보며, FM라디오를 열정적으로 듣는 청취자이며, 또한 일상적인 주요 시간대에 TV를 시청하는 가장 큰 집단이다. 그들의 매체소비 그리고 그들이 신제품을 사용할 의향이 있다는 사실 때문에 장시간의 충성심을 수립하고자 하는 제조업자들에게 있어 그들은 매우 매력적인 시장이 되는데, 특히 그들이 이 나이에 평생 동안의 상표충성심을 수립하기 때문이다.

그 세대들의 또 다른 특징은 **다양한 과업**(multitasking)을 행하고 있다는 것으로, 그것은 한꺼번에 3~4개의 일을 행할 수 있는 능력이다. 컴퓨터와 인터넷이 다양한 과업을 더욱 행하도록 도와준다. 즉 10대들은 전자우편을 체크하면서, 음악을 들으면서 그리고 정보를 찾기 위해 웹을 탐색하면서 그 학기에 제출할 숙제를 할 수 있다. 마케팅 기업은 다양한 과업을 하는 것이 그들의 주의의 범위를 제한케 한다는 사실을 인식하여 마케팅 메시지를 짧게 그리고 이해할 수 있도록 요점적으로 만들어야 함을 인식해야 한다.

그 세대들은 공통적으로 자아의식성을 갖고 있으며 또한 그들의 구매행동에 영향을 주는 주체성(일체성)을 찾고 있다. 재미있게 보이는 모습, 스케이트를 타는 것 그리고 힙팝음악은 주체성을 찾고자 하는 모습이다. 그들의 문화에서 이런 탐색할동은 반항하려는 욕구와 가족 및 사회로부터 독립하려는 욕망 간의 중요한 갈등이며 또한 도움을 받고 또한 성장하기 위해 수용해야 할 욕구이다.

Y세대 소비자들은 앞에 제시한 집단보다 웹을 통해서 더 빠른 속도로 진지한 것에 대해 더 많은 정보를 받는다. 이러한 추세로 패션은 보다 다양해지고 더 빠르게 변화하고 있다. 즉 젊은 소비자들은 스타일 변화를 주도해 갈 수 있는 마케팅 기업에 대해 즉각적으로 자신들의 충성심을 변경할 가능성이 있다. 어떤 의류회사는 이런 젊은 고객들이 옷을 입는 방법을 조사하고 또한 고객들의 비디오 게임에 대한 열정을 인식하여 자사의 여러 점포에 게임용 터미널을 설치하였다. 또한 어떤 기업의 광고는 즐거움과 우정에 대한 소구로 나이가 많은 Y세대를 표적화하고 있다.

여러 지배적인 마케팅 기업들이 집중하고 있는 또 다른 추세는 혼합된 카탈로그 잡지, 즉 추세, 유명인사, 음악, 여행 등에 대한 이야기를 보다 전형적인 제품정보와 결합한 것인 메가로그(megalog)를 이용하고 있다는 것이다. 이러한 수단을 이용하여 어떤 상표는 그 세대들이 살아가는 방법, 그리고 옷을 입는 방법만이 아니라 사는 방법을 반영함으로써 파악하기 어려운 그 세대 시장에 대한 우호성을 유지하고 있다.

젊은이에 대한 그 세대의 인구통계적 마케팅은 세계적인 현상이다. 즉 일본의 젊은이 세대들도 엄청나게 개인주의적이며 또한 식상한 광고에 대해 반항적이다. 결과적으로 가치지향적 제품들이 인기를 얻게 되고, 환경적으로 의미가 있는 화장품들이 일본에서 Chanel보다 더 많이 판매되고 있다.

2) 나이가 적은 Y세대

1989~1994년 사이에 태어난 집단(tweens라고도 함)은 현재의 구매력뿐만 아니라 미래의 소비자로서 잠재력을 갖고 있으므로 마케팅 기업들에게 중요하다. 대부분의 10대들은 맞벌이 가정에서 살고 있다. 1976~2000년 사이에, 12세 이하의 자녀를 가진 맞벌이 가정의 수는 크게 증가하였다. 나이가 적은 Y세대 집단은 비전통적인 가정, 즉 독신부모 가정 또는 의붓 어버이 가정에서 살아갈 가능성이 있다. 현재 인구통계학자들은 1990년대에 태어난 청소년들 중 반 이상은 독신부모 가정에서 어린시절을 보낼 것이라고 예상한다.

상당수 베이비붐 세대 부모, 특히 독신부모들은 자녀들과 많은 시간을 보내지 못하는 것에 대해 죄책감을 느끼고 있으며 또한 자녀들로 하여금 원하는 것을 구입하도록 함으로써 이러한 죄책감을 누그러뜨리고 있다. 부모들이 구입해 주고 또한 자신이 직접 구입함으로써 이 10대 집단은 많은 제품범주에 대해 기회를 제공하고 있다. 즉 이 연령집단은 부모들의 구매력 중 상당부분에 영향을 미치며, 이렇게 됨으로써 그 집단은 가장 빠르게 성장, 증가하는 시장이 되고 있다.

이에 그 연령집단들이 즐겨 먹는 식품을 제조하는 마케팅 기업들은 자사의 메시지를 부모들이 아니라 그들에게 직접 계속적으로 표적화하고 있다. 예를 들어, 어떤 식품회사는 그 연령시장에게 자사의 냉동식품을 표적화하기 위해 캠페인을 하고 있다. 이 경우, 마케팅 기업들의 목표는 기업들이 그 연령집단 고객들과 장기간의 관계를 조성할 수 있도록 하기 위해 조기에 그 집단고객들에게 상표충성심을 창조하는 것이다.

마케팅 기업은 역시 부모들의 주의를 끌면서 제품에 대한 사춘기 세대들의 소구를 구축하도록 노력함으로써 상표충성심을 조성하고 있다. 예를 들어, 어떤 식품회사는 계란이 함유된 시리얼로 사춘기들을 표적화하고 있다. 그러나 이 회사는 TV와 인쇄광고에서 그 시리얼의 영양가를 강조함으로써 어머니들에게 소구하는데, 광고와 더불어 쿠폰과 점포전시가 추가로 지원되고 있다. 또한 이런 유형의 활동으로 인해 새로운 적소용 잡지가 어린이를 위해 생겨나고 있다.

그들은 거의 **사이버문학적**(cyberliterate)이다. 어떤 사람은 인터넷과 새로운 기술이 10대들의 조작기술과 결속됨으로써 "Net세대"라고 이 세대를 부르고 있다. 이에 전통적으로 성인용 범주인 컴퓨터와 소비자용 전자제품기업들은 현재 자사 제품을 사춘기들에게 표적화하고 있다. 예를 들어, 어떤 기업은 소녀들이 사진을 찍는데 매우 관심이 많다는 조사에 근거하여 소녀들에게 자사의 카메라를 적극적으로 마케팅하고 있다.

역시 사춘기들은 웹사이트에 대한 표적이 되고 있다. 어떤 사이트는 사춘기 집단을 적극적으로 표적화하는데, 그 이유는 사춘기들이 부모님과 나이가 많은 형제들의 구매 의사결정에 영향을 미칠 것이라고 기대하기 때문이다. 이러한 소매기업들은 가정의 젊은 구성원들이 가족들의 소비자용 전자제품 구매의 대부분에 크게 영향을 미친다고 인식하고 있다.

중국은 미국과는 매우 상이하다. 중국의 경우 사춘기 집단보다는 소년, 소녀로 구성된 어린이 집단이 매우 중요한 시장이 되고 있다. 중국의 1가구 1자녀 정책 때문에 어린이, 즉 작은 황제는 부모님, 조부모님 및 마케팅 기업들의 주의를 받고 있다. 3억 8,000만 명의 중국의 어린이 수는 미국인구보다 많으며, 이 어린이들은 치약으로부터 농구화에 이르는 제품에 대해 표적이 되고 있다. 이에 Nike사는 운동장에서 점수를 기록하는 중국 어린이를 보여주는 광고로 "작은 황제" 세분시장으로 알려져 있는 이 시장을 표적으로 하고 있다. 그 광고는 작은 황제 세분시장 속에 있는 지배적 윤리관인 성공에 대한 압력으로 작용하고 있다.

제 4 절 하위문화와 소비

연령, 인종, 국적, 종교, 지역 등 소비자의 특징을 근거로 하위문화를 확인·규명할 수 있다. 역시 하위문화는 제품에 대한 관심이나 행동에 의해서도 형성될 수 있는데, 이것을 **소비의 하위문화**(subculture of consumption)라고 한다. 소비의 하위문화는 하위문화에서 어떤 제품범주의 중심적 역할과 관련되는 네 가지 특징에 의해서 정의된다. 즉 그 제품은 (1) 전체적인 라이프스타일 핵심으로 작용하며, (2) 공통적인 가치관 시스템을 정의하며, (3) 그 제품이 갖고 있는 전문지식과 일반적으로 관련되는 사회계층을 가지며, (4) 집중적인 관심 또는 지속적인 관여를 조장한다.

1. Harley의 하위문화 : 한 가지 예

위의 네 가지 요점에 기초하여 Harley-Davidson 오토바이 소유자들은 소비의 하위문화와 일치된다.

첫째, Harley는 전체적인 라이프스타일 핵심을 제시한다. 즉 고집이 센 "무법자"로써의 주자 그리고 "주말의 용사"라는 것이 존재하는데, 이 두 가지는 자신과 상대방을 화나게 하지만, Harley가 사회화를 위한 중요한 수단임을 보여준다.

둘째, Harley는 공통적인 가치관 시스템을 정의한다. 즉 무법자적인 주자들은 "자유스러움", 즉 그들이 사회적 규범의 울타리를 넘어 원하는 것은 무엇이든지 할 수 있는 특권을 가치가 있다고 생각한다. 주말의 용사들은 무엇으로부터의 자유스러움, 즉 사무실과 집의 일상스러움으로부터 해방되어 자유롭게 되는 것을 가치가 있다고 생각한다.

셋째, 분명한 사회계층은 Harley와 관련된 지위 상징물 그리고 오토바이를 타는 형식에 의해서 묘사된다.

넷째, 주자들은 지속적으로 자신들의 Harley에 관여하고 있다.

Harley-Davidson은 신입회원의 욕구를 충족시키도록 지속적으로 정보를 제공하고 또한 관여수준을 높이는 방책 및 탈출장벽으로써 기능을 행하는 의상, 액세서리 및 서비스 등 일체를 제공하는 것과 같은 수단을 통해서, 그 제품이 제시하는 신비스런 매력과 존경을 부양함으로써 소비의 하위문화가 되도록 그 제품을 지원한다. 결과적으로 Harley의 하위문화는 확인될 수 있으며 뚜렷한 사회계층, 독특한 기풍 또는 공유된 신념과 가치관 그리고 독특한 은어, 관습 그리고 상징적 표현 형식 등을 나타낸다.

이러한 특징에 바탕을 둔 소비의 하위문화로서 나타나는 기타의 제품특이적 활동이나 관심사에는 운동과 관련되는 활동, 음악, 자동차 등 여행이 포함된다.

2. 소비의 하위문화를 표적화함

소비의 하위문화를 표적화하는 것은 마케팅 믹스의 각 구성요소에 대해 시사점을 제시한다.

제품은 소유자의 주체성과 관련되는 특징을 가져야 한다. Harley 오토바이의 크기는 쭉 뻗친 도로에서 엔진의 우렁찬 소리와 속도가 의미하는 것처럼 힘을 의미한다. 더욱이 이 회사는 다양한 제품 및 의상, 액세서리에 이러한 연관성을 맞춤으로써 주자들의 몰입을 인식하고 있다. 즉 Harley 잠바는 모든 주자들에게 절대 필요한 것이다.

광고는 소유자의 주체성과 관련되는 상징을 이용하며 또한 바람직스러운 라이프스타일을 묘사한다. 따라서 전형적인 오토바이 광고는 광활한 도로의 자유스러움 그리고 오토바이를 소유한 주자를 묘사한다. 촉진 프로그램은 시간이 지남에 따라 소유자와 강력한 연결성을 유지하는 관계 마케팅 전략이 되어야 한다. Harley는 모임을 후원하고 또한 HOGs잡지를 발행함으로써 그러한 관계를 유지하기 위해 Harley Owner's Groups(HOG)을 촉진・강화하고 있다.

매체는 관여적인 소유자의 관심사를 만족시키기 위해 전문화된 잡지를 이용해야 한다. 오토바이, 자동차, 스키용 잡지는 지속적으로 관여하는 소비자의 욕구를 충족시키는 매체의 예이다. 그리고 소매상들은 예상잠재구매자의 관점을 장악할 수 있도록 제품에 대해 많은 지식을 가져야 한다. 더욱이 소매상들은 역시 제품서비스를 제공하고 또한 그 제품의 재구매를 지속할 수 있도록 관계 마케팅 프로그램을 수립하고 실행해야 한다.

많은 기업들은 소비의 하위문화를 마케팅하는데 있어 인터넷이 매우 가치 있는 수단임을 간파하고 있다. 이야기방을 지원하고 조사함으로써 직접적인 토의에 도움을 주고 또한 핵심적인 소비자에게 가치가 있는 제품에 대한 정보를 제공해야 한다. 추가적으로 인터넷은 특별한 제품을 배타적으로 취급하는 사이트를 이용하여 관심을 갖는 소비자 집단에 도달할 수 있다.

제 5 절 하위문화적 영향의 사회적 시사점

1. 하위문화적 영향의 역기능

하위문화적 영향(subcultural influences)의 본질은 연령 동세대 집단 특히 아주 어리거나, 매우 나이가 많거나 또는 소수민족집단과 관련하여 수많은 사회적 문제를 야기시킨다. 제7장에서 연구한 바와 같이 어린이(8세 미만, Z세대라고도 함)를 표적화하는 경우에 문제가 야기되는데, 그 이유는 그들이 촉진 메시지를 적절하게 처리하는 능력이 부족하기 때문이다. 즉 이 집단을 이용하려고 하는 경우, 그 결과에 대해서 미리 조사하고 또한 통제해야 한다. 나이가 많은 사람에 대한 문제는 그들의 역량이 감소하고 있다는 것이며 또한 정보를 처리하고 그들의 욕구를 충족시킬 수 있는 제품을 디자인하는데 있어 그들을 도와주어야 하는 필요성을 망각하고 있다는 것이다.

소수민족집단과 관련된 문제는 소비자 권리의 문제와 연관된다. 소수민족 소비자들은 불이익을 당하지 않고 다른 사람들처럼 동일한 권리를 가져야 한다. 그러나 실제로는 그렇지가 않다. 낮은 사회경제적 집단에 속한 소수민족 소비자들은 적절한 대안적인 상표, 공정한 가격 및 제품안전에 대한 문제에 직면할 때 거의 혜택을 받지 못한다.

2. 하위문화적 영향에 대한 잠재적 문제

또 다른 문제는 소수민족 집단에게 잠재적으로 해가 되는 제품을 표적화하려는 시도이다. 예를 들어, 미국의 어떤 담배회사가 아프리카계 미국인에게 특별한 담배를 표적화한 경우인데, 물론 그 회사뿐만 아니라 다른 담배 제조회사들도 소수민족 세분시장을 표적화하려는 의도로 제품을 개발하지는 않았다.

그러나 그 담배회사의 계획이 원성을 불러일으킴으로써, 그 회사는 그 제품을 철회하지 않을 수 없었다.

여기에서 문제가 되는 것은 기업들이 소수민족집단 또는 혜택을 받지 못한 소비자 집단들을 대상으로 잠재적으로 불안전한 제품으로 그 소비자 집단을 표적화하려고 시도한다는 것이다.

참고문헌

윤훈현 역, 『소비자행동론』, 제6판, 석정, 1998.
윤훈현, 『소비자행동론』 석정, 2005.
"A Never-Say-Old Generation Can't Outrace the Clock Forever," *New York Times* (December 3, 2000), pp. 3, 12.
"As Same-Sex Households Grow More Mainstream Business Take Note," *Wall Street Journal* (August 8, 2001), pp. B1, B4.
"Asian-Americans : The Three Biggest Myths," *Sales & Marketing Management* (September 1993), pp. 86-101.
"Brand Loyalty Wavers ; Private Label Gains," *Advertising Age* (January 23, 1995), p. 32.
"Cultural Differencess Offer Rewards," *Advertising Age* (April 7, 1980), p. S20.
Elizabeth Hirschman, "American Jewish Ethnicity : Its Relationship to Some Selected Aspects of Consumer Behavior," *Journal of Marketing* 45 (Summer 1981), pp. 102-105.
Henry Assael, Consumer Behavior, Houghton Mifflin, 2004.
"Madison Avenue Blindly Ignores the Black Consumer," *Business and Society Review* (Winter 1987), p. 11.
Mark Alch, "The Echo-Boom Generation ; A Growing Force in American Society," *The Futurist* (September/October 2000), pp. 42-46.
"MasterCard Is Shifting Its Efforts to Market to Hispanics to a New Level and Another Language," *New York Times* (August 30, 2000), p. C6.
"Out of the Closet," *Marketing Review* (March 1996), pp. 21-23.
"P&G Reaches Out to Hispanics-Marketing for Secret, Pampers and Cover Girl Take on a Distinctly Latin Flavor," *Wall Street Journal* (October 13, 2000), p. B1.
"Poll : Hispanics Stick to Brands," *Advertising Age* (February 15, 1993), p. 6.
"Publishers Shout Over the Din," *Advertising Age* (February 12, 1990), p. S12.
"Spike Lee's Jaguar Ads Begin First Test Mailing," *Advertising Age* (December 18, 2000), p. 18.
"Superstars's of Spending, *Advertising Age* (February 12, 2001), pp. S1, S10."
"Taking the Pulse of Asian-Americans," *Adweek's Marketing Week* (August 12, 1991), p. 32.
"Tally of Students Equals Number at Boomer Peak," *New York Time* (March 23, 2001), p. A17.
"Teenage Overload, or Digital Dexterity?" *New York Time* (April 12, 2001), pp. G1, G5.
"To Reach the Unreachable Teen : Retailers Are Trying a Whole-Lifestyle Approach to Win Gen Y," *Business Week* (September 18, 2000), p. 78.
"U.S. Asian Population Grew and Diversified, Census Show," *Wall Street Journal* (May 15, 2001), p. B4.

13
chapter

교차문화적 영향과 세계적 영향

교차문화적 영향(cross-cultural influences)이란 국가들 간의 가치관의 차이에 따른 영향으로서, 지역적 차이에 따라 마케팅 전략을 적용해야 함을 시사한다. 교차문화적 영향에 대조되는 요소는 **세계적 영향**(global influences)으로서, 이것은 국가들 간의 공통적인 욕구와 가치관을 반영한다. 즉 기업들은 세계적인 상표를 시장에 내놓을 수 있는 전략을 수립해야 하는데, **세계적 상표**(world brand)는 세계적으로 유사하게 시장에 나와 있는 Coca-Cola, McDonald's, Sony와 같은 상표로서, 세계적으로 공유하고 있는 가치관, 1차적 욕구, 2차적 욕구에 바탕을 두고 있는 상표들이다.

어떤 기업들은 문화적 규범과 가치관에서의 차이를 효과적으로 이용하고 있는 반면에 일부 기업들은 전세계적으로 공통적인 가치관에 대한 추세를 이용하고 있다.

제 1 절 소비자 행동의 국제적 차원과 범위

해외에서의 마케팅이 모든 국가의 기업들에게 있어 점차 중요한 부분이 되고 있다. 오늘날 대부분의 제조업체나 서비스 기업들이 직접 또는 간접적으로 해외에 판매되는 제품 및 서비스와 연관되어 있다. 예를 들어, Procter & Gamble, Colgate-Palmolive, Kellogg, Coca-Cola, IBM, Gillette, Johnson & Johnson, TGI, Starbucks, Prudential, Toyota, ABB, Nokia, Wal-Mart, 삼성, LG, 현대자동차 등이 본국에서보다 해외에서 수익의 반 이상을 벌어들이고 있다.

1. 해외시장의 부상

외국시장이 부상되고 성장기회를 제공함에 따라 해외에서의 마케팅은 그 중요성이 증가하고 있다. 자유시장 시스템이 전개되고 있는 동구유럽, 러시아, 중국 등에서 외국기업들은 기회를 간파하고 있다. 예를 들어, Procter & Gamble사는 침울한 고난의 일상생활로부터 구제해 주는 상표, 즉 비듬제거 제품과 스킨보습용 크림 등을 러시아 소비자들에게 소개하고 있다. 선물을 주는 경우, 러시아 소비자들은 사랑하는 사람에게 주기 위해 Camay 비누와 Pert Plus 샴푸를 준비한다. Camay(러시아제 비누보다 8배나 고가임)가 도입되기 전, 갈색봉지에 싼 조잡한 비누가 이용할 수 있는 유일한 비누였다.

세계에서 가장 큰 시장인 중국도 동남부 중국에 자유무역지대를 수립하면서 소비자지향적이 되고 있다. 1997년, 홍콩이 중국에 반환되어 중국 소비자들은 보다 상표지향적이 되고 있다. Coca-Cola, Contac 감기약, Head and Shoulders 샴푸, Nokia와 같은 상표가 중국 TV에 정규적으로 방영되고 있다는 것은 소비자 사회가 발전되고 있다는 증거이다. Coca-Cola사는 미국인이 마시는 Coke의 반 정도만 중국사람들이 마신다면 추가적인 수익은 현재의 총수익을 초과할 수 있다고 계산한다.

그러한 세계적인 고려사항은 외국기업들에게도 똑같이 적용된다. 예를 들어, Netherland에 기반을 두고 있는 Heineken NV사는 다른 유럽국가, 미국, 아시아 및 아프리카 여러 국가에 자사의 Heineken 맥주를 시장에 내놓고 있다. 일본기업인 Shiseido사와 같은 미용보호기업들이 행하는 것처럼, 프랑스 파리에 본사가 있는 L'Oreal사는 세계 전역의 국가에 자사의 화장품과 피부보호 제품을 촉진하고 있다. 세계 전역의 사람들은 Chanel, Gucci, Valentino 및 Armani와 같은 유럽의 의류디자인 기업을 잘 알고 있는데, 이 기업들은 중요한 세계시장에 자사의 의류와 액세서리를 판매하고 있다. 또 다른 기업으로 Netherland에 기반을 두고 있는 Philips사는 일본에 기반을 둔 Sony사와 같이 세계적으로 자사의 소비자용 전자제품을 판매하고 있다.

또한 GM이나 Ford사와 같이 일본의 Toyota사는 세계 전역에 자동차를 판매하고 있으며, 지금까지는 거의 미국기업들이 지배하고 있던 PC를 이제는 중국기업이 세계시장을 지배하고 있다.

2. 세계적 식견

기업들은 소비자의 욕구와 관습상의 지역적 차이에 세계적인 식견을 적용함으로써 성공하고 있다. 그렇게 하기 위해서, 기업들은 지역소비자들의 욕구와 가치관을 학습할 것에 기초하여 자신들을 변화시키고 있다. 예컨대, 세계적으로 상표지위를 획득하고 있음에도 불구하고 McDonald's사는 독일에서는 맥주를, 프랑스에서는 포도주를, 홍콩에서는 망고 밀크쉐이크를, 오스트레일리아에서는 양고기 파이를 그리고 지역의 국수집과 경쟁하기 위해 필리핀에서는 McSpaghetti를 판매함으로써 자사의 제공물을 차별화하고 있다.

그러나 기업들이 자국에서 행하는 방식이 해외에서도 적용될 것이라고 가정하는데, 그것은 그 기업들이 외국소비자들에 대해 **자기민족중심주의적**(ethnocentric) 견해를 취하는 것이다. 즉 기업들은 외국소비자들이 자국소비자와 같이 동일한 규범과 가치관을 가지고 있다고 가정하는데, 그러한 가정은 위험천만한 행태이다.

그러한 자기민족중심주의적 견해는 결국 실패하게 된다. 예를 들어, P&G사는 유럽에서 Camay 비누에 대해 1990년에 시행된 캠페인이 일본에서도 역시 성공할 것이라고 가정하였다. 그 캠페인은 부인이 욕실에 있는데, 그녀에게 다가온 남편이 부인의 고운 피부를 칭찬하는 것을 보여준다. 그 캠페인의 기본적인 전제, 즉 여자가 남자에게 매력적으로 보이고자 하는 것은 전세계적으로 공통된 것이지만, 그 캠페인은 실패하였다. 그 캠페인이 성적이라고 생각하는 대부분의 유럽사람들과는 달리 일본사람들은 그 캠페인을 여성의 사생활을 나쁜 방식으로 간주하였다. 또한 Wal-Mart사도 한국시장에 진출하였으나 결국은 철수하였는데, 그 이유는 미국에서 성공한 Wal-Mart사가 자기민족중심주의적 견해를 계속 고수하였기 때문이다.

제2절 소비자 행동에 대한 교차문화적 영향

국제 마케팅 기업들은 두 가지 상반된 견해, 즉 차별화와 표준화라는 견해를 갖고 있다.

첫째, 국제기업들은 국가들 간의 관습과 가치관의 차이를 인식하고 또한 그러한 차이에 마케팅 전략을 적응해야 할 필요성을 인식하고 있다.

둘째, 국제 마케팅 기업들은 TV를 통해 세계적인 커뮤니케이션, 빈번한 해외여행 그리고 인터넷에의 점증하는 접속 등으로 문화적 가치관이 국가들 간에 공통적이 되고 있음을 인식하고 있다.

교차문화적 차이로 인해 기업들은 국가 대 국가기준에 따라 지역화된 전략을 수립해야 하며 또한 세계적인 영향요인은 마케팅 전략을 수립하는데 기초가 된다.

해외에서의 마케팅 전략에 영향을 주는 것에는 다섯 가지의 교차문화적 요인이 있다. 즉 ① 소비자의 관습과 가치관, ② 제품선호성, ③ 언어, ④ 상징, ⑤ 경제적 환경 등이다.

1. 소비자의 관습과 가치관

경영자들은 자주 자국소비자들의 가치관에 도취되어 그 가치관이 세계적이라고 착각함으로써 자기민족중심주의적 견해를 취하고 있다. 그러나 자국의 그런 전통적인 가치관이 세계의 다른 지역에서는 거의 중요하지 않거나 전혀 고려되지 않을 수도 있다. 예를 들어, 아시아 국가에서, 자신의 입장을 사회가 용인한다는 것 그리고 타협이 행동에 영향을 미친다는 것이 그 개인의 독창력보다 더 중요하다. 또한 시간에 대한 시각에도 차이가 있다. 미국사람들은 자신의 하루를 사업, 가족 그리고 개인적 욕구에 바탕을 두어 일과 기쁨을 위한 시간들로 구성한다. 그러나 남아메리카와 유럽국가의 많은 사람들은 사업을 기쁨과 혼합할 가능성이 크며, 또한 약속에 늦는 것이 규범이 될 수도 있다.

문화적 가치관에 대한 차이는 소비자들의 구매행동에 영향을 미친다. 이러한 차이를 고려하지 않으면 국제 마케팅 기업은 고통을 겪게 될 가능성이 높다. 즉 다른 국가의 생활습관이나 규범에 맞지 않는 제품 도입은 결국 실패하게 된다는 것이다.

또한 다른 국가의 문화적 가치관을 잘못 해석하여 실수를 범할 수도 있다. 예를 들어, 유방암에 대한 최근의 공공서비스 광고가 일본에서는 크게 성공하였지만, 문화적 차이로 인해 프랑스에서는 실패하였다. 동일한 광고에 대해서 일본 사람들은 그 광고를 여성들의 중요한 건강문제를 집중적으로 제시하는 마음이 편한 방식이라고 생각하였다. 그와는 대조적으로 프랑스 사람들은 공격적이었는데, 그들은 유방을 성을 확인하며, 중요한 성적물이라고 인식하며 또한 그 광고가 부적절한 방식으로 심각한 건강문제를 제시하였다고 믿었다.

기업들이 외국소비자의 규범과 가치관을 고려하는 경우 성공할 수 있다. 예를 들어, 전통적으로 남성지배적인 사회에서 상당수 일본여성들이 전일제로 일을 하고 있어, Ford사는 일본여성들이 독립심을 인식하고 있음을 간파하였다. 이에 1990년대 Ford사는 독신의 젊은 일본 직장여성들에게 자사의 Festiva 자동차를 표적화하였다. 과거 일본의 자동차제조회사들은 일본여성들은 자동차를 구입하는 구매 의사결정시에 아버지, 남편, 형제들의 의견을 따를 것이라고 가정하였다.

또 다른 예로서, 싱가포르에 진출한 TacoBell's사는 즉석식품 프랜차이즈를 광고하는데, 치와와(개 종류)를 등장시키지 않고 처음으로 아시아에 진출하였다. 그 이유는 싱가포르 전체 인구 중 상당수를 차지하고 있는 이슬람인들은 개를 터브시하였기 때문이었다.

2. 제품선호성

제품선호성은 나라에 따라 매우 상이할 가능성이 있다. 예를 들어, 미국에서 가장 강력한 이미지를 갖고 있는 5개 상표는 Coca-Cola, Campbell, Disney, Pepsi, Kodak이다. 그러나 이들 상표 중 어느 것도 일본에서는 상위 5위권에 포함되어 있지 않는데, 일본에서 가장 강력한 상표는 Sony, National, Mercedes-Benz, Toyota, Takashimaya이다.

제품선호성이 문화적인 것에 바탕을 두고 있다는 사실을 인식하지 못하면 기업은 곤욕을 치루게 된다. 기업들이 지역의 취향을 인식하고 또한 그것에 적응하는 경우 성공하게 된다. 아래의 예를 생각해 보자.

- 중국인은 치즈 맛을 좋아하지 않는다는 사실에 근거하여 중국에서 Frito-Lay사는 Cheetos 스낵에 새로운 맛을 도입하였다. 그러한 조치는 Savory American Cream 및 Zeoty Japanese Steak와 같은 새로운 향기에 바탕을 둔 것이다.
- Pillsbury사는 인도사람은 중국 다음으로 엄청난 양의 밀을 소비한다는 사실을 인식하여 Pillsbury Chakki Fresh Atta라는 포장화된 밀 혼합물로 인도에서 마케팅을 하였다. 그러나 Pillsbury사는 매우 어려운 처지에 직면하였는데, 그 이유는 인도의 주부들은 맛과 영양가에서 포장된 밀이 좋지 않다고 믿고 있어 포장화된 밀보다는 집에서 만든 신선한 밀을 선호하였기 때문이었다.
- 냉장고에 보관하지 않고도 그냥 싱크대 선반에서도 안전한 우유인 Parmalat사의 Long Life는 신선한 우유는 냉장고에 보관되어야 한다는 미국인들의 문화적으로 틀에 박힌 신념을 극복하는데 엄청난 노력을 기울였다.

3. 언어

언어는 어떤 문화의 신념과 관습을 커뮤니케이트하는 수단이므로 마케팅 기업은 외국시장을 판단하는 경우에 언어 및 방언의 의미가 주는 미묘함을 알아야 한다. 여러 마케팅 실수가 언어를 알지 못함으로써 초래되고 있다.

- Coca-Cola가 중국에 도입되었을 때, 점포 소유주들은 ke kou ke la라는 단어, 즉 "왁스 올챙

이를 씹는다"라고 번역되는 단어로 된 문안으로 점포간판을 만들었는데, 이것은 판매를 조장시킬 가능성이 전혀 없는 것이었다. Coca-Cola사는 이러한 사실을 확인한 후, 40,000자의 중국말을 조사하여 실제의 것과 거의 같게 발음이 될 뿐만 아니라, "입 속의 기쁨이다"라고 의미하는 ko kou ko le로 정하였다.

- PepsiCo사는 자사의 슬로우건인 "Come alive with Pepsi"를 어떤 아시아 국가에서 변경하였는데, 그 이유는 그 주제가 "Bring your ancestors back from the deed"라고 번역되었기 때문이었다.
- General Motors(GM)사는 자사의 자동차 모델에 대해 Nova라는 이름을 세계적으로 사용할 수 없음을 발견하였는데, 그 이유는 스페인어를 사용하는 시장에서, 그 이름이 "won't go"로 번역되기 때문이었다.
- 미국시장에서, Ford Probe는 그 이름이 보험 그리고 우주공간의 탐구라는 이미지를 생각나게 하여 엄청난 판매고를 경험하였다. 이와는 대조적으로, 영국에서는 판매고가 감소하였는데, 영국에서 "probe"라는 단어는 의사들의 대기실 및 즐겁지 않은 의학시험이라는 이미지를 불러일으키기 때문이었다.
- 한국의 대표상표라고 알려진 Samsung이나 Hyundai, LG 등이 세계의 최대시장인 중국에 진출하였을 때 어떤 의미로 해석될 수 있는가를 다시 검토되어야 할 것이다. 이에 반해 E-마트는 중국에 진출할 때 이매득(易買得, yi mai de)이라는 회사명(상표명)을 사용하고 있는데, 중국인들이 쉽게 이해할 수 있는 것이다.
- 한국의 자전거 상표인 대영(Dai young)은 발음상으로 Die Young이 될 수 있는 반면에, 화장품 상표인 참존은 Charm zone으로 발음되어 좋은 의미를 줄 수 있다.

4. 상징

문화에 있어 상징도 역시 구매행동에 영향을 미친다. 기업들은 광고에서 색상의 사용에 특히 민감해야 한다. 핑크색이 미국에서는 여성과 연관되지만, 세계의 나머지 대부분의 국가에서는 노랑색이 가장 여성적인 색상으로 생각된다. 상당수 중남미 국가들은 자주색을 죽음과 연관시키므로, 그 색상을 인정하지 않는다. 이와는 대조적으로, 자주색이 중국에서는 품질을 표시한다. 세계 여타의 지역과 비교해서 홍콩과 중국에서 Marlboro 카우보이는 옅은 색상으로 되어 있는데, 그 이유는 중국에서 흰색이 긍정적인 문화적 표시이기 때문이다.

색상 이외의 기타 상징들도 역시 행동에 영향을 미친다. 두 마리 코끼리가 아프리카의 대다수

국가에서는 불운의 상징이다. 이로 인해 Carlsberg는 Elephant 맥주에 대한 표찰에 세 번째의 코끼리를 추가해야 하였다. 달은 자주 중국의 광고에서 이용되는데, 달이 중국에서는 행운의 전통적인 상징이기 때문이다. 역시 일본이나 한국에서 4라는 숫자는 죽음을 의미하므로, Tiffany사는 일본에서 다섯 개를 한 세트로 하여 유리그릇과 도자기를 판매하고 있다. 한편 중국은 8자를 행운이라고 생각하므로, 북경 올림픽을 2008년 8월 8일 오후 8시 8분에 개최한다고 하며, 전화번호나 자동차 번호에 8을 선호한다.

Nike사는 Nike의 로고가 Allah신에 대한 상징과 닮아 보인다고 아라비아 시장으로부터 항의를 받았을 때 자사의 불길 모양의 로고를 없애버렸다. 그 상징물은 문제가 더욱 악화되어 운동화와 연관되었다. 아랍국가에서 발과 발바닥이 깨끗하지 않은 것으로 인식되었다.

5. 경제적 환경

한 국가의 경제적 환경이 소비자 행동에 영향을 미친다. 특히 세 가지 요인, 즉 그 국가의 경제수준, 경제의 하부구조 및 경제정책이 중요하다. 선진 산업국가의 높은 생활수준은 전자제품, 가전제품 및 자동차에 대한 폭넓은 소유를 가능케 한다. 후진국 즉 개발도상국들은 선진국들의 TV 소유, 전자제품 보유수준(95% 이상) 또는 가정용 PC 소유(40% 이상)에 미치지 못하고 있다.

Kellogg사가 동남아시아에 시리얼을 도입하였을 때, 이 회사는 아시아 소비자들로 하여금 시리얼을 먹도록 영향을 주기 위해서는 아침식사 습관을 변경시켜야 한다는 사실을 간파하였다. 역시 이 회사는 아시아 소비자들이 TV를 제한적으로 소유하고 있으므로 TV 캠페인을 하는 것이 효과적인 수단이 아님을 터득하였다.

이와 유사하게 해외 소비자의 태도와 행동을 조사하는데 마케팅 조사자들은 단지 중류층 이상의 가정만이 전화를 소유하고 있기 때문에 여러 국가에서 전화를 이용하여 정보를 수집할 수가 없다. 따라서 지금까지도 인도와 같은 국가에서 가가호호 대인면접이 마케팅 조사를 행하는데 보다 효과적인 방법이다.

어떤 국가가 사업수행을 위해서 사용하는 시설물, 즉 매체, 장거리 통신, 수송 및 전력 등은 그 국가의 하부구조이다. 많은 후진국들의 매체, 장거리 통신 및 유통시설은 원시적 수준이다. 예를 들어, 러시아와 동구유럽의 소비자들이 선진국 제품을 열망하고 있지만, 오래된 유통망과 광고를 할 수 없는 제한된 시설 때문에 선진국 제품을 마케팅하는데 어려움이 있다. 마케팅 기업들은 양호한 도로망 및 창고설비와 같은 기본적인 요구조건을 당연한 것으로 생각할 수 없다. 저개발국가를 표적으로 하는 기업은 마케팅 전략을 수행하는데 있어 상기와 유사한 한계와 제약에 직면한다. 예를 들어, L'Oreal사는 2000년 인도에 Maybelline New York을 출시하였다. 다른 아시아 국가에서는 성공했음에도 불구하고, 인도에서는 소규모 점포에서 유통되고 있어, 이 회사는 유통경로 시스템에서 커다란 도전적 문제에 직면하였다.

한 국가의 경제정책도 역시 소비자 행동에 영향을 미친다. 많은 국가들이 자국 산업을 보호하기 위해서 수입에 대해 관세장벽을 제도화하고 있으며, 따라서 자국 소비자들로 하여금 외국제품을 접하지 못하게 한다. 예를 들어, NAFTA, WTO, FTA 등에 의해서 간소화되고 또한 여러 북아메리카 국가들이 관세 등을 철폐함에 따라 관세가 과거 20년 동안 실질적으로 낮아지고 있지만, 관세는 여러 국가에서 소비자 선택에 대해 장애물이 되고 있다.

제 3 절 소비자 행동에 대한 세계적 영향

국제 마케팅에 대해 세계적(표준화된) 전략을 지지하는 측은 국가들 간에 유사한 취향과 가치관이 증가하고 있음을 주장한다. 수송과 통신이 발전됨으로써 세계적 기준에 따라 광고메시지의 전달과 제품의 유통경로가 이루어지고 있기 때문이다. World Wide Web의 이용성이 증가함에 따라 더욱 더 세계적인 커뮤니케이션에 박차를 가하고 있다. 이러한 추세의 결과로 Coca-Cola, Starbucks 및 Levi's 청바지와 같은 상표 그리고 McDonald's나 Pizza Hut과 같은 즉석식품점들은 세계적인 상표가 되고 있다.

물질주의, 아름다움에 대한 욕망, 어린이를 보살피는 일 및 안전과 같은 특별한 가치관이 대부분의 국가에 존재한다. 만약 소비자들이 이러한 가치관을 어떤 제품범주에 연관시킬 수 있다면 국가들 간에 표준화된 마케팅 전략이 가능할 수 있다. 예를 들어, Poraroid사는 세계적인 언어로서 사진을 주제로 하여 하나의 세계적인 캠페인을 개발하였다. 그 캠페인은 사진을 통해 커뮤니케이트하는 주제가 대부분의 문화와 관련되었기 때문에 성공하였다.

몇 가지 요인들, 즉 세계적인 유선 네트워크를 통해서 공통적인 TV 프로그램을 이용할 수 있으며, 세계적으로 10대들 간에 공통적인 가치관이 존재하며, 무역장벽이 점차적으로 축소되고, 또한 세계적인 기준하에서 가치관이 선진화되어 가는 것 등 소비자 행동에 대해 세계적으로 영향이 증가하고 있다.

1. 세계적인 커뮤니케이션

세계화에 대해 가장 의미 있는 박차요인은 세계적인 커뮤니케이션의 증가이다. 세계적 커뮤니케이션 수단으로서는 인터넷의 사용증가, 세계적인 유선 네트워크를 이용한 공통적인 TV 프로그램의 이용 가능성 그리고 세계적인 10대들의 가치관에 의한 영향 등이 있는데, 이 수단들로 세계적인 상표전략이 보다 가능해지고 있다.

1) 세계적 커뮤니케이션에서 인터넷의 역할

세계적으로 인터넷 이용은 계속 증가하고 있다. 물론 인터넷 이용이 몇 나라에 크게 집중하고 있는 것도 사실이지만 점차 PC의 보급과 더불어 인터넷에의 접촉은 더욱 빠른 속도로 확산되고 있다.

물론 초기에는 미국이 지배적이었다. 미국은 웹사이트 설계로부터 전자상거래에 이르기까지 세계적으로 웹 문화의 발전에 분명하게 영향을 주었다. 또한 영어가 기본적인 언어이며 개인주의, 정보제공력, 분권화와 같은 인터넷 문화는 많은 사람들에게 핵심적인 속성이 되고 있다. 미국이 인터넷을 지배함에 따라 웹이 음악에서부터 의상 등에 이르는 모든 것에서 미국사람들의 패션, 추세, 취향을 퍼지게 하는 통로가 되고 있다.

상기와는 대조적으로 최근에는 인터넷이 역시 문화 및 국가들 간의 차이를 더 두드러지게 만들고 있다. 이러한 차이는 어느 곳보다도 유럽과 아시아에서 인터넷 접속과 이용이 폭발적으로 증가함으로써 더 현저해지고 있다.

2) 주류화

사람들은 대중매체로부터 받은 정보에 근거하여 거의 그들 주위의 세상을 보는 경향이 있다. 그러므로 TV를 많이 시청하는 사람들은 현실을 유사하게 지각하게 되는데, 그 이유는 시청자들이 유사한 자극에 노출되기 때문이다. **주류화**(mainstreaming)라고 하는 이 효과는 세계적인 TV 네트워크가 세계적인 기준으로 유사한 규범과 가치관을 촉진하고 있음을 의미한다.

세계적으로 수억 명의 청중을 확보하고 있는 CNN과 MTV와 같은 세계적인 유선 TV채널이 출현됨으로써 주류화는 기본적으로 세계적인 추세가 되었다. 세계적인 매체로 인해 마케팅 기업은 하나의 주제를 가지고 여러 국가에서 청중들에게 광고함으로써 세계적인 상표를 쉽게 창조할 수 있다. 더욱이 인터넷은 특히 Y세대 소비자들에게 공통적인 취향과 선호성을 전달하는 세계적인 커뮤니케이션 매체를 제공함으로써 주류화를 더욱 강화시키고 있다.

2. 전세계적으로 보편화된 인구통계적 추세

중요한 인구통계적 추세, 즉 직장여성의 비율 증가, 독신자 가구의 비율 증가, 이혼율 증가, 만혼 및 가구당 어린이가 거의 없는 추세 등은 미국뿐만 아니라 프랑스에서부터 타이완, 한국 등에 이르기까지 세계 대부분의 선진국 및 중진국들에서 나타나고 있다.

이러한 공통적인 추세는 세계적인 마케팅 전략의 수립을 고무시킨다. 예를 들어, 프랑스, 일본, 스웨덴, 러시아, 미국 등에서의 이혼율의 증가는 Toys 'R' Us사가 세계적으로 성공하게 된 한 가지 요인이 되고 있다. 이 회사는 따로 사는 부모들이 그 자녀들에게 장난감을 사줄 가능성이 매우 크다는 사실을 인식하였다.

아마도 마케팅 기업들에게 가장 의미 있는 세계적인 인구통계적 추세는 개발도상국 특히 아시아에서 근로여성의 증가이다. 일본의 경우, 근로여성의 수는 과거 10년 동안 20%가 증가하였다. 홍콩의 경우, 직장여성들이 5년 동안 20% 증가하여 전체 노동력의 40%를 구성하고 있으며, 말레이시아에서는 47%의 여성이 일을 하고 있다.

이러한 변화의 추세에 반영하기 위해 마케팅 기업들은 전략을 변경하고 있다. 예를 들어, 슈퍼마켓은 늦은 시간까지 일하는 근로여성들의 욕구를 충족시키기 위해 늦게까지 점포를 열고 있으며, 가정용품 및 기타 제품에 대한 광고는 전통적으로 여성들이 했던 역할을 수행하는 남성들을 보여준다.

예를 들어, HSBC Holdings사의 사업단위인 Hong Kong은행은 랩탑 컴퓨터에서 작업하고 있는 부인에게 홍차를 주고, 부인을 공항까지 배웅하는 남편을 보여주는 광고캠페인에서 직장여성을 표적화하였다. 남편은 부인이 출장간 동안 해야 할 허드렛일인 청소하기, 접시 닦기, 야채 쇼핑 등을 하게 된다.

이와 유사하게, 태국, 말레이시아, 홍콩에서 직장여성의 비율이 증가함에 따라 슈퍼마켓 체인인 Justo사는 이들 국가에 점포를 개설하였다. 이들 국가의 대부분의 여성들이 야외시장 및 소형 식료품점에서 쇼핑하기는 하지만 직장여성들은 이미 전통적인 방식으로 쇼핑할 시간이 거의 없다는 사실 그리고 슈퍼마켓에서 시간을 절약하는 편리함을 원하고 있음을 인식하고 있다.

3. 무역장벽의 축소

관세 및 할당 등에서 무역장벽이 세계적으로 낮아짐으로써 국가들 간의 재화의 흐름이 원활해지고 있으며, 결과적으로 공통적인 취향과 가치관이 생겨나고 있다. 무역장벽을 축소하려는 세계적인 노력은 제2차 세계대전 이후 1947년 미국을 비롯한 22개국들이 GATT(General Agreement on Tariffs and Trade)에 서명한 후 시작되었다. GATT의 목표는 단계별로 관세를 줄이는 것인데, 1990년대까지 7번이나 단계별로 인하되었다.

세계적인 합의에 추가하여 지역적인 합의가 무역장벽을 축소하도록 만들었다. 가장 처음이고 두드러진 것인 **유럽공동체**(EC : European Community : 유럽연합 : EU : European Union)는 회원국들 간에 무역장벽을 제거하고, 마케팅 및 제품안전 규칙을 표준화하기 위한 규칙 등을 마련하였으며, 2002년 단일통화(Euro화)를 도입하였다. 또 다른 것은 NAFTA(북미자유무역협정 : North America Free Trade Agreement)로서, 관세를 0으로까지 줄임으로써 미국, 캐나다, 멕시코 간의 재화의 흐름을 촉진시키고 있다.

EU의 25개국(2008년부터는 27개국이 될 것임) 간의 무역장벽의 철폐와 Euro화의 채택은 **유럽소비자**(Euroconsumer), 즉 이웃 유럽국가들의 소비자들과 많은 공유된 가치관을 갖고 있는 소비자들을 조성할 가능성이 있다. 이에 따라서 기업들은 유럽 전역에 동일한 방법으로 제품을 판매하기 위해 동일한 상표명으로 동일한 포장에 여러 언어로 된 상표인 **유럽상표**(Eurobrand)를 개발하고 있다. 예를 들어, Sara Lee는 양말, 내복, 란제리에 대해 유럽상표로서 Dim이란 이름을 선정하였다. 공통적인 전략을 사용하여 Sara Lee사는 Dim 이름으로 모든 유럽공동체 국가에 제품을 판매할 수 있다.

물론 유럽의 각 국가에는 상이한 문화를 가지고 있어 공통된 단일의 유럽소비자가 조성될 가능성은 거의 없으므로, 현재 마케팅 기업들은 그러한 차이에 따라 자사의 전략을 적응해야 한다. 예를 들어, 유럽에 대해 하나의 광고캠페인으로 자사의 Series7 계열을 출시하려던 BMW사는 그 차이의 존재를 간파하고, 범유럽적 견해보다는 국가주의적인 지역적 견해를 받아들이고 있다.

4. 소비 가치관의 선진화

커뮤니케이션의 세계화, 무역장벽의 축소, 공산주의의 몰락 등으로 세계는 선진국의 소비 가치관을 수용하고 있다. 전세계 대부분의 소비자들은 지위의 상징으로서 선진국 제품을 열망하고 있는데, 그러한 열망을 성취하기 위해 소비자들은 **흡수화**(co-optation)라는 과정, 즉 지역적 언어, 의미, 신념과 일치되도록 하기 위해서 선진국의 소비 가치관을 채택하고 있다. 어떤 저자는 선진국들 중 미국의 소비 가치관의 흡수화를 설명하기 위해 "McWorld"라는 용어를 만들었는데, 아래의 내용을 생각해 보자.

- 러시아에서, 청소년 소비자들은 전통적으로 단정치 않다고 인식되어 온 모습을 유지하기 위해 서구 제품으로 전향하고 있다. 즉 그들은 Chicago Bears와 L. A. Lakes T셔츠, 복제품으로 된 목이 긴 운동화, 야구모자 등을 입고 있다. 즉석식품에 대한 취향은 삽시간에 퍼져 나갔으며 Amerikanski Vgamburgeri와 Budweiser는 최고의 인기를 누리고 있다.
- 일본 소비자들도 역시 미국제 라벨을 고수한다. 예를 들어, L. L. Beans 라벨은 일본에서 우상은 아닐지라도 지위의 상징으로서 까탈스럽게 간주되고 있는 기능적인 미국인의 모습과 연관된다.
- 브라질에서 Jack-in-the-Box 체인이 실패하였는데, 그 이유는 McDonald's와는 달리 미국인의 생활방식을 브라질 사람들에게 주지시키는데 어떤 조치도 하지 않았기 때문이었다.
- Holland에서도 농부들이 New York Yankee셔츠, 청바지 및 녹색 끈이 있는 Air Jordans을 입고 있다.

미국기업들은 광고에 미국식 주제, 미국인 유명인사 그리고 영어 슬로건을 사용하여, 이러한 추세를 이용하고 있다. 그러나 이것은 미국기업들이 자기민족중심주의가 되고 있다는 것을 의미하지는 않는다. 이 기업들은 실제로 미국의 가치관이 미국소비자들에게 침투될 수 있다고 가정하기보다는 외국소비자들의 욕구에 따르고 있는 것이다. 더욱이 기업들은 지역적인 욕구와 취향에 맞도록 미국지향적인 광고를 변경하여 적응하고 있다. 예를 들어, Reebok사가 프랑스에서 광고했을 때 폭력을 묘사하는 것에 대한 프랑스 소비자들의 반감 때문에 Planet Reebok 상업광고에서 권투 주제를 삭제하였다.

선진국 사람들의 소비 가치관이 세계에 퍼져 나가고 있지만 그 효과가 기대한 것처럼 두드러지지 않고 있다. 즉 지역기업들은 도서, 운동, 음악, 식품, 음료, 패션과 같은 분야에서 자사 시장을 계속 지배하고 있는데, 이는 문화적 동질성이 계속 존재하지 않고 있음을 나타내는 것이다.

유럽에서 인터넷과 관련된 콘텐츠를 개발하는데 있어 처음에는 미국의 영향을 크게 받아왔지만, 최근에는 유럽소비자들의 취향에 맞추기 위해 독특한 스타일을 개발하고 있다.

제4절 교차문화적 및 세계적 영향요인의 전략적 응용

교차문화적 견해 그리고 세계적 견해 간의 차이는 국제 마케팅 전략을 수립하는데 중요한 것이다. 즉 지역화 기준, 세계적 기준 또는 중간의 방식으로 판매할 것인가는 해외에서 판매하고 있는 마케팅 관리자들이 결정해야 할 가장 중요한 것이다. 그러한 결정은 국가들 간의 문화적 차이의 정도에 따라 그리고 공통적인 규범, 가치관 및 취향이 세계적인 접근방법을 정당화할 수 있는 정도에 근거를 두고 있다.

극단적인 것으로서, 어떤 기업은 자사가 서브하는 각 국가의 특별한 욕구에 대해 제품 특성, 광고 및 유통조건을 적응함으로써 완벽하게 지역화 전략을 추구할 수 있다. 그러한 전략은 모든 국가에서 별개의 캠페인을 행하는데 소요되는 비용 때문에 가능하지 않을 수도 있지만, Nestle사는 자사의 식품이 지역의 취향에 맞도록 완전하게 지역화된 전략을 전개하고 있다.

또 다른 극단적인 것으로, 기업은 완벽하게 세계적인 캠페인을 추구할 수 있다. Coca-Cola사는 소비자들이 그 광고를 자국에서 보든지 또는 외국에서 보든지 간에 자사의 광고 메시지가 항상 강화되고 있다고 자부하고 있으며, "one look, one sight, one sound"의 목적을 통해 세계적 상표의 지위를 성취하였다. 그러한 접근방법이 보편적으로 세계적인 이미지와 중요한 규모의 경제를 성취할 수도 있지만, 어느 정도 지역조건에 적응하는 것이 항상 필요하다.

결국 기업들은 완벽하게 세계적 전략을 구사하지 않는다. 지역소비자의 욕구에 어느 정도 적응하는 것이 요구된다. 그런 혼합된 접근방법은 Levi Strauss사가 이용한 "세계적으로 생각하지만 지역적으로 활동하는 전략"을 반영하는 것이다. 이러한 전략을 **유연적인 세계화**(flexible globalization)라고 하는데, 이것은 국가들 간에 마케팅 전략을 표준화하는 것이기는 하지만, 지역조건에 따라 전략의 구성요소를 적응하는데 충분히 유연적이 되도록 하는 것이다. 즉 그러한 전략은 완벽한 지역적 접근방법 또는 세계적 접근방법의 단점에 대한 규범이 되고 있다.

1. 지역화 전략과 그 한계

1) 지역화 전략의 의미와 한계

취향, 관습 및 제품사용에 대한 국가들 간의 실질적인 차이 때문에 많은 기업들이 해외에서 마

케팅 전략을 지역화하고자 한다. 예를 들어,

- Domino Pizza사는 자사의 피자를 변경하여 지역적 전략을 추구하고 있다. 예를 들어, 피자는 영국에서는 달콤한 옥수수를, 독일에서는 사라미를, 오스트레일리아에서는 참새우를 위에다 덮는다. 일본에서 Domino사는 15달러짜리 닭고기를 불에 구워서 덮은 피자를 제공하고 있다.
- McDonald's사는 인도에서 Maharaja Mac을 시장에 내놓고 있는데(양고기로 된 2개의 작은 파이, 특별한 소스, 상추, 치즈, 피클 등), 이는 인도사람들이 소를 신성시 여기기 때문이다.
- Yahoo!사와 같이 미국에 기반을 둔 인터넷 기업들은 국가특이적인 콘텐츠로 유럽 시장에 진출하고 있다. 미국에서 강력한 상표가 프랑스의 인터넷 기업이 되기 위해서는 세계적 비전이 필요하지만, 역시 지역적 감각도 필요하다.

역시 많은 기업들이 국가들 간의 욕구와 관습상의 차이 때문에 온라인 및 오프라인 광고에서 지역화된 접근방법을 취하고 있다. Harley-Davidson, Sony, McDonald's사와 같은 기업들의 웹사이트는 상이한 국가에 대해서 고객화된 페이지를 제공하고 있다.

오프라인 광고의 경우 Maytag사는 소비자가 중요하다고 생각하는 특성 그리고 냉장고 기능의 차이에 따라서 세계적으로 상이하게 자사의 냉장고를 광고한다. 즉 오스트레일리아에서는 냉장고의 역할을 강조하지만, 아랍국가에서는 결혼식 물품목록으로, 영국에서는 고급 냉장고 계열을 강조하며, 중국에서는 가정의 허드렛일로부터의 자유로움에 대한 상징으로서 돌고래를 특성화하는 새로운 TV광고를 도입하였는데, 이런 포유동물에 대한 중국인의 친근감에 바탕을 둔 것이다.

지역화 광고에 대한 예로서 Renaulet사는 자사의 Clio를 여러 유럽국가에서 상이하게 광고하였는데, 그 이유는 소비자들이 그 자동차에서 가장 중요하다고 간주하는 특성이 상이하기 때문이었다. 이 회사는 Portugal에서는 주행상 성능과 특성을, 프랑스에서는 안전과 보호를, 스페인에서는 자아이미지를, 이태리에서는 스타일을 그리고 벨기에에서는 새로움을 강조하였다.

2) 지역화 전략의 한계

지역화된 세계적 전략의 한계는 지역의 취향과 관습에 적응해야 하는 필요성을 경영진들이 인식하지 못하고 있다는 것이다. 마케팅 기업들은 자주 자국에서 적용하는 전략을 그대로 해외에서 활용하려고 시도하고 있는데, 그 결과 어려움에 처해 있다.

예를 들어, 일본에서 Snapple이 처음 판매되기 시작했을 때, 광고주제에 대해 일본 소비자들이 미국제품에 대한 강박관념으로 생각함으로써 실패하였다. 이는 성공적으로 적응화하기 위해서는 보다 지역화된 전략을 수립하고 구사해야 한다는 것을 시사한다.

2. 세계화 전략과 그 한계

1) 세계화 전략의 수립과 수행

그 제품이 세계적인 소구력을 갖는다면 기업은 각 국가에서 동일한 촉진 캠페인과 위치화를 구사할 수 있는 세계적인 전략을 추구해야 한다. 즉 국가들에 대한 전략상의 표준화는 Coca-Cola, Levi's, Sony, Benz, BMW사와 같은 기업의 경우처럼 규모의 경제를 이용하여 엄청난 금액을 절약할 수 있다. 그러나 세계적인 상표전략을 성공적으로 실행하기 위해서는 몇 가지 조건이 필요하다.

- **세계적으로 소비자의 욕구와 가치관에 대한 유사성** : 소비자들은 유행을 따르고 있다고 지각하고자 하며 또한 자신의 욕구를 충족시키는데 도움이 되는 상표를 추구한다.
- **공통적인 이용 유형** : 소비자들이 공통적인 용도로 제품을 이용한다.
- **표준화된 제품** : 세계적으로 동일하게 디자인된 제품으로 거의 수정하지 않고 시장에 출시되며, 생산에서 규모의 경제를 창출한다.
- **지속적인 위치화 그리고 전세계적인 상징과 심상을 이용** : 표적고객들에게 정확하게 위치화되고, 사용되는 상징과 로고가 전세계적으로 이용되고 동일한 의미를 준다.
- **실질적인 상표가치** : 지속적으로 잘 인식되고 있는 세계적인 상표들 중 하나로 평가되고 있다.
- **기업명이 상표명으로 사용됨** : 상표명과 기업명이 동일하여 상표인식을 고취시킬 수 있다. 동일하다는 것은 Coca-Cola, Pepsi, McDonald's, Sony, Benz, BMW 등도 마찬가지이다.

2) 세계적 영향요인(전략)의 한계

세계적 영향요인(전략)에 집중한다는 것은 기업이 일관된 세계적인 광고캠페인으로 하나의 표준화된 제품을 시장에 판매할 수 있다는 것이다. 그러나 이것은 극히 드문 경우이다. 그 제품이 얼마나 세계적이냐에 관계없이 지역적인 관습과 언어에 어느 정도 적응하느냐가 필요하다. 가장 세계적인 상표인 Coca-Cola까지도 완벽하게 세계적인 접근방법을 추구하지 않는다.

즉 Coca-Cola사는 어떤 국가에서는 상표의 형식에서 변화를 시도하고 있으며(중국에서), 또한 세계적인 주제를 사용하는 경우에도 각 국가에 대한 광고에서 변화를 시도하고 있다. 따라서 하나의 통합화된 주제가 상이한 국가에 적용되고 있기는 하지만, 그 나라의 언어와 배우를 이용한다.

그러나 기업이 지역의 욕구에 적응하지 않고 완벽하게 세계적 접근방법을 추구하는 경우 곤욕을 치루게 된다. 예를 들어, Parker Pen사는 1980년대 중엽 154개국에서 자사의 마케팅 전략상의 모든 구성요소를 표준화하려고 시도하였으나, 지역적 차이에 적절하게 주의하지 않음으로써 실패하였다. 즉 세계적인 캠페인에서 스칸디나비아는 보통의 볼펜을 사용하는 시장이며, 반면에 프랑스와 이태리의 소비자들은 화려한 펜을 원한다는 사실을 간과하였다.

세계적 전략에 대한 또 다른 한계는 소비 가치관의 선진화에 대한 반발이 조성되고 있기 때문이다. 이는 최근의 경기침체로 더욱 조성되고 있다. 예를 들어, 일본의 소비자들은 경기침체로 인해 미국제품에 대한 그들의 강박관념으로부터 보다 전통적인 제품으로 회귀하는 변화를 보이고 있다. 이것은 바로 새로운 현실로 되돌아가고 있음을 보여주는 것이다.

세계적 전략의 세 번째 한계는 소비자들이 자주 수입품보다는 지역 상표(자국 상표)를 선호한다는 것이다. 즉 자국시장이 양호한 평판을 누리고 있는 자국의 제품범주를 선호한다는 것으로서, 자국 상표의 우수성뿐만 아니라 전통성을 유지하는 경향이 있기 때문이다.

3. 유연적 세계화

국제 마케팅의 추세는 지역적 욕구에 적응하면서 세계적 전략을 실행하는 것으로 전개되고 있는데, 이러한 것을 "유연적 세계화"라고 한다. 이러한 절충이 이루어지기 위해서 기업은 전반적인 마케팅 전략을 수립해야 하지만, 국가적 특성과 관습을 알고 있는 지역담당 관리자에게 실행을 맡겨야 한다.

예를 들어, Fiat사는 2001년 초 스타일을 다시 하여 만든 Palio 모델을 세계적으로 출시하였을 때 유연적 세계화의 필요성에 직면하였다. 중요한 시장지역은 아르헨티나와 브라질이었지만, Fiat사는 이들 국가들 특히 아르헨티나의 경제침체가 문제가 되었다. Fiat사는 시간의 변화에 적응하기 위해 변화해야 한다는 생각을 커뮤니케이트 하는 "개념에의 변화"라는 주제에 집중된 캠페인을 하기로 결정하였다. 비판가들은 심각한 경기침체시에 자동차를 판매하는 것이 어렵다고 주장하였지만, 그 캠페인은 짧은 기간 동안에 이들 국가에서 판매고를 50%까지 증가시키는데 성공하였다. 즉 Fiat사는 지역의 경제조건에 따라 세계적 출시를 맞추는데 성공하였다.

Dell Computer사는 서비스 부문에서 유연적 세계화를 전개하고 있다. 이 회사는 85개의 상이한 국가와 지역을 표적으로 한 웹사이트를 확보하고 있다. 컴퓨터를 판매하는 방식으로 직접 고객에게 지향하는 방법에 대해 명성을 획득함으로써 Dell사는 사이트에 따라서 이용자들이 일관되게 확실한 경험을 할 수 있도록 각각의 세계적인 웹사이트에 대해 공통적인 기술 플랫폼을 창조하였다. 그러나 그 후 Dell사는 지역 팀으로 하여금 판매를 관리하도록 허용하고 또한 고객들이 지역에서 항상 어떤 사람과 거래를 할 수 있도록 지역별 고객 서비스 요원을 고용하고 있다.

제 5 절 해외 소비자에 대한 영향의 사회적 시사점

1. 부정적인 영향

교차문화적 영향 및 세계적 영향의 본질은 시장에서 소비자 권리와 관련되는 수많은 사회지향적 문제를 일으킨다. 외국시장의 소비자들은 안전한 제품, 완전한 정보 그리고 적절한 선택에 대한 권리를 가지고 있다. 이러한 권리는 소비자가 선진국에 또는 후진국에 거주하느냐와는 관계없이 적용된다.

국제 마케팅에서 논쟁이 되는 문제들 중의 하나는 제3 세계 국가의 소비자들은 제품이 안전하게 생산되고 또는 제품의 내용과 성능에 대해 완벽하게 알아야 할 경우에도 적절한 방어책을 가지고 있지 않다는 것이다. 즉 어떤 기업은 후진국에서 소비자를 오도하거나 해를 주는 제품(GMO 식품)을 판매함으로써 비난을 받고 있다.

2. 부정적 영향의 사례

가장 널리 알려진 사례는 Nestle사의 유아용 조유제품이다. 조유제품이 그 지역의 오염된 물과 혼합되어 사용됨으로써 제3 세계의 많은 어린이들이 사망하는 사건이 발생되어 Nestle사의 제품에 대한 세계적인 불매운동이 1970년대 후반 계속해서 전개되었다.

Nestle사는 유아용 조유제품의 촉진과 유통경로가 UN이 설정한 지침을 지키고 있다고 주장함으로써 이 문제를 해결하려고 하였다. 그러나 1989년 Nestle사가 UN의 지침이 제시하는 정신과 맞지 않은 유아용 조유제품의 유통경로로 다시 비난을 받음으로써 1970년대에 발생했던 문제가 재발되었다. 이 문제는 아직까지도 완전하게 해결되지 않고 있다.

점증적으로 주의를 끌고 있는 또 다른 문제는 저개발국의 소비자들에게 상표를 표적화하는 미국의 담배회사들이다. 담배회사들은 미국의 법규가 계속해서 광고와 마케팅 활동을 규제함에 따라, 점차 미래의 성장기회를 해외에서 찾고 있다. 이에 미국의 담배회사들은 미국 이외의 시장에서 수익이 1993년 157억 달러에서 1997년 263억 달러로 크게 증가하였다. 즉 스페인의 경우 Madonna의 콘서트에서는 "Salem Madonna"가 방송되고, 루마니아에서는 신호등이 푸른색이 될 때 신호등을 배경으로 Camel 로고가 나오는 광고를 보여주었다.

소비자 옹호자들은 특히 기아와 질병이 만연된 국가에서 흡연을 고무하고 권장하는 것은 비윤리적이라고 믿고 있다. World Health Organization(WHO)의 연구 결과는 미국 담배회사들의 마케팅 캠페인은 후진국에서 전통적으로 비흡연집단인 여성과 10대들에게 소비를 급증케 한다는 사실을 밝혔다. WHO에 의하면, 세계적으로 연간 350만 명이 흡연으로 사망하는데, 특히 후진국에서 거의 반 이상이 사망하고 있으므로, 이러한 추세는 아직까지 경고의 대상이 되고 있다.

참고문헌

윤훈현 역, 『소비자행동론』, 제6판, 석정, 1998.

윤훈현, 『소비자행동론』, 석정, 2005.

"Avon Talks Globally to Women," *Advertising Age Global* (October 2001), p. 43.

David Osterhout, "Maytag Name Missing in China Ad Effort," *Advertising Age International* (May 2000), p. 2.

"Depicting Men Doing Housework Can Be Risky for Marketers In Asia," *Wall Street Journal* (August 14, 1998), p. B6.

Donnel A. Briley, Michael W. Morris and Itamar Simonson, "Reasons as Carriers of Culture : Dynamic versus Dispositional Models of Cultural Influence on Desision Making," *Journal of Consumer Research* 27 (September 2000), pp. 157-158.

Eric J. Arnould and Richard R. Wilk, "Why Do the Natives Wear Adidas?" in Thomas C. Kinnear, ed., *Advances in Consumer Research*, Vol. 11 (Provo, Utah : Association for Consumer Research, 1984), pp. 748-752.

"Even Overseas, Tobacco Has Nowhere to Hide," *Adweek's Marketing Week* (April 1, 1991), p. 4.

"Global Ad Campaigns After Many Missteps, Finally Pay Dividends," *Wall Street Journal* (August 27, 1992), pp. A1, A8.

Henry Assael, Consumer Behavior, Houghton Mifflin, 2004.

"In Pursuit of the Elusive Euroconsumer," *New York Times* (Aprill 23, 1991), p. B1.

"Sex-Themed Ads Often Don't Travel Well," *Wall Street Journal* (March 31, 2000).

"Snapple in Japan : How a Splash Dried Up," *Wall Street Journal* (April 15, 1996), pp. B1, B3.

Teresa J. Domzal and Larry L. Unger, "Emerging Positioning Strategies in Global Markets," *Journal of Consumer Marketing* 4 (1987), p. 29.

"The International Agenda," Marketing (July 1, 1995), p. 142 ; and "The Awakening Chinese

Consumer," *New York Times* (October 11, 1992), p. F1.

Thomas C. O'Guinn, Ronald J. Faber, Nadine J. Curias, and Kay Schmitt, "The Cultivation of Consumer Norms," in Thomas K. Srull, ed., *Advances in Consumer Research*, Vol. 16 (Provo, Utah : Association for Consumer Research, 1989), pp. 779-785.

14 chapter

준거집단의 영향

소비자 행동에 대해 가장 중요한 환경적 영향요소 중의 하나는 대면집단이다. 집단 영향에 대한 견해는 준거집단에 기초를 두는데, **준거집단**(reference group)이란 개인의 태도 및 행동에 직접적으로 또는 간접적으로 영향을 미치는 사람으로써, 그 개인이 어떻게 생각하고 행동하는가에 대한 기준이나 가치를 제공하는 준거점으로 작용하는 집단이다.

제1절 마케팅 기업의 집단에 대한 영향

마케팅 기업은 집단에 영향을 주고 또한 집단도 마케팅 기업에게 영향을 준다. 그리고 소비자들은 어떤 요인에 의해 영향을 받음으로써 준거집단의 구성원이 된다.

1. 마케팅 기업의 영향 및 준거집단의 영향

마케팅 기업은 다양한 전략을 이용하여 준거집단에 영향을 주고 있다.

마케팅 기업은 자주 집단분위기를 광고에 이용하여 영향을 준다. 즉 아침식사시에 시리얼을 먹는 가족들, 농구경기를 한 후 청량음료를 마시는 친구들, 새로운 자동차를 보고 칭찬하는 이웃 등 집단분위기에서 자사 제품을 광고한다. 그 목적은 친구와 친척들이 소비자들에 대해 미치는 영향을 나타내는 것으로서, 그것은 그 제품이 집단에 의해서 받아들여지고 또한 그들의 상호작용을 높인다는 것을 시사한다.

또 다른 전략은 마케팅 기업이 그 제품에 대한 증거제시로서 보통의 일반 소비자를 이용하는 것이다. 전형적인 일반 소비자는 그가 속한 준거집단의 대표자(대리인)로서 행동하며 또한 그 구매자의 규범과 가치관을 반영한다.

역시 마케팅 기업은 연사로서 유명인사를 사용하여 집단영향력을 발휘한다. 그러한 경우, 그 연사는 그 소비자가 속한 준거집단의 실질적인 회원이라기보다는 그 소비자가 멀리에서 존경하는 어떤 집단의 한 회원을 묘사한다. 즉 그것은 소비자들이 그 유명인사와 동일시하고자 하기 때문에 그들이 그 유명인사에 의해서 영향을 받을 가능성이 있다는 것이다.

마케팅 기업이 준거집단에 영향을 주기도 하지만, 간혹 준거집단이 마케팅 기업에게 영향을 준다. 물론 그 집단이 충분히 가시적이고 결속적이라면 마케팅 전략에 영향을 미칠 수 있다. 예를 들어, 고급 오토바이 주자들이 특별한 유니폼을 입고 주행하는 경우, 그 제품과 유니폼이 연관되어 유니폼이 하나의 시장을 형성할 수 있다.

2. 준거집단 구성원이 되는 요인

소비자가 준거집단의 구성원이 될 가능성은 아래 세 가지 요인에 의해서 영향을 받는다.

첫째, 근접성이다. 사람들 간의 물리적 거리가 줄어들고, 상호작용의 기회가 늘어나면서 준거집단의 구성원이 될 가능성이 더 높아질 수 있다.

둘째, 단순노출이다. 의도하지 않더라도 접촉빈도가 높으면 준거집단의 구성원이 될 가능성이 높아질 수 있다.

셋째, 집단응집성이다. 집단에 대해 가치를 부여하는 정도가 높으면 집단구성원이 될 가능성이 높아진다. 여기에서 집단응집성이란 구성원이 집단의 회원력에 대해 가치 있게 여기는 정도이다.

제 2 절 준거집단이 영향을 발휘하는 경우

준거집단은 우리의 욕구와 구매행동에 직접적으로 영향을 미치는 역할과 표준을 우리에게 제공한다.

1. 영향을 미치는 역할과 표준 제공

가족은 어린이가 아침에 식사하는 것에 영향을 주며, 동료집단은 10대들이 TV에서 시청할 것과 라디오에서 청취할 것에 대해 영향을 주고, 조직체 집단은 성인들이 입을 근무복에 대해 영향을 준다. 각각의 경우, 그 집단은 그 사람에게 행동하는 방법에 대한 정보를 제공하며 또한 그 사람이 그 집단의 규범에 일치하도록 압력을 가한다.

집단의 규범에 적응하기 위해서, 우리는 가족, 동료집단 또는 조직에 의해서 수립된 가치관을 받아들일 뿐만 아니라, 우리 자신을 정의하기 위해서 그 가치관을 사용한다. 사실상 우리는 다른 사람들이 우리를 어떻게 보는가에 대해 생각한다. 즉 자신을 거울에 비쳐본다는 것은 준거집단이 우리가 우리 자신의 태도와 행동을 평가하는 비교점을 제공한다는 것을 의미한다.

결론적으로 볼 때, 사람들은 최소한 세 가지 면에서 그들의 준거집단에 의해서 영향을 받는다. 첫째, 준거집단은 그 사람을 새로운 행동과 라이프스타일에 노출시킨다. 둘째, 준거집단은 그 사람의 태도 및 자아개념에 영향을 미친다. 셋째, 준거집단은 그 사람의 실질적인 제품과 상표선택에 영향을 미치는 순응압력을 조성한다.

2. 집단이 구매행동에 발휘하는 영향 요인

어떤 집단이 그 사람의 구매행동에 대해 발휘하는 영향은 세 가지 요인 즉, ① 집단에 대한 태도 ② 집단의 본질, ③ 그 제품의 본질 등에 의해서 좌우된다.

1) 집단에 대한 태도

집단에 대한 사람들의 감수성(민감성)은 매우 다양하다. 아래의 경우에 그 사람의 구매행동은 그 집단에 의해서 영향을 받을 가능성이 매우 크다.

- 그 제품이나 서비스에 대해 믿을만한 정보원천으로 그 집단을 인식하는 경우
- 구매 의사결정에 관하여 집단구성원의 견해와 반응을 가치가 있다고 여기는 경우
- 적절한 또는 부적절한 행동에 대해 집단에 의해서 제시되는 보상과 제재를 받아들이는 경우

예를 들어, 새로운 회원이 어떤 스포츠카 또는 사진 찍는 모임 등 동아리의 회원집단의 성원이

되는 경우, 그는 서비스를 받음, 유지 및 제품성능에 관한 정보와 충고에 대해서 다른 회원들에게 의존한다.

더욱이 집단회원들은 그 집단이 제공하는 보상과 제재를 받아들인다. 예를 들어, 신입회원이 그 집단의 가치관과 행동에 일치(순응)하지 않는다면, 그는 따돌림이 되며 비웃음을 받게 된다. 반면에 신입회원이 집단지도자의 뒤를 따르게 되고 인정을 받게 되면 보상을 받게 된다.

2) 집단의 본질

준거집단이 아래에 제시된 특성을 갖고 있는 경우에 구성원의 행동에 영향을 줄 가능성이 매우 크다.

- **결속력** : 구성원들이 동일한 규범과 가치관을 가지고 있음
- **자주 상호작용을 함** : 상호작용을 함으로써 구성원에게 영향을 미칠 기회가 많아짐
- **독특하며 배타적임** : 구성원들이 그 집단의 구성원력을 크게 가치가 있다고 여김

예를 들어, 어떤 동아리 회원집단의 경우 시간이 지남에 따라 회원들이 더 몰입할수록 그 집단은 더 치밀하게 결속된다. 또한 회원들이 사진을 찍는 것을 취미생활로 인식하여 서로 상호작용을 하며 영향을 주게 된다. 더욱이 구성원력으로 인해 서로를 형제 등이라고 부름으로써 회원들 간에 독특하며 배타적인 성향을 갖게 된다.

3) 제품의 본질

개인에 대해 집단의 영향정도를 결정하는 세 번째 요인은 그 제품의 본질이다. 즉 집단은 ① 의류, 화장품 및 가구와 같은 가시적 제품, ② 지위를 의미하는 배타적인 제품에 대해 영향을 미칠 가능성이 매우 크다.

예를 들어, 고급 사진기 또는 고급 스포츠카 등은 그 자체가 지위를 나타내는 표식이다. 그러나 보다 관심을 끄는 것은 그 제품과 연관되는 가시적인 표시물로서, 그 제품을 사용하는 집단은 회원력을 나타내는 자신의 독특한 표식을 가지고 있다. 즉 고급 사진기가 들어 있는 가방, 삼발이, 커다란 줌렌즈, 상표명 등은 어떤 전문가로서의 표식을 가지고 있다.

제3절 준거집단의 유형

준거집단은 여러 가지 기준으로 분류될 수 있는데 〈그림 14-1〉과 같다. 준거집단은 태도와 행동을 평가하는 비교점을 제공하는데, 우선 회원 및 비회원 그리고 긍정적 태도 및 부정적 태도에 따라 기본적인 유형이 있다. 마케팅 기업에 대해 부정적 태도도 하나의 기준이 될 수 있지만, 긍정적 태도가 중요한 기준이므로, 부정적 태도는 간단하게 설명하고, 긍정적 태도기준에 대해서는 상세하게 설명한다.

〈그림 14-1〉 준거집단의 유형

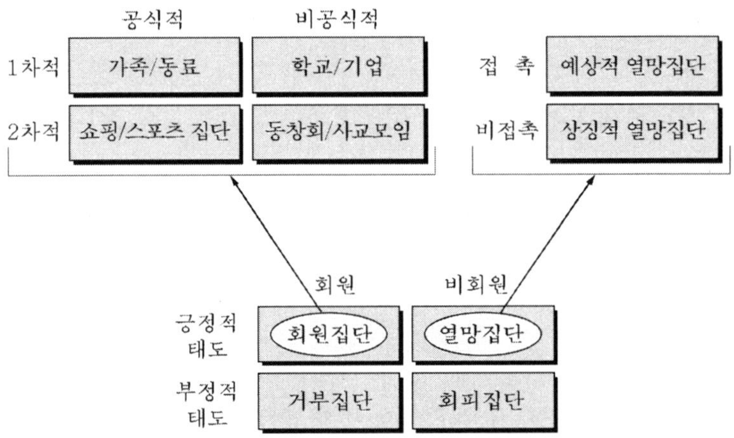

1. 부정적 태도를 기준으로 한 집단 유형

집단은 부정적으로 인식될 수도 있다. 〈그림 14-1〉과 같이 부정적 태도는 다시 회원과 비회원을 기준으로 나누어진다.

첫째, **거부집단**(disclaimant group)으로서, 개인이 어떤 집단에 속해 있지만, 그 집단의 가치관이나 규범을 인정하지 않고 자기가 그 집단에 속한다는 것을 부인할 수 있는 경우이다. 이 유형의 집단은 그 사람에 대해 거부집단이다.

둘째, **회피집단**(dissociative group)은 개인이 피하고자 하는 집단으로 속하고 싶지 않은 집단이다. 이러한 부정적 태도로 인해 대부분의 광고주들은 어떤 집단을 피해야 하며 또는 거부해야 하는 것에 소구하지 않는다. 즉 그 부정적인 특정집단과 관련을 맺어서는 안 된다는 부정적인 어조로 소구하지 않고, 다른 사람들과 상이하게 되어야 한다는 긍정적인 어조를 일반적으로 사용한다. 즉 마케팅 기업은 부정적 태도를 갖는 집단보다는 긍정적인 준거집단인 회원집단 및 열망집단에 집중하는 경향이 있다.

2. 회원집단

긍정적인 준거집단이 중요하기 때문에 〈그림 14-1〉은 **회원집단**(membership group)과 **열망집단**(aspiration group)으로 나누어진다. 긍정적 회원집단은 1차적 및 2차적 그리고 공식적 및 비공식적으로 분류된다.

1) 1차적 비공식 집단

가족과 동료집단은 **1차적 비공식 집단**(primary informal group)으로서, 그 사람과 집단구성원들 간에 빈번하게 접촉하는 친근한 집단이다. 이에 따라 광고주들은 친구와 가족들 간의 소비를 자주 묘사한다. 예를 들어, 어떤 의류광고는 전체 가족들이 그 의상을 인정하여 수용하고 있음을 보여준다.

2) 1차적 공식 집단

1차적 공식 집단(primary formal group)은 가족, 친구 및 동료집단보다 더 공식적인 구조로 되어 있다. 소비자들은 이 집단과 정규적으로 접촉하지만, 1차적 비공식 집단처럼 자주 접촉하지는 않는다. 예를 들어, 어떤 과제를 받은 학급의 조별단위나 또는 매일 함께 일하는 회사집단이다. 따라서 광고주들은 제품승인을 획득하는 수단으로서 이 집단의 구성원력을 묘사한다.

또 다른 예로서, 어떤 소방기구 제조회사는 자사의 무선통신기기를 소방관의 안전과 연관시키고 있다. 화재경보기에 부착되어 있는 자사의 제품을 사용하는 소방관을 보여주는데, 이 회사는 소방관이 구출하는 사람들의 안전뿐만 아니라 동료 소방관의 안전을 보장하는 소방관의 강령에 소구하고 있다.

3) 2차적 비공식 집단

2차적 비공식 집단(secondary informal group)은 공식적인 구조가 없으며 자주 만나지도 않는 집단으로서, 잠시 모이는 쇼핑집단이나 스포츠집단이다. 그러나 이 집단은 구매에 직접적으로 영향을 미친다. 즉 어떤 사람이 3명 이상으로 구성된 집단과 함께 쇼핑하는 경우에 그가 계획했던 것 이상으로 구입하는 경향이 있다.

인터넷의 **이야기방**(chat room)은 2차적 비공식 집단의 또 다른 예이다. 이야기방은 많은 정보를 받아 구매 의사결정을 할 수 있도록 실제 구매자들에게 평가내용과 추천내용을 기록하도록 고무한다. 사람들은 이러한 평가내용과 거의 비슷하게 생각하게 되는데, 그 이유는 평가내용으로 인해 사람들은 그 이야기방을 통해서 추천하는 점포나 상표를 쇼핑하는 다른 사람들과 연관을 맺을 수가 있기 때문이다. 또 다른 예로서, 어떤 비듬제거용 샴푸광고는 식당에서 같이 일하는 동료 웨이터집단을 보여준다.

4) 2차적 공식 집단

2차적 공식 집단(secondary formal group)은 소비자에게 거의 중요치 않은 집단으로서 자주 만나지 않고, 구조화되어 있으며, 또한 밀접하게 결속되어 있지 않다. 예컨대, 동창회 모임, 기업 사장들 모임, 소작농민 조직 등이 있다. 특별한 제품을 제조하는 마케팅 기업(여행사 등)이 이러한 집단에 대해 관심을 보이기는 하지만, 전국상표 마케팅 기업들은 일반적으로 이 집단을 묘사하거나 소구하지 않는다.

3. 열망집단

열망집단은 예상적 집단 및 상징적 집단으로 분류된다(〈그림 14-1〉 참조). **예상적 열망집단**(anticipatory aspiration group)은 그 사람이 장래에 소속될 것을 예상하는 집단으로서, 대개의 경우 직접 접촉한다. 즉 그 사람이 속하고자 하는 조직계층에서의 상위집단이 가장 좋은 예이다. 이러한 욕망은 일반적으로 서구문화에서 가장 중요한 것으로 받아들여지고 있는 보상, 즉 권력, 지위, 위신, 금전에 바탕을 두고 있다. 이에 마케팅 기업은 보다 높은 열망집단으로 올라감으로써 자신의 위치를 높이려는 욕망에 소구한다. 의복과 화장품은 사업의 성공과 위신의 맥락에서 자주 광고된다.

남성의류와 향수 제조업자들이 이러한 주제를 사용하고 있는데, 여성용 제품들은 점증적으로 직업여성들이 증가함에 따라 조직에서의 승진에 대한 욕망에 소구한다. 조직 내의 열망집단에 직접적으로 소구하는 예는 1988년 Jonnie Walker Black Label 광고이다. 즉 그 광고는 사회경제적 계층에서 최상의 자리에 도달하려고 희망하는 사람들에게 소구한다. 즉 그 제품을 구매한다는 것은 바로 열망집단의 규범을 받아들인다는 것을 제시한다.

둘째, **상징적 열망집단**(symbolic aspiration group)은 그 사람이 열망하는 집단이지만, 그 집단의 신념과 태도를 받아들임에도 불구하고, 그 사람이 속할 가능성이 없는 집단이다. 따라서 열망집단과 관련되는 제품을 구입하는 것은 그 집단과의 대리적 관계를 수립하는 수단인 것이다. 예를 들어, 열광적인 축구팬이 두드러지게 표출되는 그 팀의 로고가 들어 있는 운동복이나 셔츠를 구입하는 것이다. 그러한 영향이 중요시되는 경우는 그 제품이 가시적으로 두드러지는 경우이다.

또한 마케팅 기업은 어떤 특정한 제품을 광고하기 위해서 유명인사(인기 연예인 등)를 이용함으로써 상징적 열망에 소구한다. 예를 들어, 수퍼모델을 이용하여 영양제를 광고하거나, 유명 연예인을 이용하여 특별한 의약품을 광고할 수 있다. 이 경우에 유명 연예인이 그 제품에 대한 전문지식이 있어서가 아니라 그의 이름에 근거를 두는 것이다. 즉 수퍼모델이나 연예인들의 날씬한 몸매나 건강한 모습과 대리적으로 연관을 맺는 사람은 그 제품을 구입하는데 영향을 받을 수 있다.

제 4 절 준거집단의 본질

준거집단은 소비자에 대해 영향력을 발휘하는데 몇 가지 특징을 가지고 있다. 준거집단은 규범, 가치관, 역할, 지위, 사회화, 권력을 수립한다.

1. 규범

규범(norms)이란 그 집단이 수립하는 행동의 규칙과 표준이다. 회원집단은 이러한 규범에 일치되도록 기대되는데, 이러한 규범은 의상, 식사습관, 자동차 또는 화장품 상표와의 적합성과 관련된다.

즉 어떤 특정집단의 규범은 의상, 조건, 그 집단회원들에게 제공되는 도움 그리고 그 집단에 속하지 않은 사람들에 대해 취하는 형식 등에 대해 정의되고 있는데, 그 규범들은 서식화되어 있지는 않지만 분명하게 회원집단 간에 이해되고 있다.

2. 가치관

가치관(values)이란 어떤 행위가 바람직한가 또는 바람직하지 않는가에 대한 집단 구성원들 간에 공유되어 있는 신념이다. 물론 가치관은 문화와 하위문화에 의해서 거의 정의되지만, 가족 및 동료집단에 따라 실질적으로 상이하다. 즉 어떤 가족은 사회적 지위에 대해 더 많은 가치를 부여하는 반면에, 다른 가족은 사회적 지위보다는 개인적인 발전에 더 많은 가치를 부여한다.

어떤 집단의 회원들의 가치관에는 개인적인 자유를 행동으로 이행하고 성취하기 위한 수단으로서 특정 제품을 소유한다. 또한 어떤 회원집단은 애국적 가치관을 나타내기도 하여 외국제품을 소유하는 것을 비애국적이라고 간주하여, 제품이나 의상에 애국지향적인 메시지를 표시하기도 한다.

3. 역할

역할(roles)은 그 개인이 부여받는 기능 또는 그 집단이 집단의 목표를 성취하기 위해 그 사람에게 부과한 기능이다. 집단구매행동에서 마케팅 기업들은 최상으로 이용할 수 있는 상표나 제품범주를 이용할 수 있는 상표나 제품범주를 제공하려는 시도로서 특별한 역할을 확인할 수 있다. 이러한 역할은 가정 의사결정에도 적용되는데, 그 역할에 대해서는 제15장에서 상세하게 연구한다.

4. 지위

지위(status)는 그 사람이 그 집단내에서 소유하고 있는 **직위**(위치 : position)에 대한 것이다. 높은 지위는 더 많은 권력과 영향력을 갖는다. 즉 이사회의 의장은 조직 내에서 가장 높은 지위를 갖지만, 주말 골프클럽에서는 가장 약한 회원이 될 수도 있다. 의상이나 소유물의 상징은 자주 높은 지위 또는 낮은 지위와 연관된다. 예를 들어, 회장이 사용하는 오크로 장식된 사무실은 지위를 상징하지만, 수위가 입는 유니폼 역시 지위를 나타낸다.

회원집단의 지위는 그들의 선임기준, 집단행동에의 참가와 지도력, 전문지식과 경험 그리고 특정 제품에 대한 특별한 지식 등의 기준에 따라서 회원들에게 부여되는데, 그 지위는 비공식적인 계층에 의해서 표시된다.

예를 들어, 소비자들은 그 메시지가 부 그리고 함축적인 우월성을 나타내므로 사회적으로 지위를 표출하는 제품을 구입하기도 한다. 즉 우아한 드레스와 고급스러운 자동차가 지위의 상징물이 될 수 있지만, 어떤 집단에서는 상징주의가 그 사람의 부와 지위에 대해 반대적으로 작용된다. 즉 청바지와 소형차가 부유한 교외거주자에게는 규범이 되는 반면에, 대형차와 고가의 의상이 낮은 사회계층적 집단에게는 지위상징물이 될 수도 있다.

5. 사회화

어떤 사람이 집단의 규범 그리고 기대되는 역할을 학습하는 과정을 **사회화**(socialization)라고 한다. 어떤 직무에서 다른 직무로 이동한 사람은 그 조직의 공식적인 규칙과 기대에 추가하여 그가 속한 1차적인 근로집단으로부터 비공식적인 규칙과 기대를 학습해야 한다.

소비자 사회화(consumer socialization)란 소비자가 시장에서 활동하는데 필요한 지식과 기술을 획득하는 과정이다. 가장 중요한 두 가지 유형은 어린이의 사회화 그리고 어떤 공동체에 새로 이사온 사람들의 사회화이다.

즉 회원집단들은 다른 회원들과 매체를 포함한 여러 상이한 원천으로부터 적절한 소비행위에 대한 모델을 학습함으로써 소비자 사회화를 하게 된다. 노련한 회원들의 독특한 태도(독립성, 완강함)로 인해 새로운 회원들은 적절한 모습에 대한 최초의 이용물로서 그 제품에 대한 촉진용 카탈로그 등에 의존하여 학습하게 된다. 따라서 이러한 상업적 정보원천은 집단 내에서 역할 모델을 열심히 배워 흉내를 내려는 새로운 회원들의 시도 그리고 그 집단에 대한 일치성을 보강하는 압력으로 작용한다.

6. 권력

집단이 개인에 대해 가지는 영향력은 그 집단의 **권력**(power)과 밀접하게 관련된다. 마케팅과 관련되는 집단영향의 원천은 세 가지, 즉 전문가력, 준거력, 보상력이 있다.

1) 전문가력

전문가력(expert power)을 갖기 위해서, 그 사람이나 집단은 경험이나 지식을 가져야 한다. 소비자는 친구가 그 제품에 대해 많이 알거나 경험이 있다고 간주한다면, 그 친구의 구매권고를 수용할 수도 있다. 역시 판매원이 소비자에게 신뢰감을 주는 경우에 판매원은 전문가 원천으로 간주될 수 있다.

2) 준거력

준거력(referent power)의 기초는 그 사람이 그 집단의 구성원들과 일치하려는 것이다. 그 사람의 신념과 태도가 그 집단회원의 신념 및 태도와 유사할수록 그 집단의 준거력이 더 크다. 그 사람은 그 집단이 공통적인 규범과 가치관을 가지고 있기 때문에 그 집단의 구성원이 되거나 또는 어떤 집단에 속하려고 열망할 수도 있다.

3) 보상력

보상력(reward power)은 그 사람에게 보상할 수 있는 그 집단의 능력에 근거한다. 기업은 돈과 직위로 구성원에게 보상할 수 있다. 가족은 어린이에게 칭찬이나 승낙으로 보상할 수 있다. 사회집단도 역시 구매행동에 대해 보상을 줄 수 있는데, 의상이나 외모에 대해 관련집단 구성원들이 주는 칭찬은 그 소비자의 선택을 강화한다.

보상력을 갖고 있는 집단은 역시 그 사람에 대해서 **강제력**(coercive power)을 갖는다. 즉 그 집단은 인정하기도 하고, 제외시키기도 한다. 그 집단의 중요성이 클수록 반대하는 또는 심지어는 처벌하는 힘도 역시 크다. 즉 조직은 어떤 사람을 해고할 수 있는 힘을 가지며, 부모는 어린이를 벌 줄 수 있는 힘을 그리고 사회집단은 상식에 벗어난 행동을 하는 사람을 추방할 수 있는 힘을 가지고 있다.

집단영향에 대한 상기의 세 가지 원천은 서로가 배타적이 아니다. 예를 들어, 회원집단은 회원들에 대해 세 가지 형태의 영향력을 발휘한다. 즉 노련한 회원들은 올바른 모습, 전문적인 기술, 언어, 행동 절차 등을 나타냄으로써 소비자 사회화 과정에서 새로운 회원들에 대해 전문가력을 발휘한다. 그 집단은 신입회원들이 노련한 회원들을 모방하도록 함으로써 준거력을 발휘한다. 그리고 그 집단은 일치성을 요구함으로써 보상력을 발휘하는데, 그러한 일치성에 대해서 회원들에게 지위를 높여줌으로써 보상을 해 준다.

제5절 웹 공동체의 본질

인터넷은 먼 거리에서도 사회화의 수단이 되고 있다. 웹 공동체는 사람들이 가치관, 신념 및 관심사를 공유하고 있기 때문에 조성된다.

1. 웹 공동체의 의미와 조성

웹 공동체(web community)란 정보를 탐색하고 또한 동일한 주제에 관심을 갖고 있는 다른 사람들을 찾는 인터넷 이용자들에 의해서 조성된 일반대중들의 공동체이다. 이 사람들은 집단을 형성하고 또한 그들의 공통적인 관심사에 기초하여 정보와 경험을 논의하고 공유한다. 그 공동체는 세 가지 형태로 조성된다.

첫째, 탐색자들은 웹, 즉 기본적으로 전자우편을 통해서 서로를 알 수 있으며 또한 그들의 대화 속에 다른 관심사를 갖고 있는 사람들을 끌어들인다.

둘째, 웹 마케팅 기업은 사이트를 후원할 수 있다. 예를 들어, Yahoo!사의 Web Ring과 같은 사이트는 같은 관심사에 대해 어떤 공동체가 있는가를 탐색자에게 제공한다. 그러나 탐색하는 공동체가 없는 경우에 Web Ring은 공동체를 형성할 수 있는 수단을 제공한다.

셋째, 공동체는 특정한 집단에 대해 가장 적절한 관심사에 가장 잘 맞는 사이트를 개발・발전시킴으로써 형성될 수 있다. 예를 들어, 어떤 포탈은 여성들에게 건강보험, 패션, 육아 및 여성의 권리 등과 같은 다양한 주제에 대해 공유된 관심사에 맞춤으로써 공동체의 의미를 제공하기도 한다.

따라서 웹 공동체는 회원들 간에 소속감을 의미한다. 인터넷을 통해 조성된 공동체에 대한 감정과 느낌은 정확하게 잘 맞는 콘텐츠, 유사한 마음을 가진 이용자들 간의 상표선호성, 웹을 통해 타인들과 상호작용하는 능력, 웹사이트의 발전을 조성할 수 있는 기회 그리고 참가자들의 상호이점 등에 의해서 나타나며 또한 강화된다.

2. 웹을 통한 공동체의 유형

인터넷을 통한 공동체에는 네 가지 유형, 즉 거래, 관심사, 환상 및 관계 공동체가 있다.

1) 거래 공동체

거래 공동체(community of transaction)는 기본적으로 제품 및 서비스의 구매와 판매를 조장하며 또한 이런 거래와 관련되는 정보를 전달한다. 예를 들어, 어떤 사이트는 특별한 제품(Rolex와 같은 제품)을 구매하는데 관심을 갖고 있는 다양한 구매자를 끌어모으며 또한 할인으로 집단구매의 이점을 획득할 수 있도록 한다. 소비자들이 얻는 이점은 얼마의 할인율로 제품을 구입할 수 있는가를 알게 될 때 구매에 몰입하게 된다는 것이다.

2) 관심사 공동체

관심사 공동체(community of interest)는 특별한 주제에 대해 서로가 광범위하게 상호작용하는 참가자들로 구성된다. 이 공동체는 거래 공동체보다 더 높은 수준의 상호인적 커뮤니케이션에 몰입한다. 예를 들어, 어떤 사이트는 방문자들이 포럼을 통해서 다른 사람들과 서로 아이디어를 공유할 수 있고, 어떤 요구되는 것들을 우편으로 보내고 또한 의문사항을 전자식으로 보낼 수가 있다.

3) 환상 공동체

환상 공동체(community of fantasy)에서 이용자들은 새로운 환경, 개성 및 이야깃거리를 조성하는데, 인터넷은 사람들로 하여금 환상 공동체에 가입하여 환상적인 세계에서 살 수 있도록 한다.

예컨대, 인터넷에 기반을 두고 있는 어떤 스포츠 공동체를 통해서 참가자들은 직접 자신들의 스포츠 팀을 조성함으로써 환상에 대한 욕구를 충족시킬 수 있는데, 자신이 속한 스포츠 팀은 그 후 다른 참가자들이 조성한 팀과 경쟁을 하게 된다. 그 시즌 동안에 실제 운동선수들의 성과에 근거하여 승리팀이 결정된다.

4) 관계 공동체

관계 공동체(community of relationship)는 사람들이 특별한 인생경험을 공유한다는 것으로 결성되고, 그럼으로써 관계 공동체에 합류하게 된다. 예를 들어, 암과 관련된 공동체는 암환자 및 그의 가족들을 위한 도움과 지원을 제공한다. 참가자들은 암을 치유하는 방법에 대해 이야기하고 또한 의학적인 연구조사, 고통을 없애는 처방, 실험결과, 실험계획서 등에 대한 정보를 교환한다.

5) 공동체와 마케팅 활동

소비자들에게 도달하기 위해 4개 공동체 각각은 상이한 마케팅 활동이 요구된다. 거래 공동체의 경우, 이용자는 제품정보를 추구한다. 그러므로 마케팅 기업은 전통적인 광고와는 달리 충고의 형식으로 된 광고를 함으로써 관심사 공동체 및 관계 공동체에 광고하는 것이 성공의 요건이 된다.

예를 들어, 잔디를 가꾸는 방법에 대한 어떤 기업의 충고는 웹사이트를 통해서 필요한 서비스를 구입할 수 있다. 물론 이 사이트가 잔디를 가꾸는데 필요한 모든 제품을 판매하고 있지만, 소비자들은 이것을 광고라고 인식하지 않는데, 그 이유는 잔디를 가꾸는 방법과 시기에 대한 생각을 하게 하는 이점을 소비자들이 좋아하기 때문이다.

환상 공동체의 경우, 광고주들은 특별한 행사를 보증하고 후원하는 경우에 성공할 수 있다. 예를 들어, 어떤 사이트는 승리한 환상 스포츠팀에게 상을 수여하기 위해 촉진행사를 하고 있다.

3. 웹 공동체의 특징

다른 집단과 같이 웹 공동체도 역시 규범, 가치관, 역할, 지위, 사회화 및 권력에 의해서 정의될 수 있다.

1) 규범

규범은 이용자가 속해 있는 공동체의 유형에 따라 상이하다. 공동체의 진정한 부분을 느끼기 위해 이용자들은 그 사이트를 이용하는 유사한 사람들 중에 중요한 대중들이 있다는 사실을 알고자 한다.

예를 들어, 과거에는 직장에 나갔으나 현재에는 어린이를 돌보고 있는 지적이며 꽤나 풍요로운 여성을 표적으로 하는 포럼의 경우, 전형적인 이용자는 과거의 생활과는 달리 동료들과는 동떨어져 있으며, 또한 자신의 가정생활에서는 이용할 수 없는 문화적이며 지적인 자극요인을 교환하려는 욕망을 가지고 있다. 이 웹사이트의 규범은 다른 사이트와는 상이한 나름대로의 규범을 가지고 있다.

2) 가치관

역시 가치관도 웹 공동체의 유형에 따라 상이하다. 예컨대, 거래 공동체에서 이용자들은 윤리적 행동을 기대한다. 즉 이용자들은 다른 사람들이 진실하며 편견이 없는 충고를 하고 있다고 가정한다. 예를 들어, 어떤 이용자가 포도주 전문가로부터 조언을 구하는 경우 또는 www.wine.com을 통해서 포도주 등급내용을 검토하고자 하는 경우에 충고내용은 진실하며 편견이 없기를 기대한다.

관심사 공동체의 경우, 이용자는 다른 사람과 공통적으로 가지고 있는 주제에 대해서만 이야기한다. 즉 개인적인 정보는 공유되지 않는다. 예를 들어, 축구나 야구 웹사이트를 통해서 이용자는 축구나 야구에 대해서만 이야기한다. 그들은 가족, 일, 심지어는 다른 관심사에 대해서는 논의하지 않는다.

한편, 관계 공동체의 경우, 이용자는 개인적인 경험을 공유한다. 그러므로 그들은 자신들에게 일어나고 있는 것뿐만 아니라 그것에 대해 어떻게 느끼며, 또한 그들이 그것을 어떻게 처리하고 있는가에 대해서도 논의한다.

3) 역할

비인터넷 집단과 같이 웹 공동체에 관여하는 사람들은 그 공동체에서의 직위를 정하는 역할을 담당한다. 예를 들어, 어떤 전문적인 제품에 대한 웹사이트의 경우 게시판에 제시된 내용들은 그 전문적인 제품에 대한 세부적인 정보에 집중된다. 그러나 개인적인 문제에 대해서는 그 집단의 전문가가 특별한 구체적인 해답을 준다. 이용자는 게시판을 통해서 특별하거나 또는 일반적인 의문사항을 보내며 또한 다른 이용자는 그 의문사항에 대한 해답을 준다. 그리고 참가자들은 특별한 회원(전문가 회원)들의 세부분야에 대한 전문지식을 인정한다.

이러한 전문지식의 도움으로 공동체의 전체적인 각 회원들의 지식은 증가하게 된다. 즉 그 사이트의 모든 방문자들은 상대방이 제공하는 내용을 통해서 특별한 또는 전문적인 제품이나 활동에 대한 지식을 높이게 된다. 그 사이트를 자주 이용·방문하는 독립적인 소매상 및 공급업자들은 구전적인 홍보를 제공할 수 있는 기회를 가질 수 있지만 광고보다는 충고의 형태가 되어야 한다.

4) 지위

온라인 공동체에서 능동적인 회원이 된 사용자는 그 집단 내에서 위치를 갖게 된다.

인터넷 인구들 중에서 **e-영향자**(e-fluentials)라는 집단은 다른 온라인 이용자들보다 더 많은 주제에 대해 많은 사람들에게 영향을 준다. 그리고 온라인 세계에서 특히 영향적이기는 하지만, 이 집단의 영향은 거기에 머무르지 않고 오프라인 세계에서도 e-영향자는 자신들의 견해를 널리 알린다. 이 사람들은 광범위한 주제에 대해 의견선도자가 되는 경향이 있다. 즉 그들은 충고를 하는데 있어 전형적인 온라인 이용자들보다 3배 정도이다. 따라서 그들은 인터넷의 엘리트주의자이다. 그들은 제품에 대해 최상의 가치를 탐구하는 것으로부터 현재의 사건, 새로운 기술, 교육, 취미 및 가정사에까지 모든 것에 대해 질문을 받는다.

5) 사회화

개인적 관계는 온라인으로 수립될 수 있고 또한 수립되고 있지만 더욱 서서히 수립된다. 그 이유는 신뢰를 조성하고 친밀하게 되는 커뮤니케이션은 대면적 커뮤니케이션보다는 오랜 시간이 소요되기 때문이다.

그러나 온라인으로 조성된 사회적 상호작용의 과정에서 컴퓨터로 이루어진 집단에서의 신뢰와 친밀함은 대면집단에서 조성된 신뢰와 친밀감에 접근하는 수준에까지 점차적으로 증가하고 있다.

물론 인터넷의 경우에 이용자들은 익명을 사용할 수 있어 사회화를 부추길 수 있다. 즉 익명을 사용함으로써 사람들은 정보를 누설할 수가 있다. 웹을 통해서 상호작용이 이루어질 가능성이 매우 크며, 간혹 친밀감을 고무하기도 한다. 그러나 어떤 이야기방 참여자가 익명으로 죄를 폭로하고, 결국 그 죄가 확인되고 입증됨으로써 온라인에서의 익명은 모호한 측면도 있다.

6) 권력

첫째, 전문가력을 갖기 위해서 개인이나 집단은 경험과 지식을 가져야 한다. 특히 어떤 전문 분야에서 전문가를 이용하고 있는 사이트에서 그 전문가는 이 분야에서 확실한 자격증 등을 가지고 있어야 한다.

둘째, 준거력에 대한 기초는 그 개인이 그가 속한 집단의 구성원들과 동일시되는 것이다. 예를 들어, 부모와 관련된 여러 문제에 대한 전문가의 충고로서 다른 부모들의 충고를 가치가 있다고 여기는 것이다. 즉 그 사이트는 수십 가지의 화젯거리에 대해 자유스러운 형식으로 이야기를 하는데, 이것으로 부모들은 경험을 공유하고 또한 충고내용을 교환한다.

셋째, 보상력은 웹을 통해서 보상할 수 있을 뿐만 아니라 처벌할 수 있는 집단의 능력에 바탕을 두고 있다. 폭넓은 의미에서 웹 공동체의 한 부분으로 마케팅 기업을 인식하고 있으므로, 소비자는 웹을 통해서 자신의 불평사항을 널리 알려져 마케팅 기업을 처벌할 수도 있다.

어떤 특별한 사이트는 소비자 자신을 위해 저항하고 반격할 수 있는 기회라는 것을 광고한다. 기업과 함께 문제를 조정하고 화해하려는 시도가 성공하지 못하는 경우, 소비자는 인터넷을 이용할 수 있다. 그리고 자주 기업은 소비자 인터넷에 불평불만이 제시된 후에야 비로소 소비자의 문제를 처리하기도 한다.

제 6 절 소비자에 대한 준거집단의 영향

세 가지 유형의 집단력은 준거집단이 소비자의 선택에 영향을 미치는 방법을 제시한다.

첫째, 전문가력은 **정보제공적 영향**(informational influence)을 제시한다. 광고에서 전문가의 증거제시, 또는 지식이 풍부한 친구의 경험은 정보제공적 커뮤니케이션이다.

둘째, 준거력은 집단이 그 사람의 신념, 태도, 행동을 그 집단의 신념, 태도 및 행동과 비교하는데 **비교기준력 영향**(comparative influence)을 갖는다. 지지를 받고 있는 사람(준거인)으로서 집단은 소비자에게 자신의 자아이미지를 평가하기 위한 기초를 제공한다.

셋째, 보상력은 준거집단이 집단의 규범에 근거하여 태도와 행동에 직접 영향을 미치고 또한 이러한 규범에 순응하도록 고무함으로써 **규범적 영향**(normative influence)을 갖는다.

〈표 14-1〉은 소비자에게 발휘하는 영향의 유형, 소비자의 목표, 집단영향에 대한 기준 및 행동에 대한 영향을 제시함으로써 소비자 행동의 맥락에서 각 유형의 영향에 대해 보여준다.

〈표 14-1〉 준거집단이 발휘하는 영향 유형

영향의 본질	목 표	원천에 대해 지각되는 특징	힘의 유형	행 동
정보제공적	지식	신뢰성	전문가력	수용
비교기준적	자아유지와 자기향상	유사성	준거력	일치성
규범적	보상	권력(힘)	보상 또는 강제	순응적 일치

자료원 : Robert E. Burnkrant and Cousineau "Informational and Normative Social Influence in Behavior," *Journal of Consumer Research* 2 (December 1975).

1. 정보제공적 영향

소비자는 그 집단을 신뢰할 수 있는 정보원천 및 전문지식(전문가)이라고 생각하거나 또는 그 정보가 제품선택에 대한 지식을 향상시켜 준다고 믿는 경우에 집단으로부터 정보를 받아들인다. 예를 들어, 어떤 집단의 회원들은 사회화 과정을 통해서 지식이 있다고 간주되는 집단구성원으로부터 직접 또는 집단구성원의 행동을 관찰함으로써 정보를 획득한다.

소비자들은 광고와 같은 원천보다는 친구 및 친척들과 같은 개인적 원천으로부터 전문가적 충고를 추구할 가능성이 큰데, 그 이유는 그들이 개인적 원천을 보다 신뢰할만한 가치가 있다고 생각하기 때문이다. 즉 소비자들은 제조업자의 광고주장을 의심스러운 것으로 생각하는데, 그 이유는 그 제품을 촉진하는 데만 기업이 관심을 기울이기 때문이다.

1) 정보제공적 영향의 본질

〈표 14-1〉은 지식을 습득하는 것으로서 소비자의 목표, 신뢰하므로 정보를 받아들이는 것, 전문지식으로서의 힘의 원천 그리고 영향을 수용하는 것으로서 최종적인 행동을 설명함으로써 정보제공적 영향의 본질을 제시한다.

〈표 14-2〉는 정보제공적, 비교기준적 그리고 규범적 영향을 설명하는 여러 가지 조건들이 제시되어 있는데, 소비자들은 세 가지 영향을 반영하는 조건에서 각각에 대해 영향을 받게 된다.

〈표 14-2〉 정보제공적, 비교기준적 및 규범적 영향을 반영하는 조건

정보제공적 영향
1. 그 사람은 전문직업인으로서 그 제품에 대해 일하고 있는 사람들로부터, 또는 전문가들의 독립적인 집단으로부터 그 제품의 여러 상표에 대한 정보를 추구한다.
2. 그 사람은 친구, 친척, 이웃 또는 상표에 대해 받을만한 정보를 가지고 있는 직장동료들로부터 상표관련 지식과 경험(상표 A의 향수를 상표 B와 비교하는 방법과 같은 것)을 추구한다.
3. 전문가들이 행하는 것을 그 사람이 관찰하는 것이 그의 상표선택에 영향을 미친다(경찰관이 운전하는 자동차 유형이나 수리요원이 구입하는 TV 상표를 관찰하는 것과 같음).
비교기준적 영향
4. 그 사람은 특별한 상표의 구입이나 사용이 다른 사람이 그에 대해 가지고 있는 이미지를 높여줄 것이라고 느낀다.
5. 그 사람은 특별한 상표의 구입은 현재 및 미래에 되고자 하는 자신을 남에게 보여주는데 도움이 된다고 느낀다(운동선수, 성공한 기업가 등과 같이).
6. 그 사람은 특정한 상표를 구입하거나 사용하는 사람들은 그가 가지고자 하는 특징을 소유하고 있다고 느낀다.
7. 그는 광고가 보여주는 어떤 특별한 상표를 사용하고 있는 유형의 사람과 같이 되고자 하는 것이 멋있다고 간혹 느낀다.
규범적 영향
8. 어떤 특별한 상표를 구입하려는 그 사람의 결정은 그가 사회적 상호작용을 하고 있는 사람들의 선호성에 의해 영향을 받는다.
9. 어떤 특별한 상표를 구입하려는 그 사람의 결정은 가족구성원의 선호성에 의해 영향을 받는다.
10. 다른 사람이 그에 대해 가지는 기대를 만족시키려는 욕망은 그 사람의 상표선택에 영향을 미친다.

자료원 : C. Whan Park and V. Parker Lessig, "Students and Housewives : Differences in Susceptibility to Reference Group Influence," *Journal of Consumer Research* 4 (September 1977), p. 105.

정보제공적 영향은 두 가지 조건에서 가장 중요할 가능성이 있다.

첫째, 제품을 구입하는데 있어 사회적, 금전적 또는 성능위험이 있을 때이다. 즉 자동차를 구입하는 소비자는 지식이 많은 친구, 친척 또는 판매원으로부터 정보를 추구하는데, 그 이유는 자동차의 사회적 가시성, 구매비용 그리고 기계적인 결함이 있을 수 있기 때문이다.

둘째, 그 사람이 그 제품에 대해 제한적인 지식이나 전문지식을 가지고 있다면 정보제공적 영향은 보다 중요할 가능성이 있다. 즉 컴퓨터, 이동전화기 또는 팩시밀리와 같은 기술적인 제품에 대해 지식이 거의 없는 소비자는 전문가의 충고나 조언을 추구할 가능성이 있다.

2) 웹을 통한 정보제공적 영향

역시 인터넷은 개인적 원천으로부터 정보를 획득하는 수단이다. 예를 들어, 소비자는 소비자들의 의견을 제공하는 전자우편, 뉴스집단, 게시판, 이야기방 및 웹사이트로부터 제품에 대한 정보를 받는다. 예를 들어, 어떤 사이트는 여러 다양한 제품 및 서비스에 대한 소비자의 의견을 받아들인다. 이용자들은 제품, 서비스 또는 점포에 대해 자신의 의견을 개진하기 위해서 또는 다른 사람의 의견을 획득하기 위해서 웹사이트를 탐색한다.

역시 **전자상거래**(e-commerce) 사이트도 전문가적 충고를 제공한다. 예를 들어, 어떤 포도주 사이트는 어느 포도주를 구입할 것인가에 대해 충고해 줄 전문가나 요원을 확보하고 있다. 그 사이트를 통해서 소비자는 상이한 포도주에 대해 그들이 배우고 있다고 느끼며, 전문가들과의 상호작용을 즐기게 된다.

2. 비교기준적 영향

소비자들은 항상 자신의 태도를 중요한 집단 구성원들의 태도와 비교한다. 즉 소비자는 자신이 찬성하는 집단과 그 자신을 연관시킴으로써 그리고 그가 반대하는 집단으로부터 자신을 분리시킴으로써 그 자신의 태도와 행동을 지지하고자 한다. 결과적으로 비교기준적 영향은 자신을 그 집단의 다른 구성원들과 비교하거나 또는 그 집단이 자기를 지지해 주는가를 판단하는 과정에서 이루어진다.

예를 들어, 어떤 가족이 새로운 이웃과 만난다면, 그 부모들은 정치적인 문제, 교육 및 그들이 키우는 어린이들에 대한 이웃의 태도를 비교한다. 역시 부모들은 이웃이 구매하는 상표와 제품을 확인한다. 새로 이사온 사람들은 자연적으로 그들과 유사한 이웃에게 이끌리게 되는데, 그 이유는 이러한 이웃이 기존의 태도와 행동을 강화시키기 때문이다. 이것은 이웃과의 관계가 유사한 사회경제적 특징을 가진 사람들을 조성하는 중요한 이유이다.

1) 비교기준적 영향의 본질

〈표 14-1〉에서 비교기준적 영향은 자기유지와 향상의 과정임을 보여준다. 그 사람의 목적은 강

화와 자기만족을 제공하는 집단과 관계를 맺음으로써 자신의 자아개념을 높이는 것이다. 힘의 원천은 준거력이며, 또한 그 집단에 대한 그 사람의 행동은 일치하려는 행동이다. 또 〈표 14-2〉는 비교기준적 영향과 관련되는 조건은 어떤 집단을 구성하는 회원을 통해 그 사람의 자아이미지를 높이며(4, 5번 문항), 또한 열망집단의 구성원으로서 선호와 존경을 받는 다른 사람들과의 일치성을 다루고 있음을 보여준다(6, 7번 문항).

비교기준적 영향은 영향을 받고 있는 사람은 영향력을 발휘하는 사람과 유사한 특징을 가지고 있어야 함을 시사한다. 즉 소비자들은 그들 자신과 유사하다고 인식하는 친구들로부터 정보를 탐구하고 또한 그러한 원천을 신뢰할 수 있다고 간주할 가능성이 있다. 따라서 광고주들은 소비자들이 그들 자신과 유사하다고 지각하는 연사(즉 전형적인 소비자)를 사용해야 한다는 것이다.

영향을 주는 사람과 영향을 받는 사람 간의 유사성에 대한 견해는 역시 고객과 판매원 간의 상호작용에도 적용된다. 즉 소비자가 취향, 태도, 심지어는 종교의 관점에서 판매원을 유사하다고 생각하는 경우, 그 판매원은 효과적일 가능성이 있다.

비교기준적 영향은 역시 근접성에 기인할 수 있다. 즉 영향을 주는 사람과 영향을 받는 사람은 서로 가까이에 살고 있는 경향이 있다.

2) 웹을 통한 비교기준적 영향

인터넷은 구매자와 유사한 선호성을 가진 사람들에 바탕을 두어 제품을 권고하기 위해서 **협동적 여과**(collaborative filtering)라는 기술을 이용함으로써 소비자 구매에 영향을 주기 위한 수단을 기업에게 제공한다.

협동적 여과기술은 유사한 취향을 가진 다른 고객들의 행동을 자신들의 구매행동과 비교하는 것으로서, 자신들의 구매행동에 기초하여 고객에게 추천과 권고를 한다. 예를 들어, 도서전문 사이트들은 이용자들에게 책에 대해 권고하고 추천하기 위해 이 기술을 이용한다. 즉 그 시스템은 과거에 구입했던 책과 그 구매자의 인구통계적 내용을 그 사이트의 데이터베이스에 내장된 다른 사람의 인구통계적 내용 및 구매내용과를 비교한다. 즉 그 시스템은 그 기술이 유사한 인구통계적 특징 및 독서 선호성과 조화를 이루므로 구매 의사결정에 영향을 주는데 유용하다.

이야기방 그리고 표적화된 여러 다양한 웹사이트는 구매에 비슷하게 영향을 미치고 있다. 즉 소비자는 유사한 취향, 태도, 선호성을 가진 사람들과 정보를 공유하기 위해 자발적으로 이야기방과 웹사이트를 방문한다. 이러한 수단을 이용한 구전 커뮤니케이션은 효과가 클 가능성이 있는데, 그 이유는 이야기방이나 또는 웹사이트를 통해서 다른 사람과 관계할 수 있다고 느끼기 때문이다.

3. 규범적 영향

규범적 영향은 어떤 집단이 그의 규범과 기대에 일치하도록 구성원에 대해 발휘하는 영향이다.

1) 소비자 행동의 일치성(적합성, 순응성)

집단규범에 대한 일치성(순응성)은 규범적 영향의 최종목표로서, 그것은 그 집단이 인정하는 상표와 제품범주를 소비자들이 구입할 것이라는 것을 의미한다. 마케팅 기업들은 그러한 모방적 행동에 관심을 기울이는데, 그 이유는 어떤 집단에서 가장 영향적인 구성원이 그 제품을 인정하는 경우, 그것은 눈덩이효과를 의미하기 때문이다. 예를 들어, "누구를 따르라"라는 아이디어는 모방적 행동을 반영한다.

즉 사람들은 집단의 행동을 모방한다는 것이다. 이에 가장 유명한 실험 중의 하나는 카드에 제시된 선(line)의 길이를 판단하도록 9명의 대학생들에게 7개의 카드를 제시한 것이다. 한 사람을 제외한 모든 집단구성원에게는 똑같이 틀린 응답을 하도록 요청하였다. 실험을 알지 못하고 있는 한 사람은 서로 합의된 집단의 잘못된 판단과는 대조되었다. 이 경우들 중 37%에서, 그 대상자는 그 판단이 자신의 생각과 모순된다고 생각했음에도 불구하고, 그 집단의 의견을 따랐다.

2) 규범적 영향의 본질

〈표 14-1〉의 의하면 규범적 영향은 그 집단으로부터 보상을 받고자 하는 그 사람의 욕망(바램)에 바탕을 두고 있다. 권력(힘)에 대한 기초는 보상이나 강제로서 집단에 대해 나타나는 그 사람의 행동은 일치성과 순응이다. 〈표 14-2〉는 규범적 영향을 받는 조건은 집단의 선호성에 일치하려는 욕망(8, 9번 문항) 그리고 집단 구성원의 기대를 만족시키려는(10번 문항) 욕망을 처리한다는 것을 제시한다.

3) 일치성(적합성)의 조건

소비자는 아래의 경우에 그 집단의 규범과 행동에 일치하도록 동기가 부여된다.

- 그 사람이 그 집단에 몰입되며, 또한 그 집단 내의 구성원력을 가치가 있다고 인식하는 경우 : 일반적으로 그 사람이 적게 몰입할수록 순응하려는 압력은 적다.
- 그 집단이 순응에 대해서 뚜렷한 보상을 그리고 순응하지 않는 것에 대해 처벌을 하는 경우

: 집단의 규범에 순응하는 것에 대한 1차적인 보상은 수용(인정)이다. 즉 소비자들은 친구와 친척들이 긍정적인 사회적 상호작용을 제공하였기 때문에 제품에 대한 정보의 원천으로서 친구와 친척을 이용하는데, 그 집단에 대한 몰입수준이 클수록 보상과 처벌에 대한 중요성이 더 크기 때문이다.

- 일치하는데 있어, 그 사람의 행동이 그 집단의 구성원들에게 가시적일 경우 : 그러한 보상은 그 행동이 가시적인 경우 그 가능성이 크다. 즉 집단이 의류, 가구 및 가전제품의 구매에 대해 규범적 영향을 발휘할 수 있는데, 그 이유는 이러한 품목들이 가시적이기 때문이다. 예를 들어, 에어컨디셔너를 구입하는 것은 친구나 이웃이 직접적으로 영향을 주기는 하였지만, 가장 두드러진 영향은 이웃집의 창문에 장착된 에어컨디셔너를 보았기 때문이다.

규범적 영향은 역시 양치질약과 틀니 접착제와 같은 품목에서도 일어날 수 있는데, 이런 품목들이 가시적이지는 않지만, 그것을 사용하지 않는 것이 가시적이라는 두려움 때문이다. 따라서 가시성은 정보제공적 영향 및 비교기준적 영향을 발휘하는 데는 거의 중요하지 않은데, 그 이유는 그 목적이 일치성이 아니라 지식과 자기향상이기 때문이다. 즉 소비자는 그 집단으로부터 정보를 획득할 수 있고, 또한 어떤 명백한 행동도 하지 않으면서 그 집단과 동일하게 취급하는 것에 만족을 얻을 수 있다.

4) 웹을 통한 일치성

역시 인터넷에서도 일치성이 존재한다. 웹 공동체의 회원들은 동료집단 구성원들과 제품 및 서비스 정보를 논의하고 공유함으로써 다른 사람들의 구매에 영향을 미친다. 이용자들은 특별한 관심사를 가진 공동체에 속하고 있다는 느낌을 유지할 수 있도록 하기 위해 상이한 제품이나 서비스를 사용하도록 강요를 받는다고 느낄 수 있다.

역시 웹 공동체의 규범과 가치관에 일치해야 한다는 욕구가 존재한다. 예컨대, 이야기방에서는 대화를 독점하는 것이 용납될 수 없다. 즉 모든 사람들은 이야기할 수 있는 기회를 가질 수 있기를 기대한다. 그러나 사람들은 대면하지 않기 때문에 다른 사람들에게 강제적으로 일치하도록 할 수가 있다. 더욱이 익명을 이용하므로 사람들은 웹을 통해서 그가 생각하는 것을 말하는데 방해를 받지 않으므로 강제적으로 일치되도록 한다. 이와는 대조적으로 대면적 커뮤니케이션의 경우에 사람들은 강제적이 아닌 자유스럽게 일치성을 추구할 가능성이 있다.

5) 사회적 승수효과

어떤 집단의 행동을 모방하려는 욕망은 그 사람으로 하여금 자주 동일한 상표나 제품을 구입하도록 하는데, 이러한 모방적 행동은 **전시원칙**(demonstration principles)을 따른 것이다. 즉 전시원칙이란 소비자들의 증가하는 이동성과 구매력으로 인해 소비자들은 점증적으로 신제품과 접촉하게 될 것이며, 또한 신제품을 구입하려는 구매력을 가지게 된다는 것이다.

예를 들어, 이동전화기가 처음 시장에 나왔을 때, 어떤 사람이 구입하면, 친구나 이웃 등이 그 제품과 접촉하게 된다. 이 사람들이 동일한 수준의 구매력을 가질 경우, 그들도 역시 이동전화기를 구입하게 된다. 이와 같이 다른 사람이 최근에 획득한 제품과 접촉하게 되면 소유의 패턴은 확산된다. 전시원칙은 신제품을 소유하도록 하는 사회적 압력 때문에 "누구를 따르라"라는 아이디어와 유사하다. 이러한 것을 **사회적 승수효과**(social multiplier effect)라고 하는데, 소유는 집단의 영향 그리고 그 제품의 가시성의 함수로서 승수적으로 증가하기 때문이다.

사회적 승수효과의 한 가지 예는 "하이마트" 광고로서, 동네사람들이 다 하이마트로 갔다고 알려줌으로써 하이마트에 가도록 하는 것이다.

6) 일치성에 대한 거부

많은 사람들은 집단압력에 거부함으로써 일치성(순응성)에 대한 집단의 압력에 대응한다. 일치(순응)하도록 하는 집단압력에 대한 거절(거부)은 특히 10대들에 대해 사회적 시사점을 제시한다. 만약 사회가 흡연, 음주 및 약물남용에 대한 동료들의 압력에 거부하도록 10대들의 의지를 높일 수가 있다면, 많은 생명을 구하고 또한 엄청난 비용을 절약할 수 있다.

일치하도록 하는 압력을 거절할 수 있는 가능성은 아래에 제시된 경우에 의해서 좌우된다.

- 그 사람의 가치시스템이 강한 경우 : 만약 그 집단이 내재되어 있는 규범 및 가치관과 모순되는 행동을 인정한다면 집단의 압력은 거절될 가능성이 있다. 즉 담배가 생명을 위협한다는 사실을 믿으며, 또한 폐암으로 죽은 환자를 본 10대는 흡연을 하도록 하는 동료들의 압력을 받아들일 가능성이 없다.
- 일치(순응)하도록 하는 집단압력이 지나치게 강한 경우 : 집단압력이 지나치게 강한 경우 소비자들은 집단규범을 거부할 수 있으며, 또한 독립성을 제시할 수 있다. **감응저항**(reactance)이라고 하는 이런 상황은, 소비자들은 어떤 특별한 경우에 대해서만 집단의 압력에 순응・일치할 것임을 제시한다.
- 그 집단에 대한 그 사람의 몰입 : 그 집단에 대한 그 사람의 몰입수준이 클수록, 그가 집단의 규범에 일치할 가능성이 더 크다. 그러나 그 사람이 그 집단을 중요하다고 인식하지만, 그 사람의 가치시스템과 모순된다면, 갈등이 일어난다. 균형이론에 의하면, 이러한 갈등을 해결하

기 위해서 그 사람은 그 집단에 대한 몰입수준을 줄이거나, 또는 그의 가치관을 유지하거나 일치하기 위해서 그 집단의 몰입수준을 유지하며 또한 가치관을 수정하거나 상기의 두 가지를 결합하게 된다.

- 개인성에 부여하는 가치 : 많은 사람들이 개인성(개별성)에 높은 가치를 부여함으로써 일치성은 거의 없을 수 있다. 그러나 그들이 대중과는 분리되고자 하지만, 집단 구성원력으로부터 모두 격리되지는 않는다. 즉 많은 소비자들 간에 독특함 즉 일치성을 넘어 독특함을 선호하는 경우에 비전통적인 선택방법을 원하는 경향이 있다. 이것은 회원들이 일치성을 위해서 그의 독립성을 분명하게 양보하지 않는다는 것을 의미한다. 이에 따라 몇몇 광고주들은 자사제품을 그러한 독립성 그리고 일치성이 없는 것과 일체감을 갖도록 하고 있다(예 : 아파트 건설업체).

4. 정보, 비교 및 일치성

기본적으로 집단이 제공하는 정보, 집단과의 일치성, 집단이 사람들에게 가하는 압력 등 세 가지 구성요소는 모두 소비자에게 영향을 준다. 그러나 가장 중요한 영향유형은 평가되는 제품유형이다.

1) 제품유형에의 영향

〈표 14-2〉에 제시된 문항을 기준으로 여러 가지 제품을 평가한 결과에 의하면, 정보제공적 영향과 관련될 가능성이 있는 제품유형은 기술적으로 복잡한 것(자동차, 컴퓨터, DVD 플레이어)이거나, 또는 선택하는데 객관적인 정보제공적 기준이 요구되는 것이다(보험, 의사, 치료약). 비교기준적 영향의 대상이 될 가능성이 가장 큰 제품은 자아표현과 일치성의 수단이 되는 것(자동차, 의복, 가구)이었다. 자동차와 의복은 역시 규범적 영향의 대상이었는데, 그 이유는 그 제품들이 가시적이었으며, 또한 집단규범에 일치하는 수단이기 때문이다.

2) 제품범주 대 상표에 대한 영향

집단들이 제품이나 상표를 소유하는데 발휘하는 영향은 제품의 두 가지 특성 즉 제품의 배타성과 가시성이다.

〈사진 14-1〉 상표선택에 있어서 타인의 영향을 많이 받는 고급 손목시계

집단들은 스포츠카와 같은 배타적인 제품에 대한 결정에 영향을 미칠 가능성이 큰데, 그 이유는 그런 배타적인 제품을 소유하는 것 자체가 설명하는 것이기 때문이다.

반면에, 그 제품(유명 고급시계 등 명품)이 가시적이지만 배타적이 아니라면, 집단은 Rolex를 구입하는 것처럼 상표결정에 영향을 미칠 가능성이 있다. 그러한 경우 그 제품보다는 그 상표의 가시성이 집단영향의 대상이 된다(〈사진 14-1〉 참조).

3) 집단영향의 요소 중 가장 중요한 요소

소비자들이 일치성과 보상의 수단으로 집단을 이용하지만, 소비자들은 제공되는 정보를 위해 더욱 집단을 이용할 수도 있다. 즉 집단구성원이 집단규범에 일치(순응)하도록 하는 압력 때문이 아니라 논의함 및 신념에의 변화를 초래케 하는 공유된 지식 때문에 그 집단으로 향하게 된다. 이것은 일반적으로 정보제공적 영향이 규범적 영향보다는 보다 빈번하게 그리고 보다 강하게 변화를 생성케 한다는 것이다.

결론적으로, 마케팅 기업은 순응의 원천으로서보다는 정보의 원천으로서 그 집단을 더욱 강조해야 한다. 즉 광고는 전형적인 소비자를 보여주어야 한다. 번득거리는 마루를 보고 놀라서 칭찬하는 친구와 이웃을 보여주기보다는(청결이라는 집단규범에의 순응), 광고가 예상잠재구매자에게 그 제품에 대한 정보를 전달하는 집단구성원을 보여주는 것이 더 효과적이다. 그러한 접근방법은 강조사항을 일치성으로부터 정보를 바꾸게 한다.

4) 집단영향 대 제품평가

집단영향이 중요한 정보원천이라면, 집단영향은 객관적인 제품평가를 대신한다. 대부분의 친구들이 그것을 추천하므로, 그것이 좋기 때문에 나는 그것을 사용할 수 있다고 상당수 소비자들은 말한다. 이것은 준거집단의 영향이 상표평가의 대용이 될 수 있다는 것이다.

집단의 권고는 자주 상표평가를 대신할 가능성이 있는데, 그것은 집단의 권고가 상표속성 평가보다 더 중요하다는 사실을 의미한다. 즉 대개의 경우, 소비자들은 전체적으로 그 집단의 권고에 의존하거나 또는 대안적 상표에 대한 선택범위를 줄이기 위해 이러한 집단의 권고를 이용한다. 그러나 놀랍게도 집단의 권고는 위험이 적은 제품에 대해서 뿐만 아니라 위험이 큰 제품에 대해서도 똑같다.

제 7 절 준거집단 영향의 전략적 시사점

광고 및 촉진전략은 전문가적인 연사를 통해 정보제공적 영향을, 전형적인 소비자를 묘사함으로써 비교기준적 영향을 그리고 제품 사용에 대한 보상 또는 제품을 사용하지 않음으로써 일어날 수 있는 결과(위험)를 보여줌으로써 규범적 영향을 제시하고 있다.

1. 정보제공적 영향의 표현

마케팅 기업들은 친구나 친척들의 지배적인 영향과 대등한 것으로서 광고를 통해 정보제공적 영향을 전달하려고 시도하여 왔다. 즉 마케팅 기업들은 제품의 특성과 성능을 커뮤니케이트하기 위해 전문가적 연사를 이용함으로써 정보제공적 영향을 발휘하고 있다.

마케팅 기업이 전문가적 연사를 제시하는 데는 두 가지 접근방법이 있다.

첫째 접근방법은 전문가들의 역할을 제시하는 것으로서, 의약품에 대해서는 의사를, 기술적인 제품에 대해서는 엔지니어를 보여준다.

둘째 접근방법은 그 제품에 대해 전문지식을 가지고 있는 유명인사를 보여주는 것으로서, 테니스 라켓에 대해서는 테니스 스타의 증언을 보여주는 것이다. 또한 제품 증명을 제시하기 위해 유명인사를 이용할 수 있다. 이러한 증언(증명)은 소비자들이 그 연사를 그 제품에 대한 전문가로서 인식하는 정도에 따라서 수용된다. 예를 들어, Nike 농구화에 대한 광고에서 Michael Jordan을 보여주는데, 소비자들은 그 제품에 대한 Jordan의 증언을 믿을만한 것으로 인식할 가능성이 있다.

역시 광고주들은 자신의 전문가를 창조한다. 예를 들어, 현대 캐피탈의 연사(자사의 담당부장), 매일유업의 연사(자사의 개발부장)가 이에 속하는데, 대부분의 사람들이 그 연사를 권위자로 인식하도록 노력한다.

2. 비교기준적 영향의 표현

광고주들은 두 가지 유형의 준거실체를 이용함으로써 비교기준적 영향을 묘사할 수 있다.

한 가지는 자신과 같은 사람들이 광고된 제품을 선택하고 있다는 것을 소비자들에게 설득하는 전형적인 소비자의 형식으로서 실제적인 준거실체이다. 전형적인 소비자는 지지를 받는 준거실체인데, 그 이유는 공통적인 욕구와 문제를 언급함으로써 전형적인 소비자가 예상잠재구매자와 유사한 것처럼 묘사되기 때문이다.

예를 들어, 어떤 보험회사 광고는 전형적인 소비자가 등장하는데, 보험조언에 대한 신뢰적인 원천을 찾고 있는 소비자는 용이하게 이 전형적인 소비자와 일체감을 갖게 된다. 역시 어떤 화장품 회사가 미용화장품을 도입하였을 때 전형적인 소비자 접근방법을 이용할 수 있다. 그 기업은 유명한 모델과 유명한 여배우 대신에 실제 소비자를 이용한 것이다. 그 이유는 예상잠재구매자는 덜 유명한 사람들과 관계를 맺기가 더 용이하다는 사실을 간파하였기 때문이었다. 역시 이 광고는 그 상표의 웹사이트를 방문하도록 소비자를 초대하고 있는데, 그 사이트에서 소비자들은 다른 소비자들과 자신의 모습과 이야깃거리를 공유할 수 있다.

두 번째 접근방법은 상징적인 준거실체, 즉 소비자가 동일한 감정을 갖고 있는 그리고 일치하려고 하는 유명인사를 사용하는 것인데, 그 유명인사가 호감을 주고 매력적이기 때문이다. 예를 들어, 유명 여배우는 향수상표에 대해 효과적인 열망하는 준거실체가 될 수 있는데, 그 이유는 많은 여성들에게 긍정적인 감정을 불러일으킬 수 있기 때문이다(예 : 고두심의 캐토톱 광고).

전자의 화장품회사는 소비자의 회원집단의 한 부분으로서 준거실체를 묘사하는 한편, 유명 여배우의 향수는 소비자의 열망집단의 한 부분으로서 준거실체를 보여준다. 즉 전자의 경우, 소비자들은 자신을 준거실체와 유사하다고 생각하지만, 후자의 경우 소비자는 준거실체와 동일시되고자 한다. 모든 소비자가 그 여배우를 결코 만나지 못할 것을 인식하기 때문에, 그녀는 상징적 준거실체로서 묘사된다.

비교기준적 영향전략에서 보이지 않는 측면은 "비밀스러운 마케팅"이라는 것이 행해지고 있다는 것이다. 비밀스러운 마케팅이란 전형적 고객으로서 제품을 권유하도록 기업이 그 전형적인 고객에게 비용을 지급하는 것이다. 예를 들어, 어떤 소비자가 점포에서 컴퓨터나 DVD의 이점을 이야기하는 것이다. 웹에서의 비밀스러운 마케팅은 일상적인 소비자로서 이야기방에서 제품에 대해 이야기하도록 하고, 기업이 돈을 지급하는 것이다. 이러한 동업자가 정규적인 소비자의 역할을 하는 경우 분명 윤리적인 문제가 야기된다.

3. 규범적 영향의 표현

마케팅 기업들은 광고에서 집단의 인정(용인)을 보여줌으로써 규범적 영향을 표현하고자 한다. 맛있는 커피, 우아한 머리카락, 빛나는 마루바닥, 좋은 포도주, 조용하고 안락한 승차감에 대한 칭찬 등은 모두 사회적 인정(승인)에 대해 광고주들이 사용하는 예이다. 각각의 경우 소비자가 중요하게 생각하는 사람(배우자, 이웃, 친구, 회사동료)이 소비자의 선택에 대해 용인을 표시한다.

마케팅 기업은 역시 그 제품을 사용하지 않음으로써 일어날 수 있는 결과(위험)를 보여주기 위해 규범적 영향을 사용하여 왔다. 예를 들어, 어떤 기업은 몸냄새 때문에 또는 입냄새 때문(예 : 후라보노 껌)에 집단에서 추방되는 두려움을 제시한다. 각각의 경우, 그 제품을 사용하는 것은 불인정을 인정으로 바꾸는 것인데, 강제력과 보상력이 연결되어 있음을 보여준다. 그러한 소구방법은 집단의 규범에 순응하도록 하는 집단의 강제력에 대한 두려움을 사용하는 것이다.

제 8 절 준거집단 영향에 대한 사회적 시사점

정보의 원천으로서, 자아일치성의 수단으로서 그리고 순응일치에 대한 보상의 원천으로서 준거집단의 영향에 대한 묘사는 일반적으로 긍정적이다. 그러나 간혹 집단의 압력은 그 사람의 가치시스템에 대해 갈등을 유발시키며, 또한 순응에 대한 압력이 강력할 수도 있다.

이러한 문제들이 잠재적으로 해로운 제품인 약물, 담배, 술과 같은 제품의 소비에서 발생했을 경우 중요한 문제가 된다. 두 가지 문제, 즉 ① 이러한 제품을 사용하도록 하는 동료집단의 압력을 단념토록 함, ② 동료집단의 영향을 제시하는 마케팅 기업들의 책임 등이 집단압력의 관점에서 발생한다.

1. 순응일치를 단념시킴

10대들은 사춘기적 반항의 단계 그리고 자아일치성을 찾는데 순응토록 하는 10대 집단의 압력을 받아들이고, 그에 따라 행동하기 쉽다. 즉 집단에 순응하지 않음으로써 나타나는 불인정과 거부에 대한 두려움이 공통적으로 일어나기 때문이다. 약물, 담배 또는 술을 이용하는 것이 집단의 가치관과 조화된다면, 이런 제품을 사용함으로써 순응하도록 하는 압력은 매우 심각한 것이 될 수 있다.

고등학생 및 대학생들 중 2/3는 해로운 제품에 대해 동료집단의 압력에 의해서 용인되거나 거부되고 있다. 그러한 경우 동료집단이 불법적인 약물과 술을 사용하도록 고무하는 방법을 확인·규명할 수 있다면, 순응에 대한 압력을 용이하게 줄일 수 있다. 그리고 동료집단이 불법적인 제품의 사용을 인정하는 이유를 집단구성원이 설명할 수 있다면 집단구성원은 집단압력을 용이하게 거절할 수 있다.

결론적으로, 그 집단의 비정상적인 행동에 대한 그럴듯한 이유를 제시한다면, 그 집단의 비정상적인 행동을 거부하기가 더 용이하다. 따라서 그 집단의 행동조치에 대한 이유와 원인을 직접적으로 표현함으로써 집단구성원들이 비정상적인 행동을 하도록 하는 압력을 거절할 수 있다.

2. 동료집단 영향을 마케팅 기업이 표현함

마케팅 기업들은 그 제품이 그 집단에서 인기가 있다는 것을 암시함으로써 술 등 몸에 해로운 또는 과분하게 사치스러운 것들에 대한 광고를 통해 사회적 상황 속에 있는 동료집단을 자주 표현한다. 대개의 경우, 표현되는 집단이 젊은이들이므로 중요한 문제는 그러한 광고가 사회적으로 책임을 져야 하느냐이다.

마케팅 기업들은 젊은이들에게 술 및 사치품 등의 소비를 고무하기 위해 상표에 대한 집단일체성을 불러일으키기 위해 광고를 이용한다. 그러나 몇몇 기업들이 자기 스스로 자제하도록 권고하는 것을 보여주는 것은 동료집단을 묘사하는 것에 관심을 기울이는 것을 의식적으로 거부하고 무시하도록 하는 것이다.

결론적으로, 젊은이들은 여러 다양한 제품에 대한 집단영향의 대상이 되고 있으며, 한편 소비하고자 하는 상표와 제품을 선택할 수 있는 자유를 가져야 한다. 그러나 술 및 과도한 사치품 광고가 10대와 청소년들에게 비춰짐으로써 집단영향을 이용한다는 인상을 줄 가능성이 있으므로,

젊은 소비자들에게 자사제품을 집단이 수용한다는 것을 묘사하는데 주의를 해야 한다.

참고문헌

윤훈현 역, 『소비자행동론』, 제6판, 석정, 1998.

윤훈현, 『소비자행동론』, 석정, 2005.

"Advertising : Using Real Women and Believable Promises," *New York Times* (February 22, 2002), section C.

Arthur Armstrong and John Hagel Ⅲ, "The Real Value of On-line Communities," *Harvard Business Review* 74 (May/June 1996), pp. 134-141.

Dennis L. Rosen and Richard W. Olshavsky, "The Dual Role of Informational Social Influence : Implications for Marketing Management," *Journal of Business Research* 15 (1987), pp. 123-144.

Donald H. Granbois, "Improving the Study of Customer In-Store Behavior," *Journal of Marketing* 32 (October 1968), pp. 28-33.

George P. Moschis, "Social Comparisons and Informal Group Influence," *Journal of Marketing Research* 13 (August 1976), pp. 237-244.

Henry Assael, Consumer Behavior, Houghton Mifflin, 2004.

Herbert C. Kelman, "Processes of Opinion Change," *Public Opinion Quarterly* 25 (Spring 1961), pp. 57-78.

"I Scream, You Scream : Consumers Vent Over the Net," *New York Times* (March 4, 2001), pp. 3, 13.

Itamar Simonson and Stephen M. Nowlis, "The Role of Explanations and Need for Uniqueness in Consumer Decision Making : Unconventional Choices Based on Reasons," *Journal of Consumer Research* 27 (June 2000), pp. 49-68.

James C. Ward and Peter H. Reingon, "Sociocognitive Analysis of Group Decision Marking Among Consumers," *Journal of Consumer Research* 17 (December 1990), pp. 245-262.

James H. Leigh and Terrance G. Gabel, "Symbolic Interactionism : Its Effects on Consumer Behavior and Implications for Marketing Strategy," *Journal of Consumer Marketing* 9 (Winter 1992), p. 30.

John W. Schouten and James H. MaAlexander, "Subcultures of Consumption : An Ethnography of the New Bikers," *Journal of Consumer Research* 22 (June 1995), pp. 43-61.

Randall L. Rose, William O. Bearden, and Jesse E. Teel, "An Attributional Analysis of Resistance to Group Pressure Regarding Illicit Drug and Alcohol Consumption," *Journal of Consumer Research* 19 (June 1992), pp. 1-13.

Robert E. Burnkrant and Alain Cousineau, "Informational and Normative Social Influence in Buyer Behavior," *Journal of Consumer Research* 2 (December 1975), pp. 206-215.

Robert J. Fisher and Linda L. Price, "An Investigation into the Social Contex of Early Adoption

Behavior," *Journal of Consumer Research* 19 (December 1992), pp. 477-486.

"Undercover Marketing Is Gaining Ground," *Wall Street Journal* (December 18, 2000), section B.

Venkatesan M. "Experimental Study of Consumer Behavior Conformity and Independence," *Journal of Marketing Research* 3 (November 1966), pp. 384-387.

Whan Park C. and V. Parker Lessig, "Students and Housewives : Differences in Susceptibility to Reference Group Influence," *Journal of Consumer Research* 4 (September 1977), pp. 102-110.

William O. Bearden and Randall L. Rose, "Attention to Social Comparison Infromation : An Individual Difference Factor Affecting Consumer Conformity," *Journal of Consumer Research* 16 (March 1990), pp. 461-471.

William O. Bearden, Richard G. Netemeyer, and Jesse E. Teel, "Measurement of Consumer Susceptibility to Interpersonal Influence," *Journal of Consumer Research* 15 (March 1989), pp. 473-481.

15
chapter

가족과 소비자 행동

가장 중요한 준거집단은 가정(가계)으로서, 가정의 대부분은 가족단위들이다. 가족구성원들은 다른 구성원의 구매 의사결정에 영향을 줄 뿐만 아니라, 자주 공동 의사결정에 관여한다. 자동차, 가구, 가전제품 및 기타 내구재나 전자제품과 같은 품목은 공동 구매결정으로서 가정 의사결정의 대상이 된다.

제1절 가족시장의 특성과 중요성

1. 가정 및 가족의 의미와 구성

가정(가계 : household)이란 혼자 살고 있는 사람 또는 하나의 주거단위 속에 함께 살고 있는 여러 사람들로 구성된 집단이다. 본 연구가 집단영향을 대상으로 하므로 여러 사람들로 구성된 가정에 대해서 집중적으로 연구한다. **가족**(family)은 혈육이나 결혼, 입양 등에 의해 관련되어 있는 운명공동체 집단이다. 그러므로 가족은 가정의 범주에 속한다.

2005년을 기준으로 한국의 가구원수별 가구분포 등은 제9장의 〈표 9-4〉와 같다. 한편 2007년 10월말 총 가구수 1,862만 가구 중 나홀로 가구(1인 가구)는 376만 가구로서 30%를 점하고 있다.

2. 가족시장의 중요성

가정을 이루는 가족시장은 아래와 같이 그 중요성을 가지고 있다.

첫째, 가정이란 조직단위에서 구매하여 사용하는 제품이 많다.

둘째, 관혼상제 등 가정 및 가족 상호관계에서 발생하는 각종 의식, 의례, 행사와 관련되는 시장기회가 많고 그 시장규모가 크다.

셋째, 소비자 개인이 스스로 돈을 벌어서 스스로 사용한다고 하더라도 가족구성원들의 영향을 많이 받고 있다. 예를 들어, 가정을 가진 30세 남자와 미혼인 30세 남자의 소비생활에는 큰 차이가 있다.

넷째, 소비자 또는 사용자는 개인이라 하더라도 구매자 또는 구매 결정자는 가족에서 다른 구성원인 경우가 많다.

다섯째, 모든 인간은 반드시 한 가족의 구성원이므로 가족의 영향이 직 · 간접으로 개인의 소비자 행동에 깊숙이 자리잡고 있다.

여섯째, 가정의 수명(생활)주기가 변화함에 따라 가족구성원의 구매패턴도 달라지는 경향이 있다. 예를 들어, 제품 평가기준이나 각 기준의 중요성에 대한 인식정도, 구매빈도, 사용상황의 다양성, 사용량 등에서 신혼 가정과 자녀가 중 · 고등학교에 다니는 가정은 현저하게 상이하다.

3. 가정의 유형

가정은 전통적인 가정 및 비전통적 가정으로 나누어질 수 있다.

1) 전통적인 가정

전통적 가정은 어린이(자녀)가 있는 기혼부부로 구성된 가정이다. 그 외의 가정은 비전통적인 범주로서, 자녀가 없는 기혼부부, 독신 편부모 가정, 미혼 남녀 그리고 다른 사람과 함께 사는 개인 등이다.

한국의 경우는 핵가족과 직계가족 및 기타로 분류하는데 〈표 9-5〉에서 볼 때 핵가족은 부부, 부부와 미혼자녀 그리고 편부(모)와 미혼자녀로 구분되며, 직계가족은 부부와 양(편)친 그리고 부부와 양(편)친과 자녀로 구분된다. 이러한 **핵가족**(nuclear family)은 일반적으로 18세 이하의 자녀를 가진 가정으로 정의되는데, 핵가족의 지배성이 점차 감소하고 있다. 즉 남편은 돈을 버는 사람이며, 부인은 가정을 꾸려 나가고, 자녀들은 학교에 다니고 있다. 이러한 핵가족의 지속적인 감소는 높은 이혼율, 만혼 및 출생률의 감소 등의 요인 때문이다.

그러나 핵가족의 감소에 대한 반대적인 추세가 나타나고 있는데, 부모와 함께 살고 있는 나이가 많은 자녀의 수가 많아지고 있다. 즉 20대와 30대의 젊은 성인들이 직장을 구하기 힘든 처지가 되어 집에 거주함으로써 돈을 절약하는 것을 선택하고 있다. 따라서 18세 이상의 자녀와 함께 사는 기혼부부의 수가 향후 수년 동안에 증가할 것이다.

핵가족과 대응되는 범주는 **대가족**(extended family : 직계가족)으로서 대가족은 집에 최소한 한 명의 조부모를 모시고 있는 핵가족이다. 그러나 오늘날 이사, 지리적 분산, 세대 결속의 감소 등으로 대가족이 거의 사라지고 있다. 따라서 대가족의 감소는 핵가족과 전통적 가족이 같다는 것을 의미한다.

2) 비전통적인 가정

비전통적인 가정은 전통적 가정이 감소함에 따라 그 비율이 증가하고 있다.

- **어린이가 없는 기혼부부** : 자기지향성을 추구함으로써 많은 베이비붐 세대들이 자기자신과 전문직업 등에 관심을 집중함에 따라 가족형성을 지연시키고 있다. 그들이 결혼을 늦게 함으로써 생리적 이유 및 라이프스타일 등의 이유로 인해 어린이를 갖지 않게 될 가능성은 더 크다. 이들은 핵가족보다 가처분소득이 많고, 구매의 우선순위도 상이하다. 오락, 여행 및 고가격의 내구재와 전자제품에 대해 좋은 표적시장이다.
- **18세 이하의 어린이가 있는 독신부모** : 이혼이 증가함에 따라 독신부모가정이 계속 증가함에 따라 독신부모가정이 계속 증가하고 있다. 독신부모가정에서 대다수는 여성이 가장으로서, 상당수가 빈곤하게 살고 있다. 재무적 부담에 추가하여 일하는 부모가 자녀들을 돌보는데 소요되는 시간이 제한되어 있다. 독신부모들은 죄의식에서 어린이들에게 더 많은 시간을 보낼 가능성이 있다. 그리고 독신부모가정의 어린이들은 폭넓은 구매와 더욱더 많은 구매력 그 이상으로 영향력을 가질 가능성이 있다.

  이혼과 별거한 독신부모에 의해서 어린이들에게 부정적인 결과가 발생한다. 그러한 어린이들은 약물과 술을 오남용하며, 마약중독에 빠지고 또한 성년이 되어서 기타 다른 형태의 강박관념에 사로잡힌 행동을 하는 등 높은 수준의 위험에 있음이 밝혀졌다.
- **타인과 함께 사는 개인들** : 결혼 또는 재혼을 하지 않기로 결정한 개인들이 혼자 사는 한 가지 대안적인 방법은 다른 친척, 형제 또는 친구와 함께 사는 것이다.

- **미혼남녀** : 이성 또는 동성 남녀로 구분되는 이 집단은 대안적인 라이프스타일을 나타낸다. 오늘날 상당수 이성남녀들은 관례를 따르지 않고 미혼으로 남아 있기로 생각하고 있다. 미혼남녀들은 가처분소득이 높아질 경향이 있는데, 그 이유는 그들이 평균 소득수준보다 높은 맞벌이 가정이기 때문이다. 일반적으로 미혼남녀들은 여행, 오락 및 고가 내구재에 대한 좋은 표적시장이다.

전반적으로 비전통적 가정이 전통적 가정에 비해 그 중요성이 계속 증가될 가능성이 있다. 미국의 경우 핵가족이 2000년 모든 가정의 24%에서 2010년에는 20%로 감소할 것이라고 예상한다.

3) 한국의 비전통적 가정

(1) 한국의 가정변화

한국의 전통적 가정은 할머니, 할아버지가 함께 사는 3세대 이상의 대가족 형태이다. 그러나 산업화가 진행되면서 한국사회는 조부모와는 떨어져 부모와 자식만이 함께 사는 핵가족 형태가 보편화되었다.

삶의 서구화, 사회의 다양성과 외환위기와 같은 급격한 시대변화로 다양한 가족이 폭발적으로 탄생하고 있는데, 미래는 정보통신, 기술발달 등으로 개인의 취향, 욕구를 버리지 않고도 가족을 이룰 수 있다는 등 가족관계 맺음 그 자체가 변화하고 있다.

10년 뒤 한국가정사회의 모습은 한 부모 가정의 증가와 무수히 다양한 형태로의 가정분화가 전망된다. 즉 이혼율의 증가로 인해 한 부모 가정이 증가됨으로써 양부모 가정은 전체 가구 중 42% 정도로 한 부모 가정의 존재가 분명해지고 있다.

그러나 사회는 점차 민주화, 평등화하며 수평적으로 변해가고 있는데, 한국인의 머리 속에는 보수적 유교관념이라는 수직적 틀이 박혀 있어, 이에 따른 갈등이 가족 간의 관계를 악화시키고 있는데, 이렇게 됨으로써 **조개껍데기 가족**(shell family)이 생기고 있다. 즉 이것은 한국은 이데올로기적으로는 보수적이지만, 기능적으로는 미국보다 훨씬 해체적이므로, 형태만 가족일 뿐 구성원끼리는 따로 노는 허울뿐인 가족이 되고 있다.

(2) 비전통적 가정의 특성

한국의 비전통적 가정은 ① 싱글맘, 리틀맘 ② 나홀로 가족 ③ 홀로 사는 노인가구 ④ 조손 가족 ⑤ 혼혈 가족 ⑥ 입양가족 ⑦ 재혼 가족 등으로 구분될 수 있다.

① 싱글맘

싱글맘이란 남편과 사별한 뒤 엄마 홀로 아이를 키우는 가정으로서, 이혼 후 아이를 키우는 이혼녀나 미혼녀, 리틀맘 모두가 포함된다.

2005년 전국 124만 한 부모 가정 중 싱글대의 가정은 24만여 가구, 싱글맘 가구는 100만여 가구인데, 2000년에는 22만 4,572가구에서 꾸준히 증가하고 있다.

② 나홀로 가구

나홀로 가족은 골드 미스, 실버 미스 등 독신자로서 그 수가 빠르게 증가하고 있다.

전국 1인 가구 수는 2000년 226만 가구에서 2005년 267만 가구로 급증했으며, 2020년에는 389만 가구에 달할 것으로 추정된다. 따라서 2016년부터는 다섯 가구 중 한 집은 싱글 가구일 것으로 전망된다.

특히 결혼 적령기인 25~29세 여성의 미혼율이 59.1%(2006년 기준)로서 5년 전(40.1%)에 비해 20% 증가하였다.

③ 홀로 사는 노인가구

한국은 고령화 추세로 홀로 사는 노인 역시 크게 증가하고 있는데, 2006년 80만 명선인 65세 이상 독거노인이 2020년에는 2배인 157만 8,000명에 달할 것으로 예상된다.

④ 재혼가족

재혼이 증가하면서 부부 당사자 간 결합 형태에서 각각의 자녀를 데리고 결합하는 복합가족 형태로 폭을 넓혀가고 있다.

2007년 3월 결혼통계에 의하면, 남자 재혼은 55만 7,000건, 여자 재혼은 59만 8,000건으로 10년 전인 1996년에 비해 5.8% 증가하였다. 또한 2006년 전체 결혼에서 재혼 남자는 전체 남자 결혼 중 16.7%, 재혼 여자는 18%이었는데, 이는 10명 중 1~2명은 재혼한 셈이다.

4. 국제적인 가정의 변화

가정구조의 변화는 해외에서도 그 차이가 뚜렷하다.

1) 대가족의 존속

가장 중요한 차이 중의 하나는 세계의 특정국가에서 대가족이 존재하고 있다는 것이다. 예를 들어, 그리스, 스페인, 포르투갈은 전체 가정의 20%가 다세대로 구성되어 있는데, 이 국가들의 자녀들이 또 다른 완전한 가족단위를 형성할 때에는 부모님 집에서 같이 살기 때문이다.

역시 다세대 가족은 아시아에서도 공통적인 현상인데, 자식들이 부모를 모신다는 것이 여러 문화에서 우선시되고 있다. 사실상 최근 싱가포르에서는 자녀들은 부모를 모셔야 한다는 법을 통과시켰다.

2) 전통적 가정의 감소 현상

미국이 아닌 국가에서의 인구통계적 추세가 점차 미국의 추세를 따르고 있다. 유럽에서 전통적 가정의 비율은 1980년 이후 감소하고 있는데, 부분적으로 이혼율이 증가하고 있기 때문이다. 이에 추가하여 유럽의 부부들은 늦게 결혼을 하며 또한 유럽 가족의 규모가 감소하고 있다. 역시 유럽의 젊은 세대들 간에 혼자 살거나 또는 결혼하지 않고 동거하는 것이 점차 많아지고 있다. 현재 상기의 두 집단이 유럽 전체 가정의 26%를 점하고 있는데, 또한 2005년부터 더 빠르게 성장하는 세분집단이 되고 있다.

유럽에 추가하여 필리핀이나 말레이시아와 같은 후진국에도 새롭게 부자가 된 부부들이 대가족에서 벗어나고 또한 서구적인 스타일인 핵가족을 형성함에 따라 대가족이 감소하고 있다.

제 2 절 가정생활주기를 기준한 구매패턴

소비패턴은 가정 구성원들의 연령, 남편의 지위 그리고 자녀가 있고 없음의 유형에 따라 상이하다. 즉 어떤 가정이 인생의 어떤 단계에서 다른 단계로 이동함에 따라 소비패턴이 변화한다. 예를 들어, 어린이가 없는 젊은 기혼부부로부터 유아나 10대와 같이 살고 있는 기혼부부 그리고 자녀가 출가한 기혼부부에 이르기까지, 또는 어린이가 있는 기혼부부에서부터 번갈아 자녀들을 보육하는 이혼한 부부에 이르기까지 이동함으로써 소비패턴이 변화한다.

1. 가족생활주기

소비패턴에서의 변화를 이해하는데 중요한 차원으로서 시간의 흐름에 따라 가족구조와 가족구성원의 역할변화를 설명하는 개념이 가족생활주기이다. **가족생활주기**(family life cycle)란 가정이 형성되기 시작하고, 가정이 성장·성숙한 다음 그 가정이 소멸되기까지의 과정을 가족구성원의 역할구조에 변화를 일으키는 사건을 중심으로 분류한 개념으로서, 가정의 구성원이나 나이가 많아짐에 따라 여러 단계를 거쳐 가정이 진보·발전하는 것이다. 이러한 진보·발전은 연령의 함수일 뿐만 아니라, 모든 구매행동의 양상에 영향을 주는 가족상황에서의 소득과 변화를 반영한다.

전통적인 가족생활주기는 결혼해서 자녀들을 낳아 기르고, 자녀들이 집을 떠나고, 배우자 중 한 명이 사망하여 가족이 해체되는 과정을 중심으로 단계를 구분한다. 〈표 15-1〉은 William Wells와 George Cubar의 모델을 변형·수정한 것이다.

〈표 15-1〉 전통적인 가족생활주기

가족생활주기 단계	재정적 특징	구매패턴
독신기 : 젊고, 독립해서 혼자 삶	재정적 부담이 거의 없음 패션 의견선도자, 오락지향적	기본적인 주방용품, 가구, 자동차, 휴가용품 구입
신혼부부기 : 젊고, 아이 없음	재정상태 좋음 내구재 구매율 가장 높음	자동차, 냉장고, 난로, 가구 구입, 휴가를 즐김
보금자리 1기 : 막내 자녀가 6세 미만	유동자산과 저축금액이 적음 가족구매가 절정에 달함, 신제품에 관심이 많음	세탁기, 건조기, TV, 아기용품 구입
보금자리 2기 : 막내 자녀가 6세 이상	재정상태 호전 취업주부 증가, 광고 영향 적음 큰 포장단위 구입, 흥정구매	다양한 식품, 세제, 자전거, 피아노 구입, 과외비 지출
보금자리 3기 : 부양자녀가 있는 장년 부부	재정상태 더욱 호전 일부 자녀 직업 가짐, 취업주부 더욱 증가, 광고 영향 적음 내구성 상품의 평균 구매량 많음	새롭고 고가의 가구 구입, 자동차 여행 즐김, 치과치료, 잡지 구독
노부부 1기 : 부양자녀가 없는 부부, 취업가장	재정상태와 저축수준에 만족 자기집 소유비율 최고조 여행, 오락, 자기개발에 관심이 있음 신제품에 관심 없음	휴가 즐김, 사치품 구입, 집수리
노부부 2기 : 부양자녀가 없는 부부, 퇴직가장	소득감소, 집은 소유하고 있음	의료기기, 건강, 수면 및 소화에 관련된 약품
고독한 생존기 : 배우자와 사별	소득감소, 집은 처분하기 쉬움, 보호와 애정, 안정에 대한 욕구가 높아짐	

자료원 : J. Paul Peter and Jerry C. Olson, Consumer Behavior, 1987, p.459 수정인용.

가족생활주기 단계에 따라 재정적 특성과 관심이 다르기 때문에 구매패턴이 다른 것을 알 수 있다. 물론 이러한 가족생활주기 모델을 그대로 한국에 적용할 수는 없다. 물론 결혼연령, 자녀출산, 정년퇴직연령에 차이가 있고, 특히 자녀의 군입대가 가족사에서 차지하는 비중이 크기 때문이다. 그러나 이러한 모델은 우리 실정에 맞는 생활주기를 만드는데 기초자료로 활용될 수 있다.

2. 현대적 가족생활주기

최근 한국에도 가족해체현상이 일어나고 있다. 우선 3세대 이상의 혈연가족이 1975년 21.1%에서 2000년 10.1%, 2005년 8.8%로 가구가 줄고 단독가구가 늘어나고 있다. 또한 6인 이상 가구가 1975년 전체 가구의 40.7%를 차지하였으나 1990년 9.8%, 1995년 9.5%, 2000년 3.3%, 2005년

2.3%로 감소하였다. 반면에 1인 단독가구는 1975년 4.2%에서 1995년 12.7%, 2000년 15.5%, 2005년 20.0%로 증가하여 뚜렷한 핵가족화 양상을 보이고 있다. 이혼의 증가로 인해 부부와 자녀가 해체되고 있는데, 2005년 316,375건 결혼한 반면에 128,468건이 이혼하였다. 또한 가족의 형태도 다양해지고 있다. 부부만으로 구성된 가족, 편부모 가족과 재혼부모가족의 비중이 높아지고, 노인 단독가족과 노인부부가족도 증가하고 있다.

그러나 전통적 가족생활주기는 이러한 핵가족화, 전통적 가족형태와 다른 비주류(비전통적) 가족형태의 출현과 출생률 감소, 이혼율 증가 등 최근 우리 사회에서 일어나고 있는 일련의 변화를 설명해 주지 못한다. 이에 이혼한 가족과 자녀가 없는 부부를 고려한 〈그림 15-1〉의 현대적 가족생활주기를 연구하는 것은 의미가 있다.

〈그림 15-1〉 현대적 가족생활주기

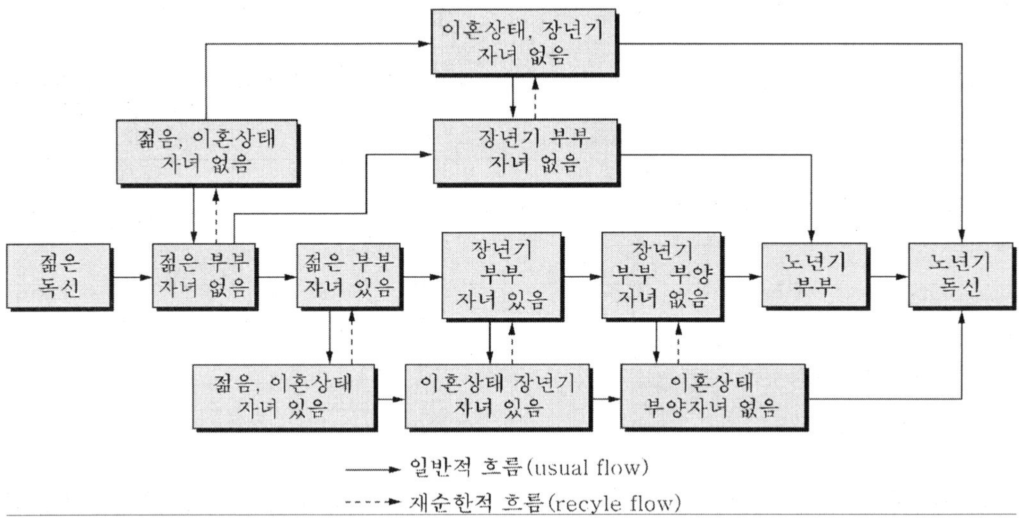

자료원 : Patrick E. Murphy and William A. Staple, "A Modernized Family Life Cycle," Journal of Consumer Research, 1979 June, p. 17.

3. 가정생활주기

1980년 이후 인구통계적인 변화는 비가족적 가정의 성장을 초래하였는데, 오늘날 이와 관련된 개념이 **가정생활주기**(household life cycle)라는 것이다.

〈표 9-5〉가 하나의 생활주기 연속단계를 제시하지만, 어떤 사람의 비전통적 범주를 설명하는 경우, 많은 상이한 생활주기 연속단계가 있다. 〈표 15-2〉에는 비전통적 범주가 제시되어 있다.

〈표 15-2〉 비전통적 가정생활주기

연속단계
연속단계 1 · 어린이가 있는 젊은 기혼부부 · 젊은 이혼부모 · 나이가 많은 자녀가 있는 독신부모 · 나이가 많으나 미혼임
연속단계 2 · 어린이가 없는 젊은 이혼부부 · 어린이가 없는 중년의 기혼부부 · 어린이가 없는 나이가 많은 기혼부부
연속단계 3 · 어린이가 있는 젊은 기혼부부 · 중년의 이혼부모 · 어린이 및 양자녀가 있는 중년의 기혼부모
연속단계 4 · 어린이가 없는 젊은 미혼남녀 · 어린이가 없는 중년 기혼부부 · 어린이가 없는 나이가 많은 기혼부부 · 과부

이혼하여 남은 어린이들과 함께 사는 젊은 기혼부부이고, 또한 배우자 중 한 사람은 재혼하지 않고 있다(연속단계 1). 또 다른 비전통적 연속단계는 이혼하였지만 자녀가 없는 부부 그리고 이혼하고 배우자 중 한 사람이 재혼하여 자녀와 양자녀가 있는 가족을 형성한 부부이다(연속단계 2). 분명히 말해서, 이혼한 사람은 자녀를 양육하며 같이 살 수도 있지만 자녀를 양육하지 않고 재혼하거나 또는 독신으로 남아 있다면, 상이한 구매패턴이 될 것이다. 〈표 9-5〉와 〈표 15-1〉의 생활주기는 가정생활주기의 개념으로 결합될 수 있다.

4. 21세기 인생의 6단계

과거에는 인생을 아동기, 청소년기, 성년기, 노년기 등 4단계로 구성하였지만, 이제는 6단계 즉 오디세이기(20대)와 활동적 은퇴기(노년기 전 은퇴를 준비함)가 추가되어야 할 것이다.

이러한 6단계는 데이비트 브룩스(뉴욕타임스의 컬럼리스트)가 주장한 것으로서, 특히 대학졸업 후 방황하는 20대의 오디세이기의 존재에 의미를 둔 것이다.

특히 오디세이기의 특성은 학교에 다니다가 중간에 쉬기도 하고, 친구와 살다가 부모와 함께 살고, 한 직업을 시도했다가 곧 다른 것을 추구하는 삶을 살고 있기도 하며, 결혼하거나 아이를 갖는 것은 물론 항구적인 직업을 갖는 것도 미루는 경향을 보인다.

이렇게 오디세이기는 그냥 할 일 없이 노는 것이 아니라 상대적으로 적은 기회를 찾는 수많은 사람들의 결과물로서 경쟁의 압력이 강해진 데 따른 것이다.

5. 구매의 본질

소득의 제약과 가족의 책임은 전통적 및 비전통적 생활주기에 따라 가족의 의사결정 중 상당 부분을 점한다. 전통적인 생활주기에서 젊은 독신자와 신혼부부들은 뚜렷한 가처분소득을 가지고 있는데, 특히 신혼부부는 남편과 부인 모두가 직업을 가질 가능성이 있기 때문이다. 젊은 독신자들은 의류, 오락, 휴가 및 기타 여가추구에 더 많이 지출하는 반면에 신혼부부는 가구, 주방용 가전제품 및 가정 오락 시스템과 같이 새로운 가정을 꾸미는데 필요한 장식물에 더 많이 지출한다.

〈표 15-1〉과 같이 어린이들이 태어날 때(보금자리 1기), 부부는 새로운 집으로 이사하고, 어린이용 제품을 구입하며, 또한 가전제품을 구입할 가능성이 있다. 가처분소득은 감소한다. 어린이가 점차 성장함에 따라(보금자리 2기와 3기), 가족들은 식품과 가정용품을 더욱 많이 구입한다. 부모들은 가정개선에 그리고 구형자동차와 가전제품을 대체하는데 자금을 지출할 가능성이 있다. 그들은 역시 의류, 전자식 장난감 및 레크리에이션용 제품과 같이 어린이 및 10대와 관련된 제품에 많이 지출하기 시작한다. 보금자리 1기 후의 단계에서 교육비가 실제로 증가한다.

노부부 1기 단계에서 가처분소득은 증가하며, 또한 부모들은 그들 스스로를 위해 더 많은 돈을 지출할 여유가 있다. 여행과 사치품에 대한 지출이 증가한다. 노부부 1기 이후 단계와 고독한 생존기 단계에서 부모들은 일반적으로 직장에서 퇴직한다. 그들의 수입은 감소하기 시작하며, 또한 의료비에 더욱 많이 지출한다.

〈표 15-2〉에 제시된 생활주기 연속단계는 구매패턴에 대해 또 다른 시사점을 준다. 독신부모들은 여성이 될 가능성이 3배인데, 상당수 이혼한 여성들은 금융적 재원이 감소하고 있음을 인식한다. 젊은 독신부모들이 자녀들과 같이 지내는 시간이 제한되므로 수입 중 상당한 금액이 장난감과 육아보육센터에 지출될 가능성이 높다. 가정이 중년의 독신부모로 옮겨감에 따라 자녀들은 쇼핑, 식사준비 및 식품과 가정용품의 선택에서 점차적으로 그 역할의 중요성이 증가할 가능성이 높다.

생활상 지위에의 변화로 상이한 결과가 야기된다. 즉 하나의 가족으로부터 독신부모가 된다는 것은 가전제품과 가정용 가구에 대한 상이한 욕구를 의미한다. 만약 독신부모가 재혼한다면 양자녀가 생기게 되어 가족규모가 커지며, 또한 상이한 욕구가 전반적으로 창출된다. 예를 들어, 규모가 커진 가족이란 큰 세탁량을 의미하며, 슈퍼마켓에서 경제적 크기의 포장품을 구입한다는 것을 의미한다.

6. 세계적인 생활주기

국가마다 가족생활주기는 상이하다. 유럽의 가정생활주기는 미국과 유사하다. 아시아 국가의 경우 가정의 허드렛일과 어린이 돌보기는 대가족하에서 주로 행해지고 있다. 역시 부모와 자녀 간에 친밀한 결속관계가 있으며, 많은 자녀들이 결혼한 후에도 부모와 함께 산다. 이러한 관계는 많은 사람들이 가족생활주기의 초기단계에서 생활하는데 소요되는 재무적 부담을 덜어 준다.

추가적으로 가족생활주기상 후기단계에서, 아시아는 문화면에서 차이가 있다. 부모와 자녀 간의 친밀한 결속 때문에 나이가 많은 부모들이 자녀의 가정으로 이주하는 것은 매우 공통적인 것이다. 이 단계에서 자녀들은 서구문화에서는 볼 수 없는 지원을 부모에게 제공한다.

7. 가정의 의사결정 과정의 본질

가정생활주기는 의사결정의 본질에 영향을 미치는데 작용한다. 즉 가정생활주기의 초기단계에서는 공동 의사결정이 이루어질 가능성이 매우 크다. 그러나 남편과 부인 또는 미혼남녀들이 경험을 하게 됨에 따라 서로에게 결정에 대한 책임을 위양할 의향이 생긴다. 더욱이 어린이가 태어남에 따라 시간이 보다 제한되고 또한 남편과 부인이 특별한 역할을 담당하므로 공동결정은 더욱 감소할 가능성이 있다.

가족영향의 유형에서 볼 때, 남편은 생활주기의 초기단계에서 영향력이 클 경향이 있다. 시간이 지남에 따라, 특히 부인이 직업을 갖고, 또한 결정에 대해 금융적인 영향력을 가지게 되면 부인은 의사결정에서 보다 독단적이 된다. 어린이가 태어남에 따라 그 어린이가 의사결정에서 고려되므로 가족영향에 다른 변화를 야기시킨다. 즉 어린이들은 여러 다양한 결정사항에 대해 영향자로서 행동할 뿐만 아니라 남편과 부인 간에서의 불일치가 있는 경우에 간혹 중재자로서 역할을 한다. 즉 어린이는 과반수의 세력을 조성하기 위해서 남편과 부인 중 어느 한 사람과 협력함으로써 가족 의사결정에 영향을 미칠 잠재력이 있다.

제3절 가정의 의사결정 모델

가정은 생활주기의 단계에 따라 구매 의사결정을 하는 방법에서 상이할 가능성이 있다. 그러나 가정의 의사결정에는 몇 가지 특이한 공통적인 특성이 있다.

1. 가정의 의사결정 모델

〈그림 15-2〉는 가정의 의사결정 모델로서 세 가지 요인, 즉 ① 공동 의사결정의 가능성, ② 의사결정과정에서 가족구성원의 상이한 역할 명시, ③ 구매 의사결정시 가족구성원 간의 갈등을 해결해야 할 필요성 때문에 개인 의사결정과 상이하다. 이 세 가지 요인이 〈그림 15-2〉에 제시되고 있다.

〈그림 15-2〉 가정의 의사결정 모델

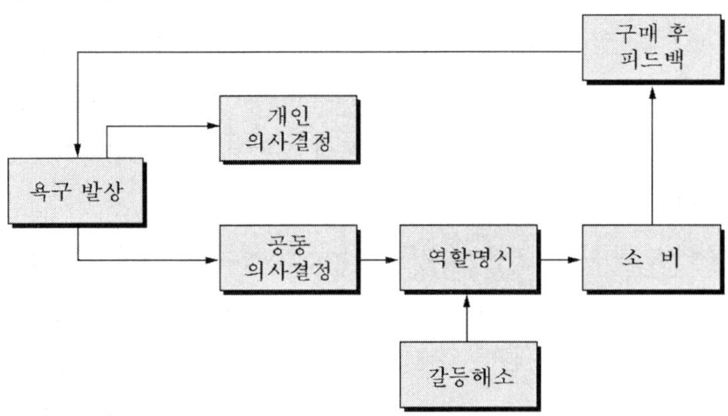

가정의 의사결정에 대한 가상적인 예를 생각해 보자. 최근에 이혼한 아버지인 김영철은 두 명의 자녀, 즉 14세의 희수, 12세의 은규를 데리고 일주일 간 여름휴가를 보낼 것을 계획하고 있다. 희수는 자신이 결정을 할 수도 있지만, 공동 의사결정이 아래의 세 가지 이유 때문에 이루어질 가능성이 있다. 첫째, 그 결정이 그들 모두에게 중요하다. 둘째, 그 결정에 대해 지각적 위험(비용, 그들이 함께 가까이 있다는 것, 좋은 시간을 보낼 수 있다는 것이 중요함)이 매우 높다. 셋째, 지금은 5월이고 8월 휴가를 계획하므로 시간적 압박은 없다.

공동 의사결정의 욕구가 조성되면, 〈그림 15-2〉는 의사결정 역할이 그 가정 내의 구성원들에게 구체적으로 명시됨을 보여준다. 그러한 역할수행(역할 구체화)이 어떤 구성원에게 명확하게 부여될 수도 있거나 또는 그 가정에서의 한 사람이 그 역할을 수행할 수도 있다. 만약 한 사람이 의사결정을 한다면, 이러한 모든 역할을 한 사람에 의해서 수행하게 된다.

〈그림 15-3〉은 의사결정에 필요한 다섯 가지 역할을 보여준다. 아버지가 자녀들에게 휴가를 갈 수 있다고 말한다. 희수와 은규는 국내 여러 지역을 여행할 것에 대한 정보를 수집한다. 그들은 정보탐색과정에서 최초의 정보수집자이며, 또한 아버지는 설악산 국립공원, 서해안 그리고 제주도로의 여행 등 여러 대안을 알게 되었다.

〈그림 15-3〉 공동 의사결정에 필요한 역할

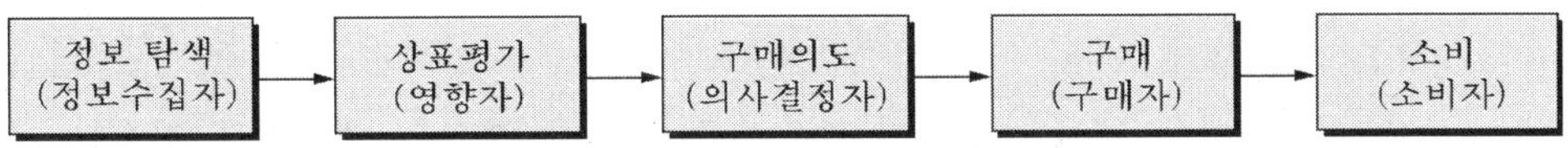

최초의 영향자는 대안적인 휴가지를 구체화한 자녀들이다. 의사결정자는 아버지가 되는데, 그 이유는 그가 휴가지 및 일정 그리고 예산을 통제하기 때문이다. 아버지가 이혼하기 전에는 휴가지에 대한 구매대리인은 부인이었는데, 그녀가 여행사에 근무하고 있어 예약을 용이하게 할 수 있었기 때문이었다. 그들이 아직까지는 친구 사이이므로 부인이 구매대리인의 역할을 할 수 있으며, 또한 항공사, 호텔, 자동차대여 등의 예약을 할 수 있다.

정보를 수집하고 또한 여러 대안적인 휴가지를 평가하는 과정에서 갈등이 두 자녀들 간에 일어난다. 아들은 바다에서 낚시를 하기 위해 제주도로, 딸은 산악체험에 관심이 있어 설악산으로 가자고 한다. 아버지는 올해는 설악산으로 가고, 내년에는 제주도로 가도록 결정함으로써 갈등을 해결한다. 휴가를 마친 후, 그들 모두는 휴가를 만족스럽게 즐겼다고(구매 후 평가) 평가하였다.

본 절에서는 가족 의사결정과 개인 의사결정을 구별하는 세 가지의 구성요소, 즉 공동 의사결정, 역할 명시 및 갈등 해소에 대해 연구한다.

2. 공동 의사결정

어떤 조건하에서는 가족에 의해 공동적으로 구매 의사결정이 그리고 또 다른 조건하에서는 개별 가족구성원에 의해 구매 의사결정이 이루어진다. 공동 의사결정은 아래의 상황에서 이루어질 가능성이 있다.

① **구매에 있어 지각적 위험이 높은 경우** : 잘못된 결정이 전체 가족에게 영향을 미치기 때문에 위험과 불확실성을 줄이기 위해 공동결정이 이루어질 가능성이 있다. 즉 새로운 주택의 구입에 관한 의사결정은 재무적 위험, 이웃과의 상호작용과 관련된 사회적 위험 그리고 심리적 위험 때문에 반드시 공동결정을 해야 한다. 즉 공동 의사결정은 그 집단으로 하여금 보다 위험스러운 결정을 하도록 고무하는데 그 이유는 집단의 모든 구성원들이 잘못된 결정에 대한 비난을 분담해서 감수할 수 있기 때문이다. 소위 이러한 **위험전가현상**(risky shift phenomenon)은 남편과 부인이 행한 의사결정은 어느 배우자가 혼자 결정하는 것보다 더 비싼 집을 구입하게 될 수도 있다는 것을 의미한다.

② **구매결정이 가족에게 중요한 경우** : 중요성은 위험과 관련된다. 그러나 결정은 중요하지만 위험이 낮은 경우도 있는데, 예를 들어, 과거 5년 동안 가족들이 계속 갔었던 동일한 휴가지에 다시 가느냐를 결정하는 것 등이다. 주요 가전제품과 자동차를 구입하기 위한 결정은 일반적으로 중요하기 때문에 공동결정을 해야 한다. 저관여 제품에 대한 결정은 개인별로 결정할 가능성이 큰데, 그 이유는 그런 제품에 대해 공동결정을 하는데 소요되는 시간과 노력을 기울일 가치가 없기 때문이다.

③ **시간적 압박이 거의 없는 경우** : 시간적 압박은 그 가족 중 한 사람에게 구매 의사결정을 하도록 고무한다. 맞벌이 가정의 수가 증가함에 따라, 가족 내에서 시간적 압박이 더 커짐으로써 공동적인 기준에 따라 원래 구입했던 상당수 제품을 개인적으로 의사결정을 하도록 고무하는 상황이 되고 있다.

④ **특정한 인구통계적 집단의 경우** : 아래의 몇몇 인구통계적 요인은 공동 의사결정을 고무할 가능성이 있다.

- 젊은 가족은 공동 의사결정을 자주 행한다. 그 가족이 나이가 많아짐에 따라 공동 의사결정이 감소하는 경향이 있다. 가족구성원은 서로가 수용할 수 있는 결정을 하도록 배우게 되고, 또한 공동 의사결정에 대한 필요성이 거의 없게 된다.
- 공동 의사결정은 가족에 어린이(자녀)가 없는 경우에 이루어질 가능성이 있다. 가족에 어린이가 있을 경우에는 역할이 보다 분명하게 되고, 남편과 부인은 서로가 권한을 위양할 의향이 더 크다.
- 부모 중 한 사람만이 직업을 갖고 있어 시간적 압박이 적어짐에 따라 공동 의사결정이 이루어질 가능성이 높다.

3. 역할 명시

가족구성원은 〈그림 15-2〉에 제시된 다섯 가지 역할 중 하나 또는 그 이상을 맡을 수도 있다.

1. 정보수집가는 가족에게 노출되는 자극의 수준과 유형을 통제함으로써 가족의 정보처리과정에 영향을 준다. 정보수집가는 여러 원천으로부터 정보를 획득하고 평가하는데 가장 많은 전문지식을 가지고 있다.
2. 영향자는 상표를 비교하는 결정기준(비용, 내구성 등의 속성)을 수립하고, 또한 대안적 상표에 대한 다른 가족구성원의 평가에 영향을 미친다.
3. 의사결정자는 예산을 확보하고 있어 구입할 상표를 최종 결정한다.
4. 구매대리인은 가족을 위한 제품을 구입함으로써 결정사항을 이행한다.
5. 소비자는 제품을 사용하고 평가하며, 선택한 상표에 대한 만족 그리고 동일한 상표의 재구매에 대한 의견을 다른 가족구성원에게 피드백한다.

마케팅 기업의 입장에서 가장 중요한 것은 구매자(예 : 어머니)와 소비자(초등학생) 간의 구별이다. 많은 전략적 의사결정이 이런 중요한 차이를 인식하지 않고 행해지고 있다. 대개의 경우, 구매대리인은 거의 중요하지 않은데, 그 이유는 소비자(사용자)가 구매 후에 평가를 하며 또한 장래의 상표구매(상표선택)를 결정하기 때문이다. 그러나 구매결정이 점포에서 이루어진다면, 구매자는 그 가족의 다른 사람을 위해 상표를 결정할 수 있다. 예를 들어, 자녀를 위해 시리얼이나 소시지, 라면 상표를 결정하는 부모가 구매자가 된다.

4. 갈등 해소

1) 갈등 발생

둘 또는 그 이상의 사람들이 의사결정에 관여하는 경우 구매목적, 대안적 상표에 대한 태도 그리고 가장 바람직한 대안의 선택 등에서 어떤 갈등이 발생할 가능성이 있다. 가족도 역시 예외가 아니다. 가정은 규모가 작고, 밀접하게 상호의존적 집단이므로 공동 의사결정이 갈등을 초래할 가능성이 있다. 즉 주택, 자동차 그리고 가족계획에 대한 선택의 경우에 갈등이 존재한다. 예를 들어, 가족계획의 경우 차이는 가족계획에 관여하느냐 않느냐가 아니라 선택기준이었다. 즉 남편은 생활비의 관점에서 소규모 가족의 긍정적인 효과를 강조하는 반면, 부인은 보다 많은 시간을 제공한다는 이점으로 소규모 가족을 인식하기 때문이다.

마케팅 기업들은 그러한 갈등을 인식해야 하며, 또한 그에 따라 마케팅 전략을 조정해야 한다. 예를 들어, 가족들은 자동차전시장을 함께 방문한다. 남편은 직장동료들에게 뽐내기 위해 내부의 공간과 스타일을 강조할 수 있고, 부인은 연료경제성과 서비스 비용에 관심을 둘 수 있다. 반대로 남편이 비용을 강조하고, 부인이 스타일을 강조할 수도 있다. 어느 경우이든 차이가 발생할 가능성이 있으며, 판매원은 양측 모두에게 소구해야 한다.

2) 갈등해소 상황

가족의 갈등을 가장 용이하게 해소시키는 세 가지 상황이 있다. 첫 번째는 가족이 한 사람을 합법적인 권한자로서 인식하는 경우이다. 즉 갈등은 이 사람에게 의사결정을 위임함으로써 간단하게 해소된다. 둘째, 가족 중 한 사람이 다른 사람보다 그 결정에 보다 더 관여할 때이다. 즉 그 가족은 보다 관여적인 사람이 그 결정을 할 것에 동의할 수 있다. 셋째, 가족 중 한 사람이 다른 사람의 욕구에 보다 감정이입적이 될 경우이다.

예를 들어, 자동차를 구입하는 결정시 남편과 부인 간의 갈등에 대해 인정되는 합법성, 관여 및 감정이입이 갈등을 줄일 수 있다. 즉 남편과 부인이 그 결정을 공동으로 또는 둘 중 한 사람에 의해서 행해야 한다고 동의한다면 갈등이 일어날 가능성이 적다. 부부가 권한에 대해 동의하지 못한다고 해도 둘 중 한 사람이 그 구매에 보다 관여적이라면 갈등이 일어날 가능성이 적다. 마지막으로, 배우자 중 한 사람이 더욱 감정이입적이라면 갈등이 일어날 가능성이 적다.

또한 투자옵션에 대한 남편과 부인의 선택에서도 감정이입적인 배우자는 감정이입적인 결과로서 다른 측이 선호하는 것에 끌리게 된다.

제 4 절 남편과 부인의 영향

가정의 과반수 이상이 가족단위라는 전제하에서 남편과 부인의 영향력에 대해 그리고 부모와 자녀의 영향력에 대해 연구한다. 남편과 부인의 상대적인 영향력은 세 가지, 즉 (1) 고려되는 제품의 유형, (2) 구매영향의 본질, (3) 가족 특징 등에 따라 상이할 가능성이 있다.

1. 제품 유형

전통적으로 남편은 자동차, 금융서비스 및 술과 같은 제품에 대해 지배적인 의사결정자로서 간주되어 왔으며, 부인은 식품, 화장실용품 및 소형 가전제품에 대해 중요한 의사결정자로서 인식되어 왔다. 그러나 이러한 역할 중 상당부분이 취업주부의 비율증가 및 가족규범의 변화로 인해 바뀌어 가고, 또한 반대로 되어 가고 있다.

제품의 종류에 따라서 남편의 영향력이 지배적인 경우, 아내가 지배적인 경우, 남편과 아내가 공동으로 의사결정을 하는 경우 그리고 남편 또는 아내가 독자적인 의사결정을 내리는 경우로 구분된다. 〈그림 15-4〉는 남편과 아내의 네 가지 관계를 제품별로 정리한 것으로서, 각 제품별로 가족 의사결정의 형태가 달라진다는 것을 알 수 있다.

〈그림 15-4〉 주부와 남편의 구매 의사결정권(1998년)

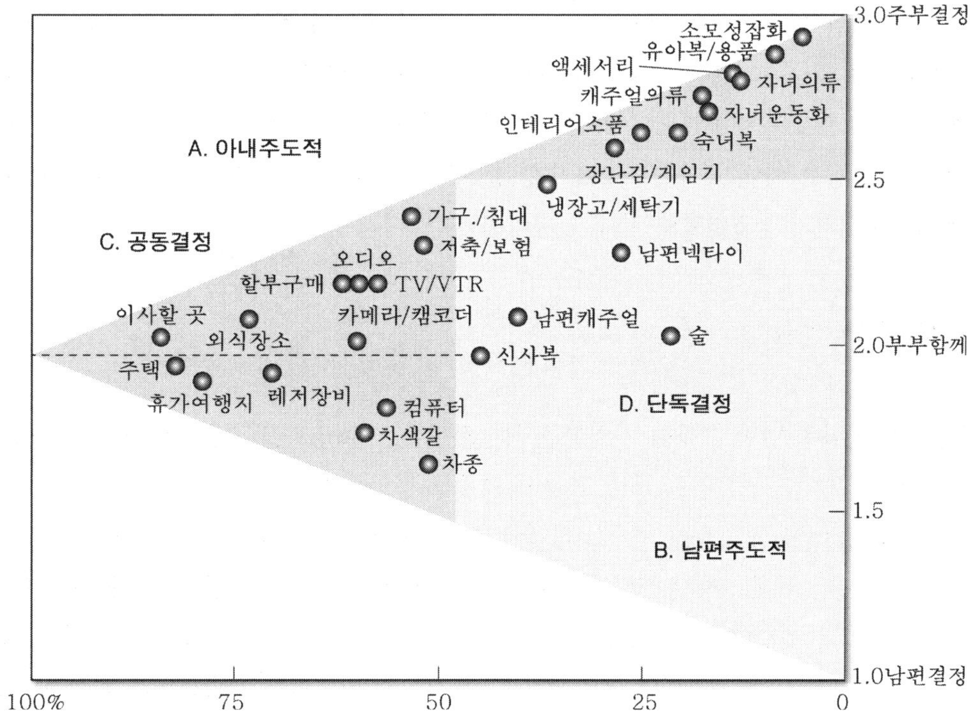

・세로축 : 주부의 남편의 상대적 영향력을 나타내며 위쪽으로 갈수록 주부의 결정권이 커진다.
・가로축 : 역할분화의 정도를 나타내며 왼쪽은 부부 간의 공동결정을, 오른쪽은 단독결정을 의미한다.
자료원 : 대홍기획 마케팅 전략연구소, 한국사람들-소비행동 및 라이프스타일 변화 1989~1999년 하(주부편・기혼남성편)

숙녀복이나 캐주얼 의류처럼 주부 자신이 사용하는 의류뿐만 아니라 자녀의 의류나 신발, 유아복, 유아용품과 같이 자녀와 관련된 제품 그리고 소모성 잡화나 인테리어 소품처럼 가정 내 일상 잡화류 등은 거의 대부분 주부 혼자 결정하는 경우가 많다.

부부가 함께 공동 구매결정을 하는 품목들은 가구나 전자제품처럼 공동으로 사용하는 제품들과 주택이나 저축, 보험, 외식장소, 휴가여행지 등 대부분 구매결정에 신중을 기하거나 가족 내 합의가 이루어져야 하는 제품들이다. 또한 부부가 공동으로 결정을 하더라도 냉장고, 세탁기, TV 등 가전제품이나 가구, 주택과 같은 품목들은 상대적으로 주부의 영향력이 큰 반면, 자동차나 컴퓨터, 휴가 여행지 등은 남편의 결정권이 상대적으로 크다.

세대별로 나이가 젊을수록 부부가 공동으로 결정하는 품목이 많아지고, 나이든 세대로 갈수록 공동구매 결정품목이 줄어들어 결정권이 주부에게 위임되는 경우가 많다고 한다. 마케팅 전략에 활용한 예로는 화장품을 구입함에 있어 남편의 영향력이 존재한다면 아내와 남편과의 관계 속에서 화장품의 역할과 의미를 추구하는 광고를 생각할 수 있다.

남편과 아내의 영향력은 의사결정 단계에 따라 달라질 수도 있다. 예를 들어, 남편이 자동차를 구입하기로 결정한 다음, 남편과 아내가 가격, 스타일 등을 자동차 판매점에서 알아본다. 그 후 아내는 친구가 소개하는 자동차 판매원을 통해서 자동차를 구입한다고 하자. 이 경우에 구매결정은 남편이 독자적으로 수행하였으며, 제품의 속성에 대한 정보탐색은 부부 공동으로 수행되고 있다. 그 후 구매행동은 아내가 독자적으로 수행하였다. 이와 같이 구매 의사결정의 여러 단계에 걸쳐서 남편과 부인과의 상호영향력 관계가 달라질 수 있다.

2. 구매영향의 본질

구매영향의 본질은 남편과 부인의 역할을 특성화한다. 구매영향을 기준으로 가장 중요한 분류는 가족구매에 있어 도구적 역할 대비 표현적 역할을 정의한다.

도구적 역할(instrumental roles)은 그 집단이 최종구매 의사결정을 하는데 도움을 주는 과업을 수행하는 것으로서 예산, 시기 및 제품규격에 대한 결정은 도구적인 것이다. **표현적 역할**(expressive roles)은 집단규범의 표현을 조장하며, 또한 그 집단에게 사회적 및 감정적 지지를 제공하는 것으로서 색상, 스타일 및 디자인에 대한 결정은 집단규범을 반영하므로 표현적이다.

역사적으로 남편은 도구적 역할과 연관되어 왔으며, 반면에 부인은 표현적 역할과 연관되어 왔다. 그러나 부인들이 직업을 가짐에 따라 남편들이 가사역할을 맡을 가능성이 더욱 크며, 부인은 예산과 계획수립 역할을 할 가능성이 커지고 있다. 결과적으로 도구적 및 표현적 역할은 남편과 부인 간에서 보다 뒤섞여 혼합적이 되고 있다.

근로주부들은 표현적 역할과 연관되는 전통적인 가사일을 받아들일 가능성이 적으며 또한 부인이 남편처럼 특별한 도구적 역할을 수행할 가능성이 있다. 예를 들어, 가족의 금융문제에 있어 부인의 역할은 담보, 투자, 보험 및 부동산 계획과 관련하여 가족의 장기적인 금융계획을 수립하는데 있어 최근 관여수준이 확대되고 있다.

미국의 경우 2000년, 전체 가정들 중 75%에서 여성들은 가정의 금융에 대해 주장하며, 28%는 가족의 예산 모두를 관리하고 있다. 이런 변화에 대응하여, 현재 금융서비스 마케팅 기업들이 점증하고 있는 여성 투자자에게 소구하고 있다.

3. 가족 특성

남편이 어떤 특정제품범주에 대한 결정을 지배하고, 또한 부인이 다른 제품에 대한 결정에 지배적인 경향이 있기는 하지만, 이러한 역할은 각 가족 내에서의 지배력에 따라 상이하다. 즉 어떤 가족에서는 고려되는 제품에 관계없이 남편이 보다 지배적일 수 있으며(가부장적 가족), 다른 가족에서는 부인이 보다 지배적일 수도 있다(모계가장 가족).

아래의 경우에 남편이 부인보다 구매결정에서 보다 영향적일 가능성이 있다.

- 남편의 교육수준이 높을 때
- 남편의 소득과 직업상 지위가 높을 때
- 부인이 직업을 가지고 있지 않을 때
- 부부가 가족생활주기 단계에서 앞 단계에 있을 때(젊은 부모)
- 부부가 평균수준보다 많은 자녀를 보육할 때

반대현상이 부인 지배적인 가족에 적용된다. 즉 부인이 직업을 가지고 있으며, 남편보다 교육수준이 높은 경우이다. 예를 들어, 보험가입 결정에 대해 남편보다 더 관여하는 부인은 직업을 가지고 있으며, 남편보다 고학력인 경향이 있다.

남편 지배적 가족은 남편의 역할에 대한 전통적인 가치관과 태도를 가진 가족임을 제시한다. 즉 남편의 많은 소득은 가족 내에서 재무적 힘을 그에게 제공한다. 교육수준이 낮으며 직업을 가지고 있지 않은 부인은 항시 전통적인 가치관을 가지고 있다는 것을 의미한다.

4. 남편과 부인 영향의 변화유형

남성역할이 변화함에 따라 부인이 전통적으로 해 왔던 의사결정에 대해 남편의 영향이 더욱 커졌으며, 또한 전통적으로 남편이 지배하였던 것으로 간주되었던 분야에 여성의 영향이 더 커지게 되었다.

미국의 경우, 1978년, 미국가정에서 기본적인 것을 쇼핑하는 사람들 중 남자가 10%를 차지하였지만, 1982년에는 25%로 증가하였다. 이러한 추세는 1992년 이후에도 계속되고 있다. 이와는 반대로 부인들이 취업주부가 되어 경제력을 더 많이 갖게 됨으로써 보험, 자동차 및 금융서비스에 대한 결정에서 점차 역할이 증대되고 있다.

남성역할의 변화와 여성의 영향이 변화되는 추세는 직접적으로 마케팅에 시사점을 제시한다. 즉 다양하고도 폭넓은 시장을 추구하는 제품을 취급하는 마케팅 기업은 이미 전통적인 구매유형에 의존할 수 없다. 식품 및 가정용품 제조업자들은 남편에 대해 많은 노력을 기울여야 한다. 비싼 제품과 서비스를 취급하는 마케팅 기업은 부인에 대해 보다 많은 노력을 경주해야 한다.

예를 들어, 미국에서 상위 10대 자동차 제조업체들은 1999년보다 2000년에 여성용 잡지에 19%까지 광고비를 증가하였다. 추가적으로 여성용 유선 TV 채널인 Lifetime에 자동차 제조업체들이 지출한 광고비는 2000년 1/4분기에 이미 1999년 1년 동안의 광고비보다 많이 지출하였다.

제 5 절 부모와 자녀의 영향

오늘날 어린이(자녀)들은 과거보다 전통적 및 비전통적 가족 내에서 가족 의사결정에 보다 중요한 부분을 담당하고 있다. 전통적 가족 중 반 이상이 맞벌이 부부인데, 맞벌이 부부는 어린이들에게 자립심을 키우기 위해 자주 식품을 쇼핑하고 준비하도록 한다. 비전통적 가족에서 1인 부모 가정이 급속하게 증가함으로써 쇼핑하고 식사준비에 관여하는 어린이들이 증가하고 있다.

결과적으로, 어린이들은 전체 가족이 소비하는 제품에 대한 결정에 영향을 미칠 가능성이 있다. 즉 어린이들은 60개 이상의 제품범주에 대해 영향을 미치며, 특히 식품과 청량음료 제품에 영향을 미치고 있다.

구매에 있어 부모와 자녀의 영향력에 대한 연구는 ① 12세 또는 그 이하의 어린이에 대해서,

② 청년기(13~17세)에 대한 조사로 분리된다.

1. 어린이의 소비자 사회화

어린이의 소비자 사회화(consumer socialization of children)는 어린이들이 시장에서 그들의 역할을 수행하는 것과 관련된 기술, 지식 및 태도를 습득하는 과정이다. 즉 어린이들은 기본적으로 부모로부터 구매와 소비에 대해 배운다. TV는 어린이들이 보는 것 그리고 특정상표에 반응하는 방법에 대해 설득적인 영향을 미치는 한편, 가족은 기본적인 소비자의 욕구를 포함하여 어린이들에게 소비의 합리적인 면을 가르치는데 도구적이다.

어린이들에게 보다 효과적인 소비자가 되도록 가르치려고 하는데 있어 부모들의 역할은 아래와 같다.

- 부모들은 품질이 좋은 제품을 쇼핑하는 방법 및 돈을 사용하는 경험을 포함하여 어린이들에게 가격-품질 관련성을 가르친다.
- 부모들은 효과적인 비교쇼핑자가 되는 방법과 가격할인시 제품을 구입하는 방법을 어린이들에게 가르친다.
- 부모들은 어린이들의 상표선호성에 영향을 준다.
- 부모들은 사실과 광고에서의 과장을 구별할 수 있는 어린이들의 능력에 영향을 준다.

1) 사회화의 방법

어린이들은 부모로부터 구매와 소비행동에 대한 여러 가지 면모를 배운다. 즉 어린이들은 부모들을 역할 모델로 간주하므로 부모의 행동을 주시하고 모방하며 또한 부모와 함께 쇼핑한다. 즉 함께 쇼핑하는 어머니는 그렇지 않은 어머니에 비해 어린이에 대해 보다 분명한 소비자 사회화에 대한 목표를 가지고 있다. 함께 쇼핑하는 어머니는 점포를 방문하는 것과 연관된 경험을 어린이에게 노출시키려고 하며 또한 소비자 기술을 가르치기 위해 쇼핑하는 것을 이용한다.

어린이들은 역시 직접 경험을 통해서 사회화한다. 맞벌이 가정과 1인 부모 가정이 증가함으로써 어린이들은 자신이 자주 쇼핑한다. 결과적으로 소비자 사회화의 과정은 과거보다도 더 일찍 그리고 더 빨리 일어나고 있다.

TV, 인터넷 및 학교도 역시 사회화의 중요한 원천이다. 즉 어린이들은 TV 광고와 프로그램으로부터 학습한다. **교화이론**(cultivation theory)에 의하면 어린이들은 매체로부터 문화의 규범과 가치관에 대해 학습한다. 즉 어린이들이 TV에 더 많이 노출될수록 그들이 본 이미지와 연관성을 받아들일 가능성은 더 높다. 따라서 어린이는 방취제를 사용하는 것을 사회적 상황하에서 필수적인 것이라고 배우며, 또한 청년기가 될 때까지 몸냄새는 나지 않지만 상당수 어린이들이 그 제품을 사용하기 시작한다.

웹에 많은 시간을 사용하는 것도 역시 사회화의 한 원천이다. 즉 어린이들은 인터넷이 확대됨에 따라 어린나이에 더욱 인터넷 탐색자가 되고 있다. 즉 인터넷은 다른 어린이와 커뮤니케이트하는 하나의 방법뿐만 아니라 간단하면서 쉽게 접근할 수 있는 정보의 원천으로 작용한다. 그러나 지나치게 인터넷에 접속함으로써 부모들의 통제가 인터넷 사회화에서 매우 중요시되고 있는데, 그 이유는 온라인으로 이용할 수 있는 성인용품이 다양하게 제시되고 있기 때문이다. 즉 정보의 원천 그리고 커뮤니케이션 수단의 이중적 역할로 인해 어린이들은 웹사이트로부터 그리고 서로들로부터 문화적 규범을 배우게 된다.

사회화의 추가적인 원천은 다른 어린이들이다. 어린이들은 조금 나이가 많은 어린이들을 모방할 수도 있는데, 그 과정에서 소비기술을 습득한다. 어린이들의 동료집단들도 역시 상표선호성과 구매에 영향을 줌으로써 소비자 사회화에 영향을 줄 수 있다.

2) 소비자 사회화의 단계

스위스의 심리학자인 Jean Piaget는 3단계로 이루어진 어린이의 인지적 발달 측면에서 사회화를 확인하였다.

첫 번째인 **활동 전 단계**(preoperational stage)에서, 3~7살짜리 어린이는 인지적 구조가 충분하게 조직화되어 있지 않고 또한 언어기술을 개발하고 있다. 이 단계에서 부모들은 보조적 기준에 따라 제한된 구매선택 예를 들어, 아이스크림이나 청량음료의 맛에 대해서 허용할 수 있다.

두 번째 **구체적인 활동단계**(concrete operational stage)에서, 8~11세의 어린이들은 구체적인 문제에 대해 논리적인 사고를 응용할 수 있는 보다 복잡한 능력을 개발한다. 이 단계에서 어린이는 원하는 것을 부모들로 하여금 구입하도록 영향을 주기 위해 동료로부터 배운 설득적인 기술을 개발하기 시작한다(즉 나를 제외하고 모든 사람이 그것을 가지고 있다).

세 번째 단계(12~15세)인 **공식적인 활동단계**(formal operational stage)에서, 어린이는 추상적으로 생각하고, 또한 개념과 아이디어를 연관시킬 수 있는 능력을 보다 크게 발전하게 되는 단계에 들어간다. 이 단계에서 어린이들은 보다 큰 금융적 재원을 가진다. 그들 중 상당수는 자동차, 컴퓨터, 전자제품과 같은 성인용 품목에 대한 부모들의 구매에 영향을 미치게 된다. 이 단계는 다른 사람, 특히 부모들에게 영향을 줄 수 있는 어린이의 능력을 나타내며, 또한 컴퓨터와 같은 중요한 구매에 대해 구매력을 구축할 수 있는 능력을 나타낸다.

3) 소비자 사회화에서 부모의 역할

소비자로서 어린이의 사회화에 대해 부모의 역할은 네 가지 유형의 가족에 따라 상이하다.

① 독재적인 부모들은 어린이들에 대해 높은 수준으로 통제하며, 또한 무조건적인 복종을 기대한다. 그들은 외부적 영향으로부터 어린이들을 보호하려고 하며, 또한 사회지향적인 커뮤니케이션에 관여할 가능성이 매우 높다.

② 무시적인 부모들은 어린이들과 거리감이 있으며, 또한 어린이들에 대해 많은 통제력을 발휘하지 않는다. 그들은 어린이들의 능력을 유지하거나 고무하기 위해서 아무것도 하지 않는다.

③ 민주적인 부모들은 부모의 권리와 어린이의 권리 간의 조화를 조장한다. 그들은 어린이들의 자아표현과 가치관 자율성을 고무한다. 그들은 온화하고 지지적이지만, 역시 어린이들로부터 성숙한 행동을 기대한다. 만약 어린이들이 한계를 넘게 행동하는 경우, 그들은 원칙을 사용한다.

④ 허용적인 부모들은 어린이들을 위험에 처하지 않게 하면서 가능한 한 어린이들로부터 여러 가지 제약을 없애려고 노력한다. 그들은 어린이들이 성인의 권리를 가지고 있지만 책임은 거의 없다고 믿고 있다.

민주적인 부모들 그리고 더 낮은 정도의 허용적인 부모들은 소비자로서 어린이의 사회화에 대해 가장 능동적인 역할을 수행한다. 이 부모들은 독재적이며 무시적인 부모들에 비해 어린이들과 함께 쇼핑하고 또한 어린이들의 충고를 추구할 가능성이 크다. 즉 민주적인 부모들은 어린이들과 함께 TV를 시청하지만, 어린이들에 대한 광고에 대해 보다 많은 관심을 표현하며, 또한 어린이들의 TV 시청을 통제하려고 한다. 반면에 독재적인 가정은 어린이들의 소비행동 및 매체행동에 대해 가장 많은 제약을 가한다.

상기에서 확인된 결과는 우리에게 한 가지 중요한 시사점을 제시한다. 즉 소비자로서 어린이들에게 관여하는 가족들은 광고 및 웹에 대한 어린이들의 노출에 대해 관심을 가장 많이 갖고 있다. 따라서 마케팅 기업들은 이러한 관심사에 대해 민감해야 한다. 즉 8세 이하의 어린이들은 상업광고와 프로그램 내용을 항상 구별하지 못하므로, 특히 TV 광고는 분명히 프로그램 내용과는 다르게 묘사되어야 한다. 웹광고도 다른 웹사이트 내용과 구별하기 어려우므로 8세 이하 어린이들의 인터넷 이용이 증가함에 따라 보다 문제가 될 가능성이 있어, 이에 대한 대응책을 강구해야 할 것이다.

4) 상호세대적인 영향

소비자 사회화의 과정은 **상호세대적**(intergenerational)이다. 즉 영향은 한 세대로부터 다음 세대로 이전되는데, 특히 부모와 어린이들의 상표선호성에서 가장 두드러지게 나타난다.

즉 딸, 어머니, 할머니 간의 실질적인 상호세대적 영향이 있는데, 어머니가 딸의 선택에 유의하게 영향을 미쳤는데, 이는 상호세대적인 영향이 상표와의 강력한 감정적인 결속을 창출하였기 때문이다.

또한 상호세대적인 영향은 일방적인 것이 아니므로, 어린이로부터 부모에게 전달된다. 예를 들어, 자동차, 컴퓨터, 식품회사들은 어린이들을 표적으로 하고 있는데, 그 이유는 일상적으로 어른들이 구입하는 것으로 간주될 수 있는 것에 대해 어린이들이 영향을 미치기 때문이다. 즉 어떤 광고는 올바른 영양가 원천을 획득하도록 어머니에게 영향을 주는 딸을 보여준다.

특히 어린이들은 첨단제품에 대해 부모들의 선호성에 영향을 미칠 가능성이 있다. 예를 들어, 상당수 부모들은 기술제품 상표에 대한 자녀들의 선호성이 자신들의 의사결정에 중요하다는 사실을 인식하고 있다.

상호세대적인 영향은 대가족의 비율이 큰 외국에서 더 강할 가능성이 있다. 예를 들어, 태국의 상당수 대가족들은 보다 강력한 상호세대적 영향을 나타나고 있으며, 타이완과 필리핀에서도 장년층은 가족경제에 대해 중요한 역할을 수행하고 있다. 즉 전통적으로 강한 가족구조하에서 부모와 조부모들이 구입하는 상표들은 보다 강하게 영향력을 발휘한다.

2. 구매과정에 있어 어린이의 영향

어린이들은 과자, 껌, 장난감, 청량음료, 스낵제품 등을 구입할 가능성이 매우 큰 데, 상당수가 선물, 책, 즉석식품 그리고 의류와 스포츠 설비를 자신의 돈으로 구입한다. 역시 어린이들은 상기의 제품들뿐만 아니라 특히 의류에 대한 부모들의 구매에 영향을 미치고 있다. 또한 상당수 어린이들이 자동차와 전자제품과 같은 성인지향적 품목의 구매에 영향을 미치고 있다.

어린이들의 관여는 부모에게 영향을 미치는 그 이상이다. 어느 경우 부모와 어린이들은 공동결정을 하는데, 특히 어린이가 그 결정에 크게 관여한다. 예를 들어, 상당수 부모들은 여름캠프학교 또는 가족휴가의 선택에 대해 공동으로 결정한다.

더욱 풍요해지고 또한 어린이들의 소비자 사회화가 일찍 이루어짐으로써 어린이들이 마음대로 할 가능성은 더 크다. 역시 부모들이 가정에 어린이를 혼자 남겨 둔 것에 대해 죄책감을 느끼고 있으며, 그래서 어린이들이 원하는 것을 그들 나름대로 하게 할 가능성이 더 크다. 결국 마케팅 기업들은 성인지향적 제품에 대한 영향요인으로서 어린이를 취급하기 시작하였다. 예를 들어, 어떤 광고는 인터넷에 접속하기 위해 줄을 서서 기다리는 어린이들을 보여 줌으로써 어린이의 영향을 묘사하고 있다.

3. 부모-자녀 상호작용

구매하는데 있어 부모-어린이 영향력에 대한 핵심사항은 어머니와 어린이 간의 상호작용에 대한 것으로서, 여러 가지 제품을 구입하려는 어린이들의 요구에 대해 나타나는 어머니의 반응을 고려하는 것이다.

어린이들이 더 커감에 따라 어머니들이 어린이들의 요구를 더 따르는데, 그러나 이와 동시에 나이가 많은 어린이들은 구매요청을 거의 하지 않는다. 그 이유는 그들이 독립적으로 구매결정을 할 수 있기 때문이다. 즉 그들은 동료집단에 보이고자 하며, 정보원천으로서 부모들을 무시할 가능성이 있으며, 또한 부모들은 사춘기 세대들이 구매를 판단할 수 있는 능력을 갖고 있다고 생각한다.

미취학 어린이의 영향력에 대해 교차문화적 차이가 있다. 즉 미국 어린이들은 요구를 가장 많이 하지만, 일본 어린이들은 가장 적게 요구한다. 그러나 일본의 부모들은 요구가 있을 때 어린이의 요구에 동의할 가능성이 매우 크다. 그 이유는 일본 어린이들은 가족에게서 예의바르고 조화롭게 행동하도록 고무됨으로써 구매요구를 밀어붙이는 것이라고 인식되기 때문이다. 일본의 부모들이 어린이들에게 매우 관대하므로 거의 요구하는 품목을 구입하기로 동의한다. 미국의 부모들이 그러한 경우에 처했을 때 그들은 구매요구를 어린이들과 함께 협상하고 토의하거나 또는 아니다라고 말할 가능성이 있다.

4. 사춘기에서 부모 대 동료집단의 영향

맞벌이 부부들이 쇼핑과 기타 허드렛일에 대해 10대 자녀들에게 더 많은 책임을 부과함에 따라 10대들의 구매영향이 증가되었다. 즉 10대 소녀들은 가족을 위해 쇼핑도 하고, 집에서 요리를 하기도 한다.

내구재에 대한 가족 의사결정에 대해 대학생들이 가장 크게 영향력을 발휘하는 경우는 아래와 같다.

- **보다 많은 구매력을 가지고 있는 경우** : 10대들의 구매력이 크면 클수록 부모들이 10대들의 구매의견을 인정할 가능성은 더 높다.
- **그 제품에 대해 지식이 많을 경우** : 10대들은 자주 컴퓨터, 스테레오 기기, 캠코더, 이동전화기, 자동차 등과 같은 제품에 대해 부모들보다 더 많은 지식을 가지고 있다. 그러한 경우 부모들은 10대들의 의견을 수용할 가능성이 높다.
- **그 제품이 중요한 것으로 간주되는 경우** : 그 제품이 10대들에게 중요할수록 10대가 가족 의사결정에 대해 구매에 영향력을 발휘할 가능성은 더 높다.

부모에 대한 사춘기들의 영향은 보다 정교해지고 세련되어 가고 있다. 즉 사춘기들은 영향에 대한 자신들의 시도에 대해 부모들이 어떻게 반응할 것인가를 예상한다. 그리고 부모들과 이야기하고 설득하며, 그들이 하고 싶은대로 협상하려고 시도한다. 역시 그들은 어떤 전략이 최상으로 실행되는가를 학습하고 또한 그 전략을 다시 이용한다.

그러한 10대들의 영향은 사춘기들의 독립성이 더 크다는 것으로 귀착된다. 즉 어린이들이 사춘기가 됨에 따라 부모들로부터 동료집단에게로 자신들의 충성심을 바꾸며, 부모들의 구매영향력이 줄어든다고 하지만, 사춘기에서도 계속해서 정보와 영향에 대해 부모들에게 의존하고 있다. 즉 고등학교 학생들은 초등학교 학생 때와 같이 부모들의 승낙에 관심을 기울이고 있다. 예를 들어, 16~19세 청년들은 스포츠 장비와 소형 가전제품을 구입하는 경우에 친구들보다 부모에 의해서 영향을 받을 가능성이 매우 크다. 또한 부모가 그 제품을 좋아했다는 사실이 친구가 그 제품을 좋아했다는 사실보다 더 중요한 기준이 된다는 것으로서, 공동 의사결정은 일방적인 것이 아니라 사춘기와 부모들은 서로 영향을 미치고 있다.

결론적으로 볼 때, 구매결정에 있어 부모의 중요성은 동료집단의 중요성을 감소시키지는 않는다. 즉 10대들은 더 나이가 들면서 많은 정보원천에 의존하며 또한 동료집단이 구매결정에 영향력이 있다.

제 6 절 가정의 의사결정과 마케팅 전략

가정의 의사결정은 마케팅 전략의 모든 측면, 즉 광고메시지, 매체선정, 제품개발, 가격전략, 유통경로 등에 영향을 미친다.

1. 어린이의 사회화

마케팅 기업들은 어린이용 제품을 직접 판매하지는 않는다고 해도, 어린이들로 하여금 기업명과 상표명을 빠른 시간 내에 인식할 수 있도록 함으로써 어린이의 소비자 사회화에 영향을 발휘하려고 하였다. 예를 들어, 성인용으로 건강지향적인 요구르트의 경우, 어린이들은 그 맛이 싫다고 평상시 어머니에게 이야기한다. 그러나 베이비붐 세대 부모들이 자녀들에게 영양가적 지향성을 확대시키기 시작함에 따라 요구르트 마케팅 기업들은 한 가지 새로운 공간을 인식하고 있다.

1993년 Dannon사는 어린이들이 좋아하며 농도가 짙은 Sprinklins를 시장에 도입하였으며, Yoplait사는 과일향을 가진 Trix를 도입하였다. 광고는 영양가에 지향하는 이점으로 어머니들에게 소구하면서 재미있는 주제를 가지고 어린이들을 표적화하였는데, 이는 어린이들에 대한 소비자 사회화 전략을 설명한다.

성인용 제품인 동력공구와 가전제품을 생산하는 또 다른 기업인 Black & Decker사도 이와 유사한 전략을 실행하였다. 이 기업은 자사의 소형 가전제품가격을 소형화시킨 장난감 계열에 자사의 기업명을 라이센스해 주었다. 이 전략은 사춘기들이 Black & Decker사의 드릴을 구입하지 않지만, Black & Decker 상표가 붙은 장난감을 구입한다면, 어느 날엔가 진짜 Black & Decker사의 제품을 구입할 것이라고 기대하는 것이다.

사회화 전략은 역시 교육적으로 동기화되고 있다. 예를 들어, 어떤 은행은 12세 이하의 어린이들에게 재무적 책임을 가르치기 위해 12세 이하의 어린이들을 위한 경제교육을 주관하고 또한 저축클럽을 도입하고 있다.

역시 마케팅 기업은 성인용 상표를 어린이용으로 변화시켜 도입함으로써 어린이의 소비자 사회화에 영향을 줄 수 있다. 이 어린이용 제품은 성장의 여지가 거의 없는 경쟁적인 시장에서 성인용 제품의 파생물로서, 어린이들이 새로운 성장기회를 제공한다. 예를 들어, 초등학생들을 대상으로 제품을 개발하고 그 연령집단에 소구할 수 있도록 독특한 특성과 독창적인 상표명을 부여할 수 있다.

2. 전통적인 가정

전통적인 가정 및 비전통적인 가정을 표적화하는데 있어 상이한 마케팅 전략이 요구된다. 전통적인 가정이 마케팅에 제시하는 시사점은 남편과 부인의 관계 그리고 부모와 자녀의 관계에 집중되어 있다. 여기에서 중요한 문제는 누가 지배적인 영향력을 갖고 있느냐이다.

1) 남편과 부인의 영향

남편 또는 부인이 의사결정에 대해 지배적이라면, 마케팅 기업은 지배적인 측의 요구에 광고메시지를 지향해야 하며, 또한 남편이나 부인에게 도달할 수 있는 매체를 선정해야 한다. 배우자들이 공동으로 또는 자율적으로 의사결정을 하는 경우에 어려운 전략적 문제가 야기된다. 만약 의사결정이 공통적이라면 마케팅 기업은 남편과 부인에게 별도의 메시지를 지향해야 하는가 또는 모두에게 소구할 수 있는 하나의 캠페인을 계획해야 하는가가 문제가 된다.

예를 들어, 자동차 광고에서 남편과 부인이 상이한 이점을 강조한다는 가정하에 별도의 캠페인을 사용할 수 있다. 그러나 여성들도 이제는 남편과 유사한 속성에 관심을 가짐에 따라 기본적 이점으로 성능을 그리고 2차적 주제를 스타일과 안락함으로 하여 부인과 남편 모두에게 표적화하는 것이 효과적이다.

의사결정이 자율적, 즉 결정이 남편 또는 부인에 의해서 행해지고 또한 둘 중 한 사람이 동등하게 의사결정을 한다면 마케팅 기업은 어려운 선택에 직면하게 된다. 즉 광고예산이 남성 및 여성 지향적인 매체에 동일하게 배분되어야 하는가, 또는 어느 한 쪽에게 소구해야 하는 선택의 문제에 직면하게 된다. 예를 들어, 남성용 의류 제조업자는 여성용 잡지에, 남성용 잡지에 또는 두 가지의 잡지 모두에 남성용 의류를 광고할 수 있다. 두 가지 잡지를 모두 사용한다면, 그 기업은 두 가지의 캠페인이 필요하다. 그러한 접근방법은 매체예산이 너무나 적게 분배될 수 있는 위험이 있다.

남편과 부인의 영향에 관한 패턴이 변화함에 따라 마케팅 전략이 이에 적응하고 있다. 예를 들어, 최근까지 생명보험은 기본적으로 남편에게 맞도록 제시되었으나, 이제는 특별하게 직업을 갖고 있는 주부에 맞도록 보험증권을 개발하고 있다. 이와 유사하게 마케팅 기업들은 쿠폰을 이용하는 사람들이 필시 주부라고 가정할 수가 없다. 즉 식품 쇼핑에 남편들이 관여한다는 것은 남편들이 쿠폰을 이용할 가능성이 더 크다는 것을 의미한다.

2) 부모와 자녀의 영향

부모와 자녀가 구매결정에 영향을 미치는 경우 자녀만을 표적으로 할 것인가, 또는 자녀와 부모 모두를 표적으로 할 것이냐가 문제이다. 마케팅 기업들은 상이한 이점을 강조하기 위해 별도로 부모와 자녀에게 접근하고 있다. 예를 들어, 어떤 식품 제조기업은 부모와 자녀 모두에 대한 광고전략을 구사하고 있다. 즉 어린이용 TV쇼를 통해 어린이들에게 마이크로웨이브 오븐으로 요리할 수 있는 제품을 광고하며 또한 여성용 잡지에 영양가의 이점을 제시하여 어머니들을 표적화하였다. 이와는 대조적으로, 어떤 마케팅 기업은 부모들보다는 어린이들에게 표적화하고 있는데, 이는 어린이들이 자주 부모들의 영향을 받지 않고 구매 의사결정을 한다고 느끼기 때문이다.

마케팅 기업들은 역시 어린이들의 욕구에 적응하기 위해서 성인용 제품의 특징을 점차적으로 변경하고 있다. 예를 들어, 어떤 마케팅 기업은 눈물이 나지 않는 어린이용 비누를 출시하였으며, 또한 어린이들로 하여금 양치질을 하도록 하기 위해 치아를 반짝거리게 하는 것으로 기존치약을 변경하여 시장에 도입하였다.

3. 비전통적인 가정

비전통적인 가정에 대한 전략수립은 또 다른 문제를 야기한다. 특별한 표적화가 요구되는 비전통적인 가정에는 독신부모 가정, 동성연애자 가정, 대학생 룸메이트 및 함께 사는 친구 등이 포함된다. 아래 제시된 전략적 문제점들은 이러한 집단을 표적화하는 데 야기된다.

- **비전통적인 가정이 표적으로 할 만큼 충분히 큰가?** 독신부모 가정과 같은 집단은 대부분의 제품에 대해 표적화하기에 충분할 정도로 규모가 크다. 그러나 중요한 문제는 이러한 집단을 표적화하기 위해 개별적인 별도의 노력이 필요한가 또는 일반적인 캠페인으로 충분한가이다. 예를 들어, 어떤 기업이 혼자 집에 있는 어린이들의 부모를 표적으로 하고자 한다면, 독신부모 가정을 묘사하는 광고가 분명히 제시되어야 한다.
- **집단의 특이한 욕구에 맞도록 소구할 수 있는가?** 어떤 식품제조기업은 마이크로웨이브 오븐으로 요리할 수 있는 식품을 독신부모 가정에 소구할 수 있는데, 그 이유는 거의 대부분의 독신부모들이 일을 하고 있으며 또한 혼자 집에 있는 자녀를 두고 있기 때문이었다. 이와는 대조적으로 어떤 기업은 독신부모들에게 자사의 농축된 식품을 특별하게 광고하지 않았는데, 그 이유는 동일한 소구가 자녀가 있는 모든 가족들을 위해 이용되었기 때문이었다. 만약 비전통적 가정의 욕구가 일반적인 사람들과 상이하지 않다면 별도의 마케팅 캠페인은 소용이 없을 것이다.
- **비전통적인 가정에 도달하기 위해 매체수단을 이용할 수 있는가?** 특별한 매체수단이 없다는 것은 비전통적인 가정에 도달하는 것을 제약하게 된다. 예를 들어, 독신부모에게 도달하기 위해 잡지, 웹사이트 또는 유선채널 등이 이 집단을 표적화하는데 이용될 수 있어야 한다. 그러나 그러한 매체를 이용할 수 없으므로, 그 세분시장의 규모에 비해 비싼 대안적인 방법

인 주요 시간대 TV가 직업을 가진 독신부모들에게 도달하는데 이용되어야 할 것이다.

참고문헌

윤훈현 역, 『소비자행동론』, 제6판, 석정, 1998.

윤훈현, 『소비자행동론』 석정, 2005.

Alvin C. Burns and Donald H. Granbois, "Factors Moderating the Resolution of Preference Conflict in Family Automobile Purchasing," *Journal of Marketing Research* 14 (February 1977), pp. 77-86.

Aric Rindfleisch, James E. Burroughs, and Frank Denton, "Family Structure, Materialism, and Compulsive Consumption," *Journal of Consumer Research* 23 (March 1997), pp. 312-325.

"A Tribunal to Get Neglected Parents Smiling Again," *New York Times* (December 1996), p. A4.

David C. Epperson, "Reassessment of Indices of Parents Influence in American Society," American Sociological Review 29 (February 1964); Paul Gilikson, "What Influences the Buying Decisions of Teenagers," *Journal of Retailing* 4 (Fall 1965), pp. 36-41.

Elizabeth S. Moore, William L. Wilkie, and Richard J. Lutz, "Passing the Torch : Intergenerational Influences as a Source of Brand Equity," *Journal of Marketing* 66 (April 2002), pp. 17-37.

George P. Moschis and Roy L. Moore, "Decision Making Among the Young : A Socialization Perspective," *Journal of Consumer Research* 6 (September 1979), pp. 101-112.

George P. Moschis, "A Longitudinal Study of Consumer Socialization," in Michael Ryan, ed., *Proceedings of the American Marketing Association Theory Conference* (Chicago : American Marketing Association, 1984).

Henry Assael, Consumer Behavior, Houghton Mifflin, 2004.

Jagdish N. Sheth, "A Theory of Family Buying Decisions," in Jagdish N. Sheth, ed., *Models of Buyer Behavior* (New York : Harper & Row, 1974), pp. 17-33.

Kay M. Palan and Robert E. Wilkes, "Adolescent-Parent Interaction in Family Decision Making," *Journal of Consumer Research* 24 (September 1997), pp. 159-169.

Les Carlson and Sanford Grossbart, "Parental Style and Consummer Socialization of Children," *Journal of Consumer Research* 15 (June 1988), pp. 77-94.

Michael B. Menasco and David J. Curry, "Utility and Choice : An Emprirical Study of Wife/Husband Decision Making," *Journal of Consumer Research* 16 (June, 1989), p. 95.

Pierre Filiatrault and J. R. Brent Richie, "Joint Purchasing Decisions : A Comparison of Influence Structure in Family and Couple Decision-Making Units," *Journal of Consumer Research* 7 (September 1980), p. 139.

"Real Men Buy Paper Towels Too," Business Week (November 9, 1992), p. 75 ; and "Study Boosts Men's Buying Role," *Advertising Age* (December 4, 1989), p. 75.

Robert T. Green and Isabella C. M. Cunningham, "Feminie Role Perception and Family Purchasing Decisions," *Journal of Marketing Research* 12 (August 1975), pp. 325-332.

Sanford Grossbart, Les Carlson and Anna Walsh, "Consumer Socialization and Frequencey of Shopping with Children," *Journal of the Academy of Marketing Science* 19 (Summer 1991), pp. 155-162.

Scott Ward and Daniel B. Wackman, "Children's Influence Attempts and Parental Yielding," *Journal of Marketing Research* 9 (August 1972), pp. 316-319.

Sharon E. Beatty and Salil Talpade, "Adolescent Influence in Family Decision Making : A Replication with Extension," *Journal of Consumer Research* 21 (September 1994), pp. 332-340.

"Spending Soars for Women's Attention," *Automotive News* (June 19, 2000), p. 20.

Steven J. Skinner and Alan J. Dubinsky, "Purchase Insurance : Predictors of Family Decision-Making Responsibility," *Journal of Risk and Insurance* 51 (September 1984), p. 521.

Terry L. Childers and Aksay R. Rao, "The Influence of Familial and Peer-Based Referenced Groups on Consumer Decisions," *Journal of Consumer Research* 19 (September 1992), pp. 198-211.

William D. Wells and George Gubar, "Life Cycle Concept in Marketing Research," *Journal of Marketing Research* 3 (November 1966), pp. 355-363.

16
chapter

집단 커뮤니케이션 : 구전과 확산과정

집단 커뮤니케이션은 집단들이 정보와 영향에 대해 기본적인 원천이므로 소비자 의사결정에 대해 핵심적인 것이다. 집단 커뮤니케이션은 집단 내에서 그리고 집단 간에서 발생한다.

첫째, 집단 내 커뮤니케이션은 **구전**(word of mouth), 즉 두 사람 또는 그 이상의 사람들 간의 상호인적 커뮤니케이션으로서 고객과 판매원 또는 준거집단의 구성원들 간에서 발생한다. 구전이 가장 영향적인 커뮤니케이션 유형인데, 그 이유는 집단 내 커뮤니케이션이 가족, 친구, 친척 등 신뢰성이 높은 모든 정보원천으로부터 발생하기 때문이다.

둘째, 집단 간 커뮤니케이션은 정보 및 영향의 확산과정을 통해 발생한다. 그러한 **확산**(diffusion)과정은 신제품에 대한 정보와 채택이 집단 간에 확산됨으로써 신제품에 대해 발생할 가능성이 있다.

제1절 집단 내 구전 커뮤니케이션

잠재고객은 기존고객의 주변에 있다. 만족한 고객은 최상의 판매원이다라는 금언은 구전의 중요성을 마케팅 기업에게 설명한다. 즉 만족한 고객은 친구와 친척들에게 구입하도록 긍정적으로 영향을 미치지만, 불만족한 고객은 판매를 부정적으로 방해한다.

1. 구전의 의미와 개인적 영향

어떤 사람이 다른 사람과 의사소통의 결과로 다른 사람의 태도나 행동에 영향을 미치는 효과를 개인적 영향이라고 한다. 즉 어떤 사람이 다른 사람에게 영향을 미친다는 측면에서 사람 상호 간의 의사소통 또는 구전 커뮤니케이션이라고도 한다.

소비자들은 제품과 서비스에 대해 많은 정보를 사람들 상호 간의 의사소통을 통해서 교환하고 있는데, 여기에서 구전 커뮤니케이션이란 소비자들 사이의 대화 과정을 통해서 제품이나 서비스에 대한 정보를 상호교환하는 것이다.

개인적 영향은 보다 강력한데, 그 이유는 소비자들은 일반적으로 친구와 친척들을 상업적 정보원천보다 신뢰하며 믿을만한 것으로 간주하기 때문이다. 더욱이 준거집단과 가족으로부터 정보를 추구하는 것은 구매결정시 위험을 줄이는 수단이기 때문이다. 즉 자동차와 같은 비싼 품목 또는 의복이나 가구와 같이 사회적으로 가시적인 품목을 구입하려는 소비자는 관련되는 사람들의 의견을 추구할 가능성이 있다. 그러한 의견은 재무적 위험 및 성능 위험을 줄이는 정보를 제공할 뿐만 아니라 사회적 위험을 줄이는 집단인정의 수단으로 작용한다.

또한 구전의 중요성은 문화적 가치관과 관련된다. 즉 집단결속력과 집단규범이 확고한 실천행위가 지배되는 문화에서는 집단구성원들로부터의 커뮤니케이션이 영향력이 크다. 예를 들어, 중국과 일본 문화에서 확고한 집단규범에 의한 실천행위는 어린시절 이후부터 조성되므로 구전은 중요한 영향요인이다.

2. 구전의 본질

마케팅 기업이 자사 제품에 대한 긍정적인 구전 커뮤니케이션을 고무하기 위해서는 발생하고 있는 구전 커뮤니케이션의 유형, 구전의 특성, 구전 커뮤니케이션이 발생하는 과정 및 구전 커뮤니케이션에 대한 조건을 이해해야 한다.

1) 구전 커뮤니케이션의 유형

인적 영향에 대한 구전 커뮤니케이션은 세 가지 유형, 즉 제품뉴스, 충고, 개인적 경험(사용경험) 등의 형태로 나타난다.

첫째, 제품뉴스는 제품에 대한 정보로서, 주로 신제품에 대한 속성이나 외양 등에 대한 정보를 담고 있으며, 이를 통해서 소비자는 신제품을 인지하게 된다. 이 제품뉴스는 상당히 직설적이다.

둘째, 충고는 구매선택에 대한 의견제시로서, 최종제품 선택과정에서 결정적인 역할을 하기도 한다. 구입할 모델에 대한 충고나 자동차에 대한 의견을 표명하는 것과 관련된다.

셋째, 개인적 경험은 제품의 역할이나 기능에 대한 체험으로서, 긍정적인 면뿐만 아니라 부정적인 면까지 포함되어 있다. 예를 들어, 자동차 성능에 대한 그의 조언 또는 자동차를 구입하는 이유에 대한 조언과 관련되는 것이다.

상기의 세 가지 형태의 구전은 정보의 제공 그리고 영향을 주는 기능을 수행하는 두 가지 기능을 제시한다. 즉 제품뉴스는 소비자에게 정보를 제공하고, 충고와 개인적 경험은 소비자 의사결정에 영향을 미칠 가능성이 높다. 결과적으로 구전 커뮤니케이션의 각 유형은 구매결정상 상이한 단계에서 중요하다.

제품뉴스는 신제품에 대해 또는 제품특성에 대한 인식을 시키는 수단으로 중요하다. 일단 인식을 하게 되면 친구나 친척으로부터 들은 제품경험은 소비자에게 어떤 상표에 대한 상대적인 장점을 판단할 수 있는 능력을 준다. 또한 충고는 구매와 관련하여 관계가 되는 다른 사람의 의견이 영향을 미칠 가능성이 있으므로, 충고는 최종 의사결정을 하는데 중요하다.

2) 구전의 특성

구전 커뮤니케이션은 아래와 같은 특성하에서 활성화된다.

첫째, 연령, 소득, 사회적 지위 등이 비슷한 사람들과 상호 정보교환을 많이 한다.

둘째, 정보를 제공하거나 타인의 의사결정에 영향을 미치는 사람인 의견선도자와 영향을 받아 따라가는 사람인 추종자가 나타난다.

셋째, 상호 의사소통과정에서 전문적 의견이 없을 경우에 전문적 의견을 틀림없이 제공할 수 있을 것으로 지각되는 정보원천, 즉 신뢰성이 높은 의견선도자를 찾기도 한다.

넷째, 서로 비슷한 사회적 지위가 유지되는 경우 서로 접촉할 기회가 많아지면 서로 의사소통할 기회도 증가하여 취미, 생활유형, 사고방식도 서로 닮아가게 된다.

다섯째, 구매경험이나 사용경험이 있는 친구나 이웃, 친척 또는 전문가들의 추천에 따라 구매하고 사용하는 것이 광고에 의존하여 구매하는 것보다 더 유리하다는 것을 소비자는 경험한다.

3) 구전 커뮤니케이션 과정

구전 커뮤니케이션 과정은 다른 사람에게 영향을 미칠 가능성이 있는 사람(의견선도자)으로부터 영향을 받을 가능성이 있는 사람(추종자)에 이르는 커뮤니케이션 흐름으로 설명된다.

(1) 2단계 흐름 커뮤니케이션

2단계 흐름 커뮤니케이션은 대중매체로부터 의견선도자에게 그리고 의견선도자로부터 추종자에게로 가는 것이다(〈그림 16-1〉의 상단 참조). 의견선도자는 자신이 영향을 줄 수 있는 다른 사람들보다 더욱 대중매체에 노출되므로, 의견선도자는 대중매체와 다른 소비자들 사이에 있는 중재자로서 인식되며, 추종자인 대다수의 소비자들은 정보를 수동적으로 받아들이는 사람으로 인식된다.

〈그림 16-1〉 구전 커뮤니케이션의 두 가지 모델

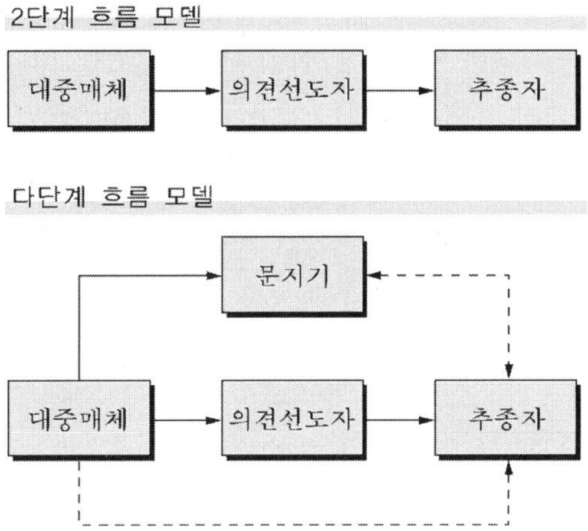

따라서 2단계 흐름이론은 광고가 아니라 개인적 영향이 커뮤니케이션 그리고 영향에 대해 기본적인 수단이라는 견해를 취한다.

(2) 다단계 흐름 커뮤니케이션

2단계 흐름 모델이 개인적 영향의 과정을 이해하는데 중요하지만, 3가지 이유 때문에 2단계 흐름은 정보의 흐름과 영향을 정확하게 제시하지 못한다.

- **추종자는 수동적이 아니다** : 추종자는 다른 사람의 자발적인 의견을 청취할 뿐만 아니라 정보를 요구할 수도 있다.
- **정보를 전달하는 사람은 정보를 받을 가능성이 있다** : 의견선도자는 역시 추종자에 의해서 영향을 받는다. 이와는 반대로 정보를 추구하는 사람들은 정보를 줄 가능성이 있다. 즉 구전 영향은 전달자와 수신자 간의 양방향 흐름이다.

- **의견선도자는 대중매체로부터 정보를 받아들이는 유일한 사람은 아니다** : 추종자도 역시 광고에 의해서 영향을 받는다. 더욱이 의견선도자는 대중매체로부터 추종자에게 흘러가는 정보의 흐름을 통제할 수 없는데, 이러한 기능을 문지기(정보수집자)가 수행한다. 문지기는 의견선도자와는 별개로서 집단에게 아이디어와 정보를 소개하지만 집단에게 영향을 주지는 않는다.

다단계 흐름 모델에서는 시장전문가가 제시되는데, **시장전문가**(market mavens)란 쇼핑장소, 제품특징, 가격 및 기타 마케팅 정보 등에 대한 일반적인 전문지식을 가지고 있기 때문에 여러 가지 제품범주에 대한 문지기인 사람을 의미한다. 즉 시장전문가는 시장에 대한 정보를 제공함으로써 다른 사람을 도와주기를 좋아하지만 필수적으로 의견선도자가 되지 않을 수도 있다.

따라서 구전 커뮤니케이션에 대한 보다 현실적인 모델은 〈그림 16-1〉의 하단에 있는 다단계 흐름이다. 이 모델에서 대중매체는 문지기, 의견선도자 또는 추종자에게 직접 도달될 수 있으나, 추종자에게 직접 도달될 가능성은 거의 없다(점선으로 표시됨). 문지기가 의견선도자와 추종자 모두에게 정보의 원천이지만 의견선도자에게 정보를 유포할 가능성이 매우 크다. 더욱이 의견선도자와 추종자 간의 구전 커뮤니케이션은 양방향 흐름으로 제시되는데, 이것은 의견선도자가 추종자로부터 정보를 추구할 수 있고, 추종자는 의견선도자로부터 정보를 요청할 수 있다는 것이다.

4) 부정적 커뮤니케이션

구전 커뮤니케이션은 긍정적일 뿐만 아니라 부정적일 수도 있다. 부정적 구전은 긍정적 구전보다 더 영향적이다. 만약 소비자들이 불만족하다면 만족했을 경우보다 자신의 나쁜 경험을 커뮤니케이트할 가능성인 세 배 이상이다. 만약 부정적 구전이 널리 퍼진다면 부정적인 정보확산을 초래케 할 수 있다. 다각적인 효과로 인해 어떤 사람이 다른 둘 또는 다른 세 사람에게 말하고, 또한 다른 사람들은 또 다른 둘 또는 세 사람에게 말한다. 즉 부정적 구전은 집단을 초과하여 국가적 또는 세계적인 영향력을 가진다.

부정적 구전은 두 가지 방법으로 제시된다. 첫째, 불량한 제품성능, 서비스 부족, 고가격 또는 무례한 판매원과 같은 직접적인 경험(소개자의 불평행동)을 커뮤니케이트함으로써 둘째, 제품이나 기업에 대한 소문으로서 제시될 수 있다.

(1) 직접적 경험

부정적인 구전 커뮤니케이션은 긍정적인 정보보다 더 강력한 경향이 있다. 즉 소비자는 불만족한 경우에 만족할 때보다 친구들 및 친척들에게 거의 세 배 이상 불평을 토로한다. 그러한 부정적 커뮤니케이션이 행해질 가능성이 가장 높은 경우는 아래와 같다.

- 소비자가 문제를 심각하게 인식할 경우
- 소비자가 불만족에 대한 직접적인 책임을 제조업체나 소매상이라고 인식하는 경우
- 소비자가 그 원천에 직접적으로 불평을 제기하는 것이 좋지 않다고 믿는 경우

가장 불만족한 소비자의 대부분은 제품에 대해서 직접적으로 불평하거나 또는 제품을 반환하지 않는 경향이 있다. 이에 따라 마케팅 기업들은 일반적으로 소비자들이 만족하고 있으며 또한 부정적인 구전이 일어날 가능성이 없다고 결론을 내린다. 즉 극소수의 소비자만이 불평하게 되므로, 대부분의 기업은 부정적인 구전행동으로 인한 타격에 대해서 무관심하게 된다.

그러나 기업이 명심해야 할 것은 소비자의 침묵이 반드시 소비자가 만족하고 있다는 것을 의미하지 않는다는 사실이다. 이에 따라 많은 마케팅 기업들이 수신자 부담전화를 제공하여 소비자들에게 불만족한 점들을 기업에게 피드백하도록 고무하고 있다.

(2) 소문

부정적 구전 커뮤니케이션의 두 번째 유형은 기업이나 제품에 대한 나쁜 소문이다. 간혹 나쁜 소문은 기업활동이나 판매에 치명적인 타격을 주게 된다. 가장 잘 알려진 것 중의 하나는 Procter & Gamble사의 "사탄과 연합"이었는데, 이 회사의 108년이나 오래된 로고와 관련된 것으로서 13개의 별과 달 속에 있는 남자에 대한 것이었다. 문제는 달 속에 있는 곱슬머리 남자가 숫자 666을 거꾸로 놓은 것처럼 보였다는 것이다. 이 숫자는 오랫동안 사탄과 연관되어져 왔다. 이 회사는 5년 동안의 노력, 소문을 유포한 사람들에 대한 법정소송 그리고 그 소송을 없애기 위한 수백만 달러의 비용을 부담하고서야 비로소 그 로고를 없애버렸다.

광고주들은 그 소문에 정면으로 대응하기 위한 광고캠페인을 통해서 이러한 악성소문과 싸우고 있다. 즉 소비자들이 제품이나 기업에 대해 오해를 할 수도 있으므로 마케팅 기업은 이러한 부정적 정보와 싸우기 위해 광고를 사용한다.

5) 구전 커뮤니케이션의 조건

구전 커뮤니케이션이 모든 상황에서 지배적인 요인은 아니다. 구전은 ① 소비자들이 이미 그 제품에 대해 강한 인상을 가지고 있는 경우, ② 그 제품과 관련되는 부정적인 정보를 이용할 수 있는 경우에 그 제품을 평가하는데 중요하지 않다. 이것은 구전 커뮤니케이션이 강한 긍정적인 상표태도 또는 강한 부정적인 상표태도를 갖고 있는 소비자의 태도를 변경할 가능성이 거의 없다는 것을 의미한다.

따라서 소비자는 구전 커뮤니케이션을 하려는 동기를 갖는데, 크게 두 가지로 나눌 수 있다.

첫째는 정보를 제공하려는 동기로서, 다른 사람에게 자기가 알고 있는 정보를 전달하고 싶어하는 경우이다.

- 특정제품에 대한 관심이 많을 때 그 제품을 주제로 대화하기를 좋아한다.
- 자기 자신이 내부정보를 많이 갖고 있으며, 전문가인 듯한 우월성을 과시하고 싶어하는 경우
- 자기가 구입한 제품을 남들에게 알려서 구매 후 느끼는 불안감이나 불만족을 해소시키는 경우
- 자기가 소속한 집단을 위해서 또는 다른 사람들에게 도움을 주고 싶어서 정보를 제공한다.

둘째, 정보를 추구하려는 동기이다. 즉 다른 사람들의 정보를 추구하고 싶어하는 경우로서 아래와 같다.

- 그 제품이 가시적이며, 구매행동이 두드러질 경우
- 그 제품이 독특하며, 또한 스타일, 취향 및 기타 인적인 규범과 보다 쉽게 일치될 수 있을 때
- 신제품이므로 소비자들이 그 제품에 대한 인상이나 태도를 형성하지 않았을 때
- 그 제품이 준거집단의 규범과 신념에 대해 중요할 때
- 소비자가 구매결정에 관여하여, 결국 그 구매결정에 대해 커뮤니케이트하고, 또한 다른 사람에게 영향을 미칠 가능성이 큰 경우
- 제품구매에 대한 위험이 높아서 추가적 정보탐색이 요구될 때

3. 웹을 통한 구전

웹을 통한 구전 커뮤니케이션은 광고에 의한 대면 상호작용보다 더 영향적일 가능성이 있다. 즉 어떤 사람이 대면 커뮤니케이션을 통해 다른 두 사람의 구매행동에 영향을 줄 수 있지만, 온라인 경우에는 한 사람이 8명에게 영향을 줄 수 있다.

1) 웹 영향의 용이성

웹을 통한 영향이 큰 한 가지 이유는 웹이 의사소통을 하는데 더 용이하다는 것이다. 즉 가족이나 친구에게 전자우편을 보내거나 또는 게시판이나 이야기방을 통해 충고를 보내는 것이 더 적은 노력이 소요된다.

역시 인터넷은 즉시적인데, 그 이유는 의견이 조성되는 그 즉시 친구나 아는 사람들과의 모임

에서 의견이 표현될 수 있기 때문이다. 이에 추가하여 사람들은 웹을 통해서 다른 사람들에게 영향을 미칠 가능성이 매우 큰 데, 그 이유는 웹이 익명으로 제시되기 때문이다. 즉 사람들은 모르는 타인들에게 자신의 관심사나 의견을 표현하는 것이 더 용이한데, 그 이유는 타인들이 대면적인 상호작용에서보다 덜 위험을 지각하기 때문이다.

2) 웹의 승수효과

인터넷이 이용자에게 커뮤니케이션(의사소통)의 용이함과 익명성을 제공하기 때문에 웹은 승수효과를 갖는다. 즉 온라인 이용자들 중 2/3는 그들이 좋아하고 싫어하는 것을 다른 사람들과 상의하는데, 인터넷이 편안하다고 하였으며, 약 1/3은 문제에 대한 사람들의 마음을 변화시키는 것을 즐거워하며 또한 다른 사람들에게 영향을 미치는 방법을 탐색한다. 그리고 70% 정도는 다른 사람들의 의견을 신중하게 경청한다. 다만 19%만이 온라인으로 의견과 충고를 공유하는 것은 분쟁을 불러일으킬 수 있다고 걱정한다.

웹의 승수효과는 여러 기업들의 성공에서도 나타나고 있다. 한 가지 예로서, Microsoft사는 웹을 통한 구전의 힘을 이용한 승수효과로 매일 15만 명의 정규등록자를 가입시키고 있다.

3) 바이러스성 마케팅

웹을 통한 승수효과의 힘을 인식하여 마케팅 기업들은 바이러스성 마케팅 전략을 폭넓게 이용하고 있다. 즉 웹 마케팅 기업들 중 80%가 어떤 형태의 바이러스성 마케팅 전략을 실행하고 있는데, 그 이유는 웹의 효과성 때문이었는데, 그 근거는 바이러스성 마케팅 메시지를 받은 10명 중 8명은 최소한 다른 한 사람에게 그 메시지를 전달하며, 거의 반 이상은 한 사람 이상에게 그 메시지를 전달할 가능성이 있다는 것이다.

바이러스성 마케팅은 다양한 방법으로 실행되고 있다.

첫째, 기업들은 이용자들이 기업의 웹사이트에 대해 다른 사람들에게 말하는 것을 더 용이하게 하고 있다. 예를 들어, 어떤 기업은 고객들이 친구들에게 제품에 대한 음성엽서를 보낼 수 있도록 하는 팝업(pop-up)광고를 만든다.

둘째, 고객들로 하여금 제품을 권고하도록 하는 특별한 버튼(예 : Tell a friend)이나 친구에게 전자우편을 통해 웹페이지를 이용하도록 한다.

셋째, 웹에 기초한 북마크(bookmark)를 이용하는 것이다. 예를 들어, 어떤 기업은 방문자에게 파일을 절약하고 또한 방문자들이 친구로부터 획득한 정보를 공유할 수 있는 폴더를 조성할 수 있는 능력을 제공한다.

4) 웹을 통한 부정적 구전

어떤 웹사이트는 부정적 구전 커뮤니케이션을 유포하기 위해 디자인된다. 예컨대, Yahoo!사는 80개 이상의 기업들을 비난하는 사이트로서 "Consumer Opinion"을 가지고 있다. 또한 소비자들로 하여금 기업에 대한 불평불만을 제시하고 알릴 수 있도록 하는 수많은 웹사이트가 있다.

예를 들어, 어떤 닷컴기업은 기업들을 비난할 수 있는 사이트를 만들었는데, 그 동기는 어떤 사람이 하나의 웹사이트를 통해서 불평불만을 제시한 경우, 최소한 10명의 다른 사람이 그 불평불만을 읽는다는 것에 근거를 두고 있다.

4. 의견선도력

소비자 행동에서 구전 커뮤니케이션 영향은 **의견선도력**(opinion leadership)의 개념과 연관된다. 구전을 통해 다른 사람에게 영향을 줄 가능성이 가장 큰 사람은 의견선도자이며, 영향을 받을 가능성이 가장 많은 사람은 추종자이다.

1) 의견선도력의 본질

일반사람들이 정보나 조언을 얻고 싶어하는 의견선도자가 누구인가를 파악할 수 있다면 마케팅 커뮤니케이션을 효과적으로 전개할 수 있을 것이다. 그러나 마케팅 기업은 의견선도자에 대해 소구하기 전이나 또는 긍정적인 구전 커뮤니케이션을 조장하려고 시도하기 전에 두 가지 문제, 즉 일반적인 의견선도자가 있는가 그리고 의견선도력은 실제로 지도력인가를 고려해야 한다.

(1) 일반적인 의견선도자의 존재

일반적으로 제시할 수 있는 의견선도자는 없지만, 의견선도력은 제품과 연관된다. 즉 어떤 제품범주에 대한 의견선도자는 무관한 제품범주에 대해서는 영향을 줄 가능성이 거의 없다. 그러나 세 가지 범주의 소비자들, 즉 영향자, 시장전문가, 대리소비자는 제품범주에 대해 영향을 준다.

① 영향자

영향자(influentials)란 공동체와 공공의 사건에 대해 능동적인 사람으로서, 일반사람에 비해 마을회의에 많이 참가하며, 정치집회에 참가하고 연설한다.

영향자는 상류층이며, 고등교육을 받고 또한 구독을 많이 하는 경향이 있다. 그들은 식당, 책, 영화 및 금융서비스와 같이 구전에 의한 추천의 대상이 되는 제품이나 서비스에 대해 자신의 의견을 요청받을 가능성이 매우 크다. 역시 영향자는 신제품이 출시되었을 때 그 신제품을 구입하는 경향이 있다. 즉 그들은 이동전화기를 구입하고 또한 인터넷 접속을 하는 첫 번째 집단에 속한다. 전체적으로 볼 때 영향자는 일반적인 의견선도자가 되는 것이 분명하지만, 모든 제품범주에서 영향자는 아니다.

② 시장전문가

시장전문가(market mavens)는 특정제품에만 전문가인 유형과 달리 시장에 대한 전반적인 지식을 갖추고 있다. 즉 시장전문가는 여러 종류의 제품에 대한 정보, 쇼핑하는 장소, 시장에 대한 여러 정보를 가지고 있으며 또한 소비자와 논의하고, 시장정보에 대한 소비자의 요구에 반응한다.

시장전문가가 필시 의견선도자는 아닐지라도 정보를 전달할 뿐만 아니라, 영향을 줄 가능성이 매우 크다. 시장전문가는 제품정보, 즉 제품변화, 가격 및 신제품에 대한 메시지에 대해 좋은 표적이 되는데, 그들이 이러한 정보를 유포할 가능성이 있기 때문이다.

③ 대리 소비자

마케팅 중개자로서의 역할을 담당하는 사람을 **대리 소비자**(surrogate consumer)라고 한다. 그는 구매결정에 필요한 요소를 제공하기 위해 고용된 사람으로서 정보탐색, 대안평가, 실제구매에 이르는 소비자의 구매 의사결정 과정을 일부 또는 총괄적으로 대행하며 이에 대한 보상을 받는다.

대리 소비자는 조세담당자, 사환, 실내장식자, 재무담당자와 같이 여러 범위의 역할을 수행할 수 있는데, 증권브로커가 예가 된다. 소비자들은 정보탐색과 의사결정을 수행할 시간, 경험 또는 전문지식을 가지고 있지 않을 수도 있기 때문에 대리인을 사용하며, 또한 자신들의 선택을 줄이고, 정보를 수집하고, 실제적인 구매 의사결정을 하기 위해 대리 소비자를 이용할 수 있다.

(2) 의견선도력과 지도력

정보를 다른 사람에게 전달하는 사람은 다른 사람들로부터 정보를 받을 가능성이 매우 크다. 예를 들어, 스포츠 설비에 대해 의견을 자주 표명하는 소비자는 역시 그 설비에 대해 다른 사람의 의견을 경청할 가능성이 매우 크다.

결론적으로 볼 때, 대면영향에 있어 중요한 요소는 지도력이 아니라, 사회적 커뮤니케이션이라는 것이다. 의견선도자는 지도자와는 달리 다른 사람을 지배하지 않으며 또한 일방적인 방법으로 커뮤니케이트하지 않는다. 즉 커뮤니케이션이 전달자와 수신자 간의 양방향에서 이루어지므로, 구전 커뮤니케이션에 있어 양방향적 교환은 의견을 주는 사람과 의견을 받는 사람 간의 커뮤니케이션이다.

2) 의견선도자의 특성

의견선도자와 관련될 가능성이 있는 일반적인 특성은 아래와 같다.

- 제품범주에 대해 상당히 많이 알고 있다.
- 제품범주에 더욱 관여적이다.
- 개인적 원천으로부터 제품에 대한 커뮤니케이션을 받아들이는데 보다 능동적이다.
- 신제품에 관심을 기울인다.
- 제품이점 분야와 관련되는 잡지 및 기타 인쇄매체를 읽을 가능성이 높다.
- 제품범주에 대한 평가에 자신감이 있다.
- 다른 사람과 커뮤니케이트하려는 의지를 반영하는 것으로서 사회적으로 능동적이다.

의견선도자에 대한 인구통계적 및 라이프스타일 특징은 거의 밝혀지지 않았으므로, 의견선도자를 정확히 밝히려고 한다. 또한 특별한 매체를 통해 의견선도자에게 도달하려고 시도하는 전략은 실패할 가능성이 있다. 그렇다고 구전 커뮤니케이션에 대한 연구가 마케팅 기업에게 전략적 응용방법을 제공하지 않는다는 것은 아니다. 따라서 추가적인 연구결과들은 광고를 통해서 또는 의견선도자의 직접적인 확인·규명을 통해서 구전 커뮤니케이션을 조장토록 하는 전략적 응용방법을 제시한다.

3) 온라인 의견선도자 : e-영향자

온라인 의견선도자란 인터넷을 통해 공중의 여론을 조성하고 추진하는데 대표적으로 영향을 주는 집단으로서 **e-영향자**(e-fluentials)라고 부른다. 이 집단은 전자우편, 게시판, 이야기방 그리고 인터넷 이용자의 메시지를 전달하는 기타 온라인 수단을 이용하는데 있어 다른 인터넷 이용자보다 더 능동적이며 활동적이다.

인터넷 인구들 중 약 8%를 차지하는 이 집단은 다른 온라인 이용자들보다 더 많은 주제에 대해 많은 사람들에게 영향을 준다. e-영향자는 자신의 개인적인 접촉범위의 차원을 넘어 자신의 의견을 더 표출함으로써 혼란을 야기시킨다. 그들은 전형적인 온라인 이용자들이 온라인 충고를 하는 것보다 세 배 정도이다. 더욱이 그들은 온라인으로 많은 사람들과 커뮤니케이트하는데, 일반적인 온라인 이용자들보다 두 배 이상 전자우편을 보낸다. 역시 그들은 일반적인 인터넷 이용자들보다 많은 정보에 열중하며 또한 보다 다양한 여러 원천으로부터 정보를 수집한다.

제 2 절 구전 커뮤니케이션의 전략적 응용

제품의 종류가 다양해질수록 시장도 세분화되어 대중매체의 효율이 급격히 감소하고 있다. 또한 소비자들은 구전 커뮤니케이션에 의한 정보수집에 보다 크게 의존하게 되었다. 따라서 마케팅 관리자도 대중매체만 아니라 구전 커뮤니케이션을 활성화하는 전략도 효과적으로 수립해야 한다.

마케팅 기업은 소비자들 간의 구전 커뮤니케이션에 영향을 주기 위해서 아래와 같은 방법을 시도할 수 있다.

- 무료로 제품시용을 하도록 하여 구전 커뮤니케이션을 조장한다.
- 제품이나 서비스에 대해 소비자들이 친구들에게 말하는 것을 제시함으로써 광고에서 구전을 조장한다.
- 제품에 대해 긍정적인 것을 말하는 전형적인 소비자를 보여주는 광고를 통해 구전을 조장한다.
- 의견선도자로부터의 커뮤니케이션을 묘사한다.

1. 제품시용을 통해 구전을 조장함

기업들은 시용을 할 수 있도록 제품을 제공함으로써 구전 커뮤니케이션을 조장할 수 있다. 그러한 전략은 일반적으로 의견선도자를 표적으로 한다. 만약 성공한다면 이러한 사람들이 정보를 널리 알리고, 친구들과 친척들에 대해 상당할 정도로 영향을 행사할 수 있으므로 제품시용은 사회적 승수효과를 조장하게 된다.

예를 들어, 2001년 소형차인 Focus모델을 도입하였을 때, Ford사는 유행을 선도하는 젊은 사람 120명을 모집한 후 5개 주요 도시에서 6개월 동안 Focus를 운전하도록 하였다. 그 목적은 관심을 표명한 사람들에게 Focus를 주제로 한 장신구를 제공하고 또한 그 자동차와 함께 하도록 하는 것이었다. Ford사는 구전이 유발됨에 따라 이들 120명으로부터 나오는 승수효과를 기대하였다.

상기의 전략을 실행하기 위해 마케팅 기업은 세 가지 접근방법으로 의견선도자를 확인·규명할 수 있다. 첫째, 의견선도력과 신제품 수용 간의 밀접한 관계가 있다는 것에 근거하여 구매기록을 이용한 후 새로운 가전제품이나 기타 다른 제품을 채택한 첫 번째 부류에 속한 소비자를 확인・규명하는 것이 가능하며, 또한 이러한 사람들이 의견선도자라고 가정할 수도 있다.

두 번째 접근방법은 공동체 활동에 근거하여 영향자를 확인・규명하는 것이다.

셋째, 의견선도자는 Ford사의 예에서와 같이 사회적 지위에 의해서 확인될 수 있다.

2. 광고와 촉진을 통해 구전을 조장함

광고주들은 소비자들로 하여금 그 제품에 대해 이야기하도록 고무할 수 있다.

한 가지 접근방법은, 소비자들로 하여금 친구들에게 말하도록 하는 또는 친구에게 물어보도록 고무할 수 있다. 예를 들어, 어떤 슈퍼마켓은 친구에게 그 슈퍼마켓에서 구입하면 절약할 수 있다고 말하라라고 광고한다. 그리고 어떤 샴푸 광고는 사용자들에게 두 명의 친구들에게 말하도록 부탁하고 있으며 또한 화면에 나타나는 얼굴들은 구전을 확산시키기 위해 확대되었다. 그러한 전략이 실행되기 위해서는 첫째, 제품은 강력한 위치를 정해야 하며, 둘째, 구전 커뮤니케이션은 긍정적이 되어야 한다.

두 번째 접근방법은 구전을 조장하기 위해서 행사를 개최하는 것이다. 예를 들어, 자사 제품의 소유자들을 함께 모으기 위해서 가족지향적 행사를 개최하거나 또는 구전을 조장하기 위해서 잼버리대회를 개최할 수 있다.

세 번째 접근방법은 구전 커뮤니케이션이 일어나는 전형적인 상황을 묘사하는 광고를 하는 것이다. 친구들과 제품사용 경험을 이야기하는 모습, 사랑하는 아기의 기침감기로 애태우는 젊은 엄마에게 충고하는 친정어머니의 모습 그리고 유명한 축구선수가 어린이 축구교실에서 어린이 체력관리에 대해서 이야기하는 모습 등을 연상할 수 있다. 이러한 광고는 소비자들이 그들의 의견선도자들과 직접 이야기한 것과 같은 효과, 즉 간접경험 효과를 소비자에게 제공하는 것이다. 소비자는 제품과 등장인물을 연상하여 제품명을 기억할 수 있으며, 구전 커뮤니케이션 상황을 인식하여 그러한 유사상황에서 소비자들의 역할을 인식할 수 있다.

3. 전형적인 소비자를 이용한 구전 커뮤니케이션 조장

전형적(일반적)인 소비자가 권고하는 것을 묘사함으로써 광고는 구전 커뮤니케이션을 조장할 수 있다. 개인적 영향을 묘사하는데 있어 이러한 광고는 소비자들과 친구 및 친척들의 직접적인 접촉을 조장하려고 한다. 광고에 나오는 전형적인 사람은 소비자들이 그 사람이 제공하는 정보를 믿도록 확신을 줄 수 있을 만큼 믿을만해야 한다.

예를 들어, General Motors(GM)사는 구전 커뮤니케이션을 통해 Saturn 자동차에 대한 광고 캠페인을 추진하였다. 1991년 Saturn을 도입하였을 때 GM사는 만족해하는 고객들로부터 찬사의 편지를 받았다. 그 후 이러한 편지는 자사의 인쇄광고에 이용되었다.

또 다른 예로서, 어떤 광고는 여자들로 하여금 유방암에 대해 친구들에게 말하도록 하여 구전 커뮤니케이션에 관여하도록 고무한다. 즉 이 광고는 정규적인 유방 X선 검사를 받음으로써 유방암을 예방할 수 있다는 것을 사랑하는 사람에게 떠오르게 한다는 것을 제시한다. 즉 그 광고는 유방암을 예방하는 방법을 여성들에게 떠오르게 하는 것뿐만 아니라 자신들이 돌보고 있는 사람들에게 그 말을 전파해야 한다는 것을 제시한다.

4. 의견선도자로부터의 커뮤니케이션을 묘사함

구전을 조장하는데 관련되는 전략은 추종자에게 영향을 주는 의견선도자로부터의 커뮤니케이션을 묘사하는 것이다. 물론 의견선도자를 확인하기가 어렵거나 접근하기가 용이하지는 않다. 그러나 의견선도력을 갖춘 사람들을 선발하여 각종 정보를 제공함으로써 역할을 수행하도록 유도할 수 있는데, 선발된 의견선도자를 대상으로 직접우편이나 무료견본 등을 제공할 수 있다.

예를 들어, 의견선도자로서 다른 사람에게 영향을 미칠 수 있는 사람으로 디스크 자키, 잡지나 신문사의 편집자, 의사 등 전문직 종사자 등이 포함된다. 예를 들어, 어떤 의약품 광고는 그 약의 이점을 3명의 전형적인 소비자들과 상의하는 의사로서 의견선도자를 보여준다.

기업들은 간혹 특별한 구전 커뮤니케이션을 저지하고 또한 믿지 않도록 시도한다. 예를 들어, 어떤 제약회사는 약물치료에 대한 정보를 제공하기 위해 친구나 친척들에게보다는 약사와 상의하도록 소비자들을 고무하는 광고를 한다. 즉 제약회사의 광고는 부정확한 정보원천을 묘사함으로써 비전문적인 의학적 충고를 믿지 않도록 하였다.

제3절 확산 과정

집단 내에서의 커뮤니케이션은 사회의 다양한 세분시장에 정보와 영향이 확산됨으로써 집단 간에 이루어지는 커뮤니케이션으로 강조사항이 변화하고 있다. 즉 구전 커뮤니케이션과 의견선도력은 커뮤니케이션이 소규모한 사람들 간에 이루어지므로 미시적 수준에서의 커뮤니케이션으로 인식되고 있다. 이와는 대조적으로 확산과정은 커뮤니케이션과 제품소유가 시간이 지남에 따라 수많은 사람들 사이에서 이루어지므로 거시적 수준에서의 커뮤니케이션으로 인식된다.

1. 확산조사연구와 마케팅 전략

확산조사는 제품수명주기에 따라 제품수용이 퍼져 나가는 것을 추적·조사하는 것이다. 〈그림 16-2〉는 도입기로부터 쇠퇴기에 이르는 제품수명주기의 변모와 채택의 시기를 기준으로 제품채택자와 연관되는 범주를 보여준다. 즉 확산과정은 제품수명주기의 도입기에서 혁신자를, 성장기에서 초기채택자를, 성숙기에서 채택대중을 그리고 쇠퇴기에서 후기채택자를 확인·규명하려고 한다.

〈그림 16-2〉 채택자 범주 분포

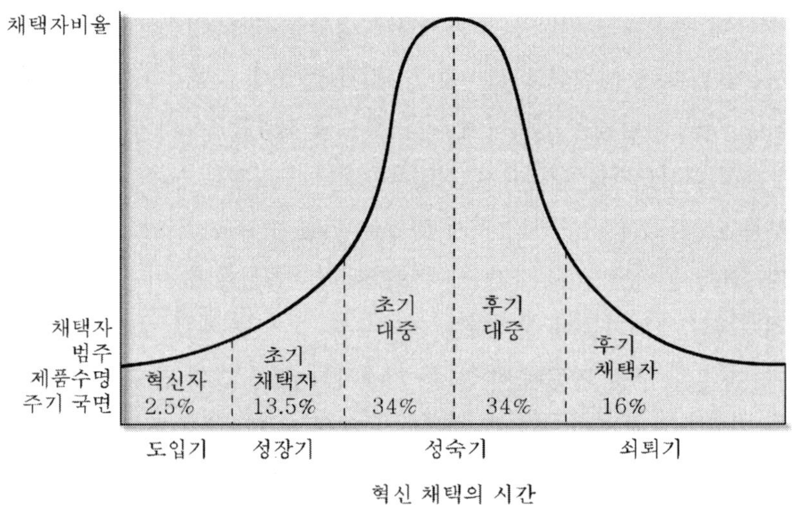

자료원 : Everett M. Rogers, Diffusion of Innovation, 3/e, The Free Press, 1983.

이러한 채택의 모습은 제품수명주기 동안 상이한 마케팅 전략이 필요하기 때문에 중요하다. 즉 도입기에서 기업은 유통경로를 확보하고 상표인식을 구축하며 또한 확산과정을 시작하기 위해 시용을 조장하도록 시도한다. 제품이 취득됨에 따라 성숙기에 진입하므로 기업은 자사의 기본적인 표적, 즉 초기채택자를 정의할 수 있다. 이제 기업은 인식을 조장하는 광고로부터 제품소구와 제품의 이용 가능성을 넓히는 목적으로 전향함으로써 시장에서 자사의 발판을 강화하려고 한다.

그 상표가 성숙기에 진입함에 따라 경쟁은 격화되고, 판매가 낮아지기 시작한다. 기업은 가격소구와 판매촉진을 강조하기 시작하고 또한 경쟁적 우위를 획득하기 위해 제품수정을 고려한다.

이 단계에서 채택대중들이 초기채택자의 영향을 받아 시장에 진입한다. 다른 사람들이 이미 채택과정을 거쳐감에 따라 대중들은 정보를 얻기 위해 대중매체에 그만큼 의존할 필요가 없다.

그 상표가 쇠퇴기에 이르게 되면 저가격이 더욱 보편화된다. 기업은 그 상표를 다시 부활시킬 것인가 또는 제외시킬 것인가를 고려하기 시작한다. 이 시점에서 마지막 채택자가 시장에 진입한다.

2. 확산과정의 단계

확산과정이란 커뮤니케이션을 통해서 공동체가 제품을 전체적으로 생각하는 것이다. **확산**(diffusion)이란 혁신이나 아이디어의 채택이 시간이 지남에 따라 커뮤니케이션에 의해서 다른 소비자들에게 퍼져나가는 과정이다. 즉 어떤 소비자가 DVD가 도입됨과 동시에 구입했다고 하자. 구전을 통해 그 소비자는 DVD가 좋은 영상과 소리를 제공하고 또한 사용하기 용이하다는 것을 친구와 친척들에게 이야기한다. 소비자가 속한 준거집단 내의 다른 사람들이 구입한다. 이 사람들은 초기채택자로 간주된다.

시간이 지남에 따라 초기채택자들은 준거집단의 구성원들뿐만 아니라 다른 집단, 즉 가끔 만나는 직장동료, 우연히 만난 친구 및 스포츠클럽 회원들에게 DVD에 대한 긍정적인 경험을 커뮤니케이트하기 시작한다. 이렇게 되어 확산은 빠르게 퍼져 나간다. 이러한 후기채택자의 특징은 초기채택자의 특징과는 상이한데, 그것은 DVD에 대한 표적시장이 변화한다는 것을 의미한다.

이에 따라 마케팅에서 확산과정을 이해하기 위해서는 ① 채택의 본질 ② 채택의 시간(전기, 후기), ③ 집단 간의 커뮤니케이션을 이해해야 한다.

1) 채택결정의 본질

혁신을 채택하기 위해서 개인 또는 소비자 집단은 신제품과 관련된 의사결정을 해야 한다. 만약 채택자가 다른 사람에게 구입하도록 영향을 준다면 준거집단 내에서 그리고 집단들 간에서 확산과정이 시작되는 데, 따라서 채택은 논리적 과정으로 이루어진다.

혁신의 채택은 첫 번째로 채택하는 사람들이 관여적으로 결정할 가능성이 있다. 즉 채택과정의 각 단계가 〈그림 16-3〉의 왼쪽에 제시되어 있는데, 제4장에서 설명한 고관여의 효과계층을 반영한다. 즉 이 단계들은 〈그림 16-3〉의 오른쪽에 제시된 복잡한 의사결정 과정상의 단계와 거의 일치한다. 즉 소비자는

- 제품에 대한 욕구를 인지하게 되고, 또한 인식하며

- 정보를 탐색하고(지식획득 : 숙지)
- 대체안을 평가하고
- 의사결정을 하기 전에 시용할 것인가를 결정하며(시용)
- 채택할 것인가 또는 채택하지 않을 것인가를 결정하며
- 구매 후에 그 제품을 평가한다.

〈그림 16-3〉 채택과정의 단계

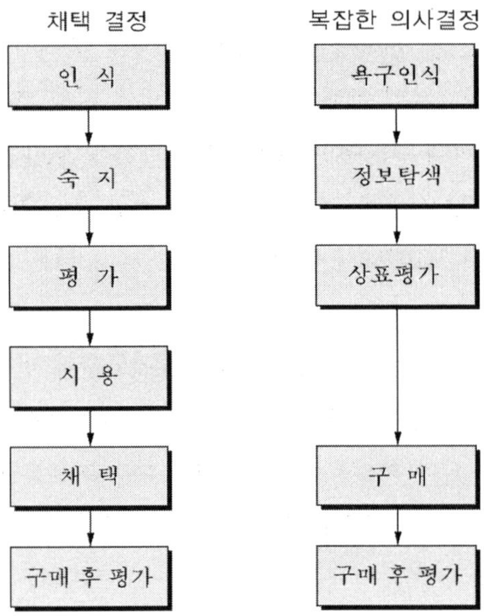

또한 확산을 이해하는데 있어 상기의 과정에서 중요한 세 가지 구성요소가 있다.

첫째, 제품시용이 중요한데, 그 이유는 그 제품이 새롭고 또한 위험이 높을 가능성이 있기 때문이다.

둘째, 구매 후 평가는 대부분의 혁신에 많은 비용이 소요되고 복잡하며 또한 기술변화가 급속한 속도로 이루어지기 때문에 중요할 가능성이 있다. 예를 들어, 상당수 PC 소유자들은 개선된 속도, 용량 및 소프트웨어에 따라가기 위해 3~4세대 제품을 구입한다. 그러나 이용의 복잡함 및 처음 구입한 것에 대해 불만족하기 때문에, 이 채택자들 중 다수가 PC 사용을 중지한다면 PC시장은 확장은 커녕 축소하게 된다.

셋째, 의사결정 과정은 채택뿐만 아니라 거절이 될 수 있다. 거부율이 높은 것은 실패를 의미할 수 있다. 예를 들어, RCA사의 비디오디스크 플레이어가 녹화를 할 수 없기 때문에 소비자가 거절하는 경우와 같다. 또한 거절은 채택이 느리다는 것을 의미하는데, 난방용 태양열 집열판을 사

용하는 경우와 같다.

〈그림 16-3〉의 채택단계는 마케팅 기업에게 중요하다. 그 이유는 채택단계들이 그 제품의 수용을 나타내고 또한 아래의 여러 질문에 대한 대답에 근거한 촉진 캠페인의 효과를 나타내기 때문이다. 질문이란 ① 일반공중이 어느 정도까지 그 새로운 혁신을 인식하고 있는가? ② 일반공중의 정보는 정확한가? ③ 혁신에 대한 소비자의 태도는 어떠한가? ④ 시용 및 그 후의 채택 가능성은 어떠한가? ⑤ 소비자가 혁신을 채택한 후 만족하고 있는가? 등이다.

(1) 채택을 고무하는 특징

신제품이 목표시장에서 얼마나 빨리 채택되고 확산되는가에 영향을 미치는 요소는 그 제품의 본질에 의해 좌우된다(〈사진 16-1〉 참조). 신제품의 수용률과 확산율은 다섯 가지 특징에 의해 증가된다.

〈사진 16-1〉 신제품의 채택

① 상대적 이점은 기존 제품에 비해 신제품이 갖는 이점이 상대적으로 월등한 것으로 지각되는 정도이다. 예를 들어, 노트북 컴퓨터는 가볍고 작아 휴대할 수 있다는 장점이 있기 때문에 컴퓨터를 많이 사용하는 현대인들에게 상당히 좋은 반응을 얻었다. 또한 이동전화기는 이동하면서 커뮤니케이트할 수 있다는 상대적 이점이 크기 때문에 채택된 것이다. 즉 신제품의 이점을 소비자가 확실하게 느끼고 체험할 수 있어야 채택 가능성이 높아진다.

② 적합성은 신제품이 소비자들의 욕구, 신념, 가치관이나 경험과 일치되는 정도이다. 예를 들어, 사회적으로 절약, 환경보호와 같은 가치가 강조되고 있다면 이러한 가치와 부합되는 신제품을 사회가 받아들인다. 적게 사용하는 세제, 자원재생산업, 자연식품, 건강식품, 웰빙제품 또는 사회발전에 기여하는 사업이므로 시장으로 쉽게 침투할 수 있다. 즉 신제품은 사회의 기본 가치관과

부합하여야 하며, 소비자들의 기존 삶을 개선시키는데 부합될수록 빨리 확산될 수 있다(예 : 노래방).

③ 단순성은 신제품을 이해하고 사용하는데 있어 용이함이다. 전기칫솔, 즉석식품과 같이 신제품이 단순할수록 확산이 빠르다. 컴퓨터가 아무리 좋아도 쉽게 사용할 수 있는 프로그램(소프트웨어)이 없다면 시장보급에 한계를 맞게 된다. DOS에 대해 어렵다고 인식했던 소비자들에게 Windows 프로그램이 놀라운 속도로 채택된 것은 바로 이용하기가 용이하였기 때문이다. 특히 현재 은행 등에서 사용되고 있는 ATM도 다양한 여러 개의 버튼을 줄이고 화면은 직접 터치하면서 선택할 수 있도록 편리하게 터치스크린으로 전환함으로써 이용자 수가 증가하였다.

④ 관찰 가능성은 그 제품을 잠재소비자들이 관찰할 수 있고, 잠재소비자들에게 커뮤니케이트할 수 있는 용이함이다. 두드러지게 보이는 제품은 보다 쉽게 확산된다. 예를 들어, LG의 트롬(Troum) 세탁기는 용량이 크다는 것을 보여주기 위해서 아주 큰 세탁물(이불 등)이 세탁기에 들어가는 모습을 광고에 보여줌으로써 이점을 강조한다.

⑤ 시용 가능성은 소비자가 제한된 범위 안에서 신제품을 시험적으로 사용할 수 있는 정도로서 시용이 가능할 경우 그 신제품이 시장에서 성공할 가능성이 높다. 예를 들어, 신제품의 무료견본을 나누어 주는 경우 많은 소비자가 재무적 위험 없이 신제품을 시용할 것이며 확산속도가 빨라진다. 맥주나 탄산음료의 경우 시판할 때 시음회를 가짐으로써 제품의 맛을 소비자들이 직접 경험할 수 있게 하는 것이 일반화되어 있다. 매킨토시의 경우에도 무료로 컴퓨터를 대여하여 소비자가 제품의 우수성을 스스로 깨닫게 한 캠페인을 하였다. 시용 가능성과 관련되는 한 가지 요소는 분할 가능성이다. 만약 소비자가 소량으로 제품을 구입할 수 있다면 시용은 상대적으로 용이하다. 즉 소비자들은 통상 구입하는 양보다 적은 양으로 신상표를 시용용으로 구입한다.

(2) 거부를 조장하는 특징

앞에서 제시한 다섯 가지 요인 각각의 부정적인 측면은 소비자로 하여금 확산을 거부케 한다. 즉 혁신은 가치장애물, 사용장애물, 위험장애물이라는 세 가지 장애물로 인해 장애를 받는다.

① 가치장애물

가치장애물(value barrier)은 비교하여 그 제품의 상대적 이점이 없는 경우이다. 예를 들어, 처음 이동전화기가 미국에서 도입되었을 때 이동전화기는 대당 2,000달러이었다. 이동전화기는 이동할 수 있는 커뮤니케이션의 우위성(이점)이 비용에 비해 가치가 있었기 때문에 사업용 시장에서 수용되었다. 그러나 대부분의 소비자들은 일반용 유선전화기로부터 얻을 수 있는 가치에 비해 그 비용이 너무나 크다고 생각하였다.

제조업자들은 두 가지 방법으로 가치장애물을 극복할 수 있다. 첫째, 기술적인 발전을 통해 가격을 인하하는 것이다. 즉 이동하면서 통화할 수 있는 가치에 맞도록 이동전화기의 가격을 인하하는 것이다. 둘째, 그 제품의 가치를 소비자들에게 확신시키기 위해 광고를 이용하여 소비자에게 정보를 제공하는 것이다. 예를 들어, PC시장에서 PC 가격에 비교하여 PC의 가치를 의심하는 중소기업 소유자들에게 IBM사는 PC의 가치를 전달하였다.

② 사용장애물

사용장애물(usage barrier)은 어떤 품목이 소비자의 기존의 활동 및 습관과 일치되지 않을 때 일어난다. 예를 들어, 컴퓨터를 이용하여 상호작용적인 가정 내 쇼핑과 은행서비스를 제공하는 시스템은 소비자들로부터 심한 저항에 부딪쳤다. 예를 들어, 어떤 백화점은 의심하는 공중들에게 혁신을 수용하도록 하기 위해 인터넷 시스템을 구축하는데 많은 자금을 투자하였다. 그러나 문제가 되는 것은 소비자들이 점원들과 상호작용을 하고자 하며 또한 쇼핑할 때 상품을 보고자 함으로써 크게 실패하였다.

③ 위험장애물

위험장애물(risk barrier)은 혁신을 채택하는 경우 소비자의 육체적, 경제적, 성능 및 사회적 위험을 나타낸다. 예를 들어, 가정용 컴퓨터를 채택한 사람들은 경제적 및 성능 위험을 두려워하였는데, 그러한 위험은 가격인하와 개선된 소프트웨어로 크게 극복되었다.

혁신을 채택하는 과정에서 소비자의 위험을 줄이는 가장 효과적인 방법 중의 하나는 시용을 이용하는 것이다. 예를 들어, 무료견본은 치석제거 치약과 같은 연속적인 혁신에 대해서 효과적인 수단이다. 또한 자동차 제조회사들은 새로운 모델에 대한 시험운전으로 시용의 혁신을 제공한다. 간혹 소프트웨어 기업들은 채택이 보다 폭넓게 수용될 수 있도록 하기 위해 기업과 대학의 의견선도자에게 무료시용을 촉진한다.

2) 채택의 시간

시간은 두 가지 측정방법에서 볼 때 확산이론의 중요한 구성요소이다. 첫째, 소비자에 의한 채택의 시간(소비자들이 그 혁신의 초기채택자인가 또는 후기채택자인가), 둘째, 확산율(채택이 집단 간에서 일어나는 속도와 정도)이다.

(1) 채택의 시간

Rogers는 채택의 시간을 기준으로 채택자를 분류하였다. 〈그림 16-2〉와 같이 5개 범주의 채택자, 즉 혁신자, 초기채택자, 초기대중, 후기대중, 후기채택자로 분류된다. 그리고 이러한 범주는 정규분포를 따르는데, 각 채택자 범주는 아래와 같이 설명된다.

1. **혁신자**(innovators)는 채택한 모든 사람들 중 평균적으로 2.5%를 나타낸다. 혁신자들은 거의 강박관념 상태에서 새로운 아이디어와 제품을 사용하려고 한다. 그들은 소득이 높고, 고등교육을 받았고, 보다 범세계적이고, 또한 비혁신자들보다 공동체의 외부에서 능동적으로 활동한다. 이에 추가하여, 그들은 집단규범에 덜 의존적이며, 보다 자기과신이 강하고, 또한 과학적인 원천과 전문가들로부터 정보를 획득할 가능성이 매우 높다.

2. **초기채택자**(early adopters)는 그 제품을 채택하는 두 번째로, 평균적으로 13.5%를 점한다. 그들이 맨 처음은 아니지만 제품수명주기상 초기에 채택한다. 혁신자보다는 집단규범과 가치관에 보다 의존적이며, 그들은 혁신자들의 범세계적인 시각과는 대조적으로 지역공동체에 보다 지향적이다. 초기채택자는 집단에 대한 밀접한 결연관계 때문에 의견선도자가 될 가능성이 매우 크다. 그들이 구전영향을 전달할 가능성이 매우 크므로 신제품이 성공할 것인가를 결정하는데 있어 가장 중요한 집단이다.

3. **초기대중**(early majority)은 34%를 점하는 집단으로서, 신제품을 채택하기 전에 신중하게 숙고한다. 그들은 초기채택자보다 많은 정보를 수집하고, 또한 더 많은 상표를 평가할 가능성이 있으므로 채택의 과정이 오래 걸린다. 초기대중은 초기채택자와 후기채택자의 중간에 위치하기 때문에 새로운 아이디어를 확산하는 과정에서 중요한 연결단위이다.

4. **후기대중**(late majority)은 30% 점유집단으로 회의적인 사람들이다. 그들은 대부분의 친구들이 이미 그렇게 행했기 때문에 채택한다. 그들도 역시 집단규범에 의존하므로 채택은 일치하도록 하는 압력의 결과이다. 이 집단은 나이가 많고, 소득은 평균 이하이며, 또한 낮은 수준의 교육을 받았다.

5. **후기채택자**(laggards)는 마지막으로 채택하는 16%이다. 그들은 집단의 규범에 의존하지 않는다는 면에서 혁신층과 유사하다. 그들이 전통에 고수하는 독립성 때문에 과거에 기준하여 의사결정을 한다. 후기채택자가 혁신을 채택하는 시기에 기존의 혁신은 아마도 어떤 다른 혁신에 의해서 바뀌어진다. 예를 들어, 컬러 TV가 이미 널리 보급되었을 때, 후기채택자들이 처음 TV를 구입하고, 상당수는 컴퓨터를 소유하고 있지 않다. 후기채택자는 사회경제적으로 최하위수준에 있다. 그들은 신제품을 의심하는 경향이 있으며, 또한 기술적으로 진보하는 사회로부터 고립되어지는 경향이 있다.

(2) 채택곡선

〈그림 16-4〉는 미국에서 흑백 TV와 컬러 TV 그리고 인터넷 이용에 대한 채택곡선을 보여준다. 흑백 TV와 컬러 TV는 각각 처음 7~10년 사이에 미국가정 중 0~50%까지 채택되었다. 인터넷의 채택곡선은 기간이 짧기 때문에 완만하게 증가하였지만, 채택률은 처음 6년 동안에 무려

50% 이상 채택되어 매우 빠르다. 인터넷 이용이 컬러 TV와 동일한 채택곡선을 따른다면 2025년에 100%까지 채택될 것으로 예상할 수 있다.

〈그림 16-4〉 TV와 인터넷 이용에 대한 제품수명주기

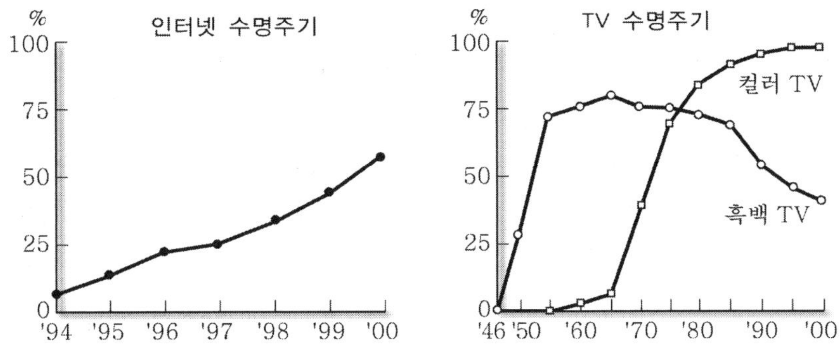

〈그림 16-2〉는 정상적인 종 모양의 곡선으로 Rogers가 제시한 채택을 보여주지만, 〈그림 16-4〉의 흑백 TV의 곡선과 같이 채택곡선은 상이한 모양을 취할 수 있다. 즉 채택곡선은 제품의 유형에 따라 상이할 수 있는데, 〈그림 16-5〉는 정상적인 곡선과 다른 몇 가지 공통적인 변형을 보여준다.

〈그림 16-5〉 정상적인 채택곡선의 변형

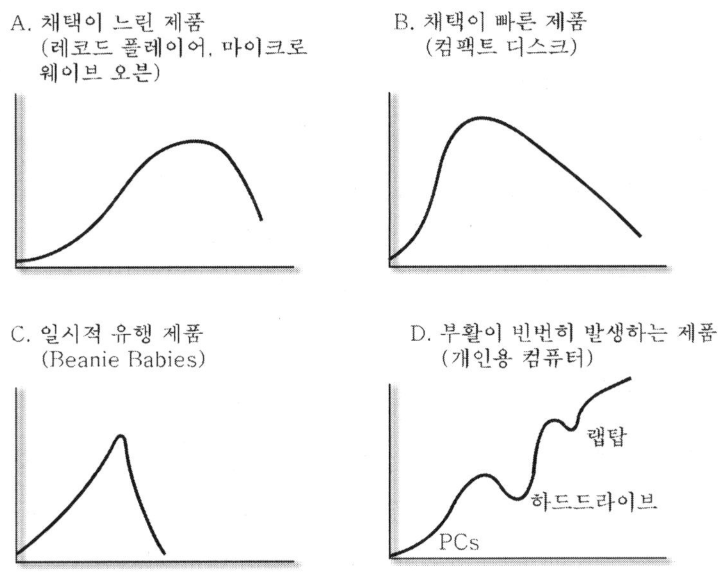

첫 번째 곡선은 도입기가 긴 제품으로서 소비자들이 천천히 제품을 채택하기 때문이다. 이것은 중요한 혁신의 전형적인 것으로서 소수의 사람들이 초기에 채택하지만, 후기대중과 후기채택자 범주가 상당히 많다. 예를 들어, 레코드 앨범에 대한 수명주기는 점진적인데, 그 이유는 채택이 레코드 플레이어의 소유와 연결되기 때문이며, 레코드 플레이어가 폭넓게 채택되기 위해서는 최고 20년이 소요되었다.

두 번째 곡선은 빠른 채택률과 짧은 도입기를 가진 혁신이다. 컴팩트 디스크의 혜택은 보다 기술적으로 정교하며 또한 풍요한 사회에서 보다 빠르다.

세 번째 곡선은 급속한 상승과 급속한 하락을 가진 **일시적 유행**(fad) 제품이다. 예를 들어, 요요, 수석 모으기 등과 같은 것이다. 이와 같은 일시적 유행제품에 대해서는 구전에 의한 수요가 거의 없는 수준에까지 갈 수 있도록 신중하면서도 부족할 정도의 전략이 구사되어야 한다.

네 번째 곡선은 쇠퇴기를 거쳐 다시 성장함으로써 빈번하게 다시 부활되는 제품을 보여준다. 그러한 제품은 각 단계에서 새로운 기술이 채택됨으로써 기술적인 발전을 거친다. 예를 들어, PC의 경우, 이 곡선은 세 번째의 채택을 보여주는데, 처음 PC가 도입되고, 그 후 소형 컴퓨터가 도입되고, 그 후 랩탑 그리고 노트북이 도입되었다.

(3) 확산율

혁신의 확산속도는 인터넷 이용이 보여주는 것과 같이 증가하는 것처럼 보이는데, 혁신이 보다 빠르게 채택되는 이유는 아래와 같다.

- 가정들의 가처분소득이 증가하고 있으며, 따라서 신제품을 구입할만한 여유가 있다.
- 기술적 발전이 빠르게 진행됨으로써 보다 빠른 채택주기가 이루어지고 있다.
- 기술이 보다 표준화됨으로써 신제품을 채택하는 소비자의 위험을 줄여준다.
- 정보가 신속하게 커뮤니케이트되고 있다. 사람들이 보다 신속하게 대중매체와 인터넷을 통해 신제품에 대해 배우게 될수록, 집단 내 그리고 집단 간의 커뮤니케이션이 더 빠르다.

3) 확산과정에서의 커뮤니케이션

커뮤니케이션은 확산을 정의하는 데 있어 마지막으로 중요한 수단이다. 즉 확산은 집단들 간에 정보가 퍼져야 이루어진다. 그러나 개인적 영향이 소비자 자신의 동료집단 내에서 기본적으로 일어나지만, 확산은 소비자들이 자신들의 개인적 네트워크의 외부 사람들과 상호작용을 함으로써 말을 퍼뜨리기 때문에 일어난다.

어떤 사람의 개인적 네트워크의 외부에 있는 집단들을 **이호성 집단**(heterophilous)이라고 하고, 친구 및 가족집단을 **동호성 집단**(homophilous)이라고 한다. 이호성 집단 내의 사람들은 유사하지 않으며, 그들을 함께 묶는 결속도 약하다. 예를 들어, 테니스 파트너 또는 단체로 자동차를 함께 타는 탑승자와 같이 소비자가 우연하게 접촉하는 조직이나 사람들이다. 반면에 동호성 집단 내의 사람들은 유사할 경향이 있으며, 또한 보다 강력한 준거집단 결속력에 의해서 묶어져 있다.

소비자들은 자주 이호성 집단을 구성하는 사람들에게 스쳐지나가면서 새로운 제품과 아이디어에 대해 말을 퍼뜨린다. 이호성 집단의 약한 결속이 이러한 확산과정을 더욱 활성화시키는데 충분히 강하므로, 이 과정을 "약한 결속의 강한 힘"이라고 한다.

(1) 하향적 이전과 상향적 이전

집단 간의 커뮤니케이션을 분석하는데 있어 기본적인 문제 중의 하나는 정보와 영향이 어떤 사회경제적 집단에서 다른 집단으로 흘러가느냐이다.

사회경제적 집단들 간에 영향이 이전되는 것은 상류사회 집단에서 하류사회 집단으로의 **하향적 이전**(trickle down) 그리고 하류사회 집단에서 상류사회 집단으로의 **상향적 이전**(trickle up)으로 설명될 수 있다. 예를 들어, 하향적 이전은 Izod의 악어무늬 셔츠나 Polo와 같은 명품 셔츠와 같은 패션품목이며, 상향적 이전은 청바지와 록 음악의 확산 등이다.

전통적으로 확산은 상류사회 집단에서 하류사회 집단으로 이전하는 것, 즉 하향적 이전이다. 상류층은 기본적으로 지위와 허식을 위해서(눈에 뜨이는 소비) 구입하고, 그 후 이 제품 중 저질 복제품이 저소득층을 위해서 만들어진다(예 : Rolex 시계의 싸구려 복제품, 또는 Gucci 핸드백과 스카프), 즉 커뮤니케이션과 영향은 한 계층으로부터 그 사회계층의 다른 계층으로 이전된다.

영향의 이전은 간혹 하류집단에서 상류집단으로 행해진다. 즉 청바지, 블루그래스 및 록 음악의 혁신자와 조기채택자들은 지배적인 문화의 규범을 따라야 하는 욕구를 느끼지 못하는 낮은 사회경제적 집단에 있는 사람들이다. 그들은 의복과 음악을 혁신하는 데 자유가 있다. **일반대중 혁신자**(grassroots innovators)라고 하는 이 사람들은 더 높은 사회계층에게 그들의 취향을 보급시켰다. 예를 들어, Appalachia의 광산에서 일하는 아프리카계 미국인 남자 운전사들은 백인의 Appalachia 음악에 그들의 악기 사용방법을 가미함으로써 블루그래스 음악을 창조하였다. 낮은 사회경제적 집단이 블루그래스를 채택함으로써, 그것은 역시 음악회, 라디오, TV를 통해서 더 넓은 대중들에게 퍼져나가기 시작하였다. 혁신자와 조기채택자는 분명히 표준적인 조기채택자와 관련이 되는 범세계적인 상류소비자는 아니었다. 그들은 하류계층의 아프리카계 미국인이며, Appalachia의 백인들이었다.

(2) 상호동시적 이전

상향적 및 하향적 이전과정은 혁신의 조기채택이 사회계층에 대해서 어느 방향 중 하나로 갈 수 있음을 보여준다. 또한 마케팅 기업에게 있어 다른 문제는 사회적 지위가 영향의 이전, 즉 상향 또는 하향을 정의하는데 있어 과거의 것과 관련이 있느냐이다.

하향적 이전효과는 계층구분이 오늘날보다 더 분명한 시기인 금세기 초에 제시된 것이다. 그러나 제2차 세계대전이 지난 후, 하향적 이전과 상향적 이전 효과가 거의 관련이 없게 됨으로써 사회경제적인 지위상에서 평형적인 효과가 생성되었다. 더욱이 대중매체가 모든 계층에서 혁신에 대한 정보를 전달하고 있다. 따라서 보다 가능성이 있는 확산과정은 사회경제적 지위와는 관계없이 집단 간에서 일어나는 것으로서, **상호 동시적 이전효과**(trickle-across effect)라고 한다.

예를 들어, 새로운 패션의 조기구매자들은 상류층 엘리트가 아니라 중류층 또는 하류층이었으며, 커뮤니케이션도 높은 사회계층의 사람들로부터 낮은 사회계층의 사람에게로 행해지지 않고, 자신이 속한 사회계층의 구성원에 의해서 영향을 받는다. 즉 평형적인 효과가 있다.

결론적으로 볼 때, 패션 스타일의 확산은 상호동시적 이전효과를 나타내며 사회적 승수효과와 거의 일치한다. 즉 사람들은 사회적 지위와 평형화됨으로써 새로운 제품과 아이디어를 접할 수 있는 가능성이 있다.

그러나 사회계층적 차이가 심한 국가에서는 하향적 이전효과가 뚜렷하게 나타난다.

3. 인터넷 이용의 확산

인터넷 활용은 국가에 따라 매우 상이하지만, 중진국 이상에서는 상당 수준 보급되어 일상화되고 있다. 특히 컴퓨터 가격과 인터넷 접속비용이 계속 하락함에 따라 보급률이 증가하고 또한 전자상거래 벤처기업들이 두드러지게 증가하고 있다.

1) 인터넷 확산을 고무하는 특징

웹은 인터넷 확산을 고무하는 특징을 가지고 있다. 앞에서 설명한 다섯 가지 특징들 각각이 확산율에 영향을 미친다.

첫째, 웹에 있어서 가장 중요한 확산추진요인이 되는 것은 상대적 우위성(이점)이다. 즉 웹은 과거보다는 정보에 더 폭넓게 접속할 수 있도록 하며 또한 정보, 의견 및 선호성을 커뮤니케이트하는데 보다 효과적인 수단이다.

둘째, 웹은 집이나 사무실에서 정보와 커뮤니케이션을 획득하고 전달할 수 있는 시간의 효율성을 소비자에게 제공한다. 역시 웹은 장소의 효율성도 전달한다. 즉 인터넷은 정보를 획득하고 공유하기 위한 더 빠른 수단을 제공함으로써 시간과 에너지를 절약시켜 준다.

셋째, 양립성에서 볼 때 웹의 확산율이 처음에는 매우 느렸는데, 그 이유는 처음에 많은 사람들이 웹을 독특하고 또한 위협적인 것으로 간주하였기 때문이었다. 시간이 지나면서 사람들은 웹에 접속하고, 여러 다양한 웹사이트를 탐색하고 또한 탐색엔진을 이용하는 수단에 적응하고 있다. 오늘날 인터넷은 모든 학과에서 필수적인 것이 되고 있으며, 참가하고 또한 조사하기 위해 인터넷을 이용하고 있다. 즉 이것은 어린이들이 책을 보는 것처럼 이용하기에 간단한 일상생활의 도구로서 웹을 인식하고 있다는 것을 의미한다.

넷째, 인터넷 이용의 단순함은 인터넷이 보다 사용자친화적이 됨에 따라 증가하고 있다. Netscape와 같은 온라인기업들이 인터넷 접속을 단순화시키고 있으며, Google이나 Yahoo!와 같은 탐색엔진들이 정보탐색 과정을 단순화시키고 있다. 이것은 역시 웹의 확산을 빠르게 하는데 기여하고 있다.

다섯째, 웹 이용은 용이하게 관찰할 수 있는데, 그 이유는 교실이나 사무실에서 분명하게 보여질 수 있기 때문이다. 이러한 가시성은 승수효과를 더 가속화시키고 있다. 비사용자들이 웹의 우위성을 획득하는 친구와 동료들을 관찰하고 주시함으로써 이용자가 되고 있다. 역시 웹은 사용가능성을 촉진하는데, 사람들은 대부분의 조직체에서 웹에 용이하게 접속할 수 있거나, 친구집에서 사용할 수 있다.

웹에의 접속이 증가하고 또한 이용이 용이함에 따라 최초에 발생하였던 가치 장애, 이용 장애 및 위험 장애가 감소하고 있다. 가치 장애물은 컴퓨터 가격 및 인터넷 접속비용이 인하됨으로써 감소하고 있다. 이용 장애물은 웹 연결이 보다 빨라지고 탐색이 보다 간단해짐에 따라 감소한다. 또한 위험 장애물은 소비자들이 웹을 이용하는데 보다 많은 지식을 갖게 됨으로써 감소하며 또한 심리적 위험을 줄이고 있다. 그리고 웹의 특성이 보다 표준화되고 믿을 수 있게 되어 성능 위험도 감소하고 있다.

2) 인터넷을 통한 제품 및 아이디어의 확산

인터넷 이용이 급속하게 확산될 뿐만 아니라, 역시 인터넷이 제품과 혁신에 대한 영향과 정보를 확산하는 수단이 되고 있다. 웹을 통한 정보는 집단 간에서 더 빠를 가능성이 있는 반면에, 대면적인 정보는 집단 내에서 한정될 가능성이 있는데, 이것은 웹을 통한 집단 결속이 대면집단에서보다는 약할 가능성이 있기 때문이다.

즉 집단 내의 결속이 약할수록 정보가 상이한 집단으로 확산될 가능성은 더 크다. 인터넷의 경우 결속이 약하기 때문에 사람들은 사회계층에 따라 커뮤니케이트될 가능성이 있다. 이에 추가하여 웹은 대면적 커뮤니케이션에 비해 보다 강한 연결성을 창출한다. 결과적으로 웹은 긍정적 및 부정적인 확산을 촉진한다.

4. 확산에 대한 문화적 영향

1) 문화적 영향과 문화적 동질성의 구분과 개념

문화적 규범은 신제품의 수용과 확산율을 결정한다. 신제품 혁신이 문화적 규범과 모순되기 때문에 소비자들은 신제품 혁신을 거부한다. 예를 들어, 미리 준비된 유아용 식품들이 브라질에서 거부당했으며, 농축된 스프가 영국에서 수용되는데 상당히 많은 시간이 소요되었다.

상이한 문화에서 혁신의 확산을 이해하기 위해서는 **문화적 경향**(cultural context)과 **문화적 동질성**(cultural homogeneity)의 개념을 구분해야 한다.

첫째, 문화적 경향은 두 개의 집단에 의해서 설명된다. 낮은 문화적 경향이란 의미를 전달하기 위해서 구두적 또는 문서적 커뮤니케이션에 주로 의존하는 집단이며, 높은 문화적 경향은 표식, 표현 및 암시적인 이해와 같이 주로 비구두적 커뮤니케이션에 의존하는 집단이다.

둘째, 문화적 동질성은 동호성적 집단과 이호성적 집단으로 설명된다. 동호성적 집단은 집단 간의 규범, 가치관 및 사회경제적 지위에 차이가 거의 없는 일관된 문화가 있는 집단이며, 이호성적 집단은 집단 간에 커다란 차이가 있는 상이한 문화가 있는 집단이다.

2) 문화적 경향과 문화적 동질성의 상호성

〈표 16-1〉과 같이 문화적 경향과 문화적 동질성은 상호관련성을 가지고 있다.

〈표 16-1〉 문화적 경향과 문화적 동질성의 상호성

구 분	유 형	유 형
문화적 경향 문화적 동질성	높은 문화적 경향 ⇕ 동호성적 집단	낮은 문화적 경향 ⇕ 이호성적 집단
적용 국가	중동국가	미국과 서부유럽

높은 경향 문화, 즉 비구두적 커뮤니케이션에 대해 강조하는 문화는 보다 동호성적인 경향이 있다. 그러한 문화는 상호 인적접촉과 교제에 보다 많은 가치를 부여한다. 즉 그 문화는 개인보다는 집단에 더욱 가치를 부여하며, 또한 규범에 동의하고, 지속적인 사회의 관심을 강조한다.

그리고 낮은 경향 문화, 즉 구두적 및 서면적 커뮤니케이션에 대해 의존하는 문화는 개인적 창의성에 보다 많은 가치를 부여하고, 커뮤니케이션에 대해서 대중매체에 크게 의존한다. 이에 따라 대부분의 중동국가들은 높은 경향/동호성적으로 설명될 수 있는 반면, 미국과 서구유럽은 낮은 경향/이호성적으로 설명될 수 있다.

확산율은 문화의 일관성 때문에 높은 경향/동호성적 문화 속에서 더 빠르게 될 것을 기대할 수 있다. 상이한 집단으로부터 다른 집단으로 정보를 이전하는데 있어 장애물은 더 낮다. 더욱이 혁신에 대한 정보의 신뢰성은 더 높은데, 그 이유는 그 원천이 대중매체보다는 친구와 친척일 가능성이 매우 크기 때문이다.

5. 혁신성과 확산과정

1) 혁신성의 본질과 혁신자

혁신성(innovativeness)이란 사회 시스템 내에서 한 사람이 다른 구성원들보다 새로운 아이디어나 제품을 상대적으로 더 빨리 수용하는 정도이다. 따라서 진정한 혁신자 집단(첫 번째로 채택하는 2.5%)과 초기채택자 집단(두 번째로 채택하는 13.5%)들을 혁신자라고 한다. 이렇게 혁신자와 초기채택자를 하나의 집단으로 결합하는 것이 마케팅의 관점에서 볼 때 필요한데, 그 이유는 시장에서 처음으로 채택하는 2.5%가 집단이라고 하기에는 너무나 규모가 작아 표적화할 수가 없기 때문이다. 그러므로 혁신자에 대한 일반적인 명칭은 진정한 혁신자와 초기채택자 모두에게 부여된다.

혁신자에 대해서는 두 가지 의문사항이 있다. 첫째, 일반화된 혁신자를 확인·규명할 수 있는가? 그렇다면, 그들의 특징은 무엇인가?이다. 그 해답을 통해서 마케팅 기업은 마케팅 전략이 일반적인 혁신자 집단에 지향할 수 있는가 또는 초기구매자의 특별한 표적세분시장이 제품 대 제품 기준에 따라 정의될 수 있는가 등을 결정할 수 있다. 둘째, 부정적인 혁신자뿐만 아니라 긍정적인 혁신자가 있는가?이다. 즉 혁신의 거부를 유도하는 부정적인 혁신과정을 추적·조사할 수 있는가?이다.

2) 혁신자의 특징

일반적인 혁신자는 진정한(비연속적) 혁신에 대해 존재할 가능성이 있다. 즉 초고속 인터넷 연결을 고려하는 첫 번째 사람들 중의 혁신자는 역시 DVD 플레이어를 구입할 것을 고려하는 첫 번째 부류에 속할 것이다. 즉 개인용 컴퓨터가 처음 도입되었을 때, 초기채택자들은 자동청구서 지급서비스, 유선TV 서비스, 프로그램을 할 수 있는 소형계산기, 비디오, TV 게임 등 그 당시의 모든 혁신을 사용할 가능성이 매우 크다.

따라서 제품범주들 간에 혁신자들은 아래와 같은 경향이 있다.

- 의견선도자
- 위험 감수자
- 내부지향적이고 자신만만하며 또한 집단 규범에 대해 독립적임
- 구전을 통해서보다는 대중매체로부터 정보를 획득할 가능성이 있음
- 신문과 잡지를 구독할 가능성은 크지만 TV를 시청할 가능성은 적음
- 새로운 아이디어와 변화에 개방적임
- 상대적으로 젊으며 이동적임

또한 혁신자는 범세계적이며, 높은 사회경제적 집단인 반면에, 일반대중 혁신자는 낮은 사회경제적 집단에 속해 있고 시골지역 출신이다.

그렇지만, 혁신적이지 않은 제품의 경우, 일반적인 혁신자는 존재하지 않는다. 또한 한 제품범주의 혁신자는 관련되지 않는 제품범주의 혁신자가 될 가능성은 없다. 즉 컬러 프린터기를 소유한 첫 번째 집단 중의 한 사람은 DVD 플레이어를 채택한 첫 번째 중의 한 사람이 필시 되지는 않는다. 따라서 대부분의 신제품의 경우 마케팅 기업은 제품 대 제품기준에 따라 표적시장을 정의해야 한다.

3) 혁신자 세분화

혁신자를 파악할 수 있는 새로운 기술로서, **기술사학**(technographics)이란 기술제품에 투자하려는 소비자의 동기, 욕망 및 능력에 따라 소비자를 세분화하는 접근방법이다.

이 방법에 기초하여 2개의 차원, 즉 ① 기술에 대한 소비자의 지식과 태도, ② 소비자가 가족, 경력 또는 오락목적을 위해 기술을 이용할 것인가라는 차원에 따라 12개의 세분집단이 정의될 수 있다.

4) 긍정적 및 부정적 혁신자의 존재

일반적인 혁신자는 거의 대부분의 비연속적 혁신에 대해 긍정적으로 반응한다. 그러나 동일한 사람이 혁신을 반대할 수 있다. 즉 DVD를 수용하는 첫 번째 사람들 중의 한 소비자는 비디오 디

스크 플레이어를 거부하는 첫 번째 사람들 중의 한 사람이 될 수도 있다. 이에 따라 채택자는 세 가지 범주로 구분된다.

① **능동적 채택자**(active adopters)는 그 제품을 채택하고, 그 후 그 제품에 대해 우호적인 정보를 제공하는 사람임

② **능동적 거부자**(active rejectors)는 그 제품을 사용하고, 그 후 그것의 결함을 발견하고 그 제품에 대해 비우호적인 정보를 제공하는 사람임

③ **수동적인 자**(passives)는 그 제품을 채택했으나, 정보를 주지도 않고 영향도 발휘하지 않는 사람임

상기의 구분에서 볼 때, 능동적 채택자와는 달리 능동적 거부자는 그 혁신의 이용을 중단하는 것을 정당화하기 위해 혁신을 부정적으로 평가하는 전문가를 자주 탐색한다.

제 4 절 확산이론의 전략적 시사점

마케팅 기업은 채택의 가능성과 혁신의 확산율에 영향을 미치기 위해 마케팅 전략을 수립한다.

1. 채택의 가능성

기업들은 소비자가 혁신을 채택할 수 있도록 영향을 주기 위해서 여러 가지 전략을 사용한다. 즉 기업들은 무료견본과 가격촉진을 이용하여 시용을 고무한다. 시용이 가능하지 않다면 기업들은 제품인식을 조장하기 위해서, 또한 제품특성을 커뮤니케이트하기 위해서 광고를 사용한다.

예를 들어, 어떤 렌즈 제조기업은 자사의 콘택트 렌즈를 광고하는데, 그 광고는 특별히 난시가 심한 사람들을 위해 콘택트 렌즈가 있다는 사실을 소비자에게 정보로서 제공한다. 이에 추가하여 그 광고는 난시인 사람들에게 자사의 웹사이트를 방문하도록 고무하는 데, 그 웹사이트는 소비자들이 가까이에서 시력보호 전문가를 찾는데 도움을 준다. 역시 그 광고는 소비자들에게 쿠폰을 제공하여 콘택트 렌즈를 사용하도록 고무한다. 그리고 개선된 최신의 제품을 신중하게 채택한 이용자를 보여줌으로써 광고에 혁신적인 행동을 묘사하고 있다.

이에 추가하여, 마케팅 기업은 변화 대리인을 이용하여 채택에 대한 저항을 극복하고 있다. 예

를 들어, 제약회사들은 다른 사람들로 하여금 채택하도록 하기 위해 의견선도자로서 알려진 존경받는 병원, 개인전문병원 의사들이 의료적 혁신을 조기에 채택하도록 추구하고 있다.

2. 확산율

확산이론은 마케팅 기업들이 예상하는 확산율에 따라 전략을 조정할 수 있는 지침을 제공한다. 즉 마케팅 기업들은 〈표 16-2〉와 같이 확산율에 영향을 주는데 두 가지 전략대안을 가지고 있다.

〈표 16-2〉 확산곡선에 기초한 전략대안

마케팅전략	초기 고가	침투(초기 저가)
초기 가격	높음	낮음
시장세분화	표적시장은 · 소규모 · 인구통계적 및 라이프스타일에 의해 잘 특성화됨	표적시장은 · 대규모 · 인구통계적 및 라이프스타일에 의해 특성화하기 어려움
광고	정보제공적 방법	상징과 심상을 사용
유통경로	선택적	집중적
제품특징	비연속적 혁신	연속적 혁신

주 : 초기 고가에 대한 확산율은 느림, 침투에 대한 확산율은 빠름

첫째, **초기고가전략**(skimming policy)의 경우, 마케팅 기업은 느린 확산율을 예상한다. 결과적으로 가격은 도입비용을 유지하기 위해 초기에 높게 책정해야 한다. 그 가격전략은 소규모하고 또한 가격에 의미를 부여하지 않는 세분시장을 전략적으로 목표를 세움으로써 그 시장의 윗부분을 장악하는 것을 목표로 한다.

그 세분시장은 인구통계적 및 라이프스타일 특징에 의해서 정의될 가능성이 있다. 즉 광고는 필요한 기술적인 정보를 제공하고 또한 인식을 조장하기 위해 정보제공적으로 지향되어야 한다. 그리고 제품에 대한 유통은 선택적이 되어야 한다. 초기고가전략은 전기자동차 및 DVD 플레이어와 같은 중요한 혁신에 적용될 가능성이 높다. 제품은 단순할 가능성이 거의 없고, 또한 기존제품이나 시스템과 적응, 호환되지 않을 수 있기 때문에 폭넓게 수용되는 데는 장애물이 될 수 있다. 그러므로 채택이 되도록 하기 위해서는 소규모하고 특별한 표적시장을 수립하는 것이 논리적이다.

둘째, 침투(초기저가)전략의 경우, 마케팅 기업은 저가격으로 제품을 도입함으로써 신속하고도 폭넓게 확산하도록 고무한다. 그렇게 하는 것은 이미지와 상징을 사용하는 집중적인 캠페인을 통해서 일반적인 시장에 판매하려는 의도이므로 유통경로는 넓어야 한다. 그러나 시장이 일반적이므로 초기채택자의 특징을 확인·규명하는 것이 어려울 수 있다. 침투전략은 밀접하게 경쟁적인

대체제품이 존재하므로 다이어트 소다수, 다이어트용 두부 또는 냉건조커피와 같이 중요하지 않는 신제품에 적용될 가능성이 있다. 즉 상기의 두 제품은 상징과 심상을 사용하는 집중적인 광고 캠페인으로 대형시장에 대해 경쟁적인 가격하에서 도입된다.

초기의 전략이 수립되고 실천되면 마케팅 기업은 확산이론을 통해서 그 제품이 확산곡선상 어디에 있는가에 따라서 마케팅 전략을 변경할 수 있는 지침을 간파하게 된다. 즉 초기고가전략하에서 도입된 제품은 결국 침투가격전략으로 향하게 된다. 예를 들어, 개인용 컴퓨터, CD 플레이어 및 이동전화기는 처음에 거의 광고를 하지 않고 한정된 유통경로를 통해 고가격으로 시장에 도입되었다. 기술의 향상과 경쟁사의 진입으로 가격이 빠르게 낮아짐에 따라 확산이 빨라지게 된다. 즉 채택이 증가함에 따라 유통경로는 보다 집중적이 된다. 상기와 같은 유형의 제품을 취급하는 마케팅 기업은 확산곡선을 확인하여 초기고가전략으로부터 침투가격전략으로 변경해야 하는 적절한 시기를 정할 수가 있다.

이와 유사하게 침투가격전략을 도입하는 마케팅 기업은 제품이 폭넓게 수용되는 경우에 가격을 서서히 인상할 수 있다. 즉 광고와 유통경로는 집중적으로 유지해야 하지만, 가격방침을 변경하는 적절한 시기는 확산곡선에 의해서 정해져야 한다.

참고문헌

윤훈현 역, 『소비자행동론』, 제6판, 석정, 1998.

윤훈현, 『소비자행동론』, 석정, 2005.

"Buzz-z-z Marketing," *Business Week* (July 30, 2001), pp. 50-56.

David F. Midgley, "A Simple Mathematical Theory of Innovative Behaviors," *Journal of Consumer Research* 3 (June 1976), pp. 31-41.

Dorothy Leonard-Barton, "Experts as Negative Opinion Leaders in the Diffusion of a Technological Innovation," *Journal of Consumer Research* 11 (March 1985), pp. 914-926.

"Has Growth of the Net Flattened?" *Wall Street Journal* (July 16, 2001), pp. B1, B8.

Henry Assael, Consumer Behavior, Houghton Mifflin, 2004.

"I Scream, You Scream : Consumers Vent Over the Net," *New York Times* (March 4, 2001), p. 3, 13.

Jagdish N. Sheth, "Word-of-Mouth in Low-Risk Innovations," *Journal of Advertising Research* 11 (June 1971), pp. 15-18.

Lawrence Feick and Linda Price, "The Market Maven : A Diffuser of Marketplace Information," *Journal of Marketing* 51 (January 1987), pp. 83-87.

Marha L. Richins, "Negative Word-of-Mouth by Dissatisfied Consumer : A Pilot Study," *Journal of Marketing* 47 (Winter 1983), pp. 68-78.

Marsha L. Richins and Teri Root-Shaffer, "The Role of Involvement and Opinion Leadership in Consumer Word-of-Mouth : An Implicit Model Made Explicit," in Michael J. Houston, ed., *Advances in Consumer Research*, Vol. 15 (Provo, Utah : Association for Consumer Research, 1987), pp. 32-36.

Mary Dee Dickenson and James W. Gentry, "Characteristics of Adopters and Non-Adopters of Home Computers," *Journal of Consumer Research* 10 (September 1983), pp. 225-235.

Paul M. Herr, Frank R. Kardes, and John Kim, "Effects of Word-of-Mouth and Product-Attribute Information on Persuation : An Accessibility Diagnosticity Perspective," *Journal of Consumer Research* 17 (March 1991), pp. 454-462.

Ram S and Jagdish Sheth, "Consumer Resistance to Innovations : The Marketing Problem and Its Solutions," *Journal of Consumer Marketing* 6 (Spring 1989), pp. 5-14.

Rogin A. Higie, Lawrence F. Feick, and Linda L. Price, "Types and Amount of Word-of-Mouth Communications About Retailers," *Journal of Retailing* 63 (Fall 1987), pp. 260-277.

"This Is One Virus You Want to Spread," *Fortune* (November 27, 2000), pp. 297-300.

"Viral Marketing Works, But It's Not for Everyone," *The Industry Standard* (September 25, 2000).

Zarrel V. Lambert, "Perceptual Patterns, Information Handing, and Innovativeness," *Journal of Marketing Research* 9 (November 1972), pp. 427-431.

제5부

마케팅 전략

제17장　마케팅 커뮤니케이션 과정
제18장　시장세분화와 미시마케팅
제19장　소비자 권리와 사회적 책임

17 chapter

마케팅 커뮤니케이션 과정

제품이나 서비스가 개발되면 전략적으로 중요한 것은 표적시장에 제품의 이점을 커뮤니케이트하는 것인데, 이러한 마케팅 커뮤니케이션은 소비자 관점에서 이루어져야 한다.

제 1 절 마케팅 커뮤니케이션 모델

마케팅 커뮤니케이션은 두 가지 기본적 목적, 즉 정보를 제공하고 설득하는 목적을 가지고 있다. 제품의 속성과 이점 그리고 신제품 도입에 대한 정보를 소비자에게 제공하는 목적, 또한 소비자들에게 구입하도록 설득하는 목적을 가지고 있다. 소비자들은 정보 없이는 행동할 수 없으므로 마케팅 커뮤니케이션을 통해 신제품, 기존제품의 가격과 이용 가능성 그리고 대안적인 상표의 특징에 대해 학습한다.

그러나 마케팅 커뮤니케이션은 광고된 상표를 선호하도록 하는데 있어 어떤 한 기능을 담당하므로, 소비자에게 영향을 주는 것이 마케팅 커뮤니케이션의 지속적인 목적이다. 결과적으로 마케팅 기업이 정보와 영향을 커뮤니케이트하는 과정 그리고 소비자가 이 정보를 해석하는 방법은 소비자 행동을 연구하는데 중요한 요소이다.

1. 마케팅 커뮤니케이션 과정과 장애

1) 마케팅 커뮤니케이션 과정

마케팅 커뮤니케이션 모델은 〈그림 17-1〉과 같으며, 커뮤니케이션 과정에는 다섯 가지 구성요소가 있다.

〈그림 17-1〉 마케팅 커뮤니케이션 과정

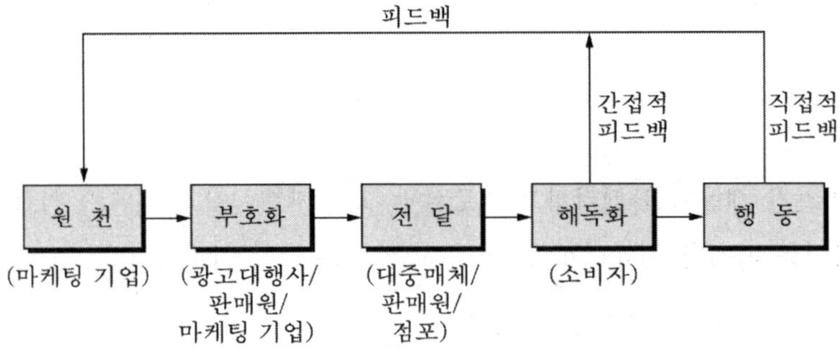

① **메시지 원천**(source : 마케팅 기업, 광고주)은 커뮤니케이션 목적을 수립하고, 또한 커뮤니케이션에 대한 표적시장을 정의한다. 즉 마케팅 기업은 광고와 촉진캠페인에 대한 목적을 수립하고 또한 정의된 표적세분시장에 대해 이러한 캠페인을 표적화한다.

② **부호화**(암호화 : encoding) 과정은 이러한 목적을 메시지로 전환하는 것이다. 판매원은 고객에게 제시하는 판매제시물을 나타내는 메시지를 부호화한다.

③ **전달**(transmission)은 의도한 청중들에게 도달하기 위해 디자인된 매체를 통해 메시지를 보내는 것이다. 마케팅 커뮤니케이션에서의 전달은 대중매체 및 판매원으로부터의 구전 커뮤니케이션, 또는 표적화된 가정에 보내는 직접우편물이 관련된다.

④ **해독화**(decoding)는 메시지를 이해하고 또한 기억 속에 보존하기 위해 수신자가 메시지를 해독하는 것이다. 여기에서 중요한 두 가지 의문사항은 소비자들이 그 메시지를 광고주가 의도한 대로 해석하느냐 그리고 그 메시지가 소비자의 태도와 행동에 긍정적으로 영향을 주느냐이다.

⑤ **피드백**(feedback)은 원천에 대해서 커뮤니케이션 과정의 효과성을 평가하는 것이다.

2) 마케팅 커뮤니케이션의 결과와 장애물

〈그림 17-2〉에는 광고주로부터 소비자에게 전달되는 효과적인 커뮤니케이션에서 발생할 수 있는 장애물이 포함되어 있는데, 마케팅 커뮤니케이션 과정의 결과의 맥락에서 원천, 부호화, 전달, 해독화의 네 가지 구성요소에 대해 설명한다.

〈그림 17-2〉 마케팅 커뮤니케이션 과정의 결과 및 장애물

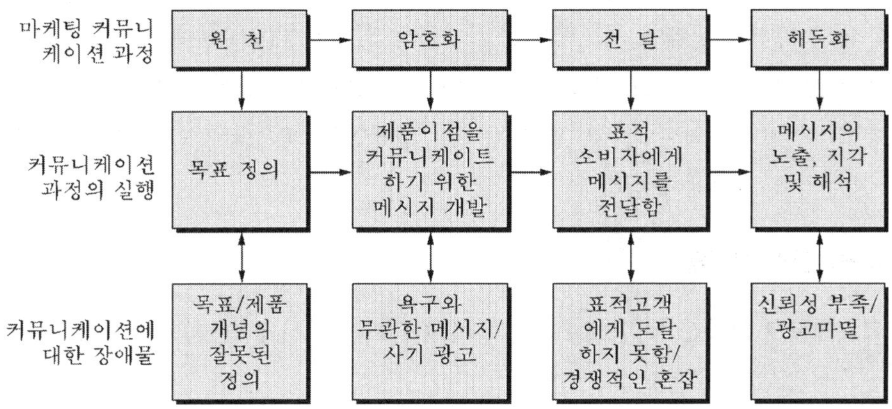

첫 번째 단계에서, 원천(마케팅 기업, 광고주)은 커뮤니케이션 목적을 정의한다. 예를 들어, 어떤 배터리 제조회사는 중요한 이점, 즉 내구성과 지속적인 힘의 원천을 커뮤니케이션하는 효과적인 직무수행을 목표로 정의할 수 있다.

두 번째 단계로서, 광고대행사는 제품이점을 커뮤니케이트하기 위해 메시지를 암호화한다. 예를 들어, 자사의 배터리가 오래 사용할 수 있다는 제품이점을 커뮤니케이트하기 위해 특별한 노란 토끼인형이 더 오래 북을 치는 것을 보여주는 것이다.

세 번째 단계로서, 표적세분시장에 메시지를 전달하기 위해서는 비용면에서 효과적인 매체계획이 필요하다. 효과적인 매체계획을 수립하기 위해서는 두 가지 모순되는 목표를 조화롭게 균형을 성취토록 해야 한다. 한 가지 모순은 가능한 한 많은 사람들에게 도달하는 것 그리고 다른 모순은 가능한 한 자주 사람들에게 도달하는 것 사이에서 일어난다. 즉 제한된 촉진예산범위 내에서 광고주들은 도달범위(reach : 그 메시지에 노출되는 사람의 수)와 빈도(frequency : 개별소비자의 가정에서 노출되는 횟수)를 극대화할 수 있다.

가능한 한 많은 사람들에게 도달하는 것은 치약이나 콜라와 같이 폭넓게 표적화된 제품에 중요하다. 빈도는 젊은 상류층 자동차 구매자와 같이 특별한 표적집단에게 영향을 미치려고 할 때

중요하다. 이러한 경우, 그 목적은 예산상의 제약 내에서 가능한 한 자주 제한된 표적세분시장에 도달하는 것이다.

예를 들어, 그 배터리 캠페인에 대한 매체계획은 도달범위와 빈도 간의 균형이 관련된다. 처음에 이 회사는 가능한 한 폭넓은 청중들에게 도달하기 위해 전국망 TV를 사용한다. 그 후 배터리 구매자들에게 노출의 빈도를 더 많게 하기 위해 잡지에 인쇄광고를 한다.

네 번째 단계는 소비자와 관련되는 것으로서 메시지에 노출되고, 그것을 해독하고(지각과 해석), 또한 그 메시지에 근거하여 행동조치를 취하는 것이다.

〈그림 17-1〉의 마지막 단계인 피드백은 소비자들이 의도한 대로 그 메시지를 해독하는가 그리고 소비자들이 그 메시지에 대한 지각을 구매행동으로 전환할 가능성이 있는가를 결정하기 위해 계획하는 것이다. 그러한 피드백으로 광고주는 그 캠페인을 계속할 것인가, 또는 변화시킬 것인가, 취소할 것인가를 결정해야 한다.

2) 커뮤니케이션의 장애물

광고 커뮤니케이션 과정을 평가하는데 있어 마케팅 기업은 아래 네 가지 문제를 간파해야 한다.

① 커뮤니케이션 목적이 소비자 욕구를 반영할 수 있도록 원천이 분명하게 정의되어야 함.
② 마케팅 기업이 제품이점을 적절하게 암호화해야 함.
③ 그 메시지가 적절한 매체를 사용하여 표적세분시장에 전달되어야 함.
④ 소비자들이 광고주가 의도한 방식대로 그 메시지를 해독해야 함.

〈그림 17-2〉는 상기의 문제들에 대한 부정적인 대답은 원천, 암호화, 전달 등의 커뮤니케이션 과정에서 메시지를 해독화하는데 있어 수신자에 대해 장애물을 초래할 수 있음을 보여준다. 다섯 번째 문제는 커뮤니케이션이 구매를 선도하느냐인데, 이것은 커뮤니케이션 과정의 결과에 의해서 좌우된다.

(1) 원천에서의 장애물

원천에서 커뮤니케이션에 대한 장애물이란 목적이 부적절하게 잘못 정의되었다는 것이다. 이것은 소비자의 욕구를 충족시키지 못하게 제품이점이 잘못 집중하고 있다는 것으로서, 이런 잘못된 집중은 소비자 욕구와 관련이 없는 광고메시지를 초래할 가능성이 크다는 것이다.

예를 들어, 어떤 대중적인 저렴한 가격의 맥주가 골프클럽이나 고급스러운 연회와 같은 지위지향적인 분위기에서 광고됨으로써 권위의 이미지를 창조하고자 하였다. 그러나 그 캠페인은 그런 분위기와 관련되지 않은 충성적 이용자들을 멀리하는 결과를 초래하였다.

또 다른 예로서, 어떤 인터넷 장난감 소매점의 실패는 약속된 제품이점을 전달해야 한다는 것을 보여준다. 소비자들은 제품에 접하기 위해 신속하고도 간편한 방법으로 인터넷을 이용한다. 그러나 그 기업은 재고부족, 늦은 배달, 빈약한 고객서비스 등으로 인해 약속된 이점을 전달하지 못하였다. 즉 소비자들은 편리한 쇼핑경험을 기대하였지만 웹사이트는 이러한 목적을 전달하지 못하였다. 이 회사는 소비자의 욕구에 부응하지 못함으로써 2001년 봄에 파산되었다.

(2) 암호화에서의 장애물

마케팅 커뮤니케이션의 실수는 암호화 과정에서 기인될 수 있다. 간혹 카피작성자와 예술가들은 제품이점을 전달하는 것보다는 창의적이며 독창적인 광고를 개발하는데 관심이 많을 수 있다. 그 결과 주의를 끌 수 있는 메시지는 될 수 있으나, 소비자에게 이점을 커뮤니케이트하지는 못한다.

예를 들어, 2000년대 초기 닷컴기업들의 광고가 증가하는 동안, 기업들은 그 메시지를 소비자와 관련시키는 대신에 상표인식을 개발하는 데만 집중하였다. 예를 들어, 어떤 닷컴기업은 최고가의 매체에 단지 창의적이며 기발한 메시지를 광고하였다. 그러나 그 캠페인은 장비를 판매하는 그 사이트의 실질적인 집중사항을 전달하는데 아무것도 하지 못하였다. 그 캠페인은 제품이점을 잘못 부호화함으로써 커뮤니케이트하는데 장애물을 조장하였다.

〈그림 17-2〉는 사기적 광고도 역시 제품이점의 본질에 대해 소비자를 오도케 하는 것으로써 암호화에서의 장애물이라는 사실을 보여준다. 물론 기업들이 사기적인 주장을 한다면 정부당국이 기업들에게 수정광고를 하도록 요구할 수 있다. 그러나 대부분의 오도적인 광고는 명백하게 사기적인 주장이 아니다. 즉 많은 주장들은 소비자들로 하여금 정확한 것과 정확하지 않은 것을 분간하지 못하도록 하는 것으로서 과장할 가능성이 있다.

(3) 전달상에서의 장애물

커뮤니케이션에 대한 장애물은 전달과정에서 일어날 수 있다. 메시지에 주의를 기울이는 소비자의 능력을 방해하는 것을 **잡음**(noise)이라고 한다. 아마도 마케팅 커뮤니케이션에서 잡음의 가장 큰 원천은 경쟁적인 **혼잡광고**(clutter)이다.

상업광고와 인쇄광고물이 여러 가지 이유로 증가하고 있다. 첫째, 신제품의 증가가 더 많은 광고시간을 요구한다. 둘째, 경쟁의 강도가 높아짐으로써 판매고의 증가에 비해 광고예산이 증가하고 있다. 셋째, TV 광고가 30초에서 15초의 짧은 삽입광고로 변화되어 더 짧아지고 있다. 그러한 경쟁적인 혼잡광고 때문에 과거 30년 전보다 소비자가 TV에서 본 마지막 광고를 기억할 수 있을 가능성은 반 정도로 감소할 것으로 예상된다. 분명히 말해서 상업광고의 수가 증가함으로써 소비자의 해독화 과정을 저해하게 된다.

웹을 통한 혼잡광고도 역시 매체의 급속한 확장으로 많은 문제가 되고 있다. 사람들이 도메인에 등록할 수 있고 또한 웹페이지를 만드는 것이 용이하다는 것이 혼잡광고가 증가되는데 크게 기여하고 있다.

여러 연구들에 의하면, 빈번한 광고로 인해 소비자들은 메시지에 주의를 덜 기울이며, 광고의 수가 증가함에 따라 주의와 상기가 떨어진다. 또한 경쟁적인 광고에 많이 노출됨으로써 소비자들이 광고된 상표를 기억할 수 있는 능력이 저해되며, 상표들 간의 유사성 그리고 광고주제들 간의 유사성은 혼란을 조장하고, 기억으로부터 특이한 상표정보를 회상하는 것을 어렵게 한다. 결론적으로 소비자들은 경쟁상표나 경쟁제품들의 광고주제들을 혼동할 가능성이 매우 크다.

마케팅 기업이 경쟁적인 혼잡광고가 조장하는 혼란에서 싸워 이기기 위해서는 소비자에게 보다 장기적인 인상을 줄 수 있도록 광고의 빈도를 증가시켜야 한다. 그러나 이것은 그 메시지가 소비자의 이점과 밀접하게 연결되는 경우(즉 메시지가 원천이나 암호화상에서 장애물을 가지고 있지 않음)에만 가능하다. 예를 들어, 빈도를 증가시킴으로써 어떤 캠페인이 성공하였는데, 그 이유는 노출을 증가함으로써 소비자들이 그 원천을 올바르게 확인·규명하도록 하였기 때문이다. 그러나 성공의 핵심은 바로 소비자들의 분명한 이점을 전달할 수 있는 광고가 있었기 때문이었다. 즉 이점을 커뮤니케이트하지 않고 빈도만을 증가하는 것은 소비자의 주의를 증가시키는 것이 아니라 화나게 하여 감소시킬 가능성이 있다는 것임을 시사한다.

(4) 해독화에서의 장애물

장애물은 역시 해독화 과정에서도 일어날 수 있다. 제품개념을 분명하게 수립하지 못했거나 또는 소비자의 욕구와 관련되는 광고 메시지를 창조하지 못함으로써 해독화에서 장애물을 초래할 가능성이 있다.

첫째, 소비자에게 이점을 분명하게 커뮤니케이트하지 못함으로써 소비자는 자신의 관심거리가 되지 않은 메시지를 선택적으로 무시하게 된다.

둘째, 소비자가 메시지의 원천을 신뢰하지 않는다면, 그는 그 메시지를 거부한다. 예를 들어, 소비자는 신뢰성과 중립성이 거의 없는 국영방송국을 더욱 활성화시키기 위한 필요자금을 조달하기 위해 TV 시청요금을 인상하는 것이 정당하다는 공기업의 광고를 거절할 수도 있다.

셋째, 해독화에 대한 장애물은 소비자들이 메시지를 혼동하거나 오해하는 경우에 발생한다. 예를 들어, 전혀 예상치 못한 사회문제를 주제로 한 광고가 자사 제품과 어떻게 관련이 되는가를 소비자들이 이해하지 못할 수도 있다. 즉 어떤 사람들은 이러한 메시지의 묘사적인 내용을 전혀 이해하지 못하거나 불쾌하게 생각할 수 있다.

넷째, 해독화에 대한 장애물은 메시지에 대한 주의의 부족 때문에 일어날 수 있다. 즉 경쟁적인 혼잡광고는 부주의를 조장하기 때문에, 그것은 전달에서 뿐만 아니라 해독화 과정에서도 장애물이다. 장기간 동안 하나의 광고를 계속 사용한다는 것은 부주의의 또 다른 원인이 된다. 즉 **광고 마멸**(advertising wearout)이 일어날 수 있는데, 그 캠페인에 대한 소비자의 지루함과 친근감 때문이다.

웹을 통한 베너 광고는 광고 마멸에 대한 중요한 예가 된다. 처음 도입될 당시의 베너 광고는 시청자들을 새로운 매력 속에 끌어들임으로써 클릭횟수를 급증시켰다. 그러나 웹을 통한 마케팅 정보가 소비자들을 질식케 함으로써 베너 광고나 전자우편 광고의 반응률은 크게 낮아지고 있다.

2. 커뮤니케이션의 결과

소비자들이 메시지에 대한 노출을 피하거나, 노출된다고 해도 메시지를 거절하거나 혹은 받아들일 수(수용)도 있다. 즉 메시지 수용은 표적세분시장에게 중요한 제품이점을 커뮤니케이트하는 효과적인 과정으로 이루어진다. 이와는 반대로 메시지 거절은 ① 메시지의 신뢰성 또는 믿음성이 없기 때문에 ② 메시지 내용과는 별개로 소비자의 태도, 과거경험 그리고 신념과 반대가 됨으로써 행해질 수도 있다. 예를 들어, 어떤 자동차 제조업체로부터 불량한 성능을 지속적으로 받아온 소비자는 그 자동차가 기술적으로 잘 만들어졌으며 또한 내구성이 있고 그리고 주행성능이 최고로 좋다는 주장을 타당하게 받아들일 가능성은 거의 없다.

광고주의 입장에서 커뮤니케이션 과정상 가장 바람직한 결과는 그 메시지를 수용한 결과인 구매이다. 메시지 수용은 구매를 유도할 수 있거나 또는 반대로 소비자들이 커뮤니케이션상의 정보보다는 다른 이유 때문에 구매를 하지 않기로 결정할 수 있다. 즉 ① 가격과 이용가능성은 구매에 대한 분명한 제약요소이다. ② 다른 제약요소는 즉각적인 욕구가 없다는 것이다. 소비자는 광고 때문에 자동차에 대해 매력을 느낄 수도 있지만, 다른 이유로 인해 자동차를 구입하지 않을 수도 있다.

마케팅 기업은 구매를 기준으로 하여 마케팅 커뮤니케이션의 효과를 평가한다. 즉 마케팅 조사와 광고 조사를 이용한 커뮤니케이션의 평가는 마케팅 기업에게 피드백을 제공한다. 〈그림 17-1〉에는 직접적 피드백과 간접적 피드백이 제시되어 있다.

첫째, **직접적 피드백**(direct feedback)은 마케팅 커뮤니케이션이 소비자의 행동조치인 판매와 연결될 때에 제공된다. 즉 마케팅 기업은 구매자의 수를 기준으로 특정한 날의 세일판매를 알리는 소매광고의 효과를 판단할 수 있으며, 또한 마케팅 기업은 점포 내 전시를 하지 않았을 때의 판매고와 전시를 했을 때의 판매고를 비교하여 그 효과를 평가할 수 있다. 역시 마케팅 기업은 쿠폰횟수와 광고원천을 관련지을 수 있다.

둘째, **간접적 피드백**(indirect feedback)은 메시지를 소비자가 해독화하는 과정에 근거하여 마케팅 커뮤니케이션이 평가되는 때에 제공된다. 이렇게 간접적 피드백이 사용되는 이유는 대중매체의 경우 광고메시지의 판매효과성을 판단하기가 어렵기 때문이다. 즉 마케팅 기업은 소비자의 구매결정이 많은 요인과 관련되어 있으므로 광고캠페인이 상표를 선정하는데 도구적인 수단이 되는 정도를 결정하는데 어려움이 없기 때문이다.

따라서 효과성에 대한 간접적인 평가기준은 광고메시지에 대한 노출, 인식, 이해, 보존 등을 생성케 하는 광고의 능력과 관련된다.

제 2 절 마케팅 커뮤니케이션에서 원천의 효과

정보의 원천(광고주, 판매원, 친구 등)은 소비자가 메시지를 수용하고 해석하는데 직접적으로 영향을 미친다(〈사진 17-1〉 참조). 그 원천이 소비자 행동에 미치는 효과(영향)를 이해하기 위해서는 소비자가 인식하는 그 원천의 신뢰성과 매력성을 고려해야 한다.

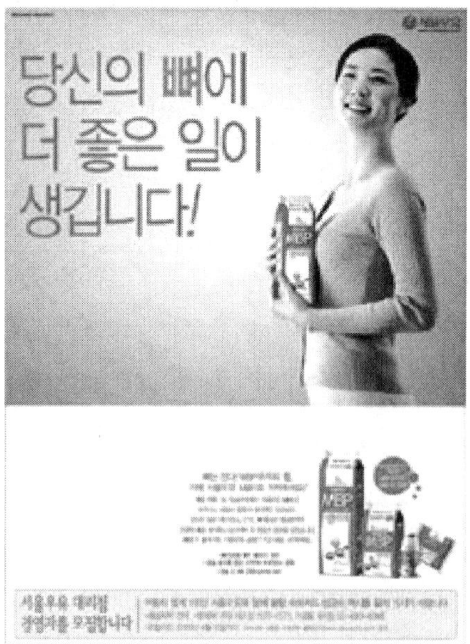

〈사진 17-1〉 원천의 신뢰성과 그 효과

1. 원천의 신뢰성

1) 원천의 신뢰성과 그 요소

원천의 신뢰성(source credibility)이란 소비자가 그 메시지의 원천에 대해 부여하는 전문지식의 수준과 신뢰할만한 가치의 수준이다.

첫째, 전문지식은 제품의 특징과 성능에 대해 분명하게 제시하는 그 원천의 능력이다. 예를 들어, Tiger Woods가 사인을 한 후, 골프공 시장에서 Nike의 점유율이 1%에서 6%로 크게 증가하였다. Woods는 Nike 골크공의 비거리와 속도를 제안하고, 그 공을 사용하고 있다. 그 분야에서 Woods의 전문지식에 의문을 제기할 사람은 거의 없다.

둘째, 믿을만한(신뢰성)이란 원천이 그 제품을 분명하게 제시한다고 지각하는 것, 즉 그 원천이 얼마나 객관적이며 얼마나 정직한가를 지적하는 것이다. 즉 어떤 연사는 그 분야에 대해서 전문가로 간주될 수 있지만, 광고주가 연사에게 돈을 지불하기 때문에 소비자들은 연사가 제품보증을 하는 것을 믿을만하다는 것에 의문을 제기할 수 있다.

소비자들은 광고주들이 그 상표를 판매하는데 많은 관심을 갖고 있기 때문에 광고가 주장하는 믿을만함에 대해 자주 의문을 제기한다. 과장함(광고에서 주장을 부풀림)을 사용한다는 것은 상기의 견해를 강화시킨다. 소비자들이 광고를 인적 원천 및 중립적 원천보다 덜 신뢰적인 원천으로 인식하는 이유는 귀속이론으로 설명될 수 있다.

즉 수신자는 어떤 특별한 동기를 커뮤니케이션 원천에 귀속하는데, 그것은 바로 커뮤니케이션 원천이 이유의 근거가 된다는 것이다. 소비자가 보는 광고가 일괄적으로 긍정적인 주장(최고의 맛, 가장 믿을만함, 최고의 성능, 아시아에서 최고, 한국에서 최고 등)을 하는 경우, 소비자는 광고의 동기에 의심하기 시작한다. 일괄적인 긍정적인 주장으로 소비자는 그 메시지를 제품성능에 대한 분명한 정보를 전달하려는 광고주의 주장보다는 그 제품을 판매하려는 광고주의 욕망을 원인으로 귀속하여 광고의 동기를 의심한다.

한편 메시지가 보다 솔직한 부정적인 속성(예 : 두통치료제인 A는 더 강력하며 신속하게 치료해 주지만, 위를 상하게 할 가능성이 있다)을 제공한다면, 소비자는 그 원천을 신뢰적으로 받아들일 가능성이 매우 크다. 즉 이것은 소비자가 양면적 광고소구를 판매하려는 광고주의 욕망보다는 그 제품의 실질적인 특성에 귀속할 가능성이 매우 크다는 것이다.

소비자들은 첫째, 「소비자 시대」(미국은 Consumer Report) 또는 공공기관의 제품평가등급과 같은 중립적인 원천을 믿을만한 것으로 간주하는데, 그 이유는 중립적 원천들은 그 상표에 대해

지대한 관심을 갖고 있지 않으며, 또한 태도를 변화시키거나 행동에 영향을 미치려는 시도를 하지 않기 때문이다. 둘째, 뉴스방송해설자나 사설적인 원천도 역시 신뢰성이 높다.

셋째, 이에 추가하여 소비자들은 가족과 친구들 특히 그 제품범주에 대해 특별한 지식을 갖고 있는 사람들의 상표평가를 받아들일 가능성이 있다.

넷째, 인터넷은 정보의 중립적인 원천으로서 폭넓게 사용되는 매체가 되고 있다. 앞에 제시한 「소비자 시대」나 공공기관들은 제품정보를 제공하는 웹사이트를 갖고 있다. 많은 사이트들이 **정보중재자**(infomediaries)로 발전되고 있는데, 이것은 소비자들을 돕기 위해서 한 장소에서 여러 다양한 정보원천을 함께 제공하는 사이트들이다.

2) 신뢰성과 메시지 수용

원천을 신뢰적이라고 지각할수록 수신자가 그 메시지를 수용할 가능성이 더 크다고 여러 연구들이 지적한다. 따라서 마케팅 기업의 신뢰성은 마케팅 기업이 중립적인 정보 그리고 광고가 제시하는 정보에 관심을 갖고 있는 소비자의 기대에 부응하지 못하면 고통을 겪게 된다는 것을 시사한다. 예를 들어, 어떤 닷컴기업이 여과 시스템(filtering system)에 근거하여 구매에 대한 제안을 소비자들에게 제공하였는데, 그 시스템이 잘못 운영되어 광고의 형식이 됨으로써 신뢰성을 상실하는 위험에 처하였다.

여기에서 주의해야 할 것은 원천의 신뢰성 그 자체는 메시지 수용을 보장하지 않는다는 것이다. 즉 원천의 신뢰성은 아래의 경우에 메시지 수용을 증가시킬 가능성이 없다.

- 소비자들이 어떤 상표를 평가하는데 있어 광고보다는 그들의 과거경험에 의존하는 경우
- 메시지가 소비자들의 최대 관심사와 모순되는 경우
- 그 메시지가 위협적인 경우, 예를 들어, 암협회와 같은 신뢰적인 원천으로부터 흡연의 위험성에 대한 광고는 상당수 확고부동한 흡연자들에 대한 메시지 수용을 증가시키지 못할 것인데, 그 이유는 흡연자들이 그 메시지를 단지 위협으로 간주하고, 그것을 회피하고자 하기 때문이다.

3) 원천의 신뢰성 증가방법

신뢰성이 없다는 것은 광고메시지를 소비자가 수용하는데 있어 중요한 제약요인이기 때문에, 광고주들은 신뢰성을 증가시킬 수 있는 방법을 고려해야 한다. 이에 대해서 귀속이론은 광고주가 한결같이 긍정적인 주장을 하지 않아야 하며, 따라서 그 주장을 변경해야 한다는 것을 시사한

다. 즉 광고주가 제품에 대해 긍정적이며 또한 부정적인 정보(양면적 메시지)를 제시한다면, 소비자는 그 광고주의 주장을 판매하려는 광고주의 욕망보다는 그 제품의 실제적인 특성에 귀속할 가능성이 매우 크기 때문이다.

그렇지만, 마케팅 기업들은 그 제품에 대한 부정적인 정보, 심지어는 중요하지 않은 부정적인 속성까지도 제시하기를 주저하기 때문에 그러한 양면적 광고를 거의 사용하지 않는다. 그러나 소비자들은 어떤 상표의 긍정적 및 부정적인 특성을 제시하는 주장을 더욱 신뢰한다는 사실을 마케팅 기업은 명심해야 한다.

광고의 신뢰성을 높이는 전략에는 두 가지가 있다. 첫 번째 전략은 전문지식을 사용하는 것으로서, 소비자들이 전문가로 받아들이는 연사를 사용하는 광고는 신뢰성을 증가시킨다.

신뢰성을 높이는 두 번째 전략은 믿을만함을 증가시키는 것으로서, 마케팅 기업은 자주 믿을만함을 고무하기 위해 중립적인 원천을 이용한다. 즉 「소비자 시대」 또는 기타 공정한 평가와 같은 중립적 원천을 이용하는 광고는 믿을만함을 획득할 가능성이 매우 높다(사례 참조).

〈사례〉 은나노-스팀세탁기만 살균?

일반 세탁기도 99.9% 효과

소보원 성능 비교실험

최근 '은나노', '은이온', '스팀'기능으로 살균효과가 있다고 광고하는 드럼세탁기가 인기를 끌고 있지만 실제로는 이런 기능이 없어도 세균은 99.9% 제거되는 것으로 나타났다.

한국소비자보호원은 17일 산업자원부 기술표준원과 공동으로 은나노 은이온 스팀 기능이 있는 국산 드럼세탁기 3종과 수입 드럼세탁기 1종의 성능을 비교 시험한 결과 이런 결론이 나왔다고 밝혔다. 시험에 사용된 드럼세탁기는 삼성전자, LG전자, 대우일렉의 10kg급, 건조용량 6kg급 제품 3종과 세탁전용 10kg급 독일산 바흐네트 제품이다.

소보원은 이번 조사에서 모든 세탁기에 물만 넣어 세탁을 했는데도 녹농균과 황색포도상구균이 99.9% 이상, 곰팡이균은 99.8% 이상 제거됐다고 밝혔다. 은나노 기능이 없는 수입 제품과 은나노 기능을 중단시킨 삼성전자 제품에서도 똑같이 세균 99.9% 이상이 제거됐다.

소보원은 통상 세탁기로 빨래를 할 때 세탁 1회, 헹굼 2~3회, 탈수 2~3회의 과정을 거치는데 이 과정에서 세탁물의 오염이 줄어 세균도 함께 없어지는 것이라고 설명했다.

세탁기의 성능 비교에서는 LG전자 제품이 냉수와 온수 세탁, 소음 분야에서 평균 수준 이상인 것으로 나타났고, 삼성전자 제품은 삶는 세탁 기능이 상대적으로 좋은 것으로 나타났다.

구 분		대우일렉 (DWD-115RCH)	삼성전자 (SEW-5HR125AT)	LG전자 (WD-CR200C)	바흐네트 (WAB8795)
세탁	냉수 (섭씨 20도)	★★	★★	★★★	★★
	섭씨 40도	★★	★★	★★★	★★
	섭씨 60도	★★	★★	★★★	★★
	삶는 방식	★★	★★★	★★	★★★
소음		★★	★★	★★★	-
세균 제거 성능		99.9% 이상	99.9% 이상	99.9% 이상	99.9% 이상

★표가 많을수록 성능이 우수하다는 의미, 바흐네트는 독일제품.
자료 : 한국소비자보호원

동아일보, 2005. 11. 18

2. 원천의 매력성

1) 매력성과 메시지 수용

소비자가 원천을 평가하는 또 다른 기준은 원천의 매력성인데, 매력성은 소비자가 지각하는 ① 원천의 호감과 ② 원천의 유사성에 의해서 결정된다. 즉 소비자들은 판매원을 자기자신과 유사하다고 인식하는 경우에 판매원의 메시지를 수용하고 영향을 받을 가능성이 크다. 그러한 유사성은 소비자와 판매원 간의 공통적인 결속을 조성한다.

원천의 매력성이 메시지 수용을 증가시키므로 마케팅 기업은 매력성을 증가시키기 위해서 유사성을 강조하고, 또한 호감을 높이도록 시도한다. 이에 따라, 첫째, 광고주는 제품을 사용하고, 보증하는 일반적인 소비자를 묘사함으로써 원천과 소비자 간의 유사성을 강조하고 있다. 예를 들어, Dove 비누 등의 상표들이 이러한 접근방법을 사용하였다. 둘째, 기업은 자사의 최고경영자를 연사로 이용하여 성공하였는데, 최고경영자가 보통의 소비자와 같은 이미지를 갖고 있었기 때문이었다. 셋째, 소비자는 자신과 동료라고 인식하는 판매원이 정보원천으로서 보다 매력적으로 지각하기 때문에, 판매원들은 소비자와의 유사성을 자주 강조한다.

2) 신뢰성 및 매력성 증가방법과 관여 정도

마케팅 기업은 신뢰성과 매력성을 증가시키기 위해 광고에 연사를 사용할 수 있다. 광고에는 두 가지 유형의 연사가 이용된다.

첫째, 신뢰성을 증가시키기 위해 **전문가적 연사**(expert spokespersons)를 이용한다.

둘째, 원천의 매력성을 증가시키는 수단으로서 **준거력이 있는 연사**(referent spokespersons : 소비자들이 쉽게 관련을 맺는 사람)를 이용한다. 예를 들어, 야구선수인 박찬호가 컴퓨터에 대해 준거력이 있는 연사로서, 또는 축구선수인 박지성이 보험회사에 대해 준거력이 있는 연사로서 성공적이었는데, 그들이 호감을 주었지만 컴퓨터나 보험회사에 대한 전문가로서 특별한 신뢰감을 갖고 있지 않다. 이와는 대조적으로 어떤 배우가 특정한 부동산 회사의 연사가 되었는데, 그가 특별한 TV 연속극에서 법률교수로서의 역할을 함으로써 전문성을 전달하는데 효과적이었다.

광고주가 매력성(준거력)과 신뢰성(전문지식)을 강조하는 경우는 구매자의 관여정도에 따라 상이하다. 즉 소비자들이 구매에 관여하는 경우에는 전문지식을 강조해야 하지만, 소비자가 관여하지 않는다면 매력성(준거력)이 강조되어야 한다. 고관여의 경우, 소비자들은 메시지에 집중할 것이며, 그리고 전문가는 신뢰할만한 정보를 최상으로 제시한다. 반면에 저관여의 경우 소비자는 메시지에 집중하지 않으므로 원천이 보다 많은 영향력을 갖게 된다. 결과적으로 연사의 매력성이 주의를 끄는데 효과적이다. 예컨대, Tiger Woods는 훌륭한 운동선수로서 Nike에 대해 효과적인 전문가적 연사이지만, 한편 호감을 주는 상황의 경우에서 가수인 보아가 옥수수 수염차와 같은 저관여 제품에 대해 준거력이 되는 연사로서 효과적이다.

3. 원천 대 메시지 효과

원천의 신뢰성과 매력성이 항상 메시지 수용을 증가하도록 작용하지는 않는다. 즉 관여적인 소비자는 메시지의 원천보다는 그 메시지의 내용에 집중할 가능성이 있다는 것으로, 관여적인 소비자는 메시지 내용에 집중하는 **중심적**(중추신경계) **통로**(central route)를 통해서 메시지를 처리한다(숙고 가능성 모델과 일치함).

한편, 저관여적 소비자는 메시지의 내용과는 별개의 요인(주변적 단서)에 집중하는 **주변적**(말초적인) **경로**(peripheral route)를 통해서 메시지를 처리한다. 즉 메시지 원천은 주변적 단서로서, 원천의 신뢰성과 매력성이 저관여 조건하에서 메시지 수용에 영향을 미치는데 가장 중요하다.

제3절 메시지 효과

광고메시지는 정보를 전달하고 설득하기 위한 것이다. 정보제공적 목적은 신제품 또는 기존제품의 변화를 알리는데, 소비자에게 제품특징에 대한 정보를 제공하는데, 또는 가격과 이용 가능성에 대한 정보를 제공하는데 지향할 수 있다. 한편 설득적 목적은 제공되는 이점을 소비자에게 확신시키고 이용을 권유하기 위해서, 또는 제품구매에 대한 불확실성을 줄이는데 지향될 수 있다. 즉 메시지 내용에 따라서 소비자는 메시지를 받아들이고, 메시지에 따라서 행동할 가능성이 있다.

메시지 효과는 쾌락적 또는 실용적 접근방법, 일방적 또는 양면적, 비교광고, 두려움 소구 및 유모어 사용의 문제를 고려해야 한다.

1. 쾌락적 접근방법 대 실용적 접근방법

광고주의 중요한 문제는 그 메시지가 소비자의 감정에 소구해야 하느냐 또는 제품특성에 대한 정보를 전달하는데 지향해야 하느냐이다. 광고주들은 기쁨 추구, 감정, 환상에 지향하는 소구, 즉 쾌락적 주제를 자주 사용하는데, 그러한 소구는 아래의 경우에 선택될 가능성이 있다.

- 감정을 유발할 가능성이 큰 관여적인 제품
- 소비자들이 자신의 자아이미지의 한 부분으로 자주 인식하는 제품(의복, 자동차, 운동화)
- 특성에 대한 정보가 요구되지 않는 비기술적인 제품

기쁨, 흥분, 환상에 소구하는 예는 아찔한 흥분감을 주는 인라인 스케이트 광고로서, 그 광고는 소비자의 환상과 감정에 소구한다. 감정적인 것에 바탕을 둔 광고는 저관여적인 제품에 대해 관여를 증가시키려는 시도에서 이용되고 있다(〈사진 17-2〉 참조).

예를 들어, 타이어 속에 있는 어린이를 묘사한 Michelin 타이어 광고가 한 가지 예이다. 타이어는 소비자들이 거의 감정적인 상황이 없이 운전하는데 필요한 것으로 인식되는 제품이지만 Michelin사는 사랑하는 사람에 대한 안전을 타이어와 일치시킴으로써 관여를 증가시키려고 하였다. 즉 그 광고는 자녀의 안전에 대해 걱정하는 사람들은 Michelin 타이어를 구입해야 한다는 점을 강조한다.

〈사진 17-2〉 감정적 광고 : 초코파이

전혀 관여적이지 않은 제품을 보다 쾌락적인 맥락에서 묘사하려는 시도가 최근 무척 증가하고 있다. 감정적인 주제에 대한 상기의 증가 추세가 저관여적 제품에 적용되는 이유가 있다.

첫째, 많은 제품들이 보다 표준화되고 있기 때문이다. 어떤 타이어 제조회사가 독특한 제품주장을 하지 못하는 경우 감정적인 것에 바탕을 둔 위치화 전략을 수립하기 위해서 상기의 접근방법을 이용하고 있다.

둘째, 경쟁의 강도가 여러 제품범주에서 증가되고 있다. 대안적인 제품이 많아짐으로써 특정 제품을 제시하는 것이 어렵게 되고 있다. 두드러지게 나타내기 어려운 제품, 예를 들어, 즉석커피의 경우에 부부 간의 정다운 대화, 아침 출근 후 새로운 시작을 대화로 시작하는 것과 같이 감정적인 광고캠페인을 이용할 수 있다.

웹사이트는 핵심 소비자에게 소구하기 위해 인쇄광고를 이용하는 광고주들이 취하는 동일한 접근방법을 이용하고 있다. 예를 들어, 청량음료 기업들은 제품속성에 집중하기보다는 이용자의 자아이미지에 소구하는 웹사이트를 개발하고 있다. 즉 친구들과의 파티장소와 같이 여러 다양한 연결방법에 의해 추세적이며 동시적인 모습을 묘사한다. 즉 그 사이트들은 태연하고 침착한 현대적인 소비자에게 소구한다. 한편 어떤 자동차 회사는 자사의 웹사이트에 실용적 접근방법을 취하고 있다. 즉 자사의 주요 제품분야인 새로운 자동차, 판매상 서비스, 기업역사 등을 제시하여 소비자들을 선도케 하고 있다. 그 사이트의 목적은 자사의 다양한 소비자들이 필요로 하는 정보를 용이하게 발견하도록 하는 것이다.

2. 일방적 소구 대 양면적 소구

양면적 메시지란 어떤 제품에 대한 긍정적 및 부정적 정보 모두를 제시하는 메시지이다. 부정적 정보는 통상 긍정적인 정보에 비해 상대적으로 중요하지 않지만 양면적 메시지는 효과적이다. 그 이유는 양면적 메시지가 원천의 신뢰성을 증대시키며, 또한 의심하는 사람들이 갖는 메시지에 대한 반감(저항)을 감소시키기 때문이다.

1) 부정적 정보를 반박함

양면적 광고는 반박적(부정적 정보를 제시하고, 그 후 그것을 반박함) 또는 비반박적이 될 수 있다. 예를 들어, 자동차 광고의 경우, 반박적 양면 광고란 소형인 경차이지만 젊은 전문직업인들이 즐겨 타며 안락함보다 경제성이 더 중요함을 강조함으로써, 이 자동차가 시장에서 가장 경제적이다라고 주장하는 것이다. 반면에 비반박적 광고는 직설적인 방법으로 그 자동차의 장·단점만을 제시한다.

자사 제품에 대한 부정적 정보를 제시하는 광고는 거의 없다. 그것은 광고주들이 자사가 제품의 약점을 지적하고 부정적인 약점 정보를 반박한다고 해도 소비자들로 하여금 구입하지 못하게 한다고 두려워하기 때문이다. 그러나 그러한 전략은 부정적 요인을 반박하는 것이 실제로 그 제품의 이점을 강화한다면 효과적일 수 있다. 예를 들어, 수년 동안 Avis사는 처음에 당사가 가장 큰 기업이 아니라고 말하고, 그 후 월등한 자동차와 서비스를 제공한다고 주장함으로써 상기의 것을 무시함으로써 반박적 양면 전략을 사용하였다. 즉 Avis사의 캠페인은 2위에 있는 기업을 고객들에게 더욱 주의를 기울이도록 시도하여 많은 고객들에게 2위 기업의 뛰어난 노력을 확신시킴으로써 중요하지 않은 부정적인 것을 긍정적인 이점으로 전환케 하였다.

2) 제품에 대한 비사용자의 반대를 반박함

양면적 소구를 이용하는 두 번째 이유는 양면적 소구가 제품에 대한 비사용자의 반대를 반박할 수 있기 때문이다. 즉 양면적 소구가 소비자들의 부정적인 생각(그 제품의 약점)을 미리 제시함으로써 소비자들에게 주입하는데 효과적이다. 따라서 양면적 광고는 어떤 소비자의 반대를 극복해야만 하는 신제품을 도입하는 경우에 보다 효과적이다.

그러나 저관여적 소비자는 양면적 광고가 제시하는 장·단점에 주의를 기울이지 않으므로, 소비자들이 관여하지 않을 경우에 양면적 광고는 별 효과가 없다. 즉 아래의 경우에는 일방적인 광고가 더욱 더 메시지 수용을 산출한다.

- 소비자가 교육을 많이 받지 않음
- 광고주의 입장과 주장에 동의하는 경우
- 소비자가 그 광고주의 상표에 충성적인 경우

그러나 오늘날과 같이 경쟁적인 환경에서 의식하는 일반대중들의 눈에 광고주에 대한 신뢰성을 증가시키기 위해서 광고주는 양면적 광고를 증가시켜야 한다.

3. 비교광고

비교광고는 광고에 경쟁사를 제시하는 광고로서, 대부분 일방적이다. 즉 비교광고는 광고된 자사 제품의 장점 그리고 경쟁제품의 단점을 제시한다. 예를 들어, 어떤 통신서비스 회사는 자사의 광고에 경쟁사를 제시하고, 자사가 더 좋은 서비스를 제공한다고 주장한다.

따라서 간혹 비교광고는 화근이 되기도 하는데, 경쟁사를 지목하여 제품의 결함을 제시함으로써 고소를 당하는 경우도 있다.

이러한 비난과 고소 등의 문제가 있음에도 불구하고, 비교광고는 소비자에게 영향을 미치는데 매우 효과적이라는 증거가 있다. 비교광고를 지지하는 주장은 ① 경쟁적인 상표를 사용하는 사람은 광고를 주시할 가능성이 크므로 광고주의 상표를 고려할 가능성이 매우 크다. ② 비교광고에서 제시하는 주장은 소비자가 선택하는데 더 많은 정보와 보다 합리적인 기준을 제공한다는 것이다.

그러나 비교광고의 효과성에 대해서는 의문점이 있다. 즉 비교광고가 일방적인 경우 비교광고는 신뢰성을 상실하고, 공격을 받는 상표에 대해 동정심을 유발할 수가 있다. 또한 소비자들은 여러 가지 비교광고가 제시하는 경쟁사들의 주장을 자주 혼동할 수도 있다.

상기의 결과와는 반대로, 원천이 신뢰적이라면 비교광고는 효과적일 수도 있다. 즉 신뢰적이며 비교되는 광고가 주시될 가능성이 있으며, 이미 비교된 상표를 구입할 의도에 영향을 미칠 가능성이 있으며, 또한 신뢰할 수 있는 비교광고는 특히 신제품에 효과적이다. 또한 비교광고를 양면적으로 하는 경우, 경쟁사를 제시하는 비교광고는 경쟁상품의 이점을 제시하고 그 다음으로 자사 상표에 대한 주장을 지적하는 것이 가장 신뢰성을 성취할 수 있다.

또한 비교광고는 시장점유율이 낮은 상표에 최상으로 이용될 수 있는데, 그 이유는 소비자들은 패배자를 좋아하며 또한 소규모한 도전기업의 비교광고를 받아들일 가능성이 높기 때문이다. 역시 시장선도자와 상표를 비교한다는 것은 소비자들의 눈에 시장점유율이 낮은 상표를 동일한 품질수준과 인기도까지 높일 수 있다. 그러나 반대로 시장선도자가 자사 상표를 저점유율 상표와 비교한다면, 그것은 아마도 저점유율을 갖고 있는 경쟁사의 지위를 더 높일 수도 있다.

4. 두려움 소구

대부분의 마케팅 커뮤니케이션은 소비자들에게 제품을 사용함으로써 얻게 되는 이점을 알리려고 한다. 그러나 반대로 두려움 소구는 소비자들에게 ① 그 제품을 사용할 경우의 위험(담배, 술 등) 또는 ② 그 제품을 사용하지 않았을 경우의 위험(보험 등)을 알리는 것이다.

이러한 두려움 소구가 항상 효과적이지 않을 수도 있다.

첫째, 두려움 소구가 너무나 위협적일 경우 비효과적인 가능성이 있다. 예를 들어, 자동차 제조업체들이 안전을 강조하기 위해서 광고에 자동차의 추돌시험 결과를 묘사하는 광고를 사용하였다. 그러나 소비자들이 그 광고를 외면하였기 때문에 자동차 제조회사들이 그 광고전략을 재고하였다. 즉 실제로 소비자들은 추돌과 같은 부정적인 주제를 보고자 하지 않기 때문이었다.

둘째, 두려움 소구는 소비자들이 그 메시지와 걱정을 전혀 연관시키지 않는 경우에 효과적이지 못할 가능성이 있다. 예를 들어, 소비자들이 어떤 제품으로 인해 발생하는 두려움 소구를 실제로 관심을 가지는 경우에 그 두려움 소구에 의해서 제품을 구입하게 된다. 즉 두려움 소구는 두려움(걱정)이 적당하고 자신들의 문제와 관련이 있을 때 소비자에게 영향을 미칠 가능성이 매우 크다. 또한 두려움 소구의 경우 적절한 수준의 두려움 소구가 효과적이다. 즉 소비자들이 가장 진실하다고 생각하는 적절한 수준의 경고가 음주나 흡연에 대한 태도를 변화하는데 가장 효과적이다.

결론적으로 볼 때, 아래의 경우에 두려움 소구가 효과적이다.

- 소비자가 그 위협의 심각성을 인식하였을 경우(AIDS는 죽음을 초래할 수 있다)
- 소비자들이 그 위협에 의해서 영향을 받을 수 있다고 인식하는 경우(AIDS에 노출될 수 있다)
- 광고가 그 문제를 처리하는 방법을 보여줄 때(AIDS의 위험은 콘돔을 사용함으로써 줄일 수 있다)
- 제안된 행동과정이 쉽게 수행되는 경우(어떤 사람이 콘돔을 사기 위해 약국에 갈 수 있음)

그러나 두려움 소구에서 가장 중요한 것은 두려움 소구는 그 문제를 처리하는 방법을 소비자에게 보여주어야 한다는 것이다. 즉 두려움 소구는 먼저 두려움(걱정)을 보여준 후 그 걱정이나 두려움을 예방하는 긍정적인 방법을 제시하는 것이 효과적이라는 것이다.

5. 유모어 사용

마케팅 기업은 유모어스러운 메시지가 주의를 끌고, 또한 유모어가 설득력이 있다고 믿기 때문에 유모어스러운 메시지를 광고에 사용한다. 이러한 이유로 대부분의 광고에 유모어가 사용되고 있으며, 소비자들도 유모어를 주제로 한 광고를 좋아하고 있다.

광고에 유모어를 사용하는 것에 대해서는 찬 · 반이 있다.

첫째, 긍정적인 측면에서 유모어는 주의와 기억 등을 증가시킬 가능성이 있다. 유모어는 역시 광고주의 신뢰성을 높일 가능성이 있다. 유모어는 광고주에 대해 긍정적인 느낌을 조장할 수도 있으며, 따라서 메시지의 설득력을 증가시킬 수도 있다. 역시 유모어는 경쟁적인 상표를 사용하는 소비자로 하여금 그 광고주의 상표에 반대하는 주장을 하지 못하도록 할 수도 있으며, 또한 그들로 하여금 메시지를 수용하도록 유도할 수도 있다.

둘째, 유모어는 사용하는데 위험이 있다. 만약 유모어가 제품이점을 커뮤니케이트하지 못한다면, 그것은 메시지를 이해하는데 부정적인 영향을 미칠 수 있다. 유모어는 역시 경제적 또는 사회적 분위기에 기초하여 부적절하다고 생각될 수도 있다. 예를 들어, 어떤 보험회사는 특별한 사회적 사건이 있은 후, 유모어에 바탕을 둔 캠페인에서 정직함과 신뢰성을 강조하는 캠페인으로 변경하였는데, 그 이유는 그 캠페인이 그 당시의 분위기에 보다 적절하게 보였기 때문이었다.

결론적으로, 유모어 사용은 아래의 세 가지 조건하에서 유모어가 메시지 수용을 획득할 수 있다.

- **소비자가 관여하지 않을 때** : 유모어가 그 메시지에 대해 주변적인 것이라면 유모어는 그 제품에 대해 관여하지 않는 소비자에게 영향을 미칠 가능성이 크다.
- **기존제품에 대해 효과적임** : 신제품을 광고하려면 정보를 전달해야 한다. 그러므로 유모어는 정보를 전달하는 것보다는 분위기를 조성하는데 효과적이다.
- **소비자가 그 상표에 대해 긍정적인 태도를 가지고 있을 때 효과적임** : 유모어는 상표에 대해 긍정적인 느낌을 강화할 수는 있으나 부정적인 느낌을 없앨 가능성은 없다.

제 4 절 매체 효과

매체는 전달되는 내용인 메시지와는 별개로 이미지를 커뮤니케이트하는 것이다. 즉 매체환경은 두 가지 방법으로 커뮤니케이션에 대한 소비자의 반응에 영향을 준다.

첫째, 잡지와 같은 특이한 유형의 매체는 메시지 평가에 영향을 줄 수 있다. 즉 신동아, 월간조선, 여성중앙, 선데이 서울 등과 같은 잡지는 상이한 편집내용, 명성 및 구독자에 대해서 상이한 이미지를 가지고 있다. 둘째, 상이한 매체의 유형(잡지 대 TV)은 그 메시지에 대한 소비자의 반응에 영향을 준다.

1. 매체 내의 차이

커뮤니케이션 과정에서 특이한 매체의 역할은 동일한 광고물(메시지)이 상이한 잡지(매체)에 실리거나 또는 상이한 TV쇼에 방영될 때에 상이한 커뮤니케이션 효과를 초래한다는 사실에 의해 설명된다. 예를 들어, New Yorker(권위 있는 잡지)와 Tennis World(특별한 잡지) 등 2개의 대조되는 잡지에 동일한 광고를 게재한 경우, 상이한 효과가 있다. New Yorker는 그 광고가 제품 품질을 강조하였을 때, 비사용자들로 하여금 그 제품을 고려하도록 설득하는데 보다 효과적이었다. Tennis World는 그 광고가 사용에 대한 이유를 강조하는 경우에 보다 효과적이었다.

결론적으로 볼 때, 매체의 환경이 메시지를 전달한다는 것이다. 즉 특별한 매체는 정보를 전달하는 수단으로서 보다 효과적이지만, 권위 있는 매체는 이미지를 전달하는 수단으로서 보다 효과적이다.

이와 유사하게 10대를 지향하는 사이트를 통한 청바지 광고는 일반대중을 지향하는 사이트를 이용한 같은 광고에 대한 반응과는 상이한 반응을 표출할 가능성이 있다. 즉 10대들은 라이프스타일 기준에 따라 광고와 관계를 맺을 가능성이 있는 반면, 보다 일반적인 청중을 상대하는 사이트의 방문자들은 특성과 스타일의 맥락에서 광고를 볼 가능성이 매우 크다.

2. 매체 간의 차이

상이한 유형의 매체도 역시 커뮤니케이션에 대한 반응에 영향을 준다. 매체유형 간의 가장 중요한 차이는 방송매체(TV 및 라디오)와 인쇄매체(신문과 잡지)이다. 방송매체는 심상과 상징을 커뮤니케이트하는데 더 좋지만, 세부적인 정보를 커뮤니케이트하는데 있어 인쇄매체처럼 효과적이지 못하다. 결과적으로 TV는 분위기를 조성하고, 그 제품에 대한 좋은 느낌을 수립하는데 적합한 반면에, 인쇄매체는 정보를 커뮤니케이트하는데 보다 효과적이다.

방송매체, 특히 TV는 시청률과 이해율이 시청자의 통제 밖에 있기 때문에 저관여 매체로 설명되어 왔다. 즉 시청자는 TV 광고의 요점에 머무를 수 있는 기회가 거의 없다. 이와는 대조적으로 잡지는 독자가 속도를 정할 수 있도록 허용한다. 독자는 연관을 맺고, 관심이 되는 요점에 집중할 수 있는 많은 기회를 갖는다. 즉 인쇄매체는 그 정보가 몰두되고 통합화될 수 있는 보다 전통적인 학습분위기를 허용한다.

상기의 관점에서 볼 때, 웹은 방송매체뿐만 아니라, 상이한 인쇄매체와 더 가깝다. 즉 웹은 전통적인 인쇄매체보다 더 많은 통제하에 있는데, 그 이유는 정보탐색과 정보내용이 소비자의 통제하에 있기 때문이다. 개인화는 뉴스, 오락 및 커뮤니케이션에 대한 자신의 웹페이지를 디자인할 수 있는 능력을 소비자에게 준다. 또한 고객화는 소비자로 하여금 제품의 규격명세를 통제할 수 있도록 하므로 제품을 자신의 욕구에 맞도록 디자인할 수 있게 한다.

또 다른 환경적 요인은 역시 매체의 범주 간에서도 차이가 있다. 즉 TV는 사용이나 행동이 요구되는 제품에 대해 좋은 매체이다(자동차나 어린이용 장난감). 라디오는 소리가 필요한 제품(레코드, 영화 및 정치유세 등)에 효과적인 매체이다. 잡지는 인쇄로 메시지를 제시하는 능력이 있으므로 제품성능에 대한 정보원천으로서 중요하다. 신문은 쇼핑정보의 원천으로서 지역의 할인판매나 상품구색에 대해 특히 효과적인 정보원천이다. 제품견본은 마케팅 기업이 커뮤니케이트하는 또 다른 유형의 매체로서, 제품견본이 제시하는 메시지는 광고에서 제공하는 상징과 심상보다 직접적인 제품형성이다. 제품견본은 추후의 시용을 고무하는 즉각적인 경험을 제공하므로 신제품을 도입하는데 특히 유용하다.

웹은 다른 매체에 비해 몇 가지 우위성을 갖고 있다.

첫째, 웹이 마케팅기업으로부터 소비자(B to C)에게, 소비자로부터 마케팅 기업으로(C to B), 또는 소비자로부터 소비자에게(C to C) 이전되든지 간에 정보를 이전한다.

둘째, 마케팅 기업은 많은 정보를 제공할 수 있고, 탐색엔진을 이용하여 소비자는 자신이 필요로 하는 정보를 발견할 수 있다.

셋째, 웹은 소비자의 신뢰성과 행동조치를 추적하여 마케팅 기업에게 피드백을 제공할 수 있다.

넷째, 웹은 소비자들이 이야기방이나 전자우편을 통해 의견과 아이디어를 다른 사람에게 용이하게 퍼뜨리게 하며 또한 여러 사이트를 통해 마케팅 기업에게 용이하게 커뮤니케이트할 수 있도록 한다.

제 5 절 마케팅 커뮤니케이션에서 소비자의 해독화

해독화하기 위해서 소비자는 마케팅 정보를 획득하고 처리해야 한다. 소비자들이 마케팅 커뮤니케이션을 처리할 때 소비자들은 ① 메시지 원천을 확인하고 평가하며 ② 메시지 그 자체를 평가하며 ③ 정보가 전달되는 매체를 평가한다.

1. 원천의 확인과 평가

소비자가 마케팅 커뮤니케이션을 수신하면 그는 우선 정보원천을 확인·규명한 후 정보원천을 평가한다.

1) 원천의 확인·규명

메시지 원천이 확실하고 효과적이기 위해서 소비자는 그 메시지의 원천을 확인·규명할 수 있어야 한다. 그러나 소비자들은 메시지를 기준으로 기업을 잘못 확인하기도 한다.

즉 경쟁적인 혼잡광고는 메시지 원천을 확인·규명하는데 혼란을 일으키게 한다. 1996년 올림픽 경기 및 기타 경기의 공식 후원사는 Coca-Cola사이었는데, 평균적으로 소비자들 중 단지 12%만이 Coke을 후원사로 정확하게 확인하였으며, 또한 5%는 Pepsi를 후원사로 잘못 확인하였다.

마케팅 기업이 소비자들로 하여금 원천을 확인·규명토록 하기 위해서는 첫째, 마케팅 기업은 상표나 기업을 그 메시지와 보다 밀접하게 연결시켜야 하며, 둘째, 기업은 그 연결관계가 기억되도록 하기 위해 메시지를 반복해야 한다.

2) 원천 평가

소비자가 정보원천을 평가하는 경우, 소비자는 그 원천에 대해 **인지적 반응**(cognitive response

: 소비자가 커뮤니케이션에 대응하여 사고하는 것)을 한다. 예를 들어, 연사로서 어떤 배우를 특성화한 광고를 본 소비자는 내가 왜 그 제품을 구입하는데 배우의 충고를 받아야 하는가?라고 생각한다(원천 경멸). 혹은 소비자는 "그 배우가 그 제품이나 기업을 후원한다면, 그 회사나 제품은 믿을만하다"라고 생각할 수 있다(원천 지지). 이런 원천 지향적 반응은 원천의 수용을 나타내기 때문에 마케팅 기업에게 중요하다.

광고주들은 믿을만함과 신뢰성을 높임으로써 원천 경멸을 피하려고 한다. 그렇게 하기 위한 한 가지 전략은 그 제품을 제품성능과 관련되는 전문지식을 가진 연사와 연결하는 것이다.

두 번째 전략은 광고주가 그 제품의 균형적인 것을 제시한다는 증거로서 양면적 비반박적 광고를 사용하는 것이다.

세 번째 전략은 중립적인 원천을 제시하는 것으로서, 「소비자 시대」의 조사결과나 관련 정부기관의 연구조사결과를 제시하는 것이다. 예를 들어, Crest는 그 상표에 함유된 불소가 충치를 예방하는 데 도움이 된다는 주장을 American Dental Association이 보증하였기 때문에 선도적인 치약이 되었다.

원천 경멸을 줄이는 네 번째 전략은 광고주가 편견적이라는 것을 피하도록 적절하게 주장하는 것이다. "새로운 것보다 옷을 하얗게 하는" 또는 "어떤 자동차들 중에서도 최상의 연료경제성"과 같은 주장은 소비자들이 그 주장의 정직함을 의심하기 때문에 원천 경멸을 조장한다.

2. 메시지 평가

소비자들은 메시지의 관련성, 믿음성 및 호감성과 관련하여 판단한 후 메시지를 평가한다. 이러한 반응은 일반적으로 두 가지 유형의 반응, 즉 인지적 반응과 감정적 반응으로 나누어진다. 첫째, 인지적 반응은 주장의 수용여부(이전의 신념에 지지적이 되는 또는 반대가 되는)를 평가한다. 둘째, 감정적 반응은 그 메시지에 대한 소비자의 긍정적 태도 또는 부정적 태도를 반영한다.

1) 인지적 반응

소비자는 메시지 원천뿐만 아니라, 그 메시지에 대해 인지적 반응을 한다. 즉 소비자는 광고나 기타 커뮤니케이션의 주장을 지지하거나 반대하는 사고를 한다. 이러한 인지적 반응은 소비자의 이전의 신념에 바탕을 두어 형성된다.

예를 들어, 연료경제성과 낮은 서비스 비용에 대해 주장하는 소비자는 "이 주장은 친구가 나에게 이야기한 것과 일치한다. 그 자동차는 시장에서 가장 경제적인 것 중의 하나이다"(지지적 주장)라고 생각할 수 있다. 또는 소비자는 "그 자동차는 기계적인 문제가 상당히 많다고 들었기 때문에 장기적으로 그 자동차는 경제적이 되지 않을 것이다"(반론)라고 생각할 수도 있다.

인지적 반응은 마케팅 기업에게 중요한데, 그 이유는 지지(찬성)와 반론이 광고의 주장에 대해서 소비자의 수용이나 거절을 나타내는 것이기 때문이다.

이러한 기준에서 볼 때, 그 정보가 소비자의 신념과 일관・일치되는 경우에 지지적 주장이 일어날 가능성이 크며, 그 정보가 일관되지 않는 경우에 반론이 일어날 가능성이 크다. 더욱이 반론은 보다 세부적인 정보에 근거하여 이루어질 가능성이 있다. 예를 들어, 소비자가 친구와 가족으로부터 다른 것을 들었을 때, 그는 특정한 자동차의 구동성능을 주장하는 광고에 보다 주의할 것이다.

〈표 17-1〉과 같이 메시지 지향적인 인지적 반응(지지 및 반론)은 고관여 제품에 대해 발생할 가능성이 크며, 원천 지향적 반응(원천 향상 및 원천 훼손)은 저관여 제품에 대해 발생할 가능성이 있다.

〈표 17-1〉 메시지 평가와 고관여 제품 대 저관여 제품

구 분	고관여 제품	저관여 제품
반응	메시지 지향적 (지지 및 반론)	원천 지향적 (향상 및 훼손)
집중 단서	제품성능 관련 메시지	메시지의 주변적 단서
전략적 시사점	지지적 주장	원천의 신뢰성, 수용 증가

2) 감정적 반응 : 광고에 대한 태도

인지적 반응은 소비자가 광고에 대해 생각하는 방식으로부터 유발되며, 광고에 대한 태도는 소비자가 광고에 대해 느끼는 방법이다. **광고에 대한 태도**(attitude toward the ad)는 특별한 광고에 대해 우호적 또는 비우호적으로 반응하는 소비자의 선유경향이다. 즉 긍정적인 인지적 반응(지지적 주장과 원천 향상)은 광고에 대한 긍정적인 소비자 태도를 생성할 가능성이 있으며, 부정적인 인지적 반응(반론과 원천 훼손)은 부정적 태도를 생성할 가능성이 있다.

광고에 대한 인지적 및 감정적 반응은 상이한 전략적 시사점을 제시한다. 즉 인지적 반응은 메시지 내용에 대한 반응이며, 광고에 대한 소비자 태도는 색상, 음악, 상징 및 심상과 같은 다양한 주변적 요인에 의해서 영향을 받는다. 중요한 문제는 광고에 대한 소비자의 태도가 광고된 상표의 평가에 어떻게 영향을 미치느냐이다(〈표 17-2〉 참조).

〈표 17-2〉 광고에 대한 태도

구 분	우호적 반응	비우호적 반응
반응	긍정적인 인지적 반응 (지지적 주장과 원천 향상)	부정적인 인지적 반응 (반론과 원천 훼손)
전략적 시사점	메시지 내용에 의해 영향 받음	주변적 요인에 의해 영향 받음(색상, 음악, 상징, 심상)

(1) 긍정적 태도의 영향

광고에 대한 긍정적인 태도는 두 가지 바람직한 효과를 창출한다.

첫째, 긍정적인 태도는 광고에 대한 주의와 설득을 증가시킬 가능성이 있다. 즉 광고에 대해 긍정적인 소비자는 광고를 상기하며 또한 광고에 대해서 설득될 가능성이 매우 크다.

둘째, 광고에 대해 긍정적인 태도를 갖고 있는 경우, 소비자는 광고된 상표에 대해 긍정적인 태도를 가질 가능성이 매우 크다. 즉 광고에 대한 긍정적인 태도가 상표에 이전되기 위해서는 긍정적인 분위기나 느낌을 창조하는 것이 바람직하다는 것이다.

만약 광고에 대한 태도가 상표에 이전된다면, 상표를 사용하는 경험은 광고가 불러일으키는 긍정적인 느낌에 따라 보다 더 상표에 대해 긍정적이 된다는 **변형적 효과**(transformation effect)를 창조할 수 있다. 즉 변형적 효과는 상표가 없는 경우에는 상표 간의 맛의 차이를 말할 수 없지만, 상표를 확인 · 규명할 수 있을 때에는 소비자는 특별한 상표를 사용경험과 연결하여 특별한 상표에 충성적이 된다.

(2) 부정적 태도의 영향

대부분의 광고주들은 광고에 대한 긍정적인 소비자 태도를 창출하도록 노력하고 있다. 그러나 가장 성공한 광고캠페인 중에는 가장 싫어했던 것이 있다. 즉 가장 성공적인 광고는 매우 긍정적 또는 부정적 태도를 조성하는 광고라는 것이다. 예컨대, 싫어하는 광고가 주의와 보존을 창출하기 때문에 긍정적인 소비자 반응을 생성할 수도 있다. 그것은 소비자들이 어떤 광고를 싫어하지만, 그 광고가 상표인식도를 크게 창출하기 때문이다.

결론적으로 볼 때, 소비자에게 영향을 주는데 있어 중요한 것은 **발상**(arousal : 광고에 직접적인 긍정적 또는 부정적 반응)을 창출하는 것인데, 발상이 됨으로써 소비자가 점포에 있을 때 상표친근감과 상표인식이 일어난다.

발상이 중요하고도 필요하므로, 광고주는 주의를 끌고, 또한 상표인식을 획득하기 위해서 의도적으로 화나게 하는 광고 그리고 그 광고에 대한 부정적인 태도를 유발하는가의 문제가 제기된다. 그러나 화나게 하는 광고는 특정 제품에 대한 발상을 창출하는데 효과적일 수 있지만 광고주는 화나게 하는 광고가 부정적인 상표평가를 유발한다는 위험을 감수해야 한다.

더욱이 사람들은 특히 화나게 하는 광고를 좋아하지 않으므로 광고에 대한 부정적인 태도가 있는 경우, 주의와 인식을 획득하는 수단으로 특별한 캠페인에 대해 부정적인 태도를 고수하는 것은 위험스러운 것이다.

(3) 소비자의 기분상태

광고에 대한 소비자의 태도에 대해 중요한 결정요소는 노출되는 때의 소비자의 기분상태이다. **분위기**(moods)는 어떤 시점에서 생성되어 나가는 기분(행복, 슬픔, 어리석음, 두려움, 성적임 등을 느끼는 것)에 관한 것이다. 즉 긍정적인 분위기는 광고에 대해 긍정적인 반응을 창출할 수 있으며, 역시 부정적인 분위기는 부정적인 반응을 창출한다.

반면에, 프로그램과 광고내용이 소비자의 분위기에 영향을 줄 수 있다. 즉 광고내용에서 연사가 웃고 또는 행복한 느낌을 묘사하였을 때, 그 커뮤니케이션의 수신자는 행복한 분위기에 있으며 또한 그 제품에 대해 긍정적으로 반응할 가능성이 매우 크다. 이것은 광고주는 프로그램의 내용이나 읽은 내용을 통해서 바람직한 기분상태에 영향을 줄 수 있다는 것이다. 따라서 그렇게 하기 위해서는 행복한 주제를 가진 광고를 행복한 TV 프로그램쇼에 배치해야 한다.

그러나 그 반대는 꼭 적용되지 않는다. 즉 광고가 슬픈 주제로 되어 있는 경우, 방송 프로그램 내용이 그 광고에 대한 반응에 영향을 주지 않는다는 것이다. 이것은 슬픈 주제로 된 광고(집을 잃은 가족을 보여주는 보험광고)가 행복한 방송 프로그램 또는 슬픈 프로그램에 대해 동일하게 영향을 줄 수 있다는 것을 의미한다.

3. 매체평가

소비자는 광고메시지가 전달되는 매체의 맥락에서 광고메시지를 평가한다. 즉 소비자는 메시지 수용에 영향을 주는 매체의 이미지를 수립함으로써 그 이미지에 근거하여 광고메시지를 평가한다.

프로그램 내용이나 사설내용에 대한 평가는 특별한 매체에 따라서 상이할 수 있다. 그러므로 광고주는 인쇄매체나 상업광고가 제시하는 특별한 환경이 메시지 수용에 영향을 줄 수 있는가를 고려해야 한다. 즉 TV 상업광고의 효과는 쇼의 유형(예 : 코미디 대 스릴물)에 따라 상이하다. 또한 소비자가 TV 프로그램에 관여하는 경우 TV광고의 효과는 소비자가 광고보다는 그 프로그램에 집중하기 때문에 낮아질 가능성이 있는데, 그 이유는 소비자들이 자주 광고를 자극물로 인식하기 때문이다. 그러나 소비자가 그 프로그램에 관여하지 않을 때 소비자는 그 상업광고를 프로그램의 한 부분으로 인식하고 또한 메시지를 수용할 가능성이 매우 크다.

프로그램 환경의 효과는 TV광고뿐만 아니라 인쇄광고에 적용될 수 있다. 즉 인쇄광고에 실려 있는 이야기의 본질은 메시지 수용에 영향을 줄 수 있다는 것이다. 즉 대부분의 제품의 경우 오락적인 이야기 다음에 광고를 제시하는 것은 메시지 수용에 긍정적으로 영향을 미친다. 또한 두려움을 생성시키는 이야기 다음에 어떤 제품에 대한 광고를 제시하는 것은 메시지 수용을 촉진할 가능성이 매우 크다.

제 6 절 커뮤니케이션 피드백

커뮤니케이션 과정의 마지막 단계는 마케팅 커뮤니케이션의 효과성을 평가하는데 필요한 피드백인데, 그 피드백은 마케팅 기업에게 되돌아오는 현상이다. 〈그림 17-1〉은 마케팅 기업이 메시지 효과성과 구매행동 간의 연결관계를 수립함으로써 직접적인 피드백을 또는 소비자가 그 메시지를 해독하는 방법을 평가함으로써 간접적인 피드백을 획득할 수 있음을 보여준다.

앞에서 연구한 바와 같이 소비자의 구매행동에 대한 광고의 효과를 파악하기가 어려우므로 광고주들은 광고를 평가하는데 간접적인 피드백을 이용한다. 즉 광고주들은 광고가 소비자의 노출, 주의, 이해 및 보존에 대해 어떤 결과가 나타나는가를 파악하고자 한다.

1. 간접적 피드백의 단계별 내용

〈그림 17-3〉은 각 단계별의 피드백 유형을 보여준다. 그리고 이러한 단계는 구매를 유도하는 효과의 계층을 반영한다. 그에 대한 가정은 소비자가 노출로부터 주의, 이해, 메시지 수용, 보존 등으로 옮겨감에 따라 소비자가 광고된 상표를 구입할 가능성이 각 단계에 따라 증가한다는 것이다.

1. **노출**(expousre)은 발행부수를 기준으로 인쇄매체에 대해서 그리고 도달범위를 기준으로 방송매체에 대해서 측정할 수 있다. 발행부수의 수치는 통상 잡지와 신문에 대해 이용될 수 있으며, 또한 광고주들이 표적청중에 도달하는데 있어 최상의 매체를 결정하는데 이용되는 기준이 된다. 그러나 TV에 대한 소비자의 노출을 측정하는 것은 매우 어렵다. 그러나 최근 People Meters기를 표본으로 선정된 가정에 있는 TV에 설치한다. 시청자가 TV를 시청할 때 작동되는 이 장치는 누가 시청하며 또한 무엇을 시청하는가까지 기록한다.

웹에 대한 노출은 보통 방문자의 수를 기준으로 측정한다. 또 다른 노출의 측정방법은 그 사이트에 보여진 페이지의 총 수이다. 그리고 다른 요인은 그 사람이 그 사이트에 얼마나 오래 머물러 있느냐 또는 **고착성 정도**(skickiners)인데, 방문자가 어떤 사이트에 오래 머무를수록 온라인 광고가 보다 효과적이 된다는 가정에 바탕을 두기 때문이다.

2. **주의**(attention)는 광고물을 얼마나 인식하고 있는가를 기준으로 측정될 수 있다. 즉 소비자들이 그 광고를 보았는가 그리고 그 광고를 상표나 제조업자와 연관시킬 수 있는가를 소비자들에게 질문하여 인쇄광고에 적용되는 "시각적 관련성" 측정치를 계산한다. 광고대행사들은 TV 상업광고가 방영된 후 그 날 어느 가정들이 시청하고, 어느 상업광고를 보고 기억하는가("금일 상기" 측정법 : "day-after recall" measures)를 측정하여 TV광고에 대한 측정법을 개발하였다.

3. **이해**(comprehension)는 광고에 있는 특이한 요점을 상기할 수 있는가를 시험하여 측정한다. 즉 응답자들에게 특이한 광고메시지를 상기하여 기록하도록 하여 조사한다.

4. **메시지 수용**(message acceptance)은 상표태도나 구매의도에 대한 수용의 영향을 측정하는 것이다. 이것은 어떤 특별한 캠페인이 노출된 후, 태도가 뚜렷하게 변화되었는가를 측정하는 것이다.

〈그림 17-3〉 해독화 과정에서 피드백을 획득하는 방법

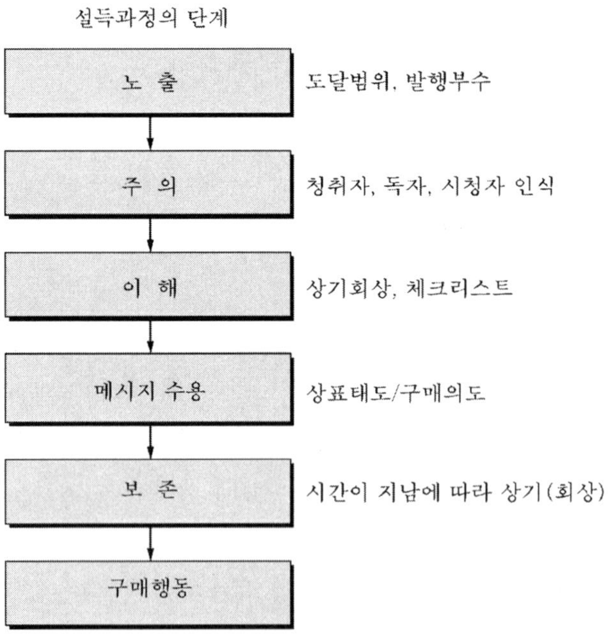

자료원 : William J. McGuire, "An Information-Processing Model on Advertising Effectiveness," in H. L. David and A. J. Silk, eds., *Behavioral and Management Sciences in Marketing* (New York : Ronald/Wiley, 1978), p. 161.

2. 스캐너 자료이용 : 직접적인 연결

〈그림 17-3〉의 측정법의 경우, 간접적인 피드백은 해독화 과정 및 구매행동과 관련되는 다섯 가지 단계들 간의 직접적인 연관관계가 전혀 없다. 즉 마케팅 기업이 판매고(결과)를 성취한 경우에도 마케팅 기업은 구매한 소비자가 광고캠페인에 노출되고, 광고캠페인을 이해하고, 그 메시지를 보존하는가를 알 수가 없다.

최근 광고에 대한 소비자의 노출과 그 다음으로 이어지는 행동과의 연결관계를 수립할 수 있는 가능성을 파악할 수 있는 기술인 **스캐너 자료**(scanner data)가 개발되었다. 스캐너 자료는 전자식의 스캐너를 통해 계산대에서 판매고를 기록하는 것이다.

이 기술은 우선 가정에 TV 메터기(People Meters)를 설치한다. 그 소비자가 특정 광고를 시청하였는가를 확인하고 또한 그 소비자가 스캐너가 설치된 점포에서 특정 광고된 제품을 구입했는가를 대조확인한 결과에 따라 TV 광고에의 노출과 구매행동의 관계 즉 TV 광고의 효과를 확인할 수 있다.

그러나 상기의 기술에도 불구하고, 광고주들이 구매행동에 대한 마케팅 커뮤니케이션 효과를 정확하게 결정하기는 어렵고 요원하다. 광고주들은 아직까지도 커뮤니케이션 전략을 소비자들의 구매행동에 영향을 미치는 기타 변수들과 분리하기가 어렵기 때문이다.

제 7 절 마케팅 커뮤니케이션의 사회적 시사점

대부분의 마케팅 커뮤니케이션은 사회적으로 책임을 지고 있지만, 불행스럽게도 어떤 전략은 공공의 신뢰를 위반하는 두 가지 유형의 커뮤니케이션, 즉 사기광고와 무책임한 광고를 자행하고 있다.

1. 사기광고

사기광고(deceptive advertising)는 거짓된 정보를 제공하거나, 상표의 이점에 대해 소비자를 의도적으로 오도하는 광고이다. 사기는 소비자가 광고에 노출되었기 때문에 잘못된 신념을 가질 때 일어난다. 이에 정부관련기관은 기업으로 하여금 캠페인을 중지하도록 명령하거나 또는 새로운 광고를 통해서 사기적인 주장을 수정하기 위해 수정광고를 하도록 광고주에게 명령하는 등 사기적 광고를 조사한다. 또 다른 정부기관(예 : 식약청, 한국소비자원 등)도 역시 사기광고를 통제하는 역할을 한다. 식약청은 식품 및 의약품 제조업자에게 광고나 또는 포장에 있는 주장을 변경하도록 명령할 수 있다. 예를 들어, 섬유질 시리얼을 제조하는 마케팅 기업들에게 그 시리얼이 심장병의 위험을 줄일 수 있다고 주장하는 것을 중지하도록 명령하였다.

2. 무책임한 광고

어떤 광고주장은 무책임할 수도 있는데, **무책임한 광고**(irresponsible advertising)는 무책임한 행동을 묘사하거나 조장하고, 무책임한 방식으로 집단을 묘사하는 것이다.

예를 들어, 두 명의 번지점퍼가 다리에서 뛰어내리는 Reebok 운동화의 광고이다. 마지막 광고 장면은 번지줄에 매달린 Reebok 점퍼만 보여준다. 다른 번지줄에는 번지줄에 매달린 Nike 신발짝만이 있다. 이 캠페인은 비교광고와 유모어를 결합하려는 의도였으나, 그것은 Nike를 신은 사람은 죽음을 당했다는 불행스러운 인상을 주었다.

〈사진 17-3〉 사회적으로 책임 있는 광고의 예

최근 광고주들은 여성 표적청중을 서브하는데 있어 보다 신중해지고 있으며 또한 보다 실질적인 구매역할 속에 여성을 묘사하고 있다. 즉 여성들을 보다 사회적으로 능동적이며 적극적인 활동인으로 표출시키며 또한 실질적인 의사결정자로 묘사하고 있다.

사기적이며 무책임한 광고가 사라질 가능성은 없다. 물론 정부관련기관들이 철저하게 조사하고 감독하고 있지만, 가장 중요한 것은 기업 스스로가 규제하는 것이다. 즉 마케팅 기업들이 사회에 대해 자신들의 책임을 이행해야 한다는 것을 인식하는 것이다. 예를 들어, 미성년자들로 하여금 술을 마시지 않도록 권고하기 위해 맥주회사들이 광고하는 것이다(〈사진 17-3〉 참조).

참고문헌

윤훈현 역, 『소비자행동론』, 제6판, 석정, 1998.

윤훈현, 『소비자행동론』, 석정, 2005.

Abhilasha Mehta, "Advertising Attitudes and Advertising Effectiveness," *Journal of Advertising Research* 40 (May/June 2000), pp. 67-72.

Ahailendra Pratap Jain and Durairaj Maheswaran, "Motivated Reasoning : A Depth-of-Processing Perspective," *Journal of Consumer Research* (March 2000), pp. 358-371.

"Amazon Plants to Charge Publishers Fee for Online Recommendations," *Wall Street Journal* (February 7, 2001), p. B1.

Amitava Chattopadhyay and Kunal Basu, "Humor in Advertising : The Moderating Role of Prior Brand Evaluation," *Journal of Marketing Research* 27 (Novermber 1990), pp. 466-476.

Cornelia Pechmann and David W. Stewart, "The Effects of Comparative Advertising on Attention, Memory, and Purchase Intentions," *Journal of Consumer Research* 17 (September 1990), pp. 180-191.

Daniel J. Howard and Charles Gengler, "Emotional Contagion Effects on Product Attitudes," *Journal of Consumer Research* 28 (September 2001), pp. 189-201.

David Mazursky and Yaacov Schul, "Learning from the Ad or Relying on Related Attitudes : The Moderating Role of Involvement," *Journal of Business Research* 25 (1992), pp. 81-93.

David Streitfeld, "At eToys Site, It's Service with a Nervous Smile ; Dot-com Pins Future on Customer Hand-Holding," *Washington Post* (December 3, 2000), p. A1.

"For Some Ads, Glum People Make the Best Sales Prospects," *Wall Street Journal* (July 25, 1985), p. 23.

Gary F. Soldow and Victor Principe, "Response to Commercials as A Function of Program Context," *Journal of Advertising Research* 21 (April 1981), pp. 59-65.

George J. Szybillo and Richard Heslin. "Resistance to Persuasion : Inoculation Theory in a Marketing Context," *Journal of Marketing Research* 10 (November 1973), pp. 396-403.

Grant McCracken, "Who Is the Celebrity Endorser? Cultural Foundations of the Endorsement

Process," *Journal of Consumer Research* 16 (December 1989), pp. 310-321.

Henry Assael, Consumer Behavior, Houghton Mifflin, 2004.

Jerry B. Gotlieb and Dan Sarel, "Comparative Advertising Effectiveness : The Role of Involvement and Source Credibility," *Journal of Advertising* 20 (1991), pp. 38-45.

John F. Tanner, Jr., James B. Hunt, and David R. Eppright, "The Protection Motivation Model : A Normative Model of Fear Appeals," *Journal of Marketing* 55 (July 1991), pp. 36-45.

John R. Kennedy, "How Program Environment Affects TV Commercials," *Journal of Advertising Research* 11 (February 1971), pp. 33-38.

Julie A Edell and Marian Chapman Burke, "The Power of Feelings in Understanding Advertising Effects," *Journal of Consumer Research* 14 (December 1987), pp. 421-433.

Marc G. Weinberger and Leland Campbell, "The Use and Impact of Humor in Radio Advertising," *Journal of Advertising Research* 31 (December/January 1991), pp. 44-52.

Martin R. Lautman and Larry Percy, "Cognitive and Affective Responses in Attribute-Based Versus End-Benefit Oriented Advertising," in Thomas C. Kinnear, ed., *Advances in Consumer Research*, Vol. 11 (Provo, Utah : Association for Consumer Research, 1984), pp. 11-17.

Michael A. Kamins and Henry Assael, "Two-Sided Versus One-Sided Appeals : A Cognitive Perspective on Argumentation, Source Derogation, and Effect of Disconfirming Trial on Belief Change," *Journal of Marketing Research* 24 (February 1987), pp. 29-39.

Michael Tuan Pham and Gita Venkataramani Johar, "Contingent Processes of Source Identification," *Journal of Consumer Research* 24 (December 1997), pp. 249-265.

Peter H. Webb, "Consumer Initial Processing in a Difficult Media Environment," *Journal of Consumer Research* 6 (December 1979) ; pp. 225-236.

Priya Raghubir and Geeta Menon, "AIDS and Me, Never the Twain Shall Meet : The Effects of Information Accessibility on Judgments of Risk and Advertising Effectiveness," *Journal of Consumer Research* 25 (June 1998), pp. 52-63.

Raymond R. Burke and Thomas K. Srull, "Competitive Interference and Consumer Memory for Advertising," *Journal of Consumer Research* 15 (June 1988), pp. 55-68.

Samuel Craig C. and John M. McCann, "Assessing Communication Effects on Energy Conservation," *Journal of Consumer Research* 5 (September 1978), pp. 82-88.

Scott B. MacKenzie and Richard J. Lutz, "An Empirical Examination of the Structural Antecedents of Attitude Toward the Ad in an Advertising Prestesting Context," *Journal of Marketing* 53 (April 1989), pp. 48-61.

"Smash, Bang, Crunch, Screech-Wow, What a Car," *Wall Street Journal* (April 13, 2001), p. B1.

"Star Power," *Sales and Marketing Management* (April 2001), pp. 52-59.

"The Future of Advertising," *Business Week* (March 26, 2001), p. 138.

Thomas J. Olney, Morris B. Holbrook, and Rajeev Batra, "Consumer Responses to Advertising : The Effects of Ad Content, Emotions, and Attitude Toward the Ad on Viewing Time," *Journal of Consumer Research* 17 (March 1991), pp. 440-453.

Thomas R. Srull, "Memory, Mood, and Consumer Judgment," in Melanie Wallendorf and Paul

Anderson, eds., *Advances in Consumer Research*, Vol. 14 (Provo, Utah : Association for Consumer Research, 1987), pp. 404-407.

"Where Have All the Gerbils Gone?" *Wall Street Journal* (March 30, 2000), p. B1.

William J. McGuire, "Attitudes and Attitude Change," in Gardner Lindzey and Elliot Aronson, eds., *Handbook of Social Psycholoy* (New York : Random House, 1985), pp. 233-346.

William R. Swinyard, "The Interaction Between Comparative Advertising and Copy Claim Variation," *Journal of Marketing Research* 18 (May 1981), pp. 175-186.

18
chapter

시장세분화와 미시마케팅

인구통계적 특징 및 다양한 라이프스타일로 인해 시장이 분열됨에 따라, 마케팅 기업들은 특별한 집단을 표적화하는 것이 중요하다는 사실을 간파하고 있다. 이것은 기업이 대량시장에 하나의 제품을 도입하는 것보다는 특별한 표적세분시장의 욕구를 충족시키기 위해 제품을 개발함으로써 이익을 극대화할 수 있다는 것을 의미한다.

시장세분화(market segmentation) 전략은 유사한 욕구와 특징을 가진 고객을 확인·규명하고 또한 제품으로 이 세분시장을 표적화하는 것이다. 그런 세분화 전략에서 기초가 되는 것은 소비자가 원하는 것(이점과 태도) 그리고 그들이 누구인가(인구통계적, 라이프스타일, 개성 특성)에 대해서 유사성을 기준으로 소비자를 집단화하는 것이다. 그 후 마케팅 기업은 정의된 표적세분시장에 가장 효과적으로 제품을 위치화하기 위해 마케팅 믹스를 개발한다.

극단적인 경우, 이런 집단은 한 사람의 소비자로 구성될 수도 있는데, 그 결과는 **일 대 일 마케팅**(one-to-one marketing)이다. 이 전략을 **미시마케팅**(micromarketing)이라고 하는데, 시장세분화 전략을 논리적으로 확대한 것이다. 미시마케팅하에서 마케팅 기업은 소비자들로 하여금 자신의 개인적인 욕구에 제품을 고객화(고객주문화)하도록 하는데, 그것을 **대량고객주문화**(mass customization)라고 한다.

제1절 대량 마케팅 및 시장세분화

오늘날 소비자들은 모든 제품범주에서 선택할 수 있는 폭이 점차 증가되는 상황에 직면하고 있다. 예를 들어, 자동차, 청량음료, TV채널, 일반의약품, 치약, 샘물, 라면 등이 모든 소비자의 취향에 소구하고 있다. 이렇게 소비자들이 다양하게 분열되는 것은 시장의 분열화, 새로운 기술 및 치열한 경쟁 등에 대해 마케팅 기업들이 대응한 결과인 것이다.

1. 대량 마케팅

대량 마케팅은 마케팅 기업이 고객추구적 접근방법보다는 제품지향적 및 판매지향적 접근방법이 추구하는 규모추구적 대량생산과 대량유통, 대량촉진기술의 결과로 이루어진 것이다. 즉 소비자들은 충족되지 못한 욕구를 가지고 있었지만 합당한 가격, 표준화된 제품으로 만족하고 있었으므로 소비자 행동을 이해하는 것이 중요하지 않았다. 이에 마케팅은 대량시장에 대해 4ps(제품, 가격, 유통경로, 촉진)를 집중하였다. 이런 마케팅 전략을 "제품중심적 및 판매중심적 접근방법"이라고 하는데, 그것은 기업이 제조한 것을 판매한다는 **판매 컨셉트**(selling concept) 철학이다. 즉 대량 마케팅은 모든 사람을 위해 하나의 표준화된 상표를 제공하며 또한 원가를 통제하기 위해 규모의 경제를 추구하는 생산업자가 실행하는 "하나로 많은 사람들에게"라는 모델을 반영한다.

대량 마케팅 전략은 주요 TV방송과 전국용 잡지와 같이 전국적으로 집중하는 대중매체에 의존한다. 즉 광고는 기본적으로 상표인식을 창출하기 위해 반복적인 주제와 짧은 노래를 이용하였다. 또한 소비자들은 선택권을 거의 가지고 있지 않다. 즉 대량 마케팅 접근방법은 가족 중 한 사람이 돈을 벌고 주부와 2~3명의 자녀가 있는 중류가정으로 대량시장이 형성되어 있는 동질적인 상황에서 효과적인 전략이었다.

2. 시장세분화의 추세와 그 결과

1) 시장세분화를 위한 거시적 추세

1960년대 중엽에 이르러 대량 마케팅은 두 가지의 거시적인 추세로 인해 점차 비효과적이 되었다.

첫 번째 추세는 경쟁사가 증가되었다는 것이다. 즉 많은 기업들이 시장에 진출하고 또한 제품이 다양화됨에 따라 소비자들이 선택할 수 있게 됨으로써 하나의 제품으로 계속 많은 소비자들에게 제공하는 모델은 비효과적이 되었다. 이에 기업들은 제품중심적 마케팅에서 소비자지향적 접근방법으로 변화하기 시작하였다. 이러한 추세가 거의 모든 산업과 기업에서 나타났다.

두 번째 추세는 시장이 인구통계적 특징 및 라이프스타일 특성에 따라 분열화되었다는 것이다. 가정의 변화(독신가정, 편부모 가정 등 비전통적 가정의 형성), 보다 다양한 라이프스타일 선택 그리고 보다 특이하며 잘 정의된 연령 동세대 집단 등을 포함하여 중요한 변화 등이 나타났다.

이렇게 분열화된 환경하에서 세분화와 표적화를 무시하면서 규모의 경제를 성취할 수는 없다. 즉 시장의 분열은 소규모한 소비자 세분시장을 표적화함으로써 획득하는 한계수익의 증가가 규모의 경제를 상실함으로써 나타나는 한계비용의 증가보다 더 커지게 된다는 것을 의미한다. 1960년대와 1970년대에 근로주부와 같은 세분시장은 새로운 마케팅 노력의 집중대상이 되었다. 그러나 1980년대와 1990년대에는 그 근로여성이 전문직, 사무직, 근로직, 시간근무직 세분시장으로 나누어짐으로써, 오늘날 마케팅 기업들은 근로여성을 표적화하기보다는 더욱 더 세분화된 시장을 표적화하고 있다.

전국시장용 TV 광고채널 그리고 전국용 잡지가 아직까지도 기업의 촉진믹스 중 필요한 수단이기는 하지만, 현재 마케팅 기업들은 특별한 세분시장에 접근, 도달하기 위해 특별한 채널, 전문잡지, 직접우편, 카탈로그 및 인터넷과 같은 집중적인 대안적 수단에 많은 돈을 투자하고 있다. 예를 들어, 유선TV 채널은 특별한 집단에 도달하고 있으며, 새로운 잡지도 특별한 소비자 세분시장에 소구하고 있다. 이런 표적화된 채널이나 잡지에 광고하는 비용이 대량시장용 매체에의 광고비보다 많이 소요되지만, 광고 그 자체는 틀림없이 보다 강력한데, 그 이유는 그 광고가 보다 효과적으로 기업이 의도한 청중에게 도달하기 때문이다.

2) 표적화된 접근방법의 전략적 결과

전통적인 4ps에 기초하여 과거 30~40년 동안 진행되어온 전략적 결과에 대한 평가는 아래와 같다.

(1) 제품

현재 소비자들은 폭넓은 제품믹스(제품구색)를 즐기고 있다. 예를 들어, 코카콜라도 크기나 특성에서 다양하며, 라면류, 치약류, 과자(스낵)류, 심지어는 껌류에 이르기까지 크기와 특성, 형태 등으로 제품이 확장되어 슈퍼마켓과 대형 할인점 등에서 판매되고 있다. 이렇게 확장되고 있는 배경은 기업들이 소비자의 연령이나 라이프스타일을 기준으로 표적화하기 때문인데, 이제 그러한 제품류들은 **재고 확보대상 품목**(SKUs ; stock keeping unit)이 되고 있다.

(2) 촉진

광고의 경우, 마케팅 기업은 행동적 접근방법으로부터 인지적 접근방법으로 강조사항을 변경하고 있다. 즉 형태의 차원을 넘어 메시지 내용을 강조하고 있다. 짧은 노래와 기억할 수 있는 광고문구가 아직까지도 존재하고 있으나, 현재의 광고는 점차 많은 지식을 갖고 있는 소비자들에게 제품 및 서비스 정보를 전달하는데 집중하고 있다. 예를 들어, 어떤 자동차회사의 웹사이트는 로고, 최신의 광고, 새로운 자동차 모델을 제시할 뿐만 아니라, 그 모델과 관련된 성능과 기타 세부사항을 제공한다.

광고내용이 정보추구적이 됨에 따라 매체 믹스도 역시 전국 TV방송과 같은 대량 마케팅 채널로부터 유선, 전문잡지 및 인터넷으로 변화하고 있다. 결국 오늘날에는 표적화된 매체를 구매, 이용하고 있다.

(3) 유통경로

특별한 표적시장에 집중하는 슈퍼마켓과 같은 전문점에 추가하여, 마케팅 기업은 스캐너 자료를 이용하여 여러 상이한 지역에 표적화된 구색상품을 유통시키고 있다. 예를 들어, 어떤 슈퍼마켓은 특정집단을 서브하기 위해 특별한 제품(예 : 다이어트용 옥수수빵 등)을 취급하고 있다.

웹이 제품을 구입하는 수단으로는 기대에 미치지 못하지만, 웹을 이용한 판매고는 점진적으로 증가하고 있으며, 소비자들에게 많은 시간 효용과 광고 효용을 제공한다.

(4) 가격

기업은 원가가산 가격결정 구조로부터 수요지향적 가격결정 구조로 변경하고 있다. 수요지향적 가격결정이 가장 두드러지게 나타나는 것은 웹을 통해 이루어지는 지각적 가치가격화로서, 그것은 제품 또는 서비스에 대해 소비자가 지각하는 가치(지각적 가치)에 기초하여 가격을 정하는 것이다. 예를 들어, 어떤 닷컴 사이트에서 소비자는 비행기표에 대해 지급하고자 하는 가격을 제시하고, 항공사는 그 가격에 기초하여 소비자의 가격에 대해 대응한다.

3. 시장세분화 접근방법

세분시장은 마케팅 노력이 표적화되기 전에 확인·규명되어야 한다. 즉 표적세분시장의 욕구, 상표태도 및 인구통계적 특징, 라이프스타일 특징을 결정한 후 마케팅 기업은 그 세분시장에 소구하기 위해 제품과 마케팅 전략을 개발·수립할 수 있다. 물론 전체시장을 세분화하기 위해서는 여러 가지 세분화 기준 즉 인구통계적, 지리적, 심리묘사적, 행위적 변수가 이용된다. 그러나 본서에서는 〈표 18-1〉과 같이 세분시장을 확인·규명하기 위해 가장 기초가 되는 변수인 이점, 행동 및 소비자의 반응 탄력성에 대해 집중적으로 연구한다.

〈표 18-1〉 시장세분화 분석을 위한 세 가지 기초

세분화 기초	전략적 목적	기 준
이점(욕구)	신제품 개발 및 기존 제품위치화	·영양가 ·건강 ·경제성 ·좋은 맛 ·성능 ·위신·긍지
행동	마케팅 전략 수립	·상표 이용 ·제품범주 이용 ·이용수준(다량, 소량)
반응 탄력성	마케팅 노력을 표적화함	·가격탄력성 ·할인탄력성 ·광고탄력성

1) 이점 세분화

이점 세분화(benefit segmentation)란 소비자지향적 접근방법에 기초하여 세분시장이 제품에서 추구하는 이점을 기준으로 세분시장을 정의하는 것이다. 마케팅 기업은 신제품의 잠재력을 결정하기 위해 이점(욕구) 기준을 이용한다(〈사진 18-1〉 참조). 예를 들어, 청량음료 기업은 뼈를 튼튼하게 하는 칼슘함유 제품에 대해 50세 이상 여성들이 공통적인 욕구를 확인·규명할 수 있다. 이 집단에 속한 여성들은 이점 세분시장이 될 수 있는데, 그 이유는 그 여성들이 공통적인 욕구를 가지고 있기 때문이다. 그 기업은 유사한 욕구에 기초한 50세 이상 여성집단에게 소구하기 위해 칼슘이 강화된 과일음료를 도입할 것을 고려할 수 있다.

Coca-Cola사의 제품은 이점 세분화의 예가 되는데, 맛 지향적(Cherry Coke, Vanilla Coke, Classic Coke), 과일주스(Minute Maid), 레몬타임 맛(Sprite), 건강/영양가 의식적(Caffeine-free Coke, Tab, Diet Coke), 체중조절(Diet Coke) 등이 있다.

〈사진 18-1〉 이점 세분화 광고의 예

2) 행위적 세분화

행위적 세분화(behavior segmentation)란 제품이 시장에 출시되고, 누가 구입하느냐를 기준으로 세분시장을 정의하는 것이다. 〈표 18-1〉과 같이 소비자 행위를 기준으로 시장을 정의하는 세 가지 기준은 ① 제품 이용 ② 제품범주 이용 ③ 제품이용 수준(다량, 소량)이다. 각각의 경우 이 이용자 집단에 대해서는 인구통계적 특징, 라이프스타일, 상표태도가 확인 · 규명되어야 한다.

(1) 상표(제품) 이용

행위적 세분화 중 가장 자주 이용되는 형태는 경쟁상표를 구입하는 사람과 자사상표를 구입하는 사람을 구별하는 것이다.

상표이용자가 정의되면 두 가지 접근방법이 이용될 수 있다. 첫 번째는 그 상표를 구입할 가능성이 가장 큰 세분시장에 재원을 투입하는 것이다. 예를 들어, 어떤 식품 제조업체는 어느 새로운 지역에 새롭게 개점한 대형할인점에 자사 제품을 판매하기 위해 기존의 구매자와 예상잠재구매자들의 인구통계적 프로파일의 유사성을 검토한다. 인구통계적 프로파일이 유사하다면, 그 상표를 구입할 가능성이 크다고 가정할 수 있으므로 그 특정 식품상표를 제공할 수 있다.

상표이용을 기준으로 세분화하는 두 번째 접근방법은 기존상표를 구입할 가능성이 없는 세분시장에 신제품을 지향하는 것이다. 예를 들어, 특정 세분시장이 기존의 상표를 구입할 가능성이 없기 때문에, 그 세분시장에 대해 새로운 제품계열을 표적화하는 전략이다.

(2) 제품범주 이용

제품범주 이용은 행위적 세분화를 하는데 있어 공통적인 기초수단으로서, 마케팅 기업은 상표가 아니라 제품범주를 구입하는 소비자를 확인·규명하고자 한다. 예를 들어, 염분이 들어 있지 않은 소시지를 구입하는 소비자는 소시지 상표가 무엇인가에 상관없이 건강의식적인 소비자일 경향이 있다. 그들의 인구통계적 특징은 그 제품에 대한 욕구를 반영하는 것이므로, 그 경우에 마케팅 기업은 매체를 선정하거나 또는 광고소구를 결정하는 지침으로서 상표 구매보다는 제품을 이용할 가능성을 이용한다.

제품이용을 기준으로 세분화하는 것은 특히 기업이 어떤 제품을 광고하기 위해 결합하는 경우에 유용한데, 예를 들어, 우유, 육류(소고기, 돼지고기, 닭고기, 오리고기 등), 감자 등이다(〈사진 18-2〉 참조). 그러한 경우 협동기업들은 광고 및 기타 촉진수단으로 비사용자를 표적화하기 위해 비사용자의 특징을 탐구·결정해야 한다. 가장 성공적인 광고는 우유협동조합의 캠페인의 예로서 "우유 수염"이라는 인쇄광고 캠페인이다. 그 캠페인은 건강과 체력에 관심을 갖는 소비자를 표적으로 하고 있다.

〈사진 18-2〉 한우에 대한 광고

(3) 사용수준

마케팅 기업이 공통적으로 실행하는 방법은 제품사용 수준(다량 또는 소량)을 기준으로 시장을 세분화하는 것이다. 그 후 기업은 두 가지 선택방법을 구사하는데, 첫째는 다량사용자에게 제품을 위치화하는 것으로서 다량사용자는 많은 양의 제품을 사용하고, 수익을 창출하며, 둘째, 소량사용자에게 제품을 위치화하는 것으로서 소량사용자는 시장에서 무시되고 있는 적소시장이다.

예를 들어, Nestle사는 다량사용자에게 냉차(iced tea)를 위치화하기로 하였다. Nestle사는 사용수준을 기준으로 차(tea)의 소비자를 세분화하였는데, 다량사용자와 소량사용자가 냉차에서 추구하는 이점을 확인하였다. 즉 Nestle사는 다량사용자 집단은 평균적인 소비자들보다 두 배 이상 마시며 또한 냉차의 총판매량 중 1/3 이상을 창출한다는 사실을 간파하였다. 이 집단은 냉차를 활력을 재충전하며, 일 년 내내 마시는 차로 인식하였다. 이에 Nestle사는 일 년 내내 활력을 주는 주제로 다량사용자를 표적화하기 위해 그 정보를 이용하였다.

3) 반응탄력성에 의한 세분화

시장을 세분화하는 세 번째 접근방법은 마케팅 전략에 대한 소비자의 감응도로서, **반응탄력성**(response elasticity)이라고 한다. 즉 어떤 고객은 가격인상, 광고의 변화 또는 할인판매에 대해 다른 소비자들보다 더 민감하다. 반응탄력성은 자극에 대한 변화율을 구매량의 변화율과 연관시킴으로써 특별한 마케팅 자극에 대한 소비자의 감응도(민감도)를 측정한다. 반응탄력성을 기준으로 세분화하는 것은 마케팅 기업이 세분시장의 반응정도에 따라 어떤 세분시장에 대해 노력을 증가시키거나 또는 감소해야 하는가를 결정하는 것이다. 만약 모든 세분시장이 마케팅 노력에 대해 똑같이 반응한다면 재원을 차이가 나게 할당할 필요가 없다.

(1) 가격탄력성 기준 세분화

반응탄력성을 기준으로 세분화하는 가장 공통적인 기초는 가격변화에 대한 민감도에 바탕을 둔 것으로서, 소비자의 가격탄력성에 의해 측정된다. 즉 가격탄력성은 가격변화율을 구매량 변화율로 나누어 측정한다.

만약 구매량 변화율이 가격변화율보다 크다면 수요는 탄력적이다. 그런 경우에 가격인하는 가격인하율 이상으로 수량이 증가되므로 기업의 수익은 증가된다. 반대로 판매량 변화율이 가격변화율보다 작다면 수요는 비탄력적이다. 그런 경우 가격인상은 가격인상률 이상으로 구매량의 감소가 적게 되므로 기업의 수익은 증가한다. 결론적으로 탄력적인 시장에서의 가격인하 그리고 비탄력적 시장에서의 가격인상은 일반적으로 기업의 수익을 증가시킨다.

소비자가 가격탄력적인 경우 소비자는 가격을 기준으로 상표를 변경한다. 그러나 비탄력적인 경우 소비자는 어떤 상표에 대해 충성심을 유지한다. 즉 가격은 슈퍼마켓이나 대형할인점에서 일상적으로 구입되는 품목에 대해 상당히 탄력적이며, 디자이너 의류나 미식가용 식품과 같은 긍지(위신) 제품은 비탄력적이다. 그러나 수요는 매일매일 사용하는 제품에 대해서도 비탄력적이 될 수도 있다. 예를 들어, Pampers 일회용 기저귀에 충성적인 소비자 또는 뽀삐 종이수건에 충성적인 소비자는 가격이 10% 또는 그 이상 인상된다고 해도 계속해서 구입할 수 있다.

상향 가격탄력성(upside price elasticity : 가격인상에 대한 민감도) 및 **하향 가격탄력성**(down-side price elasticity : 가격인하에 대한 민감도) 간에는 차이가 있다. 따라서 마케팅 기업은 위신(긍지)에 기초하여 제품을 광고함으로써 상향 가격탄력성을 고무하며, 한편 저가격 또는 가격촉진을 광고함으로써 하향 가격탄력성을 고무하도록 노력한다. 예를 들어, 〈사진 18-3〉의 Omega 광고는 연사로서 Cindy Crawford를 이용하고 또한 고급이라는 것을 전달함으로써 상향 가격탄력성을 창출하려고 한다. 상기와는 대조적으로 Timex사는 10달러 이하로 잘 알려진 이름으로 신뢰할 수 있는 시계를 광고함으로써 하향 가격탄력성에 소구한다.

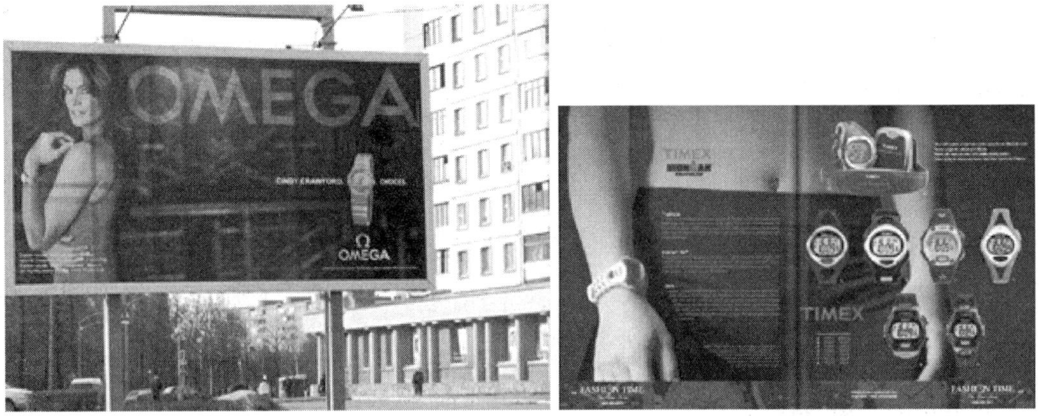

〈사진 18-3〉 상향 가격탄력성과 하향 가격탄력성을 고무함

(2) 기타 마케팅 자극에 대한 반응에 기초한 세분화

소비자는 가격이 아닌 다른 마케팅 자극에 대한 반응을 기준으로 세분화될 수 있다. 예를 들어, 할인가격, 쿠폰, 광고 및 포장 크기에 대한 탄력성을 기준으로 세분화할 수 있다. 그러한 반응 탄력성을 기준으로 세분화하는 것은 경영자에게 가치 있는 세분화 기준을 제공한다.

- 가장 반응적인 소비자에게 가격촉진, 가격할인, 쿠폰을 제공한다.
- 광고비의 증가에 충성적으로 반응할 가능성이 큰 집단을 확인 · 규명한다.

반응탄력성에 대한 연구는 스캐너 자료, 즉 레이저 스캐너를 갖춘 점포에서 제공하는 판매자료를 이용한다. 즉 소비자들이 특정점포에서 스캐너 패널용으로 발급된 카드를 이용하여 식료품을 구입한 현황을 파악할 수 있다. 판매결과를 이용하여 기업은 가격과 촉진의 변화 때문에 자주 상표를 변경하는 경향이 있는 소비자(가격탄력적 세분시장) 그리고 특정상표에 계속 충성적인 소비자(가격 비탄력적 세분시장)를 확인·규명할 수 있다. 추가적으로, 이들 가정들 중 어떤 가정에는 TV 시청을 파악할 수 있도록 가정에 People Meter기 등을 설치할 수 있다. 그 경우 마케팅 기업은 소비자가 무엇을 시청하고, 또한 무엇을 구입하였는가를 관련지울 수 있는데, 이에 따라 개별 가정에 대한 광고탄력성을 측정할 수가 있다.

4. 시장세분화의 한계

세분화 전략에는 크게 두 가지의 한계가 있다. 한 가지는 기업들이 시장을 분할하고 또한 소규모한 세분시장에 제품을 표적화하는 것이 너무 지나치다는 것이다. 그런 "과잉 세분화"는 지나치게 소규모 세분시장에 소구하는 비용이 그 세분시장에서 창출되는 수익을 초과할 수 있다는 것을 의미한다. 예를 들어, Coca-Cola사와 같은 청량음료 기업들은 시장을 지나치게 세분화하는 것에 대해 비난을 받고 있다. 즉 Tab의 경우 시장점유율이 낮은 상황에서 Diet Coke과 Tab이라는 카페인이 없는 변형품을 제공할 필요가 있느냐 하는 것이다. 그런 과잉 세분화 전략으로 행해진 시장진출이 〈그림 18-2〉에 제시되어 있다.

〈그림 18-2〉 과잉세분화의 가정적인 예

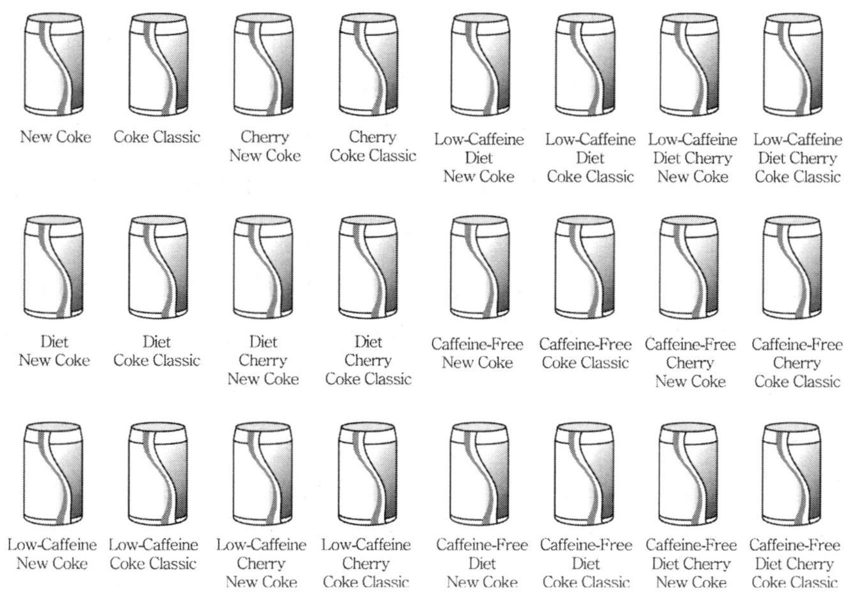

자료원 : "A Hypotheical Example of Oversegmentation," Advertising Age (Sep, 23, 1995).

세분화 전략의 또 다른 문제는 많은 소비자들이 세분화 전략으로 인한 가격변경에 대해 예상치 못하게 역반응을 한다는 것이다. 즉 표적세분시장을 위해 특별한 제품을 개발한다는 것이 고가격을 초래케 함으로써 소비자들은 고가의 상표품보다는 표준화된 저가의 무상표품을 받아들일 가능성이 있다. 이러한 한계와 문제에도 불구하고 세분화 전략은 분열화된 시장의 욕구를 충족시키려는 시도로서 하나의 규칙이 되고 있다.

제 2 절 미시마케팅

마케팅 기업들이 개별 소비자에게 소구하기 위해 직접우편과 전화마케팅을 오랫동안 사용하고 있는 수단이 바로 미시마케팅이다. 그러나 변화되고 있는 것은 마케팅 기업들이 개별 소비자의 욕구에 맞는 제품을 강조하고 또한 새로운 기술로 개별 소비자의 욕구를 충족시킬 수 있는 능력을 갖고 있다는 것이다. 결과적으로 마케팅 기능은 일 대 일 마케팅 전략에 점차 집중하고 있다.

1. 미시마케팅으로의 변화 추진력

미시마케팅으로의 변화는 우선 기술의 발전이며 또 다른 추진력은 인구통계적 및 라이프스타일의 변화로 인한 소비자 시장의 분열이다. 경쟁의 격화로 기업들은 자사의 표적시장에 대한 정의를 재수정할 수밖에 없으며 또한 기술은 일 대 일 기준으로 표적화를 가능케 하고 있다.

즉 인터넷은 ① 더욱 더 광범위한 정보에 접속하도록 하며, ② 폭넓은 선택을 가능케 하며, ③ 마케팅 기업과의 상호작용으로 소비자들은 자신의 개별적인 욕구내용을 표현할 수 있게 되었다. 결국 소비자들은 더 많은 권한을 가지게 되었다. 선택대안에 대한 정보와 지식으로 무장한 소비자는 보다 효율적인 의사결정자가 된다. 더욱이 인터넷의 상호작용으로 소비자는 자신의 욕구에 맞는 정보와 제품을 조성할 수 있으며, 그에 따라 제품구매 결정시 높은 수준으로 관여하게 된다는 것을 의미한다.

시장이 분열화되고 또한 소비자가 권한을 가짐으로써 많은 기업들은 대량 고객주문화를 채택하게 되었는데, 대량 고객주문화는 고객들의 규격명세서에 따라 고객들에게 제품이나 서비스를 제공하는 것이다. 즉 대량 고객주문화로 소비자는 자신의 독특한 욕구를 충족할 수 있도록 디자인된 제품을 획득하는데 반해, 마케팅 기업은 경쟁사와 자사 제품을 차별화할 수 있는 능력을 획득하게 된다. 더욱이 고가격으로 고마진을 획득할 수 있도록 가격 비탄력성을 조성함으로써 마케팅 기업은 고객충성심을 획득할 수가 있다.

대량 고객주문화는 하나의 제품으로 많은 사람을 서브하는 접근방법으로부터 하나의 제품으로 한 사람을 서브하는데 집중하는 혁명적 변화를 반영한다. 예를 들어, Henry Ford의 T형 모델, Coca-Cola사의 한 가지 Coke에 의한 대량 마케팅 전략으로부터 Dell사의 컴퓨터, National Bicycle 사의 12,500,000가지의 자전거에 이르는 모든 고객화된 제품을 구입하는 변화를 반영한다. 그 차이는 아래에 제시된 것으로부터의 변화에서 나타난다.

- 표준화된 상표로부터 고객화된 상표로
- 고객화할 수 있는 능력으로 인해 저관여 구매로부터 고관여 구매로
- 규모의 경제로부터 표적화된 효율성의 변화인 것이다.

고객화된 제품은 최고가격을 지급할 수 있는 소수의 부자들을 위한 선택방법이 아니다. 웹, 적시 제조, 유통 시스템 등과 같은 기술을 이용하여 기업은 합당한 가격으로 대중들에게 고객화를 제공할 수 있다.

미시마케팅의 중요한 점은 일 대 일의 기준에 따라 고객과 관계를 수립하는 것인데, 구매 후에도 장기적으로 고객을 유지하려는 목표에 바탕을 둔 것이다. 그러한 **관계 마케팅**(relationship marketing) 전략은 고객의 특별한 욕구에 메시지를 맞추어 상호작용성을 발휘하도록 하는 장치이므로, 자주 웹을 이용한다.

그러나 미시마케팅과 관계 마케팅은 마케팅 기업이 소비자의 1차적 욕구와 2차적 욕구를 이해해야만 가능하다. 즉 소비자가 자신의 욕구에 대한 정보를 제공하고자 해야 하며, 그러한 권한을 발휘함으로써 소비자는 마케팅 기업의 제품에 대해 더 큰 만족을 경험할 수 있어야 한다.

2. 소비자의 권한

인터넷을 통해서 직접 마케팅에 크게 집중함으로써 제조업체로부터 소비자에게로 힘(권한)의 협상력이 변경됨으로써 소비자의 권한은 일 대 일 마케팅의 차원을 넘어, 이제 소비자는 사업의 협력자로 변모하게 되었다.

1) 인터넷이 소비자에게 권한을 부여하는 방법

인터넷은 다섯 가지 방법으로 소비자에게 권한을 부여한다.

① **보다 많은 제품정보에 접속함** : 소비자는 google.com과 같은 탐색엔진 및 Yahoo.com과 같은 포탈 덕분에 인터넷을 통해서 제품 또는 서비스에 대한 정보를 효율적으로 용이하게 검색할 수 있다. 과거보다도 소비자는 비교쇼핑 정보 및 상표추천을 제공하는 정보중재자 등을 이용하여 대안적인 상표와 가격에 대해 더 많이 알고 있다. 또한 제품 및 서비스 관련 사이트는 소비자들이 실제로 구입하기 위해서보다는 조사를 위해 사이트를 이용한다는 사실을 간파하고 있다.

② **다른 소비자에게 영향을 줄 수 있는 잠재력** : 구전은 커뮤니케이션 매체로서 인터넷으로 더 많은 힘과 속도를 획득한다. 소비자는 제품에 대한 의견을 퍼뜨리는 이야기방, 메시지 보드 및 웹사이트에 접속하거나 수립할 수 있다.

③ **상호작용** : 인터넷으로 고객은 마케팅 기업 및 생산업자에게 응답할 수 있다. 즉 소비자는 수동적으로 정보를 받지 않는다. 현재 많은 생산업자의 웹사이트는 고객이 자신의 의견을 직접 전자우편으로 보낼 수 있는 여러 방법을 제공한다. 더욱이 고객은 마케팅 기업과 생생하게 이야기하는 모임에 참여할 수 있는데, 마케팅 기업은 기존 제품 및 신제품에 대한 정보와 예상되는 견해를 제공한다. 즉 방문자들은 제품개선에 대한 제안과 신제품 아이디어를 제공할 수 있다.

④ **고객화** : **고객화**(customerization)를 이용하여 소비자는 마케팅 기업이 제공하는 규격명세에 기초하여 자신의 제품을 디자인할 수 있다.

⑤ **개인화** : 현재 대부분의 웹사이트는 웹페이지를 조정할 수 있는 것으로부터 제시된 콘텐츠에 이르기까지 소비자에게 **개인화**(personalization)를 추구할 수 있는 선택품을 제공한다. Yahoo.com과 같은 사이트까지도 소비자들로 하여금 뉴스기사 유형 그리고 전자우편으로 보낼 수 있는 여러 가지 정보를 선택할 수 있도록 허용한다. 즉 고객화로 소비자는 제품 특징을 구체화할 수 있으며 또한 소비자는 자신의 선호성에 맞도록 제품정보와 마케팅 메시지까지도 개인별로 맞출 수가 있다.

2) 소비자 권한에 대한 한계

웹을 통한 소비자의 권한에 대해 가장 기본적인 한계는 상당수 소비자들이 의미 있는 비율로 웹에 접근하지 못하고 있다는 것이다. 즉 나이가 많은 소비자들, 그리고 학력 수준이 낮거나, 혜택을 받지 못하고 있는 소비자들이 인터넷에 접속하지 못하고 있다는 것이다.

또한 웹에 접속하고 있는 소비자들까지도 자신의 힘을 최대한 발휘하지 못하고 있다. 소비자들은 너무나 많은 웹사이트와 너무나 많은 정보가 있는 웹에서 방출되는 과다한 정보로 고통을 겪고 있다. 그러한 정보과다는 새로운 정보를 찾기 위해 웹을 탐색하려는 관심을 감소시킬 수 있다.

사람들이 온라인에 소비하는 시간이 증가하고 있지만, 거의 소수의 한정된 사이트를 방문하고 있다는 것도 한계이다. 이것은 관심분야에 대한 추가정보를 이용할 수는 있지만 웹 이용자들은 몇 개의 잘 알려진 정보원천에 의존하고 있다는 것이다.

3. 웹사이트 충성심 수립

웹 소매상과 웹 마케팅 기업(예 : 온라인 기업 : click only, pure click)들은 자신의 사이트에 대한 소비자의 충성심을 창출하고 조성할 수 있는 많은 기회를 갖고 있다. 기업들은 네 가지 방법으로 웹사이트에 대한 충성심을 수립할 수 있다.

① **소비자에 대해 더 많이 알고 있음** : 생산업자와 마케팅 기업은 현존 제품 및 장래의 제품에 대한 의견을 획득하기 위해 웹을 통해서 고객의 피드백을 요청하며 또한 자사 제품에 대한 소비자의 경험을 더욱 이해할 수 있다. 예를 들어, 어떤 호텔의 예약사이트는 고객들에게 투숙한 호텔을 평가하도록 요청한 후 사후 조사결과를 전자우편으로 보낸다. 그 후 이러한 결과는 자사 호텔에 대한 고객만족을 확실히 하기 위해서 그리고 최상의 것으로 변화시킬 수 있도록 이용된다.

② **소비자들과 보다 능동적인 대화를 고무함** : 예를 들어, Amazon.com사의 도서추천 기능은 소비자로 하여금 다른 사람이 읽도록 온라인으로 도서에 대한 소비자의 검토내용을 보낼 수 있도록 하고 있다.

③ **제품에 대한 의견을 조성하도록 소비자 공동체를 고무함** : 그 제품에 대한 감정적인 애착을 더욱 야기시킴으로써 생산업자는 상표충성심을 구축할 수 있다. 예를 들어, 고객지원 웹사이트를 운영함으로써 고객들이 기술적인 문제를 해결하는데 도움을 주기 위한 포럼을 제공한다. 이로써 그 기업은 상표권리를 구축할 뿐만 아니라 고객들이 각자의 고객도움 대리인이 될 수 있도록 함으로써 고객들이 원하는 것을 제공할 수 있다.

④ **고객 경험을 개인화함** : Yahoo.com사는 이 분야의 개척기업으로서 MyYahoo!를 통해 각 회원들에게 개인화된 웹 모습과 콘텐츠를 조성하도록 허용한다. 웹 포탈은 이용자가 상호작용을 통해 상호대면함으로써, 그 사이트에 의존하게 되어 그 사이트에 대해 충성심을 조성한다.

4. 효과적인 미시마케팅에 대한 필요조건

미시마케팅이 효과적으로 수행되기 위해서는 ① 개인 수준에서의 정보, ② 상호작용성, ③ 대량 고객주문화의 역량, ④ 올바른 기업문화가 요구된다.

1) 개인 수준에서의 정보

마케팅 기업의 목표는 정보탐색과 광고노출을 고객의 행동과 연결하는 것이다. 그 후 마케팅 기업은 개별고객의 분명하거나 또는 모호한 선호성 및 행동에 근거하여 메시지와 마케팅 자극을 개발할 수 있다. 예를 들어, Amazon.com사의 고객들은 유사한 관심사를 가진 다른 고객들의 선택에 근거하여 잠재적으로 관심거리가 되는 도서를 추천받는데, 이것은 개인화 수단으로서 **협동적 여과**(collaborative filtering)라고 한다.

고객에 대한 자료는 효과적으로 미시마케팅을 실행하는데 있어 핵심적인 요소이다. 즉 고객 데이터베이스는 고객과의 관계를 조성하기 위해서 그리고 미시마케팅 전략을 수행하는데 있어 출발점으로 기능을 수행한다. 이러한 데이터베이스에는 고객의 인구통계적 특성, 라이프스타일, 관심사, 선호성, 행동, 소유유형 그리고 기업이 표적화한 제품, 서비스, 커뮤니케이션을 제공하는데 도움이 되는 기타 세부자료 등과 같은 정보가 저장되어 있다. 즉 이 데이터베이스는 기업의 "일 대 일 기억"과 동일한 것이다.

예를 들어, 어떤 호텔 체인은 각 고객의 세부적인 데이터베이스를 이용하여 고객서비스를 제공한다. 즉 투숙객이 도착하기에 앞서 그 호텔은 그 고객이 선호하는 베개, 청량음료, 침구류 등에 대한 정보를 탐색하기 위해 그 고객에게 질문서를 보낸다. 이 정보는 데이터베이스 시스템에 투입되고, 그 고객이 원하는 것으로 변경한다. 그 결과로 투숙객들의 반복 방문율이 크게 향상되었다.

2) 상호작용성

미시마케팅은 정확한 표적화, 커뮤니케이션 및 고객주문화를 실행하기 위해서 고객과의 쌍방적인 관계가 요구된다. 이 쌍방적인 관계에서 고객은 학습하는 관계에 능동적으로 참여해야 하며, 그에 대해 기업은 개별고객이 표현하는 욕구와 바램을 충족시키기 위해 자사의 행동과 제품을 적응해야 한다. 이러한 고객과의 상호작용은 그 고객과 과거에 행한 모든 상호작용을 바탕으로 이루어진다. 이러한 상호작용의 결과는 이웃에 있는 약사나 식당주인과 유지해 온 관계와 유사한데, 약사와 식당주인은 수년 동안의 상호작용을 통해 가슴으로 각 고객의 아픔, 이력 그리고 선호성을 알고 있다.

상호작용성은 여러 가지 방법으로 제시될 수 있다. 첫째, 고객은 자신이 좋아하는 것을 말할 수 있으며 또한 제안을 받을 수 있다. 예를 들어, 신용카드 회사는 신용카드 사용, 바라는 이점, 선호하는 지급방법, 기초적인 인구통계적 자료 등의 질문사항에 대한 이용자들의 응답에 근거하여 제품과 서비스를 추천할 수 있다.

둘째, 고객과의 구매 후 접촉을 유지하는 것도 상호작용성의 또 다른 방법이다. 온라인을 통한 구매 후 접촉으로 기업은 만족한 고객과 불만족한 고객을 확인·규명할 수 있다. 예를 들어, 마케팅 기업은 자사의 서비스에 대한 질문사항을 고객에게 전자우편으로 보내고, 개선과 관련된 제안을 이끌어 낼 수 있다.

셋째, 상호작용성에 대한 새로운 수단은 자사의 온라인 점포에 색다른 고객 서비스를 도입하는 것이다. 쇼핑자는 고객지원 대리인에게 메시지를 보낼 수 있으며 또한 실시간으로 응답을 받을 수 있다. 역시 그 서비스는 동영상을 통해서 고객과 기업의 대리인이 직접 대화할 수 있도록 할 수도 있다.

3) 대량 고객주문화

미시마케팅은 제품에 대해서 그리고 촉진에 대해서 대량 고객주문화를 필요로 한다.

첫째, 제품은 고객별로 제품규격에 따라 생산할 수 있는 **컴퓨터 보조제조**(CAM : computer aided manufacturing)를 통해서 고객화될 수 있는데, CAM은 개별 고객의 욕구에 관한 투입요소를 제공하는 고객 데이터베이스에 의해서 이루어진다. 예를 들어, 미국에서 Levi Strauss사는 고객 데이터베이스와 유연 생산시스템을 이용하여 자사의 바지를 고객주문화하고 있다.

둘째, 촉진을 고객주문화하기 위해서 기업은 고객에 따라 메시지를 만드는데 기초가 되는 데이터베이스를 이용한다. 예를 들어, 어떤 신용카드 회사는 과거의 행동에 근거하여 자사의 고객들에게 촉진과 쿠폰을 제공할 수 있다. 즉 특정한 식당에서 자사의 카드를 자주 이용하는 고객에게는 그 특정 식당에 대한 촉진물을 보내며, 또한 특정한 의류점에서 자주 현금영수증을 이용하여 구입하는 고객에게는 그 의류점에서 사용할 수 있는 할인쿠폰을 보낼 수 있다.

4) 기업문화

미시마케팅이 성공하는데 중요한 필요사항은 고객에게 지향하는 기업문화이다. 즉 판매원은 온화하고 주의력이 있도록 훈련하는 것도 중요하지만 개별고객을 확인하고, 추적조사하여 접촉하고, 그 후 고객의 욕구를 만족시키기 위해서 자사의 제품과 서비스를 바꾸는 것은 더 중요하다.

그러므로 미시마케팅은 고객서비스에 대한 전통적인 차원을 뛰어넘는 것이다. 즉 미시마케팅은 기업 전체가 그 개인에 맞도록 능동적으로 마케팅에 참여함으로써 그 고객이 기업과 접촉하는 모든 것을 통해서 고객을 완벽하게 구체화해야 한다.

5. 미시마케팅과 4P에 대한 전략방향

미시마케팅을 실행하기 위해서는 마케팅 기업의 4Ps에 대한 전략적 방향이 이루어져야 한다.

1) 제품

대량 고객주문화된 제품을 전달·제공하기 위해서 마케팅 기업은 고객과 상호대면이 이루어져야 한다. 즉 온라인을 통해서 제품 등에 대한 정보를 고객이 이용할 수 있도록 해야 한다. 예를 들어, 호텔, 식당 등의 서비스 이용이 가능할 수 있으며, 컴퓨터 제조회사인 Dell사는 웹을 이용하여 고객들이 컴퓨터를 변경하고 주문하고 또한 지급할 수 있도록 한다.

온라인 미시마케팅을 효과적으로 실행하는데 있어 중요한 필요사항 중의 하나는 웹사이트에 대한 상표권리를 구축하는 것이다. 예를 들어, 상당수 성공한 상표(Coke, Pepsi, McDonald's)들은 소비자의 마음 속에 강력한 상표명 연관성과 신뢰성뿐만 아니라 강력한 상표권리인 상표충성심을 수립함으로써 오프라인으로 크게 성공하였는데, 이러한 같은 기준이 상표권리를 수립하는데 적용된다.

기업이 고객에게 제공하는 강력한 상표인식과 보장이 없는 경우, 기업의 웹에 대한 존재는 자사 제품을 단지 가격으로만 경쟁하는 일반상품이 되도록 변화시킨다. 즉 상표권리가 성취되지 않으면, 대량 고객주문화는 고객충성심을 구축하기 위한 경쟁적 도구로서 그 독특성을 상실한다. 즉 우선 오프라인 운영으로 명성을 성취한 후 그것에 기초하여 제품을 고객주문화함으로써 온라인의 합당성이 달성될 수 있다.

2) 유통경로

미시마케팅에 있어 유통경로 전략은 다른 마케팅 믹스 수단에 비해 어려움이 많아 미시마케팅이 실패하는 주원인이 되기도 한다. 고객주문화된 제품을 오프라인으로 배송전달하기 위해서는 기업이 직접적인 제조회사-고객 간의 유통경로 시스템을 조성해야만 가능하다. 따라서 미시마케팅의 성공은 고객에게 지향하는 신속하고도 용이한 온라인 구매와 더불어 배송에 대한 약속을 이행할 수 있는 물적인 인프라가 구축되어 있어야 한다. 그러나 창고, 재고추적 시스템 및 배송차량 등이 필요함에 따라 물적인 인프라에 대한 비용이 증가함을 간과해서는 안 된다.

3) 촉진과 광고

미시마케팅은 고객을 끌어들이기 위한 표적화된 촉진활동을 요구한다. 여러 기술을 이용하여 상호작용적 광고가 활성화되고 있는데, 고객주문화된 커뮤니케이션에는 네 가지 유형이 있다.

- **베너광고** : 통상 직사각형 광고유형은 상업용 사이트에서 전달되는 웹페이지의 위나 아래에 보인다. 그 광고는 관심을 갖고 있는 시청자가 광고주와 직접 상호작용할 수 있도록 하기 위해 광고주의 웹사이트나 다른 기업의 사이트에 클릭하여 접속할 수 있도록 한다. 여러 다양한 베너광고의 변형물이 등장하고 있는데, 그것에는 시청자가 인터넷을 여기저기 탐색하는 동안 화면에 보이는 팝업창문 등이 포함된다. 가장 효과적인 온라인 광고는 이용자가 웹을 통해 관련된 주제를 보았을 때 나타나는 것이다. 예를 들어, 식이요법에 대한 정보를 조사하는 사람은 체중감량 프로그램이나 저지방 식품에 대한 베너광고를 보게 된다.
- **전자우편** : 전자우편은 기업이 데이터베이스에 있는 사람들에게 직접 메시지를 보내기 위해 접촉정보용 데이터베이스를 이용하는 것으로서 직접우편 마케팅과 유사하다.
- **바이러스성 마케팅** : 바이러스성 마케팅은 제품이나 서비스의·채택이나 시용을 고무하기 위한 구전을 조장하기 위해서 인터넷을 이용하는 것과 관련된다. 온라인 기업들이 고객들로 하여금 친구와 가족에게 자사 제품을 촉진하도록 하기 위해 특별한 형태의 바이러스성 마케팅을 이용한다. 바이러스성 마케팅의 이용이 새로운 것은 아니지만, 기업측에서 볼 때 바이러스성 마케팅은 적은 비용으로 커뮤니케이션이 인터넷을 통해서 전달·유포되는 속도와 넓이를 확대할 수 있다.
- **상호작용적 TV** : 상호작용적 TV는 기업들이 소비자들에게 광고를 개인화하고 표적화하는 또 다른 매체를 제공한다. 상호작용적 TV로 광고주는 어떤 사이트에서 성별, 연령, 광고에 대한 반응 그리고 접속시간의 길이 등을 포함하여 사람에 대한 정보를 획득할 수 있다. 이 모든 자료는 광고를 개인화하고 또한 관심을 가질 가능성이 있는 사람들에게 광고를 읽도록 하는데 도움이 된다. 예를 들어, Domino's Pizza사는 요금이 저렴한 위성채널 영화가 제공하는 스포츠를 시청하면서 피자를 주문할 수 있는 상호작용적 광고를 한다. 결과적으로, 그 기술을 이용하여 시청자는 광고 중에서 자신의 최종내용을 선정할 수 있고 또한 전자우편을 통해서 광고에 대한 권고내용을 제시할 수 있다.

4) 가격

미시마케팅 기업은 소비자가 제품이나 서비스에 부여하는 가치에 따라서 동일한 제품에 대해 상이한 가격을 소비자에게 제시할 수 있다. 그런 상이한 가격결정(차별가격)은 새로운 것이 아니다. 항공사나 식당들은 고객의 유형 및 서비스 시간에 따라 동일한 제품이나 서비스에 대해 상이한 가격을 부과한다. 또한 상호작용적 기술로 실시간에 고객의 행동을 추적조사하여 더 용이하고도 정확하게 상이한 가격결정을 할 수 있다.

차별가격 결정에는 두 가지 유형이 있다.

① 개인화된 가격결정은 기업이 이용자의 과거구매에 따라 상이한 가격으로 이용자에게 판매하는 것이다. 예를 들어, 어떤 닷컴기업은 온라인으로 자사 고객들의 포도주 구매빈도와 선택에 기초하여 특별한 제공물을 제공한다.

② 묶음 가격결정은 선택한 고객주문화된 선택품에 근거하여 고객에게 상이한 가격을 부과하는 것이다. 묶음 가격결정은 고객주문화된 선택품, 즉 자동차나 컴퓨터와 같은 제품에 가장 적합하다.

5) 관계 마케팅

관계 마케팅(relationship marketing)은 기업과 고객 간의 지속적인 양방향적인 학습에 의해 수립된 관계에 의해서 장기적인 고객충성심을 구축하려는 시도이다. 각 고객에 대한 많은 자료가 수집됨에 따라 기업은 소비자에게 자사의 제품과 메시지를 표적화하고 또한 소비자들이 반응하는 방법을 예측할 수 있는 역량을 키워가고 있다. 시간이 지남에 따라, 각각의 상호작용은 보다 밀착되고 효과적이 되는데, 그 이유는 기업이 말할 것과 말하는 방법을 알고 있기 때문이다.

관계 마케팅은 여러 가지 경쟁적 이점을 제공한다. 첫째, 관계 마케팅은 시간이 지남에 따라 고객충성심과 고객유지를 증가시킨다. 둘째, 관계 마케팅은 장래의 구매를 보다 편리하고 용이하게 함으로써 거래비용을 절감케 한다. 그 이유는 고객이 다른 상표나 서비스로 변경하는 경우, 그 고객은 추가적인 비용을 부담해야 하기 때문이다.

그러나 시행과 관련되는 비용과 어려움으로 인해 관계 마케팅 전략이 성공하기가 어렵다. 관계 마케팅 전략을 성공한 마케팅 기업은 ① 경쟁사보다 고객의 기대와 욕구를 충족시켰으며, ② 자신들이 고객을 이해하고 있다는 것을 보여주는 방식대로 고객을 다루고 있으며, ③ 관계획득 상표가 고객들과 더 많은 접촉을 하지 않고 있지만 각 접촉의 질을 더욱 더 높이고 있었다.

그리고 관계 마케팅을 이용하려는 기업은 아래의 세 가지 사실을 명심해야 한다. ① 상이한 유형의 사업에 대해 자사의 전략을 응용할 수 있다는 사실 ② 관계 마케팅은 소비자들이 개인적인 할인이나 서비스를 추구하는 경우에 적절하다는 것 ③ 관계 마케팅은 소비자용 포장제품에 대해서는 효과적이지 않은데, 그 이유는 소비자들이 저관여 제품에 대해 의사결정을 하는 경우 도움을 찾지 않기 때문이다는 사실이다.

6. 미시마케팅과 저관여 제품

웹에 기초한 미시마케팅 전략은 자동차나 전자제품과 같이 소비자가 크게 관여하는 제품과 관련되는 경향이 있으나, 소비자가 거의 관여하지 않는 제품에도 역시 적용될 수 있다.

즉 웹 마케팅 기업은 고관여 제품에 대해 대량 고객주문화 전략을 시행하고 있다. 이와는 대조적으로 저관여 제품에 대해 웹을 적용하는 경우는 고객화된 정보의 형태 그리고 소비자와 강력한 관계를 구축하려는 제품관련 서비스를 제공하는 형태가 되는 경향이 있다.

예를 들어, P&G사는 세제, 일회용 기저귀, 두루마리 화장지와 같은 저관여 가정용 포장제품에 대해 웹에 근거한 전략을 구사하고 있다. P&G사는 인터넷의 정보지향성 그리고 양방향적 커뮤니케이션 역량이 저관여 제품에 대해서는 효과적으로 적용될 수 있다고 믿고 있다. 이에 P&G사의 온라인 전략의 목표는 ① 고객들과의 관계를 구축함으로써 고객충성심과 상표권리를 증가시키는 것이며, ② 그 후 상표에 대한 고객의 연관성을 더 크게 하는 것이며, ③ 자사 제품에 대한 소비자의 관여가 높아지기를 희망하는 것이다.

상기와 같은 우위성이 있기는 하지만, 마케팅 기업이 저관여 제품을 마케팅하기 위해 웹을 이용하는 효과성에는 한계가 있다. 그 이유는 소비자들은 우수한 상호작용성 및 제공된 정보와는 무관하게 저관여적이며 또한 제품특이적인 웹사이트로 향할 동기가 전혀 없기 때문이다. 즉 필수적이지 않은 활동에 보내는 시간이 점차 적어짐으로써 소비자들이 인터넷을 탐색하는 것보다는 가족 및 친구들과 보내는 편리함을 추구하고 있기 때문이다.

7. 오늘날의 소비자가 미시마케팅을 수용하는 이유

점차 소비자들은 원하는 것을 정확하게 획득하기 위해서 스스로의 의사결정을 선호하는데, 이는 자신의 제품과 서비스에 대한 설계자가 되고자 하는 욕망 때문이다. 이러한 욕망은 대중화에 대응하는 반발, 즉 과거의 대량 마케팅 전략과 표준화에 대한 대응인 것이다. 그리고 가족, 일 및 사회구조가 점차 다양화됨으로써 고객주문화에 대한 욕구가 더욱 더 표출되고 있다. 즉 소비자들은 자신의 복잡한 라이프스타일에 맞추기 위해 다목적적이며 또한 다상황적인 제품을 요구한다.

미시마케팅에 대한 요구와 소비자의 수용은 계속될 것이다. 젊은이에게 부모들이 의사결정의 권한을 부여함으로써 X세대와 Y세대 소비자들은 대량 고객주문화를 가장 많이 받아들이는 사람들이 될 것이다. 이 연령 세대집단은 맞벌이 부부, 이혼율 증가 및 편부모 가정 등이 자아내는 결과로 인해 어린나이에 독립적이 되었다. 즉 그들은 과거 세대들보다 더욱 구매에 대해 책임을 지고 또한 힘을 갖게 되었다.

그들은 편안하게 선택하고 그것을 기대하고 있다. 더욱이 그들은 분별력이 있고 상식이 풍부한 소비자이며 또한 인터넷을 고객주문화 및 개인화를 전달하는 효과적인 수단으로 만드는 연령집단으로 셀프 소비자(self consumer)이다.

제 3 절 표적고객에의 제품위치화

제품은 촉진전략을 포함한 마케팅 믹스수단인 4Ps를 통해 세분시장에 위치화된다. 시장세분화와 제품위치화 전략은 동시에 수립되어야 한다. 즉 세분시장은 공통적인 욕구에 의해서 확인 · 규명되어야 하며, 제품은 그들의 욕구를 충족할 수 있도록 위치화되어야 한다.

미시마케팅의 경우, 제품은 개별소비자에게 위치화되는데, 그렇게 하기 위해서는 개별소비자의 과거행동과 현재의 선호성에 근거하여 개인들에게 제품을 표적화해야 한다. 그러나 제품위치화는 표적세분시장에 대해서 그리고 개별소비자에 대해서 행해질 수 있다.

1. 표적세분시장에서의 제품위치화

제품은 표적세분시장의 욕구를 충족시키기 위해 위치화되어야 한다. 즉 마케팅 기업은 표적세분시장의 욕구를 확인 · 규명하고, 그에 따라 자사 제품을 표적화해야 한다. 여기에서 고려해야 할 중요사항은 그 상표가 표적세분시장의 욕구를 충족하는 것으로 인식되느냐이다. 예를 들어, 어떤 기업이 다이어트에 신경을 쓰는 소비자들의 욕구를 충족시키기 위해 신제품을 시장에 도입하여 다이어트 제품으로 위치화하였다. 그러나 소비자들이 그 신제품을 다이어트용으로 생각하지 않음으로써 실패하였다. 결론적으로, 제품의 위치화는 표적소비자의 욕구와 일치되어야 성공할 수 있다는 것이다.

또한 기존제품에 대해 기업이 의도한 재위치화 전략도 연관성이 없어 실패할 수도 있다. 예를 들어, 어떤 촌스럽고 싸구려 백화점이 고급스럽고 패션지향적인 백화점으로 자신을 재위치화하는데 어려움을 겪을 수 있다. 이러한 재위치화 전략도 성공하기 위해서는 소비자의 욕구를 충족시킬 수 있는 기업의 역량이 있어야 한다.

지각지도(perceptual map : 위치화 지도 : positioning map)는 표적세분시장에서 제품 위치의 효과성을 평가하는데 사용된다. 예를 들어, Nabisco사는 보다 영양가가 있는 스낵을 개발하기 위해서, 현재 자사 및 경쟁사가 판매하고 있는 스낵 상표들을 소비자들이 강조하는 스낵의 이점을 기준으로 세분화된 시장 중 어느 이점 세분시장으로 분류하는가를 평가하도록 하였다(〈그림 18-3〉 참조).

〈그림 18-3〉에서 보는 바와 같이 칩, 너트, 과일 스낵은 영양가 지향적인 스낵커에게 소구될 수 있음을 보여준다.

〈그림 18-3〉 신제품 개념을 평가하기 위한 지각 지도화

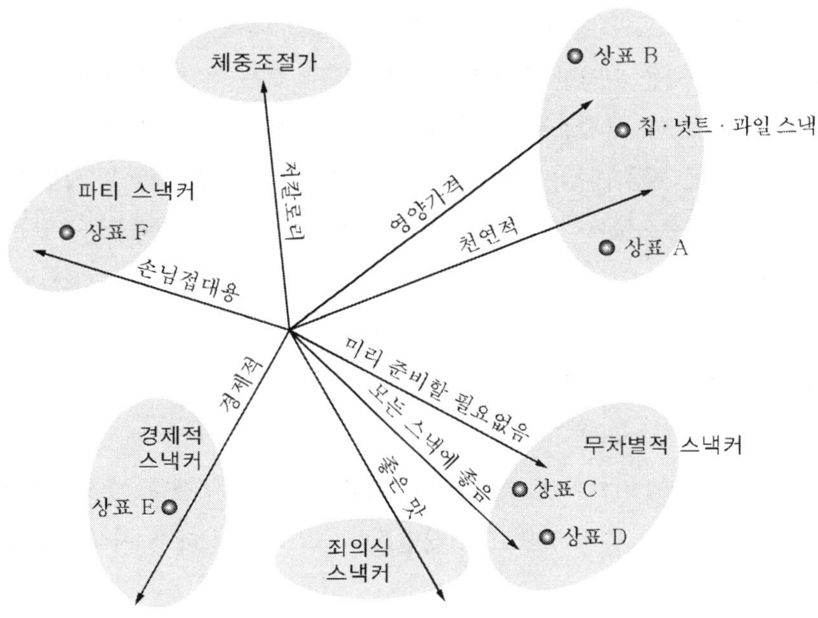

새로운 제품 개념에 대한 위치화를 평가하기 위해 3가지 의문사항이 검토되어야 한다.

첫째, 새로운 제품 개념이 경쟁사와 비교하여 독특한 위치에 있는가? 이것에 대해서는 아니요인데, 그 이유는 새로운 칩, 너트, 과일 스낵은 상표 A 및 상표 B와 경쟁할 것이라는 위험이 있다.

둘째, 그 위치화가 관리적 목적과 조화를 이루고 있는가? 대답은 예인데, 그 이유는 그 새로운 제품 개념이 영양가적 이점을 가지고 있는 것으로 지각되고 있으며, 따라서 의도된 표적에 위치화되고 있기 때문이다.

셋째, 이 새로운 제품 개념이 충분하게 큰 세분시장이 소구하고 있는가? 대답은 예인데, 그 이유는 영양가적 스낵커들이 원의 크기와 같이 가장 큰 세분시장을 구성하고 있기 때문이다.

그러나 그 신제품을 시장에 도입하기로 결정하기 전에 아래의 네 가지 질문사항에 대한 해답이 필요하다.

- 그 새로운 제품 개념이 중요한 영양가적 이점에 대해 상표A 및 상표B와 구별될 수 있는가?
- 충분한 소비자들이 상표A 및 상표B보다 신제품을 선택할 것인가?
- 칩, 너트, 과일 스낵을 구입하는 소비자들의 욕구와 특징은 무엇인가?
- 그 제품 개념이 제품으로 전환되고, 위치화가 유지되면, 소비자들이 그들의 지각을 변경할 것인가이다.

〈그림 18-3〉을 분석함으로써 마케팅 기업은 지각적 공간 내에서 **격차**(gap)를 정의한 후 추가적인 신제품의 개발가능성을 파악할 수 있다. 가장 분명한 것은 저칼로리 스낵으로 지각될 수 있는 제품이 없다는 것으로서, 체중조절자에게 위치한 스낵제품은 가장 의미 있는 마케팅 기회를 제공한다. 이러한 새로운 제품 개념이 의미가 있다면 추가적인 제품 개념을 시험해야 한다.

또한 지각지도를 검토함으로써 기존상표에 대해 새로운 개념을 위치화할 수 있는가에 따라 신제품이 개발될 수 있다.

2. 개별소비자에의 제품위치화

미시마케팅 전략은 개별소비자에게 제품을 위치화하는 것을 요구한다. 그러한 위치화는 과거의 행동과 현재의 선호성을 반영하는 것으로서, 개별소비자의 욕구에 대한 지식이 필수적이며, 그것에 의존한다.

웹을 통해 제품을 위치화하기 위해서는 두 가지 접근방법이 있다.

한 가지는 **규칙에 근거한 시스템**(rules-based system)으로서, 고객의 특징과 행동 간의 통계적 관계 그리고 구매하려는 가능성을 개발함으로써 가능한데, 고객주문화의 형식이다.

또 다른 것은 **협동적 여과**(collaborative filtering)로서, 표적소비자로서 유사한 선호성을 가진 소비자의 행동조치에 대한 지식에 의존하는 것이다. 즉 표적소비자는 다른 유사한 소비자처럼 동일한 제품을 선호할 것이라는 가정에 근거를 둔 것으로서, 개인화의 형식이다(〈표 18-2〉 참조).

〈표 18-2〉 개별소비자의 제품위치화 접근방법

구 분	규칙에 근거한 시스템	협동적 여과
내 용	◦고객의 특징과 행동간의 통계적 관계 ◦구매하려는 가능성 개발	◦유사한 선호성을 가진 소비자의 행동조치에 대한 지식 ◦다른 유사한 소비자처럼 동일한 제품을 선호할 것
형 식	고객주문화(고객화)	개인화
적용제품	고관여 제품(정보가 중요한 제품)	취향에 근거한 제품

1) 규칙에 근거한 시스템(고객주문화)

규칙에 근거한 시스템에서 마케팅 기업은 개별소비자의 특징 및 과거행동에 근거하여 광고메시지, 쿠폰 및 전자우편 커뮤니케이션을 고객화한다. 이 방법의 기본적인 우위성(이점)은 마케팅 기업이 통제함으로써 마케팅 전략을 정확하게 실행할 수 있다는 것이다. 또 다른 이점은 소비자들이 전문가로부터 권고를 받을 수 있는 기회로서, 소비자가 믿을만한 원천으로부터 많은 정보를 추구하는 제품에 대해 중요한 우위성이 있다. 이러한 제품에는 대개 고관여이며, 높은 위험이 있는 제품으로서, 자동차, 전자제품, 가전제품, 금융서비스 등이 포함된다.

규칙에 근거한 시스템이 지속적으로 고객정보를 수집하므로, 그 시스템은 실시간 시장조사 수단의 역할을 한다. 예를 들어, 기업이나 정부의 사이트는 이용자의 프로파일에 따라 페이지를 만들고, 관심사와 욕구에 근거하여 고객화된 내용을 전달한다. 이용자의 고객화된 홈페이지는 새롭게 관련된 품목, 다른 관련 사이트와의 연결, 그리고 특별한 정보를 보여준다.

규칙에 근거한 시스템은 두 가지의 단점이 있다. 첫째, 이 접근방법에서 마케팅 기업은 고객화에 대한 파라메타를 설정해야 한다. 즉 마케팅 기업이 소비자보다는 소비자가 원하는 것에 대해 많이 알고 있다는 가정하에 자사의 홈페이지를 소비자가 아니라 마케팅 담당자가 결정하기 때문이다. 이러한 가정은 특히 소비자가 자신이 원하는 것 또는 다른 사람에 의해서 영향을 받을 수도 있기 때문에 잘못될 수가 있다.

두 번째 단점이란 소비자의 과거 선호성과 행동조치에 바탕을 두고 있으므로 소비자의 현재 상태를 반영하지 못한다는 것이다. 즉 소비자의 행동이나 선호성의 지속적인 변화를 실시간에 반영하지 못하는 단점이 있다.

2) 협동적 여과(개인화)

협동적 여과는 오직 소비자의 과거 선호성에 의존하는 규칙에 근거한 시스템의 여러 가지 결점을 보완한다. 즉 협동적 여과에 근거한 시스템은 표적소비자의 의견과 유사한 취향을 가진 사람들의 의견 즉 제품권고에 대한 마케팅 기업의 규칙에 바탕을 두고 있기 때문이다.

협동적 여과 시스템의 기술은 다른 고객의 프로파일에 고객들의 개인적 프로파일을 비교평가함으로써 다른 사람의 권고사항(차이점)을 고객에게 보여주어 비교평가하도록 디자인되어 있다.

협동적 여과 시스템과 규칙에 근거한 시스템이 개별 소비자를 표적으로 하는 데 있어 상이한 목적을 위해 이용되기 때문에, 그 시스템들은 상이한 유형의 제품에 이용된다.

협동적 여과는 개인의 선호성에 의존하지만, 다른 고객의 권고사항(차이점)을 비교평가할 수 있으므로, 개인적 영향에 대한 대리인, 즉 "관련된 타인"의 선호성에 의존한다. 결과적으로 협동적 여과는 의복, 도서, 음악, 심지어는 식당과 같이 취향에 근거한 제품을 판매하는 기업에 이상적으로 적합하다. 이 경우 타인의 의견은 기업이 지향하는 메시지보다 더 중요하다. 따라서 협동적 여과는 온라인 여행대행사, 금융서비스 사이트 또는 Amazon.com과 같은 온라인 소매상에 가장 적합할 수 있다.

규칙에 근거한 시스템은 제품 속성 및 성능에 대한 정보가 중요한 제품을 판매하는 마케팅 기업에 가장 적합하다. 즉 마케팅 노력은 소비자에게 전달하기 위해 광고와 촉진적 메시지의 유형에 대한 지침에 바탕을 두어 시행되어야 하므로, 그 지침은 규칙에 근거한 시스템에서는 필수조건이다.

참고문헌

윤훈현 역, 『소비자행동론』, 제6판, 석정, 1998.

윤훈현, 『소비자행동론』, 석정, 2005.

Carol L. Karnes and Larry P. Karnes, "Ross Controls : A Cse Study in Mass Customization," *Production and Inventory Management Journal* 41 (3rd Quarter 2000), pp. 1-4.

"Consumers Say 'No Thanks' to Relationships with Brands," *Direct Marketing* (May 2001), pp. 48-51.

Don Peppers, Martha Rogers, and Bob Dorf, "Is Your Company Ready for One's to One Marketing?" *Harvard Business Review* 77 (January/February 1999), pp. 151-160.

"Exploration of World Wide Web Tilts from Eclectic to Mundane," *New York Times* (August 26, 2001), pp. 1, 22.

Henry Assael, Consumer Behavior, Houghton Mifflin, 2004.

Jagdish N. Sheth, Rajendra S. Sisodia, and Sharma, "The Antecedents and Consequences of Customer-Centric Marketing," *Academy of Marketing Science Journal* 28 (Winter 2000), pp. 55-66.

"Marketers Find Internet Opens New Avenues to Customers," *New York Times* (March 26, 2001), p. C1.

Michael Cox W. and Richard Alm, "America's Movo to Mass Customization," *Consumer's Research Magazine* (June 1999), pp. 15-19.

Paul Zipkin, "The Limits of Mass Customization," *MIT Sloan Management Review* 42 (March 16, 2001), pp. 81-87.

Sally Dibb and Maureen Meadows, "The Application of a Relationship Marketing Perspective in Retail Banking," *The Service Industries Journal* (January 2001), pp. 169-194.

"The Evolution of Relationship Marketing : Reaching an Audience of One," *Direct Marketing* (April 1999), pp. 54-59.

"Will Viewers Interact with TV Advertising?" *Marketing* (March 16, 2000), p. 9.

19
chapter

소비자 권리와 사회적 책임

시장에서 소비자 권리를 고려하는 것은 중요하다. 즉 소비자들은 정확하고도 완전한 정보에 대한 권리, 안전한 제품에 대한 권리, 적절한 제품을 선택할 권리 그리고 환경에 해를 입히지 않는 제품에 대한 권리를 갖는다. 이러한 점에서 소비자 권리 그리고 소비자에 대한 경영자의 책임의 관점에서 구매 의사결정을 조망하는 것이 중요하다.

소비자 권리에 대해 집중하지 않음으로써, 기업들은 소비자에게 제품의 성분과 내용에 대해 완전한 정보를 제공하지 못하거나, 불안전한 제품을 개발하거나 또는 비합리적으로 높은 가격을 부과함으로써 사기적인 광고와 같은 오용을 쉽게 범할 수 있다.

제 1 절 소비자 운동

1. 소비자 운동의 표명

기업들 간의 경쟁과 정부의 법규가 어느 정도 소비자 권리를 보장하기 위해 조치를 취하지만 완전하게 수행하지는 못하고 있다. 사회적으로 책임을 지는 기업은 소비자들에게 완전하고도 정확한 정보와 완전한 제품을 제공하기 위해 그들의 책임을 인식해야 한다. 책임을 인식하는 차원을 넘어 사회적으로 책임을 지는 기업은 깨끗한 환경을 보장하고, 약물사용과 10대들의 음주를 저지하고, 젊은이들에게 흡연하는 것을 간접적으로 소구하는 것을 지양하며, 또한 광고와 촉진적 소구를 평가할 수 없는 어린이들에 대해 책임감을 느끼는 것과 같은 사회적인 문제에 대해 책임을 진다는 사실을 깨달아야 한다.

그러나 의도적으로 오도하며, 대안적인 것을 선택하지 못하도록 하며, 불완전한 제품을 판매하고 있는 기업들에 대해 공중들은 대응하기 시작하고 있으며 또한 이에 기업들은 기업윤리를 내세우고 있다.

이러한 추세는 **소비자 운동**(consumer movement)으로 표명되었다. 소비자 운동은 소비자를 보호하기 위해 계획된 소비자 단체, 정부기관, 기업 등이 간혹 취하는 활동이다. 그러나 소비자 운동에는 실제로 소비자의 조직이 존재하지 않고, 대신에 별도로 관심을 가진 집단들이 결속된 것이므로, 소비자들의 이해관계에서 볼 때 이러한 집단들의 행동은 **소비자주의**(consumerism : 소비자보호주의)라고 불리어지고 있다.

소비자 운동의 기본적인 관심사는 교환과정에서 소비자의 권리를 확보하는 것이다. 이러한 소비자 권리에는 정보를 받을 권리, 진실한 것을 들을 수 있는 권리, 적절한 대체적인 것을 획득할 수 있는 권리 그리고 소비과정에서 안전함을 확보할 수 있는 권리 등이 포함된다.

세 가지 유형의 조직이 소비자 운동을 전개하여 왔다. (1) 소비자의 의식이 증대되고 또한 선택에 대한 기본적인 것을 향상시키기 위해 소비자에게 정보를 제공하는 것에 근본적으로 관심을 갖고 있는 소비자 지향적인 집단, (2) 법규와 규정에 대해 책임을 지는 정부, (3) 간혹 경쟁과 자율규제에 집중하는 기업이다. 이러한 영향요인은 〈그림 19-1〉과 같이 요약된다.

〈그림 19-1〉 소비자주의에 관여하는 기관

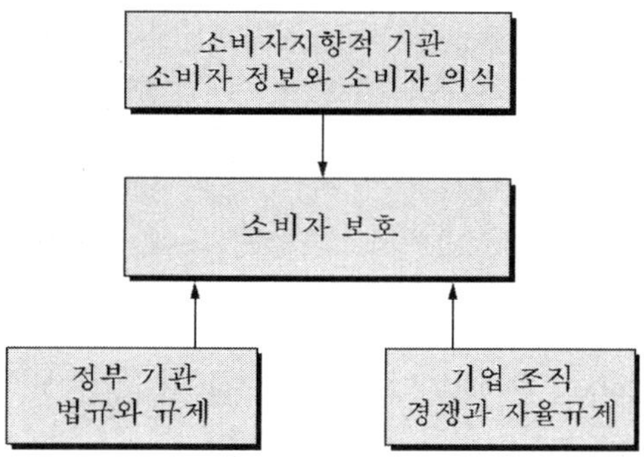

2. 소비자행동주의자들과 소비자 조직의 역할

소비자들은 행동주의자, 조직 및 불매운동을 통해 자신들의 목소리를 표출한다.

1) 소비자 행동주의자

소비자 운동에서 가장 두드러지게 영향을 미친 요인은 소비자 행동주의자들이다. John Muir는 소비자 행동주의자로서 19세기 말 미국에서 자연보호의 투사가 되었으며, 자연보호의 원인에 몰두하는 조직인 Sierra Club을 설립하였다. 1920년대 초 Upton Sinclair는 시카고에 있는 육류포장기업의 비위생적인 작업조건을 폭로하였다. 1930년대 불경기 동안, 여러 작가들은 불안전한 식품과 의약품을 폭로하였다. 1960년대 가장 유명한 소비자 행동주의자인 Ralph Nader는 자동차가 안전하지 않다는 것을 폭로함으로써 활동을 시작하였다. 1980년대, Dennis Hayes는 환경을 보호하지 않고 제품을 판매하기 위해 여러 가지를 주장하는 기업들을 고발하기 위해 그리고 환경보호에 대한 주장을 조사하기 위해 Green Seal이라는 환경단체를 창설하였다.

2) 소비자 조직체

제품실험과 소비자 교육기관으로서 미국에서 1936년에 설립된 소비자 단체인 Consumer Union은 미국에서 200만 명의 회원을 확보하고 있으며, Consumer Report라는 잡지를 발행한다. Consumer Union은 이자율, 생명보험, 제품의 안전, 의사의 선택 및 저소득 소비자의 문제에 관해 광범위한 소비자 교육프로그램을 수행하고 있다. 소비자들은 제품실험 설비를 이용하여 제품품질과 소비자의 불평불만을 평가할 수 있는 객관적이며 중립적인 제3의 단체로 Consumer Union을 인식하고 있다. 유럽에도 상기와 유사한 소비자 조직이 있는데, 영국에는 Which?, 홀랜드에는 Consumertengids가 있다. 이 조직들이 발행하는 간행물들이 국가에서 일반공중을 교육시키고 또한 공중관련 법규에 영향을 주고 있다.

Sierra Club, National Audubon Society 및 Greenpeace와 같은 단체들은 환경문제에 대해 적극적으로 대응하고 있다. 또한 미국에서 Citizen Health Research Group과 Center for Science in the Public Interest는 건강에 대한 주장을 조사한다.

3) 소비자 불매운동

소비자 행동주의자들과 소비자 조직체들이 기업에 대해 압력을 행사하는 한 가지 기본적인 수단은 불매운동이다. 예를 들어, 1988년 개발도상국에서 유아용 처방법을 마케팅하면서 World Health Organization(WHO) 표준을 위반한 Nestle. S. A사에 대해 6년간 지속된 불매운동에 수천 명의 소비자들이 Action for Corporate Accountability에 참여하였다. 세계 유아용 식품시장의 약 40%를 점하고 있는 Nestle사는 조리시에 사용하는 물이 자주 오염되고 또한 질병을 일으키는 제 3세계의 많은 국가에서 가루로 된 유아용 우유를 촉진하였다.

의심스러운 비윤리적 기업행태로 인해 제품을 불매운동하는 또 다른 소비자 위협이 크게 성공하였다. 1998년, 미얀마에서 독재정권과 결탁해서 사업을 하는 PepsiCo사에 대한 불매운동은 결국 Pepsi를 국외로 추방케 하였다. 이와 유사한 것으로서 부정하게 인간의 권리를 남용하는 폭력단체로부터 다이아몬드를 구입한 DeBeers사에 대한 불매운동으로 DeBeers사는 결국 다이아몬드 사업을 중단하였다.

그러나 전체적으로 볼 때, 소비자 단체들의 불매운동 조치는 산발적이며 잘 조정되지 않고 있다. 예를 들어, 여성해방론자 단체인 Media Watch는 성적인 광고에 대해 Guess 청바지를 불매운동하려고 하였으나 그 결과는 신통치 않았다. 그 이유는 소비자들이 다양한 이해관계 때문에 조직되고 또한 주장하기 어렵기 때문이다. 또 다른 이유는 불매운동을 하려는 소비자의 몰입이 부족하기 때문이다. 즉 소비자들이 불매운동 대상제품을 선호하고 또한 이용할 수 있는 대체품이 없는 경우에는 불매운동에 참여할 가능성이 없기 때문이다.

3. 정부의 역할

정부는 소비자의 이익을 보호할 책임이 있으며, 법률과 법규기관의 조치를 통해서 책임을 지고 있다.

1) 법규

법규의 관점에서 볼 때, 사기적인 포장을 불법으로 규정하고, 담배에 경고문구를 표시하도록 하며, 소비자의 신용대출 협약에 대한 모든 금융비용을 밝히고, 어린이에게 불안전한 제품의 판매를 금지시키고, 건강주장 및 식품의 성분을 상세하게 밝힐 것을 요구한다.

미국의 경우, 가장 중요한 소비자 보호법률이 1966년 이후에 통과되었으며, 그 후 주정부와 지방공동체도 식품과 의약품의 보존기간, 재활용과 쓰레기 처리에 관한 법률을 집행하고 있다.

2) 규제기관

규제기관은 상기의 법규를 집행함으로써 소비자 권리를 보장하는데 필요한 역할을 수행한다. 미국의 중요한 기관은 Federal Trade Commission(FTC ; 1914년 설립)과 Food and Drug Administration(FDA) 그리고 1970년대에 설립된 Consumer Product Safety Commission(CPSC)과 Environmental Protection Agency(EPA)가 있다.

한국의 경우, 미국과 유사하게 식품의약품안전청과 한국소비자원이 있다.

식품의약품안전청은 영제 15733호(98. 2. 28)에 의해 설립된 국가기관으로 식품, 의약품, 화장품, 의료기기 등의 안전성과 유효성을 확보하고 과학적인 정확한 정보를 제공함으로써 국민건강을 보호하고 증진시키기 위한 사명하에 식품·의약품의 안전관리체계를 구축·운영하여 국민이 안전하고 건강한 삶을 영위할 수 있도록 하고자 1998년에 설립되었다. 2007년 현재 1,379명으로 6개 본부, 국립독성연구원 및 6개의 지방청으로 조직되어 있다.

또한 한국소비자원(2007년 3월 8일 소비자기본법에 의해)은 1987년 7월 1일 소비자보호법에 의해서 한국소비자보호원으로 출발하여 소비자의 권익을 증진하고 소비생활의 향상을 도모하며 국민경제의 발전에 이바지하기 위해서 국가에서 설립한 전문기관이다.

한국소비자원은 소비자와 함께 행복한 세상을 만든다는 미션하에 ① 미래 소비자원과 소비자의 상호관계 설정에 있어 소비자의 주체적 경쟁력을 함께 창출해 내는 역동적·일체적인 동반관계를 설정함 ② 소비자의 권익증진을 위한 전문적 업무와 서비스의 지향점이 궁극적으로는 소비자의 행복을 추구하는데 있음을 규정함 ③ 기관의 미션 달성을 위해 주어진 주체적 역할과 책임을 다하겠다는 조직원 모두의 강한 자세와 의지를 표명함 등을 포함하고 있다.

한국소비자원은 소비자분쟁조정위원회를 비롯하여 3실 5국으로 구성되어 있는데, 소비자교육, 시험검사, 소비자안전 및 분쟁조정의 역할을 하고 있다.

4) 기업의 역할

기업은 반응적이고 진취적이며 주도적으로 소비자 권리를 보호하고 있다. 즉 기업은 정부규제에 적극적으로 반응하고 있다.

기업은 공해통제, 제품안전, 제품표찰, 진실한 광고, 가격담합과 반독점 행동에 대한 통제 등의 분야를 다루는 법률 등을 준수해야 한다. 즉 기업은 사기적인 광고와 건강에 대한 규제 그리고 영양가 표식에 대한 요구조건 등과 같은 법규기관의 지침을 준수해야 한다.

또한 기업들이 보다 스스로 대응하려고 하는 것은 자율규제이다. 즉 상당수 기업들은 세심한 반공해 정책, 정확한 표찰화 실행 그리고 고객들이 자신의 권리를 행사할 수 있도록 새로운 경로를 채택하고 있다. 예를 들어, Lever Brothers사는 가정용품에 사용되는 포장된 재활용된 플라스틱을 사용하고 있으며, General Electric사는 오존층을 파괴하는 공해물질을 줄이는 데 수백만 달러를 지출하였으며, Procter & Gamble사는 25~35%까지 쓰레기를 줄이기 위해 자사 제품의 재보충품(refills)을 광고하고 있다. 또한 Wal-Mart사는 재활용을 특성화한 경제적인 점포를 실험하고 있다.

그러나 일반공중들은 그러한 기업의 노력에 회의적인데, 그 이유는 기업들의 그러한 노력을 환경보호나 소비자 권리에 대한 진실된 이해관계에서 동기가 부여되었다기보다는 이기적인 것으로 간주하기 때문이다.

제 2 절 소비자 운동의 역사

1. 미국의 소비자 운동의 역사

미국의 소비자 운동은 지속적으로 소비자 권리를 보호하고자 하였다. 즉 소비자 운동은 기업들로 하여금 사회적 책임의 개념을 받아들이도록 시도하는데 있어 자율규제를 고무하는 경향이 있다.

미국에서 소비자 보호에 대해 기록된 첫 번째 사건은 1775년에 발생하였다. 첫 번째의 소비자 운동은 1890년에 시작되었고, 1980년 이전까지 세 단계로 나누어지는데, 그 때에야 비로소 소비자 보호가 국가적인 문제가 되어, 그 결과 소비자 보호법규가 개정되었다. 전체적으로 볼 때, 미국의 소비자주의는 4단계로 설명된다.

1) 제1기 소비자주의

제1기는 19세기 전환기로서, Standard Oil사와 같은 거대기업들이 권력을 축적하던 시기이다. 1850년 Sherman Antitrust Act가 통과되어 대기업들이 경쟁을 제한하는 것을 금지토록 하였다. 1906년 Upton Sinclair의 The Jungle이라는 책은 FDA를 설립하는 계기가 되었고, 1914년 FTC가 설립되었다.

2) 제2기 소비자주의

대공황과 1933년에 발행된 100,000,000 Guinea Pigs라는 책은 불완전한 의약품, 화장품 및 식료품 등을 고발하였는데, 이로 인해 두 번째의 소비자주의가 야기되었다. 이 밖에도 여러 책들이 광고를 고발하고 또한 식료품의 불결한 제조・처리과정을 고발함으로써 Consumer Union이 1936년에 창설되었고, FTC에 Wheeler-Lea Amendment가 1938년 통과되었다.

3) 제3기 소비자주의

제3기 소비자주의는 일련의 고발사태가 있었던 1960년대 시작되었다. 1962년 Rachel Carson의 Silent Spring이라는 책으로 소비자들은 농약의 위험성과 식품 및 기타 제품에 함유된 화학제품들의 위험을 인식하게 되었다. 1965년 Ralph Rader의 Unsafe at Any Speed라는 책은 자동차업계들이 초보적이며 기본적인 안전에 대한 사전주의까지도 관심을 기울이지 않는다는 것을 고발하였다.

1974년부터 1978년 사이에 소비자 안전, 직업 안전 및 기타 산업에 관련된 특별한 법규에 관련하여 연방정부의 지출예산이 85%까지 증액되었다. Carter 대통령은 에너지 보존과 환경을 다루기 위해 대통령고문단을 창설하였다. 더욱이 EPA와 같은 새로운 정부부서가 생기게 되었다. 또한 FDA는 식품의 표찰에 추가적인 정보를 제시하도록 요구하였다. FTC는 사기적인 광고를 정의하기 위한 특별한 규칙을 마련하였으며, 담배회사로 하여금 담배포장에 새로운 타르함량을 밝히도록 하였고, 어린이들에 대한 TV광고의 영향을 적극적으로 조사하였다.

그러나 1980년대에 들어 Reagan 행정부는 규제에 대한 추진에 반대하였고 또한 소비자 문제에 대해 강조하지 않았다. 즉 자율규제가 소비자의 이익을 보호하는데 있어 정부의 규제보다 더 우선하였고 또한 환경에 대한 통제도 역시 덜 강조되었다.

4) 제4기 소비자주의

소비자주의의 부활은 Reagan 행정부의 법규완화에 대한 대응으로 1990년대와 2000년대 초에 이루어졌다. 우선 Bush 행정부는 이러한 부활을 주도하였다. 그리고 Clinton 행정부가 그것을 이끌어 주었다. 그러한 변화는 미국 소비자들은 법규완화가 소비자들을 해친다고 생각한다는 조사결과에 기인한 것이다.

둘째, Bush 행정부는 산업폐기물을 규제하는 Kyoto Protocol에 서명하는 것을 거부함으로써 그리고 지구온난화에 대한 협정을 2001년에 거부하기로 결정함으로써 환경문제에 대한 집중을 지연케 하고 있다.

2. 외국의 소비자 운동의 역사

1970년 이후 소비자 운동은 서구 유럽에서 중요한 영향요인이 되고 있으며, 아시아에서는 그 정도가 약하다. 경제적인 번영과 소비가 증가한 후, 유럽 소비자들은 환경, 개인의 건강과 영향 그리고 안전과 같은 생활의 질의 문제로 집중사항을 변경하였다.

유럽연합(EU)이 1950년대 후반에 조성된 후, 소비자 조직은 소비자 권리, 환경보호 및 소비자 정보를 개선하기 위해 법규를 제정하고 시행하는데 몰입해야 한다는 사실을 깨달았다.

1) 1990년 이전

서구 유럽에서 소비자주의가 생태적인 것에 집중하게 된 것은 공해에 집중적으로 관심을 기울여진 이유이다. Friends of the Earth 및 Greenpeace와 같은 소비자 단체가 환경에 대한 조치와 소비자 참여에 대한 수단으로서 1960년대 말 생겨났다. 그 외에도 독일의 Stifung Warentest는 독립적으로 제품을 시험하는 조직으로 형성되었다. 그 조직은 매년 거의 2,000개 제품을 시험하고 또한 월간잡지인 "Test"와 기타 전문품 간행물에 그 결과를 발표한다.

1970년대부터는 국가정책에서 유럽공동체의 정책을 수립하는 것으로 변화가 있었다. 1972년 Stockholm Conference는 선진국에서의 환경문제에 주의를 기울였다. 그 후 유럽공동체(현재 유럽연합)는 소비자 정책에 대해 First Action Program을 승인하였다. 이 프로그램은 다섯 가지 소비자 권리, 즉 건강과 안전의 보호에 대한 권리, 경제적 이해관계의 보호에 대한 권리, 위해에 대한 권리, 정보와 교육에 대한 권리 그리고 대표할 수 있는 권리 등에 집중한다.

녹색운동은 산성비의 유해한 영향으로부터 유럽의 산림을 보호하기 위해 1980년대 초에 정치적인 힘으로 정착되었다. 그것은 Chernobyl 원자력발전소 사건이 알려진 1980년대 중엽 그 계기가 되었다. 녹색당이 1985년 영국과 독일에 창설되었다. 1980년대 말, 녹색당은 정치적으로 권력을 가지게 되었는데, 벨기에의 경우 국회의원 투표에서 14%, 서독에서는 8.4%, 프랑스에서는 10.5%를 차지하였다. 녹색당은 1980년대와 1990년대에 많은 환경보호법 및 기타 소비자 보호조치, 즉 화장품에 대한 안전규제, 식품의 표찰화, 소음공해, 오도적인 광고, 쓰레기 처리, 소비자 신용규정 및 수질 규제 등과 같은 것에 대해 책임을 지고 있다.

2) 1990년 이후

1990년대 동안 EU와 개별 국가들은 녹색당과 소비자 단체들의 영향으로 소비자 지향적 법률을 제정하였다. 일반공중들의 분위기는 1995년의 설문조사로 요약될 수 있는데, 조사결과는 독일 소비자의 82%, 네덜란드의 67%, 프랑스의 50%, 영국의 50% 소비자들이 그들은 쇼핑시 환경적 관심사를 반영한다고 응답한 사실을 밝혔다. 1992년 Maastricht Treaty는 환경보호에 관하여 European Parliament of EU에 강화권한을 줌으로써 전반적인 EU 정책에 소비자 보호를 촉진하였다. 1993년부터 2000년까지 발효된 The Environmental Act Program(EAP)은 EU국가에 대한 환경보호 표준을 확대하였고 또한 유지될 수 있는 환경개발에 집중하였다.

최근의 계기가 된 또 다른 소비자 정책분야는 소비자 건강과 식품안전으로서, 여러 법률에 식품을 규제하기 위해 통과되었다. 예를 들어, 식품의 경우 유전자로 조작(GM)된 미생물의 사용에 대한 규제가 1990년대 초에 제정되었다. 또한 미국과 캐나다로부터 호르몬이 첨가된 맥주를 수입하지 않기로 결정하였다. 그 결과 유전자 조작 식품은 유럽 소비자들에게 전혀 인기가 없는데, 유럽 소비자들은 ① 유전자 조작 식품은 비자연적이다. ② 유전자 조작은 위험한 식품을 생산한다. ③ 유전자 조작 식품은 환경에 나쁘다는 이유로 반대하였다. 광우병과 같은 식품관련 질병이 발생한 후 유럽인들은 비자연적인 첨가물의 안전에 대해 그리고 안전을 규제하는 정부의 역량에 대해 회의적이다.

서구 유럽이 미국보다 뒤쳐진 분야는 담배의 촉진을 규제하는 것이지만, 그것도 변화하고 있다. 미국이 금지한 후 19년이 지나 EU는 1989년 TV의 담배광고를 금지하였다. 1998년, EU는 담배제품에 대한 모든 형태의 광고를 금지하였다. 2003년, World Health Assembly는 세계적으로 회원국들에게 담배광고를 금지할 것을 권장하는 조약을 채택하였다. 역시 10대의 흡연을 방지하려는데 더 많은 관심을 기울이려고 노력하고 있다.

이에 추가하여 소비자 행동주의자들은 아시아에서의 담배 마케팅 방법을 공격하는데 앞장서고 있다. 미국기업들의 공격적인 담배 촉진이 후진국에서 전통적으로 흡연할 가능성이 거의 없는 집단인 여성과 10대들 간에 소비를 증가케 하는 원인이 되고 있다는 것은 WHO가 발표한 보고서에 의해 촉발되었다.

소비자주의가 아시아와 동구 유럽에서는 거의 강조되지 않고 있다. 예를 들어, 일본의 경우 업계와 정부의 밀접한 관계는 소비자 권리를 보호하는 것보다는 보호적인 거래장애물을 형성하는 것에 강조하고 있다. 그러나 환경보호에 대한 욕구를 소비자들이 인식하고 또한 소비자 권리에 대해 더욱 동정적으로 생각하는 정당이 증가함으로써 탄소방출을 자발적으로 줄이도록 촉진하는 Kyoto Protocol이 1997년 정부의 지원으로 결정되었다.

3. 한국의 소비자 운동의 역사와 과제

한국의 소비자 운동은 여성단체에 의해 1950년대 중반부터 시작되어 물자절약, 저축생활, 국산품 애용 등에 대한 민중 계몽활동으로 펼쳐졌다. 그러나 실질적인 소비자 보호운동은 1960년대 후반부터이며, 1970년대 한국소비자연맹이 창립되어 소비자단체로서 적극적인 활동이 전개되었다. 1980년 1월에는 소비자보호법이 제정·공포되었다.

1) 시대별 소비자 보호운동

(1) 1960년대

1960년대부터 여성단체들이 여성운동의 일부활동으로 소비자보호활동을 전개하기 시작하였다. 1967년 한국부인회는 소비자불만 창구를 개설하여 소비자문제를 다루기 시작하였고, "소비자보호"를 발간하여 소비자정보지로서의 역할을 담당하기 시작하였다. 1968년 서울 YWCA에서는 소비자보호위원회를 구성하여 소비자운동을 시작하였다.

그 당시 한국사회는 절대빈곤과 경제성장의 문제에 당면해 있기 때문에 정부의 소비자보호정책은 거의 전개되지 못하였고, 소비자문제 및 소비자의식이 조금씩 싹트기 시작하는 정도였다.

(2) 1970년대

1970년대 초반에는 주부클럽연합회(1972), 주부교실중앙회(1972), 여성단체협의회(1973) 등이 창설되어 소비자보호활동이 보다 활발하게 전개되기 시작하였다. 1976년 기존 단체들의 결합체인 "소비자보호단체협의회"가 결성(1978년 경제기획원에 등록)되어 조직적이고 협조적인 소비자보호활동을 전개하기 시작하였다.

1978년 한국소비자연맹이 창설되어 소비자문제를 전문적으로 다루는 소비자단체로서의 역할을 수행하기 시작하였다.

1970년대에는 많은 소비자피해 사건이 발생하여 사회적 문제로 대두되기 시작하였다. 대표적인 사건은 아래와 같다.

- 1970년 비소가 든 소다를 먹고 연쇄참사를 당한 소다사건
- 1971년 공업용 석회를 사용한 횟가루 두부사건
- 1975년 콜라병 폭발사건
- 1977년 경상사료사건

- 1978년 번데기 식중독 사건, 37명의 환자발생, 수명 사망
- 1979년 수입 고춧가루에서 타르색소가 검출되어 폐기시킴

상기의 소비자문제 및 피해가 급증하면서 소비자보호운동이 적극적으로 전개되기 시작하였다. 이 시기의 주요활동으로는 소비자 의식을 고취시키기 위한 불량상품전시회, 우수공산품전시회의 개최, 실량 검사, 소비자 교육 프로그램, 외국의 소비자단체나 소비자운동가와의 교류 등이 있다. 이런 활동으로 조금씩 소비자보호에 대한 사회적 인식과 관심이 높아지기 시작하였다.

(3) 1980년대

적극적으로 소비자단체들이 소비자운동을 활발하게 전개함으로써 정부의 소비자정책이 매우 활발하게 전개되는 시기를 맞게 되었다. 1980년 소비자보호법이 제정되고, 1982년 소비자보호법시행령이 제정되었다. 1986년 소비자보호법을 개정하여 정부의 소비자 전문기관인 한국소비자보호원(지금은 한국소비자원)이 개원되었다.

1980년대 정부의 적극적인 소비자보호행정과 민간 소비자운동이 활발하게 전개된 시기이므로 소비자운동의 성숙기라고 할 수 있다.

(4) 1990년대 이후

1990년대에도 각종 소비자문제 및 소비자피해는 계속 발생하였다. 1992년 변압기폭발사건, 1994년 녹즙기 손가락 절단사건, 뇌염백신사건, 1995년 고름우유사건, 1996년 우유 및 분유의 발암물질 검출사건, 중국음식점의 비위생적 문제, 화학간장에서의 유해물질 검출사건 등 소비자피해가 속출하였다. 특히 점차 수입제품으로 인한 소비자안전 문제가 새롭게 제기되기 시작하였는데, 1997년 미국 수입산 쇠고기에서 0157 병원균 검출, 수입 아이스크림에서 유해물질 검출 등이 발생하였다. 이런 소비자문제가 발생됨으로써 문제의 제품에 대한 불매운동 및 각종 캠페인이 전개되었다.

1991년 합성세제 덜쓰기 운동 및 분유광고금지대회, 1993년 미국산 수입밀(발암, 농약 검출) 사용저지 캠페인, 1994년 에너지 절약 캠페인 등이 확산되었다.

1990년대에 접어들면서 소비자단체들의 국제적인 활동이 더욱 활발해지기 시작하였다. 시민의 모임 및 소비자보호단체협의회, 한국부인회 등이 공동포럼 및 소비자운동가(Ralph Nader) 등을 초청하기도 하였다.

2) 한국 소비자운동의 문제점과 해결방안

한국의 소비자운동은 짧은 역사와 체계화의 부족 등 여러 가지 문제점이 있다.

(1) 여성중심의 소비자

한국의 소비자운동은 여성중간층 중심의 여성권익보호활동의 일환으로 출발하였다. 1960년대와 1970년대 초 창립된 여성단체들이 주도하여 전개되어 왔으며, 1980년대 이후부터는 소비자문제를 전문적으로 다루는 소비자단체들의 활동이 전개되었으나, 남성 소비자들의 참여가 저조하여 여성 중심으로 전개되고 있는 한계점이 있다.

여성 중심으로 전개되어 온 소비자운동은 조직력, 전문성, 자금면에서 열세하므로, 소비자운동이 시민운동으로서 그리고 사회운동으로서 발전·확대되는데 장애가 되고 있다.

소비자운동은 소비자보호 및 소비자 권리실현이 최종목적이 아니고 보다 나은 삶과 함께 공유하는 삶을 누리기 위한 범사회적 운동이므로 남성 소비자를 포함하는 조직적 활동, 국내 시민단체들과의 교류 및 연대, 국제적 소비자운동으로 전개되어야 한다.

(2) 새로운 소비자운동의 방향 정립

소비자운동의 기본방향이나 명확한 가치관, 이념 등이 아직도 체계적으로 정립되지 않아 전문적이고 조직적인 활동을 행하지 못하고 있다. 현재 세계의 소비자운동이 시장경제의 세계화 추세, 자유무역체제, 지구환경의 보호 등과 같은 운동지표를 가지고 전환점을 맞고 있다.

따라서 한국의 소비자운동도 소비자책임의 강조 및 지속가능한 소비를 위한 운동으로 전환하는 시점에 와 있으므로 소비의 선택권을 강조하기보다는 자원의 효율적 사용, 폐기물의 감소, 건전하고 적절한 수준의 소비생활을 강조하여 물질주의적 가치관 그리고 탈소비사회적 방향으로 재정립되어야 한다. 또한 소비자 권리확보 차원을 넘어 소비자책임을 강조하고 또한 새로운 소비자운동의 목표를 설정하여 방향전환을 시도해야 한다.

(3) 소비자단체의 비전문화 및 재정적 문제

대부분의 소비자단체의 운동은 소비자고발 접수 및 상담, 소비자 피해구제, 소비자교육 활동 등 활동내용상 차별화를 이루지 못하고 있다.

인력과 경제적 재정이 부족한 상황에서도 각 소비자단체들 간의 업무가 전문화되지 못하고 분업화되지 못한 것은 심각한 문제이다. 뿐만 아니라 민간 소비자단체들은 그 동안 재정적으로 매우 취약하여 활발한 운동을 전개하지 못하여 왔는데, 이제는 재정적 문제를 해결할 수 있는 자구노력이 시급하다.

(4) 서울 중심에서 지역적 소비자운동의 필요성

지금까지 한국의 소비자운동은 대부분 서울을 중심으로 이루어져 왔다. 최근 소비자단체들이 지방에 지부를 설치하기 시작하였지만 여전히 중앙집중적 형태에서 벗어나지 못하고 있다. 따라서 지역중심의 소비자운동을 활성화하는 방안을 모색하여 보다 범국민적 소비자운동을 전개하여야 한다.

(5) 적극적 소비자정보 제공의 필요성

소비자문제나 소비자피해를 예방하는 차원에서 그리고 합리적인 소비생활을 유도하는 차원에서 소비자정보 제공이 보다 적극적으로 이루어져야 한다. 즉 사후적 소비자운동에서 사전적 운동으로 전환하기 위해 소비자정보 제공의 역할을 충분히 수행해야 한다. 이를 위해서는 정보수집의 전산화, 정보의 체계적 분석, 정보전달 방법의 개선, 세계 소비자정보의 제공이 시급하다.

1996년부터 병원, 학교, 관공서 등 기관에서 위해제품에 대한 고발이나 소비자문제를 접수하고 있으나 잘 수집 · 관리되지 않고 있다. 따라서 각종 정보에 대한 전산화 및 전산망의 연결, 소비자정보를 수집하는 기관들 간의 연계강화 등 과학적이고 종합적인 정보수집 및 관리체계가 시급하다.

한편 소비자정보를 어떻게 소비자에게 효과적으로 전달하느냐 하는 문제도 중요하다. 많은 소비자단체가 제공하는 소비자정보지가 비매품형식으로 회원들에게만 전달되고 있다. 또한 한국소비자원이 유가로 제공하는 "소비자시대"가 있으나, 소비자 의식의 부족과 소비자정보를 탐색하지 않는 많은 소비자들 때문에 정보전달이 제대로 되지 못하고 있다. 따라서 효과적으로 소비자정보를 소비자에게 전달하는 방법에 대해 충분한 노력이 이루어져야 한다.

(6) 소비자교육의 활성화

합리적인 소비생활을 유도하기 위해서는 소비자교육의 활성화가 시급하다. 소비자들의 의식 고취, 소비선택의 중요성 인식, 건전한 소비생활, 생산적 소비추구 등을 위한 소비자교육이 절실하다. 이러한 소비자교육은 질적 및 양적 측면 모두에서 필요하지만, 소비자교육의 양적 증대가 우선적으로 시급하며, 교육대상 및 계층에 맞는 다양하고 실용성 있는 프로그램 개발 등 질적 소비자교육을 위한 과제가 남아 있다.

(7) 조화로운 소비자운동

소비자운동은 기본적으로 소비자이익과 보호를 추구하기 위한 운동이면서 동시에 기업의 경쟁력을 향상시키는데 중점을 두어야 한다. 즉 상기의 두 가지 모두를 향상시키는 것이 어려운 과제이기는 하지만, 철저하며 합리적인 소비자선택, 충분한 소비자역할의 수행, 소비자책임의 실천을 유도하는 조화로운 소비자운동이 전개되어야 한다.

제3절 소비자 권리

1. 미국의 소비자 권리

네 가지 문제가 1990년대와 2000년대 초 미국에서 소비자 행동주의자들, 정부 및 기업들의 주의를 끌고 있다. ① 환경, ② 건강에 대한 주장, ③ 어린이에 대한 광고, ④ 사생활 보호 권리와 개인적 정보를 발표하지 않음에 대한 권리 등이다. 이런 문제들은 미국에서만 독특한 것이 아니라 세계적인 주의를 받고 있다.

1) 새로운 환경보호주의

환경을 보호하려는 소비자들의 인식이 높아짐으로써, 1990년대에는 깨끗한 환경을 촉진하기 위한 환경통제와 새로운 창의력이 크게 강조되었다.

Exxon Valdez의 기름추출사고, 지구온난화의 문제, 오존층의 파괴 등과 같이 일반에게 널리 알려진 환경폐해는 환경이 나빠지고 있다는 사실이 소비자들의 주의를 환기시키고 있다(〈사진 19-1〉 참조).

2001년 설문조사 결과, 63%가 경제와 환경 중 환경이 더 중요하다고 그리고 57%는 경제성장을 희생해서라도 환경보호가 우선시되어야 한다고 응답하였다. 더욱이 상기의 수치는 Y세대가 사회에 대해 더 영향력을 가짐에 따라 증가될 것으로 예상된다.

그러나 상반되는 측면으로서 소비자들은 녹색제품을 필시 구입하지 않고 있는데, 녹색제품이 열등하다고 잘못 지각하고 있기 때문이다.

(1) 소비자 행동주의자와 규제기관의 대응

환경에 대한 관심사가 증가함에 따라 소비자 단체들은 불필요한 오염물질과 쓰레기매립장 공간에 대해 마케팅 기업들을 표적으로 하고 있다. 그러한 행동조치들은 환경에 해를 주는 기업활동을 반대하는데 소비자 단체들이 중심이 되고 있다. 가장 두드러진 조직인 Sierra Club은 개발로 인한 토지를 보호하는 것 그리고 부정적인 환경적 활동을 일반공중에게 널리 알리고 있다. 또 다른 조직인 Environmental Defense Fund는 쓰레기 처리와 같은 문제와 관련하여 일반공중들의 인식을 높이고 있으며 또한 소비자들로 하여금 쓰레기를 재활용하도록 고무한다.

〈사진 19-1〉 환경보호주의를 강조하는 광고

(2) 정부의 통제

정부는 새로운 환경보호주의에 의해 새롭게 행동하고 있다. 1990년 Clean Air Act는 주들 간에 공해에 대해 대처할 수 있도록 개정되었으며, 또한 공해와 산성비 배출을 피할 수 있는 엄격한 통제를 강화하였다. Clinton 행정부는 1993년, 새로운 기구로서 백악관에 Office of Environmental Policy를 조직하고 전세계적으로 식물과 동물을 보호하기 위한 **생물의 다양성**(biodiversity) 조약에 서명하였다. 역시 Clinton 행정부는 남서부의 수백만 에이커의 산림과 목초지를 관광개발과 벌목으로부터 보호하기 위한 법률에 1996년 서명하였다. 또한 그 해에 공해로 인한 어린이 건강의 위험에 대하여 모든 공해방지표준에 집중하도록 FDA에 지시함으로써 공해배출에 대한 보다 엄격한 규칙이 나오게 되었다. 그리고 2000년 Clinton 행정부는 Kyoto Protocol을 승인하였다.

최근 Bush 행정부는 환경문제에 관해 약한 행동주의적 입장을 취하고 있다. 예를 들어, 탄소배출을 저지하기 위한 Kyoto Protocol의 지침이 주요 자본주의 국가에 대해서 너무 엄격하다는 입장을 표명하였다. 이에 추가하여 Energy Department는 수십억 달러의 추가 부담을 주장하는 에너지 업계에 대해 공해법규를 완화해 주려는 의도로 미국의 맑은 공기 정책을 다시 검토하고 있다. 현재 많은 주들이 연방정부보다도 환경에 대해 보다 행동주의자적 입장을 취하고 있다. 해안지역에 위치한 지방정부들은 쓰레기 매립지 공간을 줄이고 또한 유한자원의 사용을 줄이는 것이 환경보호주의에 대해 좋은 정책이 된다는 사실을 인식하고 있다. 역시 주들은 승용차 함께타기, 대중교통수단 이용 및 심지어는 걷는 것을 권장함으로써 휘발유 소비를 줄이려고 노력하고 있다.

(3) 기업의 대응

기업의 대응은 매우 복잡스럽게 진전되어 왔다. 긍정적인 측면에서 볼 때, 몇몇 기업들은 환경적으로 책임 있는 조치를 확실하게 행할 수 있도록 준비하고 있다.

예를 들어, 1990년, McDonald's사는 플라스틱을 종이봉투로 바꾸었으며, 또한 식당을 건축할 때에 재활용할 수 있는 재료를 사용하고 있다. 2000년, McDonald's사는 30% 이상 쓰레기를 줄였으며, 미국에서 재활용품을 선도적으로 구입하는 기업이 되었다. 또한 6개의 주요 종이사용 기업들 중 Time Wanner사와 Johnson & Johnson사는 재활용된 종이시장을 형성하는데 도움을 주고 있으며, 1999년 Honda사와 Toyota사는 유해물질 배출을 최소화함으로써 공해를 줄이려는 시도로 내연기관과 전기추진을 결합 하이브리드 자동차를 판매하고 있다.

마케팅 기업들은 환경친화적인 취지에서 신제품을 출시하고 있다. Ben & Jerry's, The Body Shop 및 Patagonia사와 같은 기업들은 환경보호주의를 자사의 전체적인 기업전략 및 가치관의 기본 구성요소로 만들고 있다. 결과에 의하면, 2000년 새로운 소비재들 중 약 5%는 재활용성 또는 재활용 소재를 사용하고 있다.

한편, 부정적인 측면에서 볼 때, 이러한 녹색주장들 중 상당수는 의심스러운 것들이다. 예를 들어, Hefty, Gold 및 Handy-Wrap 쓰레기봉투는 분해성을 촉진하기 위해서 화학물질을 첨가하였으며, 그 제품이 분해될 수 있는 것으로 광고하였다. 그러나 문제가 되는 것은 자연적으로 썩어 없어지기 위해서는 햇빛이 필요하며, 또한 이들 제품들 중 거의 대부분은 실제로 분해되지 않고 쓰레기 매립지에 파묻혀 있다는 것이다.

이러한 기업행태에 대해 주정부 및 연방정부 차원에서 일련의 조치가 취해지고 있다. 1992년 FTC와 여러 주정부는 재활용 주장이 광고법을 위반하는가를 조사하였다. 이에 추가하여 FTC는 환경적 표찰화에 대한 일련의 지침을 발표하였다.

2) 건강 주장

1990년대와 2000년대 초 소비자 행동주의자를 자극하는 두 번째 문제는 건강을 주장하는 식품에 대한 관심사이다. 라이프스타일이 변화됨으로써 건강과 영양가에 대해 집중하게 되고 또한 소비자들은 광고와 포장에 적힌 영양가 정보를 잘 알고 있다.

최근 조사에 의하면, 면접한 소비자들 중 반 이상은 건강에 대한 주장이 구매결정에 영향을 미치는데 있어 중요한 요인이라고 응답하였으며, 44%는 그들이 포장에서 대부분의 건강 및 영양가에 대한 정보를 읽고 있다고 말했음을 밝혔다. 건강에 대한 주장에 집중하고 있다는 것은 담배, 술, 의약품 및 심지어는 커피가 일으키는 잠재적인 위해를 점차 인식하고 있다는 것이다. 또 다른 여론조사에서 이러한 관심사는 4명의 소비자들 중 3명이 맥주, 포도주 및 술 광고와 포장에 적힌 경고문을 지지하고 있으므로 잘 나타나 있다.

(1) 정부의 통제

1990년, 미의회는 Nutrition Labeling and Education Act를 통과시켰는데, 이 법은 포장에 식품의 영양가 함유내용을 보다 상세하게 제시하도록 하고 있다.

또한 FDA는 광고주들이 식품에 대해 어떤 주장을 하는 경우 과학적인 증거를 제시하도록 요구하는 새로운 규칙을 제정하였다. 역시 FDA는 몇몇 식품제조회사들로 하여금 식물성 식용류에 대한 무콜레스테롤 주장을 철회하도록 하였다. FDA는 그러한 주장은 콜레스테롤이 없는 식품에는 지방분이 없다는 것을 암시하기 때문에 그러한 주장은 오도될 수 있다고 주장하였다.

FDA의 관심사 및 규제들 중 점증하고 있는 또 다른 분야는 인터넷인데, 이는 대부분의 주요 소비재 기업들이 현재 홈페이지를 운영하고 있기 때문이다.

(2) 기업의 대응

식품 및 의약품 제조업체들은 열량이 낮고, 염분과 지방분이 적고, 콜레스테롤이 적은 반면에 칼슘이 많고, 비타민 함량이 풍부하다고 주장하는 제품을 확대함으로써 영양가가 있다고 주장하고 있다.

또한 몇몇 기업들은 천연식품으로 전문화하였는데, 사실상 미국의 식료품점에서 판매되는 식품들 중 약 60%만 영양가를 나타내는 표찰이 부착되어 있으며, 또한 식품광고 중 1/3에 여러 종류의 건강메시지가 포함되어 있는데 이는 소비자들을 혼란에 빠지게 한다.

따라서 마케팅 기업은 영양가 함량을 완전하게 밝히도록 요구하는 새로운 법률과 FDA의 적극적인 입장에 대응하여야 하며, 또한 건강과 영양가에 대한 주장을 보다 잘 알아야 한다.

3) 어린이에 대한 광고

소비자 행동주의자들이 점차 주의를 집중하고 있는 세 번째 문제는 어린이에 대한 광고이다.

여러 연구들은 어린이들에 대한 지나친 광고가 어린이들을 최상으로 위하는 것이 아니다라는 입장을 지지하고 있다. 즉 3~5세 어린이들은 TV프로그램과 광고 간의 차이를 구별하는데 어려움이 있다. 그리고 사춘기 직전의 어린이(10~12세)는 구매결정을 하는데 상업광고에 의해 직접 영향을 받을 가능성이 크기 때문이다. 또한 나이가 어린 어린이들은 광고에 대한 평가나 해석에 거의 관여하지 않지만, 좋다 또는 싫다라고 간단히 말한다.

이렇게 어린이들이 광고에 의해서 심하게 영향을 받을 수 있다는 것은 어린이들이 지각적 차별화와 정보처리에 대한 능력을 갖고 있지 않기 때문이다.

그러나 상기의 주장과는 반대로, 어린이들이 광고에 노출됨으로써 어린시절에 더 많은 정보를 받을 수 있음으로써, 그러한 광고주장을 식별하고 또한 마케팅 정보를 처리하는 것을 배우게 된다는 것이다.

(1) 소비자 행동주의자와 소비자 조직의 반응

소비자 조직들 즉 Action for Children's Television(ACT)과 같은 소비자 옹호자 단체들은 어린이에 대한 광고를 부당하며 사기적인 것이라고 어린이에 대한 광고에 대해 보다 적극적인 입장을 취하고 있다.

ACT와 American Cancer Society를 포함한 단체들이 결속하여 담배를 판매하기 위해 이용되는 모든 만화 주인공들을 사용하지 못하도록 한 결과, 소수민족에게 소구한 캠페인은 중지되었다.

역시 10대의 음주에 대한 관심사도 증가됨으로써 Anheuser-Busch사, Miller사는 일반공중들의 반발이 두려워 젊은이 시장을 표적화하지 않기로 결정하였다.

(2) 정부의 통제

어린이에 대한 광고 및 마케팅 활동에 대한 관심이 증가함에 따라 1990년대에 정부의 통제가 더 강화되었다. 1990년, 의회는 Children's Television Act를 통과시켰으며, 이 법은 어린이용 TV 프로그램에서 상업광고의 양을 시간당 14분에서 주말에는 시간당 10분 그리고 주중에는 시간당 12분으로 줄이게 하였다.

상업광고의 시간을 제한하는 지침이 효과적이기는 하였지만, 정부의 규제는 상업광고의 내용을 통제하는 데는 성공하지 못하였다.

(3) 기업의 대응

어린이의 광고에 대한 문제에 대해 기업의 반응은 혼란적이었다. 마케팅 기업들은 어린이에 대한 광고를 금지하는 것은 자금확보의 원천이 축소되기 때문에 어린이용 프로그램을 약화시킬 수 있다고 주장한다. 몇몇 기업공동체는 담배광고에 적용되는 엄격한 광고표준이 다른 업계에도 적용될 수 있다는 두려움으로 정부규제 대신에 자율규제를 추진하고 있다.

대부분의 광고주들은 어린이들에게 부당하게 영향을 주는 광고를 하지 않고 있으며, 또한 자신들이 어린이들의 복지에 해를 줄 수 있거나 나쁜 방향으로 행동할 수 있다는 비난에 대해 매우 조심하고 주의하고 있다고 주장한다.

4) 사생활에 대한 권리

1990년대와 2000년대 초에 소비자 옹호자들의 주의를 끈 또 다른 문제는 사생활에 대한 권리이다. 점차 강력해지는 컴퓨터를 이용할 수 있게 됨으로써 기업들은 신용카드 청구서, 전화번호부 및 쿠폰 이용 등과 같은 원천으로부터 많은 양의 소비자 자료를 수집하고 분석할 수 있게 되었다. 문제가 되는 것은 그러한 정보가 소비자의 동의를 받지 않고 이용될 수 있다는 것이다.

물론 어떤 데이터베이스는 소비자들에 의해서 제공된다. 예를 들어, 백화점 등은 자사에 비치된 구매자 프로그램을 이용하여 다량 구매자를 확인·규명하며 또한 생일선물을 구입하도록 배우자에게 기억나는 것(상기물)을 보내거나 또는 무료로 배달해 주는 것과 같은 서비스를 제공한다.

그러나 개인적인 정보를 사용함으로써 사생활을 침해할 수 있다는 것이 소비자들의 관심대상이 되고 있다. 즉 소비자들 중 76%는 기업에 의해서 수집된 개인적인 많은 자료들에 대해 많은 관심을 기울이고 있으며, 또한 93%는 기업들이 개인적인 자료를 사용하기 전에 법적으로 허락을 득하도록 해야 한다고 느끼고 있다.

사생활에 대한 관심은 인터넷이 이용됨에 따라 두드러지게 증가되고 있다. 즉 소비자들은 인터넷에 대한 사생활 문제 그리고 웹사이트에 대한 개인적인 자료의 사용에 대해 가장 많은 관심을 기울이고 있다. 또한 2001년 조사결과, 인터넷 이용에 있어 네 가지 큰 관심사들 중 세 가지는 안전(보안), 신뢰성 그리고 사생활이었으며, 나머지 한 가지는 편리성이었다.

이러한 소비자들의 주요 관심사인 기업들의 사생활 침해에 대해 정부는 기업에 대한 자율규제로 충분하다는 입장을 취하고 있다. 반면에 유럽의 법규와 사생활 관련법규는 보다 엄격한데, 외국기업들이 이 법규를 지키지 못하는 경우 EU 국가에서는 온라인 상거래를 하지 못하게 한다.

2. 외국의 소비자 권리

1990년대와 2000년대 초 소비자주의자들의 문제가 서구유럽에서 분명하게 나타나고 있다. EU는 법률과 규제를 통해 소비자 권리를 보호하는데 있어 미국보다 더 행동주의자적 입장을 취하고 있다.

1) 새로운 환경보호주의

EU에서 녹색법에 대한 계속적인 추진은 Green Trio, 즉 독일, 덴마크, 네덜란드에 의해서 선도되고 있다. 환경친화적 국가인 핀란드와 스웨덴에 대한 EU의 1995년 승인은 환경적으로 보탬이 되는 법률을 통과시키고 또한 EU의 집행을 강화하려는 이들 국가의 노력을 발휘하는데 도움을 주고 있다. 그리고 European Parliament of the EU는 공해 통제에 관해 폭넓은 집행권한을 가지고 있다.

네덜란드의 Philips Electronics사와 같은 기업들은 녹색 마케팅을 현명하게 시행하면 소비자들과 공유할 수 있다는 것을 입증하고 있다. Philips사는 1998년에 수립된 자사의 Eco-Vision 프로그램으로 생태친화적인 제품 디자인에서 유럽의 선도적인 기업이 되었다. 그 프로그램은 각각의 Business Group으로 하여금 매년 최소한 하나의 Green Fagship 제품을 디자인하거나 재디자인하도록 요구한다.

아시아에서도 공해 통제의 중요성을 점차 인식하고 있는 징후가 있다. 한 가지는 대부분의 아시아 국가들이 Kyoto Protocol을 받아들이고 있다는 것이다. 일본의 경우 Responsible Care Council이라는 단체는 산업폐기물을 줄이기로 약속한 109개 회원사를 확보하고 있는데, 아시아에서 가장 큰 단체이다. 2000년 일본은 가전제품 제조업체로 하여금 중고제품의 수집과 재활용에 대해 책임을 지도록 하는 새로운 재활용법률을 채택하였다.

2) 건강 주장

미국보다는 유럽에서 유전자 조작(GM) 식품이 더 큰 관심거리가 되고 있다. 역시 아시아도 유전자 조작 식품에 관해 관심을 보이고 있다. 유전자 조작 식품을 제재하려는 소비자 운동이 인도, 일본, 태국, 필리핀에서 일어나고 있다. 일본의 경우, 어떤 식품 제조업자는 승인을 득하지 않은 유전자 조작 토마토의 영향으로 인해 전국적으로 토마토 스낵을 환수조치하였다. 필리핀 정부는 제품의 유전자 조작 구성성분에 대한 정보를 소비자들에게 제공하기 위한 표찰화 시스템을 설정할 것을 고려하고 있다.

기능성 식품은 식품업계에서 주의를 끄는 또 다른 분야이며 또한 규제기관과 소비자들에 의해 문제가 되는 분야이다. **영양제**(nutricenfical)라고 하는 것으로, 이것은 그 식품의 정상적인 내용물이 전형적으로 제공하는 차원을 넘어 건강이점을 약속하는 제품이다. 최근 기능성 식품 세분시장은 유럽에서 140억 달러이며, 일본은 100억 달러 정도의 가치가 있다. 기능성 식품을 마케팅하는 기업들은 건강에 대한 주장이 과학적인 자료 및 의약품과 유사한 시험결과에 의해 지지를 얻어야 하므로 복잡한 법규 등 위험에 직면하고 있다.

3) 어린이에 대한 광고

어린이에 대한 광고 문제는 유럽에서 점차 주의를 끌고 있는데, 그 이유는 어린이를 표적으로 하는 광고의 빈도가 1990년대 중엽 이후 15~20% 증가했기 때문이다.

이미 대부분의 유럽국가들은 어린이를 표적으로 하는 마케팅에 대해 어느 정도 규제하고 있다. 이러한 규제는 엄격함의 정도가 매우 다양하다. 스웨덴의 경우 12세 이하의 어린이를 표적으로 하는 어떤 TV 광고도 금지된다. 벨기에에서는 국영방송국으로 하여금 어린이용 프로그램 전후 5분 동안 어린이에게 지향하는 광고를 하지 못하도록 하고 있다. 그리스는 어린이가 시청하는 시간 동안 TV에서 모든 장난감 광고를 금지한다. 이와는 대조적으로 일부 국가에서는 그 규제가 관대하다. 예를 들어, 영국의 경우 마케팅 기업은 어린이에 대한 광고에 대해 윤리요강과 자율규제를 따르고 있다. EU는 스웨덴과 유사하지만 추가적인 규제가 필요 없다고 결론을 내렸다. 결국 어린이에 대한 광고에 대해 EU의 방송규제는 현재 존재하지 않고 있다.

4) 사생활에 대한 권리

유럽인들은 미국인보다 개인자료의 사생활에 대한 문제에 문화적으로 더 민감한 경향이 있으며, 법률과 규제를 통해 소비자를 보호하는데 정부를 더 신뢰하는 경향이 있다. 유럽은 개인자료의 사생활 보호에 대한 법제화에서 선도를 지키고 있다. 서구유럽의 국가들은 자료보호 및 사생활 보호관련 법률을 가지고 있는데, 이 법률들은 인터넷과 전자상거래의 영향을 포함하기 위해 최신화되고 있다. 1995년 EU는 EU Data Privacy Ditective를 통과시켰으며, 그 법은 사람들의 개인자료의 사용에 대해 당사자들로부터 확실한 동의를 받아야 하며 또한 기업의 데이터베이스에 있는 자료의 정확성과 범위를 접속하고 체크할 수 있도록 사람들에게 허용하고 있다.

이에 반해 사생활 침해의 규제에 대한 기업의 반응은 미온적이며, 또한 단지 최근에 규제활동 중 개인적인 관심사를 제시하도록 조직화된 힘을 모색하고 있다. 그와 같은 조직으로는 영국의 Internet Users Privacy Forom이 있다. 이 포럼은 인터넷 서비스 제공기업과 이용자 조직으로 구성되어 있는데, 그 포럼의 첫 번째 과업은 사생활 보호를 보장하기 위해 최상의 실천요강을 창안하는 것이다.

제4절 추가적인 소비자 권리

네 가지 추가적인 소비자 권리는 1990년대와 2000년대 초에 소비자주의의 부활을 예고하면서 지속되어 온 문제들이다.

1. **안전할 권리** : 건강이나 생명에 해가 될 수도 있는 제품을 마케팅하는 것에 대해 보호를 받아야 하는 권리
2. **정보를 받을 권리** : 사기적이거나 오도적인 정보, 광고, 표찰 또는 기타 행위에 대해 보호를 받아야 하는 권리. 그리고 정보를 받은 것 중에서 선택하는데 필요한 사실적인 것을 받을 수 있는 권리
3. **청원할 수 있는 권리** : 정부정책을 수립하는데 소비자의 이익이 완전하고도 호의적으로 고려되어야 하는 권리
4. **소수의 소비자들이 불이익을 당하지 않을 권리** : 소수집단이나 저소득 소비자들이 다른 집단에 비해 상기에 제시된 권리 중 어느 것에 대해서도 불이익을 받지 않을 권리

이러한 권리들은 미국에서 1962년 Special Message on Protecting the Consumer Interest라는 제목으로 John F. Kennedy 대통령이 의회에 보낸 메시지에서 처음 형성되었다.

1. 안전할 권리(right to safety)

정부기관, 기업 및 소비자주의자들은 제품안전과 관련된 오용이 없어져야 한다는 것에 동의하고 있다. 대부분의 기업들은 제품안전과 신뢰성을 보장하려고 하지만, 간혹 오용을 범하기도 한다.

미국의 경우, 이러한 오용을 없애는 데 책임을 지고 있는 정부부서는 Consumer Product Safety Commission이다. 이 위원회는 제품의 판매를 금지할 수 있고, 제조업체로 하여금 안전시험을 하도록 요구하며, 불안전한 제품을 수선하거나 회수하도록 요구할 수 있다. 이 위원회는 위험스러운 제품을 보고할 수 있는 핫라인을 운영하고 또한 전국적으로 119 병원 응급실을 탐색하는 컴퓨터 시스템인 National Electronic Injury Surveillance System을 운영하고 있다.

이러한 시스템을 기초로 하여 이 위원회는 제품위험지수(product harazd index)를 산정한다. 가장 높은 위험지수를 갖는 제품들 중에는 청소대행회사, 시소, 액체연료, 설상차, 수송기기(ATVs) 및 보다 최근에는 인라인 스케이트 등이 있다. 역시 CPSC는 매년 평균적으로 200건 정도 제품을 회수하도록 적극적으로 조치하고 있다.

소비자의 안전에 대한 권리를 강화하려는 추세가 세계적으로 파급되고 있다. 일본에서도 미성숙한 소비자 운동이 소비자 문제로서 제품안전을 점차 인식하고 있다. 이는 인체의 손상이나 재산상의 손실을 초래케 하는 많은 제품결함을 크게 강조하는 매체보고서의 결과이다.

유럽은 제품안전에 관해 보다 엄격한 법률을 적용하고 있다. EU는 그 문제와 관련된 두 가지 명령, 즉 결함이 있는 제품으로부터 소비자를 보호하기 위한 Product Liability Directive와 Product Liability 소송을 이행할 수 있는 권한을 회원들에게 부여하는 General Product Safety Directive를 통과시켰다. 역시 EU는 제품들이 모든 관련되는 명령과 표준에 일치하고 있음을 보여주기 위해 모든 제품은 European Conformity 표식을 하도록 요구하고 있는데, 관련 명령과 표준들 중 상당부분은 제품안전표준에 관한 것이다. 이 표식은 역시 수입품에 대해서도 요구된다.

한국의 경우, 2002년 7월 1일부터 제조물책임법(product liability : PL)이 제정 · 시행되고 있다. PL법은 제조물의 결함으로 인하여 발생한 손해에 대한 제조업자들의 손해배상책임을 규정함으로써 피해자의 보호를 도모하고 국민생활의 안전향상과 국민경제의 건전한 발전에 기여함을 목적으로 하고 있다.

PL법에 의한 제조물 책임주체는 제조자, 가공자, 수입업자, 판매자 및 임대/리스업자, 설치/수리업자 및 운송/창고업자, 정보제공자 그리고 정부가 포함되며, 결함이란 제조상, 설계상, 표시상의 결함이 모두 포함된다. 또한 손해에는 인적손해(재산적 손해, 정신적 손해) 및 물적손해(재산적 손해, 정신적 손해, 사업용 재산의 손해)가 포함된다.

2. 정보를 받을 권리(right to be informed)

정보를 받을 수 있는 소비자의 권리에는 두 가지, 즉 (1) 오도적이며 사기적인 정보로부터 보호를 받을 수 있는 권리, (2) 정보를 받은 것 중에서 선택할 수 있도록 충분한 정보를 받을 수 있는 권리가 내포되어 있다. 매체방법과 웹사이트가 확대되고 접촉할 수 있게 됨에 따라 오늘날 이러한 권리는 더 중요하게 되었다.

1) 사기적 광고

미국의 FTC는 사기적인 광고가 무엇인가를 분명하게 정의한 일련의 지침을 설정하였다. 사기적인 광고는 사기적이라고 충분히 생각될 수 있도록 사기를 칠 수 있을 정도의 효력을 가져야 한다. 즉 FTC는 실제적으로 발생한 사기행위를 입증할 필요가 없다.

Gardner는 세 가지 유형의 사기적 광고를 확인하였다. 첫 번째 유형은 사기광고(frandulent advertising)로서, 직설적으로 거짓말을 하는 것이다. 두 번째 유형은 거짓광고(false advertising)로서, 주장과 사실 간에 모순이 되는 것이다. 즉 제품이 주장하는 이점이 광고에서 분명하게 제시되지 않은 어떤 특별한 조건하에서만 발휘되는 것이다. 또는 그 제품이 어떤 방식으로만 또는 특별한 사전주의를 하여 사용되어야 하는 경우이다.

세 번째 유형은 오도적 광고(misleading advertising)로서, 그것은 주장과 신념 간의 상호작용과 관련된다. 그러한 경우 광고물은 어떤 소비자의 신념과 상호작용하여 오도적 주장이 될 수 있다.

어느 경우 FTC는 특정기업들로 하여금 사기적 광고를 중지하고 또한 그런 주장을 공식적으로 수정하도록 요구한다. 그러한 **수정광고**(corrective advertising)와 같은 것을 요구하는 합당성에는 사기적 주장이 파급효과가 크며, 그것이 수정되지 않을 경우 일정기간 동안 소비자의 기억 속에 남아 있을 수 있기 때문이다. 즉 수정광고를 하지 않으면 기업은 그러한 과거의 주장으로 혜택을 계속 받을 수 있기 때문이다.

사기적 광고는 거의 모든 국가에서 일어나는 현상이다. 중국의 경우 광고에 대한 부적절한 규제로 인해 기업들은 이윤을 추구하기 위해서 사기적 광고를 사용한다. 이에 중국은 1987년 이후 오도적인 광고에 대한 법을 제정하였으나, 소비자 권리보다는 기업들의 생산에 보다 많은 관심을 갖고 있는 국가에서 소비자의 권리는 거의 보장되지 않고 있다.

유럽의 경우 오도적인 광고에 관한 규제와 집행은 국가에 따라 상이하다. 영국은 광범위하게 광고를 규제하는데, Advertising Standards Authority(ASA)에 의해서 선도되고 있다. 스칸디나비아 국가들은 Office of Consumer Ombudsman을 설치하였는데, 그것은 광고와 관련된 불평불만 사항을 처리한다. 한편 독일과 오스트리아는 오도적 광고에 대한 규제와 법을 확정하기 위해 개인적 소송과 조직에 크게 의존하고 있다.

2) 기타 사기적 마케팅 활동에 대한 통제

사기는 광고 이외에 마케팅 전략 중 다른 분야 특히 세 개의 분야에서도 발생될 수 있다.

첫째, 기업이 가격은 그대로 두면서 포장의 내용이나 크기를 줄이는 경우에 포장화는 사기적인 것이 될 수 있다. 그러한 행위는 소비자들이 같은 돈으로 더 적은 양을 획득함으로써 사기적인 가격인상을 나타내는 것이다.

둘째, 사기행위는 역시 가격행위에서도 발생한다. 그런 행위 중 한 가지인 **속임수 가격결정**(bait and switch pricing)은 의도적으로 저가격을 선전하여 고객들로 하여금 점포에 오도록 하고, 점포에 들어 온 고객들에게 고가 품목을 구입하도록 영향을 주는 것이다. 그러한 행위는 불법적인 것이다.

셋째, 판매행위 또한 사기적이 되기도 한다. 예를 들어, 주택의 흠집을 그럴싸하게 얼버무리는 부동산 중개업자는 사기적인 것이다. 그러나 정부당국은 그런 행위에 대해 거의 어떤 것도 할 수 없다. 만약 판매원의 거래가 거짓이라면, 소비자는 그 판매업자를 법원에 제소할 수 있으나, 소비자들은 거의 제소하지 못한다. 이는 기업들이 판매하는데 더 높은 수준의 교활한 방법을 잘 알고 있기 때문이다.

3) 적절한 정보에 대한 규정

정보를 획득하는 권리는 현명하게 구매하는데 필요한 적절한 정보를 획득할 수 있는 권리를 포함하는가이다. 이러한 문제에 대해서는 두 가지 입장이 있다. 즉 기업들이 취하는 견해는 구매자들은 상표에 대한 품질을 스스로 판단하여 행해야 한다는 것이다. 한편 소비자 행동주의자들은 기업 그리고 중립적으로 편견이 없는 원천은 완전한 정보를 제공해야 하며 또한 제품특성을 밝혀야 한다고 생각한다.

어느 입장을 취하느냐와는 관계 없이 정보를 보다 진실하게 밝혀야 한다는 것이 추세이다. 점차 많은 정부기관들이 식품에 대해서 단위가격을, 부패성이 있는 제품에 대해서는 출고일자(보존기간)를 요구하고 있다. 또한 미국의 경우 Nutritional Labeling Act는 포장에 건강 및 영양가 정보를 밝힐 것을 요구하고 있으며, FDA가 최근 제정한 규범은 특정한 식품에 대한 표찰에 보다 많은 정보를 제시하도록 하고 있다.

이에 반해 소비자들은 마케팅 기업이 제공하는 추가적인 정보를 사용하지는 않는다. 즉 소비자들은 자주 과다한 정보를 경험함으로써 제품을 선택하는데 단지 1개 또는 2개의 웹사이트만을 방문하거나, 자동차를 구입하는 데도 한 곳의 판매상을 방문한다. 특히 제품에 대한 관여수준이 낮으면 정보에 대한 요구수준을 최저이다. 즉 치약이나 종이수건과 같은 저관여 제품에 대한 소비자의 권리문제가 중요하지 않은 것처럼 적절한 정보도 중요하지 않다.

4) 한국의 제품안전 정보제공

2007년 11월 14일부터 제품안전 포털사이트인 **세이프티 코리아**(www.safety korea.kr)가 개통되었는데, 이 사이트는 제품안전에 관한 정보를 한 곳에 모아 손쉽게 찾아볼 수 있는 사이트이다.

이 사이트에는 전기제품과 어린이용품 등 어린이 안전사고 등이 잦은 각종 공산품의 제품안전 정보와 국내는 물론 해외에서 발생한 제품 **리콜**(recall) 정보도 찾을 수 있다. 또한 제품구입이 안전기준을 충족했는지 피부로 알아볼 수 있는 제품안전 검색시스템도 제공한다.

그리고 제품안전에 대한 클린신고센터와 질의응답 코너도 마련되어 소비자가 궁금하거나 문의할 내용이 있으면 언제든지 사용이 가능하다.

3. 청원할 수 있는 권리(right to be heard)

소비자는 그 제품에 대한 불만족을 표현하고 또한 불평・불만을 해결(제시)할 수 있는 권리를 가지고 있다. 물론 조사에 의하면 소비자들의 제품에 대한 불만족 수준은 낮지만, 불만족 수준은 계속 증가하고 있다. 이는 1990년 초 및 2000년대의 불경기로 소비자들이 보다 가치지향적이 됨으로써 나타나는 추세이다. 즉 소비자들은 품질에 비해 가격이 비싼 전국상표(제조업자 상표)에 점차 불만족하고 있다는 것이다. 그 결과 전국상표에 대한 충성심도 낮아지고 따라서 저가격의 사적상표(소매상 상표)로 두드러지게 전향하고 있는데, 그 이유는 사적상표들이 더 낮은 가격에 동일한 품질을 제공하기 때문이다.

1) 소비자의 불평·불만 행동

만족하지 않다면 소비자들은 세 가지 방법으로 대응한다. 첫 번째로 가장 일반적인 방법은 다시는 구입하지 않는 것이다. 두 번째 대응은 다른 사람들에게 불만족을 표현하는 것이다. 그러한 부정적인 구전은 한 사람의 대응조치를 초월한 것으로서 가장 많은 피해를 주는 영향을 미친다.

세 번째 대응은 구제방안을 찾는 것이다. 그러나 불만족한 고객들은 불만사항을 마케팅 기업에게 적극적으로 제시하지 않는다. 즉 소비자들이 제품으로 피해를 받았을 때 50명 중 1명의 소비자가 구제방안을 추구하였으며, 식품 및 건강미용 보조품의 경우 모든 불만족한 소비자들 중 단지 3%만이 불평불만을 제조업체에게 제시하였다. 상기와 같은 결과를 볼 때, 제조업체가 그 제품에 대한 불만족에 대해서 직접적으로 이어지는 소비자의 피드백으로부터 단절되어 있음을 나타내고 있다.

소비자들이 불만족을 표현하는데 주저하는 이유는 소비자들이 불평을 토로하는 방법을 제대로 제시할 정도로 그 제품에 충분히 관여하지 않기 때문이다. 즉 소비자들은 그 제품이 시간과 노력을 기울일만한 가치가 없다고 생각하기 때문이다. 재무적 위험과 제품 관여수준이 높은 경우 불만족을 표출하는 행위는 증가한다. 즉 고가제품에 대해 불만족한 고객들 중 1/3 정도가 제조업체나 소매상에게 불평을 토로한다.

불만족하였을 때, 소비자의 후속조치가 없다는 것은 소비자가 제시할 수 있는 공식적인 경로가 없다는 것이다. 불만사실을 통상 글로 쓰기가 너무나 어렵고, 또한 교육수준이 높은 소수의 소비자들만이 그런 편지를 쓸 수가 있다. 또한 소매점포의 복잡한 서류절차로 인해 자주 제품반환이 이루어지지 않고 있다.

2) 인터넷의 역할

제품에 대한 불만족에 직면하였을 때, 소비자 행동은 인터넷 이용이 확산됨으로써 크게 변화하고 있다. 즉 인터넷으로 소비자들은 자신과 유사하게 생각하고 있는 소비자들을 보다 용이하게 발견할 수 있게 됨으로써 불평불만을 제기하는 것을 억제하지 않게 된다.

역시 기업들도 인터넷으로 고객들에 대해 더 배울 수 있고 또한 불만족이 발생하지 않도록 미연에 방지할 수 있는 기회를 얻을 수 있다. 인터넷은 정보를 수집하는데 소요되는 비용을 절감하며 또한 기업과 고객 간의 양방향적이며 실시간에 이루어지는 커뮤니케이션이 가능하도록 한다. 예를 들어,. 인터넷에 기초한 기업뿐만 아니라, 오프라인 기업들은 고객들이 불평사항을 편지로 보내고 또한 도움을 받을 수 있는 채널로서 자사의 웹사이트를 운영하고 있다.

또한 많은 제조업체들이 수신자부담 전화번호를 이용할 수 있도록 함으로써 자사의 웹사이트를 보충하고 있다. 미국의 Whirlpool사가 처음 활용한 후 거의 모든 대기업들이 이 수단을 이용하고 있는데, 불평불만에 대한 신속하고도 긍정적인 해결조치는 80~90%까지 반복구매를 창출하는 효과가 있기 때문이다.

3) 소비자 피해 집단분쟁조정 : 한국

소비자기본법에 따라 2007년 6월 28일부터 일괄적(집단) 분쟁조정 제도가 시행되었는데, 집단분쟁조정이란 50명 이상의 소비자가 같은 제품이나 서비스로 피해를 보았을 때 소비자단체나 지방자치단체 등이 이를 취합하여 정부에 조정을 신청하는 제도이다.

이 집단분쟁조정 제도의 특징은 정부가 언론과 인터넷 공고를 통해 전국적으로 추가 피해자를 모집하고 분쟁조정을 무료로 대리한다는 점이므로, 절차는 〈표 19-1〉과 같다.

〈표 19-1〉 집단 분쟁조정제도 절차

① 소비자들이 소비자단체나 정부(한국소비자보호원 등)에 피해 신고
② 같은 종류의 피해를 당한 소비자가 50명이 넘으면 소비자단체나 지자체, 소보원 등이 분쟁조정위원회에 집단 분쟁조정 신청
③ 조정위원회는 이를 심사해 분쟁조정 절차 개시
④ 필요할 경우 14일간 인터넷과 종합일간지 등에 분쟁사실을 공고해 추가 피해자 접수
⑤ 소비자 중 대표를 선임해 사업자와 분쟁조정
(합의가 되면)
⑥ 사업자는 조정위원회에 합의 당사자 외 피해자에 대한 추가 보상계획서 제출(권고사항)
⑦ 합의내용에 따라 보상절차 돌입
(합의가 안 되면)
⑥ 분쟁조정 절차 종료
⑦ 피해자나 소비자단체가 법원에 소송 제기

자료 : 재정경제부, 한국소비자보호원

소비자들은 이 제도의 도입으로 효과적으로 구제를 받을 수 있는 기회가 생겼지만, 반대로 기업은 적지 않은 부담을 안게 될 것으로 전망된다.

또한 2008년 1월부터 소비자단체소송제도가 시행돼 기업을 감시하는 소비자단체의 영향력이 더욱 커질 것이다.

소비자단체소송이란 일정 조건을 갖춘 단체가 소비자의 생명과 신체, 재산상 권익을 침해하는 사업자의 위법행위를 금지 또는 중지시켜 줄 것을 법원에 요청하는 소송을 뜻한다.

정부는 소비자단체소송제도에서 소송을 제기할 수 있는 적격 단체로 13개의 소비자단체 및 공정거래위원회에 등록된 녹색소비자연대, 대한YWCA연합회, 대한주부클럽연합회, 소비자문제를 연구하는 시민의 모임, 전국주부교실중앙회, 한국소비생활연구원, 한국소비자교육원, 한국소비자연맹, 한국YMCA전국연맹 등 9곳이며, 경제단체로는 전국경제인연합회, 한국무역협회, 대한상공회의소, 중소기업중앙회가 지정되었다.

4. 소수집단 소비자가 불이익을 당하지 않을 권리

다른 소비자들에 비해 저소득의 소수집단 소비자는

- 불안전한 제품에 더욱더 많이 노출되고 있으며
- 정보에 거의 접할 수가 없으며

- 대안적인 상표선택을 거의 할 수 없으며
- 의견을 제시할 수 있는 수단을 거의 갖고 있지 못하다.

즉 저소득 소비자들은 항상 만족스럽게 선택하는데 필요한 정보를 갖고 있지 못한다. 저소득 소비자들은 비교쇼핑을 하기 위해 교외로 나갈 수 있는 자유스러움도 없으며 또한 그 제품이 좋지 않다고 해도 그것을 제시할 수 있는 수단도 거의 없다. 또한 마케팅 캠페인도 역시 소수집단 소비자들에게 건강에 좋지 않거나 불안전한 제품을 선택하도록 조장하고 있다.

현재 인터넷은 저소득 소수집단 소비자에 대해 불이익을 주는 또 다른 분야이다. 즉 **디지털 분리**(digital divide)현상이 아직까지도 나타나고 있기 때문이다. 고소득 및 고등교육을 받은 집단에 비해 저소득 및 저학력을 가진 사람들이 웹에 접속하지 않고 있으며, 웹 접속으로 제공되는 선택품 그리고 대안적인 비교가격 등의 우위성을 이용하는데 참여하지 못하고 있다.

제 5 절 사회적 책임

마케팅 기업의 사회적 책임은 두 가지 분야에서 평가될 수 있다. ① 자율규제 과정을 통해 자신의 행동조치를 제약·통제할 수 있는 능력, ② 약물남용 및 미성년자들의 흡연이나 음주와 같은 사회적 문제에 대해 영향을 발휘하려는 의지, 즉 **사회 마케팅**(social marketing)이라는 영향력을 응용하려는 의지에서 평가될 수 있다. 간단히 말해서 기업들은 점차 재무적 성과, 환경적 성과, 사회적 성과 즉 지속가능경영의 의미를 인식하고 있다.

1. 자율규제

마케팅 기업은 자율규제의 과정을 통해 소비자 권리를 보호하는 책임을 져야 하는가 또는 추가적인 법규, 더 많은 통제 그리고 정부에게 자신들의 책임을 위양할 것인가를 결정해야 한다.

실용주의적이며 이상주의적인 바탕에서 볼 때, 마케팅 사회는 추가적인 정부규제보다는 자율규제를 더 선호한다. 그러나 기업들의 비윤리적 행위 즉 불안전한 제품을 회수하지 않는 대기업, 공해에 대해 적절한 통제시설을 갖추지 못하고 매연배출을 자행하는 기업, 청소년 흡연자를 표적으로 마케팅 활동을 자행하는 담배 제조회사, 회계부정을 자행하는 대기업 등이 사회적으로 책임을 지지 않고 또한 정부의 감시가 더 커져야 한다는 것을 일반대중들에게 지각하도록 자극을 줌으로써 자율규제를 스스로 포기하고 있다.

그러나 마케팅 기업들은 점차 자율규제적으로 책임을 지는 쪽으로 움직이고 있다. 상당수 기업들이 환경에 대한 성과와 기업의 목표를 통합하거나, 공해와 수질오염을 예방하기 위해 노력하고, 역시 표찰화, 제품안전 및 어린이용 광고에 대해 업계 스스로가 규정한 표준을 수용하고 있다.

또한 많은 기업들이 최근 수신자부담전화 및 접속 가능한 웹사이트를 통해 불평불만을 제기할 수 있는 더 좋은 방법과 수단을 제공함으로써 소비자의 권리를 보장하려고 노력하고 있다. 기업들은 역시 소비자의 불평불만을 처리하기 위한 방침을 수립하는 소비자 문제 처리부서를 통해서 소비자와의 커뮤니케이션을 개선하려고 한다.

기업들은 역시 영양가, 제품함량, 제품안전에 대한 정보를 널리 제공함으로써 소비자를 교육시킬 수 있도록 소비자 문제 처리부서를 이용하고 있다.

그렇지만, 지금까지도 기업들이 소비자 권리를 보호하는데 이기주의적인 입장을 취하고 있다는 사실을 깨달아야 한다. 소비자들 중 88%가 사회적으로 책임을 지며 또한 좋은 기업시민인 기업으로부터 구입할 가능성이 높다는 사실에서 볼 때, 기업이 자신의 사회적 책임을 인식하는 것은 지속가능성을 유지하는데 매우 중요하다.

2. 사회 마케팅

마케팅 기업들은 역시 소비자들로 하여금 사회적으로 책임을 지는 방식으로 행동하도록 영향을 주려고 시도함으로써 사회적 책임을 표출한다. 음주운전, 지나친 흡연, 약물남용, AIDS를 예방하기 위한 안전한 성행위 등을 인식하도록 소비자들에게 영향을 주고 있다.

사회(적) 마케팅(social marketing)은 마케팅 기업이 사회적 서비스에 대해 어떤 비용도 지출하지 않으면서도 상기의 사회적 행동에 영향을 주려고 시도하기 위해 마케팅 수단을 사용하는 것이다. 예를 들어, 약물남용을 줄이기 위한 커뮤니케이션 캠페인, 음주 후 운전하지 말자는 캠페인(보험협회), 과음, 과속 등을 하지 말자는 캠페인 등은 마케팅 기업들이나 또는 관련 업체가 주관이 되어 행하는 것이다.

사회 마케팅은 역시 대의를 도와주기 위한 행사를 지원하는 것도 포함된다. 예를 들어, 어떤 기업이 AIDS나 불치병으로 인해 사회활동이 불가능한 사람들에게 생활비를 지원하거나, 자연환경을 보호하는 차원에서 산이나 하천을 관리하는 것 등이 포함된다.

즉 사회 마케팅에서 파생된 것이 **대의관련 마케팅**(cause-related marketing)인데, 이것은 자사의 이름이나 제품을 연관시키는 대의나 자선활동을 주관하는 기업에 대한 것이다. 예를 들어, Revlon사는 여성들의 암 검사에 도움을 주기 위해 매년 Revlon Run/Walk for Women을 주관하고 있다. 또한 British Petroleum(BP)사는 2001 Red Cross와 제휴를 맺었는데, 유럽에 있는 BP사 주유소를 이용하는 고객들로 하여금 Red Cross에 돈을 기부할 수 있도록 하였다. Red Cross와의 제휴는 온라인 및 기존의 전통적인 매체를 통해 광고되었다. 한국의 어떤 맥주회사는 판매된 맥주 1병당 1원을 적립하여 연말에 불우이웃돕기 성금으로 내기도 하였다.

기업들이 상기와 같이 대의관련 행사와 광고에 많은 기금과 자금을 투자하는 것은 기업의 사회적 책임이라는 차원에서도 의미가 있다. 그러나 소비자들 중 80%는 기업이 지구를 보다 잘 살기 좋은 곳으로 만드는데 관여한다면, 그 기업에 대해 보다 좋은 이미지를 갖게 될 것이며 또한 2/3는 대의관련 마케팅 노력을 지원하기 위해 현재 사용하고 있는 상표를 변경할 것이라는 조사결과에 근거를 두고 있다는 사실이다.

참고문헌

윤훈현 역, 『소비자행동론』, 제6판, 석정, 1998.

윤훈현, 『소비자행동론』 석정, 2005.

한국소비자원 및 식품의약품안전청, Home Page 등.

"Ad Claim Skeptics Still Bite," Advertising Age (May 7, 1990), p. S2.

Allyson L. Stewart-Allen, "Rules for Reaching Euro Kids Are Changing," American Marketing Association (June 7, 1999), p. 10.

"BP Set to Partner Red Cross Cause in European Deal," Marketing (September 20, 2000), p. 1.

"Cause and Effects Marketing," Brandweek (April 22, 1996), pp. 38-40.

"Cause of Concern," Marketing Week (February 11, 1999), pp. 28-31.

"Children's Health Is to Guide E. P. A.," New York Times (September 12, 1996), p. A14.

Deborah L. Roedders, Brian Sternthal, and Bobby J. Calder, "Attitude-Behavior Consistency in Children's Responses to Television Advertising," Journal of Marketing Research 20 (November 1983), pp. 337-349.

Edward Russo J. Barbara L. Metcalf, and Debra Stephens, "Identifying Misleading Advertising," Journal of Consumer Research 8 (September 1981), pp. 119-131.

Elizabeth S. Moore and Richard J. Lutz, "Children, Advertising, and Product Experience : A Multimethod Inquiry," 27 Journal of Consumer Research (June 2000), pp. 31-48.

"Environmental Product Standards, Trade, and European Consumer Goods Marketing," Columbia Journal of World Business (1995), p. 75.

"F. D. A. Is Preparing New Rules to Curb Food Label Claims," New York Time (October 31, 1989), p. A1.

Henry Assael, Consumer Behavior, Houghton Mifflin, 2004.
"It's Green, It's Friendly, It's Wal-Mart 'Eco-store,'" Advertising Age (June 7, 1993), pp. 1, 4.
"It's Not Trendy Being Green," Advertising Age (April 10, 2000), p. 16.
Jagdip Singh, "Consumer Complaint Intentions and Behavior : Definitional and Taxonomical Issues," Journal of Marketing 52 (January 1988), pp. 93-107.
James Heckman, "Marketers Waiting, Will See on EU Privacy," American Marketing Association (June 7, 1999), p. 4.
"Marketing to Children Sparks Criticism in Europe," Wall Street Journal (December 18, 2000), p. 1.
Marsha L. Richins and Bronislaw J. Verhage, "Seeking Redress for Consumer Dissatisfaction : The Role of Attitudes and Situational Factors," Journal of Consumer Policy 8 (March 1985), pp. 29-44.
Nancy Stephens and Mary Ann Stutts, "Preschoolers, Ability to Distinguish Between Television Programming and Commercials," Journal of Advertising 11 (April/May 1982), pp. 16-25.
Pamela Baxton, "Companies with a Social Conscience," Marketing (April 2000), p. 33.
"Promoting with a Cause," Promo (February 1995), pp. 67-70.
Robert L. Gildea, "Consumer Survey Confirms Corporate Social Action Affects Buying Decisions," Public Relations Quarterly (Winter 1994-95), pp. 20-21.
Robert O. Hermann, "Consumerism : Its Goals, Organizations and Future," Journal of Marketing 34 (October 1970), p. 56.
Sanker Sen, Zeynep Gurhan-Canli and Vicki Morwitz, "Withholding Consumption : A Social Dilemma Perspective on Consumer Boycotts," Journal Consumer Research 28 (December 2001), pp. 399-417.
"The Earth Has No Shortage of Fair-Weather Friends," Adweek (April 23, 2001), p. 20.
"U. S. Wants to Keep Menus Honest on Nutrition Claims," New York Times (June 10, 1993), pp. A1, A23.
"Who Scores Best on the Environment," Fortune (July 26, 1993), p. 114.

찾아보기

[저자 약력]

• 윤 훈 현

연세대학교 상경대학 경영학과 졸업(경영학사)
연세대학교 경영대학원 수료(판매관리 전공, 경영학 석사)
목원대학교 경영학과 조교수 역임
미국 University of Wisconsin(Madison) 경영대학원 객원교수
고려대학교 대학원 박사과정 수료(경영학 박사)
고려대학교 산업개발연구소장 역임
고려대학교 경영정보대학원장 역임
현 : 고려대학교 경상대학 경영학부 교수
　　고려대학교 경영정보대학원 교수
저서 :『21세기 경영학』(공저, 2004)
　　『현대경영학』(1998)
　　『현대소비자행동론』(1998)
편저 :『객관식 경영학연습』(1993)
역서 :『최신마케팅원론(Philip Kotler, Marketing : An Introduction)』, 제2판(1991),
　　제3판(1994), 제4판(1998), 제5판(2001), 제6판(2003)
　　『신마케팅론(Gilbert A. Churchill and J. Paul Peter : Marketing)』, 제1판(1996)
　　『소비자행동론』(Henry Assael, Consumer Behavior), 제6판(1998).
　　『마케팅관리론(Philip Kotler, Marketing Management』 제6, 7, 8, 9, 10, 11, 12판

소비자행동의 이해

2012년 3월 12일 중판인쇄
2012년 3월 17일 중판발행

저 자 윤 훈 현
발행인 유 성 열
발행처 **청목출판사**
서울특별시 영등포구 신길로 40길 20
전화 (02) 849-6157(代) · 2820 / 833~6090~1
FAX (02) 849-0817
등록 제318-1994-000090호

파본은 바꾸어 드립니다.　　값 32,000원

http : //www.chongmok.co.kr

ISBN 978-89-5565-228-4